ŒUVRES

COMPLÈTES

DE MOLIÈRE

TOME II.

PERSONNAGES ET ACTEURS.

MÉLICERTE, bergère.	Mlle DU PARC.
DAPHNÉ, bergère.	Mlle DE BRIE.
ÉROXÈNE, bergère.	Mlle MOLIÈRE.
MYRTIL, amant de Mélicerte.	BARON.
ACANTHE, amant de Daphné.	LA GRANGE.
TYRÈNE, amant d'Éroxène.	DU CROISY.
LYCARSIS, pâtre, cru père de Myrtil.	MOLIÈRE.
CORINNE, confidente de Mélicerte.	MADELEINE BÉJART.
NICANDRE, berger.	
MOPSE, berger, cru oncle de Mélicerte	

La scène est en Thessalie, dans la vallée de Tempe.

 Cette pastorale, dont le sujet est tiré de l'histoire de Timarète et Sésostris, dans le roman de *Cyrus*, fut jouée à Saint-Germain le 2 décembre 1666, et fit partie du *Ballet des Muses*, cadre ingénieux et vaste imaginé par Benserade, et où venaient se placer naturellement les merveilles de tous les arts
 Molière avait écrit cette pastorale pour le jeune Baron, qui faisait le rôle de Myrtil. Baron s'étant retiré de la troupe après le ballet du Roi, où les deux premiers actes furent représentés, Molière abandonna son projet et ne fit point les actes suivants.

ACTE PREMIER.

SCÈNE I.

DAPHNÉ, ÉROXÈNE, ACANTHE, TYRÈNE.

ACANTHE.
Ah ! charmante Daphné !
TYRÈNE.
Trop aimable Éroxène !
DAPHNÉ.
Acanthe, laisse-moi.
ÉROXÈNE.
Ne me suis point, Tyrène.
ACANTHE, à Daphné.
Pourquoi me chasses-tu?
TYRÈNE, à Éroxène.
Pourquoi fuis-tu mes pas ?
DAPHNÉ, à Acanthe.
Tu me plais loin de moi.
ÉROXÈNE, à Tyrène.
Je m'aime où tu n'es pas.
ACANTHE.
Ne cesseras-tu point cette rigueur mortelle?
TYRÈNE.
Ne cesseras-tu point de m'être si cruelle ?
DAPHNÉ.
Ne cesseras-tu point tes inutiles vœux?
ÉROXÈNE.
Ne cesseras-tu point de m'être si fâcheux ?
ACANTHE.
Si tu n'en prends pitié, je succombe à ma peine.
TYRÈNE.
Si tu ne me secours, ma mort est trop certaine.
DAPHNÉ.
Si tu ne veux partir, je quitterai ce lieu.

ÉROXÈNE.
Si tu veux demeurer, je te vais dire adieu.
ACANTHE.
Hé bien ! en m'éloignant, je te vais satisfaire.
TYRÈNE.
Mon départ va t'ôter ce qui peut te déplaire.
ACANTHE.
Généreuse Éroxène, en faveur de mes feux,
Daigne au moins, par pitié, lui dire un mot ou deux.
TYRÈNE.
Obligeante Daphné, parle à cette inhumaine
Et sache d'où, pour moi, procède tant de haine.

SCÈNE II.

DAPHNÉ, ÉROXÈNE.

ÉROXÈNE.
Acanthe a du mérite et t'aime tendrement :
D'où vient que tu lui fais un si dur traitement?
DAPHNÉ.
Tyrène vaut beaucoup et languit pour tes charmes :
D'où vient que sans pitié tu vois couler ses larmes?
ÉROXÈNE.
Puisque j'ai fait ici la demande avant toi,
La raison te condamne à répondre avant moi.
DAPHNÉ.
Pour tous les soins d'Acanthe on me voit inflexible,
Parce qu'à d'autres vœux je me trouve sensible.
ÉROXÈNE.
Je ne fais pour Tyrène éclater que rigueur,
Parce qu'un autre choix est maître de mon cœur.

DAPHNÉ.
Puis-je savoir de toi ce choix qu'on te voit taire?
ÉROXÈNE.
Oui, si tu veux du tien m'apprendre le mystère.
DAPHNÉ.
Sans te nommer celui qu'Amour m'a fait choisir,
Je puis facilement contenter ton désir;
Et, de la main d'Atis, ce peintre inimitable,
J'en garde, dans ma poche, un portrait admirable,
Qui jusqu'au moindre trait lui ressemble si fort,
Qu'il est sûr que tes yeux le connoîtront d'abord.
ÉROXÈNE.
Je puis te contenter par une même voie,
Et payer ton secret en pareille monnoie.
J'ai, de la main aussi de ce peintre fameux,
Un aimable portrait de l'objet de mes vœux,
Si plein de tous ses traits et de sa grâce extrême,
Que tu pourras d'abord te le nommer toi-même.
DAPHNÉ.
La boîte que le peintre a fait faire pour moi,
Est tout à fait semblable à celle que je voi.
ÉROXÈNE.
Il est vrai, l'une à l'autre entièrement ressemble;
Et, certe, il faut qu'Atis les ait fait faire ensemble.
DAPHNÉ.
Faisons en même temps, par un peu de couleurs,
Confidence à nos yeux du secret de nos cœurs.
ÉROXÈNE.
Voyons à qui plus vite entendra ce langage,
Et qui parle le mieux de l'un ou l'autre ouvrage.
DAPHNÉ.
La méprise est plaisante, et tu te brouilles bien;
Au lieu de ton portrait, tu m'as rendu le mien.
ÉROXÈNE.
Il est vrai; je ne sais comme j'ai fait la chose.
DAPHNÉ.
Donne. De cette erreur ta rêverie est cause.
ÉROXÈNE.
Que veut dire ceci? Nous nous jouons, je croi.
Tu fais de ces portraits même chose que moi.
DAPHNÉ.
Certes, c'est pour en rire, et tu peux me le rendre.
ÉROXÈNE, *mettant les deux portraits l'un à côté de l'autre.*
Voici le vrai moyen de ne point se méprendre.
DAPHNÉ.
De mes sens prévenus est-ce une illusion?
ÉROXÈNE.
Mon âme sur mes yeux fait-elle impression?
DAPHNÉ.
Myrtil à mes regards s'offre dans cet ouvrage.
ÉROXÈNE.
De Myrtil, dans ces traits, je rencontre l'image.
DAPHNÉ.
C'est le jeune Myrtil qui fait naître mes feux.
ÉROXÈNE.
C'est au jeune Myrtil que tendent tous mes vœux.
DAPHNÉ.
Je venois aujourd'hui te prier de lui dire
Les soins que, pour son sort, son mérite m'inspire.

ÉROXÈNE.
Je venois te chercher pour servir mon ardeur,
Dans le dessein que j'ai de m'assurer son cœur.
DAPHNÉ.
Cette ardeur qu'il t'inspire est-elle si puissante?
ÉROXÈNE.
L'aimes-tu d'une amour qui soit si violente?
DAPHNÉ.
Il n'est point de froideur qu'il ne puisse enflammer
Et sa grâce naissante a de quoi tout charmer.
ÉROXÈNE.
Il n'est nymphe en l'aimant qui ne se tînt heureuse,
Et Diane sans honte en seroit amoureuse.
DAPHNÉ.
Rien que son air charmant ne me touche aujourd'hui,
Et, si j'avois cent cœurs, ils seroient tous pour lui.
ÉROXÈNE.
Il efface à mes yeux tout ce qu'on voit paroître,
Et si j'avois un sceptre, il en seroit le maître.
DAPHNÉ.
Ce seroit donc en vain qu'à chacune, en ce jour,
On nous voudroit du sein arracher cet amour;
Nos âmes dans leurs vœux sont trop bien affermies.
Ne tâchons, s'il se peut, qu'à demeurer amies;
Et, puisqu'en même temps, pour le même sujet,
Nous avons toutes deux formé même projet,
Mettons dans ce débat la franchise en usage,
Ne prenons l'une et l'autre aucun lâche avantage,
Et courons nous ouvrir ensemble à Lycarsis
Des tendres sentiments où nous jette son fils.
ÉROXÈNE.
J'ai peine à concevoir, tant la surprise est forte,
Comme un tel fils est né d'un père de la sorte;
Et sa taille, son air, sa parole et ses yeux,
Feroient croire qu'il est issu du sang des dieux.
Mais enfin j'y souscris, courons trouver ce père;
Allons lui de nos cœurs découvrir le mystère,
Et consentons qu'après, Myrtil entre nous deux
Décide par son choix ce combat de nos vœux.
DAPHNÉ.
Soit. Je vois Lycarsis avec Mopse et Nicandre;
Ils pourront le quitter, cachons-nous pour attendre.

SCÈNE III.

LYCARSIS, MOPSE, NICANDRE.

NICANDRE, *à Lycarsis.*
Dis-nous donc ta nouvelle.
LYCARSIS.
Ah! que vous me pressez!
Cela ne se dit pas comme vous le pensez.
MOPSE.
Que de sottes façons et que de badinage!
Ménalque, pour chanter, n'en fait pas davantage.
LYCARSIS.
Parmi les curieux des affaires d'État,
Une nouvelle à dire est d'un puissant éclat.

Je me veux mettre un peu sur l'homme d'importance,
Et jouir quelque temps de votre impatience.
NICANDRE.
Veux-tu, par tes délais, nous fatiguer tous deux?
MOPSE.
Prends-tu quelque plaisir à te rendre fâcheux?
NICANDRE.
De grâce, parle, et mets ces mines en arrière.

LYCARSIS.
Priez-moi donc tous deux de la bonne manière,
Et me dites chacun quel don vous me ferez,
Pour obtenir de moi ce que vous désirez.
MOPSE.
La peste soit du fat! laissons-le là, Nicandre :
Il brûle de parler, bien plus que nous d'entendre.
Sa nouvelle lui pèse, il veut s'en décharger;

LYCARSIS. — Je m'en vais vous le dire, écoutez. (Acte I, scène III.)

Et ne l'écouter pas est le faire enrager.
LYCARSIS.
Eh!
NICANDRE.
Te voilà puni de tes façons de faire.
LYCARSIS.
Je m'en vais vous le dire, écoutez.
MOPSE.
Point d'affaire.

LYCARSIS.
Quoi! vous ne voulez pas m'entendre?
NICANDRE.
Non.
LYCARSIS.
Hé bien!
Je ne dirai donc mot et vous ne saurez rien.
MOPSE.
Soit.

LYCARSIS.
Vous ne saurez pas qu'avec magnificence
Le roi vient honorer Tempé de sa présence;
Qu'il entra dans Larisse hier sur le haut du jour;
Qu'à l'aise je l'y vis avec toute sa cour;
Que ces bois vont jouir aujourd'hui de sa vue,
Et qu'on raisonne fort touchant cette venue.
NICANDRE.
Nous n'avons pas envie aussi de rien savoir.
LYCARSIS.
Je vis cent choses là, ravissantes à voir.
Ce ne sont que seigneurs, qui, des pieds à la tête,
Sont brillans et parés comme au jour d'une fête;
Ils surprennent la vue; et nos prés au printemps,
Avec toutes leurs fleurs, sont bien moins éclatans.
Pour le prince, entre tous sans peine on le remarque,
Et d'une stade loin il sent son grand monarque;
Dans toute sa personne il a je ne sais quoi
Qui d'abord fait juger que c'est un maître roi.
Il le fait d'une grâce à nulle autre seconde,
Et cela, sans mentir, lui sied le mieux du monde.
On ne croiroit jamais comme de toutes parts
Toute sa cour s'empresse à chercher ses regards
Ce sont autour de lui confusions plaisantes;
Et l'on diroit d'un tas de mouches reluisantes
Qui suivent en tous lieux un doux rayon de miel;
Enfin l'on ne voit rien de si beau sous le ciel,
Et la fête de Pan, parmi nous si chérie,
Auprès de ce spectacle est une gueuserie.
Mais, puisque sur le fier vous vous tenez si bien,
Je garde ma nouvelle, et ne veux dire rien.
MOPSE.
Et nous ne te voulons aucunement entendre.
LYCARSIS.
Allez vous promener.
MOPSE.
Va-t'en te faire pendre.

SCÈNE IV.

ÉROXÈNE, DAPHNÉ, LYCARSIS.

LYCARSIS, *se croyant seul.*
C'est de cette façon que l'on punit les gens,
Quand ils font les benêts et les impertinens.
DAPHNÉ.
Le ciel tienne, pasteur, vos brebis toujours saines!
ÉROXÈNE.
Cérès tienne de grains vos granges toujours pleines!
LYCARSIS.
Et le grand Pan vous donne à chacune un époux
Qui vous aime beaucoup et soit digne de vous!
DAPHNÉ.
Ah! Lycarsis, nos vœux à même but aspirent.
ÉROXÈNE.
C'est pour le même objet que nos deux cœurs soupirent.
DAPHNÉ.
Et l'Amour, cet enfant qui cause nos langueurs,
A pris chez vous le trait dont il blesse nos cœurs.

ÉROXÈNE.
Et nous venons ici chercher votre alliance,
Et voir qui de nous deux aura la préférence.
LYCARSIS.
Nymphes....
DAPHNÉ.
Pour ce bien seul nous poussons des soupirs.
LYCARSIS.
Je suis....
ÉROXÈNE.
A ce bonheur tendent tous nos désirs.
DAPHNÉ.
C'est un peu librement exprimer sa pensée.
LYCARSIS.
Pourquoi?
ÉROXÈNE.
La bienséance y semble un peu blessée.
LYCARSIS.
Ah! point.
DAPHNÉ.
Mais quand le cœur brûle d'un noble feu,
On peut sans nulle honte en faire un libre aveu.
LYCARSIS.
Je....
ÉROXÈNE.
Cette liberté nous peut être permise,
Et du choix de nos cœurs la beauté l'autorise.
LYCARSIS.
C'est blesser ma pudeur que me flatter ainsi.
ÉROXÈNE.
Non, non, n'affectez point de modestie ici.
DAPHNÉ.
Enfin, tout notre bien est en votre puissance.
ÉROXÈNE.
C'est de vous que dépend notre unique espérance.
DAPHNÉ.
Trouverons-nous en vous quelques difficultés?
LYCARSIS.
Ah!
ÉROXÈNE.
Nos vœux, dites-moi, seront-ils rejetés?
LYCARSIS.
Non, j'ai reçu du ciel une âme peu cruelle:
Je tiens de feu ma femme; et je me sens, comme elle,
Pour les désirs d'autrui beaucoup d'humanité,
Et je ne suis point homme à garder de fierté.
DAPHNÉ.
Accordez donc Myrtil à notre amoureux zèle,
ÉROXÈNE.
Et souffrez que son choix règle notre querelle.
LYCARSIS.
Myrtil?
DAPHNÉ.
Oui. C'est Myrtil que de vous nous voulons.
ÉROXÈNE.
De qui pensez-vous donc qu'ici nous vous parlons?
LYCARSIS.
Je ne sais; mais Myrtil n'est guère dans un âge
Qui soit propre à ranger au joug du mariage.
DAPHNÉ.
Son mérite naissant peut frapper d'autres yeux;

Et l'on veut s'engager un bien si précieux,
Prévenir d'autres cœurs, et braver la fortune
Sous les fermes liens d'une chaîne commune.
ÉROXÈNE.
Comme, par son esprit et ses autres brillans,
Il rompt l'ordre commun, et devance le temps,
Notre flamme pour lui veut en faire de même,
Et régler tous ses vœux sur son mérite extrême.
LYCARSIS.
Il est vrai qu'à son âge il surprend quelquefois ;
Et cet Athénien qui fut chez moi vingt mois,
Qui, le trouvant joli, se mit en fantaisie
De lui remplir l'esprit de sa philosophie,
Sur de certains discours l'a rendu si profond,
Que, tout grand que je suis, souvent il me confond.
Mais, avec tout cela, ce n'est encor qu'enfance,
Et son fait est mêlé de beaucoup d'innocence.
DAPHNÉ.
Il n'est point tant enfant, qu'à le voir chaque jour
Je ne le croie atteint déjà d'un peu d'amour ;
Et plus d'une aventure à mes yeux s'est offerte,
Où j'ai connu qu'il suit la jeune Mélicerte.
ÉROXÈNE.
Ils pourroient bien s'aimer, et je vois....
LYCARSIS.
       Franc abus.
Pour elle, passe encore, elle a deux ans de plus ;
Et deux ans, dans son sexe, est une grande avance.
Mais pour lui le jeu seul l'occupe tout, je pense,
Et les petits désirs de se voir ajusté
Ainsi que les bergers de haute qualité.
DAPHNÉ.
Enfin, nous désirons, par le nœud d'hyménée,
Attacher sa fortune à notre destinée.
ÉROXÈNE.
Nous voulons l'une et l'autre, avec pareille ardeur,
Nous assurer de loin l'empire de son cœur.
LYCARSIS.
Je m'en tiens honoré plus qu'on ne sauroit croire.
Je suis un pauvre pâtre ; et ce m'est trop de gloire
Que deux nymphes, d'un rang le plus haut du pays,
Disputent à se faire un époux de mon fils.
Puisqu'il vous plaît qu'ainsi la chose s'exécute,
Je consens que son choix règle votre dispute ;
Et celle qu'à l'écart laissera cet arrêt
Pourra, pour son recours, m'épouser s'il lui plaît.
C'est toujours même sang, et presque même chose.
Mais le voici. Souffrez qu'un peu je le dispose.
Il tient quelque moineau qu'il a pris fraîchement ;
Et voilà ses amours et son attachement.

SCÈNE V.

ÉROXÈNE, DAPHNÉ ET LYCARSIS, *dans le fond du théâtre*, MYRTIL.

MYRTIL, *se croyant seul, et tenant un moineau dans une cage.*
Innocente petite bête,
 Qui, contre ce qui vous arrête,
 Vous débattez tant à mes yeux,
De votre liberté ne plaignez point la perte ;
 Votre destin est glorieux,
 Je vous ai pris pour Mélicerte ;

Elle vous baisera, vous prenant dans sa main ;
 Et de vous mettre en son sein,
 Elle vous fera la grâce.
Est-il un sort au monde et plus doux et plus beau ?
Et qui des rois, hélas ! heureux petit moineau,
 Ne voudroit être en votre place ?
LYCARSIS.
Myrtil, Myrtil, un mot. Laissons là ces joyaux ;
Il s'agit d'autre chose ici que de moineaux.
Ces deux nymphes, Myrtil, à la fois te prétendent.
Et, tout jeune, déjà pour époux te demandent.
Je dois par un hymen t'engager à leurs vœux,
Et c'est toi que l'on veut qui choisisses des deux.
MYRTIL.
Ces nymphes ?
LYCARSIS.
    Oui. Des deux tu peux en choisir une.
Vois quel est ton bonheur, et bénis la fortune.
MYRTIL.
Ce choix qui m'est offert peut-il m'être un bonheur,
S'il n'est aucunement souhaité de mon cœur ?
LYCARSIS.
Enfin, qu'on le reçoive ; et que, sans se confondre,
A l'honneur qu'elles font on songe à bien répondre.
ÉROXÈNE.
Malgré cette fierté qui règne parmi nous,
Deux nymphes, ô Myrtil ! viennent s'offrir à vous,
Et de vos qualités les merveilles écloses
Font que nous renversons ici l'ordre des choses.
DAPHNÉ.
Nous vous laissons, Myrtil, pour l'avis le meilleur,
Consulter sur ce choix vos yeux et votre cœur ;
Et nous n'en voulons point prévenir les suffrages
Par un récit paré de tous nos avantages.
MYRTIL.
C'est me faire un honneur dont l'éclat me surprend ;
Mais cet honneur, pour moi, je l'avoue, est trop grand.
A vos rares bontés il faut que je m'oppose ;
Pour mériter ce sort je suis trop peu de chose ;
Et je serois fâché, quels qu'en soient les appas,
Qu'on vous blâmât pour moi de faire un choix trop bas.
ÉROXÈNE.
Contentez nos désirs, quoi qu'on en puisse croire,
Et ne vous chargez point du soin de notre gloire.
DAPHNÉ.
Non, ne descendez point dans ces humilités,
Et laissez-nous juger ce que vous méritez.
MYRTIL.
Le choix qui m'est offert s'oppose à votre attente
Et peut seul empêcher que mon cœur vous contente.
Le moyen de choisir de deux grandes beautés,
Égales en naissance et rares qualités ?
Rejeter l'une ou l'autre est un crime effroyable,
Et n'en choisir aucune est bien plus raisonnable.

ÉROXÈNE.
Mais en faisant refus de répondre à nos vœux,
Au lieu d'une, Myrtil, vous en outragez deux.
DAPHNÉ.
Puisque nous consentons à l'arrêt qu'on peut rendre,
Ces raisons ne font rien à vouloir s'en défendre.
MYRTIL.
Hé bien ! si ces raisons ne vous satisfont pas,
Celle-ci le fera : j'aime d'autres appas ;
Et je sens bien qu'un cœur qu'un bel objet engage,
Est insensible et sourd à tout autre avantage.
LYCARSIS.
Comment donc ! Qu'est ceci ? Qui l'eût pu présumer ?
Et savez-vous, morveux, ce que c'est que d'aimer ?
MYRTIL.
Sans savoir ce que c'est, mon cœur a su le faire.
LYCARSIS.
Mais cet amour me choque et n'est pas nécessaire.
MYRTIL.
Vous ne deviez donc pas, si cela vous déplaît,
Me faire un cœur sensible et tendre comme il est.
LYCARSIS.
Mais ce cœur que j'ai fait, me doit obéissance.
MYRTIL.
Oui, lorsque d'obéir il est en sa puissance.
LYCARSIS.
Mais enfin, sans mon ordre, il ne doit point aimer.
MYRTIL.
Que n'empêchiez-vous donc que l'on pût le charmer ?
LYCARSIS.
Hé bien ! je vous défends que cela continue.
MYRTIL.
La défense, j'ai peur, sera trop tard venue.
LYCARSIS.
Quoi ! les pères n'ont pas des droits supérieurs ?
MYRTIL.
Les dieux, qui sont bien plus, ne forcent point les cœurs.
LYCARSIS.
Les dieux.... Paix, petit sot. Cette philosophie
Me....

DAPHNÉ.
Ne vous mettez point en courroux, je vous prie.
LYCARSIS.
Non : je veux qu'il se donne à l'une pour époux,
Ou je vais lui donner le fouet tout devant vous.
Ah ! ah ! je vous ferai sentir que je suis père.
DAPHNÉ.
Traitons, de grâce, ici les choses sans colère.
Peut-on savoir de vous cet objet si charmant,
Dont la beauté, Myrtil, vous a fait son amant ?
MYRTIL.
Mélicerte, madame. Elle en peut faire d'autres.
ÉROXÈNE.
Vous comparez, Myrtil, ses qualités aux nôtres ?
DAPHNÉ.
Le choix d'elle et de nous est assez inégal.
MYRTIL.
Nymphes, au nom des dieux, n'en dites point de mal :
Daignez considérer, de grâce, que je l'aime,
Et ne me jetez point dans un désordre extrême.
Si j'outrage en l'aimant vos célestes attraits,
Elle n'a point de part au crime que je fais ;
C'est de moi, s'il vous plaît, que vient toute l'offense.
Il est vrai, d'elle à vous, je sais la différence ;
Mais par sa destinée on se trouve enchaîné,
Et je sens bien enfin que le ciel m'a donné
Pour vous tout le respect, nymphes, imaginable,
Pour elle tout l'amour dont une âme est capable.
Je vois, à la rougeur qui vient de vous saisir,
Que ce que je vous dis ne vous fait pas plaisir.
Si vous parlez, mon cœur appréhende d'entendre
Ce qui peut le blesser par l'endroit le plus tendre ;
Et, pour me dérober à de semblables coups,
Nymphes, j'aime bien mieux prendre congé de vous.
LYCARSIS.
Myrtil, holà ! Myrtil ! Veux-tu revenir, traître ?
Il fuit ; mais on verra qui de nous est le maître.
Ne vous effrayez point de tous ces vains transports ;
Vous l'aurez pour époux, j'en réponds corps pour corps.

FIN
DU
PREMIER ACTE

ACTE DEUXIÈME.

SCÈNE I.
MÉLICERTE, CORINNE.

MÉLICERTE.
Ah! Corinne, tu viens de l'apprendre de Stelle,
Et c'est de Lycarsis qu'elle tient la nouvelle?
CORINNE.
Oui.
MÉLICERTE.
   Que les qualités dont Myrtil est orné
Ont su toucher d'amour Éroxène et Daphné?
CORINNE.
Oui.
MÉLICERTE.
   Que pour l'obtenir leur ardeur est si grande,
Qu'ensemble elles en ont déjà fait la demande?
Et que, dans ce débat, elles ont fait dessein
De passer, dès cette heure, à recevoir sa main?
Ah! que tes mots ont peine à sortir de ta bouche!
Et que c'est foiblement que mon souci te touche!
CORINNE.
Mais quoi! que voulez-vous? C'est là la vérité,
Et vous redites tout comme je l'ai conté.
MÉLICERTE.
Mais comment Lycarsis reçoit-il cette affaire?
CORINNE.
Comme un honneur, je crois, qui doit beaucoup lui plaire.
MÉLICERTE.
Et ne vois-tu pas bien, toi qui sais mon ardeur,
Qu'avec ces mots, hélas! tu me perces le cœur?
CORINNE.
Comment?
MÉLICERTE.
   Me mettre aux yeux que le sort implacable,
Auprès d'elles, me rend trop peu considérable,
Et qu'à moi, par leur rang, on les va préférer,
N'est-ce pas une idée à me désespérer?
CORINNE.
Mais quoi! je vous réponds, et dis ce que je pense.
MÉLICERTE.
Ah! tu me fais mourir par ton indifférence.
Mais, dis, quels sentimens Myrtil a-t-il fait voir?
CORINNE.
Je ne sais.
MÉLICERTE.
   Et c'est là ce qu'il falloit savoir,
Cruelle!
CORINNE.
   En vérité, je ne sais comment faire,
Et de tous les côtés je trouve à vous déplaire.
MÉLICERTE.
C'est que tu n'entres point dans tous les mouvemens
D'un cœur, hélas! rempli de tendres sentimens.
Va-t'en : laisse-moi seule, en cette solitude,
Passer quelques moments de mon inquiétude.

SCÈNE II.
MÉLICERTE, seule.

Vous le voyez, mon cœur, ce que c'est que d'aimer,
Et Bélise avoit su trop bien m'en informer.
Cette charmante mère, avant sa destinée,
Me disoit une fois sur le bord du Pénée :
« Ma fille, songe à toi; l'amour aux jeunes cœurs
Se présente toujours entouré de douceurs.
D'abord il n'offre aux yeux que choses agréables;
Mais il traîne après lui des troubles effroyables;

Et, si tu veux passer tes jours dans quelque paix,
Toujours comme d'un mal défends-toi de ses traits. »
De ces leçons, mon cœur, je m'étois souvenue ;
Et quand Myrtil venoit à s'offrir à ma vue,
Qu'il jouoit avec moi, qu'il me rendoit des soins,
Je vous disois toujours de vous y plaire moins.
Vous ne me crûtes point ; et votre complaisance
Se vit bientôt changée en trop de bienveillance.
Dans ce naissant amour qui flattoit vos désirs,
Vous ne vous figuriez que joie et que plaisirs :
Cependant vous voyez la cruelle disgrâce
Dont en ce triste jour le destin vous menace,
Et la peine mortelle où vous voilà réduit.
Ah ! mon cœur ! ah ! mon cœur ! je vous l'avois bien dit.
Mais tenons, s'il se peut, notre douleur couverte.
Voici....

SCÈNE III.

MYRTIL, MÉLICERTE.

MYRTIL.

J'ai fait tantôt, charmante Mélicerte,
Un petit prisonnier que je garde pour vous,
Et dont peut-être un jour je deviendrai jaloux.
C'est un jeune moineau, qu'avec un soin extrême
Je veux, pour vous l'offrir, apprivoiser moi-même.
Le présent n'est pas grand ; mais les divinités
Ne jettent leurs regards que sur les volontés.
C'est le cœur qui fait tout ; et jamais la richesse
Des présens que.... Mais, ciel ! d'où vient cette tristesse ?
Qu'avez-vous, Mélicerte, et quel sombre chagrin
Se voit dans vos beaux yeux répandu ce matin ?
Vous ne répondez point ; et ce morne silence
Redouble encor ma peine et mon impatience.
Parlez. De quel ennui ressentez-vous les coups ?
Qu'est-ce donc ?

MÉLICERTE.
Ce n'est rien.

MYRTIL.
Ce n'est rien, dites-vous ?
Et je vois cependant vos yeux couverts de larmes.
Cela s'accorde-t-il, beauté pleine de charmes ?
Ah ! ne me faites point un secret dont je meurs,
Et m'expliquez, hélas ! ce que disent ces pleurs.

MÉLICERTE.
Rien ne me serviroit de vous le faire entendre.

MYRTIL.
Devez-vous rien avoir que je ne doive apprendre ?
Et ne blessez-vous pas notre amour aujourd'hui,
De vouloir me voler ma part de votre ennui ?
Ah ! ne le cachez point à l'ardeur qui m'inspire.

MÉLICERTE.
Hé bien, Myrtil, hé bien ! il faut donc vous le dire.
J'ai su que, par un choix plein de gloire pour vous,
Éroxène et Daphné vous veulent pour époux ;
Et je vous avouerai que j'ai cette foiblesse,
De n'avoir pu, Myrtil, le savoir sans tristesse,
Sans accuser du sort la rigoureuse loi,
Qui les rend, dans leurs vœux, préférables à moi.

MYRTIL.
Et vous pouvez l'avoir, cette injuste tristesse !
Vous pouvez soupçonner mon amour de foiblesse,
Et croire qu'engagé par des charmes si doux,
Je puisse être à jamais à quelque autre qu'à vous !
Que je puisse accepter une autre main offerte !
Hé ! que vous ai-je fait, cruelle Mélicerte,
Pour traiter ma tendresse avec tant de rigueur,
Et faire un jugement si mauvais de mon cœur ?
Quoi ! faut-il que de lui vous ayez quelque crainte ?
Je suis bien malheureux de souffrir cette atteinte :
Et que me sert d'aimer comme je le fais, hélas !
Si vous êtes si prête à ne le croire pas ?

MÉLICERTE.
Je pourrois moins, Myrtil, redouter ces rivales,
Si les choses étoient de part et d'autre égales ;
Et, dans un rang pareil, j'oserois espérer
Que peut-être l'amour me feroit préférer ;
Mais l'inégalité de bien et de naissance
Qui peut, d'elles à moi, faire la différence....

MYRTIL.
Ah ! leur rang de mon cœur ne viendra point à bout,
Et vos divins appas vous tiennent lieu de tout.
Je vous aime : il suffit ; et, dans votre personne,
Je vois rang, biens, trésors, États, sceptre, couronne ;
Et des rois les plus grands m'offrît-on le pouvoir,
Je n'y changerois pas le bien de vous avoir.
C'est une vérité toute sincère et pure,
Et pouvoir en douter est me faire une injure.

MÉLICERTE.
Hé bien ! je crois, Myrtil, puisque vous le voulez,
Que vos vœux, par leur rang, ne sont point ébranlés,
Et que, bien qu'elles soient nobles, riches et belles,
Votre cœur m'aime assez pour me mieux aimer qu'elles.
Mais ce n'est pas de l'amour dont vous suivrez la voix :
Votre père, Myrtil, règlera votre choix ;
Et de même qu'à vous, je ne lui suis pas chère,
Pour préférer à tout une simple bergère.

MYRTIL.
Non, chère Mélicerte, il n'est père ni dieux
Qui me puissent forcer à quitter vos beaux yeux ;
Et toujours de mes vœux, reine comme vous êtes ...

MÉLICERTE.
Ah ! Myrtil, prenez garde à ce qu'ici vous faites :
N'allez point présenter un espoir à mon cœur
Qu'il recevroit peut-être avec trop de douceur,
Et qui, tombant après comme un éclair qui passe,
Me rendroit plus cruel le coup de ma disgrâce.

MYRTIL.
Quoi ! faut-il des sermens appeler le secours,
Lorsque l'on vous promet de vous aimer toujours ?
Que vous vous faites tort par de telles alarmes
Et connoissez bien peu le pouvoir de vos charmes !
Hé bien ! puisqu'il le faut, je jure par les dieux,
Et si ce n'est assez, je jure par vos yeux,
Qu'on me tuera plutôt que je vous abandonne ;
Recevez-en ici la foi que je vous donne ;
Et souffrez que ma bouche, avec ravissement,
Sur cette belle main en signe le serment.

MÉLICERTE.
Ah! Myrtil, levez-vous, de peur qu'on ne nous voie.
MYRTIL.
Est-il rien?... Mais, ô ciel! on vient troubler ma joie?

SCÈNE IV.
LYCARSIS, MYRTIL, MÉLICERTE.

LYCARSIS.
Ne vous contraignez pas pour moi.
MÉLICERTE, *à part.*
Quel sort fâcheux!
LYCARSIS.
Cela ne va pas mal : continuez tous deux.
Peste! mon petit fils, que vous avez l'air tendre,
Et qu'en maître déjà vous savez vous y prendre!
Vous a-t-il, ce savant qu'Athènes exila,
Dans sa philosophie appris ces choses-là?
Et vous qui lui donnez, de si douce manière,
Votre main à baiser, la gentille bergère,
L'honneur vous apprend-il ces mignardes douceurs
Par qui vous débauchez ainsi les jeunes cœurs?
MYRTIL.
Ah! quittez de ces mots l'outrageante bassesse,
Et ne m'accablez point d'un discours qui la blesse.
LYCARSIS.
Je veux lui parler, moi. Toutes ces amitiés....
MYRTIL.
Je ne souffrirai point que vous la maltraitiez.
A du respect pour vous la naissance m'engage;
Mais je saurai, sur moi, vous punir de l'outrage.
Oui, j'atteste le ciel que si, contre mes vœux,
Vous lui dites encor le moindre mot fâcheux,
Je vais, avec ce fer qui m'en fera justice,
Au milieu de mon sein vous chercher un supplice;
Et par mon sang versé lui marquer promptement
L'éclatant désaveu de votre emportement.
MÉLICERTE.
Non, non, ne croyez pas qu'avec art je l'enflamme,
Et que mon dessein soit de séduire son âme.
S'il s'attache à me voir et me veut quelque bien,
C'est de son mouvement : je ne l'y force en rien.
Ce n'est pas que mon cœur veuille ici se défendre
De répondre à ses vœux d'une ardeur assez tendre;
Je l'aime, je l'avoue, autant qu'on puisse aimer :
Mais cet amour n'a rien qui vous doive alarmer;
Et, pour vous arracher toute injuste créance,
Je vous promets ici d'éviter sa présence,
De faire place au choix où vous vous résoudrez,
Et ne souffrir ses vœux que quand vous le voudrez.

SCÈNE V.
LYCARSIS, MYRTIL.

MYRTIL.
Hé bien! vous triomphez avec cette retraite,
Et dans ces mots, votre âme a ce qu'elle souhaite;
Mais apprenez qu'en vain vous vous réjouissez,
Que vous serez trompé dans ce que vous pensez,
Et qu'avec tous vos soins, toute votre puissance,
Vous ne gagnerez rien sur ma persévérance.
LYCARSIS.
Comment! à quel orgueil, fripon, vous vois-je aller?
Est-ce de la façon que l'on me doit parler?
MYRTIL.
Oui, j'ai tort, il est vrai : mon transport n'est pas sage;
Pour rentrer au devoir, je change de langage;
Et je vous prie ici, mon père, au nom des dieux,
Et par tout ce qui peut vous être précieux,
De ne vous point servir, dans cette conjoncture,
Des fiers droits que sur moi vous donne la nature :
Ne m'empoisonnez point les bienfaits les plus doux.
Le jour est un présent que j'ai reçu de vous;
Mais de quoi vous serai-je aujourd'hui redevable,
Si vous me l'allez rendre, hélas! insupportable?
Il est, sans Mélicerte, un supplice à mes yeux;
Sans ses divins appas rien ne m'est précieux;
Ils font tout mon bonheur et toute mon envie;
Et, si vous me l'ôtez, vous m'arrachez la vie.
LYCARSIS, *à part.*
Aux douleurs de son âme il me fait prendre part.
Qui l'auroit jamais cru de ce petit pendard?
Quel amour! quels transports! quels discours pour son âge!
J'en suis confus, et sens que cet amour m'engage.
MYRTIL, *se jetant aux genoux de Lycarsis.*
Voyez, me voulez-vous ordonner de mourir?
Vous n'avez qu'à parler : je suis prêt d'obéir.
LYCARSIS, *à part.*
Je n'y puis plus tenir : il m'arrache des larmes,
Et ses tendres propos me font rendre les armes.
MYRTIL.
Que si, dans votre cœur un reste d'amitié
Vous peut de mon destin donner quelque pitié,
Accordez Mélicerte à mon ardente envie,
Et vous ferez bien plus que me donner la vie.
LYCARSIS.
Lève-toi.
MYRTIL.
Serez-vous sensible à mes soupirs?
LYCARSIS.
Oui.
MYRTIL.
J'obtiendrai de vous l'objet de mes désirs?
LYCARSIS.
Oui.
MYRTYL.
Vous ferez pour moi que son oncle l'oblige
A me donner sa main?
LYCARSIS.
Oui. Lève-toi, te dis-je.
MYRTIL.
O père, le meilleur qui jamais ait été,
Que je baise vos mains après tant de bonté!
LYCARSIS.
Ah! que pour ses enfans un père a de foiblesse!
Peut-on rien refuser à leurs mots de tendresse!

Et ne se sent-on pas certains mouvemens doux,
Quand on vient à songer que cela sort de vous?
MYRTIL.
Me tiendrez-vous au moins la parole avancée?
Ne changerez-vous point, dites-moi, de pensée?
LYCARSIS.
Non.
MYRTIL.
Me permettez-vous de vous désobéir,
Si de ces sentimens on vous fait revenir?
Prononcez le mot.
LYCARSIS.
Oui. Ah! nature! nature!
Je m'en vais trouver Mopse, et lui faire ouverture
De l'amour que sa nièce et toi vous vous portez.
MYRTIL.
Ah! que ne dois-je point à vos rares bontés!
(*Seul.*)
Quelle heureuse nouvelle à dire à Mélicerte!
Je n'accepterois pas une couronne offerte,
Pour le plaisir que j'ai de courir lui porter
Ce merveilleux succès qui la doit contenter.

SCÈNE VI.
ACANTHE, TYRÈNE, MYRTIL.

ACANTHE.
Ah! Myrtil, vous avez du ciel reçu des charmes
Qui nous ont préparé des matières de larmes;
Et leur naissant éclat, fatal à nos ardeurs,
De ce que nous aimons nous enlève les cœurs.
TYRÈNE.
Peut-on savoir, Myrtil, vers qui de ces deux belles
Vous tournerez ce choix dont courent les nouvelles.
Et sur qui doit de nous tomber ce coup affreux
Dont se voit foudroyé tout l'espoir de nos vœux?
ACANTHE.
Ne faites point languir deux amans davantage.
Et nous dites quel sort votre cœur nous partage.
TYRÈNE.
Il vaut mieux, quand on craint ces malheurs éclatans,
En mourir tout d'un coup, que traîner si longtemps.
MYRTIL.
Rendez, nobles bergers, le calme à votre flamme;
La belle Mélicerte a captivé mon âme.,
Auprès de cet objet mon sort est assez doux,
Pour ne pas consentir à rien prendre sur vous;
Et si vos vœux enfin n'ont que les miens à craindre,
Vous n'aurez, l'un ni l'autre, aucun lieu de vous plaindre.
ACANTHE.
Ah! Myrtil, se peut-il que deux tristes amans?
TYRÈNE.
Est-il vrai que le ciel, sensible à nos tourmens?
MYRTIL.
Oui, content de mes fers comme d'une victoire,
Je me suis excusé de ce choix plein de gloire;
J'ai de mon père encor changé les volontés,
Et l'ai fait consentir à mes félicités.
ACANTHE, *à Tyrène*.
Ah! que cette aventure est un charmant miracle,
Et qu'à notre poursuite elle ôte un grand obstacle!
TYRÈNE, *à Acanthe*.
Elle peut renvoyer ces nymphes à nos vœux,
Et nous donner moyen d'être contens tous deux.

SCÈNE VII.
NICANDRE, MYRTIL, ACANTHE, TYRÈNE

NICANDRE.
Savez-vous en quel lieu Mélicerte est cachée?
MYRTIL.
Comment?
NICANDRE.
En diligence elle est partout cherchée.
MYRTIL.
Et pourquoi?
NICANDRE.
Nous allons perdre cette beauté.
C'est pour elle qu'ici le roi s'est transporté;
Avec un grand seigneur on dit qu'il la marie.
MYRTIL.
O ciel! expliquez-moi ce discours, je vous prie.
NICANDRE.
Ce sont des incidens grands et mystérieux.
Oui, le roi vient chercher Mélicerte en ces lieux;
Et l'on dit qu'autrefois feu Bélise sa mère,
Dont tout Tempé croyoit que Mopse étoit le frère....
Mais je me suis chargé de la chercher partout:
Vous saurez tout cela tantôt, de bout en bout,
MYRTIL.
Ah! dieux! quelle rigueur! Hé! Nicandre, Nicandre!
ACANTHE.
Suivons aussi ses pas, afin de tout apprendre.

FIN DU DEUXIÈME ACTE.

PERSONNAGES ET ACTEURS

DE LA PASTORALE.

IRIS, jeune bergère,	Mlle de BRIE.
LYCAS, riche pasteur, amant d'Iris.	MOLIÈRE.
PHILÈNE, riche pasteur, amant d'Iris.	ESTIVAL.
CORYDON, jeune berger, confident de Lycas, amant d'Iris.	LA GRANGE.
UN PATRE, ami de Philène.	CHATEAUNEUF
UN BERGER.	BLONDEL.

PERSONNAGES ET ACTEURS

DU BALLET.

MAGICIENS, dansans.	LA PIERRE, FAVIER.
MAGICIENS, chantans.	LE GROS, DON, GAYE.
DÉMONS, dansans.	CHICANEAU, BONARD, NOBLET le cadet, ARNALD, MAYEU, FOIGNARD.
PAYSANS.	DOLIVET, DESONETS, DU PRON, LA PIERRE, MERCIER, PESAN, LE ROY.
UNE ÉGYPTIENNE, chantante et dansante.	NOBLET l'aîné.
ÉGYPTIENS, dansans.	Quatre jouant de la guitare : LULLI, BEAUCHAMP, CHICANEAU, VAIGART ; quatre jouant des castagnettes : FAVIER, BONARD, SAINT-ANDRÉ, ARNALD ; quatre jouant des gnacares : LA MARRE, DES-AIRS second, DU FEU, PESAN.

La scène est en Thessalie, dans un hameau de la vallée de Tempé.

Cette pastorale comique faisait partie, comme *Mélicerte*, du *Ballet des Muses*. Elle fut mise en musique par Lulli.

SCÈNE I.

LYCAS, CORYDON.

SCÈNE II.

LYCAS, MAGICIENS, *chantans et dansans*, DÉMONS.

PREMIÈRE ENTRÉE DE BALLET. — *Deux magiciens commencent, en dansant, un enchantement pour embellir Lycas; ils frappent la terre avec leurs baguettes et en font sortir six démons, qui se joignent à eux Trois magiciens sortent aussi de dessous terre.*

TROIS MAGICIENS CHANTANS.

Déesse des appas,
　Ne nous refuse pas
La grâce qu'implorent nos bouches.
Nous t'en prions par tes rubans,
Par tes boucles de diamans,
Ton rouge, ta poudre, tes mouches,
Ton masque, ta coiffe et tes gants.

UN MAGICIEN, *seul*.

O toi! qui peux rendre agréables
Les visages les plus mal faits,
Répands, Vénus, de tes attraits
Deux ou trois doses charitables
Sur ce museau tondu tout frais.

LES TROIS MAGICIENS CHANTANS.

Déesse des appas,
　Ne nous refuse pas
La grâce qu'implorent nos bouches.
Nous t'en prions par tes rubans,
Par tes boucles de diamans,
Ton rouge, ta poudre, tes mouches,
Ton masque, ta coiffe et tes gants.

DEUXIÈME ENTRÉE DE BALLET. — *Les six démons dansans habillent Lycas d'une manière ridicule et bizarre.*

LES TROIS MAGICIENS CHANTANS.

　Ah! qu'il est beau,
　　Le jouvenceau!
Ah! qu'il est beau! ah! qu'il est beau!
Qu'il va faire mourir de belles!
Auprès de lui, les plus cruelles
Ne pourront tenir dans leur peau.
　Ah! qu'il est beau,
　　Le jouvenceau!
Ah! qu'il est beau! ah! qu'il est beau
Ho, ho, ho, ho, ho, ho, ho, ho!

TROISIÈME ENTRÉE DE BALLET. — *Les magiciens et les démons continuent leurs danses, tandis que les trois magiciens chantans continuent à se moquer de Lycas.*

LES TROIS MAGICIENS CHANTANS.

　Qu'il est joli,
　　Gentil, poli!
Qu'il est joli! qu'il est joli!
Est-il des yeux qu'il ne ravisse?
Il passe en beauté feu Narcisse,
Qui fut un blondin accompli.
　Qu'il est joli!
　　Gentil, poli!
Qu'il est joli! qu'il est joli!
Hi, hi, hi, hi, hi, hi, hi, hi.

(*Les trois magiciens chantans s'enfoncent dans la terre et les magiciens dansans disparoissent.*)

SCÈNE III.

LYCAS, PHILÈNE.

PHILÈNE, *sans voir Lycas, chante.*
Paissez, chères brebis, les herbettes naissantes,
Ces prés et ces ruisseaux ont de quoi vous charmer;
Mais, si vous désirez vivre toujours contentes,
    Petites innocentes,
    Gardez-vous bien d'aimer.

LYCAS, *sans voir Philène.*

(*Le pasteur voulant faire des vers pour sa maîtresse, prononce le nom d'Iris assez haut pour que Philène l'entende.*)

PHILÈNE, *à Lycas.*
Est-ce toi que j'entends, téméraire? Est-ce toi,
Qui nommes la beauté qui me tient sous sa loi?

LYCAS.
Oui, c'est moi; oui, c'est moi.

PHILÈNE.
Oses-tu bien en aucune façon
Proférer ce beau nom?

LYCAS.
Hé! pourquoi non? Hé! pourquoi non?

PHILÈNE.
Iris charme mon âme;
Et qui pour elle aura
Le moindre brin de flamme,
Il s'en repentira.

LYCAS.
Je me moque de cela,
Je me moque de cela.

PHILÈNE.
Je t'étranglerai, mangerai,
Si tu nommes jamais ma belle;
Ce que je dis, je le ferai,
Je t'étranglerai, mangerai :
Il suffit que j'en ai juré;
Quand les dieux prendroient ta querelle,
Je t'étranglerai, mangerai,
Si tu nommes jamais ma belle.

LYCAS.
Bagatelle, bagatelle.

SCÈNE IV.

IRIS, LYCAS.

SCÈNE V.

LYCAS, UN PATRE.

(*Un pâtre apporte à Lycas un cartel de la part de Philène.*)

SCÈNE VI.

LYCAS, CORYDON.

SCÈNE VII.

PHILÈNE, LYCAS.

PHILÈNE, *chante.*
Arrête, malheureux,
Tourne, tourne visage;
Et voyons qui des deux
Obtiendra l'avantage.

LYCAS.

(*Lycas hésite à se battre.*)

PHILÈNE.
C'est par trop discourir,
Allons, il faut mourir.

SCÈNE VIII.

PHILÈNE, LYCAS, PAYSANS.

(*Les paysans viennent pour séparer Philène et Lycas.*)

QUATRIÈME ENTRÉE DE BALLET. — *Les paysans prennent querelle, en voulant séparer les deux pasteurs, et dansent en se battant.*

SCÈNE IX.

CORYDON, LYCAS, PHILÈNE, PAYSANS.

(*Corydon, par ses discours, trouve moyen d'apaiser la querelle des paysans.*)

CINQUIÈME ENTRÉE DE BALLET. — *Les paysans réconciliés dansent ensemble.*

SCÈNE X.

CORYDON, LYCAS, PHILÈNE.

SCÈNE XI.

IRIS, CORYDON.

SCÈNE XII.

PHILÈNE, LYCAS, IRIS, CORYDON.

(*Lycas et Philène, amans de la bergère, la pressent de décider lequel des deux aura la préférence.*)

PHILÈNE, *à Iris.*
N'attendez pas qu'ici je me vante moi-même,
Pour le choix que vous balancez ;
Vous avez des yeux, je vous aime,
C'est vous en dire assez.

(*La bergère décide en faveur de Corydon.*)

SCÈNE XIII.

PHILÈNE, LYCAS.

PHILÈNE *chante.*
Hélas ! peut-on sentir de plus vive douleur ?
Nous préférer un servile pasteur !
O ciel !

LYCAS *chante.*
O sort !

PHILÈNE.
Quelle rigueur !

LYCAS.
Quel coup !

PHILÈNE.
Quoi ! tant de pleurs,

LYCAS.
Tant de persévérance,

PHILÈNE.
Tant de langueur,

LYCAS.
Tant de souffrance.

Mourons, Lycas. (Scène XIII.)

PHILÈNE.
Tant de vœux,

LYCAS.
Tant de soins,

PHILÈNE.
Tant d'ardeur,

LYCAS.
Tant d'amour,

PHILÈNE.
Avec tant de mépris sont traités en ce jour !
Ah ! cruelle !

LYCAS.
Cœur dur !

PHILÈNE.
Tigresse !

LYCAS.
Inexorable !

PHILÈNE.
Inhumaine !

LYCAS.
Inflexible !

PHILÈNE.
Ingrate !

LYCAS.
Impitoyable !

PHILÈNE.
Tu veux donc nous faire mourir ?
Il te faut contenter.

LYCAS.
Il te faut obéir.

PHILÈNE, *tirant son javelot.*
Mourons, Lycas.

LYCAS, *tirant son javelot.*
Mourons, Philène.

PHILÈNE.
Avec ce fer, finissons notre peine.

LYCAS.
Pousse

PHILÈNE.
Ferme.
LYCAS.
Courage.
PHILÈNE.
Allons, va le premier.
LYCAS.
Non, je veux marcher le dernier.
PHILÈNE.
Puisque même malheur aujourd'hui nous assemble,
Allons, partons ensemble.

SCÈNE XIV.

UN BERGER, LYCAS, PHILÈNE.

LE BERGER *chante*.
Ah! quelle folie,
De quitter la vie
Pour une beauté
Dont on est rebuté !
On peut, pour un objet aimable,
Dont le cœur nous est favorable,
Vouloir perdre la clarté.
Mais quitter la vie
Pour une beauté
Dont on est rebuté,
A ! quelle folie !

SCÈNE XV.

UNE ÉGYPTIENNE, ÉGYPTIENS *dansans*

L'ÉGYPTIENNE.
D'un pauvre cœur
Soulagez le martyre ;
D'un pauvre cœur
Soulagez la douleur.
J'ai beau vous dire
Ma vive ardeur,
Je vous vois rire
De ma langueur.
Ah! cruelle, j'expire
Sous tant de rigueur.
D'un pauvre cœur
Soulagez le martyre ;
D'un pauvre cœur
Soulagez la douleur.

SIXIÈME ET DERNIÈRE ENTRÉE DE BALLET. — *Douze Égyptiens, dont quatre jouent de la guitare, quatre des castagnettes, quatre des gnacares, dansent avec l'Égyptienne, aux chansons qu'elle chante.*

L'ÉGYPTIENNE.
Croyez-moi, hâtons-nous, ma Sylvie,
Usons bien des momens précieux ;
Contentons ici notre envie,
De nos ans le feu nous y convie,
Nous ne saurions, vous et moi, faire mieux.
Quand l'hiver a glacé nos guérets,
Le printemps vient reprendre sa place
Et ramène à nos champs leurs attraits ;
Mais, hélas ! quand l'âge nous glace,
Nos beaux jours ne reviennent jamais.
Ne cherchons tous les jours qu'à nous plaire.
Soyons-y l'un et l'autre empressés ;
Du plaisir faisons notre affaire,
Des chagrins songeons à nous défaire :
Il vient un temps où l'on en prend assez.
Quand l'hiver a glacé nos guérets,
Le printemps vient reprendre sa place
Et ramène à nos champs leurs attraits ;
Mais, hélas ! quand l'âge nous glace,
Nos beaux jours ne reviennent jamais.

FIN DE LA PASTORALE COMIQUE

PERSONNAGES ET ACTEURS

DE LA COMÉDIE.

DON PÈDRE, gentilhomme sicilien,	Molière.
ADRASTE, gentilhomme françois, amant d'Isidore.	La Grange.
ISIDORE, Grecque, esclave de don Pèdre.	Mlle de Brie.
ZAÏDE, jeune esclave.	Mlle Molière.
UN SÉNATEUR.	Du Croisy.
HALI, Turc, esclave d'Adraste.	La Thorillière.
DEUX LAQUAIS.	

PERSONNAGES DU BALLET.

MUSICIENS.

ESCLAVE, chantant.

ESCLAVES, dansans.

MAURES et MAURESQUES, dansans.

Le *Ballet des Muses* ayant été dansé une seconde fois à Saint-Germain, au commencement de janvier 1667, Molière remplaça *Mélicerte*, dont il n'était pas content, par *le Sicilien ou l'Amour peintre*. Le roi dansa dans le divertissement final. Cette pièce fut jouée à Paris, sur le théâtre du Palais-Royal, le 10 juin 1667.

LE SICILIEN

SCÈNE I.

HALI, MUSICIENS.

HALI, *aux musiciens.* — Chut. N'avancez pas davantage, et demeurez dans cet endroit jusqu'à ce que je vous appelle.

SCÈNE II.

HALI, *seul.*

Il fait noir comme dans un four. Le ciel s'est habillé ce soir en Scaramouche, et je ne vois pas une étoile qui montre le bout de son nez. Sotte condition que celle d'un esclave, de ne vivre jamais pour soi, et d'être toujours tout entier aux passions d'un maître ; de n'être réglé que par ses humeurs, et de se voir réduit à faire ses propres affaires de tous les soucis qu'il peut prendre ! Le mien me fait ici épouser ses inquiétudes ; et parce qu'il est amoureux, il faut que nuit et jour je n'aie aucun repos. Mais voici des flambeaux, et, sans doute, c'est lui.

SCÈNE III.

ADRASTE, DEUX LAQUAIS, *portant chacun un flambeau*, HALI.

ADRASTE. — Est-ce toi, Hali ?
HALI. — Et qui pourroit-ce être que moi ? A ces heures de nuit, hors vous et moi, monsieur, je ne crois pas que personne s'avise de courir maintenant les rues.
ADRASTE. — Aussi ne crois-je pas qu'on puisse voir personne qui sente dans son cœur la peine que je sens. Car enfin, ce n'est rien d'avoir à combattre l'indifférence ou les rigueurs d'une beauté qu'on aime, on a toujours au moins le plaisir de la plainte et la liberté des soupirs ; mais ne pouvoir trouver aucune occasion de parler à ce qu'on adore, ne pouvoir savoir d'une belle si l'amour qu'inspirent ses yeux est pour lui plaire ou lui déplaire, c'est la plus fâcheuse à mon gré de toutes les inquiétudes ; et c'est où me réduit l'incommode jaloux qui veille avec tant de souci sur ma charmante Grecque, et ne fait pas un pas sans la traîner à ses côtés.
HALI. — Mais il est, en amour, plusieurs façons de se parler ; et il me semble, à moi, que vos yeux et les siens, depuis près de deux mois, se sont dit bien des choses.
ADRASTE. — Il est vrai qu'elle et moi souvent nous nous sommes parlé des yeux ; mais comment reconnoître que, chacun de notre côté, nous ayons comme il faut expliqué ce langage ? Et que sais-je, après tout, si elle entend bien tout ce que mes regards lui disent, et si les siens me disent ce que je crois parfois entendre.
HALI. — Il faut chercher quelque moyen de se parler d'autre manière.
ADRASTE. — As-tu là tes musiciens ?
HALI. — Oui.
ADRASTE. — Fais-les approcher. (*Seul.*) Je veux jusques au jour les faire ici chanter, et voir si leur musique n'obligera point cette belle à paroître à quelque fenêtre.

SCÈNE IV.

ADRASTE, HALI, MUSICIENS.

HALI. — Les voici. Que chanteront-ils ?
ADRASTE. — Ce qu'ils jugeront de meilleur.

Place-toi contre ce logis. (Scène IV.)

HALI. — Il faut qu'ils chantent un trio qu'ils me chantèrent l'autre jour.

ADRASTE. — Non. Ce n'est pas ce qu'il me faut.

HALI. — Ah! monsieur, c'est du beau bécarre.

ADRASTE. — Que diable veux-tu dire avec ton beau bécarre?

HALI. — Monsieur, je tiens pour le bécarre. Vous savez que je m'y connois. Le bécarre me charme; hors du bécarre, point de salut en harmonie. Écoutez un peu ce trio.

ADRASTE. — Non. Je veux quelque chose de tendre et de passionné, quelque chose qui m'entretienne dans une douce rêverie.

HALI. — Je vois bien que vous êtes pour le bémol; mais il y a moyen de nous contenter l'un et l'autre. Il faut qu'ils vous chantent une certaine scène d'une petite comédie que je leur ai vu essayer. Ce sont deux bergers amoureux, tout remplis de langueur, qui, sur bémol, viennent séparément faire leurs plaintes dans un bois, puis se découvrent l'un à l'autre la cruauté de leurs maîtresses; et là-dessus vient un berger joyeux avec un bécarre admirable, qui se moque de leur faiblesse.

ADRASTE. — J'y consens. Voyons ce que c'est.

HALI. — Voici, tout juste, un lieu propre à servir de scène; et voilà deux flambeaux pour éclairer la comédie.

ADRASTE. — Place-toi contre ce logis, afin qu'au moindre bruit que l'on fera dedans, je fasse cacher les lumières.

FRAGMENT DE COMÉDIE

CHANTÉ ET ACCOMPAGNÉ PAR LES MUSICIENS QU'HALI A AMENÉS.

SCÈNE I.

PHILÈNE, TIRCIS.

PREMIER MUSICIEN, *représentant Philène*.
Si du triste récit de mon inquiétude,
Je trouble le repos de votre solitude,
  Rochers, ne soyez point fâchés;
Quand vous saurez l'excès de mes peines secrètes,
  Tout rochers que vous êtes,
  Vous en serez touchés.

DEUXIÈME MUSICIEN, *représentant Tircis*.
Les oiseaux réjouis, dès que le jour s'avance,
Recommencent leurs chants dans ces vastes forêts;
  Et moi, j'y recommence
Mes soupirs languissans et mes tristes regrets.
  Ah! mon cher Philène!

PHILÈNE.
  Ah! mon cher Tircis!

TIRCIS.
  Que je sens de peine!

PHILÈNE.
  Que j'ai de soucis!

TIRCIS.
Toujours sourde à mes vœux est l'ingrate Climène.

PHILÈNE.
Chloris n'a point pour moi de regards adoucis.

TOUS DEUX ENSEMBLE.
O loi trop inhumaine!
Amour, si tu ne peux les contraindre d'aimer,
Pourquoi leur laisses-tu le pouvoir de charmer?

SCÈNE II.

PHILÈNE, TIRCIS, UN PATRE.

TROISÈME MUSICIEN, *représentant un pâtre*
Pauvres amans, quelle erreur
D'adorer des inhumaines!
Jamais les âmes bien saines
Ne se payent de rigueur;
Et les faveurs sont les chaînes
Qui doivent lier un cœur.

On voit cent belles ici,
Auprès de qui je m'empresse;
A leur vouer ma tendresse,
Je mets mon plus doux souci;
Mais, lorsque l'on est tigresse,
Ma foi, je suis tigre aussi.

PHILÈNE ET TIRCIS, *ensemble*.
Heureux, hélas! qui peut aimer ainsi.

HALI. — Monsieur, je viens d'ouïr quelque bruit au dedans.

ADRASTE. — Qu'on se retire vite, et qu'on éteigne les flambeaux.

SCÈNE V.

DON PÈDRE, ADRASTE, HALI.

DON PÈDRE, *sortant de sa maison, en bonnet de nuit et en robe de chambre, avec une épée sous son bras.* — Il y a quelque temps que j'entends chanter à ma porte; et sans doute cela ne se fait pas pour rien. Il faut que, dans l'obscurité, je tâche à découvrir quelles gens ce peuvent être.

ADRASTE. — Hali!

HALI. — Quoi?

ADRASTE. — N'entends-tu plus rien?

HALI. — Non.

(*Don Pèdre est derrière eux qui les écoute.*)

ADRASTE. — Quoi! tous nos efforts ne pourront obtenir que je parle un moment à cette aimable Grecque! et ce jaloux maudit, ce traître de Sicilien, me fermera toujours tout accès auprès d'elle!

HALI. — Je voudrois de bon cœur que le diable l'eût emporté, pour la fatigue qu'il nous donne, le fâcheux, le bourreau qu'il est. Ah! si nous le tenions ici, que je prendrois de joie à venger sur son dos tous les pas inutiles que sa jalousie nous fait faire!

ADRASTE. — Si faut-il bien pourtant trouver quelque moyen, quelque invention, quelque ruse, pour attraper notre brutal. J'y suis trop engagé pour en avoir le démenti; et, quand j'y devrois employer....

HALI. — Monsieur, je ne sais pas ce que cela veut dire, mais la porte est ouverte; et, si vous le voulez, j'entrerai doucement, pour découvrir d'où cela vient.

(*Don Pèdre se retire sur sa porte.*)

ADRASTE. — Oui, fais; mais sans faire de bruit. Je ne m'éloigne pas de toi. Plût au ciel que ce fût la charmante Isidore!

DON PÈDRE, *donnant un soufflet à Hali.* — Qui va là?

HALI, *rendant le soufflet à don Pèdre.* — Ami.

DON PÈDRE. — Holà! Francisque, Dominique, Simon, Martin, Pierre, Thomas, Georges, Charles, Barthélemy! Allons, promptement, mon épée, ma rondache, ma hallebarde, mes pistolets, mes mousquetons, mes fusils! Vite, dépêchez! Allons, tue, point de quartier!

SCÈNE VI.

ADRASTE, HALI.

ADRASTE. — Je n'entends remuer personne. Hali, Hali!

HALI, *caché dans un coin.* — Monsieur.

ADRASTE. — Où donc te caches-tu?

HALI. — Ces gens sont-ils sortis?

ADRASTE. — Non. Personne ne bouge.

HALI, *sortant d'où il étoit caché.* — S'ils viennent, ils seront frottés.

ADRASTE. Quoi! tous nos soins seront donc inutiles!

Holà! Francisque, Dominique. (Scène v.)

Et toujours ce fâcheux jaloux se moquera de nos desseins!

HALI. — Non. Le courroux du point d'honneur me prend : il ne sera pas dit qu'on triomphe de mon adresse; ma qualité de fourbe s'indigne de tous ces obstacles, et je prétends faire éclater les talens que j'ai eus du ciel.

ADRASTE. — Je voudrois seulement que, par quelque moyen, par un billet, par quelque bouche, elle fût avertie des sentimens qu'on a pour elle, et savoir les siens là-dessus. Après, on peut trouver facilement les moyens....

HALI. — Laissez-moi faire seulement. J'en essayerai tant de toutes les manières, que quelque chose enfin nous pourra réussir. Allons, le jour paroît; je vais chercher mes gens, et venir attendre, en ce lieu, que notre jaloux sorte.

SCÈNE VII.

DON PÈDRE, ISIDORE.

ISIDORE. — Je ne sais pas quel plaisir vous prenez me réveiller si matin. Cela s'ajuste assez mal, ce me semble, au dessein que vous avez pris de me faire peindre aujourd'hui; et ce n'est guère pour avoir le teint frais et les yeux brillans, que se lever ainsi dès la pointe du jour.

DON PÈDRE. — J'ai une affaire qui m'oblige à sortir à l'heure qu'il est.

ISIDORE — Mais l'affaire que vous avez eût bien pu se passer, je crois, de ma présence; et vous pouviez sans vous incommoder me laisser goûter les douceurs du sommeil du matin.

DON PÈDRE. — Oui. Mais je suis bien aise de vous

voir toujours avec moi. Il n'est pas mal de s'assurer un peu contre les soins des surveillans; et, cette nuit encore, on est venu chanter sous nos fenêtres.

ISIDORE. — Il est vrai. La musique en étoit admirable.

DON PÈDRE. — C'étoit pour vous que cela se faisoit?

ISIDORE. — Je le veux croire ainsi, puisque vous me le dites.

DON PÈDRE. — Vous savez qui étoit celui qui donnoit cette sérénade?

ISIDORE. — Non pas; mais, qui que ce puisse être, je lui suis obligée.

DON PÈDRE. — Obligée?

ISIDORE. — Sans doute, puisqu'il cherche à me divertir.

DON PÈDRE. — Vous trouvez donc bon qu'il vous aime?

ISIDORE. — Fort bon. Cela n'est jamais qu'obligeant.

DON PÈDRE. — Et vous voulez du bien à tous ceux qui prennent ce soin?

ISIDORE. — Assurément.

DON PÈDRE. — C'est dire fort net ses pensées.

ISIDORE. — A quoi bon de dissimuler? Quelque mine qu'on fasse, on est toujours bien aise d'être aimée. Ces hommages à nos appas ne sont jamais pour nous déplaire. Quoi qu'on en puisse dire, la grande ambition des femmes est, croyez-moi, d'inspirer de l'amour. Tous les soins qu'elles prennent ne sont que pour cela; et l'on n'en voit point de si fière, qui ne s'applaudisse en son cœur des conquêtes que font ses yeux.

DON PÈDRE. — Mais si vous prenez, vous, du plaisir à vous voir aimée, savez-vous bien, moi qui vous aime, que je n'y en prends nullement?

Trêve aux cérémonies. Que voulez-vous? (Scène VIII.)

ISIDORE. — Je ne sais pas pourquoi cela; et, si j'aimois quelqu'un, je n'aurois point de plus grand plaisir que de le voir aimé de tout le monde. Y a-t-il rien qui marque davantage la beauté du choix que l'on fait? Et n'est-ce pas pour s'applaudir, que ce que nous aimons soit trouvé fort aimable.

DON PÈDRE. — Chacun aime à sa guise, et ce n'est pas là ma méthode. Je serai fort ravi qu'on ne vous trouve point si belle, et vous m'obligerez de n'affecter point tant de la paroître à d'autres yeux.

ISIDORE. — Quoi! jaloux de ces choses-là!

DON PÈDRE. — Oui, jaloux de ces choses-là, mais jaloux comme un tigre, et, si vous le voulez, comme un diable. Mon amour vous veut toute à moi. Sa délicatesse s'offense d'un souris, d'un regard qu'on vous peut arracher; et tous les soins qu'on me voit prendre, ne sont que pour fermer tout accès aux galans, et m'assurer la possession d'un cœur dont je ne puis souffrir qu'on me vole la moindre chose.

ISIDORE. — Certes, voulez-vous que je dise? vous prenez un mauvais parti, et la possession d'un cœur est fort mal assurée, lorsqu'on prétend le retenir par force. Pour moi, je vous l'avoue, si j'étois galant d'une femme qui fût au pouvoir de quelqu'un, je mettrois toute mon étude à rendre ce quelqu'un jaloux, et l'obliger à veiller nuit et jour celle que je voudrois gagner. C'est un admirable moyen d'avancer ses affaires, et l'on ne tarde guère à profiter du chagrin et de la colère que donnent à l'esprit d'une femme la contrainte et la servitude.

DON PÈDRE. — Si bien donc que si quelqu'un vous en contoit, il vous trouveroit disposée à recevoir ses vœux?

ISIDORE. — Je ne vous dis rien là-dessus. Mais les femmes enfin n'aiment pas qu'on les gêne; et c'est beaucoup risquer que de leur montrer des soupçons, et de les tenir renfermées.

DON PÈDRE. — Vous reconnoissez peu ce que vous me devez; et il me semble qu'une esclave que l'on a affranchie, et dont on veut faire sa femme....

ISIDORE. — Quelle obligation vous ai-je, si vous changez en un autre esclavage, beaucoup plus rude, si vous ne me laissez jouir d'aucune liberté, et me fatiguez, comme on voit, d'une garde continuelle?

DON PÈDRE. — Mais tout cela ne part que d'un excès d'amour.

ISIDORE. — Si c'est votre façon d'aimer, je vous prie de me haïr.

DON PÈDRE. — Vous êtes aujourd'hui dans une humeur désobligeante; et je pardonne ces paroles au chagrin où vous pouvez être de vous être levée matin.

SCÈNE VIII.

DON PÈDRE, ISIDORE, HALI, *habillé en Turc, faisant plusieurs révérences à don Pèdre.*

DON PÈDRE. — Trêve aux cérémonies. Que voulez-vous?

HALI, *se mettant entre don Pèdre et Isidore. (Il se tourne vers Isidore, à chaque parole qu'il dit à don Pèdre, et lui fait des signes pour lui faire connoître le dessein de son maître.)* — Signor (avec la permission de la signore), je vous dirai (avec la permission de la signore), que je viens vous trouver (avec la permission de la signore), pour vous prier (avec la permission de la signore), de vouloir bien (avec la permission de la signore)....

DON PÈDRE. — Avec la permission de la signore, passez un peu de ce côté.

(*Don Pèdre se met entre Hali et Isidore.*)

HALI. — Signor, je suis un virtuose.

DON PÈDRE. — Je n'ai rien à donner.

HALI. — Ce n'est pas ce que je demande. Mais, comme je me mêle un peu de musique et de danse, j'ai instruit quelques esclaves qui voudroient bien trouver un maître qui se plût à ces choses; et, comme je sais que vous êtes une personne considérable, je voudrois vous prier de les voir et de les entendre, pour les acheter, s'ils vous plaisent, ou pour leur enseigner quelqu'un de vos amis qui voulût s'en accommoder.

ISIDORE. — C'est une chose à voir, et cela nous divertira. Faites-les nous venir.

HALI. — Chala bala.... Voici une chanson nouvelle, qui est du temps. Écoutez bien. Chala bala.

SCÈNE IX.

DON PEDRE, ISIDORE, HALI, ESCLAVES TURCS.

UN ESCLAVE, *chantant à Isidore*
D'un cœur ardent en tous lieux,
Un amant suit une belle;
Mais d'un jaloux odieux
La vigilance éternelle
Fait qu'il ne peut, que des yeux,
S'entretenir avec elle.
Est-il peine plus cruelle
Pour un cœur bien amoureux?
(*A don Pèdre.*)
Chiribirida ouch alla,
Star bon Turca,
Non aver danara :
Ti voler comprara?
Mi servir à ti,
Se pagar per mi;
Far bona cucina,
Mi levar matina,
Far boller caldara;
Parlara, parlara,
Ti voler comprara?

PREMIÈRE ENTRÉE DE BALLET

(*Danse des esclaves.*)

L'ESCLAVE, *à Isidore.*
C'est un supplice, à tous coups,
Sous qui cet amant expire;
Mais si, d'un œil un peu doux,
La belle voit son martyre,
Et consent qu'aux yeux de tous
Pour ses attraits il soupire,
Il pourroit bientôt se rire
De tous les soins du jaloux.
(*A don Pèdre.*)
Chiribirida ouch alla,
Star bon Turca,
Non aver danara :
Ti voler comprara?
Mi servir à ti,
Se pagar per mi;
Far bona cucina,
Mi levar matina,
Far boller caldara;
Parlara, parlara,
Ti voler comprara?

DEUXIÈME ENTRÉE DE BALLET.

(*Les esclaves recommencent leur danse.*)

DON PÈDRE, *chante.*
Savez-vous, mes drôles,
Que cette chanson
Sent, pour vos épaules,
Les coups de bâton?
Chiribirida ouch alla,
Mi ti non comprara,
Ma ti bastonara,
Si ti non andara ;
Andara, andara,
O ti bastonara.

Oh! oh! quels égrillards! (*A Isidore*). Allons, rentrons ici : j'ai changé de pensée; et puis le temps se couvre un peu. (A Hali qui paroît encore.) Ah! fourbe, que je vous y trouve!

HALI. — Hé bien! oui, mon maître l'adore. Il n'a point de plus grand désir que de lui montrer son amour; et, si elle y consent, il la prendra pour femme.

DON PÈDRE. — Oui, oui. Je la lui garde.

HALI. — Nous l'aurons malgré vous.

DON PÈDRE. — Comment! coquin....

HALI. — Nous l'aurons, dis-je, en dépit de vos dents.

DON PÈDRE. — Si je prends....

HALI. — Vous avez beau faire la garde, j'en ai juré, elle sera à nous.

DON PÈDRE. — Laisse-moi faire, je t'attraperai sans courir.

HALI. — C'est nous qui vous attraperons. Elle sera notre femme, la chose est résolue. (Seul.) Il faut que j'y périsse ou que j'en vienne à bout.

SCÈNE X.

ADRASTE, HALI, DEUX LAQUAIS.

ADRASTE. — Hé bien! Hali, nos affaires avancent-elles?

HALI. — Monsieur, j'ai déjà fait quel petite tentative; mais je....

ADRASTE. — Ne te mets point en peine, j'ai trouvé, par hasard tout ce que je voulois; et je vais jouir du bonheur de voir chez elle cette belle. Je me suis rencontré chez le peintre Damon, qui m'a dit qu'aujourd'hui il venoit faire le portrait de cette adorable personne; et, comme il est, depuis longtemps, de mes plus intimes amis, il a voulu servir mes feux, et m'envoie à sa place avec un petit mot de lettre pour me faire accepter. Tu sais que de tout temps je me suis plu à la peinture, et que parfois je manie le pinceau, contre la coutume de France qui ne veut pas qu'un gentilhomme sache rien faire; ainsi j'aurai la liberté de voir cette belle à mon aise. Mais je ne doute pas que mon jaloux fâcheux ne soit toujours présent, et n'empêche tous les propos que nous pourrions avoir ensemble; et, pour te dire vrai, j'ai, par le moyen d'une jeune esclave, un stratagème pour tirer cette belle Grecque des mains de son jaloux, si je puis obtenir d'elle qu'elle y consente.

HALI. — Laissez-moi faire, je veux vous faire un peu de jour à la pouvoir entretenir. Il ne sera pas dit que je ne serve de rien dans cette affaire-là. Quand allez-vous?

ADRASTE. — Tout de ce pas, et j'ai déjà préparé toutes choses.

HALI. — Je vais, de mon côté, me préparer aussi.

ADRASTE, seul. — Je ne veux point perdre de temps. Holà! Il me tarde que je ne goûte le plaisir de la voir.

SCÈNE XI.

DON PÈDRE, ADRASTE, DEUX LAQUAIS.

DON PÈDRE. — Que cherchez-vous, cavalier, dans cette maison?

ADRASTE. — J'y cherche le seigneur don Pèdre.

DON PÈDRE. — Vous l'avez devant vous.

ADRASTE. — Il prendra, s'il lui plaît, la peine de lire cette lettre.

DON PÈDRE. — *Je vous envoie, au lieu de moi, pour le portrait que vous savez ce gentilhomme françois, qui, comme curieux d'obliger les honnêtes gens, a bien voulu prendre ce soin sur la proposition que je lui en ai faite. Il est, sans contredit, le premier homme du monde pour ces sortes d'ouvrages, et j'ai cru que je ne vous pouvois rendre un service plus agréable que de vous l'envoyer, dans le dessein que vous avez d'avoir un portrait achevé de la personne que vous aimez. Gardez-vous bien surtout de lui parler d'aucune récompense; car c'est un homme qui s'en offenseroit, et qui ne fait les choses que pour la gloire et pour la réputation.*

Seigneur François, c'est une grande grâce que vous me voulez faire, et je vous suis fort obligé.

ADRASTE. — Toute mon ambition est de rendre service aux gens de nom et de mérite.

DON PÈDRE. — Je vais faire venir la personne dont il s'agit.

SCÈNE XII.

ISIDORE, DON PÈDRE, ADRASTE, DEUX LAQUAIS.

DON PÈDRE, à Isidore. — Voici un gentilhomme que Damon nous envoie, qui se veut bien donner la peine de vous peindre. (A Adraste qui embrasse Isidore en la saluant.) Holà, seigneur François, cette façon de saluer n'est point d'usage en ce pays.

ADRASTE. — C'est la manière de France.

DON PÈDRE. — La manière de France est bonne pour vos femmes; mais pour les nôtres, elle est un peu trop familière.

ISIDORE. — Je reçois cet honneur avec beaucoup de joie. L'aventure me surprend fort; et, pour dire le vrai, je ne m'attendois pas d'avoir un peintre si illustre.

ADRASTE. — Il n'y a personne, sans doute, qui ne tînt à beaucoup de gloire de toucher à un tel ouvrage. Je n'ai pas grande habileté; mais le sujet, ici, ne fournit que trop de lui-même, et il y a moyen de faire quelque chose de beau sur un original fait comme celui-là.

ISIDORE. — L'original est peu de chose; mais l'adresse du peintre en saura couvrir les défauts.

ADRASTE. — Le peintre n'y en voit aucun; et tout ce qu'il souhaite, est d'en pouvoir représenter les grâces aux yeux de tout le monde aussi grandes qu'il les peut voir.

ISIDORE. — Si votre pinceau flatte autant que votre langue, vous allez me faire un portrait qui ne me ressemblera pas.

ADRASTE. — Le ciel, qui fit l'original, nous ôte le moyen d'en faire un portrait qui puisse flatter.

ISIDORE. — Le ciel, quoi que vous en disiez, ne....

DON PÈDRE. — Finissons cela, de grâce. Laissons les complimens, et songeons au portrait.

ADRASTE, *aux laquais*. — Allons, apportez tout. (*On apporte tout ce qu'il faut pour peindre Isidore.*)

ISIDORE, *à Adraste*. — Où voulez-vous que je me place?

ADRASTE. — Ici. Voici le lieu le plus avantageux, et qui reçoit le mieux les vues favorables de la lumière que nous cherchons.

ISIDORE, *après s'être assise*. — Suis-je bien ainsi?

ADRASTE. — Oui. Levez-vous un peu, s'il vous plaît. Un peu plus de ce côté-là. Le corps tourné ainsi. La tête un peu levée, afin que la beauté du col paroisse. (*Il découvre un peu plus sa gorge.*) Bon. Là, un peu davantage; encore tant soit peu.

DON PÈDRE, *à Isidore*. — Il y a bien de la peine à

Je suis don Gilles d'Avalos. (Scène XIII.)

vous mettre; ne sauriez-vous vous tenir comme il faut?

ISIDORE. — Ce sont ici des choses toutes neuves pour moi; et c'est à monsieur à me mettre de la façon qu'il veut.

ADRASTE, *assis*. — Voilà qui va le mieux du monde, et vous vous tenez à merveille. (*La faisant tourner un peu vers lui.*) Comme cela, s'il vous plaît. Le tout dépend des attitudes qu'on donne aux personnes qu'on peint.

DON PÈDRE. — Fort bien.

ADRASTE. — Un peu plus de ce côté. Vos yeux toujours tournés vers moi, je vous en prie; vos regards attachés aux miens.

ISIDORE. — Je ne suis pas comme ces femmes, qui veulent, en se faisant peindre, des portraits qui ne sont point elles, et ne sont point satisfaites du peintre, s'il ne les fait toujours plus belles que le jour. Il faudroit, pour les contenter, ne faire qu'un portrait pour toutes; car toutes demandent les mêmes choses, un teint tout de lis et de roses, un nez bien fait, une petite bouche, et de grands yeux vifs, bien fendus; et surtout le visage pas plus gros que le poing, l'eussent-elles d'un pied de large. Pour moi, je vous demande un portrait qui soit moi, et qui n'oblige point à demander qui c'est.

ADRASTE. — Il seroit malaisé qu'on demandât cela du vôtre; et vous avez des traits à qui fort peu d'autres ressemblent. Qu'ils ont de douceurs et de charmes, et qu'on court de risque à les peindre.

DON PÈDRE. — Le nez me semble un peu trop gros.

ADRASTE. — J'ai lu, je ne sais où, qu'Apelle peignit autrefois une maîtresse d'Alexandre d'une merveilleuse beauté, et qu'il en devint, la peignant, si éperdument amoureux, qu'il fut près d'en perdre la vie ; de sorte qu'Alexandre, par générosité, lui céda l'objet de ses vœux. (*A don Pèdre.*) Je pourrois faire ici ce qu'Apelle fit autrefois ; mais vous ne feriez pas, peut-être, ce que fit Alexandre. (*Don Pèdre fait la grimace.*)

ISIDORE, *à don Pèdre.* — Tout cela sent la nation ; et toujours messieurs les François ont un fonds de galanterie qui se répand partout.

ADRASTE. — On ne se trompe guère à ces sortes de choses ; et vous avez l'esprit trop éclairé, pour ne pas voir de quelle source partent les choses qu'on vous dit. Oui, quand Alexandre seroit ici, et que ce seroit votre amant, je ne pourrois m'empêcher de vous dire que je n'ai rien vu de si beau que ce que je vois maintenant, et que....

DON PÈDRE. — Seigneur François, vous ne devriez pas, ce me semble, parler ; cela vous détourne de votre ouvrage.

ADRASTE. — Ah ! point du tout. J'ai toujours de coutume de parler quand je peins ; et il est besoin, dans ces choses, d'un peu de conversation, pour réveiller l'esprit, et tenir les visages dans la gaieté nécessaire aux personnes que l'on veut peindre.

SCÈNE XIII.

HALI, *vêtu en Espagnol*, DON PÈDRE, ADRASTE, ISIDORE.

DON PÈDRE. — Que veut cet homme-là? Et qui laisse monter les gens, sans nous en venir avertir.

Zaïde.

HALI, *à don Pèdre.* — J'entre ici librement ; mais, entre cavaliers, telle liberté est permise, Seigneur, suis-je connu de vous?

DON PÈDRE. — Non, seigneur.

HALI. — Je suis don Gilles d'Avalos ; et l'histoire d'Espagne vous doit avoir instruit de mon mérite.

DON PÈDRE. — Souhaitez-vous quelque chose de moi?

HALI. — Oui, un conseil sur un fait d'honneur. Je sais qu'en ces matières il est malaisé de trouver un cavalier plus consommé que vous ; mais je vous le demande, pour grâce que nous nous tirions à l'écart.

DON PÈDRE. — Nous voilà assez loin.

ADRASTE, *à don Pèdre, qui le surprend parlant bas à Isidore.* — J'observais de près la couleur de ses yeux.

HALI, *tirant don Pèdre, pour l'éloigner d'Adraste et d'Isidore.* — Seigneur, j'ai reçu un soufflet. Vous savez ce qu'est un soufflet, lorsqu'il se donne à main ouverte, sur le beau milieu de la joue. J'ai ce soufflet fort sur le cœur ; et je suis dans l'incertitude, si, pour me venger de l'affront, je dois me battre avec mon homme, ou bien le faire assassiner.

DON PÈDRE. — Assassiner, c'est le plus court chemin. Quel est votre ennemi?

HALI. — Parlons bas, s'il vous plaît.

(*Hali tient don Père, en lui parlant de façon qu'il ne peut voir Adraste.*)

ADRASTE, *aux genoux d'Isidore, pendant que don Pèdre et Hali parlent bas ensemble.* — Oui, charmante Isidore, mes regards vous le disent depuis plus de deux mois, et vous les avez entendus. Je vous aime plus que tout ce que l'on peut aimer, et je n'ai point d'autre pensée, d'autre but, d'autre passion, que d'être à vous toute ma vie.

ISIDORE. — Je ne sais si vous dites vrai ; mais vous persuadez.

ADRASTE. — Mais vous persuadé-je jusqu'à vous inspirer quelque peu de bonté pour moi?

ISIDORE. — Je ne crains que d'en trop avoir.

ADRASTE. — En aurez-vous assez pour consentir, belle Isidore, au dessein que je vous ai dit?

ISIDORE. — Je ne puis encore vous le dire.

ADRASTE. — Qu'attendez-vous pour cela?

ISIDORE. — A me résoudre.

ADRASTE. — Ah! quand on aime bien, on se résout bientôt.

ISIDORE. — Hé bien! allez, oui, j'y consens.

ADRASTE. — Mais consentez-vous, dites-moi, que ce soit dès ce moment même?

ISIDORE. — Lorsqu'on est une fois résolu sur la chose, s'arrête-t-on sur le temps?

DON PÈDRE, à Hali. — Voilà mon sentiment, et je vous baise les mains.

HALI. — Seigneur, quand vous aurez reçu quelque soufflet, je vous suis aussi homme de conseil; et je pourrai vous rendre la pareille.

DON PÈDRE. — Je vous laisse aller sans vous reconduire; mais, entre cavaliers, cette liberté est permise.

ADRASTE, à Isidore. — Non, il n'est rien qui puisse effacer de mon cœur les tendres témoignages.... (A don Pèdre, apercevant Adraste qui parle de près à Isidore.) Je regardois ce petit trou qu'elle a au côté du menton; et je croyois d'abord que ce fût une tache. Mais c'est assez pour aujourd'hui, nous finirons une autre fois. (A don Pèdre, qui veut voir le portrait.) Non, ne regardez rien encore; faites serrer cela, je vous prie : (A Isidore.) Et vous, jo vous conjure de ne vous relâcher point, et de garder un esprit gai, pour le dessein que j'ai d'achever notre ouvrage.

ISIDORE. — Je conserverai pour cela toute la gaieté qu'il faut.

SCÈNE XIV.
DON PÈDRE, ISIDORE.

ISIDORE. — Qu'en dites-vous? Ce gentilhomme me paroît le plus civil du monde; et l'on doit demeurer d'accord que les François ont quelque chose en eux de galant, de poli, que n'ont point les autres nations.

DON PÈDRE. — Oui; mais ils ont cela de mauvais, qu'ils s'émancipent un peu trop, et s'attachent, en étourdis, à conter des fleurettes à tout ce qu'ils rencontrent.

ISIDORE. — C'est qu'ils savent qu'on plaît aux dames par ces choses.

DON PÈDRE. — Oui; mais s'ils plaisent aux dames, ils déplaisent fort aux messieurs; et l'on n'est point bien aise de voir, sur sa moustache, cajoler hardiment sa femme ou sa maîtresse.

ISIDORE. — Ce qu'ils en font n'est que par jeu.

SCÈNE XV.
ZAÏDE, DON PÈDRE, ISIDORE.

ZAÏDE. — Ah! seigneur cavalier, sauvez-moi, s'il vous plaît, des mains d'un mari furieux dont je suis poursuivie. Sa jalousie est incroyable, et passe, dans ses mouvemens, tout ce qu'on peut imaginer. Il va jusqu'à vouloir que je sois toujours voilée; et, pour m'avoir trouvée le visage un peu découvert, il a mis l'épée à la main, et m'a réduite à me jeter chez vous, pour vous demander votre appui contre son injustice. Mais je le vois paroître. De grâce, seigneur cavalier, sauvez-moi de sa fureur.

DON PÈDRE, à Zaïde, lui montrant Isidore. — Entrez là dedans avec elle, et n'appréhendez rien.

SCÈNE XVI.
ADRASTE, DON PÈDRE.

DON PÈDRE. — Hé quoi! seigneur, c'est vous? Tant de jalousie pour un François! Je pensois qu'il n'y eût que nous qui en fussions capables.

ADRASTE. — Les François excellent dans toutes les choses qu'ils font; et, quand nous nous mêlons d'être jaloux, nous le sommes vingt fois plus qu'un Sicilien. L'infâme croit avoir trouvé chez vous un assuré refuge; mais vous êtes trop raisonnable pour blâmer mon ressentiment. Laissez-moi, je vous prie, la traiter comme elle mérite.

DON PÈDRE. — Ah! de grâce, arrêtez. L'offense est trop petite pour un courroux si grand.

ADRASTE. — La grandeur d'une telle offense n'est pas dans l'importance des choses que l'on fait. Elle est à transgresser les ordres qu'on nous donne; et, sur de pareilles matières, ce qui n'est qu'une bagatelle, devient fort criminel lorsqu'il est défendu.

DON PÈDRE. — De la façon qu'elle a parlé, tout ce qu'elle en a fait a été sans dessein; et je vous prie enfin de vous remettre bien ensemble.

ADRASTE. — Hé quoi! vous prenez son parti, vous qui êtes si délicat sur ces sortes de choses?

DON PÈDRE. — Oui, je prends son parti; et, si vous voulez m'obliger, vous oublierez votre colère, et vous réconcilierez tous deux. C'est une grâce que je vous demande; et je la recevrai comme un essai de l'amitié que je veux qui soit entre nous.

ADRASTE. — Il ne m'est pas permis, à ces conditions, de vous rien refuser. Je ferai ce que vous voudrez.

SCÈNE XVII.
ZAÏDE, DON PÈDRE, ADRASTE, *dans un coin du théâtre.*

DON PÈDRE, à Zaïde. — Holà! venez, vous n'avez qu'à me suivre, et j'ai fait votre paix. Vous ne pouviez jamais mieux tomber que chez moi.

ZAÏDE. — Je vous suis plus obligé qu'on ne sauroit croire : mais je m'en vais prendre mon voile ; je n'ai garde, sans lui, de paroître à ses yeux.

SCÈNE XVIII.

DON PÈDRE, ADRASTE.

DON PÈDRE. — La voici qui s'en va venir ; et son âme, je vous assure, a paru toute réjouie lorsque je lui ai dit que j'avois raccommodé tout.

SCÈNE XIX.

ISIDORE, sous le voile de Zaïde, ADRASTE, DON PÈDRE.

DON PÈDRE, à Adraste. — Puisque vous m'avez bien voulu abandonner votre ressentiment, trouvez bon

Je vous conjure de vivre dans une parfaite union. (Scène XIX.)

qu'en ce lieu je vous fasse toucher dans la main l'un de l'autre ; et que tous deux je vous conjure de vivre, pour l'amour de moi, dans un parfaite union.

ADRASTE. — Oui, je vous le promets que, pour l'amour de vous, je m'en vais, avec elle, vivre le mieux du monde.

DON PÈDRE. — Vous m'obligez sensiblement, et j'en garderai la mémoire.

ADRASTE. — Je vous donne ma parole, seigneur don Pèdre, qu'à votre considération, je m'en vais la traiter du mieux qu'il me sera possible.

DON PÈDRE. — C'est trop de grâce que vous me faites. (Seul.) Il est bon de pacifier et d'adoucir toujours les choses. Holà ! Isidore, venez.

SCÈNE XX.

AÏDE, DON PÈDRE.

DON PÈDRE — Comment ! que veut dire cela ?

ZAÏDE, sans voile. — Ce que cela veut dire ? qu'un jaloux est un monstre haï de tout le monde, et qu'il n'y a personne qui ne soit ravi de lui nuire, n'y eût-il point d'autre intérêt ; que toutes les serrures et les verrous du monde ne retiennent point les personnes, et que c'est le cœur qu'il faut arrêter par la douceur et par la complaisance ; qu'Isidore est entre les mains du cavalier qu'elle aime, et que vous êtes pris pour dupe.

DON PÈDRE. — Don Pèdre souffrira cette injure

mortelle! Non, non : j'ai trop de cœur, et je vais demander l'appui de la justice pour pousser le perfide à bout. C'est ici le logis d'un sénateur. Holà !

SCÈNE XXI.
UN SÉNATEUR, DON PÈDRE.

LE SÉNATEUR. — Serviteur, seigneur don Pèdre. Que vous venez à propos !

DON PÈDRE. — Je viens me plaindre à vous d'un affront qu'on m'a fait.

LE SÉNATEUR. — J'ai fait une mascarade la plus belle du monde.

DON PÈDRE. — Un traître de François m'a joué une pièce.

LE SÉNATEUR. — Vous n'avez, dans votre vie, jamais rien vu de si beau.

DON PÈDRE. — Il m'a enlevé une fille que j'avois affranchie.

LE SÉNATEUR. — Ce sont gens vêtus en Maures, qui dansent admirablement.

DON PÈDRE. — Vous voyez si c'est une injure qui se doive souffrir.

LE SÉNATEUR. — Les habits merveilleux et qui sont faits exprès.

DON PÈDRE. — Je vous demande l'appui de la justice contre cette action.

LE SÉNATEUR. — Je veux que vous voyiez cela. On la va répéter pour en donner le divertissement au peuple.

DON PÈDRE. — Comment! de quoi parlez-vous là ?

LE SÉNATEUR. — Je parle de ma mascarade.

DON PÈDRE. — Je vous parle de mon affaire.

LE SÉNATEUR. — Je ne veux point, aujourd'hui, d'autres affaires que de plaisir. Allons, messieurs, venez. Voyons si cela ira bien.

DON PÈDRE. — La peste soit du fou, avec sa mascarade !

LE SÉNATEUR. — Diantre soit le fâcheux, avec son affaire !

SCÈNE XXII.
UN SÉNATEUR, TROUPE DE DANSEURS.

ENTRÉE de BALLET. — Plusieurs danseurs, vêtus en Maures, dansent devant le sénateur, et finissent la comédie.

Vous êtes pris pour dupe. (Scène xx.)

PERSONNAGES ET ACTEURS.

MADAME PERNELLE, mère d'Orgon.   Béjart.
ORGON, mari d'Elmire.   Molière.
ELMIRE, femme d'Orgon.   Mlle Molière.
DAMIS, fils d'Orgon.   Hubert.
MARIANE, fille d'Orgon et amante de
  Valère.   Mlle de Brie.
VALÈRE, amant de Mariane.   La Grange.
CLÉANTE, beau-frère d'Orgon.   La Thorillière.
TARTUFFE, faux dévot.   Du Croisy.
DORINE, suivante de Mariane   Madeleine Béjart.
M. LOYAL, sergent.   De Brie.
UN EXEMPT.
FLIPOTE, servante de madame Pernelle.

La scène est à Paris, dans la maison d'Orgon.

Les trois premiers actes du *Tartuffe* furent représentés à Versailles le 12 mai 1664; la première représentation de la pièce entière eut lieu, à Paris, le 5 août 1667, sous le nom de *l'Imposteur*; et la seconde, le 5 février 1669. Cette seconde représentation fut suivie de quarante-trois autres sans interruption. Le 29 novembre 1664, la pièce entière avait été représentée chez le prince de Condé.

LE TARTUFFE

PRÉFACE.

Voici une comédie dont on a fait beaucoup de bruit, qui a été longtemps persécutée; et les gens qu'elle joue ont bien fait voir qu'ils étoient plus puissans en France que tous ceux que j'ai joués jusqu'ici. Les marquis, les précieuses, les cocus et les médecins, ont souffert doucement qu'on les ait représentés, et ils ont fait semblant de se divertir, avec tout le monde, des peintures que l'on a faites d'eux; mais les hypocrites n'ont point entendu raillerie; ils se sont effarouchés d'abord, et ont trouvé étrange que j'eusse la hardiesse de jouer leurs grimaces, et de vouloir décrier un métier dont tant d'honnêtes gens se mêlent. C'est un crime qu'ils ne sauroient me pardonner; et ils se sont tous armés contre ma comédie avec une fureur épouvantable. Ils n'ont eu garde de l'attaquer par le côté qui les a blessés : ils sont trop politiques pour cela, et savent trop bien vivre pour découvrir le fond de leur âme. Suivant leur louable coutume, ils ont couvert leurs intérêts de la cause de Dieu; et *le Tartuffe*, dans leur bouche, est une pièce qui offense la piété. Elle est, d'un bout à l'autre, pleine d'abominations, et l'on n'y trouve rien qui ne mérite le feu. Toutes les syllabes en sont impies; les gestes même y sont criminels; et le moindre coup d'œil, le moindre branlement de tête, le moindre pas à droite ou à gauche, y cache des mystères qu'ils trouvent moyen d'expliquer à mon désavantage.

J'ai eu beau la soumettre aux lumières de mes amis, et à la censure de tout le monde : les corrections que j'y ai pu faire; le jugement du roi et de la reine, qui l'ont vue; l'approbation des grands princes et de messieurs les ministres, qui l'ont honorée publiquement de leur présence; le témoignage des gens de bien qui l'ont trouvée profitable, tout cela n'a de rien servi. Ils n'en veulent point démordre; et, tous les jours encore, ils font crier en public des zélés indiscrets, qui me disent des injures pieusement et me damnent par charité.

Je me soucierois fort peu de tout ce qu'ils peuvent dire, n'étoit l'artifice qu'ils ont de me faire des ennemis que je respecte, et de jeter dans leur parti de véritables gens de bien, dont ils préviennent la bonne foi, et qui, par la chaleur qu'ils ont pour les intérêts du ciel, sont faciles à recevoir les impressions qu'on veut leur donner. Voilà ce qui m'oblige à me défendre. C'est aux vrais dévots que je veux partout me justifier sur la conduite de ma comédie; et je les conjure, de tout mon cœur, de ne point condamner les choses avant que de les voir, de se défaire de toute prévention, et de ne point servir la passion de ceux dont les grimaces les déshonorent.

Si l'on prend la peine d'examiner de bonne foi ma comédie, on verra, sans doute, que mes intentions y sont partout innocentes et qu'elle ne tend nullement à jouer les choses que l'on doit révérer; que je l'ai traitée avec toutes les précautions que me demandoit la délicatesse de la matière; et que j'ai mis tout l'art et tous les soins qu'il m'a été possible, pour bien distinguer le personnage de l'hypocrite d'avec celui du vrai dévot. J'ai employé pour cela deux actes entiers à préparer la venue de mon scélérat. Il ne tient pas un seul moment l'auditeur en balance; on le connoît d'abord aux marques que je lui donne; et d'un bout à l'autre, il ne dit pas un mot, il ne fait pas une action qui ne peigne aux spectateurs le caractère d'un méchant homme, et ne fasse éclater celui du véritable homme de bien que je lui oppose.

Je sais bien que, pour réponse, ces messieurs tâchent d'insinuer que ce n'est point au théâtre à parler de ces matières; mais je leur demande, avec leur permission, sur quoi ils fondent cette belle maxime. C'est une proposition qu'ils ne font que supposer, et qu'ils ne prouvent en aucune façon; et, sans doute, il ne seroit pas difficile de leur faire voir que la comédie, chez les anciens, a pris son origine de la religion, et faisoit partie de leurs mystères; que les Espagnols, nos voisins, ne célèbrent guère de fête où la comédie ne soit mêlée; et que, même parmi nous, elle doit sa naissance aux soins d'une confrérie à qui appartient encore aujourd'hui l'hôtel de Bourgogne; que c'est un lieu qui fut donné pour y représenter les plus importans mystères de notre foi; qu'on en voit encore des comédies imprimées en lettres gothiques, sous le nom d'un docteur de Sorbonne; et, sans aller chercher si loin, que l'on a joué, de notre temps, des pièces saintes de M. de Corneille, qui ont été l'admiration de toute la France.

Si l'emploi de la comédie est de corriger les vices des hommes, je ne vois pas par quelle raison il y en aura de privilégiés. Celui-ci est, dans l'État, d'une conséquence bien plus dangereuse que tous les autres; et nous avons vu que le théâtre a une grande vertu pour la correction. Les plus beaux traits d'une sérieuse morale sont moins puissans, le plus souvent, que ceux de la satire; et rien ne reprend mieux la plupart des hommes, que la peinture de leurs défauts. C'est une grande atteinte aux vices que de les exposer à la risée de tout le monde. On souffre aisément des réprehensions; mais on ne souffre point la raillerie. On veut bien être méchant; mais on ne veut point être ridicule.

On me reproche d'avoir mis des termes de piété dans la bouche de mon imposteur. Hé! pouvois-je m'en empêcher, pour bien représenter le caractère d'un hypocrite? Il suffit, ce me semble, que je fasse connoître les motifs criminels qui lui font dire les choses, et que j'en aie retranché les termes consacrés, dont on auroit eu peine à lui entendre faire un mauvais usage. — Mais il débite au quatrième acte une morale pernicieuse. — Mais cette morale est-elle quelque chose dont tout le monde n'eût les oreilles rebattues? Dit-elle rien de nouveau dans ma comédie? Et peut-on craindre que des choses si généralement détestées fassent quelque impression dans les esprits; que je les rende dangereuses, en les faisant monter sur le théâtre; qu'elles reçoivent quelque autorité de la bouche d'un scélérat? Il n'y a nulle apparence à cela; et l'on doit approuver la comédie du *Tartuffe*, ou condamner généralement toutes les comédies.

C'est à quoi l'on s'attache furieusement depuis un temps; et jamais on ne s'étoit si fort déchaîné contre le théâtre. Je ne puis pas nier qu'il n'y ait eu des Pères de l'Église qui ont condamné la comédie; mais on ne peut pas me nier aussi qu'il n'y en ait eu quelques-uns qui l'ont traitée un peu plus doucement. Ainsi l'autorité, dont on prétend appuyer la censure, est détruite par ce partage; et toute la conséquence qu'on peut tirer de cette diversité d'opinions en des esprits éclairés des mêmes lumières, c'est qu'ils ont pris la comédie différemment, et que les uns l'ont considérée dans sa pureté, lorsque les autres l'ont regardée dans sa corruption, et confondue avec tous ces vilains spectacles qu'on a eu raison de nommer des spectacles de turpitude.

Et en effet, puisqu'on doit discourir des choses et non pas des mots, et que la plupart des contrariétés viennent de ne se pas entendre, et d'envelopper dans un même mot des choses opposées, il ne faut qu'ôter le voile de l'équivoque, et regarder ce qu'est la comédie en soi, pour voir si elle est condamnable. On connoîtra, sans doute, que, n'étant autre chose qu'un poëme ingénieux, qui, par des leçons agréables, reprend les défauts des hommes, on ne sauroit la censurer sans injustice; et, si nous voulons ouïr là-dessus le témoignage de l'antiquité, elle nous dira que ses plus célèbres philosophes ont donné des louanges à la comédie, eux qui faisoient profession d'une sagesse si austère, et qui crioient sans cesse après les vices de leur siècle. Elle nous fera voir qu'Aristote a consacré des veilles au théâtre, et s'est donné le soin de réduire en préceptes l'art de faire des comédies. Elle nous apprendra que de ses plus grands hommes, et des premiers en dignité, ont fait gloire d'en composer eux-mêmes; qu'il y en a eu d'autres qui n'ont pas dédaigné de réciter en public celles qu'ils avoient composées; que la Grèce a fait pour cet art éclater son estime, par les prix glorieux et par les superbes théâtres dont elle a voulu l'honorer; et que, dans Rome enfin, ce même art a reçu aussi des honneurs extraordinaires : je ne dis pas dans Rome débauchée, et sous la licence des empereurs, mais dans Rome disciplinée, sous la sagesse des consuls, et dans le temps de la vigueur de la vertu romaine.

J'avoue qu'il y a eu des temps où la comédie s'est corrompue. Et qu'est-ce que dans le monde on ne corrompt point tous les jours? Il n'y a chose si innocente, où les hommes ne puissent porter du crime; point d'art si salutaire, dont ils ne soient capables de renverser les intentions; rien de si bon en soi, qu'ils ne puissent tourner à de mauvais usages. La médecine est un art profitable, et chacun la révère comme une des plus excellentes choses que nous ayons; et cependant il y a eu des temps où elle s'est rendue odieuse, et souvent on en a fait un art d'empoisonner les hommes. La philosophie est un présent du ciel; elle nous a été donnée pour porter nos esprits à la connoissance d'un Dieu par la contemplation des merveilles de la nature; et pourtant on n'ignore pas que souvent on l'a détournée de son emploi, et qu'on l'a occupée publiquement à soutenir l'impiété. Les choses même les plus saintes ne sont point à couvert de la corruption des hommes; et nous voyons des scélérats qui, tous les jours, abusent de la piété, et la font servir méchamment aux crimes les plus grands. Mais on ne laisse pas pour cela de faire les distinctions qu'il est besoin de faire. On n'enveloppe point dans une fausse conséquence la bonté des choses que l'on corrompt, avec la malice des corrupteurs. On sépare toujours le mauvais usage d'avec l'intention de l'art; et, comme on ne s'avise point de défendre la médecine, pour avoir été bannie de Rome, ni la philosophie, pour avoir été condamnée publiquement dans Athènes, on ne doit point aussi vouloir interdire la comédie, pour avoir été censurée en de certains temps. Cette censure a eu ses raisons, qui ne subsistent point ici. Elle s'est renfermée dans ce qu'elle a pu voir, et nous ne devons point la tirer des bornes qu'elle s'est données, l'étendre plus loin qu'il ne faut, et lui faire embrasser l'innocent avec le coupable. La comédie qu'elle a eu dessin d'attaquer, n'est point du tout la comédie que nous voulons défendre. Il se faut bien garder de confondre celle-là avec celle-ci. Ce sont deux personnes de qui les mœurs sont tout à fait opposées. Elles n'ont aucun rapport l'une avec l'autre que la ressemblance du nom; et ce seroit une injustice épouvantable, que de vouloir condamner Olympe, qui est femme de bien, parce qu'il y a une Olympe qui a été une débauchée. De semblables arrêts, sans doute, feroient un grand désordre dans le monde. Il n'y auroit rien par là qui ne fût condamné; et puisque l'on ne garde point cette rigueur à tant de choses dont on abuse tous les jours, on doit bien faire la même grâce à la comédie, et approuver les pièces de théâtre où l'on verra régner l'instruction et l'honnêteté.

Je sais qu'il y a des esprits dont la délicatesse ne peut souffrir aucune comédie, qui disent que les plus honnêtes sont les plus dangereuses; que les passions que l'on y dépeint sont d'autant plus touchantes, qu'elles sont pleines de vertu, et que les âmes sont attendries par ces sortes de représentations. Je ne vois pas quel grand crime c'est que de s'attendrir à la vue d'une passion honnête; et c'est un haut étage de vertu que cette pleine insensibilité où ils veulent faire monter notre âme. Je doute qu'une si grande perfection soit dans les forces de la nature humaine; et je ne sais s'il n'est pas mieux de travailler à rectifier et adoucir les passions des hommes, que de vouloir les retrancher entièrement. J'avoue qu'il y a des lieux qu'il vaut mieux fréquenter que le théâtre; et, si l'on veut blâmer toutes les choses qui ne regardent pas directement Dieu et notre salut, il est certain que la comédie en doit être, et je ne trouve point mauvais qu'elle soit condamnée avec le reste; mais, supposé, comme il est vrai, que les exercices de la piété souffrent des intervalles, et que les hommes aient besoin de divertissement, je soutiens qu'on ne leur en peut trouver un qui soit plus innocent que la comédie. Je me suis étendu trop loin. Finissons par un mot d'un grand prince sur la comédie du *Tartuffe*.

Huit jours après qu'elle eut été défendue, on représenta, devant la cour, une pièce intitulée *Scaramouche ermite*; et le roi, en sortant, dit au grand prince que je veux dire : *Je voudrois bien savoir pourquoi les gens qui se scandalisent si fort de la comédie de Molière, ne disent mot de celle de Scaramouche;* à quoi le prince répondit : *La raison de cela, c'est que la comédie de Scaramouche joue le ciel et la religion, dont ces messieurs-là ne se soucient point, mais celle de Molière les joue eux-mêmes; c'est ce qu'ils ne peuvent souffrir.*

FIN DE LA PRÉFACE.

PREMIER PLACET

Présenté au roi, sur la comédie du *Tartuffe*, qui n'avoit pas encore été représentée en public.

Sire,

Le devoir de la comédie étant de corriger les hommes en les divertissant, j'ai cru que, dans l'emploi où je me trouve, je n'avois rien de mieux à faire que d'attaquer, par des peintures ridicules, les vices de mon siècle; et, comme l'hypocrisie, sans doute, en est un des plus en usage, des plus incommodes et des plus dangereux, j'avois eu, Sire, la pensée que je ne rendrois pas un petit service à tous les honnêtes gens de votre royaume, si je faisois une comédie qui décriât les hypocrites, et mît en vue, comme il faut, toutes les grimaces étudiées de ces gens de bien à outrance, toutes les friponneries couvertes de ces faux-monnoyeurs en dévotion, qui veulent attraper les hommes avec un zèle contrefait et une charité sophistique.

Je l'ai faite, Sire, cette comédie, avec tout le soin,

comme je crois, et toutes les circonspections que pouvoit demander la délicatesse de la matière; et pour mieux conserver l'estime et le respect qu'on doit aux vrais dévots, j'en ai distingué, le plus que j'ai pu, le caractère que j'avois à toucher; je n'ai point laissé d'équivoque; j'ai ôté ce qui pouvoit confondre le bien avec le mal, et ne me suis servi, dans cette peinture, que des couleurs expresses et des traits essentiels qui font reconnoître d'abord un véritable et franc hypocrite.

Cependant toutes mes précautions ont été inutiles. On a profité, Sire, de la délicatesse de votre âme sur les matières de religion, et l'on a su vous prendre par l'endroit seul que vous êtes prenable, je veux dire par le respect des choses saintes. Les tartuffes, sous main, ont eu l'adresse de trouver grâce auprès de Votre Majesté; et les originaux, enfin, ont supprimé la copie, quelque innocente qu'elle fût, et quelque ressemblante qu'on la trouvât.

Bien que ce m'ait été un coup sensible par la suppression de cet ouvrage, mon malheur pourtant étoit adouci par la manière dont Votre Majesté s'étoit expliquée sur ce sujet; et j'ai cru, Sire, qu'elle m'ôtoit tout lieu de me plaindre, ayant eu la bonté de déclarer qu'elle ne trouvoit rien à dire dans cette comédie qu'elle me défendoit de produire en public.

Mais, malgré cette glorieuse déclaration du plus grand roi du monde et du plus éclairé, malgré l'approbation encore de M. le légat, et de la plus grande partie de nos prélats, qui tous, dans les lectures particulières que je leur ai faites de mon ouvrage, se sont trouvés d'accord avec les sentimens de Votre Majesté;

malgré tout cela, dis-je, on voit un livre composé par le curé de.... qui donne hautement un démenti à tous ces augustes témoignages. Votre Majesté a beau dire; et M. le légat, et messieurs les prélats ont beau donner leur jugement; ma comédie, sans l'avoir vue, est diabolique, et diabolique mon cerveau; je suis un démon vêtu de chair et habillé en homme, un libertin, un impie digne d'un supplice exemplaire. Ce n'est pas assez que le feu expie en public mon offense, j'en serois quitte à trop bon marché; le zèle charitable de ce galant homme de bien n'a garde de demeurer là; il ne veut point que j'aie de miséricorde auprès de Dieu, il veut absolument que je sois damné, c'est une affaire résolue.

Ce livre, Sire, a été présenté à Votre Majesté; et, sans doute, Elle juge bien Elle-même combien il m'est fâcheux de me voir exposé tous les jours aux insultes de ces messieurs; quels torts me feront dans le monde de telles calomnies, s'il faut qu'elles soient tolérées; et quel intérêt j'ai enfin à me purger de son imposture, et à faire voir au public que ma comédie n'est rien moins que ce qu'on veut qu'elle soit. Je ne dirai point, Sire, ce que j'aurois à demander pour ma réputation, et pour justifier à tout le monde l'innocence de mon ouvrage; les rois éclairés comme vous n'ont pas besoin qu'on leur marque ce qu'on souhaite; ils voient, comme Dieu, ce qu'il nous faut, et savent mieux que nous, ce qu'ils nous doivent accorder. Il me suffit de mettre mes intérêts entre les mains de Votre Majesté, et j'attends d'Elle, avec respect, tout ce qu'il lui plaira d'ordonner là-dessus.

DEUXIÈME PLACET

Présenté au roi, dans son camp devant la ville de Lille en Flandre, par les sieurs La Thorillière et La Grange, comédiens de Sa Majesté, et compagnons du sieur Molière,
sur la défense qui fut faite le 6 août 1667 de représenter *le Tartuffe* jusques à nouvel ordre de Sa Majesté.

SIRE,

C'est une chose bien téméraire à moi que de venir importuner un grand monarque au milieu de ses glorieuses conquêtes; mais dans l'état où je me vois, où trouver, Sire, une protection, qu'au lieu où je la viens chercher? et qui puis-je solliciter contre l'autorité de la puissance qui m'accable, que la source de la puissance et de l'autorité, que le juste dispensateur des ordres absolus, que le souverain juge et le maître de toutes choses?

Ma comédie, Sire, n'a pu jouir ici des bontés de Votre Majesté. En vain je l'ai produite sous le titre de *l'Imposteur*, et déguisé le personnage sous l'ajustement d'un homme du monde. J'ai eu beau lui donner un petit chapeau, de grands cheveux, un grand collet, une épée, et des dentelles sur tout l'habit; mettre en plusieurs endroits des adoucissemens, et retrancher avec soin tout ce que j'ai jugé capable de fournir l'ombre d'un prétexte aux célèbres originaux du portrait que je voulois faire; tout cela n'a de rien servi. La cabale s'est réveillée aux simples conjectures qu'ils ont pu avoir de la chose. Ils ont trouvé moyen de surprendre des esprits qui, dans toute autre matière, font une haute profession de ne point se laisser surprendre. Ma comédie n'a pas plutôt paru, qu'elle s'est vue foudroyée par le coup d'un pouvoir qui doit imposer du respect; et tout ce que j'ai pu faire en cette rencontre, pour me sauver moi-même de l'éclat de cette tempête, c'est de dire que Votre Majesté avoit eu la bonté de m'en permettre la représentation, et que je n'avois pas cru qu'il fût besoin de demander cette permission à d'autres, puisqu'il n'y avoit qu'Elle seule qui me l'eût défendue.

Je ne doute point, Sire, que les gens que je peins dans ma comédie ne remuent bien des ressorts auprès de Votre Majesté, et ne jettent dans leur parti, comme ils ont déjà fait, de véritables gens de bien, qui sont d'autant plus prompts à se laisser tromper, qu'ils jugent d'autrui par eux-mêmes. Ils ont l'art de donner de belles couleurs à toutes leurs intentions. Quelque mine qu'ils fassent, ce n'est point du tout l'intérêt de Dieu qui les peut émouvoir; ils l'ont assez montré dans les comédies qu'ils ont souffert qu'on ait jouées tant de fois en public sans en dire le moindre mot. Celles-là n'attaquoient que la piété et la religion dont ils se soucient fort peu; mais celle-ci les attaque et les joue eux-mêmes, et c'est ce qu'ils ne peuvent souffrir. Ils ne sauroient me pardonner de dévoiler leurs impostures aux yeux de tout le monde; et, sans doute, on ne manquera pas de dire à Votre Majesté, que chacun s'est scandalisé de ma comédie. Mais la vérité pure, Sire, c'est que tout Paris ne s'est scandalisé que de la défense qu'on en a faite; que les plus scrupuleux en ont trouvé la représentation profitable, et qu'on s'est étonné que des personnes d'une probité si connue aient eu une si grande déférence pour des gens qui devroient être l'horreur de tout le monde, et sont si opposés à la véritable piété dont ils font profession.

J'attends, avec respect, l'arrêt que Votre Majesté daignera prononcer sur cette matière; mais il est très-assuré, Sire, qu'il ne faut plus que je songe à faire des comédies, si les tartuffes ont l'avantage; qu'ils prendront droit par là de me persécuter plus que jamais, et voudront trouver à redire aux choses les plus innocentes qui pourront sortir de ma plume.

Daignent vos bontés, Sire, me donner une protection contre leur rage envenimée; et puissé-je, au retour d'une campagne si glorieuse, délasser Votre Majesté des fatigues de ses conquêtes, lui donner d'innocens plaisirs après de si nobles travaux, et faire rire le monarque qui fait trembler toute l'Europe!

TROISIÈME PLACET

Présenté au roi le 5 février 1669.

Sire,

Un fort honnête médecin, dont j'ai l'honneur d'être le malade, me promet, et veut s'obliger, par-devant notaires, de me faire vivre encore trente années, si je puis lui obtenir une grâce de Votre Majesté. Je lui ai dit, sur sa promesse, que je ne lui demandois pas tant, et que je serois satisfait de lui, pourvu qu'il s'obligeât de ne me point tuer. Cette grâce, Sire, est un canonicat de votre chapelle royale de Vincennes, vacant par la mort de....

Oserois-je demander encore cette grâce à Votre Majesté, le propre jour de la grande résurrection de Tartuffe, ressuscité par vos bontés? Je suis, par cette première faveur, réconcilié avec les dévots; et je le serois, par cette seconde, avec les médecins. C'est pour moi, sans doute, trop de grâces à la fois; mais peut-être n'en est-ce pas trop pour Votre Majesté; et j'attends, avec un peu d'espérance respectueuse, la réponse de mon placet.

FIN DES PLACETS

ACTE PREMIER.

SCÈNE I.

MADAME PERNELLE, ELMIRE, MARIANE, CLÉANTE, DAMIS, DORINE, FLIPOTE.

MADAME PERNELLE.
Allons, Flipote, allons ; que d'eux je me délivre.
ELMIRE.
Vous marchez d'un tel pas, qu'on a peine à vous suivre.
MADAME PERNELLE.
Laissez, ma bru, laissez; ne venez pas plus loin.
Ce sont toutes façons dont je n'ai pas besoin.
ELMIRE.
De ce que l'on vous doit envers vous on s'acquitte.
Mais, ma mère, d'où vient que vous sortez si vite?
MADAME PERNELLE.
C'est que je ne puis voir tout ce ménage-ci,
Et que de me complaire on ne prend nul souci.
Oui, je sors de chez vous fort mal édifiée :
Dans toutes mes leçons j'y suis contrariée.
On n'y respecte rien, chacun y parle haut,
Et c'est tout justement la cour du roi Pétaud.
DORINE.
Si....
MADAME PERNELLE.
Vous êtes, ma mie, une fille suivante
Un peu trop forte en gueule, et fort impertinente;
Vous vous mêlez sur tout de dire votre avis.
DAMIS.
Mais....
MADAME PERNELLE.
Vous êtes un sot, en trois lettres, mon fils ;
C'est moi qui vous le dis, qui suis votre grand'mère,
Et j'ai prédit cent fois à mon fils, votre père,
Que vous preniez tout l'air d'un méchant garnement,
Et ne lui donneriez jamais que du tourment.
MARIANE.
Je crois....
MADAME PERNELLE.
Mon Dieu ! sa sœur, vous faites la discrète,
Et vous n'y touchez pas, tant vous semblez doucette !
Mais il n'est, comme on dit, pire eau que l'eau qui dort;
Et vous menez, sous chape, un train que je hais fort.
ELMIRE.
Mais, ma mère....
MADAME PERNELLE.
Ma bru, qu'il ne vous en déplaise,
Votre conduite, en tout, est tout à fait mauvaise ;
Vous devriez leur mettre un bon exemple aux yeux ;
Et leur défunte mère en usoit beaucoup mieux.
Vous êtes dépensière ; et cet état me blesse,
Que vous alliez vêtue ainsi qu'une princesse.
Quiconque a son mari veut plaire seulement,
Ma bru, n'a pas besoin de tant d'ajustement.
CLÉANTE.
Mais, madame, après tout....
MADAME PERNELLE.
Pour vous, monsieur son frère,
Je vous estime fort, frère vous aime, et vous révère ;
Mais enfin, si j'étois de mon fils son époux,
Je vous prierois fort bien de n'entrer point chez nous.
Sans cesse vous prêchez des maximes de vivre
Qui par d'honnêtes gens ne se doivent point suivre.
Je vous parle un peu franc ; mais c'est là mon humeur,
Et je ne mâche point ce que j'ai sur le cœur.
DAMIS.
Votre monsieur Tartuffe est bien heureux sans doute...

MADAME PERNELLE.
C'est un homme de bien, qu'il faut que l'on écoute ;
Et je ne puis souffrir sans me mettre en courroux.
De le voir querellé par un fou comme vous.
DAMIS.
Quoi ! je souffrirai, moi, qu'un cagot de critique
Vienne usurper céans un pouvoir tyrannique ;
Et que nous ne puissions à rien nous divertir,
Si ce beau monsieur-là n'y daigne consentir ?
DORINE.
S'il le faut écouter, et croire à ses maximes,
On ne peut faire rien qu'on ne fasse des crimes ;
Car il contrôle tout, ce critique zélé.
MADAME PERNELLE.
Et tout ce qu'il contrôle est fort bien contrôlé.
C'est au chemin du ciel qu'il prétend vous conduire,
Et mon fils à l'aimer vous devroit tous induire.
DAMIS.
Non, voyez-vous, ma mère, il n'est père, ni rien,
Qui me puisse obliger à lui vouloir du bien :
Je trahirois mon cœur de parler d'autre sorte.
Sur ses façons de faire à tous coups je m'emporte ;
J'en prévois une suite, et qu'avec ce pied plat,
Il faudra que j'en vienne à quelque grand éclat.
DORINE.
Certes, c'est une chose aussi qui scandalise,
De voir qu'un inconnu céans s'impatronise ;
Qu'un gueux, qui, quand il vint, n'avoit pas de souliers
Et dont l'habit entier valoit bien six deniers,
En vienne jusque-là que de se méconnoître,
De contrarier tout, et de faire le maître.
MADAME PERNELLE.
Hé ! merci de ma vie ! il en iroit bien mieux
Si tout se gouvernoit par ses ordres pieux.
DORINE.
Il passe pour un saint dans votre fantaisie :
Tout son fait, croyez-moi, n'est rien qu'hypocrisie.
MADAME PERNELLE.
Voyez la langue !
DORINE.
        A lui, non plus qu'à son Laurent,
Je ne me fierois, moi, que sur un beau garant.
MADAME PERNELLE.
J'ignore ce qu'au fond le serviteur peut être ;
Mais pour homme de bien je garantis le maître.
Vous ne lui voulez mal et ne le rebutez
Qu'à cause qu'il vous dit à tous vos vérités.
C'est contre le péché que son cœur se courrouce,
Et l'intérêt du ciel est tout ce qui le pousse.
DORINE.
Oui ; mais pourquoi, surtout depuis un certain temps,
Ne sauroit-il souffrir qu'aucun hante céans ?
En quoi blesse le ciel une visite honnête,
Pour en faire un vacarme à nous rompre la tête ?
Veut-on que là-dessus je m'explique entre nous ?...
    (Montrant Elmire.)
Je crois que de madame il est, ma foi, jaloux.
MADAME PERNELLE.
Taisez-vous, et songez aux choses que vous dites.
Ce n'est pas lui tout seul qui blâme ces visites :

Tout ce tracas qui suit les gens que vous hantez,
Ces carrosses sans cesse à la porte plantés,
Et de tant de laquais le bruyant assemblage
Font un éclat fâcheux dans tout le voisinage.
Je veux croire qu'au fond il ne se passe rien :
Mais enfin, on en parle ; et cela n'est pas bien.
CLÉANTE.
Hé ! voulez-vous, madame, empêcher qu'on ne cause,
Ce seroit dans la vie une fâcheuse chose,
Si, pour les sots discours où l'on peut être mis,
Il falloit renoncer à ses meilleurs amis.
Et, quand même on pourroit se résoudre à le faire,
Croiriez-vous obliger tout le monde à se taire ?
Contre la médisance il n'est point de rempart.
A tous les sots caquets n'ayons donc nul égard ;
Efforçons-nous de vivre avec toute innocence,
Et laissons aux causeurs une pleine licence.
DORINE.
Daphné, notre voisine, et son petit époux,
Ne seroient-ils point ceux qui parlent mal de nous ?
Ceux de qui la conduite offre le plus à rire,
Sont toujours sur autrui les premiers à médire :
Ils ne manquent jamais de saisir promptement
L'apparente lueur du moindre attachement,
D'en semer la nouvelle avec beaucoup de joie
Et d'y donner le tour qu'ils veulent qu'on y croie :
Des actions d'autrui, teintes de leurs couleurs,
Ils pensent dans le monde autoriser les leurs,
Et, sous le faux espoir de quelque ressemblance,
Aux intrigues qu'ils ont donner de l'innocence,
Ou faire ailleurs tomber quelques traits partagés
De ce blâme public dont ils sont trop chargés.
MADAME PERNELLE.
Tous ces raisonnemens ne font rien à l'affaire.
On sait qu'Orante mène une vie exemplaire ;
Tous ses soins vont au ciel : et j'ai su par des gens
Qu'elle condamne fort le train qui vient céans.
DORINE.
L'exemple est admirable, et cette dame est bonne !
Il est vrai qu'elle vit en austère personne ;
Mais l'âge dans son âme a mis ce zèle ardent,
Et l'on sait qu'elle est prude à son corps défendant.
Tant qu'elle a pu des cœurs attirer les hommages,
Elle a fort bien joui de tous ses avantages :
Mais, voyant de ses yeux tous les brillans baisser,
Au monde, qui la quitte, elle veut renoncer,
Et du voile pompeux d'une haute sagesse
De ses attraits usés déguiser la foiblesse.
Ce sont là les retours des coquettes du temps.
Il leur est dur de voir déserter les galans.
Dans un tel abandon, leur sombre inquiétude
Ne voit d'autre recours que le métier de prude ;
Et la sévérité de ces femmes de bien
Censure toute chose, et ne pardonne à rien.
Hautement d'un chacun elles blâment la vie,
Non point par charité, mais par un trait d'envie
Qui ne sauroit souffrir qu'une autre ait les plaisirs
Dont le penchant de l'âge a sevré leurs désirs.
MADAME PERNELLE, à Elmire.
Voilà les contes bleus qu'il vous faut pour vous plaire,

Ma bru. L'on est chez vous contrainte de se taire,
Car madame, à jaser, tient le dé tout le jour.
Mais enfin je prétends discourir à mon tour :
Je vous dis que mon fils n'a rien fait de plus sage,
Qu'en recueillant chez soi ce dévot personnage ;
Que le ciel au besoin l'a céans envoyé
Pour redresser à tous votre esprit fourvoyé ;
Que, pour votre salut, vous le devez entendre,
Et qu'il ne reprend rien qui ne soit à reprendre.
Ces visites, ces bals, ces conversations,
Sont du malin esprit toutes inventions.
Là, jamais on n'entend de pieuses paroles ;
Ce sont propos oisifs, chansons et fariboles :
Bien souvent le prochain en a sa bonne part,
Et l'on y sait médire et du tiers et du quart.
Enfin les gens sensés ont leurs têtes troublées
De la confusion de telles assemblées :
Mille caquets divers s'y font en moins de rien ;
Et, comme l'autre jour un docteur dit fort bien,
C'est véritablement la tour de Babylone,
Car chacun y babille, et tout du long de l'aune :
Et pour conter l'histoire où ce point l'engagea....
(Montrant Cléante.)
Voilà-t-il pas monsieur qui ricane déjà !
Allez chercher vos fous qui vous donnent à rire,
(A Elmire.)
Et sans.... Adieu, ma bru ; je ne veux plus rien dire.
Sachez que pour céans j'en rabats la moitié,
Et qu'il fera beau temps quand j'y mettrai le pied.
(Donnant un soufflet à Flipote.)
Allons, vous, vous rêvez, et bayez aux corneilles.
Jour de Dieu ! je saurai vous frotter les oreilles.
Marchons, gaupe, marchons.

SCÈNE II.

CLÉANTE, DORINE.

CLÉANTE.
           Je n'y veux point aller,
De peur qu'elle ne vînt encor me quereller ;
Que cette bonne femme....
DORINE.
           Ah ! certes, c'est dommage
Qu'elle ne vous ouït tenir un tel langage :
Elle vous diroit bien qu'elle vous trouve bon,
Et qu'elle n'est point d'âge à lui donner ce nom.
CLÉANTE.
Comme elle s'est pour rien contre nous échauffée !
Et que de son Tartuffe elle paroît coiffée !
DORINE.
Oh ! vraiment, tout cela n'est rien au prix du fils,
Et, si vous l'aviez vu, vous diriez : « C'est bien pis ! »
Nos troubles l'avoient mis sur le pied d'homme sage,
Et, pour servir son prince, il montra du courage :
Mais il est devenu comme un homme hébété,
Depuis que de Tartuffe on le voit entêté ;

Il l'appelle son frère, et l'aime dans son âme
Cent fois plus qu'il ne fait mère, fils, fille et femme.
C'est de tous ses secrets l'unique confident,
Et de ses actions le directeur prudent ;
Il le choie, il l'embrasse ; et pour une maîtresse
On ne sauroit, je pense, avoir plus de tendresse :
A table, au plus haut bout il veut qu'il soit assis ;
Avec joie il l'y voit manger autant que six ;
Les bons morceaux de tout, il faut qu'on les lui cède ;
Et, s'il vient à roter, il lui dit : « Dieu vous aide ! »
Enfin il en est fou ; c'est son tout, son héros ;
Il l'admire à tous coups, le cite à tout propos ;
Ses moindres actions lui semblent des miracles,
Et tous les mots qu'il dit sont pour lui des oracles
Lui, qui connoît sa dupe, et qui veut en jouir,
Par cent dehors fardés à l'art de l'éblouir ;
Son cagotisme en tire, à toute heure, des sommes,
Et prend droit de gloser sur tous tant que nous sommes.
Il n'est pas jusqu'au fat qui lui sert de garçon
Qui ne se mêle aussi de nous faire leçon ;
Il vient nous sermonner avec des yeux farouches,
Et jeter nos rubans, notre rouge et nos mouches.
Le traître, l'autre jour, nous rompit de ses mains
Un mouchoir qu'il trouva dans une *Fleur des Saints,*
Disant que nous mêlions, par un crime effroyable,
Avec la sainteté les parures du diable.

SCÈNE III.

ELMIRE, MARIANE, DAMIS, CLÉANTE, DORINE.

ELMIRE, *à Cléante.*
Vous êtes bien heureux de n'être point venu
Au discours qu'à la porte elle nous a tenu.
Mais j'ai vu mon mari ; comme il ne m'a point vue
Je veux aller là-haut attendre sa venue.
CLÉANTE.
Moi, je l'attends ici pour moins d'amusement ;
Et je vais lui donner le bonjour seulement.

SCÈNE IV.

CLÉANTE, DAMIS, DORINE.

DAMIS.
De l'hymen de ma sœur touchez-lui quelque chose.
J'ai soupçon que Tartuffe à son effet s'oppose,
Qu'il oblige mon père à des détours si grands ;
Et vous n'ignorez pas quel intérêt j'y prends.
Si même ardeur enflamme et ma sœur et Valère,
La sœur de cet ami, vous le savez, m'est chère ;
Et s'il falloit....
DORINE.
           Il entre.

LE TARTUFFE, ACTE I.

SCÈNE V.

ORGON, CLÉANTE, DORINE.

ORGON.
Ah! mon frère, bonjour.

CLÉANTE.
Je sortois, et j'ai joie à vous voir de retour.
La campagne à présent n'est pas beaucoup fleurie.

ORGON.
(A Cléante.)
Dorine.... Mon beau-frère, attendez, je vous prie.

Je vous parle un peu franc; mais c'est là mon humeur. (Acte I, scène I.)

Vous voulez bien souffrir, pour m'ôter de souci,
Que je m'informe un peu des nouvelles d'ici.
(A Dorine.)
Tout s'est-il, ces deux jours, passé de bonne sorte?
Qu'est-ce qu'on fait céans? Comme est-ce qu'on s'y porte?

DORINE.
Madame eut avant-hier la fièvre jusqu'au soir,
Avec un mal de tête étrange à concevoir.

ORGON.
Et Tartuffe?

DORINE.
Tartuffe? Il se porte à merveille?
Gros et gras, le teint frais, et la bouche vermeille.
ORGON.
Le pauvre homme!
DORINE.
Le soir, elle eut un grand dégoût,
Et ne put, au souper, toucher à rien du tout,
Tant sa douleur de tête étoit encor cruelle?
ORGON.
Et Tartuffe?

DORINE.
Il soupa, lui tout seul, devant elle;
Et fort dévotement il mangea deux perdrix,
Avec une moitié de gigot en hachis.
ORGON.
Le pauvre homme!
DORINE.
La nuit se passa tout entière
Sans qu'elle pût fermer un moment la paupière;
Des chaleurs l'empêchoient de pouvoir sommeiller,
Et jusqu'au jour, près d'elle, il nous fallut veiller.

Allons, vous, vous rêvez et bayez aux corneilles. (Acte I, scène I.)

ORGON.
Et Tartuffe?
DORINE.
Pressé d'un sommeil agréable,
Il passa dans sa chambre au sortir de la table;
Et dans son lit bien chaud il se mit tout soudain,
Où, sans trouble, il dormit jusques au lendemain.
ORGON.
Le pauvre homme!
DORINE.
A la fin, par nos raisons gagnée,
Elle se résolut à souffrir la saignée;
Et le soulagement suivit tout aussitôt.
ORGON.
Et Tartuffe?
DORINE.
Il reprit courage comme il faut,
Et contre tous les maux fortifiant son âme,
Pour réparer le sang qu'avoit perdu madame,
But, à son déjeuner, quatre grands coups de vin.
ORGON.
Le pauvre homme!
DORINE.
Tous deux se portent bien enfin,

Et je vais à madame, annoncer, par avance,
La part que vous prenez à sa convalescence.

SCÈNE VI.
ORGON, CLÉANTE.

CLÉANTE.
A votre nez, mon frère, elle se rit de vous ;
Et, sans avoir dessein de vous mettre en courroux,
Je vous dirai tout franc que c'est avec justice.
A-t-on jamais parlé d'un semblable caprice ?
Et se peut-il qu'un homme ait un charme aujourd'hui
A vous faire oublier toutes choses pour lui ;
Qu'après avoir chez vous réparé sa misère,
Vous en veniez au point ?...
ORGON.
Halte-là, mon beau-frère ;
Vous ne connoissez pas celui dont vous parlez.
CLÉANTE.
Je ne le connois pas, puisque vous le voulez ;
Mais enfin, pour savoir quel homme ce peut être....
ORGON.
Mon frère, vous seriez charmé de le connoître,
Et vos ravissemens ne prendroient point de fin. [enfin !
C'est un homme....qui....ah ! un homme....un homme,
Qui suit bien ses leçons goûte une paix profonde,
Et comme du fumier regarde tout le monde.
Oui, je deviens tout autre avec son entretien ;
Il m'enseigne à n'avoir affection pour rien ;
De toutes amitiés il détache mon âme ;
Et je verrois mourir frère, enfans, mère et femme,
Que je m'en soucierois autant que de cela.
CLÉANTE.
Les sentimens humains, mon frère, que voilà !
ORGON.
Ah ! si vous aviez vu comme j'en fis rencontre,
Vous auriez pris pour lui l'amitié que je montre.
Chaque jour à l'église il venoit, d'un air doux,
Tout vis-à-vis de moi se mettre à deux genoux.
Il attiroit les yeux de l'assemblée entière
Par l'ardeur dont au ciel il poussoit sa prière ;
Il faisoit des soupirs, de grands élancemens,
Et baisoit humblement la terre à tous momens :
Et, lorsque je sortois, il me devançoit vite
Pour m'aller, à la porte, offrir de l'eau bénite.
Instruit par son garçon, qui dans tout l'imitoit,
Et de son indigence, et de ce qu'il étoit,
Je lui faisois des dons : mais, avec modestie,
Il me vouloit toujours en rendre une partie.
« C'est trop, me disoit-il, c'est trop de la moitié ;
Je ne mérite pas de vous faire pitié. »
Et quand je refusois de le vouloir reprendre,
Aux pauvres, à mes yeux, il alloit le répandre.
Enfin le ciel chez moi me le fit retirer,
Et depuis ce temps-là tout semble y prospérer.
Je vois qu'il reprend tout, et qu'à ma femme même,
Il prend, pour mon honneur, un intérêt extrême ;
Il m'avertit des gens qui lui font les yeux doux,
Et plus que moi six fois il s'en montre jaloux.
Mais vous ne croiriez point jusqu'où monte son zèle :
Il s'impute à péché la moindre bagatelle ;
Un rien presque suffit our le scandaliser ;
Jusque-là qu'il se vint, l'autre jour, accuser
D'avoir pris une puce en faisant sa prière,
Et de l'avoir tuée avec trop de colère.
CLÉANTE.
Parbleu ! vous êtes fou, mon frère, que je croi,
Avec de tels discours vous moquez-vous de moi ?
Et que prétendez-vous ? Que tout ce badinage....
ORGON.
Mon frère, ce discours sent le libertinage :
Vous en êtes un peu dans votre âme entiché ;
Et, comme je vous l'ai plus de dix fois prêché,
Vous vous attirerez quelque méchante affaire.
CLÉANTE.
Voilà de vos pareils le discours ordinaire :
Ils veulent que chacun soit aveugle comme eux.
C'est être libertin que d'avoir de bons yeux ;
Et qui n'adore pas de vaines simagrées,
N'a ni respect ni foi pour les choses sacrées.
Allez, tous vos discours ne me font point de peur ;
Je sais comme je parle, et le ciel voit mon cœur.
De tous vos façonniers on n'est point les esclaves.
Il est de faux dévots ainsi que de faux braves ;
Et, comme on ne voit pas qu'où l'honneur les conduit,
Les vrais braves soient ceux qui font beaucoup de bruit,
Les bons et vrais dévots, qu'on doit suivre à la trace,
Ne sont pas ceux aussi qui font tant de grimace.
Hé quoi ! vous ne ferez nulle distinction
Entre l'hypocrisie et la dévotion ?
Vous les voulez traiter d'un semblable langage,
Et rendre même honneur au masque qu'au visage,
Égaler l'artifice à la sincérité,
Confondre l'apparence avec la vérité,
Estimer le fantôme autant que la personne,
Et la fausse monnoie à l'égal de la bonne ?
Les hommes la plupart sont étrangement faits !
Dans la juste nature on ne les voit jamais :
La raison a pour eux des bornes trop petites ;
En chaque caractère ils passent ses limites,
Et la plus noble chose, ils la gâtent souvent
Pour la vouloir outrer et pousser trop avant.
Que cela vous soit dit en passant, mon beau-frère.
ORGON.
Oui, vous êtes sans doute un docteur qu'on révère ;
Tout le savoir du monde est chez vous retiré ;
Vous êtes le seul sage et le seul éclairé,
Un oracle, un Caton dans le siècle où nous sommes ;
Et près de vous ce sont des sots que tous les hommes.
CLÉANTE.
Je ne suis point, mon frère, un docteur révéré,
Et le savoir chez moi n'est pas tout retiré.
Mais, en un mot, je sais, pour toute ma science,
Du faux avec le vrai faire la différence.
Et comme je ne vois nul genre de héros
Qui soient plus à priser que les parfaits dévots,
Aucune chose au monde et plus noble et plus belle

Que la sainte ferveur d'un véritable zèle ;
Aussi ne vois-je rien qui soit plus odieux
Que le dehors plâtré d'un zèle spécieux,
Que ces francs charlatans, que ces dévots de place,
De qui la sacrilége et trompeuse grimace
Abuse impunément, et se joue, à leur gré,
De ce qu'ont les mortels de plus saint et sacré ;
Cés gens qui, par une âme à l'intérêt soumise,
Font de dévotion métier et marchandise,
Et veulent acheter crédit et dignités
A prix de faux clins d'yeux et d'élans affectés ;
Ces gens, dis-je, qu'on voit, d'une ardeur non commune,
Par le chemin du ciel courir à leur fortune ;
Qui, brûlans et prians, demandent chaque jour,
Et prêchent la retraite au milieu de la cour ;
Qui savent ajuster leur zèle avec leurs vices,
Sont prompts, vindicatifs, sans foi, pleins d'artifices,
Et, pour perdre quelqu'un, couvrent insolemment
De l'intérêt du ciel leur fier ressentiment ;
D'autant plus dangereux dans leur âpre colère,
Qu'ils prennent contre nous des armes qu'on révère,
Et que leur passion, dont on leur sait bon gré,
Veut nous assassiner avec un fer sacré.
De ce faux caractère on en voit trop paroître,
Mais les dévots de cœur sont aisés à connoître.
Notre siècle, mon frère, en expose à nos yeux
Qui peuvent nous servir d'exemples glorieux.
Regardez Ariston, regardez Périandre,
Oronte, Alcidamas, Polydore, Clitandre ;
Ce titre par aucun ne leur est débattu ;
Ce ne sont point du tout fanfarons de vertu,
On ne voit point en eux ce faste insupportable,
Et leur dévotion est humaine, est traitable :
Ils ne censurent point toutes nos actions,
Ils trouvent trop d'orgueil dans ces corrections ;
Et, laissant la fierté des paroles aux autres,
C'est par leurs actions qu'ils reprennent les nôtres.
L'apparence du mal a chez eux peu d'appui,
Et leur âme est portée à juger bien d'autrui.
Point de cabale en eux, point d'intrigues à suivre ;
On les voit, pour tous soins, se mêler de bien vivre.
Jamais contre un pécheur ils n'ont d'acharnement,
Ils attachent leur haine au péché seulement,
Et ne veulent point prendre, avec un zèle extrême,
Les intérêts du ciel plus qu'il ne veut lui-même.
Voilà mes gens, voilà comme il en faut user,
Voilà l'exemple enfin qu'il se faut proposer.
Votre homme, à dire vrai, n'est pas de ce modèle :
C'est de fort bonne foi que vous vantez son zèle ;
Mais par un faux éclat je vous crois ébloui.
                    ORGON.
Monsieur mon cher beau-frère, avez-vous tout dit?
                    CLÉANTE.
                                        Oui.
        ORGON, s'en allant.
Je suis votre valet.
                CLÉANTE.
            De grâce, un mot, mon frère.
Laissons là ce discours. Vous savez que Valère,
Pour être votre gendre, a parole de vous.

ORGON.

Oui.

CLÉANTE.

Vous aviez pris jour pour un lien si doux.

ORGON.

Il est vrai.

CLÉANTE.

Pourquoi donc en différer la fête ?

ORGON.

Je ne sais.

CLÉANTE.

Auriez-vous autre pensée en tête?

ORGON.

Peut-être.

CLÉANTE.

Vous voulez manquer à votre foi ?

ORGON.

Je ne dis pas cela.

CLÉANTE.

Nul obstacle, je croi,
Ne vous peut empêcher d'accomplir vos promesses.

ORGON.

Selon.

CLÉANTE.

Pour dire un mot faut-il tant de finesse?
Valère, sur ce point, me fait vous visiter.

ORGON.

Le ciel en soit loué !

CLÉANTE.

Mais que lui reporter?

ORGON.

Tout ce qu'il vous plaira

CLÉANTE.

Mais il est nécessaire
De savoir vos desseins. Quels sont-ils donc?

ORGON.

De faire
Ce que le ciel voudra.

CLÉANTE.

Mais parlons tout de bon.
Valère a votre foi; la tiendrez-vous, ou non?

ORGON.

Adieu.

CLÉANTE, *seul.*

Pour son amour je crains une disgrâce,
Et je dois l'avertir de tout ce qui se passe.

FIN DU PREMIER ACTE

ACTE DEUXIÈME.

SCÈNE I.

ORGON, MARIANE.

ORGON.

Mariane.

MARIANE.

Mon père.

ORGON.

Approchez, j'ai de quoi
Vous parler en secret.

MARIANE, *à Orgon qui regarde dans un cabinet.*

Que cherchez-vous ?

ORGON.

Je voi
Si quelqu'un n'est point là qui pourroit nous entendre ;
Car ce petit endroit est propre pour surprendre.
Or sus, nous voilà bien. J'ai, Mariane, en vous
Reconnu de tout temps un esprit assez doux,
Et de tout temps aussi vous m'avez été chère.

MARIANE.

Je suis fort redevable à cet amour de père.

ORGON.

C'est fort bien dit, ma fille ; et, pour le mériter,
Vous devez n'avoir soin que de me contenter.

MARIANE.

C'est où je mets aussi ma gloire la plus haute.

ORGON.

Fort bien. Que dites-vous de Tartuffe notre hôte ?

MARIANE.

Qui, moi ?

ORGON.

Vous. Voyez bien comme vous répondrez.

MARIANE.

Hélas ! j'en dirai, moi, tout ce que vous voudrez.

SCÈNE II.

ORGON, MARIANE, DORINE, *entrant doucement
et se tenant derrière Orgon, sans être vue.*

ORGON.

C'est parler sagement. Dites-moi donc, ma fille,
Qu'en toute sa personne un haut mérite brille,
Qu'il touche votre cœur, et qu'il vous seroit doux
De le voir, par mon choix, devenir votre époux.
Hé ?

MARIANE.

Hé ?

ORGON.

Qu'est-ce ?

MARIANE.

Plaît-il ?

ORGON.

Quoi ?

MARIANE.

Me suis-je méprise ?

ORGON.

Comment ?

MARIANE.

Qui voulez-vous, mon père, que je dise
Qui me touche le cœur, et qu'il me seroit doux
De voir, par votre choix, devenir mon époux ?

ORGON.

Tartuffe.

MARIANE.
Il n'en est rien, mon père, je vous jure.
Pourquoi me faire dire une telle imposture?
ORGON.
Mais je veux que cela soit une vérité;
Et c'est assez pour vous que je l'aie arrêté.
MARIANE.
Quoi! vous voulez, mon père?...
ORGON.
Oui, je prétends, ma fille,
Unir, par votre hymen, Tartuffe à ma famille.
Il sera votre époux, j'ai résolu cela.
(Apercevant Dorine.)
Et comme sur vos yeux je.... Que faites-vous là?
La curiosité qui vous presse est bien forte,
Ma mie, à nous venir écouter de la sorte.
DORINE.
Vraiment, je ne sais pas si c'est un bruit qui part
De quelque conjecture, ou d'un coup de hasard;
Mais de ce mariage on m'a dit la nouvelle,
Et j'ai traité cela de pure bagatelle.
ORGON.
Quoi donc! la chose est-elle incroyable?
DORINE.
A tel point
Que vous-même, monsieur, je ne vous en crois point.
ORGON.
Je sais bien le moyen de vous le faire croire.
DORINE.
Oui! oui! vous nous contez une plaisante histoire!
ORGON.
Je conte justement ce qu'on verra dans peu.
DORINE.
Chansons!
ORGON.
Ce que je dis, ma fille, n'est point jeu.
DORINE.
Allez, ne croyez point à monsieur votre père;
Il raille.
ORGON.
Je vous dis....
DORINE.
Non, vous avez beau faire,
On ne vous croira point.
ORGON.
A la fin mon courroux....
DORINE.
Hé bien! on vous croit donc; et c'est tant pis pour vous.
Quoi! se peut-il, monsieur, qu'avec l'air d'homme sage,
Et cette large barbe au milieu du visage,
Vous soyez assez fou pour vouloir?...
ORGON.
Écoutez;
Vous avez pris céans certaines privautés
Qui ne me plaisent point; je vous le dis, ma mie.
DORINE.
Parlons sans nous fâcher, monsieur, je vous supplie.
Vous moquez-vous des gens d'avoir fait ce complot?
Votre fille n'est point l'affaire d'un bigot:
Il a d'autres emplois auxquels il faut qu'il pense.

Et puis, que vous apporte une telle alliance?
A quel sujet aller, avec tout votre bien,
Choisir un gendre gueux?...
ORGON.
Taisez-vous. S'il n'a rien,
Sachez que c'est par là qu'il faut qu'on le révère.
Sa misère est sans doute une honnête misère,
Au-dessus des grandeurs elle doit l'élever.
Puisque enfin de son bien il s'est laissé priver
Par son trop peu de soin des choses temporelles,
Et sa puissante attache aux choses éternelles.
Mais mon secours pourra lui donner les moyens
De sortir d'embarras, et rentrer dans ses biens:
Ce sont fiefs qu'à bon titre au pays on renomme;
Et, tel que l'on le voit, il est bien gentilhomme.
DORINE.
Oui, c'est lui qui le dit; et cette vanité,
Monsieur, ne sied pas bien avec la piété.
Qui d'une sainte vie embrasse l'innocence,
Ne doit point tant prôner son nom et sa naissance;
Et l'humble procédé de la dévotion
Souffre mal les éclats de cette ambition.
A quoi bon cet orgueil?... Mais ce discours vous blesse:
Parlons de sa personne, et laissons sa noblesse.
Ferez-vous possesseur, sans quelque peu d'ennui,
D'une fille comme elle un homme comme lui?
Et ne devez-vous pas songer aux bienséances,
Et de cette union prévoir les conséquences?
Sachez que d'une fille on risque la vertu,
Lorsque dans son hymen son goût est combattu;
Que le dessein d'y vivre en honnête personne
Dépend des qualités du mari qu'on lui donne;
Et que ceux dont partout on montre au doigt le front
Font leurs femmes souvent ce qu'on voit qu'elles sont.
Il est bien difficile enfin d'être fidèle
A de certains maris faits d'un certain modèle;
Et qui donne à sa fille un homme qu'elle hait,
Est responsable au ciel des fautes qu'elle fait.
Songez à quels périls votre dessein vous livre.
ORGON.
Je vous dis qu'il me faut apprendre d'elle à vivre!
DORINE.
Vous n'en feriez que mieux de suivre mes leçons.
ORGON.
Ne nous amusons point, ma fille, à ces chansons;
Je sais ce qu'il vous faut, et je suis votre père.
J'avois donné pour vous ma parole à Valère:
Mais, outre qu'à jouer on dit qu'il est enclin,
Je le soupçonne encor d'être un peu libertin;
Je ne remarque point qu'il hante les églises.
DORINE.
Voulez-vous qu'il y coure à vos heures précises,
Comme ceux qui n'y vont que pour être aperçus?
ORGON.
Je ne demande pas votre avis là-dessus.
Enfin avec le ciel l'autre est le mieux du monde,
Et c'est une richesse à nulle autre seconde.
Cet hymen de tous biens comblera vos désirs,
Il sera tout confit en douceurs et plaisirs.
Ensemble vous vivrez, dans vos ardeurs fidèles,

Comme deux vrais enfans, comme deux tourterelles :
A nul fâcheux débat jamais vous n'en viendrez ;
Et vous ferez de lui tout ce que vous voudrez.
DORINE.
Elle ? Elle n'en fera qu'un sot, je vous assure.
ORGON.
Ouais ! quels discours !
DORINE.
Je dis qu'il en a l'encolure,
Et que son ascendant, monsieur, l'emportera
Sur toute la vertu que votre fille aura.
ORGON.
Cessez de m'interrompre, et songez à vous taire,
Sans mettre votre nez où vous n'avez que faire.
DORINE.
Je n'en parle, monsieur, que pour votre intérêt.
ORGON.
C'est prendre trop de soin ; taisez-vous, s'il vous plaît.
DORINE.
Si l'on ne vous aimoit....
ORGON.
Je ne veux pas qu'on m'aime,
DORINE.
Et je veux vous aimer, monsieur, malgré vous-même.
ORGON.
Ah !
DORINE.
Votre honneur m'est cher, et je ne puis souffrir
Qu'aux brocards d'un chacun vous alliez vous offrir
ORGON.
Vous ne vous tairez point !
DORINE.
C'est une conscience
Que de vous laisser faire une telle alliance.
ORGON.
Te tairas-tu, serpent, dont les traits effrontés ?...
DORINE.
Ah ! vous êtes dévot, et vous vous emportez !
ORGON.
Oui, ma bile s'échauffe à toutes ces fadaises,
Et tout résolûment je veux que tu te taises.
DORINE.
Soit. Mais, ne disant mot, je n'en pense pas moins.
ORGON.
Pense, si tu le veux ; mais applique tes soins
(A sa fille.)
A ne m'en point parler, ou.... Suffit.... Comme sage
J'ai pesé mûrement toutes choses.
DORINE, à part.
J'enrage
De ne pouvoir parler.
ORGON.
Sans être damoiseau,
Tartuffe est fait de sorte....
DORINE, à part.
Oui, c'est un beau museau.
ORGON.
Que, quand tu n'aurois même aucune sympathie
Pour tous les autres dons....

DORINE, à part.
La voilà bien lotie !
(Orgon se tourne du côté de Dorine, et, les bras croisés, l'écoute, et la regarde en face.)
Si j'étois en sa place, un homme assurément
Ne m'épouseroit pas de force impunément ;
Et je lui ferois voir bientôt après la fête,
Qu'une femme a toujours une vengeance prête.
ORGON, à Dorine.
Donc de ce que je dis on ne fera nul cas ?
DORINE.
De quoi vous plaignez-vous ? Je ne vous parle pas.
ORGON.
Qu'est-ce que tu fais donc ?
DORINE.
Je me parle à moi-même.
ORGON, à part.
Fort bien. Pour châtier son insolence extrême,
Il faut que je lui donne un revers de ma main.
(Il se met en posture de donner un soufflet à Dorine ; et, à chaque mot qu'il dit à sa fille, il se tourne pour regarder Dorine, qui se tient droite sans parler.)
Ma fille, vous devez approuver mon dessein....
Croire que le mari.... que j'ai su vous élire....
(A Dorine.)
Que ne te parles-tu ?
DORINE.
Je n'ai rien à me dire.
ORGON.
Encore un petit mot.
DORINE.
Il ne me plaît pas, moi.
ORGON.
Certes, je t'y guettois.
DORINE.
Quelque sotte, ma foi !...
ORGON.
Enfin, ma fille, il faut payer d'obéissance,
Et montrer pour mon choix entière déférence.
DORINE, en s'enfuyant.
Je me moquerois fort de prendre un tel époux.
ORGON, après avoir manqué de donner un soufflet à Dorine.
Vous avez là, ma fille, une peste avec vous,
Avec qui, sans péché, je ne saurois plus vivre.
Je me sens hors d'état maintenant de poursuivre ;
Ses discours insolens m'ont mis l'esprit en feu,
Et je vais prendre l'air pour me rasseoir un peu.

SCÈNE III.

MARIANE, DORINE.

DORINE.
Avez-vous donc perdu, dites-moi, la parole ?
Et faut-il qu'en ceci je fasse votre rôle ?
Souffrir qu'on vous propose un projet insensé,
Sans que du moindre mot vous l'ayez repoussé !

MARIANE.
Contre un père absolu que veux-tu que je fasse?
DORINE.
Ce qu'il faut pour parer une telle menace.

MARIANE.
Quoi?
DORINE.
Lui dire qu'un cœur n'aime point par autrui;

Ah! vous êtes dévot, et vous vous emportez! (Acte II, scène II).

Que vous vous mariez pour vous, non pas pour lui,
Qu'étant celle pour qui se fait toute l'affaire,
C'est à vous, non à lui, que le mari doit plaire;
Et que si son Tartuffe est pour lui si charmant,
Il le peut épouser sans nul empêchement.

MARIANE.
Un père, je l'avoue, a sur nous tant d'empire,
Que je n'ai jamais eu la force de rien dire.
DORINE.
Mais raisonnons. Valère a fait pour vous des pas :

L'aimez-vous, je vous prie, ou ne l'aimez-vous pas ?
MARIANE.
Ah ! qu'envers mon amour ton injustice est grande,
Dorine ! Me dois-tu faire cette demande ?
T'ai-je pas là-dessus, ouvert cent fois mon cœur ?
Et sais-tu pas pour lui jusqu'où va mon ardeur ?
DORINE.
Que sais-je si le cœur a parlé par la bouche,

Adieu, madame. (Acte II, scène IV.)

Et si c'est tout de bon que cet amant vous touche ?
MARIANE.
Tu me fais un grand tort, Dorine, d'en douter ;
Et mes vrais sentimens ont su trop éclater.
DORINE.
Enfin, vous l'aimez donc ?

MARIANE.
Oui, d'une ardeur extrême.
DORINE.
Et selon l'apparence il vous aime de même ?
MARIANE.
Je le crois.

DORINE.
Et tous deux brûlez également.
De vous voir mariés ensemble?

MARIANE.
Assurément.

DORINE.
Sur cette autre union quelle est donc votre attente?

MARIANE.
De me donner la mort, si l'on me violente.

DORINE.
Fort bien. C'est un recours où je ne songeois pas.
Vous n'avez qu'à mourir pour sortir d'embarras.
Le remède sans doute est merveilleux. J'enrage
Lorsque j'entends tenir ces sortes de langage.

MARIANE.
Mon Dieu! de quelle humeur, Dorine, tu te rends!
Tu ne compatis point aux déplaisirs des gens.

DORINE.
Je ne compatis point à qui dit des sornettes,
Et dans l'occasion mollit comme vous faites.

MARIANE.
Mais que veux-tu? si j'ai de la timidité.

DORINE.
Mais l'amour dans un cœur veut de la fermeté.

MARIANE.
Mais n'en gardé-je pas pour les feux de Valère?
Et n'est-ce pas à lui de m'obtenir d'un père?

DORINE.
Mais quoi! si votre père est un bourru fieffé,
Qui s'est de son Tartuffe entièrement coiffé
Et manque à l'union qu'il avoit arrêtée,
La faute à votre amant doit-elle être imputée?

MARIANE.
Mais, par un haut refus et d'éclatans mépris,
Ferai-je, dans mon choix, voir un cœur trop épris?
Sortirai-je pour lui, quelque éclat dont il brille,
De la pudeur du sexe et du devoir de fille?
Et veux-tu que mes feux par le monde étalés?..

DORINE.
Non, non, je ne veux rien. Je vois que vous voulez
Être à monsieur Tartuffe; et j'aurois, quand j'y pense,
Tort de vous détourner d'une telle alliance.
Quelle raison aurois-je à combattre vos vœux?
Le parti de soi-même est fort avantageux.
Monsieur Tartuffe! oh! oh! n'est-ce rien qu'on propose?
Certes, monsieur Tartuffe, à bien prendre la chose,
N'est pas un homme, non, qui se mouche du pied :
Et ce n'est pas peu d'heur que d'être sa moitié.
Tout le monde déjà de gloire le couronne :
Il est noble chez lui, bien fait de sa personne.
Il a l'oreille rouge et le teint bien fleuri;
Vous vivrez trop contente avec un tel mari.

MARIANE.
Mon Dieu!...

DORINE.
Quelle allégresse aurez-vous dans votre âme,
Quand d'un époux si beau vous vous verrez la femme!

MARIANE.
Ah! cesse, je te prie, un semblable discours;
Et contre cet hymen ouvre-moi du secours.
C'en est fait, je me rends, et suis prête à tout faire.

DORINE.
Non, il faut qu'une fille obéisse à son père,
Voulût-on lui donner un singe pour époux.
Votre sort est fort beau : de quoi vous plaignez-vous?
Vous irez par le coche en sa petite ville,
Qu'en oncles et cousins vous trouverez fertile,
Et vous vous plairez fort à les entretenir.
D'abord chez le beau monde on vous fera venir.
Vous irez visiter, pour votre bienvenue,
Madame la baillive et madame l'élue,
Qui d'un siège pliant vous feront honorer.
Là, dans le carnaval, vous pourrez espérer
Le bal et la grand'bande, à savoir, deux musettes,
Et parfois Fagotin et les marionnettes;
Si pourtant votre époux....

MARIANE.
Ah! tu me fais mourir
De tes conseils plutôt songe à me secourir.

DORINE.
Je suis votre servante.

MARIANE.
Hé! Dorine, de grâce...

DORINE.
Il faut, pour vous punir, que cette affaire passe.

MARIANE.
Ma pauvre fille!

DORINE.
Non.

MARIANE.
Si mes vœux déclarés....

DORINE.
Point. Tartuffe est votre homme, et vous en tâterez.

MARIANE.
Tu sais qu'à toi toujours je me suis confiée :
Fais-moi....

DORINE.
Non, vous serez, ma foi, tartuffiée.

MARIANE.
Hé bien! puisque mon sort ne sauroit t'émouvoir,
Laisse-moi désormais toute à mon désespoir :
C'est de lui que mon cœur empruntera de l'aide;
Et je sais de mes maux l'infaillible remède.

(*Mariane veut s'en aller.*)

DORINE.
Hé! là, là, revenez. Je quitte mon courroux.
Il faut, nonobstant tout, avoir pitié de vous.

MARIANE.
Vois-tu, si l'on m'expose à ce cruel martyre,
Je te le dis, Dorine, il faudra que j'expire.

DORINE.
Ne vous tourmentez point. On peut adroitement
Empêcher.... Mais voici Valère, votre amant.

SCÈNE IV.

VALÈRE, MARIANE, DORINE.

VALÈRE.
On vient de débiter, madame, une nouvelle
Que je ne savois pas, et qui sans doute est belle.
MARIANE.
Quoi ?
VALÈRE.
Que vous épousez Tartuffe.
MARIANE.
Il est certain
Que mon père s'est mis en tête ce dessein.
VALÈRE.
Votre père, madame....
MARIANE.
A changé de visée :
La chose vient par lui de m'être proposée.
VALÈRE.
Quoi ! sérieusement ?
MARIANE.
Oui, sérieusement.
Il s'est pour cet hymen déclaré hautement.
VALÈRE.
Et quel est le dessein où votre âme s'arrête,
Madame ?
MARIANE.
Je ne sais.
VALÈRE.
La réponse est honnête.
Vous ne savez ?
MARIANE.
Non.
VALÈRE.
Non ?
MARIANE.
Que me conseillez-vous ?
VALÈRE.
Je vous conseille, moi, de prendre cet époux.
MARIANE.
Vous me le conseillez ?
VALÈRE.
Oui.
MARIANE.
Tout de bon ?
VALÈRE.
Sans doute.
Le choix est glorieux, et vaut bien qu'on l'écoute.
MARIANE.
Hé bien ! c'est un conseil, monsieur, que je reçois.
VALÈRE.
Vous n'aurez pas grand'peine à le suivre, je crois.
MARIANE.
Pas plus qu'à le donner n'en a souffert votre âme.

VALÈRE.
Moi, je vous l'ai donné pour vous plaire, madame.
MARIANE.
Et moi, je le suivrai pour vous faire plaisir.
DORINE, *se retirant dans le fond du théâtre.*
Voyons ce qui pourra de ceci réussir.
VALÈRE.
C'est donc ainsi qu'on aime ? Et c'étoit tromperie
Quand vous....
MARIANE.
Ne parlons point de cela, je vous prie ;
Vous m'avez dit tout franc que je dois accepter
Celui que pour époux on me veut présenter :
Et je déclare, moi, que je prétends le faire,
Puisque vous m'en donnez le conseil salutaire.
VALÈRE.
Ne vous excusez point sur mes intentions.
Vous aviez pris déjà vos résolutions ;
Et vous vous saisissez d'un prétexte frivole
Pour vous autoriser à manquer de parole.
MARIANE.
Il est vrai, c'est bien dit.
VALÈRE.
Sans doute ; et votre cœur
N'a jamais eu pour moi de véritable ardeur.
MARIANE.
Hélas ! permis à vous d'avoir cette pensée.
VALÈRE.
Oui, oui, permis à moi : mais mon âme offensée
Vous préviendra peut-être en un pareil dessein ;
Et je sais où porter et mes vœux et ma main.
MARIANE.
Ah ! je n'en doute point ; et les ardeurs qu'excite
Le mérite....
VALÈRE.
Mon Dieu ! laissons-là le mérite ;
J'en ai fort peu, sans doute, et vous en faites foi.
Mais j'espère aux bontés qu'une autre aura pour moi.
Et j'en sais de qui l'âme, à ma retraite ouverte,
Consentira sans honte à réparer ma perte.
MARIANE.
La perte n'est pas grande ; et de ce changement
Vous vous consolerez assez facilement.
VALÈRE.
J'y ferai mon possible ; et vous le pouvez croire.
Un cœur qui nous oublie engage notre gloire ;
Il faut à l'oublier mettre aussi tous nos soins :
Si l'on n'en vient à bout, on le doit feindre au moins ;
Et cette lâcheté jamais ne se pardonne,
De montrer de l'amour pour qui nous abandonne.
MARIANE.
Ce sentiment, sans doute, est noble et relevé.
VALÈRE.
Fort bien, et d'un chacun il doit être approuvé.
Hé quoi ! vous voudriez qu'à jamais dans mon âme
Je gardasse pour vous les ardeurs de ma flamme,
Et vous visse, à mes yeux, passer en d'autres bras,

Sans mettre ailleurs un cœur dont vous ne voulez pas ?
MARIANE.
Au contraire; pour moi, c'est ce que je souhaite ;
Et je voudrois déjà que la chose fût faite.
VALÈRE.
Vous le voudriez.
MARIANE.
Oui.
VALÈRE.
C'est assez m'insulter,
Madame; et, de ce pas, je vais vous contenter.
(*Il fait un pas pour s'en aller.*)
MARIANE.
Fort bien.
VALÈRE, *revenant*.
Souvenez-vous au moins que c'est vous-même
Qui contraignez mon cœur à cet effort extrême.
MARIANE.
Oui.
VALÈRE, *revenant encore*.
Et que le dessein que mon âme conçoit
N'est rien qu'à votre exemple,
MARIANE.
A mon exemple, soit.
VALÈRE, *en sortant*.
Suffit : vous allez être à point nommé servie.
MARIANE.
Tant mieux.
VALÈRE, *revenant encore*.
Vous me voyez, c'est pour toute ma vie.
MARIANE.
A la bonne heure.
VALÈRE, *se retournant lorsqu'il est prêt à sortir.*
Hé?
MARIANE.
Quoi?
VALÈRE.
Ne m'appelez-vous pas?
MARIANE.
Moi ! Vous rêvez.
VALÈRE.
Eh bien ! je poursuis donc mes pas.
Adieu, madame.
(*Il s'en va lentement.*)
MARIANE.
Adieu, monsieur.
DORINE, *à Mariane*.
Pour moi, je pense
Que vous perdez l'esprit par cette extravagance;
Et je vous ai laissés tout du long quereller,
Pour voir où tout cela pourroit enfin aller.
Holà! seigneur Valère.
(*Elle arrête Valère par le bras.*)
VALÈRE, *feignant de résister*.
Hé! que veux-tu, Dorine?
DORINE.
Venez ici.

VALÈRE.
Non, non, le dépit me domine.
Ne me détourne point de ce qu'elle a voulu.
DORINE.
Arrêtez.
VALÈRE.
Non, vois-tu, c'est un point résolu.
DORINE.
Ah !
MARIANE, *à part*.
Il souffre à me voir, ma présence le chasse;
Et je ferai bien mieux de lui quitter la place.
DORINE, *quittant Valère, et courant après Mariane.*
A l'autre ! Où courez-vous?
MARIANE.
Laisse.
DORINE.
Il faut revenir.
MARIANE.
Non, non, Dorine; en vain tu veux me retenir.
VALÈRE, *à part*.
Je vois bien que ma vue est pour elle un supplice;
Et, sans doute, il vaut mieux que je l'en affranchisse.
DORINE, *quittant Mariane, et courant après Valère.*
Encor! Diantre soit fait de vous, si je le veux.
Cessez ce badinage; et venez çà tous deux.
(*Elle prend Valère et Mariane par la main, et les ramène.*)
VALÈRE, *à Dorine*.
Mais quel est ton dessein?
MARIANE, *à Dorine*.
Qu'est-ce que tu veux faire?
DORINE.
Vous bien remettre ensemble, et vous tirer d'affaire.
(*A Valère.*)
Êtes-vous fou d'avoir un pareil démêlé?
VALÈRE.
N'as-tu pas entendu comme elle m'a parlé ?
DORINE, *à Mariane*.
Êtes-vous folle, vous, de vous être emportée?
MARIANE.
N'as-tu pas vu la chose, et comme il m'a traitée?
DORINE.
(*A Valère.*)
Sottise des deux parts. Elle n'a d'autre soin
Que de se conserver à vous, j'en suis témoin.
(*A Mariane.*)
Il n'aime que vous seule, et n'a point d'autre envie
Que d'être votre époux; j'en réponds sur ma vie.
MARIANE, *à Valère*.
Pourquoi donc me donner un semblable conseil?
VALÈRE, *à Mariane*.
Pourquoi m'en demander sur un sujet pareil?
DORINE.
Vous êtes fous tous deux. Ça, la main l'un et l'autre.

LE TARTUFFE, ACTE II.

(*A Valère.*)
Allons, vous.

VALÈRE, *en donnant sa main à Dorine.*
A quoi bon ma main?

DORINE, *à Mariane.*
Ah ça! la vôtre.

MARIANE, *en donnant aussi sa main.*
De quoi sert tout cela?

DORINE.
Mon Dieu! vite, avancez.
Vous vous aimez tous deux plus que vous ne pensez.
(*Valère et Mariane se tiennent quelque temps par la main sans se regarder.*)

VALÈRE, *se tournant vers Mariane.*
Mais ne faites donc point les choses avec peine;

Encor! diantre soit fait de vous si je le veux. (Acte II, scène IV.)

Et regardez un peu les gens sans nulle haine.
(*Mariane se tourne du côté de Valère en lui souriant.*)

DORINE.
A vous dire le vrai, les amans sont bien fous!

VALÈRE, *à Mariane.*
Oh ça! n'ai-je pas lieu de me plaindre de vous?
Et pour n'en point mentir n'êtes-vous pas méchante
De vous plaire à me dire une chose affligeante?

MARIANE.
Mais vous, n'êtes-vous pas l'homme le plus ingrat?..

DORINE.
Pour une autre saison laissons tout ce débat,
Et songeons à parer ce fâcheux mariage.

MARIANE.
Dis-nous donc quels ressorts il faut mettre en usage.

DORINE.
Nous en ferons agir de toutes les façons.

(A Mariane.)   (A Valère.)
Votre père se moque; et ce sont des chansons.
         (A Mariane.)
Mais, pour vous, il vaut mieux qu'à son extravagance
D'un doux consentement vous prêtiez l'apparence,
Afin qu'en cas d'alarme il vous soit plus aisé
De tirer en longueur cet hymen proposé.
En attrapant du temps, à tout on remédie.
Tantôt vous payerez de quelque maladie
Qui viendra tout à coup, et voudra des délais ;
Tantôt vous payerez de présages mauvais;
Vous aurez fait d'un mort la rencontre fâcheuse,
Cassé quelque miroir, ou songé d'eau bourbeuse :
Enfin, le bon de tout, c'est qu'à d'autres qu'à lui
On ne peut vous lier, que vous ne disiez oui.
Mais, pour mieux réussir, il est bon, ce me semble,
Qu'on ne vous trouve point tous deux parlant ensemble
         (A Valère.)
Sortez; et, sans tarder, employez vos amis
Pour vous faire tenir ce qu'on vous a promis.
Nous allons réveiller les efforts de son frère,
Et dans notre parti jeter la belle-mère.
Adieu.

         VALÈRE, à Mariane.
      Quelques efforts que nous préparions tous,
Ma plus grande espérance, à vrai dire, est en vous.
         MARIANE, à Valère.
Je ne vous réponds pas des volontés d'un père ;
Mais je ne serai point à d'autre qu'à Valère.
         VALÈRE.
Que vous me comblez d'aise ! Et quoi que puisse oser....
         DORINE.
Ah ! jamais les amans ne sont las de jaser.
Sortez, vous dis-je.
         VALÈRE, revenant sur ses pas.
         Enfin....
         DORINE.
              Quel caquet est le vôtre !
Tirez de cette part ; et vous, tirez de l'autre.
  (Dorine les pousse chacun par l'épaule, et les oblige
              de se séparer.)

FIN
DU
DEUXIÈME ACTE

ACTE TROISIÈME.

SCÈNE I.

DAMIS, DORINE.

DAMIS.
Que la foudre, sur l'heure, achève mes destins,
Qu'on me traite partout du plus grand des faquins,
S'il est aucun respect ni pouvoir qui m'arrête,
Et si je ne fais pas quelque coup de ma tête!
DORINE.
De grâce, modérez un tel emportement :
Votre père n'a fait qu'en parler simplement.
On n'exécute pas tout ce qui se propose,
Et le chemin est long du projet à la chose.
DAMIS.
Il faut que de ce fat j'arrête les complots,
Et qu'à l'oreille un peu je lui dise deux mots.
DORINE.
Ah! tout doux! envers lui, comme envers votre père,
Laissez agir les soins de votre belle-mère.
Sur l'esprit de Tartuffe elle a quelque crédit;
Il se rend complaisant à tout ce qu'elle dit
Et pourroit bien avoir douceur de cœur pour elle.
Plût à Dieu qu'il fût vrai! la chose seroit belle.
Enfin, votre intérêt l'oblige à le mander :
Sur l'hymen qui vous trouble elle veut le sonder,
Savoir ses sentiments, et lui faire connoître
Quels fâcheux démêlés il pourra faire naître
S'il faut qu'à ce dessein il prête quelque espoir.
Son valet dit qu'il prie, et je n'ai pu le voir;
Mais ce valet m'a dit qu'il s'en alloit descendre.
Sortez donc, je vous prie, et me laissez l'attendre.
DAMIS.
Je puis être présent à tout cet entretien.

DORINE.
Point. Il faut qu'ils soient seuls.
DAMIS.
Je ne lui dirai rien.
DORINE.
Vous vous moquez : on sait vos transports ordinaire,
Et c'est le vrai moyen de gâter les affaires.
Sortez.
DAMIS.
Non ; je veux voir, sans me mettre en courroux.
DORINE.
Que vous êtes fâcheux! Il vient. Retirez-vous.
(*Damis va se cacher dans un cabinet qui est au fond du théâtre.*)

SCÈNE II.

TARTUFFE, DORINE.

TARTUFFE, *parlant haut à son valet, qui est dans la maison, dès qu'il aperçoit Dorine.*
Laurent, serrez ma haire avec ma discipline,
Et priez que toujours le ciel vous illumine.
Si l'on vient pour me voir, je vais aux prisonniers
Des aumônes que j'ai partager les deniers.
DORINE, *à part.*
Que d'affectation et de forfanterie !
TARTUFFE.
Que voulez-vous?
DORINE.
Vous dire....
TARTUFFE, *tirant un mouchoir de sa poche.*
Ah! mon Dieu! je vous prie

Avant que de parler, prenez-moi ce mouchoir.

DORINE.

Comment !

TARTUFFE.

Couvrez ce sein que je ne saurois voir.
Par de pareilles objets les âmes sont blessées,
Et cela fait venir de coupables pensées.

DORINE.

Vous êtes donc bien tendre à la tentation,
Et la chair sur vos sens fait grande impression !
Certes, je ne sais pas quelle chaleur vous monte,
Mais à convoiter, moi, je ne suis point si prompte,

Avant que de parler, prenez-moi ce mouchoir. (Acte III, scène II.)

Et je vous verrois nu, du haut jusques en bas,
Que toute votre peau ne me tenteroit pas.

TARTUFFE.

Mettez dans vos discours un peu de modestie,
Ou je vais sur-le-champ vous quitter la partie.

DORINE.

Non, non, c'est moi qui vais vous laisser en repos,
Et je n'ai seulement qu'à vous dire deux mots.
Madame va venir dans cette salle basse,
Et d'un mot d'entretien vous demande la grâce.

TARTUFFE.

Hélas ! très-volontiers.

DORINE, *à part*.

Comme il se radoucit !
Ma foi, je suis toujours pour ce que j'en ai dit.

TARTUFFE.

Viendra-t-elle bientôt ?

DORINE.

Je l'entends, ce me semble.
Oui, c'est elle en personne, et je vous laisse ensemble.

SCÈNE III.
ELMIRE, TARTUFFE.

TARTUFFE.
Que le ciel, à jamais, par sa toute bonté,
Et de l'âme et du corps vous donne la santé,
Et bénisse vos jours autant que le désire
Le plus humble de ceux que son amour inspire !

ELMIRE.
Je suis fort obligée à ce souhait pieux.

Ah! de grâce, laissez, je suis fort chatouilleuse. (Acte III, scène III.)

Mais prenons une chaise, afin d'être un peu mieux.
TARTUFFE, *assis*.
Comment de votre mal vous sentez-vous remise ?
ELMIRE, *assise*.
Fort bien ; et cette fièvre a bientôt quitté prise.

TARTUFFE.
Mes prières n'ont pas le mérite qu'il faut
Pour avoir attiré cette grâce d'en haut ;
Mais je n'ai fait au ciel nulle dévote instance
Qui n'ait eu pour objet votre convalescence.

ELMIRE.
Votre zèle pour moi s'est trop inquiété.
TARTUFFE.
On ne peut trop chérir votre chère santé ;
Et, pour la rétablir, j'aurois donné la mienne.
ELMIRE
C'est pousser bien avant la charité chrétienne,
Et je vous dois beaucoup pour toutes ces bontés.
TARTUFFE.
Je fais bien moins pour vous que vous ne méritez.
ELMIRE.
J'ai voulu vous parler en secret d'une affaire,
Et suis bien aise, ici, qu'aucun ne nous éclaire.
TARTUEFE.
J'en suis ravi de même ; et, sans doute, il m'est doux,
Madame, de me voir seul à seul avec vous.
C'est une occasion qu'au ciel j'ai demandée,
Sans que, jusqu'à cette heure, il me l'ait accordée.
ELMIRE.
Pour moi, ce que je veux, c'est un mot d'entretien,
Où tout votre cœur s'ouvre et ne me cache rien.
(*Damis, sans se montrer, entr'ouvre la porte du cabinet dans lequel il s'étoit retiré, pour entendre la conversation.*)
TARTUFFE.
Et je ne veux aussi, pour grâce singulière,
Que montrer à vos yeux mon âme tout entière,
Et vous faire serment que les bruits que j'ai faits
Des visites qu'ici reçoivent vos attraits
Ne sont pas envers vous l'effet d'aucune haine,
Mais plutôt d'un transport de zèle qui m'entraîne,
Et d'un pur mouvement....
ELMIRE.
Je le prends bien aussi,
Et crois que mon salut vous donne ce souci.
TARTUFFE, *prenant la main d'Elmire, et lui serrant les doigts.*
Oui, madame, sans doute ; et ma ferveur est telle....
ELMIRE.
Ouf! vous me serrez trop.
TARTUFFE.
C'est par excès de zèle.
De vous faire aucun mal je n'eus jamais dessein,
Et j'aurois bien plutôt....
(*Il met la main sur les genoux d'Elmire.*)
ELMIRE.
Que fait là votre main?
TARTUFFE.
Je tâte votre habit : l'étoffe en est moelleuse.
ELMIRE.
Ah! de grâce, laissez, je suis fort chatouilleuse.
(*Elmire recule son fauteuil, et Tartuffe se rapproche d'elle.*)
TARTUFFE, *maniant le fichu d'Elmire.*
Mon Dieu! que de ce point l'ouvrage est merveilleux !
On travaille aujourd'hui d'un air miraculeux ;
Jamais, en toute chose, on n'a vu si bien faire.
ELMIRE.
Il est vrai. Mais parlons un peu de notre affaire.
On tient que mon mari veut dégager sa foi,
Et vous donner sa fille. Est-il vrai ? dites-moi.
TARTUFFE.
Il m'en a dit deux mots ; mais, madame, à vrai dire,
Ce n'est pas le bonheur après quoi je soupire ;
Et je vois autre part les merveilleux attraits
De la félicité qui fait tous mes souhaits.
ELMIRE.
C'est que vous n'aimez rien des choses de la terre.
TARTUFFE.
Mon sein n'enferme pas un cœur qui soit de pierre.
ELMIRE.
Pour moi, je crois qu'au ciel tendent tous vos soupirs,
Et que rien ici-bas n'arrête vos désirs.
TARTUFFE.
L'amour qui nous attache aux beautés éternelles
N'étouffe pas en nous l'amour des temporelles ;
Nos sens facilement peuvent être charmés
Des ouvrages parfaits que le ciel a formés.
Ses attraits réfléchis brillent dans vos pareilles,
Mais il étale en vous ses plus rares merveilles ;
Il a sur votre face épanché des beautés
Dont les yeux sont surpris, et les cœurs transportés,
Et je n'ai pu vous voir, parfaite créature,
Sans admirer en vous l'auteur de la nature,
Et d'une ardente amour sentir mon cœur atteint,
Au plus beau des portraits où lui-même il s'est peint.
D'abord j'appréhendai que cette ardeur secrète
Ne fût du noir esprit une surprise adroite ;
Et même à fuir vos yeux mon cœur se résolut,
Vous croyant un obstacle à faire mon salut.
Mais enfin je connus, ô beauté tout aimable,
Que cette passion peut n'être point coupable,
Que je puis l'ajuster aveeque la pudeur ;
Et c'est ce qui m'y fait abandonner mon cœur.
Ce m'est, je le confesse, une audace bien grande
Que d'oser de ce cœur vous adresser l'offrande ;
Mais j'attends en mes vœux tout de votre bonté,
Et rien des vains efforts de mon infirmité.
En vous est mon espoir, mon bien, ma quiétude ;
De vous dépend ma peine ou ma béatitude ;
Et je vais être enfin, par votre seul arrêt,
Heureux, si vous voulez ; malheureux, s'il vous plaît.
ELMIRE.
La déclaration est tout à fait galante ;
Mais elle est, à vrai dire, un peu bien surprenante.
Vous deviez, ce me semble, armer mieux votre sein,
Et raisonner un peu sur un pareil dessein.
Un dévot comme vous, et que partout on nomme....
TARTUFFE.
Ah! pour être dévot, je n'en suis pas moins homme ;
Et, lorsqu'on vient à voir vos célestes appas,
Un cœur se laisse prendre et ne raisonne pas.
Je sais qu'un tel discours de moi paroît étrange :
Mais, madame, après tout, je ne suis pas un ange ;
Et, si vous condamnez l'aveu que je vous fais,
Vous devez vous en prendre à vos charmans attraits.
Dès que j'en vis briller la splendeur plus qu'humaine
De mon intérieur vous fûtes souveraine ;
De vos regards divins l'ineffable douceur
Força la résistance où s'obstinoit mon cœur ;

Elle surmonta tout, jeûnes, prières, larmes,
Et tourna tous mes vœux du côté de vos charmes.
Mes yeux et vos soupirs vous l'ont dit mille fois ?
Et, pour mieux m'expliquer, j'emploie ici la voix.
Que si vous contemplez, d'une âme un peu bénigne,
Les tribulations de votre esclave indigne ;
S'il faut que vos bontés veuillent me consoler,
Et jusqu'à mon néant daignent se ravaler,
J'aurai toujours pour vous, ô suave merveille,
Une dévotion à nulle autre pareille.
Votre honneur avec moi ne court point de hasard,
Et n'a nulle disgrâce à craindre de ma part.
Tous ces galans de cour, dont les femmes sont folles,
Sont bruyants dans leurs faits et vains dans leurs paroles,
De leurs progrès sans cesse on les voit se targuer ;
Ils n'ont point de faveurs qu'ils n'aillent divulguer ;
Et leur langue indiscrète en qui l'on se confie,
Déshonore l'autel où leur cœur sacrifie.
Mais les gens comme nous brûlent d'un feu discret,
Avec qui, pour toujours, on est sûr du secret.
Le soin que nous prenons de notre renommée
Répond de toute chose à la personne aimée,
Et c'est en nous qu'on trouve, acceptant notre cœur,
De l'amour sans scandale, et du plaisir sans peur.

ELMIRE.

Je vous écoute dire ; et votre rhétorique
En termes assez forts à mon âme s'explique.
N'appréhendez-vous point que je ne sois d'humeur
A dire à mon mari cette galante ardeur,
Et que le prompt avis d'un amour de la sorte
Ne pût bien altérer l'amitié qu'il vous porte ?

TARTUFFE.

Je sais que vous avez trop de bénignité,
Et que vous ferez grâce à ma témérité ;
Que vous m'excuserez, sur l'humaine faiblesse,
Des violens transports d'un amour qui vous blesse,
Et considérerez, en regardant votre air,
Que l'on n'est pas aveugle, et qu'un homme est de chair.

ELMIRE.

D'autres prendroient cela d'autre façon peut-être ;
Mais ma discrétion se veut faire paroître.
Je ne redirai point l'affaire à mon époux ;
Mais je veux, en revanche, une chose de vous :
C'est de presser tout franc, et sans nulle chicane,
L'union de Valère avecque Mariane,
De renoncer vous-même à l'injuste pouvoir
Qui veut du bien d'un autre enrichir votre espoir ;
Et....

SCÈNE IV.

ELMIRE, DAMIS, TARTUFFE.

DAMIS, *sortant du cabinet où il s'est retiré.*
Non, madame, non ; ceci doit se répandre.
J'étois en cet endroit, d'où j'ai pu tout entendre ;
Et la bonté du ciel m'y semble avoir conduit
Pour confondre l'orgueil d'un traître qui me nuit,
Pour m'ouvrir une voie à prendre la vengeance
De son hypocrisie et de son innocence,
A détromper mon père, et lui mettre en plein jour
L'âme d'un scélérat qui lui parle d'amour.

ELMIRE.

Non, Damis ; il suffit qu'il se rende plus sage ;
Et tâche à mériter la grâce où je m'engage.
Puisque je l'ai promis, ne m'en dédites pas.
Ce n'est point mon humeur de faire des éclats ;
Une femme se rit de sottises pareilles,
Et jamais d'un mari n'en trouble les oreilles.

DAMIS.

Vous avez vos raisons pour en user ainsi ;
Et pour faire autrement j'ai les miennes aussi.
Le vouloir épargner est une raillerie ;
Et l'insolent orgueil de sa cagoterie
N'a triomphé que trop de mon juste courroux,
Et que trop excité de désordres chez nous.
Le fourbe trop longtemps a gouverné mon père
Et desservi mes feux avec ceux de Valère.
Il faut que du perfide il soit désabusé,
Et le ciel pour cela m'offre un moyen aisé.
De cette occasion je lui suis redevable,
Et pour la négliger, elle est trop favorable :
Ce seroit mériter qu'il me la vînt ravir
Que de l'avoir en main et ne m'en pas servir..

ELMIRE.

Damis....

DAMIS.

Non, s'il vous plaît, il faut que je me croie,
Mon âme est maintenant au comble de sa joie ;
Et vos discours en vain prétendent m'obliger
A quitter le plaisir de me pouvoir venger.
Sans aller plus avant, je vais vider l'affaire :
Et voici justement de quoi me satisfaire.

SCÈNE V.

ORGON, ELMIRE, DAMIS, TARTUFFE.

DAMIS.

Nous allons régaler, mon père, votre abord
D'un incident tout frais qui vous surprendra fort.
Vous êtes bien payé de toutes vos caresses,
Et monsieur d'un beau prix reconnoît vos tendresses.
Son grand zèle pour vous vient de se déclarer :
Il ne va pas à moins qu'à vous déshonorer ;
Et je l'ai surpris qui faisoit à madame
L'injurieux aveu d'une coupable flamme.
Elle est d'une humeur douce, et son cœur trop discret
Vouloit à toute force en garder le secret ;
Mais je ne puis flatter une telle impudence,
Et crois que vous la taire est vous faire une offense.

ELMIRE.

Oui, je tiens que jamais de tous ces vains propos
On ne doit d'un mari traverser le repos ;
Que ce n'est point de là que l'honneur peut dépendre ;
Et qu'il suffit pour nous de savoir nous défendre.
Ce sont mes sentimens ; et vous n'auriez rien dit,
Damis, si j'avois eu sur vous quelque crédit.

SCÈNE VI.

ORGON, DAMIS, TARTUFFE.

ORGON.
Ce que je viens d'entendre, ô ciel! est-il croyable!
TARTUFFE.
Oui, mon frère, je suis un méchant, un coupable,
Un malheureux pécheur, tout plein d'iniquité,
Le plus grand scélérat qui jamais ait été.
Chaque instant de ma vie est chargé de souillures;
Elle n'est qu'un amas de crimes et d'ordures;
Et je vois que le ciel, pour ma punition,
Me veut mortifier en cette occasion.
De quelque grand forfait qu'on me puisse reprendre,
Je n'ai garde d'avoir l'orgueil de m'en défendre.
Croyez ce qu'on vous dit, armez votre courroux,
Et comme un criminel chassez-moi de chez vous;
Je ne saurois avoir tant de honte en partage,
Que je n'en aie encor mérité davantage.
ORGON, *à son fils.*
Ah! traître, oses-tu bien, par cette fausseté,
Vouloir de sa vertu ternir la pureté?
DAMIS.
Quoi! la feinte douceur de cette âme hypocrite
Vous fera démentir....
ORGON.
Tais-toi, peste maudite.
TARTUFFE.
Ah! laissez-le parler; vous l'accusez à tort,
Et vous ferez bien mieux de croire à son rapport.
Pourquoi sur un tel fait m'être si favorable?
Savez-vous, après tout, de quoi je suis capable?
Vous fiez-vous, mon frère, à mon extérieur?
Et, pour tout ce qu'on voit, me croyez-vous meilleur?
Non, non : vous vous laissez tromper à l'apparence;
Et je ne suis rien moins, hélas! que ce qu'on pense.
Tout le monde me prend pour un homme de bien;
Mais la vérité pure est que je ne vaux rien.
(*S'adressant à Damis.*)
Oui, mon cher fils, parlez; traitez-moi de perfide,
D'infâme, de perdu, de voleur, d'homicide;
Accablez-moi de noms encor plus détestés,
Je n'y contredis point, je les ai mérités;
Et j'en veux à genoux souffrir l'ignominie,
Comme une honte due aux crimes de ma vie.
ORGON.
(*A Tartuffe.*) (*A son fils.*)
Mon frère, c'en est trop. Ton cœur ne se rend point,
Traître!
DAMIS.
Quoi! ses discours vous séduiront au point....
ORGON.
(*Relevant Tartuffe.*)
Tais-toi, pendard. Mon frère, hé! levez-vous de grâce!
(*A son fils.*)
Infâme!
DAMIS.
Il peut....

ORGON.
Tais-toi.
DAMIS.
J'enrage. Quoi! je passe...
ORGON.
Si tu dis un seul mot, je te romprai les bras.
TARTUFFE.
Mon frère, au nom de Dieu, ne vous emportez pas!
J'aimerois mieux souffrir la peine la plus dure,
Qu'il eût reçu pour moi la moindre égratignure.
ORGON, *à son fils.*
Ingrat!
TARTUFFE.
Laissez-le en paix. S'il faut, à deux genoux,
Vous demander sa grâce.
ORGON, *se jetant aussi à genoux et embrassant Tartuffe.*
Hélas! vous moquez-vous?
(*A son fils.*)
Coquin! vois sa bonté.
DAMIS.
Donc....
ORGON.
Paix.
DAMIS.
Quoi! je....
ORGON.
Paix, dis-je.
Je sais bien quel motif à l'attaquer t'oblige.
Vous le haïssez tous; et je vois aujourd'hui
Femme, enfants, et valets, déchaînés contre lui.
On met impudemment toute chose en usage
Pour ôter de chez moi ce dévot personnage :
Mais plus on fait d'efforts afin de l'en bannir,
Plus j'en veux employer à l'y mieux retenir;
Et je vais me hâter de lui donner ma fille,
Pour confondre l'orgueil de toute ma famille.
DAMIS.
A recevoir sa main on pense l'obliger?
ORGON.
Oui, traître, et dès ce soir, pour vous faire enrager.
Ah! je vous brave tous, et vous ferai connoître
Qu'il faut qu'on m'obéisse, et que je suis le maître.
Allons, qu'on se rétracte; et qu'à l'instant, fripon,
On se jette à ses pieds pour demander pardon.
DAMIS.
Qui? moi! de ce coquin, qui, par ses impostures....
ORGON.
Ah! tu résistes, gueux, et lui dis des injures!
(*A Tartuffe.*)
Un bâton! un bâton! Ne me retenez pas.
A son fils.
Sus, que de ma maison on sorte de ce pas,
Et que d'y revenir on n'ait jamais l'audace.
DAMIS.
Oui, je sortirai, mais....
ORGON.
Vite, quittons la place.
Je te prive, pendard, de ma succession,
Et te donne, de plus, ma malédiction.

SCÈNE VII.
ORGON, TARTUFFE.

ORGON.
Offenser de la sorte une sainte personne!

TARTUFFE.
O ciel! pardonne-lui comme je lui pardonne!
(A Orgon.)
Si vous pouviez savoir avec quel déplaisir
Je vois qu'envers mon frère on tâche à me noircir....

Oui, mon frère, je suis un méchant, un coupable. (Acte III, scène VI.)

ORGON.
Hélas!

TARTUFFE.
Le seul penser de cette ingratitude
Fait souffrir à mon âme un supplice si rude....

L'horreur que j'en conçois.... J'ai le cœur si serré
Que je ne puis parler, et crois que j'en mourrai.
ORGON, *courant en larmes à la porte par où il a chassé son fils.*
Coquin! Je me repens que ma main t'ait fait grâce,

Et ne t'ait pas d'abord assommé sur la place.
(*A Tartuffe.*)
Remettez-vous, mon frère, et ne vous fâchez pas.
TARTUFFE.
Rompons, rompons le cours de ces fâcheux débats.
Je regarde céans quels grands troubles j'apporte,
Et crois qu'il est besoin, mon frère, que j'en sorte.
ORGON.
Comment! vous moquez-vous?
TARTUFFE.
On m'y hait, et je voi
Qu'on cherche à vous donner des soupçons de ma foi.
ORGON.
Qu'importe? Voyez-vous que mon cœur les écoute?
TARTUFFE.
On ne manquera pas de poursuivre, sans doute;
Et ces mêmes rapports qu'ici vous rejetez
Peut-être une autre fois seront-ils écoutés.
ORGON.
Non, mon frère, jamais.
TARTUFFE.
Ah! mon frère, une femme
Aisément d'un mari peut bien surprendre l'âme.
ORGON.
Non, non.
TARTUFFE.
Laissez-moi vite, en m'éloignant d'ici,
Leur ôter tout sujet de m'attaquer ainsi.
ORGON.
Non, vous demeurerez; il y va de ma vie.
TARTUFFE.
Hé bien! il faudra donc que je me mortifie.
Pourtant, si vous vouliez....
ORGON.
Ah!
TARTUFFE.
Soit : n'en parlons plus.
Mais je sais comme il faut en user là-dessus.
L'honneur est délicat, et l'amitié m'engage
A prévenir les bruits et les sujets d'ombrage.
Je fuirai votre épouse, et vous ne me verrez....
ORGON.
Non, en dépit de tous vous la fréquenterez.
Faire enrager le monde est ma plus grande joie,
Et je veux qu'à toute heure avec elle on vous voie,
Ce n'est pas tout encor : pour les mieux braver tous,
Je ne veux point avoir d'autre héritier que vous;
Et je vais, de ce pas, en fort bonne manière
Vous faire de mon bien donation entière.
Un bon et franc ami, que pour gendre je prends,
M'est bien plus cher que fils, que femme, et que parens.
N'accepterez-vous pas ce que je vous propose?
TARTUFFE.
La volonté du ciel soit faite en toute chose!
ORGON.
Le pauvre homme! Allons vite en dresser un écrit
Et que puisse l'envie en crever de dépit!

FIN DU TROISIÈME ACTE

ACTE QUATRIÈME.

SCÈNE I.

CLÉANTE, TARTUFFE.

CLÉANTE.

Oui, tout le monde en parle, et vous m'en pouvez croire :
L'éclat que fait ce bruit n'est point à votre gloire.
Et je vous ai trouvé, monsieur, fort à propos
Pour vous en dire net ma pensée en deux mots.
Je n'examine point à fond ce qu'on expose ;
Je passe là-dessus, et prends au pis la chose.
Supposons que Damis n'en ait pas bien usé
Et que ce soit à tort qu'on vous ait accusé ;
N'est-il pas d'un chrétien de pardonner l'offense,
Et d'éteindre en son cœur tout désir de vengeance ?
Et devez-vous souffrir, pour votre démêlé,
Que du logis d'un père un fils soit exilé ?
Je vous le dis encore, et parle avec franchise,
Il n'est petit ni grand qui ne s'en scandalise ;
Et, si vous m'en croyez, vous pacifierez tout,
Et ne pousserez point les affaires à bout.
Sacrifiez à Dieu toute votre colère,
Et remettez le fils en grâce avec le père.

TARTUFFE.

Hélas ! je le voudrois, quant à moi, de bon cœur ;
Je ne garde pour lui, monsieur, aucune aigreur ;
Je lui pardonne tout ; de rien je ne le blâme,
Et voudrois le servir du meilleur de mon âme ;
Mais l'intérêt du ciel n'y sauroit consentir ;
Et, s'il rentre céans, c'est à moi d'en sortir.
Après son action, qui n'eut jamais d'égale,
Le commerce entre nous porteroit du scandale :
Dieu sait ce que tout le monde en croiroit !
A pure politique on me l'imputeroit ;
Et l'on diroit partout que, me sentant coupable,
Je feins pour qui m'accuse un zèle charitable ;
Que mon cœur l'appréhende, et veut le ménager
Pour le pouvoir sous main, au silence engager.

CLÉANTE.

Vous nous payez ici d'excuses colorées,
Et toutes vos raisons, monsieur, sont trop tirées.
Des intérêts du ciel pourquoi vous chargez-vous ?
Pour punir le coupable a-t-il besoin de nous ?
Laissez-lui, laissez-lui le soin de ses vengeances :
Ne songez qu'au pardon qu'il prescrit des offenses ;
Et ne regardez point aux jugemens humains,
Quand vous suivez du ciel les ordres souverains.
Quoi ! le foible intérêt de ce qu'on pourra croire
D'une bonne action empêchera la gloire !
Non, non ; faisons toujour ce que le ciel prescrit,
Et d'aucun autre soin ne nous brouillons l'esprit.

TARTUFFE.

Je vous ai déjà dit que mon cœur lui pardonne,
Et c'est faire, monsieur, ce que le ciel ordonne :
Mais, après le scandale et l'affront d'aujourd'hui,
Le ciel n'ordonne pas que je vive avec lui.

CLÉANTE.

Et vous ordonne-t-il, monsieur, d'ouvrir l'oreille
A ce qu'un pur caprice à son père conseille,
Et d'accepter le don qui vous est fait d'un bien
Où le droit vous oblige à ne prétendre rien ?

TARTUFFE.

Ceux qui me connoîtront n'auront pas la pensée
Que ce soit un effet d'une âme intéressée.
Tous les biens de ce monde ont pour moi peu d'appas ;
De leur éclat trompeur je ne m'éblouis pas :
Et si je me résous à recevoir du père

Cette donation qu'il a voulu me faire,
Ce n'est, à dire vrai, que parce que je crains
Que tout ce bien ne tombe en de méchantes mains ;
Qu'il ne trouve des gens qui, l'ayant en partage,
En fasse dans le monde un criminel usage,
Et ne s'en servent pas, ainsi que j'ai dessein,
Pour la gloire du ciel et le bien du prochain.

CLÉANTE.

Hé ! monsieur, n'ayez point ces délicates craintes,
Qui d'un juste héritier peuvent causer les plaintes.

Allons, ferme, mon cœur, point de faiblesse humaine. (Acte IV, scène III.)

Souffrez, sans vous vouloir embarrasser de rien,
Qu'il soit, à ses périls, possesseur de son bien ;
Et songez qu'il vaut mieux encor qu'il en mésuse,
Que si de l'en frustrer il faut qu'on vous accuse.
J'admire seulement que, sans confusion,
Vous en ayez souffert la proposition.
Car enfin le vrai zèle a-t-il quelque maxime
Qui montre à dépouiller l'héritier légitime ?
Ei, s'il faut que le ciel dans votre cœur ait mis
Un invincible obstacle à vivre avec Damis,

Ne vaudroit-il pas mieux qu'en personne discrète
Vous fissiez de céans une honnête retraite,
Que de souffrir ainsi, contre toute raison,
Qu'on en chasse pour vous le fils de la maison?
Croyez-moi, c'est donner de votre prud'homie,
Monsieur....

TARTUFFE.
Il est, monsieur, trois heures et demie :
Certain devoir pieux me demande là-haut,
Et vous m'excuserez de vous quitter sitôt.
CLÉANTE, seul.
Ah!

Je confesse qu'ici ma complaisance est grande. (Acte IV, scène IV.)

SCÈNE II.

ELMIRE, MARIANE, CLÉANTE, DORINE.

DORINE, à Cléante.
De grâce avec nous employez-vous pour elle,
Monsieur : son âme souffre une douleur mortelle;
Et l'accord que son père a conclu pour ce soir
La fait à tous momens entrer en désespoir.
Il va venir. Joignons nos efforts, je vous prie,
Et tâchons d'ébranler, de force ou d'industrie,
Ce malheureux dessein qui nous a tous troublés.

SCÈNE III.

ORGON, ELMIRE, MARIANE, CLÉANTE, DORINE.

ORGON.
Ah! je me réjouis de vous voir assemblés.
(A Mariane.)
Je porte en ce contrat de quoi vous faire rire;
Et vous savez déjà ce que cela veut dire.
MARIANE, aux genoux d'Orgon.
Mon père, au nom du ciel qui connoit ma douleur,

Et par tout ce qui peut émouvoir votre cœur,
Relâchez-vous un peu des droits de la naissance
Et dispensez mes vœux de cette obéissance.
Ne me réduisez point, par cette dure loi,
Jusqu'à me plaindre au ciel de ce que je vous doi;
Et cette vie, hélas ! que vous m'avez donnée,
Ne me la rendez pas, mon père, infortunée.
Si, contre un doux espoir que j'avois pu former,
Vous me défendez d'être à ce que j'ose aimer,
Au moins, par vos bontés qu'à vos genoux j'implore,
Sauvez-moi du tourment d'être à ce que j'abhorre ;
Et ne me portez point à quelque désespoir,
En vous servant sur moi de tout votre pouvoir.

ORGON, *se sentant attendrir.*

Allons, ferme, mon cœur ! point de foiblesse humaine !

MARIANE.

Vos tendresses pour lui ne me font point de peine ;
Faites-les éclater, donnez-lui votre bien,
Et, si ce n'est assez, joignez-y tout le mien ;
J'y consens de bon cœur, et je vous l'abandonne :
Mais au moins, n'allez pas jusques à ma personne ;
Et souffrez qu'un couvent, dans les austérités,
Use les tristes jours que le ciel m'a comptés.

ORGON.

Ah ! voilà justement de mes religieuses,
Lorsqu'un père combat leurs flammes amoureuses !
Debout. Plus votre cœur répugne à l'accepter,
Plus ce sera pour vous matière à mériter.
Mortifiez vos sens avec ce mariage,
Et ne me rompez pas la tête davantage.

DORINE.

Mais quoi !...

ORGON.

Taisez-vous, vous. Parlez à votre écot.
Je vous défends, tout net, d'oser dire un seul mot.

CLÉANTE.

Si par quelque conseil vous souffrez qu'on réponde....

ORGON.

Mon frère, vos conseils sont les meilleurs du monde.
Ils sont bien raisonnés, et j'en fais un grand cas :
Mais vous trouverez bon que je n'en use pas.

ELMIRE, *à Orgon.*

A voir ce que je vois, je ne sais plus que dire,
Et votre aveuglement fait que je vous admire.
C'est être bien coiffé, bien prévenu de lui,
Que de nous démentir sur le fait d'aujourd'hui !

ORGON.

Je suis votre valet, et crois les apparences,
Pour mon fripon de fils je sais vos complaisances ;
Et vous avez eu peur de le désavouer
Du trait qu'à ce pauvre homme il a voulu jouer.
Vous étiez trop tranquille, enfin, pour être crue,
Et vous auriez paru d'autre manière émue.

ELMIRE.

Est-ce qu'au simple aveu d'un amoureux transport
Il faut que notre honneur se gendarme si fort ?
Et ne peut-on répondre à tout ce qui le touche,
Que le feu dans les yeux, et l'injure à la bouche ?
Pour moi, de tels propos je me ris simplement ;
Et l'éclat, là-dessus, ne me plaît nullement.
J'aime qu'avec douceur nous nous montrions sages ;
Et ne suis point du tout pour ces prudes sauvages
Dont l'honneur est armé de griffes et de dents,
Et veut au moindre mot, dévisager les gens,
Me préserve le ciel d'une telle sagesse.
Je veux une vertu qui ne soit point diablesse :
Et crois que d'un refus la discrète froideur
N'en est pas moins puissante à rebuter un cœur.

ORGON.

Enfin, je sais l'affaire, et ne prends point le change.

ELMIRE.

J'admire, encore un coup, cette foiblesse étrange :
Mais que me répondroit votre incrédulité
Si je vous faisois voir qu'on vous dit vérité ?

ORGON.

Voir !

ELMIRE.

Oui.

ORGON.

Chansons.

ELMIRE.

Mais quoi ! si je trouvois manière
De vous le faire voir avec pleine lumière ?...

ORGON.

Contes en l'air.

ELMIRE.

Quel homme ! Au moins, répondez-moi.
Je ne vous parle pas de nous ajouter foi ;
Mais supposons ici que, d'un lieu qu'on peut prendre,
On vous fît clairement tout voir et tout entendre,
Que diriez-vous alors de votre homme de bien ?

ORGON.

En ce cas, je dirois que.... Je ne dirois rien,
Car cela ne se peut.

ELMIRE.

L'erreur trop longtemps dure,
Et c'est trop condamner ma bouche d'imposture.
Il faut que, par plaisir, et sans aller plus loin,
De tout ce qu'on vous dit je vous fasse témoin.

ORGON.

Soit. Je vous prends au mot. Nous verrons votre adresse.
Et comment vous pourrez remplir cette promesse.

ELMIRE, *à Dorine.*

Faites-le-moi venir.

DORINE, *à Elmire.*

Son esprit est rusé,
Et peut-être à surprendre il sera malaisé.

ELMIRE, *à Dorine.*

Non ; on est aisément dupé par ce qu'on aime,
Et l'amour-propre engage à se tromper soi-même.

(*A Cléante et à Mariane.*)

Faites-le-moi descendre. Et vous, retirez-vous.

SCÈNE IV.

ELMIRE, ORGON.

ELMIRE.

Approchons cette table, et mettez-vous dessous.

ORGON.

Comment !

ELMIRE.

Vous bien cacher est un point nécessaire.

ORGON.

Pourquoi sous cette table?

ELMIRE.

Ah! mon Dieu! laissez faire ;
J'ai mon dessein en tête et vous en jugerez.
Mettez-vous là, vous dis-je ; et, quand vous y serez,
Gardez qu'on ne vous voie et qu'on ne vous entende.

ORGON.

Je confesse qu'ici ma complaisance est grande :
Mais de votre entreprise il vous faut voir sortir.

ELMIRE.

Vous n'aurez, que je crois, rien à me repartir.
(A Orgon, qui est sous la table.)
Au moins, je vais toucher une étrange matière :
Ne vous scandalisez en aucune manière.
Quoi que je puisse dire, il doit m'être permis;
Et c'est pour vous convaincre, ainsi que j'ai promis.
Je vais par des douceurs, puisque j'y suis réduite,
Faire poser le masque à cette âme hypocrite,
Flatter de son amour les désirs effrontés,
Et donner un champ libre à ses témérités.
Comme c'est pour vous seul, et pour mieux le confondre,
Que mon âme à ses vœux va feindre de répondre,
J'aurai lieu de cesser dès que vous vous rendrez,
Et les choses n'iront que jusqu'où vous voudrez.
C'est à vous d'arrêter son ardeur insensée,
Quand vous croirez l'affaire assez avant poussée,
D'épargner votre femme et de ne m'exposer
Qu'à ce qu'il vous faudra pour vous désabuser.
Ce sont vos intérêts, vous en serez le maître,
Et.... L'on vient. Tenez-vous, et gardez de paroître.

SCÈNE V.

TARTUFFE, ELMIRE, ORGON, *sous la table.*

TARTUFFE.

On m'a dit qu'en ce lieu vous me vouliez parler.

ELMIRE.

Oui. L'on a des secrets à vous y révéler.
Mais tirez cette porte avant qu'on vous les dise.
Et regardez partout, de crainte de surprise.
(*Tartuffe va fermer la porte et revient.*)
Une affaire pareille à celle de tantôt
N'est pas assurément ici ce qu'il nous faut :
Jamais il ne s'est vu de surprise de même.
Damis m'a fait pour vous une frayeur extrême ;
Et vous avez bien vu que j'ai fait mes efforts
Pour rompre son dessein et calmer ses transports.
Mon trouble, il est bien vrai, m'a si fort possédée,
Que de le démentir je n'ai point eu l'idée ;
Mais par là, grâce au ciel, tout a bien mieux été,
Et les choses en sont dans plus de sûreté.
L'estime où l'on vous tient a dissipé l'orage,
Et mon mari de vous ne peut prendre d'ombrage.

Pour mieux braver l'éclat des mauvais jugemens,
Il veut que nous soyons ensemble à tous momens :
Et c'est par où je puis, sans peur d'être blâmée,
Me trouver ici seule avec vous enfermée,
Et ce qui m'autorise à vous ouvrir un cœur
Un peu trop prompt peut-être à souffrir votre ardeur.

TARTUFFE.

Ce langage à comprendre est assez difficile,
Madame ; et vous parliez tantôt d'un autre style.

ELMIRE.

Ah! si d'un tel refus vous êtes en courroux,
Que le cœur d'une femme est mal connu de vous!
Et que vous savez peu ce qu'il veut faire entendre
Lorsque si faiblement on le voit se défendre !
Toujours notre pudeur combat, dans ces momens,
Ce qu'on peut nous donner de tendres sentimens.
Quelque raison qu'on trouve à l'amour qui nous dompte,
On trouve à l'avouer toujours un peu de honte.
On s'en défend d'abord ; mais de l'air qu'on s'y prend
On fait connoître assez que notre cœur se rend ;
Qu'à nos vœux, par honneur, notre bouche s'oppose,
Et que de tels refus promettent toute chose.
C'est vous faire, sans doute, un assez libre aveu,
Et sur notre pudeur ne ménager bien peu.
Mais, puisque la parole en est lâchée,
A retenir Damis me serois-je attachée?
Aurois-je, je vous prie, avec tant de douceur
Écouté tout au long l'offre de votre cœur?
Aurois-je pris la chose ainsi qu'on m'a vu faire,
Si l'offre de ce cœur n'eût eu de quoi me plaire?
Et lorsque j'ai voulu moi-même vous forcer
A refuser l'hymen qu'on venoit d'annoncer,
Qu'est-ce que cette instance a dû vous faire entendre,
Que l'intérêt qu'en vous on s'avise de prendre,
Et l'ennui qu'on auroit que ce nœud qu'on résout
Vînt partager du moins un cœur que l'on veut tout.

TARTUFFE.

C'est sans doute, madame, une douceur extrême
Que d'entendre ces mots d'une bouche qu'on aime ;
Leur miel, dans tous mes sens fait couler à longs traits
Une suavité qu'on ne goûta jamais.
Le bonheur de vous plaire est ma suprême étude,
Et mon cœur de vos vœux fait sa béatitude ;
Mais ce cœur vous demande ici la liberté
D'oser douter un peu de sa félicité.
Je puis croire ces mots un artifice honnête
Pour m'obliger à rompre un hymen qui s'apprête ;
Et, s'il faut librement m'expliquer avec vous,
Je ne me fierai point à des propos si doux,
Qu'un peu de vos faveurs, après quoi je soupire,
Ne vienne m'assurer tout ce qu'ils m'ont pu dire.
Et planter dans mon âme une constante foi
Des charmantes bontés que vous avez pour moi.

ELMIRE, *après avoir toussé pour avertir son mari.*

Quoi ! vous voulez aller avec cette vitesse,
Et d'un cœur tout d'abord épuiser la tendresse?
On se tue à vous faire un aveu des plus doux ;
Cependant ce n'est pas encore assez pour vous?
Et l'on ne peut aller jusqu'à vous satisfaire,
Qu'aux dernières faveurs on ne pousse l'affaire?

TARTUFFE.

Moins on mérite un bien, moins on l'ose espérer.
Nos vœux sur des discours ont peine à s'assurer.
On soupçonne aisément un sort tout plein de gloire,
Et l'on veut en jouir avant que de le croire.
Pour moi, qui crois si peu mériter vos bontés,
Je doute du bonheur de mes témérités ;
Et je ne croirai rien que vous n'ayez, madame,
Par des réalités su convaincre ma flamme.

ELMIRE.

Mon Dieu ! que votre amour en vrai tyran agit !
Et qu'en un trouble étrange il me jette l'esprit !
Que sur les cœurs il prend un furieux empire !
Et qu'avec violence il veut ce qu'il désire !
Quoi ! de votre poursuite on ne peut se parer,
Et vous ne donnez pas le temps de respirer ?
Sied-il bien de tenir une rigueur si grande,
De vouloir sans quartier les choses qu'on demande,
Et d'abuser ainsi, par vos efforts pressans,
Du foible que pour vous vous voyez qu'ont les gens?

TARTUFFE.

Mais si d'un œil bénin vous voyez mes hommages,
Pourquoi m'en refuser d'assurés témoignages ?

ELMIRE.

Mais comment consentir à ce que vous voulez,
Sans offenser le ciel, dont toujours vous parlez?

TARTUFFE.

Si ce n'est que le ciel qu'à mes vœux on oppose,
Lever un tel obstacle est à moi peu de chose ;
Et cela ne doit pas retenir votre cœur.

ELMIRE.

Mais des arrêts du ciel on nous fait tant de peur !

TARTUFFE.

Je puis vous dissiper ces craintes ridicules,
Madame ; et je sais l'art de lever les scrupules.
Le ciel défend, de vrai, certains contentemens ;
Mais on trouve avec lui des accommodemens.
Selon divers besoins, il est une science
D'étendre les liens de notre conscience,
Et de rectifier le mal de l'action
Avec la pureté de notre intention.
De ces secrets, madame, on saura vous instruire ;
Vous n'avez seulement qu'à vous laisser conduire.
Contentez mon désir, et n'ayez point d'effroi ;
Je vous réponds de tout, et prends le mal sur moi.
(Elmire tousse plus fort.)
Vous toussez fort, madame

ELMIRE.

Oui, je suis au supplice.

TARTUFFE.

Vous plaît-il un morceau de ce jus de réglisse?

ELMIRE.

C'est un rhume obstiné, sans doute ; et je vois bien
Que tous les jus du monde ici ne feront rien.

TARTUFFE.

Cela, certe, est fâcheux.

ELMIRE.

Oui, plus qu'on ne peut dire.

TARTUFFE.

Enfin, votre scrupule est facile à détruire.

Vous êtes assurée ici d'un plein secret,
Et le mal n'est jamais que dans l'éclat qu'on fait.
Le scandale du monde est ce qui fait l'offense,
Et ce n'est pas pécher, que pécher en silence.

ELMIRE, *après avoir toussé, et frappé sur la table.*

Enfin je vois qu'il faut se résoudre à céder ;
Qu'il faut que je consente à vous tout accorder ;
Et qu'à moins de cela je ne dois point prétendre
Qu'on puisse être content, et qu'on veuille se rendre.
Sans doute il est fâcheux d'en venir jusque-là,
Et c'est bien malgré moi que je franchis cela ;
Mais, puisque l'on s'obstine à m'y vouloir réduire,
Puisqu'on ne veut point croire à tout ce qu'on peut dire,
Et qu'on veut des témoins qui soient plus convaincans,
Il faut bien s'y résoudre, et contenter les gens.
Si ce contentement porte en soi quelque offense,
Tant pis pour qui me force à cette violence ;
La faute assurément n'en doit pas être à moi.

TARTUFFE.

Oui, madame, on s'en charge ; et la chose de soi....

ELMIRE.

Ouvrez un peu la porte, et voyez, je vous prie,
Si mon mari n'est point dans cette galerie.

TARTUFFE.

Qu'est-il besoin pour lui du soin que vous prenez !
C'est un homme, entre nous, à mener par le nez.
De tous nos entretiens il est pour faire gloire ;
Et je l'ai mis au point de voir tout sans rien croire.

ELMIRE.

Il n'importe. Sortez, je vous prie, un moment,
Et partout là dehors voyez exactement.

SCÈNE VI.

ORGON, ELMIRE.

ORGON, *sortant de dessous la table.*

Voilà, je vous l'avoue, un abominable homme !
Je n'en puis revenir, et tout ceci m'assomme.

ELMIRE.

Quoi ! vous sortez sitôt ! Vous vous moquez des gens.
Rentrez sous le tapis, il n'est pas encor temps ;
Attendez jusqu'au bout pour voir les choses sûres,
Et ne vous fiez point aux simples conjectures.

ORGON.

Non, rien de plus méchant n'est sorti de l'enfer.

ELMIRE.

Mon Dieu ! l'on ne doit point croire trop de léger.
Laissez-vous bien convaincre avant que de vous rendre ;
Et ne vous hâtez point, de peur de vous méprendre.
(Elmire fait mettre Orgon derrière elle.)

SCÈNE VII.

TARTUFFE, ELMIRE, ORGON.

TARTUFFE, *sans voir Orgon.*

Tout conspire, madame, à mon contentement.

J'ai visité de l'œil tout cet appartement;
Personne ne s'y trouve; et mon âme ravie....

(Dans le temps que Tartuffe s'avance les bras ouverts, pour embrasser Elmire, elle se retire et Tartuffe aperçoit Orgon.)

ORGON, *arrêtant Tartuffe.*

Tout doux! vous suivez trop votre amoureuse envie,
Et vous ne devez pas vous tant passionner.
Ah! ah! l'homme de bien, vous m'en voulez donner!
Comme aux tentations s'abandonne votre âme!
Vous épousiez ma fille, et convoitiez ma femme!
J'ai douté fort longtemps que ce fût tout de bon,
Et je croyois toujours qu'on changeroit de ton:
Mais c'est assez avant pousser le témoignage;
Je m'y tiens, et n'en veux, pour moi, pas davantage.

Ah! ah! l'homme de bien, vous voulez m'en donner. (Acte IV, scène IV.)

ELMIRE, *à Tartuffe.*

C'est contre mon humeur que j'ai fait tout ceci;
Mais on m'a mise au point de vous traiter ainsi.

TARTUFFE, *à Orgon.*

Quoi! vous croyez?...

ORGON.

Allons, point de bruit, je vous prie,
Dénichons de céans, et sans cérémonie.

TARTUFFE.

Mon dessein....

ORGON.

Ces discours ne sont plus de saison:
Il faut, tout sur-le-champ sortir de la maison.

TARTUFFE.

C'est à vous d'en sortir, vous qui parlez en maître:
La maison m'appartient, je le ferai connoître,
Et vous montrerai bien qu'en vain on a recours,
Pour me chercher querelle, à ces lâches détours;
Qu'on n'est pas où l'on pense en me faisant injure;
Que j'ai de quoi confondre et punir l'imposture,

Venger le ciel qu'on blesse, et faire repentir
Ceux qui parlent ici de me faire sortir.

SCÈNE VIII.

ELMIRE, ORGON.

ELMIRE.
Quel est donc ce langage? et qu'est-ce qu'il veut dire?
ORGON.
Ma foi, je suis confus, et n'ai pas lieu de rire.
ELMIRE.
Comment?

ORGON.
Je vois ma faute, aux choses qu'il me dit :
Et la donation m'embarrasse l'esprit.
ELMIRE.
La donation?
ORGON.
Oui. C'est une affaire faite.
Mais j'ai quelque autre chose encor qui m'inquiète.
ELMIRE.
Et quoi ?
ORGON.
Vous saurez tout. Mais voyons au plus tôt
Si certaine cassette est encore là-haut.

FIN DU QUATRIÈME ACTE

ACTE CINQUIÈME.

SCÈNE I.
ORGON, CLÉANTE.

CLÉANTE.
Où voulez-vous courir?
ORGON.
Las! que sais-je?
CLÉANTE.
Il me semble
Que l'on doit commencer par consulter ensemble
Les choses qu'on peut faire en cet événement.
ORGON.
Cette cassette-là me trouble entièrement.
Plus que le reste encore, elle me désespère.
CLÉANTE.
Cette cassette est donc un important mystère?
ORGON.
C'est un dépôt qu'Argas, cet ami que je plains,
Lui-même en grand secret m'a mis entre les mains.
Pour cela, dans sa fuite, il me voulut élire;
Et ce sont des papiers, à ce qu'il m'a pu dire,
Où sa vie et ses biens se trouvent attachés.
CLÉANTE.
Pourquoi donc les avoir en d'autres mains lâchés?
ORGON.
Ce fut par un motif de cas de conscience.
J'allai droit à mon traître en faire confidence;
Et son raisonnement me vint persuader
De lui donner plutôt la cassette à garder,
Afin que pour nier, en cas de quelque enquête,
J'eusse d'un faux-fuyant la faveur toute prête,
Par où ma conscience eût pleine sûreté
A faire des sermens contre la vérité.
CLÉANTE.
Vous voilà mal, au moins si j'en crois l'apparence;
Et la donation, et cette confidence,
Sont, à vous en parler selon mon sentiment,
Des démarches par vous faites légèrement.
On peut vous mener loin avec de pareils gages:
Et cet homme sur vous ayant ces avantages,
Le pousser est encor grande imprudence à vous,
Et vous deviez chercher quelque biais plus doux.
ORGON.
Quoi! sur un beau semblant de ferveur si touchante
Cacher un cœur si double, une âme si méchante!
Et moi, qui l'ai reçu gueusant et n'ayant rien....
C'en est fait, je renonce à tous les gens de bien;
J'en aurai désormais une horreur effroyable,
Et m'en vais devenir pour eux pire qu'un diable.
CLÉANTE.
Hé bien! ne voilà pas de vos emportemens!
Vous ne gardez en rien les doux tempéramens;
Dans la droite raison jamais n'entre la vôtre,
Et toujours d'un excès vous vous jetez dans l'autre.
Vous voyez votre erreur, et vous avez connu
Que par un zèle feint vous étiez prévenu;
Mais, pour vous corriger, quelle raison demande
Que vous alliez passer dans une erreur plus grande,
Et qu'avecque le cœur d'un perfide vaurien
Vous confondiez les cœurs de tous les gens de bien?
Quoi! parce qu'un fripon vous dupe avec audace
Sous le pompeux éclat d'une austère grimace,
Vous voulez que partout on soit fait comme lui,
Et qu'aucun vrai dévot ne se trouve aujourd'hui?
Laissez aux libertins ces sottes conséquences:
Démêlez la vertu d'avec ses apparences,

Ne hasardez jamais votre estime trop tôt,
Et soyez pour cela dans le milieu qu'il faut.
Gardez-vous, s'il se peut, d'honorer l'imposture :
Mais au vrai zèle aussi n'allez pas faire injure;
Et, s'il vous faut tomber dans une extrémité,
Péchez plutôt encor de cet autre côté.

Je m'appelle Loyal, natif de Normandie. (Acte v, scène iv.)

SCÈNE II.
ORGON, CLÉANTE, DAMIS.

DAMIS.

Quoi! mon père, est-il vrai qu'un coquin vous menace?
Qu'il n'est point de bienfait qu'en son âme il n'efface?
Et que son lâche orgueil, trop digne de courroux,
Se fait de vos bontés des armes contre vous?

ORGON.

Oui, mon fils; et j'en sens des douleurs nonpareilles.

DAMIS.

Laissez-moi, je lui veux couper les deux oreilles.
Contre son insolence on ne doit point gauchir :
C'est à moi, tout d'un coup, de vous en affranchir;

Et pour sortir d'affaire, il faut que je l'assomme.
CLÉANTE.
Voilà tout justement parler en vrai jeune homme.

Modérez, s'il vous plaît, ces transports éclatans.
Nous vivons sous un règne et sommes dans un temps
Où par la violence on fait mal ses affaires.

Avec regret, monsieur, je viens vous affliger. (Acte v, scène vi.)

SCÈNE III.

MADAME PERNELLE, ORGON, ELMIRE, CLÉANTE, MARIANE, DAMIS, DORINE.

MADAME PERNELLE.
Qu'est-ce? J'apprends ici de terribles mystères!

ORGON.
Ce sont des nouveautés dont mes yeux sont témoins,
Et vous voyez le prix dont sont payés mes soins.
Je recueille avec zèle un homme en sa misère,
Je le loge, et le tiens comme mon propre frère ;
De bienfaits chaque jour il est par moi chargé ;
Je lui donne ma fille et tout le bien que j'ai :

Et, dans le même temps, le perfide, l'infâme,
Tente le noir dessein de suborner ma femme ;
Et, non content encor de ces lâches essais,
Il m'ose menacer de mes propres bienfaits,
Et veut, à ma ruine, user des avantages
Dont le viennent d'armer mes bontés trop peu sages,
Me chasser de mes biens où je l'ai transféré,
Et me réduire au point d'où je l'ai retiré !
DORINE.
Le pauvre homme !
MADAME PERNELLE.
Mon fils, je ne puis du tout croire
Qu'il ait voulu commettre une action si noire.
ORGON.
Comment?
MADAME PERNELLE.
Les gens de bien sont enviés toujours.
ORGON.
Que voulez-vous donc dire avec votre discours,
Ma mère ?
MADAME PERNELLE.
Que chez vous on vit d'étrange sorte,
Et qu'on ne sait que trop la haine qu'on lui porte.
ORGON.
Qu'a cette haine à faire avec ce qu'on vous dit?
MADAME PERNELLE.
Je vous l'ai dit cent fois quand vous étiez petit :
La vertu dans le monde est toujours poursuivie ;
Les envieux mourront, mais non jamais l'envie.
ORGON.
Mais que fait ce discours aux choses d'aujourd'hui?
MADAME PERNELLE.
On vous aura forgé cent sots contes de lui.
ORGON.
Je vous ai dit déjà que j'ai vu tout moi-même.
MADAME PERNELLE.
Des esprits médisans la malice est extrême.
ORGON.
Vous me feriez damner, ma mère. Je vous di
Que j'ai vu de mes yeux un crime si hardi.
MADAME PERNELLE.
Les langues ont toujours du venin à répandre ;
Et rien n'est ici-bas qui s'en puisse défendre.
ORGON.
C'est tenir un propos de sens bien dépourvu.
Je l'ai vu, dis-je, vu, de mes propres yeux vu,
Ce qu'on appelle vu. Faut-il vous le rebattre
Aux oreilles cent fois, et crier comme quatre ?
MADAME PERNELLE.
Mon Dieu ! le plus souvent l'apparence déçoit :
Il ne faut pas toujours juger sur ce qu'on voit.
ORGON.
J'enrage !
MADAME PERNELLE.
Aux faux soupçons la nature est sujette,
Et c'est souvent à mal que le bien s'interprète.
ORGON.
Je dois interpréter à charitable soin
Le désir d'embrasser ma femme !

MADAME PERNELLE.
Il est besoin,
Pour accuser les gens, d'avoir de justes causes ;
Et vous deviez attendre à vous voir sûr des choses.
ORGON.
Hé ! diantre ! le moyen de m'en assurer mieux ?
Je devois donc, ma mère, attendre qu'à mes yeux
Il eût.... Vous me feriez dire quelque sottise.
MADAME PERNELLE.
Enfin d'un trop pur zèle on voit son âme éprise ;
Et je ne puis du tout me mettre dans l'esprit
Qu'il ait voulu tenter les choses que l'on dit.
ORGON.
Allez, je ne sais pas, si vous n'étiez ma mère
Ce que je vous dirois, tant je suis en colère.
DORINE, à Orgon.
Juste retour, monsieur, des choses d'ici-bas :
Vous ne vouliez point croire, et l'on ne vous croit pas.
CLÉANTE.
Nous perdons des momens en bagatelles pures,
Qu'il faudroit employer à prendre des mesures.
Aux menaces du fourbe on doit ne dormir point.
DAMIS.
Quoi ! son effronterie iroit jusqu'à ce point?
ELMIRE.
Pour moi, je ne crois pas cette instance possible,
Et son ingratitude est ici trop visible.
CLÉANTE, à Orgon.
Ne vous y fiez pas ; il aura des ressorts
Pour donner contre vous raison à ses efforts ;
Et, sur moins que cela, le poids d'une cabale
Embarrasse les gens dans un fatal dédale.
Je vous le dis encore : armé de ce qu'il a,
Vous ne deviez jamais le pousser jusque-là.
ORGON.
Il est vrai ; mais qu'y faire ? A l'orgueil de ce traître,
De mes ressentimens je n'ai pas été maître.
CLÉANTE.
Je voudrois, de bon cœur, qu'on pût entre vous deux
De quelque ombre de paix raccommoder les nœuds.
ELMIRE.
Si j'avois su qu'en main il a de telles armes,
Je n'aurois pas tant donné matière à tant d'alarmes :
Et mes....
ORGON, à Dorine, voyant entrer M. Loyal.
Que veut cet homme? Allez tôt le savoir.
Je suis bien en état que l'on me vienne voir !

SCÈNE IV.

ORGON, MADAME PERNELLE, ELMIRE MARIANE, CLÉANTE, DAMIS, DORINE, M. LOYAL.

MONSIEUR LOYAL, à Dorine dans le fond du théâtre.
Bonjour, ma chère sœur ; faites, je vous supplie,
Que je parle à monsieur.
DORINE.
Il est en compagnie ;

Et je doute qu'il puisse à présent voir quelqu'un.
MONSIEUR LOYAL.
Je ne suis pas pour être en ces lieux importun.
Mon abord n'aura rien, je crois, qui lui déplaise,
Et je viens pour un fait dont il sera bien aise.
DORINE.
Votre nom?
MONSIEUR LOYAL.
Dites-lui seulement que je vien
De la part de monsieur Tartuffe, pour son bien.
DORINE, à Orgon.
C'est un homme qui vient, avec douce manière,
De la part de monsieur Tartuffe, pour affaire
Dont vous serez, dit-il, bien aise.
CLÉANTE, à Orgon.
Il vous faut voir
Ce que c'est que cet homme, et ce qu'il peut vouloir.
ORGON, à Cléante.
Pour nous raccommoder il vient ici peut-être :
Quels sentiments aurai-je à lui faire paroître?
CLÉANTE.
Votre ressentiment ne doit point éclater;
Et, s'il parle d'accord, il le faut écouter.
MONSIEUR LOYAL, à Orgon.
Salut, monsieur. Le ciel perde qui vous veut nuire,
Et vous soit favorable autant que je désire!
ORGON, bas à Cléante.
Ce doux début s'accorde avec mon jugement,
Et présage déjà quelque accommodement.
MONSIEUR LOYAL.
Toute votre maison m'a toujours été chère,
Et j'étois serviteur de monsieur votre père.
ORGON.
Monsieur, j'ai grande honte et demande pardon
D'être sans vous connaître, ou savoir votre nom.
MONSIEUR LOYAL.
Je m'appelle Loyal, natif de Normandie,
Et suis huissier à verge, en dépit de l'envie.
J'ai, depuis quarante ans, grâce au ciel, le bonheur
D'en exercer la charge avec beaucoup d'honneur;
Et je vous viens, monsieur, avec votre licence,
Signifier l'exploit de certaine ordonnance....
ORGON.
Quoi! vous êtes ici....
MONSIEUR LOYAL.
Monsieur, sans passion,
Ce n'est rien seulement qu'une sommation,
Un ordre de vider d'ici, vous et les vôtres,
Mettre vos meubles hors, et faire place à d'autres,
Sans délai ni remise, ainsi que besoin est.
ORGON.
Moi! sortir de céans?
MONSIEUR LOYAL.
Oui, monsieur, s'il vous plaît.
La maison à présent, comme savez de reste,
Au bon monsieur Tartuffe appartient sans conteste.
De vos biens désormais il est maître et seigneur,
En vertu d'un contrat duquel je suis porteur.
Il est en bonne forme, et l'on n'y peut rien dire.

DAMIS, à M. Loyal.
Certes, cette impudence est grande, et je l'admire.
MONSIEUR LOYAL, à Damis.
Monsieur, je ne dois point avoir affaire à vous;
(Montrant Orgon.)
C'est à monsieur; il est et raisonnable et doux,
Et d'un homme de bien il sait trop bien l'office
Pour se vouloir du tout opposer à justice.
ORGON.
Mais....
MONSIEUR LOYAL.
Oui, monsieur, je sais que pour un million
Vous ne voudriez pas faire rébellion,
Et que vous souffrirez, en honnête personne,
Que j'exécute ici les ordres qu'on me donne.
DAMIS.
Vous pourriez bien ici sur votre noir jupon,
Monsieur l'huissier à verge, attirer le bâton.
MONSIEUR LOYAL, à Orgon.
Faites que votre fils se taise ou se retire,
Monsieur. J'aurois regret d'être obligé d'écrire,
Et de vous voir couché dans mon procès-verbal.
DORINE, à part.
Ce monsieur Loyal porte un air bien déloyal.
MONSIEUR LOYAL.
Pour tous les gens de bien j'ai de grandes tendresses,
Et ne me suis voulu, monsieur, charger des pièces
Que pour vous obliger et vous faire plaisir,
Que pour ôter par là le moyen d'en choisir
Qui, n'ayant pas pour vous le zèle qui me pousse,
Auroient pu procéder d'une façon moins douce.
ORGON.
Et que peut-on de pis que d'ordonner aux gens
De sortir de chez eux?
MONSIEUR LOYAL.
On vous donne du temps;
Et jusques à demain je ferai surséance
A l'exécution, monsieur, de l'ordonnance.
Je viendrai seulement passer ici la nuit,
Avec dix de mes gens, sans scandale et sans bruit.
Pour la forme, il faudra, s'il vous plaît, qu'on m'apporte,
Avant de se coucher les clefs de votre porte.
J'aurai soin de ne pas troubler votre repos,
Et de ne rien souffrir qui ne soit à propos.
Mais demain, du matin, il vous faut être habile
A vider de céans jusqu'au moindre ustensile;
Mes gens vous aideront, et je les ai pris forts
Pour vous faire service à tout mettre dehors.
On n'en peut pas user mieux que je fais, je pense;
Et, comme je vous traite avec grande indulgence,
Je vous conjure aussi, monsieur, d'en user bien,
Et qu'au dû de ma charge on ne me trouble en rien.
ORGON, à part.
Du meilleur de mon cœur je donnerois sur l'heure
Les cent plus beaux louis de ce qui me demeure,
Et pouvoir, à plaisir, sur ce mufle asséner
Le plus grand coup de poing qui se puisse donner.
CLÉANTE, bas, à Orgon.
Laissez, ne gâtons rien.

DAMIS.
A cette audace étrange
J'ai peine à me tenir, et la main me démange.
DORINE.
Avec un si bon dos, ma foi, monsieur Loyal,
Quelques coups de bâton ne vous siéroient pas mal.
MONSIEUR LOYAL.
On pourroit bien punir ces paroles infâmes,
Ma mie; et l'on décrète aussi contre les femmes.
CLÉANTE, à M. Loyal.
Finissons tout cela, monsieur; c'en est assez.
Donnez tôt ce papier, de grâce, et nous laissez.
MONSIEUR LOYAL.
Jusqu'au revoir. Le ciel vous tienne tous en joie!
ORGON.
Puisse-t-il te confondre, et celui qui t'envoie!

SCÈNE V.

ORGON, MADAME PERNELLE, ELMIRE, CLÉANTE, MARIANE, DAMIS, DORINE.

ORGON.
Hé bien! vous le voyez, ma mère, si j'ai droit;
Et vous pouvez juger du reste par l'exploit.
Ses trahisons enfin vous sont-elles connues?
MADAME PERNELLE.
Je suis tout ébaubie, et je tombe des nues!
DORINE, à Orgon.
Vous vous plaignez à tort, à tort vous le blâmez,
Et ses pieux desseins par là sont confirmés.
Dans l'amour du prochain sa vertu se consomme :
Il sait que très-souvent les biens corrompent l'homme,
Et, par charité pure, il veut vous enlever
Tout ce qui vous peut faire obstacle à vous sauver.
ORGON
Taisez-vous. C'est le mot qu'il vous faut toujours dire.
CLÉANTE, à Orgon.
Allons voir quel conseil on doit vous faire élire.
ELMIRE.
Allez faire éclater l'audace de l'ingrat.
Ce procédé détruit la vertu du contrat;
Et sa déloyauté va paroître trop noire,
Pour souffrir qu'il en ait le succès qu'on veut croire.

SCÈNE VI.

VALÈRE, ORGON, MADAME PERNELLE, ELMIRE, CLÉANTE, MARIANE, DAMIS, DORINE.

VALÈRE.
Avec regret, monsieur, je viens vous affliger;
Mais je m'y vois contraint par le pressant danger.
Un ami, qui m'est joint d'une amitié fort tendre,
Et qui sait l'intérêt qu'en vous j'ai lieu de prendre,
A violé pour moi, par un pas délicat,
Le secret que l'on doit aux affaires d'État,
Et me vient d'envoyer un avis dont la suite
Vous réduit au parti d'une soudaine fuite.
Le fourbe qui longtemps a pu vous imposer,
Depuis une heure au prince a su vous accuser,
Et remettre en ses mains, dans les traits qu'il vous jette,
D'un criminel d'État l'importante cassette,
Dont, au mépris, dit-il, du devoir d'un sujet,
Vous avez conservé le coupable secret.
J'ignore le détail du crime qu'on vous donne;
Mais un ordre est donné contre votre personne;
Et lui-même est chargé, pour mieux l'exécuter,
D'accompagner celui qui vous doit arrêter.
CLÉANTE.
Voilà ses droits armés; et c'est par où le traître
De vos biens qu'il prétend cherche à se rendre maître.
ORGON.
L'homme est, je vous l'avoue, un méchant animal!
VALÈRE.
Le moindre amusement vous peut être fatal.
J'ai, pour vous emmener, mon carrosse à la porte,
Avec mille louis qu'ici je vous apporte.
Ne perdons point de temps : le trait est foudroyant,
Et ce sont de ces coups que l'on pare en fuyant.
A vous mettre en lieu sûr je m'offre pour conduite,
Et veux accompagner jusqu'au bout votre fuite.
ORGON.
Las! que ne dois-je point à vos soins obligeans!
Pour vous en rendre grâce, il faut un autre temps;
Et je demande au ciel de m'être assez propice,
Pour reconnoître un jour ce généreux service.
Adieu : prenez le soin, vous autres....
CLÉANTE.
Allez tôt;
Nous songerons, mon frère, à faire ce qu'il faut.

SCÈNE VII.

TARTUFFE, UN EXEMPT, MADAME PERNELLE, ORGON, ELMIRE, CLÉANTE, MARIANE, VALÈRE, DAMIS, DORINE.

TARTUFFE, arrêtant Orgon.
Tout beau, monsieur, tout beau, ne courez point si vite :
Vous n'irez pas fort loin pour trouver votre gîte;
Et, de la part du prince on vous fait prisonnier.
ORGON.
Traître! tu me gardois ce trait pour le dernier :
C'est le coup, scélérat, par où tu m'expédies;
Et voilà couronner toutes tes perfidies.
TARTUFFE.
Vos injures n'ont rien à me pouvoir aigrir;
Et je suis, pour le ciel, appris à tout souffrir.
CLÉANTE.
La modération est grande, je l'avoue.
DAMIS.
Comme du ciel l'infâme impudemment se joue.
TARTUFFE.
Tous vos emportemens ne sauroient m'émouvoir;
Et je ne songe à rien qu'à faire mon devoir.

MARIANE.
Vous avez de ceci grande gloire à prétendre;
Et cet emploi pour vous est fort honnête à prendre.

TARTUFFE.
Un emploi ne sauroit être que glorieux,
Quand il part du pouvoir qui m'envoie en ces lieux.

Eh bien, te voilà, traître! (Acte v, scène vi.)

ORGON.
Mais t'es-tu souvenu que ma main charitable,
Ingrat, t'a retiré d'un état misérable?

TARTUFFE.
Oui, je sais quels secours j'en ai pu recevoir;
Mais l'intérêt du prince est mon premier devoir.
De ce devoir sacré la juste violence

Étouffe dans mon cœur toute reconnoissance;
Et je sacrifierois à de si puissans nœuds
Ami, femme, parens, et moi-même avec eux.

ELMIRE.
L'imposteur!

DORINE.
Comme il sait, de traîtresse manière,

Se faire un beau manteau de tout ce qu'on révère !
CLÉANTE.
Mais, s'il est si parfait que vous le déclarez,
Ce zèle qui vous pousse et dont vous vous parez,
D'où vient que, pour paroître, il s'avise d'attendre
Qu'à poursuivre sa femme il ait su vous surprendre,
Que lorsque son honneur l'oblige à vous chasser?
Et que vous ne songez à l'aller dénoncer
Je ne vous parle point, pour devoir en distraire,
Du don de tout son bien qu'il venoit de vous faire ;
Mais, le voulant traiter en coupable aujourd'hui,
Pourquoi consentiez-vous à rien prendre de lui?
TARTUFFE, *à l'exempt.*
Délivrez-moi, monsieur, de la criaillerie ;
Et daignez accomplir votre ordre, je vous prie.
L'EXEMPT.
Oui, c'est trop demeurer, sans doute, à l'accomplir;
Votre bouche à propos m'invite à le remplir :
Et, pour l'exécuter, suivez-moi tout à l'heure
Dans la prison qu'on doit vous donner pour demeure.
TARTUFFE.
Qui? moi, monsieur?
L'EXEMPT.
Oui, vous.
TARTUFFE.
Pourquoi donc la prison?
L'EXEMPT.
Ce n'est pas vous à qui j'en veux rendre raison.
(*A Orgon.*)
Remettez-vous, monsieur, d'une alarme si chaude.
Nous vivons sous un prince ennemi de la fraude,
Un prince dont les yeux se font jour dans les cœurs,
Et que ne peut tromper tout l'art des imposteurs.
D'un fin discernement sa grande âme pourvue
Sur les choses toujours jette une droite vue ;
Chez elle jamais rien ne surprend trop d'accès,
Et sa ferme raison ne tombe en nul excès.
Il donne aux gens de bien une gloire immortelle ;
Mais sans aveuglement il fait briller ce zèle,
Et l'amour pour les vrais ne ferme point son cœur
A tout ce que les faux doivent donner d'horreur.
Celui-ci n'étoit pas pour le pouvoir surprendre,
Et de piéges plus fins on le voit se défendre.
D'abord il a percé, par ses vives clartés,
Des replis de son cœur toutes les lâchetés.
Venant vous accuser, il s'est trahi lui-même,
Et, par un juste trait de l'équité suprême,
S'est découvert au prince un fourbe renommé,
Dont sous un autre nom il étoit informé ;
Et c'est un long détail d'actions toutes noires
Dont on pourroit former des volumes d'histoires.
Ce monarque, en un mot, a vers vous détesté

Sa lâche ingratitude et sa déloyauté;
A ses autres horreurs il a joint cette suite,
Et ne m'a jusqu'ici soumis à sa conduite,
Que pour voir l'impudence aller jusques au bout,
Et vous faire, par lui, faire raison de tout.
Oui, de tous vos papiers, dont il se dit le maître,
Il veut qu'entre vos mains je dépouille le traître.
D'un souverain pouvoir il brise les liens
Du contrat qui lui fait un don de tous vos biens,
Et vous pardonne enfin cette offense secrète
Où vous a d'un ami fait tomber la retraite ;
Et c'est le prix qu'il donne au zèle qu'autrefois
On vous vit témoigner en appuyant ses droits,
Pour montrer que son cœur sait, quand moins on y pense,
D'une bonne action verser la récompense ;
Que jamais le mérite avec lui ne perd rien ;
Et que, mieux que du mal, il se souvient du bien.
DORINE.
Que le ciel soit loué !
MADAME PERNELLE.
Maintenant je respire.
ELMIRE.
Favorable succès !
MARIANE.
Qui l'auroit osé dire?
ORGON, *à Tartuffe, que l'exempt emmène.*
Hé bien! te voilà, traître!...

SCÈNE VIII.

MADAME PERNELLE, ORGON, ELMIRE, MARIANE, CLÉANTE, VALÈRE, DAMIS, DORINE.

CLÉANTE.
Ah! mon frère, arrêtez,
Et ne descendez point à des indignités.
A son mauvais destin laissez un misérable,
Et ne vous joignez point au remords qui l'accable.
Souhaitez bien plutôt que son cœur, en ce jour,
Au sein de la vertu fasse un heureux retour ;
Qu'il corrige sa vie en détestant son vice,
Et puisse du grand prince adoucir la justice ;
Tandis qu'à sa bonté vous irez, à genoux,
Rendre ce que demande un traitement si doux.
ORGON.
Oui, c'est bien dit. Allons à ses pieds avec joie
Nous louer des bontés que son cœur nous déploie :
Puis, acquittés un peu de ce premier devoir,
Aux justes soins d'un autre il nous faudra pourvoir,
Et par un doux hymen couronner en Valère
La flamme d'un amant généreux et sincère.

FIN DU TARTUFFE.

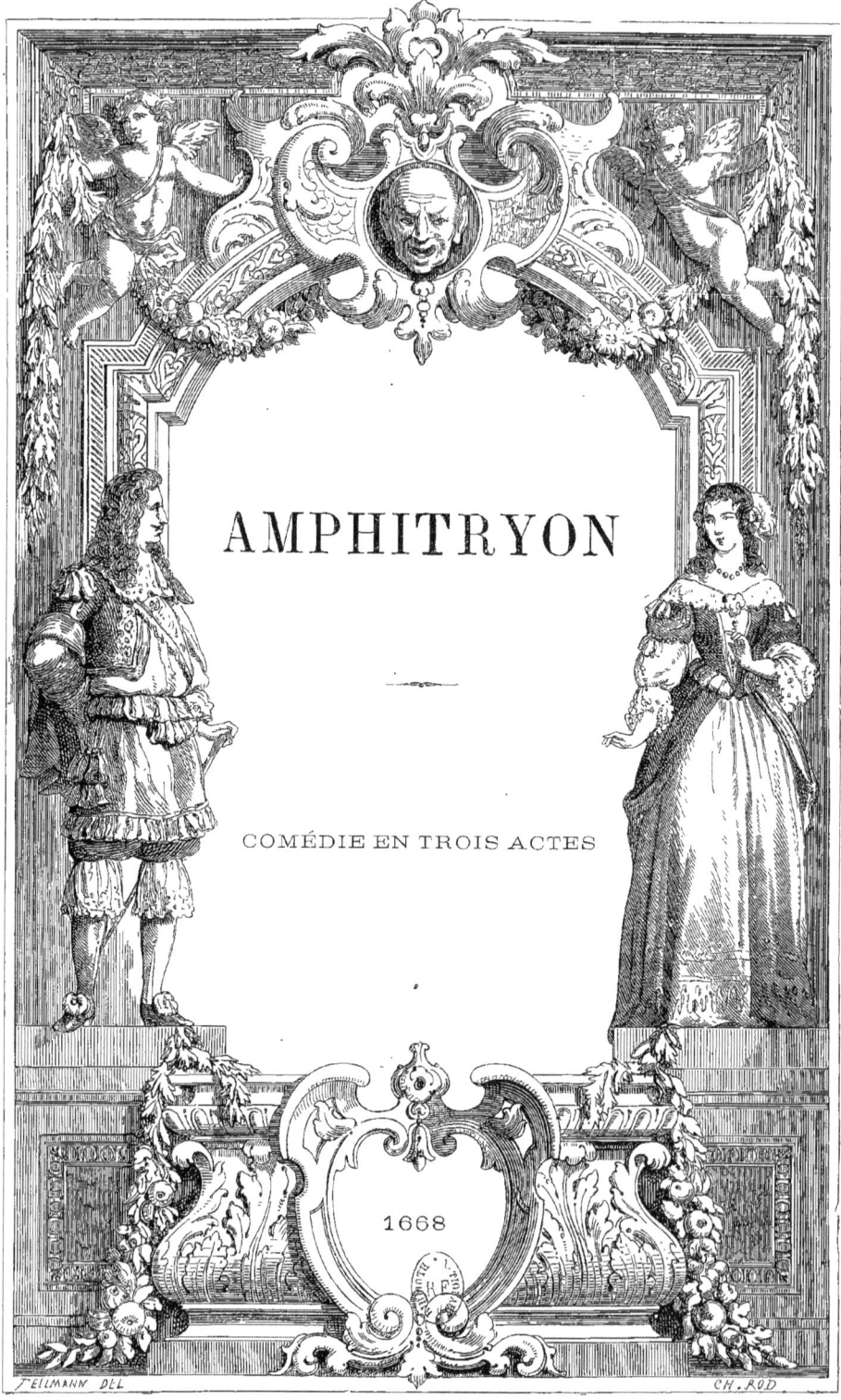

A SON ALTESSE SÉRÉNISSIME MONSEIGNEUR LE PRINCE.

MONSEIGNEUR,

N'en déplaise à vos beaux esprits, je ne vois rien de plus ennuyeux que les épîtres dédicatoires ; et Votre Altesse Sérénissime trouvera bon, s'il lui plaît, que je ne suive point ici le style de ces messieurs-là, et refuse de me servir de deux ou trois misérables pensées, qui ont été tournées et retournées tant de fois, qu'elles sont usées de tous les côtés. Le nom du grand Condé est un nom trop glorieux pour le traiter comme on fait tous les autres noms. Il ne faut l'appliquer, mon illustre, qu'à des emplois qui soient dignes de lui ; et, pour dire de belles choses, je voudrois parler de le mettre à la tête d'une armée, plutôt qu'à la tête d'un livre ; et je conçois bien mieux ce qu'il est capable de faire en l'opposant aux forces des ennemis de cet État, qu'en l'opposant à la critique des ennemis d'une comédie.

Ce n'est pas, Monseigneur, que la glorieuse approbation de Votre Altesse Sérénissime ne fût une puissante protection pour toutes ces sortes d'ouvrages, et qu'on ne soit persuadé des lumières de votre esprit, autant que de l'intrépidité de votre cœur et de la grandeur de votre âme. On sait, par toute la terre, que l'éclat de votre mérite n'est point renfermé dans les bornes de cette valeur indomptable, qui se fait des adorateurs chez ceux mêmes qu'elle surmonte ; qu'il s'étend, ce mérite, jusques aux connoissances les plus fines et les plus relevées, et que les décisions de votre jugement sur tous les ouvrages d'esprit, ne manquent point d'être suivies par le sentiment des plus délicats. Mais on sait aussi, Monseigneur, que toutes ces glorieuses approbations dont nous nous vantons au public, ne nous coûtent rien à faire imprimer ; et que ce sont des choses dont nous disposons comme nous voulons. On sait, dis-je, qu'une épître dédicatoire dit tout ce qu'il lui plaît, et qu'un auteur est en pouvoir d'aller saisir les personnes les plus augustes, et de parer de leurs grands noms les premiers feuillets de son livre ; qu'il a la liberté de s'y donner, autant qu'il veut, l'honneur de leur estime, et de se faire des protecteurs qui n'ont jamais songé à l'être.

Je n'abuserai, Monseigneur, ni de votre nom, ni de vos bontés, pour combattre les censeurs de *l'Amphitryon*, et m'attribuer une gloire que je n'ai pas peut-être méritée : et je ne prends la liberté de vous offrir ma comédie, que pour avoir lieu de vous dire que je regarde incessamment, avec une profonde vénération, les grandes qualités que vous joignez au sang auguste dont vous tenez le jour, et que je suis, Monseigneur, avec tout le respect possible, et tout le zèle imaginable,

De Votre Altesse Sérénissime, le très-humble, très-obéissant et très-obligé serviteur,

J. B. P. MOLIÈRE.

PERSONNAGES DU PROLOGUE.

MERCURE. — LA NUIT.

PERSONNAGES ET ACTEURS DE LA COMÉDIE.

JUPITER, sous la forme d'Amphitryon	LA TORILLIÈRE
MERCURE, sous la forme de Sosie.	DU CROISY.
AMPHITRYON, général des Thébains.	LA GRANGE.
ALCMÈNE, femme d'Amphitryon.	Mlle MOLIÈRE
CLÉANTHIS, suivante d'Alcmène, et femme de Sosie.	Mlle BEAUVAL.
ARGATIPHONTIDAS, NAUCRATÈS, POLIDAS, PAUSICLÈS, capitaines thébains.	CHATEAUNEUF.
SOSIE, valet d'Amphitryon.	MOLIÈRE.

La scène est à Thèbes, devant la maison d'Amphitryon.

Cette comédie, imitée de *l'Amphitryon* de Plaute, fut jouée pour la première fois sur le théâtre du Palais-Royal le 13 janvier 1668. Rotrou, avant Molière, avait imité *l'Amphitryon* de Plaute dans la pièce des *Deux Sosies*.

PROLOGUE.

MERCURE, *sur un nuage;* LA NUIT, *dans un char traîné dans l'air par deux chevaux.*

MERCURE.
Tout beau ! charmante Nuit, daignez vous arrêter.
Il est certain secours que de vous on désire ;
 Et j'ai deux mots à vous dire
 De la part de Jupiter.
LA NUIT.
Ah ! ah ! c'est vous, seigneur Mercure !
Qui vous eût deviné là, dans cette posture ?

MERCURE.
Ma foi, me trouvant las, pour ne pouvoir fournir
Aux différens emplois où Jupiter m'engage,
Je me suis doucement assis sur ce nuage,
 Pour vous attendre venir.
LA NUIT.
Vous vous moquez, Mercure, et vous n'y songez pas ;
Sied-il bien à des dieux de dire qu'ils sont las ?

MERCURE.

Les dieux sont-ils de fer?

LA NUIT.

Non; mais il faut sans cesse
Garder le *decorum* de la divinité.
Il est de certains mots dont l'usage rabaisse
    Cette sublime qualité,
    Et que, pour leur indignité,
    Il est bon qu'aux hommes on laisse.

MERCURE.

    A votre aise vous en parlez;
Et vous avez, la belle, une chaise roulante
Où, par deux bons chevaux, en dame nonchalante,
Vous vous faites trainer partout où vous voulez.
    Mais de moi ce n'est pas de même :
Et je ne puis vouloir, dans mon destin fatal,
    Aux poëtes assez de mal
    De leur impertinence extrême,
    D'avoir, par une injuste loi,
    Dont on veut maintenir l'usage,
    A chaque dieu, dans son emploi,
    Donné quelque allure en partage,
    Et de me laisser à pied moi,
    Comme un messager de village ;
Moi qui suis, comme on sait, en terre et dans les cieux,
Le fameux messager du souverain des dieux ;
    Et qui, sans rien exagérer,
    Par tous les emplois qu'il me donne,
    Aurois besoin, plus que personne,
    D'avoir de quoi me voiturer.

LA NUIT.

    Que voulez-vous faire à cela ?
    Les poëtes font à leur guise,
    Ce n'est pas la seule sottise
    Qu'on voit faire à ces messieurs-là.
Mais contre eux toutefois votre âme à tort s'irrite,
Et vos ailes aux pieds sont un don de leurs soins.

MERCURE.

    Oui ; mais pour aller plus vite,
    Est-ce qu'on s'en lasse moins ?

LA NUIT.

    Laissons cela, seigneur Mercure,
    Et sachons ce dont il s'agit.

MERCURE.

C'est Jupiter, comme je vous l'ai dit,
Qui de votre manteau veut la faveur obscure,
    Pour certaine douce aventure
    Qu'un nouvel amour lui fournit.
Ses pratiques, je crois, ne vous sont pas nouvelles ;
Bien souvent pour la terre il néglige les cieux ;
Et vous n'ignorez pas que ce maître des dieux
Aime à s'humaniser pour des beautés mortelles,
    Et sait cent tours ingénieux
    Pour mettre à bout les plus cruelles.
Des yeux d'Alcmène il a senti les coups;
Et tandis qu'au milieu des béotiques plaines,
    Amphitryon, son époux,
    Commande aux troupes thébaines,
Il en a pris la forme, et reçoit là-dessous
    Un soulagement à ses peines
Dans la possession des plaisirs les plus doux.
L'état des mariés à ses feux est propice :
L'hymen ne les a joints que depuis quelques jours;
Et la jeune chaleur de leurs tendres amours
A fait que Jupiter à ce bel artifice
    S'est avisé d'avoir recours.
Son stratagème ici se trouve salutaire;
    Mais, près de maint objet chéri,
Pareil déguisement seroit pour ne rien faire;
Et ce n'est pas partout un bon moyen de plaire,
    Que la figure d'un mari.

LA NUIT.

J'admire Jupiter, et je ne comprends pas
Tous les déguisemens qui lui viennent en tête.

MERCURE.

Il veut goûter par là toutes sortes d'états;
    Et c'est agir en dieu qui n'est pas bête.
Dans quelque rang qu'il soit des mortels regardé.
    Je le tiendrois fort misérable,
S'il ne quittoit jamais sa mine redoutable,
Et qu'au faîte des cieux il fût toujours guindé.
Il n'est point à mon gré de plus sotte méthode
Que d'être emprisonné toujours dans sa grandeur;
Et surtout, aux transports de l'amoureuse ardeur,
La haute qualité devient fort incommode.
Jupiter, qui, sans doute, en plaisir se connoît,
Sait descendre du haut de sa gloire suprême ;
    Et, pour entrer dans tout ce qu'il lui plaît,
    Il sort tout à fait de lui-même,
Et ce n'est plus alors Jupiter qui paroît.

LA NUIT.

Passe encor de le voir, de ce sublime étage,
    Dans celui des hommes venir,
Prendre tous les transports que leur cœur peut fournir.
    Et se faire à leur badinage,
Si, dans les changemens où son humeur l'engage,
A la nature humaine il s'en vouloit tenir.
Mais de voir Jupiter taureau,
    Serpent, cygne, ou quelque autre chose,
    Je ne trouve point cela beau,
Et ne m'étonne pas si parfois on en cause.

MERCURE.

    Laissons dire tous les censeurs :
    Tels changemens ont leurs douceurs
    Qui passent leur intelligence.
Ce dieu sait ce qu'il fait aussi bien là qu'ailleurs;
Et, dans les mouvemens de leurs tendres ardeurs,
Les bêtes ne sont pas si bêtes que l'on pense.

LA NUIT.

Revenons à l'objet dont il a les faveurs.
Si, par son stratagème, il voit sa flamme heureuse,
Que peut-il souhaiter, et qu'est-ce que je puis?

MERCURE.

Que vos chevaux par vous au petit pas réduits,
Pour satisfaire aux vœux de son âme amoureuse.
    D'une nuit si délicieuse,
    Fassent la plus longue des nuits ;
Qu'à ses transports vous donniez plus d'espace,
Et retardiez la naissance du jour
    Qui doit avancer le retour

De celui dont il tient la place.
LA NUIT.
Voilà sans doute un bel emploi
Que le grand Jupiter m'apprête !
Et l'on donne un nom fort honnête
Au service qu'il veut de moi !
MERCURE.
Pour une jeune déesse,
Vous êtes bien du bon temps !
Un tel emploi n'est bassesse
Que chez les petites gens.
Lorsque dans un haut rang on a l'heur de paroître,
Tout ce qu'on fait est toujours bel et bon ;
Et, suivant ce qu'on peut être,
Les choses changent de nom.
LA NUIT.
Sur de pareilles matières
Vous en savez plus que moi,
Et, pour accepter l'emploi,
J'en veux croire vos lumières.
MERCURE.
Hé ! là, là, madame la Nuit.
Un peu doucement, je vous prie ;
Vous avez dans le monde un bruit
De n'être pas si renchérie.
On vous fait confidente, en cent climats divers,
De beaucoup de bonnes affaires ;
Et je crois, à parler à sentimens ouverts,
Que nous ne nous en devons guères.
LA NUIT.
Laissons ces contrariétés,
Et demeurons ce que nous sommes.
N'apprêtons point à rire aux hommes
En nous disant nos vérités.
MERCURE.
Adieu. Je vais là-bas, dans ma commission,
Dépouiller promptement la forme de Mercure,
Pour y vêtir la figure
Du valet d'Amphitryon.
LA NUIT.
Moi, dans cet hémisphère, avec ma suite obscure,
Je vais faire une station.
MERCURE.
Bonjour, la Nuit.
LA NUIT.
Adieu, Mercure.
(*Mercure descend de son nuage, et la Nuit traverse le théâtre.*)

ACTE PREMIER.

SCÈNE I.

SOSIE.

Qui va là? Heu! ma peur à chaque pas s'accroît!
    Messieurs, ami de tout le monde.
    Ah! quelle audace sans seconde
    De marcher à l'heure qu'il est!
    Que mon maître couvert de gloire,
    Me joue ici d'un vilain tour!
Quoi! si pour son prochain il avoit quelque amour,
M'auroit-il fait partir par une nuit si noire?
Et, pour me renvoyer annoncer son retour
    Et le détail de sa victoire,
Ne pouvoit-il pas bien attendre qu'il fût jour?
    Sosie, à quelle servitude
    Tes jours sont-ils assujettis!
    Notre sort est beaucoup plus rude
    Chez les grands que chez les petits.
Ils veulent que pour eux tout soit, dans la nature,
    Obligé de s'immoler.
Jour et nuit, grêle, vent, péril, chaleur, froidure,
    Dès qu'ils parlent, il faut voler.
    Vingt ans d'assidu service
    N'en obtiennent rien pour nous :
    Le moindre petit caprice
    Nous attire leur courroux.
    Cependant notre âme insensée
S'acharne au vain honneur de demeurer près d'eux,
Et s'y veut contenter de la fausse pensée
Qu'ont tous les autres gens, que nous sommes heureux.
Vers la retraite en vain la raison nous appelle,
En vain notre dépit quelquefois y consent;
    Leur vue a sur notre zèle
    Un ascendant trop puissant,
Et la moindre faveur d'un coup d'œil caressant
    Nous rengage de plus belle.
    Mais enfin, dans l'obscurité,
Je vois notre maison, et ma frayeur s'évade.
    Il me faudroit, pour l'ambassade,
    Quelque discours prémédité.
Je dois aux yeux d'Alcmène un portrait militaire
Du grand combat qui met nos ennemis à bas;
    Mais comment diantre le faire,
    Si je ne m'y trouvai pas?
N'importe, parlons-en et d'estoc et de taille,
    Comme oculaire témoin.
Combien de gens font-ils des récits de bataille
    Dont ils se sont tenus loin!
    Pour jouer mon rôle sans peine,
    Je le veux un peu repasser.
Voici la chambre où j'entre en courrier que l'on mène;
    Et cette lanterne est Alcmène,
    A qui je me dois adresser.
        (*Sosie pose sa lanterne à terre.*)
Madame, Amphitryon, mon maître et votre époux....
(Bon! beau début!) l'esprit toujours plein de vos charmes
    M'a voulu choisir entre tous,
Pour vous donner avis du succès de ses armes,
Et du désir qu'il a de se voir près de vous.
    « Ah! vraiment, mon pauvre Sosie,
    A te revoir j'ai de la joie au cœur. »
    Madame, ce m'est trop d'honneur,
    Et mon destin doit faire envie.
(Bien répondu!) » Comment se porte Amphitryon? »
    Madame, en homme de courage,
Dans les occasions où la gloire l'engage.
    (Fort bien! belle conception!)

— Quand viendra-t-il, par son retour charmant,
  Rendre mon âme satisfaite ?
— Le plus tôt qu'il pourra, madame, assurément,
  Mais bien plus tard que son cœur ne souhaite.
(Ah ?) — Mais quel est l'état où la guerre l'a mis ?
Que dit-il ? que fait-il ? Contente un peu mon âme.
  — Il dit moins qu'il ne fait, madame,
Et fait trembler les ennemis.
(Peste ! où prend mon esprit toutes ces gentillesses ?)
— Que font les révoltés ? dis-moi, quel est leur sort ?
— Ils n'ont pu résister, madame, à notre effort ;
  Nous les avons taillés en pièces,
  Mis Ptérélas leur chef à mort,
Pris Télèbe d'assaut ; et déjà dans le port

Et cette lanterne est Alcmène. (Acte I, scène I.)

  Tout retentit de nos prouesses.
— Ah ! quel succès ! ô dieux ! qui l'eût pu jamais croire !
Raconte-moi, Sosie, un tel événement.
— Je le veux bien, madame ; et sans m'enfler de gloire,
  Du détail de cette victoire
  Je puis parler très-savamment.
  Figurez-vous donc que Télèbe,
Madame, est de ce côté ;
(Sosie marque les lieux sur sa main, ou à terre.)
C'est une ville, en vérité,
Aussi grande quasi que Thèbe.
  La rivière est comme là.
  Ici nos gens se campèrent ;

Madame, Amphitryon, mon maître et votre époux. (Acte I, scène I.)

  Et l'espace que voilà,
  Nos ennemis l'occupèrent.
  Sur un haut, vers cet endroit ;
  Étoit leur infanterie.
  Et plus bas, du côté droit,
  Étoit la cavalerie.
Après avoir aux dieux adressé les prières,
Tous les ordres donnés, on donne le signal :
Les ennemis, pensant nous tailler des croupières,
Firent trois pelotons de leurs gens à cheval ;
Mais leur chaleur par nous fut bientôt réprimée,
  Et vous allez voir comme quoi.
Voilà notre avant-garde à bien faire animée ;
  Là, les archers de Créon, notre roi ;

Et voici le corps d'armée,
(*On fait un peu de bruit.*)
Qui d'abord.... Attendez, le corps d'armée a peur ;
J'entends quelque bruit, ce me semble.

SCÈNE II.
MERCURE, SOSIE.

MERCURE, *sous la figure de Sosie, sortant de la maison d'Amphitryon.*
Sous ce minois qui lui ressemble,
Chassons de ces lieux ce causeur,
Dont l'abord importun troubleroit la douceur.
Que nos amans goûtent ensemble.

SOSIE, *sans voir Mercure.*
Mon cœur tant soit peu se rassure
Et je pense que ce n'est rien.
Crainte pourtant de sinistre aventure,
Allons chez nous achever l'entretien.

MERCURE, *à part.*
Tu seras plus fort que Mercure,
Ou je t'en empêcherai bien.

SOSIE, *sans voir Mercure.*
Cette nuit en longueur me semble sans pareille :
Il faut, depuis le temps que je suis en chemin,
Ou que mon maître ait pris le soir pour le matin,
Ou que trop tard au lit le blond Phébus sommeille,
Pour avoir trop pris de son vin.

MERCURE, *à part.*
Comme avec irrévérence
Parle des dieux ce maraud !
Mon bras saura bien tantôt
Châtier cette insolence ;
Et je vais m'égayer avec lui comme il faut,
En lui volant son nom avec sa ressemblance

SOSIE, *apercevant Mercure d'un peu loin.*
Ah ! par ma foi j'avois raison :
C'est fait de moi, chétive créature !
Je vois devant notre maison
Certain homme dont l'encolure
Ne me présage rien de bon.
Pour faire semblant d'assurance,
Je veux chanter un peu d'ici.
(*Il chante.*)

MERCURE.
Qui donc est ce coquin qui prend tant de licence
Que de chanter et m'étourdir ainsi ?
(*A mesure que Mercure parle, la voix de Sosie s'affoiblit peu à peu.*)
Veut-il qu'à l'étriller ma main un peu s'applique ?

SOSIE, *à part.*
Cet homme assurément n'aime pas la musique.

MERCURE.
Depuis plus d'une semaine
Je n'ai trouvé personne à qui rompre les os ;
La vigueur de mon bras se perd dans le repos ;
Et je cherche quelque dos
Pour me remettre en haleine.

SOSIE, *à part.*
Quel diable d'homme est-ce ci ?
De mortelles frayeurs je sens mon âme atteinte
Mais pourquoi trembler tant aussi ?
Peut-être a-t-il dans l'âme autant que moi de crainte,
Et que le drôle parle ainsi
Pour me cacher sa peur sous une audace feinte.
Oui, oui, ne souffrons point qu'on nous croie un oison ;
Si je ne suis hardi, tâchons de le paroître.
Faisons-nous du cœur par raison :
Il est seul comme moi ; je suis fort, j'ai bon maître,
Et voilà notre maison.

MERCURE.
Qui va là ?

SOSIE.
Moi.

MERCURE.
Qui, moi ?

SOSIE.
(*A part.*)
Moi. Courage, Sosie.

MERCURE.
Quel est ton sort ? dis-moi.

SOSIE.
D'être homme, et de parler.

MERCURE.
Es-tu maître, ou valet ?

SOSIE.
Comme il me prend envie.

MERCURE.
Où s'adressent tes pas ?

SOSIE.
Où j'ai dessein d'aller.

MERCURE.
Ah ! ceci me déplaît.

SOSIE.
J'en ai l'âme ravie.

MERCURE.
Résolûment, par force ou par amour,
Je veux savoir de toi, traître,
Ce que tu fais, d'où tu viens avant jour,
Où tu vas, à qui tu peux être.

SOSIE.
Je fais le bien et le mal tour à tour ;
Je viens de là, vais là ; j'appartiens à mon maître.

MERCURE.
Tu montres de l'esprit ; et je te vois en train
De trancher avec moi de l'homme d'importance.
Il me prend un désir, pour faire connoissance,
De te donner un soufflet de ma main.

SOSIE.
A moi-même ?

MERCURE
A toi-même, et t'en voilà certain.
(*Mercure donne un soufflet à Sosie.*)

SOSIE.
Ah ! ah ! c'est tout de bon.

MERCURE.
Non, ce n'est que pour rire,
Et répondre à tes quolibets.

SOSIE.
Tudieu! l'ami, sans vous rien dire,
Comme vous baillez des soufflets!
MERCURE.
Ce sont là de mes moindres coups,
De petits soufflets ordinaires.
SOSIE.
Si j'étois aussi prompt que vous,
Nous ferions de belles affaires.
MERCURE.
Tout cela n'est encor rien.
Nous verrons bien autre chose ;
Pour y faire quelque pause,
Poursuivons notre entretien.
SOSIE.
Je quitte la partie.
(*Sosie veut s'en aller.*)
MERCURE, *arrêtant Sosie.*
Où vas-tu?
SOSIE.
Que t'importe?
MERCURE.
Je veux savoir où tu vas.
SOSIE.
Me faire ouvrir cette porte.
Pourquoi retiens-tu mes pas?
MERCURE.
Si jusqu'à l'approcher tu pousses ton audace,
Je fais sur toi pleuvoir un orage de coups.
SOSIE.
Quoi! tu veux, par ta menace,
M'empêcher d'entrer chez nous?
MERCURE.
Comment! chez nous?
SOSIE.
Oui, chez nous.
MERCURE.
O le traître!
Tu te dis de cette maison?
SOSIE.
Fort bien. Amphitryon n'en est-il pas le maître?
MERCURE.
Hé bien! que fait cette raison?
SOSIE.
Je suis son valet.
MERCURE.
Toi?
SOSIE.
Moi.
MERCURE.
Son valet?
SOSIE.
Sans doute.
MERCURE.
Valet d'Amphitryon?
SOSIE.
D'Amphitryon, de lui.
MERCURE.
Ton nom est?...

SOSIE.
Sosie.
MERCURE.
Heu! comment?
SOSIE.
Sosie.
MERCURE.
Écoute;
Sais-tu que de ma main je t'assomme aujourd'hui?
SOSIE.
Pourquoi? De quelle rage est ton âme saisie?
MERCURE.
Qui te donne, dis-moi, cette témérité,
De prendre le nom de Sosie?
SOSIE.
Moi, je ne le prends point, je l'ai toujours porté.
MERCURE.
O le mensonge horrible, et l'impudence extrême!
Tu m'oses soutenir que Sosie est ton nom?
SOSIE.
Fort bien ; je le soutiens, par la grande raison
Qu'ainsi l'a fait des dieux la puissance suprême,
Et qu'il n'est pas en moi de pouvoir dire non,
Et d'être un autre que moi-même.
MERCURE.
Mille coups de bâton doivent être le prix
D'une pareille effronterie.
SOSIE, *battu par Mercure.*
Justice, citoyens! Au secours! je vous prie.
MERCURE.
Comment! bourreau, tu fais des cris!
SOSIE.
De mille coups tu me meurtris,
Et tu ne veux pas que je crie?
MERCURE.
C'est ainsi que mon bras.....
SOSIE.
L'action ne vaut rien.
Tu triomphes de l'avantage
Que te donne sur moi mon manque de courage ;
Et ce n'est pas en user bien.
C'est pure fanfaronnerie,
De vouloir profiter de la poltronnerie,
De ceux qu'attaque notre bras.
Battre un homme à jeu sûr n'est pas d'une belle âme ;
Et le cœur est digne de blâme
Contre les gens qui n'en ont pas.
MERCURE.
Hé bien! es-tu Sosie à présent? qu'en dis-tu?
SOSIE.
Tes coups n'ont point en moi fait de métamorphose;
Et tout le changement que je trouve à la chose,
C'est d'être Sosie et battu.
MERCURE, *menaçant Sosie.*
Encor! cent autres coups pour cette autre impudence.
SOSIE.
De grâce fais trêve à tes coups.

MERCURE.
Fais donc trêve à ton insolence.

SOSIE.
Tout ce qu'il te plaira; je garde le silence.
La dispute est par trop inégale entre nous.

MERCURE.
Es-tu Sosie encor? dis, traître!

SOSIE.
Hélas! je suis ce que tu veux :
Dispose de mon sort tout au gré de tes vœux;

Ne tiens-je pas une lanterne en main? (Acte I, scène II.)

Ton bras t'en a fait le maître.

MERCURE.
Ton nom étoit Sosie, à ce que tu disois?

SOSIE.
Il est vrai, jusqu'ici j'ai cru la chose claire;
Mais ton bâton, sur cette affaire
M'a fait voir que je m'abusois.

MERCURE.
C'est moi qui suis Sosie, et tout Thèbes l'avoue,
Amphitryon jamais n'en eut d'autre que moi.

SOSIE.

Toi, Sosie?

MERCURE.

Oui, Sosie ; et si quelqu'un s'y joue,
Il peut bien prendre garde à soi.

SOSIE, *à part.*

Ciel! me faut-il ainsi renoncer à moi-même,
Et par un imposteur me voir voler mon nom?
Que son bonheur est extrême
De ce que je suis poltron!

Mais un plus long séjour me rendrait trop coupable. (Acte I, scène III.)

Sans cela, par la mort!...

MERCURE.

Entre tes dents, je pense,
Tu murmures je ne sais quoi.

SOSIE.

Non. Mais, au nom des dieux donne-moi la licence

De parler un moment à toi.

MERCURE.

Parle.

SOSIE.

Mais promets-moi, de grâce,
Que les coups n'en seront point.

·Signons une trêve.
MERCURE.
Passe :
Va, je t'accorde ce point.
SOSIE.
Qui te jette, dis-moi, dans cette fantaisie?
Que te reviendra-t-il de m'enlever mon nom?
Et peux-tu faire enfin quand tu serois démon,
Que je ne sois pas moi, que je ne sois Sosie?
MERCURE, *levant le bâton sur Sosie.*
Comment tu peux?...
SOSIE.
Ah! tout doux :
Nous avons fait trêve aux coups.
MERCURE.
Quoi! pendard, imposteur, coquin!...
SOSIE.
Pour des injures,
Dis-m'en tant que tu voudras;
Ce sont légères blessures,
Et je ne m'en fâche pas.
MERCURE.
Tu te dis Sosie ?
SOSIE.
Oui quelque conte frivole....
MERCURE.
Sus, je romps notre trêve, et reprends ma parole.
SOSIE.
N'importe. Je ne puis m'anéantir pour toi,
Et souffrir un discours si loin de l'apparence.
Être ce que je suis est-il en ta puissance ?
Et puis-je cesser d'être moi?
S'avisa-t-on jamais d'une chose pareille?
Et peut-on démentir cent indices pressans?
Rêvé-je? Est-ce que je sommeille ?
Ai-je l'esprit troublé par des transports puissans?
Ne sens-je pas bien que je veille ?
Ne suis-je pas dans mon bon sens?
Mon maître Amphitryon ne m'a-t-il pas commis
A venir en ces lieux vers Alcmène sa femme?
Ne lui dois-je pas faire, en lui vantant sa flamme,
Un récit de ses faits contre nos ennemis?
Ne suis-je pas du port arrivé tout à l'heure?
Ne tiens-je pas une lanterne en main ?
Ne te trouvé-je pas devant notre demeure ?
Ne t'y parlé-je pas d'un esprit tout humain ?
Ne te tiens-tu pas fort de ma poltronnerie,
Pour m'empêcher d'entrer chez nous?
N'as-tu pas sur mon dos exercé ta furie?
Ne m'as-tu pas roué de coups?
Ah! tout cela n'est que trop véritable ;
Et, plût au ciel, le fût-il moins!
Cesse donc d'insulter au sort d'un misérable;
Et laisse à mon devoir s'acquitter de ses soins.
MERCURE.
Arrête, ou sur ton dos le moindre pas attire
Un assommant éclat de mon juste courroux.
Tout ce que tu viens de dire
Est à moi hormis les coups.

SOSIE.
Ce matin du vaisseau, plein de frayeur en l'âme,
Cette lanterne sait comme je suis parti.
Amphitryon, du camp, vers Alcmène sa femme
M'a-t-il pas envoyé ?
MERCURE.
Vous en avez menti.
C'est moi qu'Amphitryon députe vers Alcmène,
Et qui du port persique arrive de ce pas;
Moi, qui viens annoncer la valeur de son bras
Qui nous fait remporter une victoire pleine,
Et de nos ennemis a mis le chef à bas.
C'est moi qui suis Sosie enfin, de certitude,
Fils de Dave, honnête berger ;
Frère d'Arpage, mort en pays étranger;
Mari de Cléanthis la prude
Dont l'humeur me fait enrager;
Qui dans Thèbe ai reçu mille coups d'étrivière
Sans en avoir jamais dit rien;
Et jadis en public fut marqué par derrière,
Pour être trop homme de bien.
SOSIE, *bas à part.*
Il a raison. A moins d'être Sosie,
On ne peut pas savoir tout ce qu'il dit ;
Et, dans l'étonnement dont mon âme est saisie,
Je commence, à mon tour, à le croire un petit.
En effet, maintenant que je le considère,
Je vois qu'il a de moi, taille, mine, action.
Faisons-lui quelque question.
Afin d'éclaircir ce mystère.
(*Haut.*)
Parmi tout le butin fait sur nos ennemis,
Qu'est-ce qu'Amphytrion obtint pour son partage?
MERCURE.
Cinq fort gros diamans en nœud proprement mis,
Dont leur chef se paroit comme d'un rare ouvrage.
SOSIE.
A qui destine-t-il un si riche présent?
MERCURE.
A sa femme; et sur elle il le veut voir paroître.
SOSIE.
Mais où, pour l'apporter, est-il mis à présent ?
MERCURE.
Dans un coffret sçellé des armes de mon maître.
SOSIE, *à part.*
Il ne ment pas d'un mot à chaque repartie ;
Et de moi je commence à douter tout de bon.
Près de moi, par la force, il est déjà Sosie;
Il pourroit bien encor l'être par la raison.
Pourtant, quand je me tâte et que je me rappelle,
Il me semble que je suis moi.
Où puis-je rencontrer quelque clarté fidèle,
Pour démêler ce que je vois?
Ce que j'ai fait tout seul, et que n'a vu personne,
A moins d'être moi-même, on ne le peut savoir.
Par cette question il faut que je l'étonne;
C'est de quoi le confondre, et nous allons le voir.
(*Haut.*)
Lorsqu'on étoit aux mains, que fis-tu dans nos tentes,
Où tu courus seul te fourrer?

MERCURE.

D'un jambon....
SOSIE, *bas, à part*
L'y voilà !
MERCURE.
Que j'allai déterrer
Je coupai bravement deux tranches succulentes,
Dont je sus fort bien me bourrer.
Et joignant à cela d'un vin que l'on ménage,
Et dont, avant le goût les yeux se contentoient,
Je pris un peu de courage
Pour nos gens qui se battoient
SOSIE, *bas, à part.*
Cette preuve sans pareille
En sa faveur conclut bien.
Et l'on n'y peut dire rien,
S'il n'étoit dans la bouteille.
(*Haut.*)
Je ne saurois nier, aux preuves qu'on m'expose,
Que tu ne sois Sosie, et j'y donne ma voix.
Mais, si tu l'es, dis-moi qui tu veux que je sois?
Car encor faut-il bien que je sois quelque chose.
MERCURE.
Quand je ne serai plus Sosie,
Sois-le, j'en demeure d'accord :
Mais, tant que je le suis, je te garantis mort,
Si tu prends cette fantaisie.
SOSIE.
Tout cet embarras met mon esprit sur les dents,
Et la raison à ce qu'on voit s'oppose.
Mais il faut terminer enfin par quelque chose ;
Et le plus court pour moi, c'est d'entrer là dedans.
MERCURE.
Ah! tu prends donc, pendard, goût à la bastonnade?
SOSIE, *battu par Mercure.*
Ah! qu'est-ce ci, grands dieux? Il frappe un ton plus fort,
Et mon dos pour un mois en doit être malade.
Laissons ce diable d'homme, et retournons au port.
O juste ciel! j'ai fait une belle ambassade?
MERCURE, *seul.*
Enfin je l'ai fait fuir ; et, sous ce traitement,
De beaucoup d'actions il a reçu la peine.
Mais je vois Jupiter, que fort civilement
Reconduit l'amoureuse Alcmène.

SCÈNE III.

JUPITER, *sous la figure d'Amphitryon*, ALCMÈNE, CLEANTHIS, MERCURE.

JUPITER.

Défendez, chère Alcmène, aux flambeaux d'approcher.
Ils m'offrent des plaisirs en m'offrant votre vue ;
Mais ils pourroient ici découvrir ma venue,
Qu'il est est à propos de cacher.
Mon amour, que gênoient tous ces soins éclatans
Où me tenoit lié la gloire de nos armes,
Aux devoirs de ma charge a volé les instans

Qu'il vient de donner à vos charmes.
Ce vol qu'à vos beautés mon cœur a consacré,
Pourroit être blâmé dans la bouche publique ;
Et j'en veux pour témoin unique
Celle qui peut m'en savoir gré.
ALCMÈNE.
Je prends, Amphitryon, grande part à la gloire
Que répandent sur vous vos illustres exploits ;
Et l'éclat de votre victoire
Sait toucher de mon cœur les sensibles endroits :
Mais quand je vois que cet honneur fatal
Éloigne de moi ce que j'aime,
Je ne puis m'empêcher dans ma tendresse extrême,
De lui vouloir un peu de mal,
Et d'opposer mes vœux à cet ordre suprême
Qui des Thébains vous fait le général.
C'est une douce chose, après une victoire,
Que la gloire où l'on voit ce qu'on aime élevé ;
Mais, parmi les périls mêlés à cette gloire,
Un triste coup, hélas! est bientôt arrivé.
De combien de frayeurs a-t-on l'âme blessée,
Au moindre choc dont on entend parler!
Voit-on, dans les horreurs d'une telle pensée,
Par où jamais se consoler
Du coup dont on est menacée?
Et, de quelque laurier qu'on couronne un vainqueur,
Quelque part que l'on ait à cet honneur suprême,
Vaut-il ce qu'il en coûte aux tendresses d'un cœur
Qui peut, à tout moment, trembler pour ce qu'il aime?
JUPITER.
Je ne vois rien en vous dont mon feu ne s'augmente ;
Tout y marque à mes yeux un cœur bien enflammé ;
Et c'est, je vous l'avoue, une chose charmante
De trouver tant d'amour dans un objet aimé.
Mais, si je l'ose dire, un scrupule me gêne,
Aux tendres sentimens que vous me faites voir ;
Et, pour les bien goûter, mon amour, chère Alcmène,
Voudroit n'y voir entrer rien de votre devoir ;
Qu'à votre seule ardeur, qu'à ma seule personne,
Je dusse les faveurs que je reçois de vous,
Et que la qualité que j'ai de votre époux,
Ne fût point ce qui me les donne.
ALCMÈNE.
C'est de ce nom pourtant que l'ardeur qui me brûle
Tient le droit de paroître au jour ;
Et je ne comprends rien à ce nouveau scrupule
Dont s'embarrasse votre amour.
JUPITER.
Ah! ce que j'ai pour vous d'ardeur et de tendresse
Passe aussi celle d'un époux ;
Et vous ne savez pas, dans des momens si doux,
Quelle en est la délicatesse.
Vous ne concevez point qu'un cœur bien amoureux
Sur cent petits égards s'attache avec étude,
Et se fait une inquiétude
De la manière d'être heureux.
En moi belle et charmante Alcmène,
Vous voyez un mari, vous voyez un amant ;
Mais l'amant seul me touche, à parler franchement,
Et je sens, près de vous, que le mari le gêne.

Cet amant, de vos vœux jaloux au dernier point,
Souhaite qu'à lui seul votre cœur s'abandonne;
　　Et sa passion ne veut point
　　De ce que le mari lui donne.
Il veut de pure source obtenir vos ardeurs,
Et ne veut rien tenir des nœuds de l'hyménée,
Rien d'un fâcheux devoir qui fait agir les cœurs,
Et par qui, tous les jours, des plus chères faveurs
　　La douceur est empoisonnée.
Dans le scrupule enfin dont il est combattu,
Il veut, pour satisfaire à sa délicatesse,
Que vous le sépariez d'avec ce qui le blesse,
Que le mari ne soit que pour votre vertu,
Et que de votre cœur, de bonté revêtu,
L'amant ait tout l'amour et toute la tendresse.

ALCMÈNE.

Amphitryon, en vérité,
Vous vous moquez de tenir ce langage;
Et j'aurois peur qu'on ne vous crût pas sage
Si de quelqu'un vous étiez écouté.

JUPITER.

Ce discours est plus raisonnable,
Alcmène, que vous ne pensez.
Mais un plus long séjour me rendroit trop coupable,
Et du retour au port les momens sont pressés.
Adieu. De mon devoir l'étrange barbarie
　　Pour un temps m'arrache de vous;
Mais, belle Alcmène, au moins, quand vous verrez l'époux,
Songez à l'amant, je vous prie.

ALCMÈNE.

Je ne sépare point ce qu'unissent les dieux,
Et l'époux et l'amant me sont fort précieux.

SCENE IV.

CLÉANTHIS, MERCURE.

CLÉANTHIS, à part.

O ciel! que d'aimables caresses
D'un époux ardemment chéri!
Et que mon traître de mari
Est loin de toutes ces tendresses!

MERCURE, à part.

La Nuit, qu'il me faut avertir,
N'a plus qu'à plier tous ses voiles;
Et, pour effacer les étoiles,
Le Soleil de son lit peut maintenant sortir.

CLÉANTHIS, arrêtant Mercure.

Quoi! c'est ainsi que l'on me quitte!

MERCURE.

Et comment donc? Ne veux-tu pas
Que de mon devoir je m'acquitte,
Et que d'Amphitryon j'aille suivre les pas?

CLÉANTHIS.

Mais, avec cette brusquerie,

Traître! de moi te séparer!

MERCURE.

Le beau sujet de fâcherie!
Nous avons tant de temps ensemble à demeurer!

CLÉANTHIS.

Mais quoi! partir ainsi d'une façon brutale,
Sans me dire un seul mot de douceur pour régale!

MERCURE.

Diantre! où veux-tu que mon esprit
T'aille chercher des fariboles?
Quinze ans de mariage épuisent les paroles;
Et, depuis un long temps, nous nous sommes tout dit.

CLÉANTHIS.

Regarde, traître, Amphitryon;
Vois combien pour Alcmène il étale de flamme;
Et rougis, là-dessus, du peu de passion
　　Que tu témoignes pour ta femme.

MERCURE.

Hé! mon Dieu! Cléanthis, ils sont encore amans.
Il est certain âge où tout passe;
Et ce qui leur sied bien dans ces commencemens,
En nous, vieux mariés, auroit mauvaise grâce.
Il nous feroit beau voir, attachés face à face,
　　A pousser les beaux sentimens!

CLÉANTHIS.

Quoi! suis-je hors d'état, perfide, d'espérer
Qu'un cœur auprès de moi soupire?

MERCURE.

Non, je n'ai garde de le dire;
Mais je suis trop barbon pour oser soupirer,
Et je ferois crever de rire.

CLÉANTHIS.

Mérites-tu, pendard, cet insigne bonheur
De te voir pour épouse une femme d'honneur?

MERCURE.

Mon Dieu! Tu n'es que trop honnête;
Ce grand honneur ne me vaut rien.
Ne sois point si femme de bien,
Et me romps un peu moins la tête.

CLÉANTHIS.

Comment! de trop bien vivre on te voit me blâmer!

MERCURE.

La douceur d'une femme est tout ce qui me charme;
Et ta vertu fait un vacarme
Qui ne cesse de m'assommer.

CLÉANTHIS.

Il te faudroit des cœurs pleins de fausses tendresses,
De ces femmes aux beaux et louables talens,
Qui savent accabler leurs maris de caresses,
Pour leur faire avaler l'usage des galans.

MERCURE.

Ma foi, veux-tu que je te dise?
Un mal d'opinion ne touche que les sots;
Et je prendrois pour ma devise:
« Moins d'honneur, et plus de repos. »

CLÉANTHIS.

Ah! que dans cette occasion,

J'enrage d'être honnête femme !
CLÉANTHIS.
Comment! tu souffrirois, sans nulle répugnance
Que j'aimasse un galant avec toute licence ?
MERCURE.
Oui, si je n'étois plus de tes cris rebattu,
Et qu'on te vît changer d'humeur et de méthode.

J'aime mieux un vice commode
Qu'une fatigante vertu.
Adieu, Cléanthis, ma chère âme ;
Il me faut suivre Amphitryon.
CLÉANTHIS, seule.
Pourquoi, pour punir cet infâme,
Mon cœur n'a-t-il assez de résolution ?

ACTE DEUXIÈME.

SCÈNE I.

AMPHITRYON, SOSIE.

AMPHITRYON.
Viens çà, bourreau, viens çà. Sais-tu, maître fripon,
Qu'à te faire assommer ton discours peut suffire,
Et que, pour te traiter comme je le désire,
  Mon courroux n'attend qu'un bâton?
      SOSIE.
    Si vous le prenez sur ce ton,
    Monsieur, je n'ai plus rien à dire;
    Et vous aurez toujours raison.
      AMPHITRYON.
Quoi! tu veux me donner pour des vérités, traître!
Des contes que je vois d'extravagance outrés?
      SOSIE.
Non : je suis le valet, et vous êtes le maître;
Il n'en sera, monsieur, que ce que vous voudrez.
      AMPHITRYON.
Çà, je veux étouffer le courroux qui m'enflamme,
Et, tout du long, t'ouïr sur ta commission.
    Il faut, avant que voir ma femme,
    Que je débrouille ici cette confusion.
Rappelle tous tes sens, rentre bien dans ton âme,
Et réponds mot pour mot à chaque question.
      SOSIE.
    Mais, de peur d'incongruité,
    Dites-moi, de grâce, à l'avance,
De quel air il vous plaît que ceci soit traité?
Parlerai-je, monsieur, selon ma conscience,
Ou comme auprès des grands on le voit usité?
    Faut-il dire la vérité,
    Ou bien user de complaisance?

AMPHYTRION.
        Non; je ne te veux obliger
Qu'à me rendre de tout un compte fort sincère.
      SOSIE.
    Bon. C'est assez, laissez-moi faire,
    Vous n'avez qu'à m'interroger.
      AMPHITRYON.
Sur l'ordre que tantôt je t'avois su prescrire....
      SOSIE.
Je suis parti, les cieux d'un noir crêpe voilés,
Pestant fort contre vous dans ce fâcheux martyre,
Et maudissant vingt fois l'ordre dont vous parlez.
      AMPHITRYON.
Comment, coquin!
      SOSIE.
          Monsieur, vous n'avez rien qu'à dire;
    Je mentirai, si vous voulez.
      AMPHITRYON.
Voilà comme un valet montre pour nous du zèle!
Passons. Sur les chemins que t'est-il arrivé?
      SOSIE.
      D'avoir une frayeur mortelle
      Au moindre objet que j'ai trouvé.
      AMPHITRYON.
Poltron!
      SOSIE.
        En nous formant, nature a ses caprices,
Divers penchants en nous elle fait observer :
Les uns à s'exposer trouvent mille délices;
    Moi, j'en trouve à me conserver.
      AMPHITRYON.
Arrivant au logis?...
      SOSIE.
          J'ai, devant notre porte,

En moi-même voulu répéter un petit,
  Sur quel ton et de quelle sorte,
Je ferois du combat le glorieux récit.
    AMPHITRYON.
Ensuite?
    SOSIE.
  On m'est venu troubler et mettre en peine.
    AMPHITRYON.
Et qui?
    SOSIE.
  Sosie ; un moi, de vos ordres jaloux,
Que vous avez du port envoyé vers Alcmène,
Et qui de nos secrets a connoissance pleine,
  Comme le moi qui parle à vous.
    AMPHITRYON.
Quels contes !
    SOSIE.
  Non, monsieur, c'est la vérité pure.
Ce moi, plus tôt que moi, s'est au logis trouvé ;
  Et j'étois venu, je vous jure,
  Avant que je fusse arrivé.
    AMPHITRYON.
  D'où peut procéder, je te prie,
  Ce galimatias maudit?
  Est-ce songe? est-ce ivrognerie,
  Aliénation d'esprit,
  Ou méchante plaisanterie?
    SOSIE.
  Non, c'est la chose comme elle est,
  Et point du tout conte frivole.
Je suis homme d'honneur, j'en donne ma parole,
Et vous m'en croirez, s'il vous plaît.
Je vous dis que, croyant n'être qu'un seul Sosie,
  Je me suis trouvé deux chez nous ;
Et que de ces deux moi, piqués de jalousie,
L'un est à la maison, et l'autre est avec vous ;
Que le moi que voici, chargé de lassitude,
A trouvé l'autre moi frais, gaillard et dispos,
  Et n'ayant d'autre inquiétude
  Que de battre et casser des os.
    AMPHITRYON.
  Il faut être, je le confesse,
D'un esprit bien posé, bien tranquille, bien doux,
Pour souffrir qu'un valet de chansons me repaisse.
    SOSIE.
  Si vous vous mettez en courroux,
  Plus de conférence entre nous ;
  Vous savez que d'abord tout cesse.
    AMPHITRYON.
Non ; sans emportement je te veux écouter,
Je l'ai promis. Mais dis, en bonne conscience,
Au mystère nouveau que tu me viens conter
  Est-il quelque ombre d'apparence?
    SOSIE.
Non, vous avez raison, et la chose à chacun
  Hors de créance doit paroître.
  C'est un fait à n'y rien connoître,
Un conte extravagant, ridicule, importun :
  Cela choque le sens commun ;
  Mais cela ne laisse pas d'être.

    AMPHITRYON.
Le moyen d'en rien croire, à moins qu'être insensé.
    SOSIE.
Je ne l'ai pas cru, moi, sans une peine extrême.
Je me suis d'être deux senti l'esprit blessé,
Et longtemps d'imposteur j'ai traité ce moi-même.
Mais à me reconnoître enfin il m'a forcé ;
J'ai vu que c'étoit moi, sans aucun stratagème ;
Des pieds jusqu'à la tête il est comme moi fait,
Beau, l'air noble, bien pris, les manières charmantes ;
  Enfin deux gouttes de lait
  Ne sont pas plus ressemblantes ;
Et, n'étoit que ses mains sont un peu trop pesantes,
  J'en serois fort satisfait.
    AMPHITRYON.
A quelle patience il faut que je m'exhorte !
Mais enfin, n'es-tu pas entré dans la maison?
    SOSIE.
  Bon, entré ! Hé ! de quelle sorte?
Ai-je voulu jamais entendre de raison?
Et ne me suis-je pas interdit notre porte?
    AMPHITRYON.
Comment donc?
    SOSIE.
    Avec un bâton,
Dont mon dos sent encore une douleur très-forte.
    AMPHITRYON.
On t'a battu?
    SOSIE.
  Vraiment !
    AMPHITRYON.
  Et qui?
    SOSIE.
    Moi.
    AMPHITRYON.
    Toi, te battre?
    SOSIE.
Oui, moi ; non pas le moi d'ici,
Mais le moi du logis, qui frappe comme quatre.
    AMPHITRYON.
Te confonde le ciel de me parler ainsi !
    SOSIE.
  Ce ne sont point des badinages.
  Le moi que j'ai trouvé tantôt,
Sur le moi qui vous parle a de grands avantages ;
  Il a le bras fort, le cœur haut :
  J'en ai reçu des témoignages ;
Et ce diable de moi m'a rossé comme il faut,
  C'est un drôle qui fait des rages.
    AMPHITRYON.
Achevons. As-tu vu ma femme?
    SOSIE.
    Non.
    AMPHITRYON.
    Pourquoi?
    SOSIE.
  Par une raison assez forte.
    AMPHITRYON.
Qui t'a fait y manquer, maraud? Explique-toi.

SOSIE.
Faut-il le répéter vingt fois de même sorte?
Moi, vous dis-je, ce moi plus robuste que moi;
Ce moi qui s'est de force emparé de la porte;
　　Ce moi qui m'a fait filer doux;
　　Ce moi qui le seul moi veut être;
　　Ce moi de moi-même jaloux;
　　Ce moi vaillant, dont le courroux
　　Au moi poltron s'est fait connoître;
　　Enfin ce moi qui suis chez nous;
　　Ce moi qui s'est montré mon maître;
　　Ce moi qui m'a roué de coups.
AMPHITRYON.
Il faut que ce matin, à force de trop boire,
Il se soit troublé le cerveau.
SOSIE.
Je veux être pendu, si j'ai bu que de l'eau!
　　A mon serment on m'en peut croire.
AMPHITRYON.
Il faut donc qu'au sommeil tes sens se soient portés,
Et qu'un songe fâcheux, dans ses confus mystères,
　　T'ait fait voir toutes les chimères
　　Dont tu me fais des vérités.
SOSIE.
Tout aussi peu. Je n'ai point sommeillé,
　　Et n'en ai même aucune envie.
　　Je vous parle bien éveillé:
J'étois bien éveillé ce matin, sur ma vie;

Je veux être pendu, si j'ai bu que de l'eau! (Acte II, scène I.)

Et bien éveillé même étoit l'autre Sosie,
　　Quand il m'a si bien étrillé.
AMPHITRYON.
　　Suis-moi, je t'impose silence.
　　C'est trop me fatiguer l'esprit;
Et je suis un vrai fou d'avoir la patience
D'écouter d'un valet les sottises qu'il dit.
SOSIE, à part.
　　Tous les discours sont des sottises,
　　　Partant d'un homme sans éclat:
　　　Ce seroient paroles exquises
　　　Si c'étoit un grand qui parlât.
AMPHITRYON.
　　Entrons sans davantage attendre.
Mais Alcmène paroit avec tous ses appas,
En ce moment, sans doute, elle ne m'attend pas,
　　Et mon abord va la surprendre.

SCÈNE II.

ALCMÈNE, AMPHITRYON, CLEANTHIS,
SOSIE.

ALCMÈNE, *sans voir Amphitryon.*
Allons pour mon époux, Cléanthis, vers les dieux,
　　Nous acquitter de nos hommages,
Et les remercier des succès glorieux
Dont Thèbes, par son bras, goûte les avantages.
　　(*Apercevant Amphitryon*).
O dieux!
AMPHITRYON.
　　Fasse le ciel qu'Amphitryon vainqueur
　　Avec plaisir soit revu de sa femme;
　　Et que ce jour favorable à ma flamme,
Vous redonne à mes yeux avec le même cœur!

Que j'y retrouve autant d'ardeur
Que vous en rapporte mon âme!
ALCMÈNE.
Quoi! de retour sitôt?
AMPHITRYON.
Certes, c'est en ce jour
Me donner de vos feux un mauvais témoignage;
Et ce « Quoi! sitôt de retour? »
En ces occasions n'est guère le langage
D'un cœur bien enflammé d'amour.
J'osois me flatter en moi-même
Que loin de vous j'aurois trop demeuré.

L'attente d'un retour ardemment désiré
Donne à tous les instans une longueur extrême;
Et l'absence de ce qu'on aime,
Quelque peu qu'elle dure, a toujours trop duré.
ALCMÈNE.
Je ne vois....
AMPHITRYON.
Non, Alcmène, à son impatience
On mesure le temps en de pareils états;
Et vous comptez les momens de l'absence
En personne qui n'aime pas.
Lorsque l'on aime comme il faut,

Quoi! de retour sitôt? (Acte II, scène II.)

Le moindre éloignement nous tue,
Et ce dont on chérit la vue
Ne revient jamais assez tôt,
De votre accueil, je le confesse,
Se plaint ici mon amoureuse ardeur;
Et j'attendois de votre cœur
D'autres transports de joie et de tendresse.
ALCMÈNE.
J'ai peine à comprendre sur quoi
Vous fondez les discours que je vous entends faire;
Et, si vous vous plaignez de moi,
Je ne sais pas, de bonne foi,
Ce qu'il faut pour vous satisfaire.
Hier au soir, ce me semble, à votre heureux retour,

On me vit témoigner une joie assez tendre,
Et rendre aux soins de votre amour
Tout ce que de mon cœur vous aviez lieu d'attendre.
AMPHITRYON.
Comment?
ALCMÈNE.
Ne fis-je pas éclater à vos yeux
Les soudains mouvemens d'une entière allégresse?
Et le transport d'un cœur peut-il s'expliquer mieux,
Au retour d'un époux qu'on aime avec tendresse?
AMPHITRYON.
Que me dites-vous là?
ALCMÈNE.
Que même votre amour

Montra de mon accueil une joie incroyable ;
Et que, m'ayant quittée à la pointe du jour,
Je ne vois pas qu'à ce soudain retour
Ma surprise soit si coupable.
AMPHITRYON.
Est-ce que du retour que j'ai précipité,
Un songe, cette nuit, Alcmène, dans votre âme
A prévenu sur la vérité ;
Et que m'ayant peut-être en dormant bien traité,
Votre cœur se croit vers ma flamme
Assez amplement acquitté ?
ALCMÈNE.
Est-ce qu'une vapeur, par sa malignité,
Amphitryon, a dans votre âme
Du retour d'hier au soir brouillé la vérité ?
Et que, du doux accueil duquel je m'acquittai,
Votre cœur prétend à ma flamme
Ravir toute l'honnêteté ?
AMPHITRYON.
Cette vapeur, dont vous me régalez,
Est un peu, ce me semble, étrange.
ALCMÈNE.
C'est ce qu'on peut donner pour change
Au songe dont vous me parlez.
AMPHITRYON.
A moins d'un songe, on ne peut pas, sans doute,
Excuser ce qu'ici votre bouche me dit.
ALCMÈNE.
A moins d'une vapeur qui vous trouble l'esprit,
On ne peut pas sauver ce que de vous j'écoute.
AMPHITRYON.
Laissons un peu cette vapeur, Alcmène.
ALCMÈNE.
Laissons un peu ce songe, Amphitryon.
AMPHITRYON.
Sur le sujet dont il est question,
Il n'est guère de jeu que trop loin on ne mène.
ALCMÈNE.
Sans doute ; et, pour marque certaine,
Je commence à sentir un peu d'émotion.
AMPHITRYON.
Est-ce donc que par là vous voulez essayer
A réparer l'accueil dont je vous ai fait plainte ?
ALCMÈNE.
Est-ce donc que par cette feinte
Vous désirez vous égayer ?
AMPHITRYON.
Ah ! de grâce, cessons, Alcmène, je vous prie,
Et parlons sérieusement.
ALCMÈNE.
Amphitryon, c'est trop pousser l'amusement ;
Finissons cette raillerie.
AMPHITRYON.
Quoi ! vous osez me soutenir en face
Que plus tôt qu'à cette heure on m'ait ici pu voir ?
ALCMÈNE.
Quoi ! vous voulez nier avec audace
Que dès hier en ces lieux vous vîntes sur le soir ?
AMPHITRYON.
Moi ! je vins hier ?

ALCMÈNE.
Sans doute ; et, dès devant l'aurore,
Vous vous en êtes retourné.
AMPHITRYON, *à part.*
Ciel ! un pareil débat s'est-il pu voir encore ?
Et qui de tout ceci ne seroit étonné ?
Sosie.
SOSIE.
Elle a besoin de six grains d'ellébore ;
Monsieur, son esprit est tourné.
AMPHITRYON.
Alcmène, au nom de tous les dieux,
Ce discours a d'étranges suites !
Reprenez vos sens un peu mieux,
Et pensez à ce que vous dites.
ALCMÈNE.
J'y pense mûrement aussi ;
Et tous ceux du logis ont vu votre arrivée.
J'ignore quel motif vous fait agir ainsi.
Mais si la chose avait besoin d'être prouvée,
S'il étoit vrai qu'on pût ne s'en souvenir pas,
De qui puis-je tenir, que de vous, la nouvelle
Du dernier de tous vos combats,
Et les cinq diamans que portoit Ptérélas,
Qu'a fait dans la nuit éternelle
Tomber l'effort de votre bras ?
En pourroit-on vouloir un plus sûr témoignage ?
AMPHITRYON.
Quoi ! je vous ai déjà donné
Le nœud de diamans que j'eus pour mon partage,
Et que je vous ai destiné ?
ALCMÈNE.
Assurément. Il n'est pas difficile
De vous en bien convaincre.
AMPHITRYON.
Et comment ?
ALCMÈNE, *montrant le nœud de diamans à sa ceinture.*
Le voici.
AMPHITRYON.
Sosie ?
SOSIE, *tirant de sa poche un coffret.*
Elle se moque, et je le tiens ici ;
Monsieur, la feinte est inutile.
AMPHITRYON, *regardant le coffret.*
Le cachet est entier.
ALCMÈNE, *présentant à Amphitryon le nœud de diamans.*
Est-ce une vision ?
Tenez. Trouverez-vous cette preuve assez forte ?
AMPHITRYON.
Ah ! ciel ! ô juste ciel !
ALCMÈNE.
Allez, Amphitryon,
Vous vous moquez d'en user de la sorte ;
Et vous en devriez avoir confusion.
AMPHITRYON.
Romps vite ce cachet.
SOSIE, *ayant ouvert le coffret.*
Ma foi, la place est vide.
Il faut que, par magie, on ait su le tirer,

Ou bien que de lui-même il soit venu sans guide
Vers celle qu'il a su qu'on en vouloit parer.
   AMPHITRYON, *à part*.
O dieux, dont le pouvoir sur les choses préside,
Quelle est cette aventure, et qu'en puis-je augurer
  Dont mon amour ne s'intimide?
   SOSIE, *à Amphitryon*.
Si sa bouche dit vrai, nous avons même sort,
Et de même que moi, monsieur, vous êtes double.
   AMPHITRYON.
Tais-toi.
   ALCMÈNE.
  Sur quoi vous étonner si fort?
Et d'où peut naître ce grand trouble?
   AMPHITRYON, *à part*.
  O ciel! quel étrange embarras!
Je vois des incidens qui passent la nature:
  Et mon honneur redoute une aventure
  Que mon esprit ne comprend pas.
   ALCMÈNE.
Songez-vous, en tenant cette preuve sensible,
A me nier encor votre retour pressé?
   AMPHITRYON.
Non; mais, à ce retour, daignez, s'il est possible,
Me conter ce qui s'est passé.
   ALCMÈNE.
Puisque vous demandez un récit de la chose,
Vous voulez dire donc que ce n'étoit pas vous?
   AMPHITRYON.
  Pardonnez-moi; mais j'ai certaine cause
Qui me fait demander ce récit entre nous.
   ALCMÈNE.
Les soucis importans qui vous peuvent saisir
Vous ont-ils fait si vite en perdre la mémoire?
   AMPHITRYON.
Peut-être; mais enfin vous me ferez plaisir
  De m'en dire toute l'histoire.
   ALCMÈNE.
L'histoire n'est pas longue. A vous je m'avançai,
  Pleine d'une aimable surprise;
  Tendrement je vous embrassai,
Et témoignai ma joie à plus d'une reprise.
   AMPHITRYON, *à part*.
Ah! d'un si doux accueil je me serois passé.
   ALCMÈNE.
Vous me fîtes d'abord ce présent d'importance,
Que du butin conquis vous m'aviez destiné.
  Votre cœur avec véhémence
M'étala de ses feux toute la violence,
Et les soins importuns qui l'avoient enchaîné,
L'aise de me revoir, les tourmens de l'absence,
  Tout le souci que son impatience
  Pour le retour s'étoit donné,
Et jamais votre amour, en pareille occurrence,
Ne me parut si tendre et si passionné.
   AMPHITRYON, *à part*.
Peut-on plus vivement se voir assassiné!
   ALCMÈNE.
  Tous ces transports, toute cette tendresse,
Comme vous croyez bien, ne me déplaisoient pas;

   Et, s'il faut que je le confesse,
Mon cœur, Amphitryon, y trouvoit mille appas.
   AMPHITRYON.
Ensuite, s'il vous plaît?
   ALCMÈNE.
    Nous nous entrecoupâmes
De mille questions qui pouvoient nous toucher.
On servit. Tête à tête, ensemble nous soupâmes;
Et, le souper fini, nous nous fûmes coucher.
   AMPHITRYON.
Ensemble?
   ALCMÈNE.
  Assurément. Quelle est cette demande?
   AMPHITRYON, *à part*.
Ah! c'est ici le coup le plus cruel de tous,
Et dont à s'assurer trembloit mon feu jaloux.
   ALCMÈNE.
D'où vous vient, à ce mot, une rougeur si grande?
Ai-je fait quelque mal de coucher avec vous?
   AMPHITRYON.
Non, ce n'étoit pas moi, pour ma douleur sensible;
Et qui dit qu'hier ici mes pas se sont portés,
   Dit, de toutes les faussetés,
   La fausseté la plus horrible.
   ALCMÈNE.
Amphitryon!
   AMPHITRYON.
  Perfide!
   ALCMÈNE.
   Ah! quel emportement!
   AMPHITRYON.
Non, non, plus de douceur et plus de déférence:
Ce revers vient à bout de toute ma constance;
Et mon cœur ne respire, en ce fatal moment,
  Et que fureur et que vengeance.
   ALCMÈNE.
De qui donc vous venger? et quel manque de foi
Vous fait ici me traiter de coupable?
   AMPHITRYON.
Je ne sais pas, mais ce n'étoit pas moi:
Et c'est un désespoir qui de tout rend capable
   ALCMÈNE.
Allez, indigne époux, le fait parle de soi,
  Et l'imposture est effroyable.
C'est trop me pousser là-dessus,
Et d'infidélité me voir trop condamnée.
Si vous cherchez, dans ces transports confus,
Un prétexte à briser les nœuds d'un hyménée
  Qui me tient à vous enchaînée,
  Tous ces détours sont superflus;
  Et me voilà déterminée
A souffrir qu'en ce jour nos liens soient rompus.
   AMPHITRYON.
Après l'indigne affront que l'on me fait connoître,
C'est bien à quoi, sans doute, il faut vous préparer:
C'est le moins qu'on doit voir; et les choses peut-être
  Pourront n'en pas là demeurer.
Le déshonneur est sûr, mon malheur m'est visible,
Et mon amour en vain voudroit me l'obscurcir;

Mais le détail encor ne m'en est pas sensible,
Et mon juste courroux prétend s'en éclaircir.
Votre frère déjà peut hautement répondre
Que, jusqu'à ce matin, je ne l'ai point quitté :
Je m'en vais le chercher, afin de vous confondre
Sur ce retour qui m'est faussement imputé.
Après, nous percerons jusqu'au fond d'un mystère
Jusques à présent inouï :
Et, dans les mouvemens d'une juste colère,
Malheur à qui m'aura trahi !

Ma foi, la place est vide. (Acte II, scène II)

SOSIE.
Monsieur....

AMPHITRYON.
Ne m'accompagne pas,
Et demeure ici pour m'attendre.

CLÉANTHIS, à Alcmène.
Faut-il ?...

ALCMÈNE.
Je ne puis rien entendre.
Laisse-moi seule, et ne suis point mes pas.

SCÈNE III.

CLÉANTHIS, SOSIE.

CLÉANTHIS, *à part.*
Il faut que quelque chose ait brouillé sa cervelle;
Mais le frère, sur-le-champ,
Finira cette querelle.
SOSIE, *à part.*
C'est ici pour mon maître un coup assez touchant;
Et son aventure est cruelle.
Je crains fort, pour mon fait, quelque chose approchant;
Et je m'en veux, tout doux, éclaircir avec elle.
CLÉANTHIS, *à part.*
Voyez s'il me viendra seulement aborder!
Mais je veux m'empêcher de rien faire paroître.
SOSIE, *à part.*
La chose quelquefois est fâcheuse à connoître,
Et je tremble à la demander.
Ne vaudroit-il point mieux, pour ne rien hasarder,
Ignorer ce qu'il en peut être?
Allons, tout coup vaille, il faut voir,
Et je ne m'en saurois défendre.
La foiblesse humaine est d'avoir
Des curiosités d'apprendre
Ce qu'on ne voudroit pas savoir.
Dieu te gard', Cléanthis!
CLÉANTHIS.
Ah! ah! tu t'en avises,
Traître, de t'approcher de nous!
SOSIE.
Mon Dieu! qu'as-tu? Toujours on te voit en courroux,
Et sur rien tu te formalises!
CLÉANTHIS.
Qu'appelles-tu sur rien? Dis.

Mon Dieu! qu'as-tu? Toujours on te voit en courroux. (Acte II, scène III.)

SOSIE:
J'appelle sur rien,
Ce qui sur rien s'appelle en vers ainsi qu'en prose,
Et rien, comme tu le sais bien,
Veut dire rien, ou peu de chose.
CLÉANTHIS.
Je ne sais qui me tient, infâme,
Que je ne t'arrache les yeux,
Et ne t'apprenne où va le courroux d'une femme.
SOSIE.
Holà! D'où te vient donc ce transport furieux?
CLÉANTHIS.
Tu n'appelles donc rien le procédé, peut-être,
Q'avec moi ton cœur a tenu?
SOSIE.
Et quel?
CLÉANTHIS.
Quoi! tu fais l'ingénu?
Est-ce qu'à l'exemple du maître,
Tu veux dire qu'ici tu n'es pas revenu?
SOSIE.
Non, je sais fort bien le contraire,
Mais, je ne t'en fais pas le fin,
Nous avions bu de je ne sais quel vin,
Qui m'a fait oublier tout ce que j'ai pu faire.
CLÉANTHIS.
Tu crois peut-être excuser par ce trait....
SOSIE.
Non, tout de bon, tu peux m'en croire.
J'étois dans un état où je puis avoir fait
Des choses dont j'aurois regret,
Et dont je n'ai nulle mémoire.
CLÉANTHIS.
Tu ne te souviens point du tout de la manière
Dont tu m'as su traiter, étant venu du port?
SOSIE.
Non plus que rien. Tu peux m'en faire le rapport:
Je suis équitable et sincère,

Et me condamnerai moi-même, si j'ai tort.

CLÉANTHIS.
Comment ! Amphitryon m'ayant su disposer,
Jusqu'à ce que tu vins j'avois poussé ma veille ;
Mais je ne vis jamais une froideur pareille :
De ta femme il fallut moi-même t'aviser ;
Et, lorsque je fus te baiser,
Tu détournas le nez, et me donnas l'oreille.

SOSIE.
Bon !

CLÉANTHIS.
Comment, bon ?

SOSIE.
Mon Dieu, tu ne sais pas pourquoi,
Cléanthis, je tiens ce langage :
J'avois mangé de l'ail, et fis en homme sage,
De détourner un peu mon haleine de toi.

CLÉANTHIS.
Je te sus exprimer des tendresses de cœur ;
Mais à tous mes discours tu fus comme une souche,
Et jamais un mot de douceur
Ne te put sortir de la bouche.

SOSIE.
Courage !

CLÉANTHIS.
Enfin, ma flamme eut beau s'émanciper,
Sa chaste ardeur en toi ne trouva rien que glace ;
Et, dans un tel retour, je te vis la tromper
Jusqu'à faire refus de prendre au lit la place
Que les lois de l'hymen t'obligent d'occuper.

SOSIE.
Quoi ! je ne couchai point ?

CLÉANTHIS.
Non lâche.

SOSIE.
Est-il possible !

CLÉANTHIS.
Traître ! il n'est que trop assuré.
C'est de tous les affronts, l'affront le plus sensible ;
Et, loin que ce matin ton cœur l'ait réparé,
Tu t'es d'avec moi séparé
Par des discours chargés d'un mépris tout visible.

SOSIE.
Vivat ! Sosie !

CLÉANTHIS.
Hé quoi ! ma plainte a cet effet !
Tu ris après ce bel ouvrage !

SOSIE.
Que je suis de moi satisfait !

CLÉANTHIS.
Exprime-t-on ainsi le regret d'un outrage ?

SOSIE.
Je n'aurois jamais cru que j'eusse été si sage.

CLÉANTHIS.
Loin de te condamner d'un si perfide trait,
Tu m'en fais éclater la joie en ton visage !

SOSIE.
Mon Dieu ! tout doucement ! Si je parois joyeux,
Crois que j'en ai dans l'âme une raison très-forte ;
Et que, sans y penser, je ne fis jamais mieux
Que d'en user tantôt avec toi de la sorte.

CLÉANTHIS.
Traître ! te moques-tu de moi ?

SOSIE.
Non, je te parle avec franchise,
En l'état où j'étois, j'avois certain effroi,
Dont, avec ton discours, mon âme s'est remise.
Je m'appréhendois fort, et craignois qu'avec toi
Je n'eusse fait quelque sottise.

CLÉANTHIS.
Quelle est cette frayeur ? et sachons donc pourquoi

SOSIE.
Les médecins disent quand on est ivre,
Que de sa femme on se doit abstenir ;
Et que, dans cet état, il ne peut provenir.
Que des enfants pesans et qui ne sauroient vivre.
Vois, si mon cœur n'eût su de froideur se munir,
Quels inconvéniens auroient pu s'en ensuivre !

CLÉANTHIS.
Je me moque des médecins
Avec leurs raisonnemens fades :
Qu'ils règlent ceux qui sont malades,
Sans vouloir gouverner les gens qui sont bien sains.
Ils se mêlent de trop d'affaires ;
De prétendre tenir nos chastes feux gênés ;
Et sur les jours caniculaires
Ils nous donnent encore, avec leurs lois sévères,
De cent sots contes par le nez.

SOSIE.
Tout doux.

CLÉANTHIS.
Non, je soutiens que cela conclut mal ;
Ces raisons sont raisons d'extravagantes têtes.
Il n'est ni vin, ni temps, qui puisse être fatal
A remplir le devoir de l'amour conjugal ;
Et les médecins sont des bêtes.

SOSIE.
Contre eux, je t'en supplie, apaise ton courroux ;
Ce sont d'honnêtes gens, quoi que le monde en dise.

CLÉANTHIS.
Tu n'es pas où tu crois ; en vain tu files doux :
Ton excuse n'est point une excuse de mise ;
Et je me veux venger tôt ou tard, entre nous,
De l'air dont chaque jour je vois qu'on me méprise.
Des discours de tantôt je garde tous les coups,
Et tâcherai d'user, lâche et perfide époux,
De cette liberté que ton cœur m'a permise.

SOSIE.
Quoi ?

CLÉANTHIS.
Tu m'as dit tantôt que tu consentois fort,
Lâche, que j'en aimasse un autre.

SOSIE.
Ah ! pour cet article, j'ai tort.
Je m'en dédis, il y a trop du nôtre.
Garde-toi bien de suivre ce transport.

CLÉANTHIS.
Si je puis une fois pourtant
Sur mon esprit gagner la chose....

SOSIE.
Fais à ce discours quelque pause.
Amphitryon revient, qui me paroît content.

SCÈNE IV.

JUPITER, CLÉANTHIS, SOSIE.

JUPITER, *à part.*
Je viens prendre le temps de rapaiser Alcmène,
De bannir les chagrins que son cœur veut garder,
Et donner à mes feux, dans ce soin qui m'amène,
Le doux plaisir de se raccommoder.
(*A Cléanthis.*)
Alcmène est là-haut, n'est-ce pas?
CLÉANTHIS.
Oui, pleine d'une inquiétude
Qui cherche de la solitude,
Et qui m'a défendu d'accompagner ses pas.
JUPITER.
Quelque défense qu'elle ait faite,
Elle ne sera pas pour moi.

SCÈNE V.

CLÉANTHIS, SOSIE.

CLÉANTHIS.
Son chagrin, à ce que je vois,
A fait une prompte retraite.
SOSIE.
Que dis-tu, Cléanthis, de ce joyeux maintien,
Après son fracas effroyable?
CLÉANTHIS.
Que si toutes nous faisions bien,
Nous donnerions tous les hommes au diable,
Et que le meilleur n'en vaut rien.
SOSIE.
Cela se dit dans le courroux :
Mais aux hommes par trop vous êtes accrochées;
Et vous seriez, ma foi, toutes bien empêchées,
Si le diable les prenoit tous.
CLÉANTHIS.
Vraiment....
SOSIE.
Les voici. Taisons-nous.

SCÈNE VI.

JUPITER, ALCMÈNE, CLÉANTHIS, SOSIE.

JUPITER.
Voulez-vous me désespérer?
Hélas! arrêtez, belle Alcmène.

ALCMÈNE.
Non, avec l'auteur de ma peine
Je ne puis du tout demeurer.
JUPITER.
De grâce!...
ALCMÈNE.
Laissez-moi.
JUPITER.
Quoi!...
ALCMÈNE.
Laissez-moi, vous dis-je.
JUPITER, *bas, à part.*
Ses pleurs touchent mon âme, et sa douleur m'afflige.
(*Haut.*)
Souffrez que mon cœur....
ALCMÈNE.
Non, ne suivez point mes pas.
JUPITER.
Où voulez-vous aller?
ALCMÈNE.
Où vous ne serez pas.
JUPITER.
Ce vous est une attente vaine.
Je tiens à vos beautés par un nœud trop serré
Pour pouvoir un moment en être séparé.
Je vous suivrai partout, Alcmène.
ALCMÈNE.
Et moi, partout je vous fuirai.
JUPITER.
Je suis donc bien épouvantable!
ALCMÈNE.
Plus qu'on ne peut dire, à mes yeux.
Oui, je vous vois comme un monstre effroyable,
Un monstre cruel, furieux,
Et dont l'approche est redoutable;
Comme un monstre à fuir en tous lieux.
Mon cœur souffre, à vous voir, une peine incroyable :
C'est un supplice qui m'accable;
Et je ne vois rien sous les cieux
D'affreux, d'horrible, d'odieux,
Qui ne me fût plus que vous supportable.
JUPITER.
En voilà bien, hélas! que votre bouche dit.
ALCMÈNE.
J'en ai dans le cœur davantage;
Et, pour s'exprimer tout, ce cœur a du dépit
De ne point trouver de langage.
JUPITER.
Hé! que vous a donc fait ma flamme,
Pour me pouvoir, Alcmène, en monstre regarder?
ALCMÈNE.
Ah! juste ciel! cela peut-il se demander?
Et n'est-ce pas pour mettre à bout mon âme?
JUPITER.
Ah! d'un esprit plus adouci....
ALCMÈNE.
Non, je ne veux du tout vous voir, ni vous entendre.
JUPITER.
Avez-vous bien le cœur de me traiter ainsi?
Est-ce là cet amour si tendre

Qui devoit tant durer quand je vins hier ici?
ALCMÈNE.
Non, non, ce ne l'est pas, et vos lâches injures
  En ont autrement ordonné.
Il n'est plus, cet amour tendre et passionné;
Vous l'avez dans mon cœur, par cent vives blessures,
    Cruellement assassiné :
    C'est en sa place un courroux inflexible,
Un vif ressentiment, un dépit invincible,
Un désespoir d'un cœur justement animé,
Qui prétend vous haïr, pour cet affront sensible,
Autant qu'il est d'accord de vous avoir aimé;
    Et c'est haïr autant qu'il est possible.
JUPITER.
Hélas! que votre amour n'avoit guère de force,

Si de si peu de chose on le peut voir mourir!
Ce qui n'étoit que jeu doit-il faire un divorce?
Et d'une raillerie a-t-on lieu de s'aigrir?
ALCMÈNE.
    Ah! c'est cela dont je suis offensée,
    Et que ne peut pardonner mon courroux :
Des véritables traits d'un mouvement jaloux
    Je me trouverois moins blessée.
    La jalousie a des impressions
    Dont bien souvent la force nous entraîne,
Et l'âme la plus sage, en ces occasions,
    Sans doute avec assez de peine
    Répond de ses émotions.
L'emportement d'un cœur qui peut s'être abusé
A de quoi ramener une âme qu'il offense;

Que dis-tu, Cléanthis, de ce joyeux maintien? (Acte II, scène V.)

    Et, dans l'amour qui lui donne naissance,
Il trouve au moins, malgré toute sa violence,
    Des raisons pour être excusé.
De semblables transports contre un ressentiment
Pour défense toujours ont ce qui les fait naître;
    Et l'on donne grâce aisément
    A ce dont on n'est pas le maître;
    Mais que, de gayeté de cœur,
On passe aux mouvemens d'une fureur extrême,
Que, sans cause, l'on vienne, avec tant de rigueur,
    Blesser la tendresse et l'honneur
    D'un cœur qui chèrement nous aime,
Ah! c'est un coup trop cruel en lui-même,
Et que jamais n'oubliera ma douleur.
JUPITER.
Oui, vous avez raison, Alcmène, il se faut rendre.

Cette action, sans doute, est un crime odieux;
    Je ne prétends plus le défendre :
Mais souffrez que mon cœur s'en défende à vos yeux,
    Et donne au vôtre à qui se prendre
    De ce transport injurieux.
    A vous en faire un aveu véritable,
    L'époux, Alcmène, a commis tout le mal;
C'est l'époux qu'il vous faut regarder en coupable :
L'amant n'a point de part à ce transport brutal,
Et de vous offenser son cœur n'est point capable.
Il a de vous, ce cœur, pour jamais y penser,
    Trop de respect et de tendresse ;
Et, si de faire rien à vous pouvoir blesser
    Il avoit eu la coupable foiblesse,
De cent coups à vos yeux il voudroit le percer.
Mais l'époux est sorti de ce respect soumis

Où pour vous on doit toujours être ;
A son dur procédé l'époux s'est fait connoître,
Et par le droit d'hymen il s'est cru tout permis.
Oui, c'est lui qui sans doute est criminel vers vous,
Lui seul a maltraité votre aimable personne.
　　Haïssez, détestez l'époux,
　　J'y consens, et vous l'abandonne :
Mais, Alcmène, sauvez l'amant de ce courroux
　　Qu'une telle offense vous donne ;
　　N'en jetez pas sur lui l'effet,
　　Démêlez-le un peu du coupable ;
　　Et, pour être enfin équitable,

Ne le punissez point de ce qu'il n'a pas fait.
ALCMÈNE.
　　Ah ! toutes ces subtilités
　　N'ont que des excuses frivoles ;
　　Et, pour les esprits irrités,
Ce sont des contre-temps que de telles paroles,
Ce détour ridicule est en vain pris par vous.
Je ne distingue rien en celui qui m'offense,
　　Tout y devient l'objet de mon courroux ;
　　Et, dans sa juste violence,
　　Sont confondus et l'amant et l'époux.
Tous deux de même sorte occupent ma pensée :

Et moi je ne puis vivre.... (Acte II, scène VI.)

Et des mêmes couleurs, par mon âme blessée,
　　Tous deux ils sont peints à mes yeux :
Tous deux sont criminels, tous deux m'ont offensée,
　　Et tous deux me sont odieux.
JUPITER.
　　Hé bien ! puisque vous le voulez,
　　Il faut donc me charger du crime.
Oui, vous avez raison lorsque vous m'immolez
A vos ressentimens, en coupable victime.
Un trop juste dépit contre moi vous anime ;
Et tout ce grand courroux qu'ici vous étalez
Ne me fait endurer qu'un tourment légitime.
　　C'est avec droit que mon abord vous chasse,

　　Et que de me fuir en tous lieux
　　Votre colère me menace.
Je dois vous être un objet odieux.
Vous devez me vouloir un mal prodigieux.
Il n'est aucune horreur que mon forfait ne passe,
　　D'avoir offensé vos beaux yeux.
C'est un crime à blesser les hommes et les dieux ;
Et je mérite enfin, pour punir cette audace,
　　Que contre moi votre haine ramasse
　　Tous ses traits les plus furieux.
　　Mais mon cœur vous demande grâce ;
Pour vous la demander je me jette à genoux.
Et la demande au nom de la plus vive flamme,

Du plus tendre amour dont une âme
Puisse jamais brûler pour vous.
Si votre cœur, charmante Alcmène,
Me refuse la grâce où j'ose recourir,
Il faut qu'une atteinte soudaine
M'arrache en me faisant mourir,
Aux dures rigueurs d'une peine
Que je ne saurois plus souffrir.
Oui cet état me désespère.
Alcmène, ne présumez pas
Qu'aimant, comme je fais, vos célestes appas,
Je puisse vivre un jour avec votre colère.
Déjà de ces momens la barbare longueur
Fait, sous des atteintes mortelles,
Succomber tout mon triste cœur ;
Et de mille vautours les blessures cruelles
N'ont rien de comparable à ma vive douleur.
Alcmène, vous n'avez qu'à me le déclarer :
S'il n'est point de pardon que je doive espérer,
Cette épée aussitôt, par un coup favorable,
Va percer à vos yeux le cœur d'un misérable,
Ce cœur, ce traître cœur trop digne d'expirer,
Puisqu'il a pu fâcher un objet adorable :
Heureux, en descendant au ténébreux séjour,
Si de votre courroux mon trépas vous ramène,
Et ne laisse en votre âme, après ce triste jour,
Aucune impression de haine,
Au souvenir de mon amour.
C'est tout ce que j'attends pour faveur souveraine.

ALCMÈNE.
Ah ! trop cruel époux !

JUPITER.
Dites, parlez, Alcmène.

ALCMÈNE.
Faut-il encor pour vous conserver des bontés,
Et vous voir m'outrager par tant d'indignités ?

JUPITER.
Quelque ressentiment qu'un outrage nous cause,
Tient-il contre un remords d'un cœur bien enflammé ?

ALCMÈNE.
Un cœur bien plein de flamme à mille morts s'expose,
Plutôt que de vouloir fâcher l'objet aimé.

JUPITER.
Plus on aime quelqu'un, moins on trouve de peine....

ALCMÈNE.
Non, ne m'en parlez point ; vous méritez ma haine.

JUPITER.
Vous me haïssez donc ?

ALCMÈNE.
J'y fais tout mon effort,
Et j'ai dépit de voir que toute votre offense
Ne puisse de mon cœur, jusqu'à cette vengeance,
Faire encore aller le transport.

JUPITER.
Mais pourquoi cette violence,
Puisque, pour vous venger, je vous offre ma mort ?
Prononcez-en l'arrêt, et j'obéis sur l'heure.

ALCMÈNE.
Qui ne sauroit haïr peut-il vouloir qu'on meure ?

JUPITER.
Et moi, je ne puis vivre, à moins que vous quittiez
Cette colère qui m'accable,
Et que vous m'accordiez le pardon favorable
Que je vous demande à vos pieds.
(*Sosie et Cléanthis se mettent aussi à genoux.*)
Résolvez ici l'un des deux,
Ou de punir, ou bien d'absoudre.

ALCMÈNE.
Hélas ! ce que je puis résoudre
Paroît bien plus que je ne veux.
Pour vouloir soutenir le courroux qu'on me donne
Mon cœur a trop su me trahir :
Dire qu'on ne sauroit haïr,
N'est-ce pas dire qu'on pardonne ?

JUPITER.
Ah ! belle Alcmène, il faut que, comblé d'allégresse....

ALCMÈNE.
Laissez. Je me veux mal de mon trop de foiblesse.

JUPITER.
Va, Sosie, et dépêche-toi,
Voir, dans les doux transports dont mon âme est charmée
Ce que tu trouveras d'officiers de l'armée,
Et les invite à dîner avec moi.
(*Bas, à part.*)
Tandis que d'ici je le chasse,
Mercure y remplira sa place.

SCÈNE VII.

CLÉANTHIS, SOSIE.

SOSIE.
Hé bien ! tu vois, Cléanthis, ce ménage :
Veux-tu qu'à leur exemple ici
Nous fassions entre nous un peu de paix aussi,
Quelque petit rapatriage ?

CLÉANTHIS.
C'est pour ton nez, vraiment ! cela se fait ainsi !

SOSIE.
Quoi ! tu ne veux pas ?

CLÉANTHIS.
Non.

SOSIE.
Il ne m'importe guère.
Tant pis pour toi.

CLÉANTHIS.
Là, là revien.

SOSIE.
Non, morbleu ! je n'en ferai rien,
Et je veux être, à mon tour, en colère.

CLÉANTHIS.
Va, va, traître, laisse-moi faire ;
On se lasse parfois d'être femme de bien.

FIN DU DEUXIÈME ACTE.

ACTE TROISIÈME.

SCÈNE I.

AMPHITRYON, *seul.*

Oui, sans doute, le sort tout exprès me le cache ;
Et des tours que je fais, à la fin je suis las.
Il n'est point de destin plus cruel que je sache.
Je ne saurois trouver, portant partout mes pas,
   Celui qu'à chercher je m'attache,
Et je trouve tous ceux que je ne cherche pas.
Mille fâcheux cruels, qui ne pensent pas l'être,
De nos faits avec moi, sans beaucoup me connoître
Viennent se réjouir pour me faire enrager.
Dans l'embarras cruel du souci qui me blesse,
De leurs embrassements et de leur allégresse
Sur mon inquiétude ils viennent tous charger.
   En vain à passer je m'appprête
   Pour fuir leurs persécutions,
Leur tuante amitié de tous côtés m'arrête ;
Et, tandis qu'à l'ardeur de leurs expressions
   Je réponds d'un geste de tête,
Je leur donne tout bas cent malédictions.
Ah ! qu'on est peu flatté de louange, d'honneur,
Et de tout ce que donne une grande victoire
Lorsque dans l'âme on souffre une vive douleur !
Et que l'on donneroit volontiers cette gloire
   Pour avoir le repos du cœur !
   Ma jalousie, à tout propos,
   Me promène sur ma disgrâce ;
   Et plus mon esprit y repasse,
Moins j'en puis débrouiller le funeste chaos.
Le vol des diamans n'est pas ce qui m'étonne.
On lève les cachets qu'on ne l'aperçoit pas ;
Mais le don qu'on veut qu'hier j'en vins faire en per-
Est ce qui fait ici mon cruel embarras. [sonne

La nature parfois produit des ressemblances
Dont quelques imposteurs ont pris droit d'abuser ;
Mais il est hors de sens que, sous ces apparences,
Un homme pour époux se puisse supposer,
Et dans tous ces rapports sont mille différences
Dont se peut une femme aisément aviser.
   Des charmes de la Thessalie
On vante de tout temps les merveilleux effets :
Mais les contes fameux qui partout en sont faits
Dans mon esprit toujours ont passé pour folie ;
Et ce seroit du sort une étrange rigueur,
   Qu'au sortir d'une ample victoire,
   Je fusse contraint de les croire
   Aux dépens de mon propre honneur.
Je veux la retâter sur ce fâcheux mystère,
Et voir si ce n'est point une vaine chimère
Qui sur ses sens troublés ait su prendre crédit.
   Ah ! fasse le ciel équitable
   Que ce penser soit véritable,
Et que, pour mon bonheur, elle ait perdu l'esprit.

SCÈNE II.

MERCURE, AMPHITRYON.

MERCURE, *sur le balcon de la maison d'Amphitryon,*
sans être vu ni entendu d'Amphitryon.

Comme l'amour ici ne m'offre aucun plaisir,
Je m'en veux faire au moins qui soient d'autre nature,
Et je vais égayer mon sérieux loisir
A mettre Amphitryon hors de toute mesure.
Cela n'est pas d'un dieu bien plein de charité :
Mais aussi n'est-ce pas ce dont je m'inquiète ;
   Et je me sens par ma planète,

A la malice un peu porté.
####### AMPHITRYON.
D'où vient donc qu'à cette heure on ferme cette porte ?
####### MERCURE.
Holà ! tout doucement. Qui frappe ?
####### AMPHITRYON, *sans voir Mercure.*
Moi.
####### MERCURE.
Qui, moi ?
####### AMPHITRYON, *apercevant Mercure qu'il prend pour Sosie.*
Ah ! ouvre.
####### MERCURE.
Comment, ouvre ! Et qui donc es-tu, toi
Qui fais tant de vacarme et parles de la sorte ?
####### AMPHITRYON.
Quoi ! tu ne me connois pas ?
####### MERCURE.
Non,
Et n'en ai pas la moindre envie.
####### AMPHITRYON, *à part.*
Tout le monde perd-il aujourd'hui la raison ?
Est-ce un mal répandu ? Sosie ! holà, Sosie !
####### MERCURE.
Hé bien Sosie ! oui, c'est mon nom ;
As-tu peur que je ne l'oublie !
####### AMPHITRYON.
Me vois-tu bien ?
####### MERCURE.
Fort bien. Qui peut pousser ton bras
A faire une rumeur si grande ?
Et que demandes-tu là-bas ?
####### AMPHITRYON.
Moi, pendard ! ce que je demande ?
####### MERCURE.
Que ne demandes-tu donc pas ?
Parle, si tu veux qu'on entende.
####### AMPHITRYON.
Attends, traître : avec un bâton
Je vais là-haut me faire entendre,
Et de bonne façon t'apprendre
A m'oser parler sur ce ton.
####### MERCURE.
Tout beau ! si pour heurter tu fais la moindre instance,
Je t'enverrai d'ici des messagers fâcheux.
####### AMPHITRYON.
O ciel ! vit-on jamais une telle insolence ?
La peut-on concevoir d'un serviteur, d'un gueux ?
####### MERCURE.
Hé bien ! qu'est-ce ? M'as-tu tout parcouru par ordre ?
M'as-tu de tes gros yeux assez considéré ?
Comme il les écarquille, et paroît effaré !
Si des regards on pouvoit mordre,
Il m'auroit déjà déchiré.
####### AMPHITRYON.
Moi-même je frémis de ce que tu t'apprêtes
Avec ces impudens propos.
Que tu grossis pour toi d'effroyables tempêtes !
Quels orages de coups vont fondre sur ton dos !
####### MERCURE.
L'ami, si de ces lieux tu ne veux disparoître

Tu pourras y gagner quelque contusion.
####### AMPHITRYON.
Ah ! tu sauras, maraud, à ta confusion,
Ce que c'est qu'un valet qui s'attaque à son maître.
####### MERCURE.
Toi, mon maître ?
####### AMPHITRYON.
Oui, coquin. M'oses-tu méconnoître
####### MERCURE.
Je n'en reconnois point d'autre qu'Amphitryon.
####### AMPHITRYON.
Et cet Amphitryon, qui, hors moi, le peut être ?
####### MERCURE.
Amphitryon ?
####### AMPHITRYON.
Sans doute.
####### MERCURE.
Ah ! quelle vision !
Dis-nous un peu, quel est le cabaret honnête
Où tu t'es coiffé le cerveau ?
####### AMPHITRYON.
Comment ! encore !
####### MERCURE.
Étoit-ce un vin à faire fête ?
####### AMPHITRYON.
Ciel !
####### MERCURE.
Étoit-il vieux ou nouveau ?
####### AMPHITRYON.
Que de coups !
####### MERCURE.
Le nouveau donne fort dans la tête,
Quand on le veut boire sans eau.
####### AMPHITRYON.
Ah ! je t'arracherai cette langue, sans doute.
####### MERCURE.
Passe, mon cher ami, crois-moi ;
Que quelqu'un ici ne t'écoute.
Je respecte le vin. Va-t'en, retire-toi,
Et laisse Amphitryon dans les plaisirs qu'il goûte.
####### AMPHITRYON.
Comment ! Amphitryon est là dedans ?
####### MERCURE.
Fort bien ;
Qui couvert des lauriers d'une victoire pleine ;
Est auprès de la belle Alcmène
A jouir des douceurs d'un aimable entretien.
Après le démêlé d'un amoureux caprice,
Ils goûtent le plaisir de s'être rajustés.
Garde-toi de troubler leurs douces privautés,
Si tu ne veux qu'il ne punisse
L'excès de tes témérités.

SCÈNE III.

AMPHITRYON, *seul.*

Ah ! quel étrange coup m'a-t-il porté dans l'âme !
En quel trouble cruel jette-t-il mon esprit !
Et, si les choses sont comme le traître dit,
Où vois-je ici réduits mon honneur et ma flamme !

A quel parti me doit résoudre ma raison?
　Ai-je l'éclat ou le secret à prendre?
Et dois-je, en mon courroux, renfermer ou répandre
　Le déshonneur de ma maison!

Ah! faut-il consulter dans un affront si rude?
Je n'ai rien à prétendre, et rien à ménager;
　Et toute mon inquiétude
　Ne doit aller qu'à me venger.

Je respecte le vin. Va-t-en, retire-toi. (Acte III, scène II.)

SCÈNE IV.

**AMPHITRYON, SOSIE, NAUCRATES
ET POLIDAS,** *dans le fond du théâtre.*

SOSIE, *à Amphitryon.*
Monsieur, avec mes soins, tout ce que j'ai pu faire,

C'est de vous amener ces messieurs que voici.
　　　　　　　AMPHITRYON.
Ah! vous voilà!
　　　　　　　SOSIE.
　　　Monsieur!
　　　　　　　AMPHITRYON.
　　　　　　Insolent, téméraire!

SOSIE.

Quoi?

AMPHITRYON.

Je vous apprendrai de me traiter ainsi.

SOSIE.

Qu'est-ce donc? qu'avez-vous?

AMPHITRYON, *mettant l'épée à la main.*

Ce que j'ai, misérable !

SOSIE, *à Naucratès et à Polidas.*

Holà! messieurs! venez donc tôt.

NAUCRATÈS, *à Amphitryon.*

Ah! de grâce, arrêtez.

SOSIE

De quoi suis-je coupable?

AMPHITRYON.

Tu me le demandes, maraud !

(*A Naucratès.*)

Laissez-moi satisfaire un courroux légitime.

SOSIE.

Lorsque l'on pend quelqu'un, on lui dit pourquoi c'est.

NAUCRATÈS, *à Amphitryon.*

Daignez nous dire au moins quel peut être son crime.

SOSIE.

Messieurs, tenez bon, s'il vous plaît,

AMPHITRYON.

Comment! il vient d'avoir l'audace
De me fermer la porte au nez,
Et de joindre encor la menace
A mille propos effrénés!

(*Voulant le frapper.*)

Ah! coquin!

SOSIE, *tombant à genoux.*

Je suis mort.

NAUCRATÈS, *à Amphitryon.*

Calmez cette colère.

SOSIE.

Messieurs.

POLIDAS, *à Sosie.*

Qu'est-ce?

(Ah! de grâce, arrêtez. (Acte III, scène IV.)

SOSIE.

M'a-t-il frappé ?

AMPHITRYON.

Non, il faut qu'il ait le salaire
Des mots où tout à l'heure il s'est émancipé.

SOSIE.

Comment cela se peut-il faire,
Si j'étois par votre ordre autre part occupé?
Ces messieurs sont ici pour rendre témoignage
Qu'à dîner avec vous je les viens d'inviter.

NAUCRATÈS.

Il est vrai qu'il nous vient de faire ce message,
Et n'a point voulu nous quitter.

AMPHITRYON.

Qui t'a donné cet ordre?

SOSIE.

Vous.

AMPHITRYON.

Et quand?

SOSIE.

Après votre paix faite,

Au milieu des transports d'une âme satisfaite
D'avoir d'Alcmène apaisé le courroux.

(*Sosie se relève.*)

AMPHITRYON.

O ciel! chaque instant, chaque pas
Ajoute quelque chose à mon cruel martyre;
Et, dans ce fatal embarras,
Je ne sais plus que croire ni que dire.

NAUCRATÈS.

Tout ce que de chez vous il vient de nous conter,
Surpasse si fort la nature,
Qu'avant que de rien faire et de vous emporter,
Vous devez éclaircir toute cette aventure.

AMPHITRYON.

Allons; vous y pourrez seconder mon effort;
Et le ciel à propos ici vous a fait rendre.
Voyons quelle fortune en ce jour peut m'attendre;
Débrouillons ce mystère, et sachons notre sort.
Hélas! je brûle de l'apprendre,
Et je le crains plus que la mort.

(*Amphitryon frappe à la porte de sa maison.*)

SCÈNE V.

JUPITER, AMPHITRYON, NAUCRATÈS, POLIDAS, SOSIE.

JUPITER.
Quel bruit à descendre m'oblige?
Et qui frappe en maître où je suis?
AMPHITRYON.
Que vois-je? justes dieux !
NAUCRATÈS.
Ciel ! quel est ce prodige?
Quoi ! deux Amphitryons ici nous sont produits!
AMPHITRYON, *à part.*
Mon âme demeure transie!
Hélas! je n'en puis plus, l'aventure est à bout;
Ma destinée est éclaircie,
Et ce que je vois me dit tout.
NAUCRATÈS.
Plus mes regards sur eux s'attachent fortement,
Plus je trouve qu'en tout l'un à l'autre est semblable.
SOSIE, *passant du côté de Jupiter.*
Messieurs, voici le véritable;
L'autre est un imposteur digne de châtiment.
POLIDAS.
Certes, ce rapport admirable
Suspend ici mon jugement.
AMPHITRYON.
C'est trop être éludés par un fourbe exécrable,
Il faut avec ce fer rompre l'enchantement.
NAUCRATÈS, *à Amphitryon qui a mis l'épée à la main.*
Arrêtez.
AMPHITRYON.
Laissez-moi.
NAUCRATÈS.
Dieux ! que voulez-vous faire?
AMPHITRYON.
Punir d'un imposteur les lâches trahisons.
JUPITER.
Tout beau ! l'emportement est fort peu nécessaire ;
Et lorsque de la sorte on se met en colère,
On fait croire qu'on a de mauvaises raisons.
SOSIE.
Oui, c'est un enchanteur qui porte un caractère
Pour ressembler aux maîtres des maisons.
AMPHITRYON, *à Sosie.*
Je te ferai pour ton partage,
Sentir par mille coups ces propos outrageans.
SOSIE.
Mon maître est homme de courage,
Et ne souffrira point que l'on batte ses gens.
AMPHITRYON.
Laissez-moi m'assouvir dans mon courroux extrême,
Et laver mon affront au sang d'un scélérat.
NAUCRATÈS, *arrêtant Amphitryon.*
Nous ne souffrirons point cet étrange combat
D'Amphitryon contre lui-même.
AMPHITRYON.
Quoi ! mon honneur de vous reçoit ce traitement!
Et mes amis d'un fourbe embrassent la défense!
Loin d'être les premiers à prendre ma vengeance,
Eux-mêmes font obstacle à mon ressentiment!
NAUCRATÈS.
Que voulez-vous qu'à cette vue
Fassent nos résolutions,
Lorsque par deux Amphitryons
Toute notre chaleur demeure suspendue?
A vous faire éclater notre zèle aujourd'hui,
Nous craignons de faillir et de vous méconnoître.
Nous voyons bien en vous Amphitryon paroître,
Du salut des Thébains le glorieux appui;
Mais nous le voyons tous aussi paroître en lui,
Et ne saurions juger dans lequel il peut être.
Notre parti n'est point douteux,
Et l'imposteur par nous doit mordre la poussière ;
Mais ce parfait rapport le cache entre vous deux;
Et c'est un coup trop hasardeux
Pour l'entreprendre sans lumière.
Avec douceur laissez-nous voir
De quel côté peut être l'imposture ;
Et, dès que nous aurons démêlé l'aventure,
Il ne nous faudra point dire notre devoir.
JUPITER.
Oui, vous avez raison ; et cette ressemblance
A douter de tous deux vous peut autoriser.
Je ne m'offense point de vous voir en balance.
Je suis plus raisonnable et sais vous excuser.
L'œil ne peut entre nous faire de différence.
Et je vois qu'aisément on s'y peut abuser.
Vous ne me voyez point témoigner de colère
Point mettre l'épée à la main ;
C'est un mauvais moyen d'éclaircir ce mystère,
Et j'en puis trouver un plus doux et plus certain.
L'un de nous est Amphitryon.
Et tous deux à vos yeux nous le pouvons paroître.
C'est à moi de finir cette confusion ;
Et je prétends me faire à tous si bien connoître,
Qu'aux pressantes clartés de ce que je puis être
Lui-même soit d'accord du sang qui m'a fait naître,
Et n'ait plus de rien dire aucune occasion.
C'est aux yeux des Thébains que je veux avec vous
De la vérité pure ouvrir la connoissance ;
Et la chose sans doute est assez d'importance
Pour affecter la circonstance
De l'éclaircir aux yeux de tous.
Alcmène attend de moi ce public témoignage;
Sa vertu, que l'éclat de ce désordre outrage,
Veut qu'on la justifie, et j'en vais prendre soin.
C'est à quoi mon amour envers elle m'engage ;
Et des plus nobles chefs je fais un assemblage
Pour l'éclaircissement dont sa gloire a besoin.
Attendant avec vous ces témoins souhaités,
Ayez, je vous prie, agréable
De venir honorer la table
Où vous a Sosie invités.
SOSIE.
Je ne me trompois pas, messieurs ; ce mot termine
Toute l'irrésolution ;
Le véritable Amphitryon
Est l'Amphitryon où l'on dîne.

AMPHITRYON.
O ciel! puis-je plus bas me voir humilié?
Quoi! faut-il que j'entende ici, pour mon martyre,
Tout ce que l'imposteur, à mes yeux, vient de dire,
Et que, dans la fureur que ce discours m'inspire,
 On ne me tienne le bras lié!
NAUCRATÈS, à Amphitryon.
Vous vous plaignez à tort. Permettez-nous d'attendre
 L'éclaircissement qui doit rendre
 Les ressentimens de saison.
  Je ne sais pas s'il imposa;
  Mais il parle sur la chose
  Comme s'il avoit raison.
AMPHITRYON.
Allez, foibles amis, et flattez l'imposture :
Thèbes en a pour moi de tout autres que vous;
Et je vais en trouver qui, partageant l'injure,
Sauront prêter la main à mon juste courroux.

JUPITER.
Hé bien! je les attends, et saurai décider
 Le différend en leur présence.
AMPHITRYON.
Fourbe, tu crois par là peut-être t'évader,
Mais rien ne te sauroit sauver de ma vengeance.
JUPITER.
 A ces injurieux propos
 Je ne daigne à présent répondre;
 Et tantôt je saurai confondre
 Cette fureur avec deux mots.
AMPHITRYON.
Le ciel même, le ciel ne t'y sauroit soustraire;
Et jusques aux enfers j'irai suivre tes pas.
JUPITER.
 Il ne sera pas nécessaire;
Et l'on verra tantôt que je ne fuirai pas

Allez, foibles amis, et flattez l'imposture. (Acte III, scène v.)

AMPHITRYON, à part.
Allons, courons, avant que d'avec eux il sorte,
Assembler des amis qui suivent mon courroux;
 Et chez moi venons à main forte
 Pour le percer de mille coups.

SCÈNE VI.
JUPITER, NAUCRATÈS, POLIDAS, SOSIE.

JUPITER.
 Point de façon, je vous conjure;
 Entrons vite dans la maison.
NAUCRATÈS.
 Certes toute cette aventure
 Confond le sens et la raison.
SOSIE.
Faites trêve, messieurs, à toutes vos surprises;
Et, pleins de joie, allez tabler jusqu'à demain.
 (Seul.)
Que je vais m'en donner, et me mettre en beau train
 De raconter nos vaillantises!
 Je brûle d'en venir aux prises;
 Et jamais je n'eus tant de faim.

SCÈNE VII.
MERCURE, SOSIE.

MERCURE.
Arrête. Quoi! tu viens ici mettre ton nez;
 Impudent fleureur de cuisine!
SOSIE.
Ah! de grâce, tout doux!
MERCURE.
  Ah! vous y retournez!
 Je vous ajusterai l'échine.
SOSIE.
 Hélas! brave et généreux moi,
 Modère-toi, je t'en supplie.
 Sosie, épargne un peu Sosie,
Et ne te plais point tant à frapper dessus toi.
MERCURE.
 Qui de t'appeler de ce nom
 A pu te donner la licence?
Ne t'en ai-je pas fait une expresse défense,
Sous peine d'essuyer mille coups de bâton?
SOSIE.
C'est un nom que tous deux nous pouvons à la fois

Posséder sous un même maître.
Pour Sosie en tous lieux on sait me reconnoître ;
Je souffre bien que tu le sois :
Souffre aussi que je le puisse être.
Laissons aux deux Amphitryons
Faire éclater des jalousies ;
Et, parmi leurs contentions,
Faisons en bonne paix vivre les deux Sosies.
MERCURE.
Non ; c'est assez d'un seul, et je suis obstiné
A ne point souffrir de partage.

SOSIE.
Du pas devant sur moi tu prendras l'avantage ;
Je serai le cadet, et tu seras l'aîné.
MERCURE.
Non : un frère incommode, et n'est pas de mon goût,
Et je veux être fils unique.
SOSIE.
O cœur barbare et tyrannique !
Souffre qu'au moins je sois ton ombre.
MERCURE.
Point du tout.

Frappez, battez, chargez, accablez-moi de coups. (Acte III, scène VIII.)

SOSIE.
Que d'un peu de pitié ton âme s'humanise ;
En cette qualité souffre-moi près de toi :
Je te serai partout une ombre si soumise,
Que tu seras content de moi.
MERCURE.
Point de quartier ; immuable est la loi.
Si d'entrer là dedans tu prends encor l'audace,
Mille coups en seront le fruit.
SOSIE.
Las ! à quelle étrange disgrâce,
Pauvre Sosie, es-tu réduit !
MERCURE.
Quoi ! ta bouche se licencie

A te donner encore un nom que je défends !
SOSIE.
Non, ce n'est pas moi que j'entends ;
Et je parle d'un vieux Sosie
Qui fut jadis de mes parents,
Qu'avec très-grande barbarie,
A l'heure du dîner, l'on chassa de céans.
MERCURE
Prends garde de tomber dans cette frénésie,
Si tu veux demeurer au nombre des vivans.
SOSIE, à part.
Que je te rosserois si j'avois du courage,
Double fils de putain, de trop d'orgueil enflé !

MERCURE.

Que dis-tu ?

SOSIE.

Rien.

MERCURE.

Tu tiens, je crois, quelque langage.

SOSIE.

Demandez : je n'ai pas soufflé.

MERCURE.

Certain mot de fils de putain
A pourtant frappé mon oreille,
Il n'est rien de plus certain.

SOSIE.

C'est donc un perroquet que le beau temps réveille.

MERCURE.

Adieu. Lorsque le dos pourra te démanger,
Voilà l'endroit où je demeure,

SOSIE, *seul*.

O ciel! que l'heure de manger,
Pour être mis dehors est une maudite heure!
Allons, cédons au sort dans notre affliction,
Suivons-en aujourd'hui l'aveugle fantaisie ;
Et, par une juste union,
Joignons le malheureux Sosie
Au malheureux Amphitryon.
Je l'aperçois venir en bonne compagnie.

SCÈNE VIII.

AMPHITRYON, ARGATIPHONTIDAS, PAUSICLÈS, SOSIE, *dans un coin du théâtre, sans être aperçu.*

AMPHITRYON, *à plusieurs autres officiers qui l'accompagnent.*

Arrêtez là, messieurs ; suivez-nous d'un peu loin,
Et n'avancez tous, je vous prie,
Que quand il en sera besoin.

PAUSICLÈS.

Je comprends que ce coup doit fort toucher votre âme.

AMPHITRYON.

Ah! de tous les côtés mortelle est ma douleur,
Et je souffre pour ma flamme
Autant que pour mon honneur.

PAUSICLÈS.

Si cette ressemblance est telle que l'on dit,
Alcmène, sans être coupable...

AMPHITRYON.

Ah! sur le fait dont il s'agit,
L'erreur simple devient un crime véritable,
Et sans consentement, l'innocence y périt.
De semblables erreurs, quelque jour qu'on leur donne,
Touchent les endroits délicats ;
Et la raison bien souvent les pardonne.
Que l'honneur et l'amour ne les pardonnent pas.

ARGATIPHONTIDAS.

Je n'embarrasse point là dedans ma pensée :
Mais je hais vos messieurs de leurs honteux délais ;
Et c'est un procédé dont j'ai l'âme blessée.
Et que les gens de cœur n'approuveront jamais.
Quand quelqu'un nous emploie, on doit, tête baissée,
Se jeter dans ses intérêts.
Argatiphontidas ne va point aux accords.
Écouter d'un ami raisonner l'adversaire,
Pour des hommes d'honneur n'est point un coup à faire ;
Il ne faut écouter que la vengeance alors.
Le procès ne me sauroit plaire,
Et l'on doit commencer toujours, dans ses transports,
Par bailler, sans autre mystère.
De l'épée au travers du corps.
Oui, vous verrez, quoi qu'il avienne,
Qu'Argatiphontidas marche droit sur ce point ;
Et de vous il faut que j'obtienne
Que le pendard ne meure point
D'une autre main que de la mienne.

AMPHITRYON.

Allons.

SOSIE, *à Amphitryon.*

Je viens, monsieur, subir, à deux genoux.
Le juste châtiment d'une audace maudite.
Frappez, battez, chargez, accablez-moi de coups,
Tuez-moi dans votre courroux,
Vous ferez bien, je le mérite ;
Et je n'en dirai pas un seul mot contre vous.

AMPHITRYON.

Lève-toi. Que fait-on ?

SOSIE.

L'on m'a chassé tout net :
Et, croyant à manger m'aller comme eux ébattre,
Je ne songeois pas qu'en effet
Je m'attendois là pour me battre.
Oui, l'autre moi, valet de l'autre vous, a fait
Tout de nouveau le diable à quatre.
La rigueur d'un pareil destin,
Monsieur, aujourd'hui nous talonne ;
Et l'on me des-Sosie enfin
Comme on vous des-Amphitryonne.

AMPHITRYON.

Suis-moi.

SOSIE.

N'est-il pas mieux de voir s'il vient personne?

SCÈNE IX.

CLÉANTHIS, AMPHITRYON, ARGATIPHONTIDAS, POLIDAS, NAUCRATÈS, PAUSICLÈS, SOSIE.

CLÉANTIS.

O ciel !

AMPHITRYON.

Qui t'épouvante ainsi?
Quelle est la peur que je t'inspire ?

CLÉANTHIS.

Las ! vous êtes là-haut, et je vous vois ici !

NAUCRATÈS, *à Amphitryon.*

Ne vous pressez point ; le voici.

Le seigneur Jupiter sait dorer la pilule. (Acte III, scène XI.)

Pour donner devant tous les clartés qu'on désire,
Et qui, si l'on peut croire à ce qu'il vient de dire,
Sauront vous affranchir de trouble et de souci.

SCÈNE X.

MERCURE, AMPHITRYON, ARGATIPHONTI-
DAS, POLIDAS, NAUCRATÈS, PAUSICLÈS,
CLÉANTHIS, SOSIE.

MERCURE.

Oui, vous l'allez voir tous; et sachez par avance
Que c'est le grand maître des dieux,
Que, sous les traits chéris de cette ressemblance,
Alcmène a fait du ciel descendre dans ces lieux.
Et, quant à moi, je suis Mercure,
Qui, ne sachant que faire, ai rossé tant soit peu
Celui dont j'ai pris la figure :
Mais de s'en consoler il a maintenant lieu;
Et les coups de bâton d'un dieu
Font honneur à qui les endure.

SOSIE.

Ma foi, monsieur le dieu, je suis votre valet;
Je me serois passé de votre courtoisie.

MERCURE.

Je lui donne à présent congé d'être Sosie;
Je suis las de porter un visage si laid;
Et je m'en vais au ciel, avec de l'ambroisie,
M'en débarbouiller tout à fait.
(Mercure s'envole au ciel.)

SOSIE.

Le ciel de m'approcher t'ôte à jamais l'envie!
Ta fureur s'est par trop acharnée après moi;
Et je ne vis de ma vie
Un dieu plus diable que toi.

SCÈNE XI.

JUPITER, AMPHITRYON, NAUCRATÈS, AR-
GATIPHONTIDAS, POLIDAS, PAUSICLÈS,
CLÉANTHIS, SOSIE.

JUPITER, *annoncé par le bruit du tonnerre, armé
de son foudre, dans un nuage, sur un aigle.*

Regarde, Amphitryon quel est ton imposteur,
Et sous tes propres traits vois Jupiter paroître.
A ces marques tu peux aisément le connoître;
Et c'est assez, je crois, pour remettre ton cœur
Dans l'état auquel il doit être,
Et rétablir chez toi la paix et la douceur.
Mon nom, qu'incessamment toute la terre adore,
Étouffe ici les bruits qui pouvoient éclater.
 Un partage avec Jupiter
 N'a rien du tout qui déshonore;
Et, sans doute, il ne peut être que glorieux
De se voir le rival du souverain des dieux.
Je n'y vois pour ta flamme aucun lieu de murmure;
 Et c'est moi, dans cette aventure,
Qui tout dieu que je suis, doit être le jaloux.
Alcmène est toute à toi, quelque soin qu'on emploie;
Et ce doit à tes feux être un objet bien doux
De voir que, pour lui plaire, il n'est pas d'autre voie
 Que de paroître son époux :
Que Jupiter, orné de sa gloire immortelle,
Par lui-même n'a pu triompher de sa foi;
 Et que ce qu'il a reçu d'elle
N'a par son cœur ardent, été donné qu'à toi.

SOSIE.

Le seigneur Jupiter sait dorer la pilule.

JUPITER.

Sors donc des noirs chagrins que ton cœur a soufferts,
Et rends le calme entier à l'ardeur qui te brûle;
Chez toi doit naître un fils qui sous le nom d'Hercule,
Remplira de ses faits tout le vaste univers.
L'éclat d'une fortune en mille biens féconde,
Fera connoître à tous que je suis ton support;
 Et je mettrai tout le monde
 Au point d'envier ton sort.
 Tu peux hardiment te flatter
 De ces espérances données.
 C'est un crime que d'en douter.
 Les paroles de Jupiter
 Sont des arrêts des destinées.
 (Il se perd dans les nues.)

NAUCRATÈS.

Certes je suis ravi de ces marques brillantes...

SOSIE.

Messieurs, voulez-vous bien suivre mon sentiment?
 Ne vous embarquez nullement
 Dans ces douceurs congratulantes :
 C'est un mauvais embarquement;
Et, d'une et d'autre part, pour un tel compliment,
 Les phrases sont embarrassantes.
Le grand dieu Jupiter nous fait beaucoup d'honneur,
Et sa bonté, sans doute, est pour nous sans seconde;
 Il nous promet l'infaillible bonheur
 D'une fortune en mille biens féconde,
Et chez nous il doit naître un fils de très-grand cœur.
 Tout cela va le mieux du monde :
 Mais enfin, coupons aux discours,
Et que chacun chez soi doucement se retire.
 Sur de telles affaires toujours
 Le meilleur est de ne rien dire.

FIN D'AMPHITRYON.

PERSONNAGES ET ACTEURS.

HARPAGON, père de Cléante et d'É-
lise, et amoureux de Mariane.   MOLIÈRE.
CLÉANTE, fils d'Harpagon, amant de
Mariane.   LA GRANGE.
ÉLISE, fille d'Harpagon, amante de
Valère.   Mlle MOLIÈRE.
VALÈRE, fils d'Anselme et amant
d'Élise.   DU CROISY.
MARIANE, amante de Cléante, et ai-
mée d'Harpagon.   Mlle DE BRIE.
ANSELME, père de Valère et de Ma-
riane.
FROSINE, femme d'intrigue.   MADELEINE BÉJART.
MAITRE SIMON, courtier.   HUBERT.
MAITRE JACQUES, cuisinier et co-
cher d'Harpagon.   BÉJART cadet.
LA FLÈCHE, valet de Cléante.
DAME CLAUDE, servante d'Harpagon.
BRINDAVOINE, } laquais d'Harpagon.
LA MERLUCHE,
UN COMMISSAIRE, et son CLERC.

La scène est à Paris, dans la maison d'Harpagon.

L'Avare fut représenté pour la première fois le 9 septembre 1668. Cette comédie est imitée de l'*Aulularia* de Plaute.

L'AVARE

ACTE PREMIER.

SCÈNE I.

VALÈRE, ÉLISE.

VALÈRE. — Hé quoi! charmante Élise, vous devenez mélancolique, après les obligeantes assurances que vous avez eu la bonté de me donner de votre foi! Je vous vois soupirer, hélas! au milieu de ma joie! Est-ce du regret, dites-moi, de m'avoir fait heureux? et vous repentez-vous de cet engagement où mes feux ont pu vous contraindre?

ÉLISE. — Non, Valère, je ne puis pas me repentir de tout ce que je fais pour vous. Je m'y sens entraîner par une trop douce puissance, et je n'ai pas même la force de souhaiter que les choses ne fussent pas. Mais, à vous dire vrai, le succès me donne de l'inquiétude;

et je crains fort de vous aimer un peu plus que je ne devrois.

VALÈRE. — Hé! que pouvez-vous craindre, Élise, dans les bontés que vous avez pour moi?

ÉLISE. — Hélas! cent choses à la fois : l'emportement d'un père, les reproches d'une famille, les censures du monde ; mais plus que tout, Valère, le changement de votre cœur, et cette froideur criminelle dont ceux de votre sexe payent le plus souvent les témoignages trop ardens d'une innocente amour.

VALÈRE. — Ah! ne me faites pas ce tort, de juger de moi par les autres! Soupçonnez-moi de tout, Élise, plutôt que de manquer à ce que je vous dois. Je vous aime trop pour cela ; et mon amour pour vous durera autant que ma vie.

ÉLISE. — Ah! Valère, chacun tient les mêmes discours! Tous les hommes sont semblables par les paroles ; et ce n'est que les actions qui les découvrent différens.

VALÈRE. — Puisque les seules actions font connoître ce que nous sommes, attendez donc, au moins, à juger de mon cœur par elles, et ne me cherchez point des crimes dans les injustes craintes d'une fâcheuse prévoyance. Ne m'assassinez point, je vous prie, par les sensibles coups d'un soupçon outrageux ; et donnez-moi le temps de vous convaincre, par mille et mille preuves, de l'honnêteté de mes feux.

ÉLISE. — Hélas! qu'avec facilité on se laisse persuader par les personnes que l'on aime! Oui, Valère, je tiens votre cœur incapable de m'abuser. Je crois que vous m'aimez d'un véritable amour, et que vous me serez fidèle : je n'en veux point du tout douter, et je retranche mon chagrin aux appréhensions du blâme qu'on pourra me donner.

VALÈRE. — Mais pourquoi cette inquiétude?

ÉLISE. — Je n'aurois rien à craindre, si tout le monde vous voyoit des yeux dont je vous vois ; et je trouve en votre personne de quoi avoir raison aux choses que je fais pour vous. Mon cœur, pour sa défense, a tout votre mérite, appuyé du secours d'une reconnoissance où le ciel m'engage envers vous. Je me représente, à toute heure, ce péril étonnant qui commença de nous offrir aux regards l'un de l'autre ; cette générosité surprenante qui vous fit risquer votre vie pour dérober la mienne à la fureur des ondes ; ces soins pleins de tendresse que vous me fîtes éclater après m'avoir tirée de l'eau ; et les hommages assidus de cet ardent amour, que ni le temps ni les difficultés n'ont rebuté, et qui, vous faisant négliger et parens et patrie, arrête vos pas en ces lieux, y tient en ma faveur votre fortune déguisée, et vous a réduit, pour me voir, à vous revêtir de l'emploi de domestique de mon père. Tout cela fait chez moi sans doute un merveilleux effet ; et c'en est assez, à mes yeux, pour me justifier l'engagement où j'ai pu consentir ; mais ce n'est pas assez peut-être pour le justifier aux autres, et je ne suis pas sûre qu'on entre dans mes sentimens.

VALÈRE. — De tout ce que vous avez dit, ce n'est que par mon seul amour que je prétends, auprès de vous, mériter quelque chose ; et, quant aux scrupules que vous avez, votre père lui-même ne prend que trop de soin à vous justifier à tout le monde ; et l'excès de son avarice, et la manière austère dont il vit avec ses enfans, pourroient autoriser des choses plus étranges. Pardonnez-moi, charmante Élise, si j'en parle ainsi devant vous. Vous savez que, sur ce chapitre, on n'en peut pas dire de bien. Mais enfin, si je puis comme je l'espère retrouver mes parens, nous n'aurons pas beaucoup de peine à nous le rendre favorable. J'en attends des nouvelles avec impatience ; et j'en irai chercher moi-même si elles tardent à venir.

ÉLISE. — Ah! Valère, ne bougez d'ici, je vous prie, et songez seulement à vous bien mettre dans l'esprit de mon père.

VALÈRE. — Vous voyez comme je m'y prends, et les adroites complaisances qu'il m'a fallu mettre en usage pour m'introduire à son service ; sous quel masque de sympathie et de rapports de sentimens je me déguise pour lui plaire, et quel personnage je joue tous les jours avec lui, afin d'acquérir sa tendresse. J'y fais des progrès admirables ; et j'éprouve que, pour gagner les hommes, il n'est point de meilleure voie que de se parer, à leurs yeux, de leurs inclinations, que de donner dans leurs maximes, encenser leurs défauts, et applaudir à ce qu'ils font. On n'a que faire d'avoir peur de trop charger la complaisance, et la manière dont on les joue a beau être visible, les plus fins toujours sont de grandes dupes du côté de la flatterie ; il n'y a rien de si impertinent et de si ridicule qu'on ne fasse avaler, lorsqu'on l'assaisonne en louanges. La sincérité souffre un peu au métier que je fais ; mais, quand on a besoin des hommes, il faut bien s'ajuster à eux ; et puisqu'on ne sauroit les gagner que par là, ce n'est pas la faute de ceux qui flattent, mais de ceux qui veulent être flattés.

ÉLISE. — Mais que ne tâchez-vous aussi à gagner l'appui de mon frère, en cas que la servante s'avisât de révéler notre secret?

VALÈRE. — On ne peut pas ménager l'un et l'autre ; et l'esprit du père et celui du fils sont des choses si opposées, qu'il est difficile d'accommoder ces deux confidences ensemble. Mais vous, de votre part, agissez auprès de votre frère, et servez-vous de l'amitié qui est entre vous deux, pour le jeter dans nos intérêts. Je me retire. Prenez ce temps pour lui parler, et ne lui découvrez de notre affaire que ce que vous jugerez à propos.

ÉLISE. — Je ne sais si j'aurai la force de lui faire cette confidence.

SCÈNE II.

CLÉANTE, ÉLISE.

CLÉANTE. — Je suis bien aise de vous trouver seule, ma sœur ; et je brûlois de vous parler, pour m'ouvrir à vous d'un secret.

ÉLISE. — Me voilà prête à vous ouïr, mon frère. Qu'avez-vous à me dire ?

CLÉANTE. — Bien des choses, ma sœur, enveloppées dans un mot. J'aime.

ÉLISE. — Vous aimez ?

CLÉANTE. — Oui, j'aime. Mais avant que d'aller plus loin, je sais que je dépends d'un père, et que le nom de fils me soumet à ses volontés ; que nous ne devons point engager notre foi sans le consentement de ceux dont nous tenons le jour ; que le ciel les a faits les maîtres de nos vœux, et qu'il nous est enjoint de n'en disposer que par leur conduite ; que, n'étant prévenus d'aucune folle ardeur, ils sont en état de se tromper bien moins que nous, et de voir beaucoup mieux ce qui nous est propre ; qu'il en faut plutôt croire les lumières de leur prudence que l'aveuglement de notre passion, et que l'emportement de la jeunesse nous entraîne le plus souvent dans des précipices fâcheux. Je vous dis tout cela, ma sœur, afin que vous ne vous donniez pas la peine de me le dire ; car enfin, mon amour ne veut rien écouter, et je vous prie de ne me point faire de remontrances.

ÉLISE. — Vous êtes-vous engagé, mon frère, avec celle que vous aimez ?

CLÉANTE. — Non ; mais j'y suis résolu, et je vous conjure, encore une fois, de ne me point apporter de raisons pour m'en dissuader.

ÉLISE. — Suis-je, mon frère, une si étrange personne ?

CLÉANTE. — Non, ma sœur ; mais vous n'aimez pas. Vous ignorez la douce violence qu'un tendre amour fait sur nos cœurs, et j'appréhende votre sagesse.

ÉLISE. — Hélas ! mon frère, ne parlons point de ma sagesse ; il n'est personne qui n'en manque, du moins une fois en sa vie ; et, si je vous ouvre mon cœur, peut-être serai-je à vos yeux moins sage que vous.

CLÉANTE. — Ah ! plût au ciel que votre âme, comme la mienne....

ÉLISE. — Finissons auparavant votre affaire, et me dites qui est celle que vous aimez.

CLÉANTE. — Une jeune personne qui loge depuis peu en ces quartiers, et qui semble être faite pour donner de l'amour à tous ceux qui la voient. La nature, ma sœur, n'a rien formé de plus aimable, et je me sentis transporté dès le moment que je la vis. Elle se nomme Mariane, et vit sous la conduite d'une bonne femme de mère qui est presque toujours malade, et pour qui cette aimable fille a des sentimens d'amitié qui ne sont pas imaginables. Elle la sert, la plaint, et la console, avec une tendresse qui vous toucheroit l'âme. Elle se prend d'un air le plus charmant du monde aux choses qu'elle fait ; et l'on voit briller mille grâces en toutes ses actions, une douceur pleine d'attraits, une bonté toute engageante, une honnêteté adorable, une.... Ah ! ma sœur, je voudrois que vous l'eussiez vue !

ÉLISE. — J'en vois beaucoup, mon frère, dans les choses que vous me dites ; et, pour comprendre ce qu'elle est, il me suffit que vous l'aimez.

CLÉANTE. — J'ai découvert sous main qu'elles ne sont pas fort accommodées, et que leur discrète conduite a de la peine à étendre à tous leurs besoins le bien qu'elles peuvent avoir. Figurez-vous, ma sœur, quelle joie ce peut être que de relever la fortune d'une personne que l'on aime ; que de donner adroitement quelques petits secours aux modestes nécessités d'une vertueuse famille ; et concevez quel déplaisir ce m'est de voir que, par l'avarice d'un père, je sois dans l'impuissance de goûter cette joie, et de faire éclater à cette belle aucun témoignage de mon amour.

ÉLISE. — Oui, je conçois assez, mon frère, quel doit être votre chagrin.

CLÉANTE. — Ah ! ma sœur, il est plus grand qu'on ne peut croire. Car enfin, peut-on rien voir de plus cruel que cette rigoureuse épargne qu'on exerce sur nous, que cette sécheresse étrange où l'on nous fait languir ? Hé ! que nous servira d'avoir du bien, s'il ne nous vient que dans le temps que nous ne serons plus dans le bel âge d'en jouir, et si, pour m'entretenir même, il faut que maintenant je m'engage de tous côtés ; si je suis réduit avec vous à chercher tous les jours le secours des marchands, pour avoir moyen de porter des habits raisonnables ? Enfin, j'ai voulu vous parler pour m'aider à sonder mon père sur les sentimens où je suis ; et, si je l'y trouve contraire, j'ai résolu d'aller en d'autres lieux avec cette aimable personne, jouir de la fortune que le ciel voudra nous offrir. Je fais chercher partout pour ce dessein de l'argent à emprunter ; et si vos affaires, ma sœur, sont semblables aux miennes, et qu'il faille que notre père s'oppose à nos désirs, nous le quitterons là tous deux, et nous affranchirons de cette tyrannie où nous tient depuis si longtemps son avarice insupportable.

ÉLISE. — Il est bien vrai que tous les jours il nous donne de plus en plus sujet de regretter la mort de notre mère, et que....

CLÉANTE. — J'entends sa voix ; éloignons-nous un peu pour achever notre confidence, et nous joindrons après nos forces pour venir attaquer la dureté de son humeur.

SCÈNE III.

HARPAGON, LA FLÈCHE.

HARPAGON. — Hors d'ici tout à l'heure, et qu'on ne réplique pas. Allons, que l'on détale de chez moi, maître juré filou, vrai gibier de potence.

LA FLÈCHE, à part. — Je n'ai jamais rien vu de si méchant que ce maudit vieillard ; et je pense, sauf correction, qu'il a le diable au corps.

HARPAGON. — Tu murmures entre tes dents ?

LA FLÈCHE. — Pourquoi me chassez-vous ?

HARPAGON. — C'est bien à toi, pendard, à me demander des raisons ! Sors vite que je ne t'assomme.

LA FLÈCHE. — Qu'est-ce que je vous ai fait ?

HARPAGON. — Tu m'as fait que je veux que tu sortes.

LA FLÈCHE. — Mon maître, votre fils, m'a donné ordre de l'attendre.

HARPAGON. — Va-t'en l'attendre dans la rue, et ne sois point dans ma maison, planté tout droit comme un piquet, à observer ce qui se passe et faire ton profit de tout. Je ne veux point avoir sans cesse devant moi un espion de mes affaires, un traître dont les yeux maudits assiègent toutes mes actions, dévorent ce que je possède, et furettent de tous côtés pour voir s'il n'y a rien à voler.

LA FLÈCHE. — Comment diantre voulez-vous qu'on fasse pour vous voler? Êtes-vous un homme volable, quand vous renfermez toutes choses, et faites sentinelle jour et nuit?

HARPAGON. — Je veux renfermer ce que bon me semble, et faire sentinelle comme il me plaît. Ne voilà pas de mes mouchards, qui prennent garde à ce qu'on fait? (*Bas, à part.*) Je tremble qu'il n'ait soupçonné quelque chose de mon argent. (*Haut.*) Ne serois-tu point homme à faire courir le bruit que j'ai chez moi de l'argent caché?

LA FLÈCHE. — Vous avez de l'argent caché?

HARPAGON. — Non, coquin, je ne dis pas cela. (*Bas.*) J'enrage. (*Haut.*) Je demande si, malicieusement, tu n'irois point faire courir le bruit que j'en ai.

LA FLÈCHE. — Hé! que nous importe que vous en ayez ou que vous n'en ayez pas, si c'est pour nous la même chose?

HARPAGON, *levant la main pour donner un soufflet à La Flèche.* — Tu fais le raisonneur! Je te baillerai de ce raisonnement-ci par les oreilles. Sors d'ici, encore une fois.

LA FLÈCHE. — Hé bien! je sors.

HARPAGON. — Attends : ne m'emportes-tu rien?

LA FLÈCHE. — Que vous emporterois-je?

HARPAGON. — Tiens, viens çà, que je voie. Montre-moi tes mains.

LA FLÈCHE. — Les voilà.

HARPAGON. — Les autres.

LA FLÈCHE. — Les autres?

HARPAGON. — Oui.

LA FLÈCHE. — Les voilà.

HARPAGON, *montrant les hauts-de-chausses de La Flèche.* — N'as-tu rien mis ici dedans?

LA FLÈCHE. — Voyez vous-même.

HARPAGON, *tâtant le bas des chausses de La Flèche.* — Ces grands hauts-de-chausses sont propres à devenir les recéleurs des choses qu'on dérobe; et je voudrois qu'on en eût fait pendre quelqu'un.

LA FLÈCHE, *à part.* — Ah! qu'un homme comme cela mériteroit bien ce qu'il craint! et que j'aurois de joie à le voler!

HARPAGON. — Euh?

LA FLÈCHE. — Quoi?

La peste soit de l'avarice et des avaricieux!
(Acte I, scène III.)

HARPAGON. — Qu'est-ce que tu parles de voler?

LA FLÈCHE. — Je vous dis que vous fouilliez bien partout, pour voir si je vous ai volé.

HARPAGON. — C'est ce que je veux faire.
(*Harpagon fouille dans les poches de La Flèche.*)

LA FLÈCHE, *à part.* — La peste soit de l'avarice et des avaricieux!

HARPAGON. — Comment? Que dis-tu?

LA FLÈCHE. — Ce que je dis?

HARPAGON. — Oui. Qu'est-ce que tu dis d'avarice et d'avaricieux?

LA FLÈCHE. — Je dis que la peste soit de l'avarice et des avaricieux.

HARPAGON. — De qui veux-tu parler.

LA FLÈCHE. — Des avaricieux.

HARPAGON. — Et qui sont-ils, ces avaricieux?

LA FLÈCHE. — Des vilains et des ladres.

HARPAGON. — Mais qui est-ce que tu entends par là?

LA FLÈCHE. — De quoi vous mettez-vous en peine?

HARPAGON. — Je me mets en peine de ce qu'il faut.

LA FLÈCHE. — Est-ce que vous croyez que je veux parler de vous?

HARPAGON. — Je crois ce que je crois; mais je veux que tu me dises à qui tu parles quand tu dis cela.

LA FLÈCHE. — Je parle.... Je parle à mon bonnet.

HARPAGON. — Et moi, je pourrois bien parler à ta barrette.

LA FLÈCHE. — M'empêcherez-vous de maudire les avaricieux?

HARPAGON. — Non; mais je t'empêcherai de jaser et d'être insolent. Tais-toi.

LA FLÈCHE. — Je ne nomme personne.

HARPAGON. — Je te rosserai si tu parles.

LA FLÈCHE. — Qui se sent morveux, qu'il se mouche.

HARPAGON. — Te tairas-tu?

LA FLÈCHE. — Oui, malgré moi.

HARPAGON. — Ah! ah!

LA FLÈCHE, *montrant à Harpagon une poche de son justaucorps.* — Tenez, voilà encore une poche : êtes-vous satisfait?

HARPAGON. — Allons, rends-le-moi sans te fouiller.

LA FLÈCHE. — Quoi?

HARPAGON. — Ce que tu m'as pris.

LA FLÈCHE. — Je ne vous ai rien pris du tout.

HARPAGON. — Assurément?

LA FLÈCHE. — Assurément

HARPAGON. — Adieu. Va-t'en à tous les diables!

LA FLÈCHE, *à part.* — Me voilà fort bien congédié.

HARPAGON. — Je te le mets sur ta conscience, au moins.

SCÈNE IV.

HARPAGON, *seul*.

Voilà un pendant de valet qui m'incommode fort; et je ne me plais point à voir ce chien de boiteux-là. Certes, ce n'est pas une petite peine que de garder chez soi une grande somme d'argent; et bienheureux qui a tout son fait bien placé, et ne conserve seulement que ce qu'il faut pour sa dépense! On n'est pas peu embarrassé à inventer, dans toute une maison, une cache fidèle; car, pour moi, les coffres-forts me sont suspects, et je ne veux jamais m'y fier. Je les tiens justement une franche amorce à voleurs, et c'est toujours la première chose que l'on va attaquer.

SCÈNE V.

HARPAGON, ÉLISE ET CLÉANTE, *parlant ensemble et restant dans le fond du théâtre*.

HARPAGON, *se croyant seul*. — Cependant je ne sais si j'aurai bien fait d'avoir enterré dans mon jardin dix mille écus qu'on me rendit hier. Dix mille écus en or chez soi, est une somme assez.... (*A part, apercevant Élise et Cléante*.) O ciel! je me serai trahi moi-même! la chaleur m'aura emporté, et je crois que j'ai parlé haut en raisonnant tout seul. (*A Cléante et à Élise*.) Qu'est-ce?

CLÉANTE. — Rien, mon père.

HARPAGON. — Y a-t-il longtemps que vous êtes là?

ÉLISE. — Nous ne venons que d'arriver.

HARPAGON. — Vous avez entendu....

CLÉANTE. — Quoi? mon père.

HARPAGON. — Là....

ÉLISE. — Quoi?

HARPAGON. — Ce que je viens de dire.

CLÉANTE. — Non.

HARPAGON. — Si fait, si fait.

ÉLISE. — Pardonnez-moi.

HARPAGON. — Je vois bien que vous en avez ouï quelques mots. C'est que je m'entretenois en moi-même de la peine qu'il y a aujourd'hui à trouver de l'argent, et je disois qu'il est bien heureux qui peut avoir dix mille écus chez soi.

CLÉANTE. — Nous feignions à vous aborder, de peur de vous interrompre.

HARPAGON. — Je suis bien aise de vous dire cela, afin que vous n'alliez pas prendre les choses de travers, et vous imaginer que je dise que c'est moi qui ai dix mille écus.

CLÉANTE. — Nous n'entrons point dans vos affaires.

HARPAGON. — Plût à Dieu que je les eusse, dix mille écus!

CLÉANTE. — Je ne crois pas....

HARPAGON. — Ce seroit une bonne affaire pour moi.

ÉLISE. — Ce sont des choses....

HARPAGON. — J'en aurois bon besoin.

CLÉANTE. — Je pense que....

HARPAGON. — Cela m'accommoderoit fort.

ÉLISE. — Vous êtes....

HARPAGON. — Et je ne me plaindrois pas, comme je fais, que le temps est misérable.

CLÉANTE. — Mon Dieu! mon père, vous n'avez pas lieu de vous plaindre, et l'on sait que vous avez assez de bien.

HARPAGON. — Comment! j'ai assez de bien? Ceux qui le disent en ont menti. Il n'y a rien de plus faux; et ce sont des coquins qui font courir tous ces bruits-là.

ÉLISE. — Ne vous mettez point en colère.

HARPAGON. — Cela est étrange, que mes propres enfans me trahissent et deviennent mes ennemis.

CLÉANTE. — Est-ce être votre ennemi, que de dire que vous avez du bien?

HARPAGON. — Oui. De pareils discours, et les dépenses que vous faites, seront cause qu'un de ces jours on me viendra chez moi couper la gorge, dans la pensée que je suis tout cousu de pistoles.

CLÉANTE. — Quelle grande dépense est-ce que je fais?

HARPAGON. — Quelle? Est-il rien de plus scandaleux que ce somptueux équipage que vous promenez par la ville? Je querellois hier votre sœur; mais c'est encore pis. Voilà qui crie vengeance au ciel; et, à vous prendre depuis les pieds jusqu'à la tête, il y auroit là de quoi faire une bonne constitution. Je vous l'ai dit vingt fois, mon fils, toutes vos manières me déplaisent fort; vous donnez furieusement dans le marquis; et, pour aller ainsi vêtu, il faut bien que vous me dérobiez.

CLÉANTE. — Hé! comment vous dérober?

HARPAGON. — Que sais-je? Où pouvez-vous donc prendre de quoi entretenir l'état que vous portez?

CLÉANTE. — Moi, mon père? c'est que je joue; et, comme je suis fort heureux, je mets sur moi tout l'argent que je gagne.

HARPAGON. — C'est fort mal fait. Si vous êtes heureux au jeu, vous en devriez profiter, et mettre à honnête intérêt l'argent que vous gagnez, afin de le trouver un jour. Je voudrois bien savoir, sans parler du reste, à quoi servent tous ces rubans dont vous voilà lardé depuis les pieds jusqu'à la tête, et si une demi-douzaine d'aiguillettes ne suffit pas pour attacher un haut-de-chausses. Il est bien nécessaire d'employer de l'argent à des perruques, lorsque l'on peut porter des cheveux de son cru, qui ne coûtent rien! Je vais gager qu'en perruques et rubans, il y a du moins vingt pistoles; et vingt pistoles rapportent par année dix-huit livres six sous huit deniers, à ne les placer qu'au denier douze.

CLÉANTE. — Vous avez raison.

HARPAGON. — Laissons cela, et parlons d'autre affaire. (*Apercevant Cléante et Élise qui se font des signes*.) Hé! (*Bas, à part*.) Je crois qu'ils se font des signes l'un à l'autre de me voler ma bourse. (*Haut*.) Que veulent dire ces gestes-là?

ÉLISE. — Nous marchandons, mon frère et moi, à qui parlera le premier ; et nous avons tous deux quelque chose à vous dire.

HARPAGON. — Et moi j'ai quelque chose aussi à vous dire à tous deux.

CLÉANTE. — C'est de mariage, mon père, que nous désirons vous parler.

HARPAGON. — Et c'est de mariage aussi que je veux vous entretenir.

ÉLISE. — Ah ! mon père !

HARPAGON. — Pourquoi ce cri ? Est-ce le mot, ma fille, ou la chose qui vous fait peur ?

CLÉANTE. — Le mariage peut nous faire peur à tous deux, de la façon que vous pouvez l'entendre, et nous craignons que nos sentimens ne soient pas d'accord avec votre choix.

HARPAGON. — Un peu de patience ; ne vous alarmez point. Je sais ce qu'il faut à tous deux, et vous n'aurez, ni l'un ni l'autre, aucun lieu de vous plaindre de tout ce que je prétends faire ; et, pour commencer par un bout, (à Cléante) avez-vous vu, dites-moi, une jeune personne appelée Mariane, qui ne loge pas loin d'ici ?

CLÉANTE. — Oui, mon père.

HARPAGON. — Et vous ?

ÉLISE. — J'en ai ouï parler.

HARPAGON. — Comment, mon fils, trouvez-vous cette fille ?

CLÉANTE. — Une fort charmante personne.

HARPAGON. — Sa physionomie ?

CLÉANTE. — Toute honnête et pleine d'esprit.

HARPAGON. — Son air et sa manière ?

CLÉANTE. — Admirables, sans doute.

HARPAGON. — Ne croyez-vous pas qu'une fille comme cela mériteroit assez que l'on songeât à elle ?

CLÉANTE. — Oui, mon père.

HARPAGON. — Que ce seroit un parti souhaitable ?

CLÉANTE. — Très-souhaitable.

HARPAGON. — Qu'elle a toute la mine de faire un bon ménage ?

CLÉANTE. — Sans doute.

HARPAGON. — Et qu'un mari auroit satisfaction avec elle ?

CLÉANTE. — Assurément.

HARPAGON. — Il y a une petite difficulté : c'est que j'ai peur qu'il n'y ait pas avec elle tout le bien qu'on pourroit prétendre.

CLÉANTE. — Ah ! mon père, le bien n'est pas considérable, lorsqu'il est question d'épouser une honnête personne.

HARPAGON. — Pardonnez-moi, pardonnez-moi. Mais ce qu'il y a à dire, c'est que, si l'on n'y trouve pas tout le bien qu'on souhaite, on peut tâcher de regagner cela sur autre chose.

CLÉANTE. — Cela s'entend.

HARPAGON. — Enfin, je suis bien aise de vous voir dans mes sentimens ; car son maintien honnête et sa douceur m'ont gagné l'âme, et je suis résolu de l'épouser, pourvu que j'y trouve quelque bien.

CLÉANTE. — Euh ?

HARPAGON. — Comment ?

CLÉANTE. — Vous êtes résolu, dites-vous....

HARPAGON. — D'épouser Mariane.

CLÉANTE. — Qui ? Vous, vous ?

HARPAGON. — Oui, moi, moi, moi. Que veut dire cela ?

CLÉANTE. — Il m'a pris tout à coup un éblouissement, et je me retire d'ici.

HARPAGON. — Cela ne sera rien. Allez vite boire dans la cuisine un verre d'eau claire.

SCÈNE VI.

HARPAGON, ÉLISE.

HARPAGON. — Voilà de mes damoiseaux fluets, qui n'ont non plus de vigueur que des poules. C'est là, ma fille, ce que j'ai résolu pour moi. Quant à ton frère, je lui destine une certaine veuve dont, ce matin, on m'est venu parler ; et, pour toi, je te donne au seigneur Anselme.

ÉLISE. — Au seigneur Anselme ?

HARPAGON. — Oui ; un homme mûr, prudent et sage, qui n'a pas plus de cinquante ans, et dont on vante les grands biens.

ÉLISE, *faisant la révérence.* — Je ne veux point me marier, mon père, s'il vous plaît.

HARPAGON, *contrefaisant Élise.* — Et moi, ma petite fille, ma mie, je veux que vous vous mariiez, s'il vous plaît.

ÉLISE, *faisant encore la révérence.* — Je vous demande pardon, mon père.

HARPAGON, *contrefaisant Élise.* — Je vous demande pardon, ma fille.

ÉLISE. — Je suis très-humble servante au seigneur Anselme ; mais (*faisant encore la révérence*) avec votre permission, je ne l'épouserai point.

HARPAGON. — Je suis votre très-humble valet ; mais (*contrefaisant Élise*) avec votre permission, vous l'épouserez dès ce soir.

ÉLISE. — Dès ce soir ?

HARPAGON. — Dès ce soir.

ÉLISE, *faisant encore la révérence.* — Cela ne sera pas, mon père.

HARPAGON, *contrefaisant encore Élise.* — Cela sera, ma fille.

ÉLISE. — Non.

HARPAGON. — Si.

ÉLISE. — Non, vous dis-je.

HARPAGON. — Si, vous dis-je.

ÉLISE. — C'est une chose où vous ne me réduirez point.

HARPAGON. — C'est une chose où je te réduirai.

ÉLISE. — Je me tuerai plutôt que d'épouser un tel mari.

HARPAGON. — Tu ne te tueras point, et tu l'épouseras. Mais voyez quelle audace ! A-t-on jamais vu une fille parler de la sorte à son père ?

ÉLISE. — Mais a-t-on jamais vu un père marier sa fille de la sorte?

HARPAGON. — C'est un parti où il n'y a rien à redire; et je gage que tout le monde approuvera mon choix.

ÉLISE. — Et moi, je gage qu'il ne sauroit être approuvé d'aucune personne raisonnable.

HARPAGON, *apercevant Valère de loin.* — Voilà Valère. Veux-tu qu'entre nous deux nous le fassions juge de cette affaire?

ÉLISE. — J'y consens.

HARPAGON. — Te rendras-tu à son jugement?

ÉLISE. — Oui; j'en passerai par ce qu'il dira.

HARPAGON. — Voilà qui est fait.

SCÈNE VII.
VALÈRE, HARPAGON, ÉLISE.

HARPAGON. — Ici, Valère. Nous t'avons élu pour nous dire qui a raison de ma fille ou de moi.

Cela ne sera pas, mon père. (Acte I, scène VI.)

VALÈRE. — C'est vous, monsieur, sans contredit.

HARPAGON. — Sais-tu bien de quoi nous parlons?

VALÈRE. — Non. Mais vous ne sauriez avoir tort, et vous êtes toute raison.

HARPAGON. — Je veux, ce soir, lui donner pour époux un homme aussi riche que sage; et la coquine me dit au nez qu'elle se moque de le prendre. Que dis-tu de cela?

VALÈRE. — Ce que j'en dis?

HARPAGON. — Oui.

VALÈRE. — Hé! hé!

HARPAGON. — Quoi?

VALÈRE. — Je dis que, dans le fond, je suis de votre sentiment, et vous ne pouvez pas que vous n'ayez raison. Mais aussi n'a-t-elle pas tort tout à fait et....

HARPAGON. — Comment? Le seigneur Anselme est un parti considérable; c'est un gentilhomme qui est noble, doux, posé, sage et fort accommodé, et auquel il ne reste aucun enfant de son premier mariage. Sauroit-elle mieux rencontrer?

VALÈRE. — Cela est vrai. Mais elle pourroit vous dire que c'est un peu précipiter les choses, et qu'il faudroit au moins quelque temps pour voir si son inclination pourroit s'accommoder avec....

HARPAGON. — C'est une occasion qu'il faut prendre vite aux cheveux. Je trouve ici un avantage qu'ailleurs je ne trouverois pas; et il s'engage à la prendre sans dot.

VALÈRE. — Sans dot?

HARPAGON. — Oui.

VALÈRE. — Ah! je ne dis plus rien. Voyez-vous? voilà une raison tout à fait convaincante; il se faut rendre à cela.

HARPAGON. — C'est pour moi une épargne considérable.

VALÈRE. — Assurément; cela ne reçoit point de contradiction. Il est vrai que votre fille vous peut représenter que le mariage est une plus grande affaire qu'on ne peut croire; qu'il y va d'être heureux ou malheureux toute sa vie; et qu'un engagement qui doit durer jusqu'à la mort, ne se doit jamais faire qu'avec de grandes précautions.

HARPAGON. — Sans dot!

VALÈRE. — Vous avez raison : voilà qui décide tout; cela s'entend. Il y a des gens qui pourroient vous dire qu'en de telles occasions, l'inclination d'une fille est une chose, sans doute, où l'on doit avoir de l'égard; et que cette grande inégalité d'âge, d'humeur et de sentimens, rend un mariage sujet à des accidens très-fâcheux.

HARPAGON. — Sans dot!

VALÈRE. — Ah! il n'y a pas de réplique à cela; on le sait bien. Qui diantre peut aller là contre? Ce n'est pas qu'il n'y ait quantité de pères qui aimeroient mieux ménager la satisfaction de leurs filles, que l'argent qu'ils pourroient donner; qui ne les voudroient point sacrifier à l'intérêt, et chercheroient, plus que toute autre chose, à mettre dans un mariage cette douce conformité qui, sans cesse, y maintient l'honneur, la tranquillité et la joie, et que....

HARPAGON. — Sans dot!

VALÈRE. — Il est vrai; cela ferme la bouche à tout.

Ouais! il me semble que j'entends un chien qui aboie. (Acte I, scène VII.)

Sans dot! Le moyen de résister à une raison comme celle-là?

HARPAGON, *à part, regardant du côté du jardin*. — Ouais! il me semble que j'entends un chien qui aboie. N'est-ce point qu'on en voudroit à mon argent? (*A Valère*.) Ne bougez; je reviens tout à l'heure.

SCÈNE VIII.

ÉLISE, VALÈRE.

ÉLISE. — Vous moquez-vous, Valère, de lui parler comme vous faites?

VALÈRE. — C'est pour ne point l'aigrir, et pour en venir mieux à bout. Heurter de front ses sentimens est le moyen de tout gâter, et il y a de certains esprits qu'il ne faut prendre qu'en biaisant, des tempéramens ennemis de toute résistance, des naturels rétifs que la vérité fait cabrer, qui toujours se roidissent contre le droit chemin de la raison, et qu'on ne mène qu'en tournant où l'on veut les conduire. Faites semblant de consentir à ce qu'il veut, vous en viendrez mieux à vos fins, et....

ÉLISE. — Mais ce mariage, Valère!

VALÈRE. — On cherchera des biais pour le rompre.

ÉLISE. — Mais quelle invention trouver, s'il se doit conclure ce soir?

VALÈRE. — Il faut demander un délai, et feindre quelque maladie.

ÉLISE. — Mais on découvrira la feinte, si l'on appelle des médecins.

VALÈRE. — Vous moquez-vous? Y connoissent-ils quelque chose? Allez, allez, vous pourrez avec eux avoir quel mal il vous plaira; ils vous trouveront des raisons pour vous dire d'où cela vient.

SCÈNE IX.

HARPAGON, ÉLISE, VALÈRE.

HARPAGON, *à part, dans le fond du théâtre.* — Ce n'est rien, Dieu merci.

VALÈRE, *sans voir Harpagon.* — Enfin, notre dernier recours, c'est que la fuite nous peut mettre à couvert de tout; et si votre amour, belle Élise, est capable d'une fermeté.... (*Apercevant Harpagon.*) Oui, il faut qu'une fille obéisse à son père. Il ne faut point qu'elle regarde comme un mari est fait; et, lorsque la grande raison de *sans dot* s'y rencontre, elle doit être prête à prendre tout ce qu'on lui donne.

HARPAGON. — Bon; voilà bien parlé, cela!

VALÈRE. — Monsieur, je vous demande pardon si je m'emporte un peu, et prends la hardiesse de lui parler comme je fais.

HARPAGON. — Comment! j'en suis ravi, et je veux que tu prennes sur elle un pouvoir absolu. (*A Élise.*) Oui, tu as beau fuir: je lui donne l'autorité que le ciel me donne sur toi, et j'entends que tu fasses tout ce qu'il te dira.

VALÈRE, *à Élise.* — Après cela, résistez à mes remontrances.

SCÈNE X.

HARPAGON, VALÈRE.

VALÈRE. — Monsieur, je vais la suivre, pour lui continuer les leçons que je lui faisois.

HARPAGON. — Oui tu m'obligeras. Certes....

VALÈRE. — Il est bon de lui tenir un peu la bride haute.

HARPAGON. — Cela est vrai. Il faut....

VALÈRE. — Ne vous mettez pas en peine. Je crois que j'en viendrai à bout.

HARPAGON. — Fais, fais. Je m'en vais faire un petit tour en ville, et je reviens tout à l'heure.

VALÈRE, *adressant la parole à Élise, en s'en allant du côté par où elle est sortie.* — Oui, l'argent est plus précieux que toutes les choses du monde, et vous devez rendre grâce au ciel, de l'honnête homme de père qu'il vous a donné. Il sait ce que c'est que de vivre. Lorsqu'on s'offre de prendre une fille sans dot, on ne doit point regarder plus avant. Tout est renfermé là dedans; et *sans dot* tient lieu de beauté, de jeunesse, de naissance, d'honneur, de sagesse et de probité.

HARPAGON. — Ah! le brave garçon! Voilà parlé comme un oracle. Heureux qui peut avoir un domestique de la sorte!

Ce n'est rien, Dieu merci. (Acte I, scène IX.)

ACTE DEUXIÈME.

SCÈNE I.
CLÉANTE, LA FLÈCHE.

CLÉANTE. — Ah! traître que tu es, où t'es-tu donc allé fourrer? Ne t'avois-je pas donné ordre....

LA FLÈCHE. — Oui, monsieur, et je m'étois rendu ici pour vous attendre de pied ferme; mais monsieur votre père, le plus mal gracieux des hommes, m'a chassé dehors malgré moi, et j'ai couru risque d'être battu.

CLÉANTE. — Comment va notre affaire? Les choses pressent plus que jamais; et depuis que je t'ai vu, j'ai découvert que mon père est mon rival.

LA FLÈCHE. — Votre père amoureux?

CLÉANTE. — Oui; et j'ai eu toutes les peines du monde à lui cacher le trouble où cette nouvelle m'a mis.

LA FLÈCHE. — Lui, se mêler d'aimer! De quoi diable s'avise-t-il? Se moque-t-il du monde? Et l'amour a-t-il été fait pour des gens bâtis comme lui?

CLÉANTE. — Il a fallu pour mes péchés, que cette passion lui soit venue en tête.

LA FLÈCHE. — Mais par quelle raison lui faire un mystère de votre amour?

CLÉANTE. — Pour lui donner moins de soupçon, et me conserver, au besoin, des ouvertures plus aisées pour détourner ce mariage. Quelle réponse t'a-t-on faite?

LA FLÈCHE. — Ma foi, monsieur, ceux qui empruntent sont bien malheureux; et il faut essuyer d'étranges choses, lorsqu'on en est réduit à passer, comme vous, par des fesse-mathieux.

CLÉANTE. — L'affaire ne se fera point?

LA FLÈCHE. — Pardonnez-moi. Notre maître Simon, le courtier qu'on nous a donné, homme agissant et plein de zèle, dit qu'il a fait rage pour vous, et il assure que votre seule physionomie lui a gagné le cœur.

CLÉANTE. — J'aurai les quinze mille francs que je demande?

LA FLÈCHE. — Oui, mais à quelques petites conditions qu'il faudra que vous acceptiez, si vous avez dessein que les choses se fassent.

CLÉANTE. — T'a-t-il fait parler à celui qui doit prêter l'argent?

LA FLÈCHE. — Ah! vraiment, cela ne va pas de la sorte. Il apporte encore plus de soin à se cacher que vous, et ce sont des mystères bien plus grands que vous ne pensez. On ne veut point du tout dire son nom; et l'on doit aujourd'hui l'aboucher avec vous dans une maison empruntée pour être instruit par votre bouche de votre bien et de votre famille; et je ne doute point que le seul nom de votre père ne rende les choses faciles.

CLÉANTE. Et principalement notre mère étant morte, dont on ne peut m'ôter le bien.

LA FLÈCHE. — Voici quelques articles qu'il a dictés lui-même à notre entremetteur, pour vous être montrés avant que de rien faire :

Supposé que le prêteur voie toutes ses sûretés, et que l'emprunteur soit majeur, et d'une famille où le bien soit ample, solide, assuré, clair, et net de tout embarras, on fera une bonne et exacte obligation par-devant un notaire, le plus honnête homme qu'il se pourra, et qui, pour cet effet, sera choisi par le prêteur, auquel il importe le plus que l'acte soit dûment dressé.

CLÉANTE. — Il n'y a rien à dire à cela.

LA FLÈCHE. — Le prêteur, pour ne charger sa conscience d'aucun scrupule, prétend ne donner son argent qu'au denier dix-huit.

CLÉANTE. — Au denier dix-huit? Parbleu! voilà qui est honnête. Il n'y a pas lieu de se plaindre.

LA FLÈCHE. — Cela est vrai.

Mais comme ledit prêteur n'a pas chez lui la somme dont il est question, et que, pour faire plaisir à l'emprunteur il est contraint lui-même de l'emprunter d'un autre sur le pied du denier cinq, il conviendra que ledit premier emprunteur paye cet intérêt, sans préjudice du reste, attendu que ce n'est que pour l'obliger que ledit prêteur s'engage à cet emprunt.

CLÉANTE. — Comment diable! quel juif! quel Arabe est-ce là? C'est plus qu'au denier quatre.

LA FLÈCHE. — Il est vrai; c'est ce que j'ai dit. Vous avez à voir là-dessus.

CLÉANTE. — Que veux-tu que je voie? j'ai besoin d'argent, et il faut bien que je consente à tout.

LA FLÈCHE. — C'est la réponse que j'ai faite.

CLÉANTE. — Il y a encore quelque chose?

Monsieur est la personne qui veut vous emprunter. (Acte II, scène II.)

LA FLÈCHE. — Ce n'est plus qu'un petit article.

Des quinze mille francs qu'on demande, le prêteur ne pourra compter en argent que douze mille livres; et, pour les mille écus restans, il faudra que l'emprunteur prenne les hardes, nippes, bijoux dont s'ensuit le mémoire, et que ledit prêteur a mis, de bonne foi, au plus modique prix qu'il lui a été possible.

CLÉANTE. — Que veut dire cela?

LA FLÈCHE. — Écoutez le mémoire.

Premièrement, un lit de quatre pieds à bandes de point de Hongrie, appliquées fort proprement sur un drap de couleur d'olive, avec six chaises et la courte-pointe de même : le tout bien conditionné, et doublé d'un petit taffetas changeant rouge et bleu.

Plus, un pavillon à queue, d'une bonne serge d'Aumale rose sèche, avec le mollet et les franges de soie.

CLÉANTE. — Que veut-il que je fasse de cela?

LA FLÈCHE. — Attendez.

Plus, une tenture de tapisserie des amours de Gombaud et de Macée.

Plus une grande table de bois de noyer, à douze colonnes ou piliers tournés, qui se tire par les deux bouts, et garnie, par le dessous de ses six escabelles.

CLÉANTE. — Qu'ai-je affaire? morbleu!

LA FLÈCHE. — Donnez-vous patience.

Plus, trois gros mousquets tout garnis de nacre de perle, avec les fourchettes assortissantes.

Plus, un fourneau de brique, avec deux cornues et trois récipiens, fort utiles à ceux qui sont curieux de distiller.

CLÉANTE. — J'enrage.
LA FLÈCHE. — Doucement.

Plus, un luth de Bologne, garni de toutes ses cordes, ou peu s'en faut.

Plus, un trou-madame et un damier, avec un jeu de l'oie, renouvelé des Grecs, fort propres à passer le temps lorsque l'on n'a que faire.

Plus une peau d'un lézard de trois pieds et demi, remplie de foin : curiosité agréable pour pendre au plancher d'une chambre.

Le tout ci-dessus mentionné, valant loyalement plus de quatre mille cinq cents livres, et rabaissé à la valeur de mille écus par la discrétion du prêteur.

CLÉANTE. — Que la peste l'étouffe avec sa discrétion, le traître, le bourreau qu'il est ! A-t-on jamais parlé d'une usure semblable ? Et n'est-il pas content du furieux intérêt qu'il exige, sans vouloir encore m'obliger à prendre pour trois mille livres les vieux rogatons qu'il ramasse ? Je n'aurai pas deux cents écus de tout cela ; et cependant il faut bien me résoudre à consentir à ce qu'il veut, car il est en état de me faire tout accepter, et il me tient, le scélérat, le poignard sur la gorge.

LA FLÈCHE. — Je vous vois, monsieur, ne vous en déplaise, dans le grand chemin justement que tenoit Panurge pour se ruiner, prenant argent d'avance, achetant cher, vendant à bon marché, et mangeant son blé en herbe.

CLÉANTE. — Que veux-tu que j'y fasse ? Voilà où les jeunes gens sont réduits par la maudite avarice des pères ; et on s'étonne, après cela, que les fils souhaitent qu'ils meurent !

LA FLÈCHE. — Il faut avouer que le vôtre animeroit contre sa vilenie le plus posé homme du monde. Je n'ai pas, Dieu merci, les inclinations patibulaires ; et parmi mes confrères que je vois se mêler de beaucoup de petits commerces, je sais tirer adroitement mon épingle du jeu, et me démêler prudemment de toutes les galanteries qui sentent tant soit peu l'échelle ; mais, à vous dire vrai, il me donneroit, par ses procédés, des tentations de le voler, et je croirois, en le volant, faire un acte méritoire.

CLÉANTE. — Donne-moi un peu ce mémoire, que je le voie encore.

SCÈNE II.

HARPAGON, MAITRE SIMON, CLEANTE et LA FLÈCHE, *dans le fond du théâtre.*

MAÎTRE SIMON. — Oui, monsieur, c'est un jeune homme qui a besoin d'argent ; ses affaires le pressent d'en trouver, et il en passera par tout ce que vous en prescrirez.

HARPAGON. — Mais croyez-vous, maître Simon, qu'il n'y ait rien à péricliter ? et savez-vous le nom, les biens et la famille de celui pour qui vous parlez ?

MAÎTRE SIMON. — Non. Je ne puis pas bien vous en instruire à fond, et ce n'est que par aventure que l'on m'a adressé à lui ; mais vous serez de toute chose éclairci par lui-même, et son homme m'a assuré que vous serez content quand vous le connoîtrez. Tout ce que je saurois vous dire, c'est que sa famille est fort riche, qu'il n'a plus de mère déjà, et qu'il s'obligera, si vous voulez, que son père mourra avant qu'il soit huit mois.

HARPAGON. — C'est quelque chose que cela. La charité, maître Simon, nous oblige à faire plaisir aux personnes, lorsque nous le pouvons.

MAÎTRE SIMON. — Cela s'entend.

LA FLÈCHE, *bas, à Cléante, reconnoissant maître Simon.* — Que veut dire ceci ? Notre maître Simon qui parle à votre père !

CLÉANTE, *bas à La Flèche.* — Lui auroit-on appris qui je suis ? et serois-tu pour me trahir ?

MAÎTRE SIMON, *à La Flèche.* — Ah ! ah ! vous êtes bien pressés ! Qui vous a dit que c'étoit céans ? (*A Harpagon.*) Ce n'est pas moi, monsieur, au moins, qui leur ai découvert votre nom et votre logis : mais, à mon avis, il n'y pas grand mal à cela ; ce sont des personnes discrètes, et vous pouvez ici vous expliquer ensemble.

HARPAGON. — Comment ?

MAÎTRE SIMON, *montrant Cléante.* — Monsieur est la personne qui veut vous emprunter les quinze mille livres dont je vous ai parlé.

HARPAGON. — Comment, pendard ! c'est toi qui t'abandonnes à ces coupables extrémités !

CLÉANTE. — Comment, mon père ! c'est vous qui vous portez à ces honteuses actions !

(*Maître Simon s'enfuit et La Flèche va se cacher.*)

SCÈNE III.

HARPAGON, CLÉANTE.

HARPAGON. — C'est toi qui te veux ruiner par des emprunts si condamnables ?

CLÉANTE. — C'est vous qui cherchez à vous enrichir par des usures si criminelles !

HARPAGON. — Oses-tu bien, après cela, paroître devant moi ?

CLÉANTE. — Osez-vous bien, après cela, vous présenter aux yeux du monde ?

HARPAGON. — N'as-tu point de honte, dis-moi, d'en venir à ces débauches-là, de te précipiter dans ces dépenses effroyables, et de faire une honteuse dissipation du bien que tes parens t'ont amassé avec tant de sueurs ?

CLÉANTE. — Ne rougissez-vous point de déshonorer votre condition par les commerces que vous faites ; de sacrifier gloire et réputation au désir insatiable d'entasser écu sur écu, et de renchérir, en fait d'intérêt, sur les plus infâmes subtilités qu'aient jamais inventées les plus célèbres usuriers?

HARPAGON. — Ote-toi de mes yeux, coquin! ôte-toi de mes yeux!

CLÉANTE. — Qui est plus criminel, à votre avis, ou celui qui achète un argent dont il a besoin, ou bien celui qui vole un argent dont il n'a que faire?

HARPAGON. — Retire-toi, te dis-je, et ne m'échauffe pas les oreilles. (*Seul.*) Je ne suis pas fâché de cette aventure; et ce m'est un avis de tenir l'œil plus que jamais sur toutes ses actions.

SCÈNE IV.

FROSINE, HARPAGON.

FROSINE. — Monsieur....

HARPAGON. — Attendez un moment : je vais revenir vous parler. (*A part.*) Il est à propos que je fasse un petit tour à mon argent.

SCÈNE V.

LA FLÈCHE, FROSINE.

LA FLÈCHE, *sans voir Frosine.* — L'aventure est tout à fait drôle! il faut bien qu'il ait quelque part un ample magasin de hardes, car nous n'avons rien reconnu au mémoire que nous avons.

FROSINE. — Hé! c'est toi, mon pauvre La Flèche! d'où vient cette rencontre.

LA FLÈCHE. — Ah! ah! c'est toi, Frosine! Que viens-tu faire ici?

FROSINE. — Ce que je fais partout ailleurs : m'entremettre d'affaires, me rendre serviable aux gens, et profiter, du mieux qu'il m'est possible, des petits talens que je puis avoir. Tu sais que, dans ce monde, il faut vivre d'adresse, et qu'aux personnes comme moi le ciel n'a donné d'autres rentes que l'industrie.

LA FLÈCHE. — As-tu quelque négoce avec le patron du logis?

FROSINE. — Oui, je traite pour lui quelque petite affaire, dont j'espère une récompense.

LA FLÈCHE. — De lui? Ah! ma foi, tu seras bien fine, si tu en tires quelque chose; je te donne avis que l'argent céans est fort cher.

FROSINE. — Il y a de certains services qui touchent merveilleusement.

LA FLÈCHE. — Je suis votre valet; et tu ne connois pas encore le seigneur Harpagon. Le seigneur Harpagon est, de tous les humains, l'humain le moins humain, le mortel de tous les mortels le plus dur et le plus serré. Il n'est point de service qui pousse sa reconnoissance jusqu'à lui faire ouvrir les mains. De la louange, de l'estime, de la bienveillance en paroles, et de l'amitié, tant qu'il vous plaira; mais de l'argent, point d'affaires. Il n'est rien de plus sec et de plus aride que ses bonnes grâces et ses caresses; et *donner* est un mot pour qui il a tant d'aversion, qu'il ne dit jamais, *je vous donne*, mais *je vous prête le bonjour.*

FROSINE. — Mon Dieu! je sais l'art de traire les hommes; j'ai le secret de m'ouvrir leur tendresse, de chatouiller leurs cœurs, de trouver les endroits par où ils sont sensibles.

LA FLÈCHE. — Bagatelles ici. Je te défie d'attendrir du côté de l'argent, l'homme dont il est question. Il est Turc là-dessus mais d'une turquerie à désespérer tout le monde; et l'on pourroit crever qu'il n'en branleroit pas. En un mot, il aime l'argent plus que réputation, qu'honneur et que vertu; et la vue d'un demandeur lui donne des convulsions; c'est le frapper par son endroit mortel; c'est lui percer le cœur, c'est lui arracher les entrailles, et si.... Mais il revient : je me retire.

SCÈNE VI.

HARPAGON, FROSINE.

HARPAGON, *bas.* — Tout va comme il faut. (*Haut.*) Hé bien! qu'est-ce Frosine?

FROSINE. — Ah! mon Dieu, que vous vous portez bien, et que vous avez là un vrai visage de santé!

HARPAGON. — Qui, moi?

FROSINE. — Jamais je ne vous vis un teint si frais et si gaillard.

HARPAGON — Tout de bon?

FROSINE. — Comment! vous n'avez de votre vie été si jeune que vous êtes; et je vois des gens de vingt-cinq ans qui sont plus vieux que vous.

HARPAGON. — Cependant, Frosine, j'en ai soixante bien comptés.

FROSINE. — Hé bien! qu'est-ce que cela, soixante ans? Voilà bien de quoi! C'est la fleur de l'âge, cela; et vous entrez maintenant dans la belle saison de l'homme.

HARPAGON. — Il est vrai : mais vingt années de moins, pourtant, ne me feroient point de mal, que je crois.

FROSINE. — Vous moquez-vous? Vous n'avez pas besoin de cela, et vous êtes d'une pâte à vivre jusques à cent ans.

HARPAGON. — Tu le crois.

FROSINE. — Assurément. Vous en avez toutes les marques. Tenez-vous un peu. Oh! que voilà bien entre vos deux yeux, un signe de longue vie!

HARPAGON. — Tu te connois à cela?

FROSINE. — Sans doute. Montrez-moi votre main. Ah! mon Dieu quelle ligne de vie!

HARPAGON. — Comment?

FROSINE. — Ne voyez-vous pas jusqu'où va cette ligne-là?

HARPAGON. — Hé bien! qu'est-ce que cela veut dire?

FROSINE. — Par ma foi, je disois cent ans; mais vous passerez les six-vingts.

HARPAGON. — Est-il possible?

FROSINE. — Il faudra vous assommer, vous dis-je; et vous mettrez en terre et vos enfans, et les enfans de vos enfans.

HARPAGON. — Tant mieux! Comment va notre affaire?

FROSINE. — Faut-il le demander? Et me voit-on mêler de rien dont je ne vienne à bout? J'ai surtout pour les mariages, un talent merveilleux. Il n'est point de partis au monde, que je ne trouve en peu de temps le moyen d'accoupler; et je crois, si je me l'étois mis en tête, que je marierois le Grand-Turc avec la République de Venise. Il n'y avoit pas, sans doute, de si grandes difficultés à cette affaire-ci. Comme j'ai commerce chez elles, je les ai à fond l'une et l'autre entretenues de vous, et j'ai dit à la mère le dessein que vous aviez conçu pour Mariane, à la voir passer dans la rue et prendre l'air à sa fenêtre.

HARPAGON. — Qui a fait réponse....

FROSINE. — Elle a reçu la proposition avec joie, et, quand je lui ai témoigné que vous souhaitiez fort que sa fille assistât ce soir au contrat de mariage qui se doit faire de la vôtre, elle y a consenti sans peine, et me l'a confiée pour cela.

HARPAGON. — C'est que je suis obligé, Frosine, de donner à souper au seigneur Anselme, et je serai bien aise qu'elle soit du régal.

FROSINE. — Vous avez raison. Elle doit, après dîner,

Vous avez là un vrai visage de santé. (Acte II, scène VI.)

rendre visite à votre fille, d'où elle fait son compte d'aller faire un tour à la foire, pour venir ensuite au souper.

HARPAGON. — Hé bien! elles iront ensemble dans mon carrosse, que je leur prêterai.

FROSINE. — Voilà justement son affaire.

HARPAGON. — Mais, Frosine, as-tu entretenu la mère touchant le bien qu'elle peut donner à sa fille? Lui as-tu dit qu'il falloit qu'elle s'aidât un peu, qu'elle fît quelque effort, qu'elle se saignât pour une occasion comme celle-ci? Car encore n'épouse-t-on point une fille sans qu'elle apporte quelque chose.

FROSINE. — Comment! c'est une fille qui vous apporte douze mille livres de rente.

HARPAGON. — Douze mille livres de rente!

FROSINE. — Oui. Premièrement, elle est nourrie et élevée dans une grande épargne de bouche. C'est une fille accoutumée à vivre de salade, de lait, de fromage et de pommes, et à laquelle, par conséquent, il ne faudra ni table bien servie, ni consommés exquis, ni orges mondés perpétuels, ni les autres délicatesses qu'il faudroit pour une autre femme; et cela ne va pas à si peu de chose, qu'il ne monte bien, tous les ans, à trois mille francs pour le moins. Outre cela, elle n'est curieuse que d'une propreté fort simple, et n'aime point les superbes habits, ni les riches bijoux, ni les meubles somptueux, où donnent ses pareilles avec tant de chaleur; et cet article-là vaut plus de quatre mille livres par an. De plus, elle a une aversion horrible pour le jeu, ce qui n'est pas commun aux femmes d'aujourd'hui; et j'en sais une de nos quartiers qui a perdu, à trente-et-quarante, vingt mille francs cette année. Mais n'en prenons rien que le quart. Cinq mille francs au jeu par an, et quatre mille francs en habits et bijoux, cela fait neuf mille livres, et mille écus que nous mettons pour la nourriture : ne voilà-t-il pas par année vos douze mille francs bien comptés ?

HARPAGON. — Oui : cela n'est pas mal ; mais ce compte-là n'est rien de réel.

FROSINE. — Pardonnez-moi. N'est-ce pas quelque chose de réel, que de vous apporter en mariage une grande sobriété, l'héritage d'un grand amour de simplicité de parure, et l'acquisition d'un grand fonds de haine pour le jeu ?

HARPAGON. — C'est une raillerie que de vouloir me constituer son dot de toutes les dépenses qu'elle ne fera point. Je n'irai point donner quittance de ce que je ne reçois pas ; et il faut bien que je touche quelque chose.

FROSINE. — Mon Dieu ! vous toucherez assez ; et elles m'ont parlé d'un certain pays où elles ont du bien, dont vous serez le maître.

HARPAGON. — Il faut voir cela. Mais, Frosine, il y a encore une chose qui m'inquiète. La fille est jeune, comme tu vois, et les jeunes gens, d'ordinaire, n'aiment que leurs semblables, ne cherchent que leur compagnie ; j'ai peur qu'un homme de mon âge ne soit pas de son goût, et que cela ne vienne à produire chez moi certains petits désordres qui ne m'accommoderoient pas.

FROSINE. — Ah! que vous la connoissez mal ! C'est encore une particularité que j'avois à vous dire. Elle a une aversion épouvantable pour les jeunes gens, et n'a de l'amour que pour les vieillards.

HARPAGON. — Elle ?

FROSINE. — Oui, elle. Je voudrois que vous l'eussiez entendue parler là-dessus. Elle ne peut souffrir du tout la vue d'un jeune homme ; mais elle n'est point plus ravie, dit-elle, que lorsqu'elle peut voir un beau

Les plus vieux sont pour elle les plus charmants. (Acte II, scène VI.)

vieillard avec une barbe majestueuse. Les plus vieux sont pour elle les plus charmans ; et je vous avertis de n'aller pas vous faire plus jeune que vous êtes. Elle veut tout au moins qu'on soit sexagénaire ; et il n'y a pas quatre mois encore qu'étant prête d'être mariée, elle rompit tout net le mariage, sur ce que son amant fit voir qu'il n'avoit que cinquante-six ans, et qu'il ne prit point de lunettes pour signer le contrat.

HARPAGON. — Sur cela seulement.

FROSINE. — Oui. Elle dit que ce n'est pas contentement pour elle que cinquante-six ans ; et surtout elle est pour les nez qui portent des lunettes.

HARPAGON. — Certes, tu me dis là une chose toute nouvelle.

FROSINE. — Cela va plus loin qu'on ne vous peut dire. On lui voit dans sa chambre quelques tableaux et quelques estampes ; mais que pensez-vous que ce soit ? Des Adonis, des Céphales, des Pâris et des Apollons ? Non : de beaux portraits de Saturne, du roi Priam, du vieux Nestor, et du bon père Anchise sur les épaules de son fils.

HARPAGON. — Cela est admirable. Voilà ce que je n'aurois jamais pensé, et je suis bien aise d'apprendre qu'elle est de cette humeur. En effet, si j'avois été femme, je n'aurois point aimé les jeunes hommes.

FROSINE. — Je le crois bien. Voilà de belles drogues que les jeunes gens pour les aimer ! ce sont de beaux morveux, de beaux godelureaux, pour donner envie de leur peau ! et je voudrois bien savoir quel ragoût il y a à eux !

HARPAGON. — Pour moi, je n'y en comprends point, et je ne sais pas comment il y a des femmes qui les aiment tant.

FROSINE. — Il faut être folle fieffée. Trouver la jeunesse aimable, est-ce avoir le sens commun ? Sont-ce des hommes que de jeunes blondins, et peut-on s'attacher à ces animaux-là ?

HARPAGON. — C'est ce que je dis tous les jours : avec leur ton de poule laitée, leurs trois petits brins de barbe relevés en barbe de chat, leurs perruques d'étoupes, leurs hauts-de-chausses tombans, et leurs estomacs débraillés !

FROSINE. — Hé! cela est bien bâti, auprès d'une personne comme vous! Voilà un homme, cela; il y a là de quoi satisfaire à la vue; et c'est ainsi qu'il faut être fait et vêtu pour donner de l'amour.

HARPAGON. — Tu me trouves bien?

FROSINE. — Comment! vous êtes à ravir, et votre figure est à peindre. Tournez-vous un peu, s'il vous plaît. Il ne se peut pas mieux. Que je vous voie marcher. Voilà un corps taillé, libre et dégagé comme il faut, et qui ne marque aucune incommodité.

HARPAGON. — Je n'en ai pas de grandes, Dieu merci. Il n'y a que ma fluxion qui me prend de temps en temps.

FROSINE. — Cela n'est rien. Votre fluxion ne vous sied point mal, et vous avez grâce à tousser.

HARPAGON. — Dis-moi un peu : Mariane ne m'at-elle point encore vu? N'a-t-elle point pris garde à moi en passant?

FROSINE. — Non; mais nous nous sommes fort entretenues de vous. Je lui ai fait un portrait de votre personne et je n'ai pas manqué de lui vanter votre mérite, et l'avantage que ce lui seroit d'avoir un mari comme vous.

HARPAGON. — Tu as bien fait et je t'en remercie.

FROSINE. — J'aurois, monsieur, une petite prière à vous faire. J'ai un procès que je suis sur le point de perdre, faute d'un peu d'argent (*Harpagon prend un air sérieux*); et vous pourriez facilement me procurer le gain de ce procès, si vous aviez quelque bonté pour moi. Vous ne sauriez croire le plaisir qu'elle aura de vous voir. (*Harpagon reprend un air gai.*) Ah! que vous lui plairez, et que votre fraise à l'antique fera sur son esprit un effet admirable! Mais surtout elle sera charmée de votre haut-de-chausses attaché au pourpoint avec des aiguillettes. C'est pour la rendre folle de vous; et un amant aiguilleté sera pour elle un ragoût merveilleux.

HARPAGON. — Certes, tu me ravis de me dire cela.

FROSINE. — En vérité, monsieur, ce procès m'est d'une conséquence tout à fait grande. (*Harpagon reprend son air sérieux.*) Je suis ruinée, si je le perds; et quelque petite assistance me rétabliroit mes affaires. Je voudrois que vous eussiez vu le ravissement où elle étoit à m'entendre parler de vous. (*Harpagon reprend son air gai.*) La joie éclatoit dans ses yeux au récit de vos qualités; et je l'ai mise enfin dans une impatience extrême de voir ce mariage entièrement conclu.

HARPAGON. — Tu m'as fait grand plaisir, Frosine, et je t'en ai, je te l'avoue, toutes les obligations du monde.

FROSINE. — Je vous prie, monsieur, de me donner le petit secours que je vous demande. (*Harpagon reprend encore un air sérieux.*) Cela me remettra sur pied, et je vous en serai éternellement obligée.

HARPAGON. — Adieu. Je vais achever mes dépêches.

FROSINE. — Je vous assure, monsieur, que vous ne sauriez jamais me soulager dans un plus grand besoin.

HARPAGON. — Je mettrai ordre que mon carrosse soit tout prêt pour vous mener à la foire.

FROSINE. — Je ne vous importunerois pas, si je ne m'y voyois forcée par la nécessité.

HARPAGON. — Et j'aurai soin qu'on soupe de bonne heure, pour ne vous point faire malades.

FROSINE. — Ne me refusez pas la grâce dont je vous sollicite. Vous ne sauriez croire, monsieur, le plaisir que....

HARPAGON. — Je m'en vais. Voilà qu'on m'appelle. Jusqu'à tantôt.

FROSINE, *seule*. — Que la fièvre te serre, chien de vilain, à tous les diables! Le ladre a été ferme à toutes mes attaques; mais il ne me faut pas pourtant quitter la négociation; et j'ai l'autre côté, en tout cas, d'où je suis assurée de tirer bonne récompense.

ACTE TROISIÈME.

SCÈNE I.

HARPAGON, CLÉANTE, ÉLISE, VALÈRE, DAME CLAUDE, *tenant un balai*; MAITRE JACQUES, LA MERLUCHE, BRINDAVOINE.

HARPAGON. — Allons, venez çà tous; que je vous distribue mes ordres pour tantôt, et règle à chacun son emploi. Approchez, dame Claude; commençons par vous. Bon, vous voilà les armes à la main. Je vous commets au soin de nettoyer partout; et surtout prenez garde de ne point frotter les meubles trop fort, de peur de les user. Outre cela, je vous constitue, pendant le souper, au gouvernement des bouteilles, et, s'il s'en écarte quelqu'une, et qu'il se casse quelque chose, je m'en prendrai à vous et le rabattrai sur vos gages.

MAÎTRE JACQUES, *à part*. — Châtiment politique.

HARPAGON, *à dame Claude*. — Allez.

SCÈNE II.

HARPAGON, CLÉANTE, ÉLISE, VALÈRE, MAITRE JACQUES, BRINDAVOINE, LA MERLUCHE.

HARPAGON. — Vous, Brindavoine, et vous, La Merluche, je vous établis dans la charge de rincer les verres et de donner à boire, mais seulement lorsque l'on aura soif, et non pas selon la coutume de certains impertinens de laquais, qui viennent provoquer les gens et les faire aviser de boire lorsqu'on n'y songe pas. Attendez qu'on vous en demande plus d'une fois, et vous ressouvenez de porter toujours beaucoup d'eau.

MAÎTRE JACQUES, *à part*. — Oui. Le vin pur monte à la tête.

LA MERLUCHE. — Quitterons-nous nos souquenilles, monsieur?

HARPAGON. — Oui, quand vous verrez venir les personnes; et gardez bien de gâter vos habits.

BRINDAVOINE. — Vous savez bien, monsieur, qu'un des devans de mon pourpoint est couvert d'une grande tache de l'huile de la lampe.

LA MERLUCHE. — Et moi, monsieur, que j'ai mon haut-de-chausses tout troué par derrière, et qu'on me voit, révérence parler....

HARPAGON, *à La Merluche*. — Paix : rangez cela adroitement du côté de la muraille, et présentez toujours le devant au monde. (*A Brindavoine, en lui montrant comment il doit mettre son chapeau au devant de son pourpoint, pour cacher la tache d'huile.*) Et vous, tenez toujours votre chapeau ainsi, lorsque vous servirez.

SCÈNE III.

HARPAGON, CLÉANTE, ÉLISE, VALÈRE, MAITRE JACQUES.

HARPAGON. — Pour vous, ma fille, vous aurez l'œil sur ce que l'on desservira, et prendrez garde qu'il ne s'en fasse aucun dégât. Cela sied bien aux filles. Mais cependant préparez-vous à bien recevoir ma maîtresse qui vous doit venir visiter, et vous mener avec elle à la foire. Entendez-vous ce que je vous dis?

ÉLISE. — Oui, mon père.

SCÈNE IV.

HARPAGON, CLÉANTE, VALÈRE, MAITRE JACQUES.

HARPAGON. — Et vous, mon fils le damoiseau, à qui j'ai la bonté de pardonner l'histoire de tantôt, ne vous allez pas aviser non plus de lui faire mauvais visage.

CLÉANTE. — Moi, mon père? mauvais visage! Et par quelle raison?

HARPAGON. — Mon Dieu! nous savons le train des enfans dont les pères se remarient, et de quel œil ils ont coutume de regarder ce qu'on appelle belle-mère. Mais si vous souhaitez que je perde le souvenir de votre dernière fredaine, je vous recommande, surtout, de régaler d'un bon visage cette personne-là, et de lui faire enfin tout le meilleur accueil qu'il vous sera possible.

CLÉANTE. — A vous dire le vrai, mon père, je ne puis pas vous promettre d'être bien aise qu'elle devienne ma belle-mère. Je mentirois, si je vous le disois; mais, pour ce qui est de la bien recevoir et de lui faire bon visage, je vous promets de vous obéir ponctuellement sur ce chapitre.

HARPAGON. — Prenez-y garde, au moins.

J'ai mon haut-de-chausses tout troué par derrière. (Acte III, scène II.)

CLÉANTE. — Vous verrez que vous n'aurez pas sujet de vous en plaindre.

HARPAGON. — Vous ferez sagement.

SCÈNE V.

HARPAGON, VALÈRE, MAITRE JACQUES.

HARPAGON. — Valère, aide-moi à ceci. Or çà, maître Jacques, je vous ai gardé pour le dernier.

MAÎTRE JACQUES. — Est-ce à votre cocher, monsieur, ou bien à votre cuisinier que vous voulez parler? car je suis l'un et l'autre.

HARPAGON. — C'est à tous les deux.

MAÎTRE JACQUES. — Mais, à qui des deux le premier?

HARPAGON. — Au cuisinier.

MAÎTRE JACQUES. — Attendez donc, s'il vous plaît. (*Maître Jacques ôte sa casaque de cocher, et paroît vêtu en cuisinier.*)

HARPAGON. — Quelle diantre de cérémonie est-ce là?

MAÎTRE JACQUES. — Vous n'avez qu'à parler.

HARPAGON. — Je me suis engagé, maître Jacques, à donner ce soir à souper.

MAÎTRE JACQUES, *à part*. — Grande merveille!

HARPAGON. — Dis-moi un peu : nous feras-tu bonne chère?

MAÎTRE JACQUES. — Oui, si vous me donnez bien de l'argent.

HARPAGON. — Que diable, toujours de l'argent! Il semble qu'il n'ait autre chose à dire : de l'argent, de l'argent, de l'argent. Ah! ils n'ont que ce mot à la bouche, de l'argent! toujours parler d'argent! Voilà leur épée de chevet, de l'argent!

VALÈRE. — Je n'ai jamais vu de réponse plus impertinente que celle-là. Voilà une belle merveille de faire bonne chère avec bien de l'argent! C'est une chose la plus aisée du monde, et il n'y a si pauvre esprit qui n'en fît bien autant; mais, pour agir en habile homme, il faut parler de faire bonne chère avec peu d'argent.

MAÎTRE JACQUES. — Bonne chère avec peu d'argent!

VALÈRE. — Oui.

MAÎTRE JACQUES, à Valère. — Par ma foi, monsieur l'intendant, vous nous obligerez de nous faire voir ce secret, et de prendre mon office de cuisinier; aussi bien vous mêlez-vous céans d'être factoton.

HARPAGON. — Taisez-vous. Qu'est-ce qu'il nous faudra?

MAÎTRE JACQUES. — Voilà monsieur votre intendant, qui vous fera bonne chère pour peu d'argent.

HARPAGON. — Haye! Je veux que tu me répondes.

Vous êtes un sot. (Acte III, scène v.)

Hé! doucement. (Acte III, scène vi.)

MAÎTRE JACQUES. — Combien serez-vous de gens à table?

HARPAGON. — Nous serons huit ou dix; mais il ne faut prendre que huit. Quand il y a à manger pour huit, il y en a bien pour dix.

VALÈRE. — Cela s'entend.

MAÎTRE JACQUES. — Hé bien! il faudra quatre grands potages et cinq assiettes.... Potages.... Entrées....

HARPAGON. — Que diable! voilà pour traiter une ville entière.

MAÎTRE JACQUES. — Rôt....

HARPAGON, mettant la main sur la bouche de maître Jacques — Ah! traître, tu manges tout mon bien.

MAÎTRE JACQUES. — Entremets....

HARPAGON, mettant encore la main sur la bouche de maître Jacques. — Encore?

VALÈRE, à Maître Jacques. — Est-ce que vous avez

Vous êtes un mauvais railleur. (Acte III, scène VI.)

Peste soit de la sincérité. (Acte III, scène VI.)

envie de faire crever tout le monde? et monsieur a-t-il invité des gens pour les assassiner à force de mangeailles? Allez-vous-en lire un peu les préceptes de la santé, et demander aux médecins s'il y a rien de plus préjudiciable à l'homme que de manger avec excès.

HARPAGON. — Il a raison.

VALÈRE. — Apprenez, maître Jacques, vous et vos pareils, que c'est un coupe-gorge, qu'une table remplie de trop de viandes; que pour se bien montrer ami de ceux que l'on invite, il faut que la frugalité règne dans les repas qu'on donne; et que, suivant le dire d'un ancien, *il faut manger pour vivre, et non pas vivre pour manger.*

HARPAGON. — Ah! que cela est bien dit! Approche, que je t'embrasse pour ce mot. Voilà la plus belle sentence que j'aie entendue de ma vie: *Il faut vivre pour manger, et non pas manger pour vi....* Non, ce n'est pas cela. Comment est-ce que tu dis?

VALÈRE. — Qu'il faut manger pour vivre, et non pas vivre pour manger.

HARPAGON, à maître Jacques. — Oui. Entends-tu? (A Valère.) Qui est le grand homme qui a dit cela?

VALÈRE. — Je ne me souviens pas maintenant de son nom.

HARPAGON. — Souviens-toi de m'écrire ces mots : je les veux faire graver en lettres d'or sur la cheminée de ma salle.

VALÈRE. — Je n'y manquerai pas. Et pour votre souper, vous n'avez qu'à me laisser faire; je réglerai tout cela comme il faut.

HARPAGON. — Fais donc.

MAÎTRE JACQUES. — Tant mieux! j'en aurai moins de peine.

HARPAGON, à Valère. — Il faudra de ces choses dont on ne mange guère, et qui rassasient d'abord; quelque bon haricot bien gras, avec quelque pâté en pot bien garni de marrons.

VALÈRE. — Reposez-vous sur moi.

HARPAGON. — Maintenant, maître Jacques, il faut nettoyer mon carrosse.

MAÎTRE JACQUES. — Attendez ; ceci s'adresse au cocher. (Maître Jacques remet sa casaque.) Vous dites....

HARPAGON. — Qu'il faut nettoyer mon carrosse, et tenir mes chevaux tout prêts pour conduire à la foire....

MAÎTRE JACQUES. — Vos chevaux, monsieur? Ma foi, ils ne sont point du tout en état de marcher. Je ne vous dirai point qu'ils sont sur la litière : les pauvres bêtes n'en ont point, et ce seroit mal parler ; mais vous leur faites observer des jeûnes si austères, que ce ne sont plus rien que des idées ou des fantômes, des façons de chevaux.

HARPAGON. — Les voilà bien malades ! Ils ne font rien.

MAÎTRE JACQUES. — Et pour ne faire rien, monsieur, est-ce qu'il ne faut rien manger ? Il leur vaudroit bien mieux, les pauvres animaux, de travailler beaucoup, de manger de même. Cela me fend le cœur de les voir ainsi exténués. Car, enfin, j'ai une tendresse pour mes chevaux, qu'il me semble que c'est moi-même, quand je les vois pâtir. Je m'ôte tous les jours pour eux les choses de la bouche; et c'est être, monsieur, d'un naturel trop dur, que de n'avoir nulle pitié de son prochain.

HARPAGON. — Le travail ne sera pas grand, d'aller jusqu'à la foire.

MAÎTRE JACQUES. — Non, je n'ai pas le courage de les mener, et je ferois conscience de leur donner des coups de fouet, en l'état où ils sont. Comment voudriez-vous qu'ils traînassent un carrosse, qu'ils ne peuvent pas se traîner eux-mêmes?

VALÈRE. — Monsieur, j'obligerai le voisin Picard à se charger de les conduire; aussi bien nous fera-t-il ici besoin pour apprêter le souper.

MAÎTRE JACQUES. — Soit. J'aime mieux encore qu'ils meurent sous la main d'un autre, que sous la mienne.

VALÈRE. — Maître Jacques fait bien le raisonnable!

MAÎTRE JACQUES. — Monsieur l'intendant fait bien le nécessaire.

HARPAGON. — Paix.

MAÎTRE JACQUES. — Monsieur, je ne saurois souffrir les flatteurs; et je vois que ce qu'il en fait, que ses contrôles perpétuels sur le pain et le vin, le bois, le sel et la chandelle, ne sont rien que pour vous gratter et vous faire sa cour. J'enrage de cela ; et je suis fâché tous les jours d'entendre ce qu'on dit de vous : car, enfin, je me sens pour vous de la tendresse, en dépit que j'en aie; et, après mes chevaux, vous êtes la personne que j'aime le plus.

HARPAGON. — Pourrois-je savoir de vous, maître Jacques, ce que l'on dit de moi?

MAÎTRE JACQUES. — Oui, monsieur, si j'étois assuré que cela ne vous fâchât point.

HARPAGON. — Non, en aucune façon.

MAÎTRE JACQUES. — Pardonnez-moi ; je sais fort bien que je vous mettrois en colère.

HARPAGON. — Point du tout. Au contraire, c'est me faire plaisir, et je suis bien aise d'apprendre comme on parle de moi.

MAÎTRE JACQUES. — Monsieur, puisque vous le voulez, je vous dirai franchement qu'on se moque partout de vous, qu'on nous jette de tous côtés cent brocards à votre sujet, et que l'on n'est point plus ravi que de vous tenir au cul et aux chausses, et de faire sans cesse des contes de votre lésine. L'un dit que vous faites imprimer des almanachs particuliers, où vous faites doubler les quatre-temps et les vigiles, afin de profiter des jeûnes où vous obligez votre monde; l'autre, que vous avez toujours une querelle toute prête à faire à vos valets dans le temps des étrennes ou de leur sortie d'avec vous, pour vous trouver une raison de ne leur donner rien. Celui-là conte qu'une fois vous fîtes assigner le chat d'un de vos voisins, pour vous avoir mangé un reste d'un gigot de mouton; celui-ci que l'on vous surprit, une nuit, en venant dérober vous-même l'avoine de vos chevaux; et que votre cocher, qui étoit celui d'avant moi, vous donna, dans l'obscurité, je ne sais combien de coups de bâton dont vous ne voulûtes rien dire. Enfin, voulez-vous que je vous dise? On ne sauroit aller nulle part, où l'on ne vous entende accommoder de toutes pièces. Vous êtes la fable et la risée de tout le monde ; et jamais on ne parle de vous que sous les noms d'avare, de ladre, de vilain et de fesse-mathieu.

HARPAGON, en battant maître Jacques. — Vous êtes un sot, un maraud, un coquin et un impudent.

MAÎTRE JACQUES. — Hé bien! ne l'avois-je pas deviné? Vous ne m'avez pas voulu croire. Je vous avois bien dit que je vous fâcherois de vous dire la vérité.

HARPAGON. — Apprenez à parler.

SCÈNE VI.

VALÈRE, MAITRE JACQUES.

VALÈRE, riant. — A ce que je puis voir, maître Jacques, on paye mal votre franchise.

MAÎTRE JACQUES. — Morbleu! monsieur le nouveau venu, qui faites l'homme d'importance, ce n'est pas votre affaire. Riez de vos coups de bâton quand on vous en donnera, et ne venez point rire des miens.

VALÈRE. — Ah! monsieur maître Jacques, ne vous fâchez pas, je vous prie.

MAÎTRE JACQUES, *à part*. — Il file doux. Je veux faire le brave, et, s'il est assez sot pour me craindre, le frotter quelque peu. (*Haut*.) Savez-vous bien, monsieur le rieur, que je ne ris pas, moi, et que si vous m'échauffez la tête, je vous ferai rire d'une autre sorte?

(*Maître Jacques pousse Valère jusqu'au fond du théâtre en le menaçant.*)

VALÈRE. — Hé! doucement.

MAÎTRE JACQUES. — Comment, doucement? Il ne me plaît pas, moi.

VALÈRE. — De grâce!

MAÎTRE JACQUES. — Vous êtes un impertinent.

VALÈRE. — Monsieur maître Jacques....

MAÎTRE JACQUES. — Il n'y a point de monsieur maître Jacques, pour un double. Si je prends un bâton, je vous rosserai d'importance.

VALÈRE. — Comment! un bâton?

(*Valère fait reculer maître Jacques à son tour.*)

MAÎTRE JACQUES. — Hé! je ne parle pas de cela.

VALÈRE. — Savez-vous bien, monsieur le fat, que je suis homme à vous rosser vous-même.

MAÎTRE JACQUES. — Je n'en doute pas.

VALÈRE. — Que vous n'êtes, pour tout potage, qu'un faquin de cuisinier.

MAÎTRE JACQUES. — Je le sais bien.

VALÈRE. — Et que vous ne me connoissez pas encore?

MAÎTRE JACQUES. — Pardonnez-moi.

VALÈRE. — Vous me rosserez, dites-vous?

MAÎTRE JACQUES. — Je le disois en raillant.

VALÈRE. — Et moi je ne prends point de goût à votre raillerie. (*Donnant des coups de bâton à maître Jacques.*) Apprenez que vous êtes un mauvais railleur.

MAÎTRE JACQUES, *seul*. — Peste soit la sincérité! c'est un mauvais métier : désormais j'y renonce, et je ne veux plus dire vrai. Passe encore pour mon maître, il a quelque droit de me battre; mais, pour ce monsieur l'intendant, je m'en vengerai si je puis.

SCÈNE VII.

MARIANE, FROSINE, MAÎTRE JACQUES.

FROSINE. — Savez-vous, maître Jacques, si votre maître est au logis?

MAÎTRE JACQUES. — Oui, vraiment, il y est; je ne le sais que trop.

FROSINE. — Dites-lui, je vous prie, que nous sommes ici.

SCÈNE VIII.

MARIANE, FROSINE.

MARIANE. — Ah! que je suis, Frosine, dans un étrange état, et, s'il faut dire ce que je sens, que j'appréhende cette vue!

FROSINE. — Mais, pourquoi, et quelle est votre inquiétude?

MARIANE. — Hélas! me le demandez-vous? Et ne vous figurez-vous point les alarmes d'une personne toute prête à voir le supplice où l'on veut l'attacher.

FROSINE. — Je vois bien que, pour mourir agréablement, Harpagon n'est pas le supplice que vous voudriez embrasser; et je connois, à votre mine, que le jeune blondin dont vous m'avez parlé vous revient un peu dans l'esprit.

MARIANE. — Oui. C'est une chose, Frosine, dont je ne veux pas me défendre; et les visites respectueuses qu'il a rendues chez nous, ont fait, je vous l'avoue, quelque effet dans mon âme.

FROSINE. — Mais avez-vous su quel il est?

MARIANE. — Non; je ne sais point quel il est. Mais je sais qu'il est fait d'un air à se faire aimer; que, si l'on pouvoit mettre les choses à mon choix, je le prendrois plutôt qu'un autre, et qu'il ne contribue pas peu à me faire trouver un tourment effroyable dans l'époux qu'on veut me donner.

FROSINE. — Mon Dieu! tous ces blondins sont agréables, et débitent fort bien leur fait; mais la plupart sont gueux comme des rats; il vaut mieux, pour vous, de prendre un vieux mari qui vous donne beaucoup de bien. Je vous avoue que les sens ne trouvent pas si bien leur compte du côté que je dis, et qu'il y a quelques petits dégoûts à essuyer avec un tel époux; mais cela n'est pas pour durer; et sa mort, croyez-moi, vous mettra bientôt en état d'en prendre un plus aimable, qui réparera toutes choses.

MARIANE. — Mon Dieu! Frosine, c'est une étrange affaire, lorsque, pour être heureuse, il faut souhaiter ou attendre le trépas de quelqu'un; et la mort ne suit pas tous les projets que nous faisons.

FROSINE. — Vous moquez-vous? Vous ne l'épousez qu'aux conditions de vous laisser veuve bientôt; et ce doit être là un des articles du contrat. Il seroit bien impertinent de ne pas mourir dans trois mois! Le voici en propre personne.

MARIANE. — Ah! Frosine, quelle figure!

SCÈNE IX.

HARPAGON, MARIANE, FROSINE.

HARPAGON, *à Mariane*. — Ne vous offensez pas, ma belle, si je viens à vous avec des lunettes. Je sais que vos appas frappent assez les yeux, sont assez visibles d'eux-mêmes, et qu'il n'est pas besoin de lunettes pour les apercevoir : mais, enfin, c'est avec des lunettes qu'on observe les astres; et je maintiens et garantis que vous êtes un astre, mais un astre, le plus bel astre qui soit dans le pays des astres. Frosine, elle ne répond mot, et ne témoigne, ce me semble, aucune joie de me voir.

FROSINE. — C'est qu'elle est encore toute surprise; puis, les filles ont toujours honte de témoigner d'abord ce qu'elles ont dans l'âme.

HARPAGON, à Frosine. — Tu as raison. (A Mariane.) Voilà, belle mignonne, ma fille qui vient vous saluer.

SCÈNE X.

HARPAGON, ÉLISE, MARIANE, FROSINE.

MARIANE. — Je m'acquitte bien tard, madame, d'une telle visite.

ÉLISE. — Vous avez fait, madame, ce que je devoi faire, et c'étoit à moi de vous prévenir.

HARPAGON. — Vous voyez qu'elle est grande; mais mauvaise herbe croît toujours.

Ne vous offensez pas, ma belle, si je viens à vous avec des lunettes. (Acte III, scène IX.)

MARIANE, bas, à Frosine. — Oh! l'homme déplaisant!

HARPAGON, bas, à Frosine. — Que dit la belle?

FROSINE. — Qu'elle vous trouve admirable.

HARPAGON. — C'est trop d'honneur que vous me faites, adorable mignonne.

MARIANE, à part. — Quel animal!

HARPAGON. — Je vous suis trop obligé de ces sentimens.

MARIANE, à part. — Je n'y puis plus tenir.

SCÈNE XI.

HARPAGON, MARIANE, ÉLISE, CLÉANTE, VALÈRE, FROSINE, BRINDAVOINE.

HARPAGON. — Voici mon fils aussi, qui vous vient faire la révérence.

MARIANE, bas à Frosine. — Ah! Frosine, quelle rencontre. C'est justement celui dont je t'ai parlé.

FROSINE, à Mariane. — L'aventure est merveilleuse.

HARPAGON. — Je vois que vous vous étonnez de me voir de si grands enfans; mais je serai bientôt défait et de l'un et de l'autre.

CLÉANTE, à Mariane. — Madame, à vous dire le vrai, c'est ici une aventure où sans doute je ne m'attendois pas; et mon père ne m'a pas peu surpris lorsqu'il m'a dit tantôt le dessein qu'il avoit formé.

MARIANE. — Je puis dire la même chose. C'est une rencontre imprévue qui m'a surprise autant que vous; et je n'étois point préparée à une telle aventure.

CLÉANTE. — Il est vrai que mon père, madame, ne peut pas faire un plus beau choix, et que ce m'est une sensible joie que l'honneur de vous voir; mais avec tout cela, je ne vous assurerai point que je me réjouis du dessein où vous pourriez être de devenir ma belle-mère. Le compliment, je vous l'avoue, est trop difficile pour moi; et c'est un titre, s'il vous plaît, que je ne vous souhaite point. Ce discours paroîtra brutal aux yeux de quelques-uns; mais je suis assuré que vous serez personne à le prendre comme il faudra; que c'est un mariage, madame, où vous vous imaginez bien que je dois avoir de la répugnance; que vous n'ignorez pas, sachant ce que je suis, comme il choque mes intérêts; et que vous voulez bien enfin que je vous dise, avec la permission de mon père, que, si les choses dépendoient de moi, cet hymen ne se feroit point.

HARPAGON. — Voilà un compliment bien impertinent! Quelle belle confession à lui faire!

MARIANE. — Et moi, pour vous répondre, j'ai à vous dire que les choses sont fort égales; et que, si vous auriez de la répugnance à me voir votre belle-mère, je n'en aurois pas moins, sans doute, à vous voir mon beau-fils. Ne croyez pas, je vous prie, que ce soit moi qui cherche à vous donner cette inquiétude. Je serois fort fâchée de vous causer du déplaisir, et, si je ne m'y vois forcée par une puissance absolue, je vous donne ma parole que je ne consentirai point au mariage qui vous chagrine.

HARPAGON. — Elle a raison. A sot compliment, il faut une réponse de même. Je vous demande pardon, ma belle, de l'impertinence de mon fils; c'est un jeune sot qui ne sait pas encore la conséquence des paroles qu'il dit.

Ah! traître! (Acte III, scène XII.)

MARIANE. — Je vous promets que ce qu'il m'a dit ne m'a point du tout offensée; au contraire, il m'a fait plaisir de m'expliquer ainsi ses véritables sentimens. J'aime de lui un aveu de la sorte; et, s'il avoit parlé d'autre façon, je l'en estimerois bien moins.

HARPAGON. — C'est beaucoup de bonté à vous, de vouloir ainsi excuser ses fautes. Le temps le rendra plus sage, et vous verrez qu'il changera de sentimens.

CLÉANTE. — Non, mon père, je ne suis point capable d'en changer, et je prie instamment madame de le croire.

HARPAGON. — Mais voyez quelle extravagance! il continue encore plus fort.

CLÉANTE. — Voulez-vous que je trahisse mon cœur?

HARPAGON. — Encore! avez-vous envie de changer de discours?

CLÉANTE. — Hé bien! puisque vous voulez que je parle d'autre façon, souffrez, madame, que je me mette ici à la place de mon père, et que je vous avoue que je n'ai rien vu dans le monde de si charmant que vous; que je ne conçois rien d'égal au bonheur de vous plaire, et que le titre de votre époux est une gloire, une félicité que je préférerois aux destinées des plus grands princes de la terre. Oui, madame, le bonheur de vous posséder est, à mes regards, la plus belle de toutes les fortunes; c'est où j'attache toute mon ambition. Il n'y a rien que je ne sois capable de faire pour une conquête si précieuse; et les obstacles les plus puissans....

HARPAGON. — Doucement, mon fils, s'il vous plaît.

CLÉANTE. — C'est un compliment que je fais pour vous à madame.

HARPAGON. — Mon Dieu! j'ai une langue pour m'expliquer moi-même, et je n'ai pas besoin d'un procureur comme vous. Allons, donnez des siéges.

FROSINE. — Non ; il vaut mieux que de ce pas nous allions à la foire, afin d'en revenir plus tôt et d'avoir tout le temps ensuite de nous entretenir.

HARPAGON, à Brindavoine. — Qu'on mette donc les chevaux au carrosse.

SCÈNE XII.

HARPAGON, MARIANE, ÉLISE, CLÉANTE, VALÈRE, FROSINE.

HARPAGON, à Mariane. — Je vous prie de m'excuser, ma belle, si je n'ai pas songé à vous donner un peu de collation avant que de partir.

CLÉANTE. — J'y ai pourvu, mon père, et j'ai fait apporter ici quelques bassins d'oranges de la Chine, de citrons doux et de confitures, que j'ai envoyé quérir de votre part.

HARPAGON, bas à Valère. — Valère !

VALÈRE, à Harpagon. — Il a perdu le sens.

CLÉANTE. — Est-ce que vous trouvez, mon père, que ce ne soit pas assez ? Madame aura la bonté d'excuser cela, s'il lui plaît.

MARIANE. — C'est une chose qui n'étoit pas nécessaire.

CLÉANTE. — Avez-vous jamais vu, madame, un diamant plus vif que celui que vous voyez que mon père a au doigt ?

MARIANE. — Il est vrai qu'il brille beaucoup.

CLÉANTE, ôtant du doigt de son père le diamant et le donnant à Mariane. — Il faut que vous le voyiez de près.

MARIANE. — Il est fort beau, sans doute, et jette quantité de feux.

CLÉANTE, se mettant au-devant de Mariane qui veut rendre le diamant. — Nenni, madame, il est en de trop belles mains. C'est un présent que mon père vous a fait.

HARPAGON. — Moi ?

CLÉANTE. — N'est-il pas vrai, mon père, que vous voulez que madame le garde pour l'amour de vous ?

HARPAGON, bas, à son fils. — Comment ?

CLÉANTE, à Mariane. — Belle demande ! Il me fait signe de vous le faire accepter.

MARIANE. — Je ne veux point....

CLÉANTE, à Mariane. — Vous moquez-vous ? il n'a garde de le reprendre.

HARPAGON, à part. — J'enrage.

MARIANE. — Ce seroit....

CLÉANTE, empêchant toujours Mariane de rendre le diamant. — Non, vous dis-je, c'est l'offenser.

MARIANE. — De grâce....

CLÉANTE. — Point du tout.

HARPAGON, à part. — Peste soit....

CLÉANTE. — Le voilà qui se scandalise de votre refus.

HARPAGON, bas à son fils. — Ah ! traître !

CLÉANTE, à Mariane. — Vous voyez qu'il se désespère.

HARPAGON, bas, à son fils, en le menaçant. — Bourreau que tu es.

CLÉANTE. — Mon père, ce n'est pas ma faute. Je fais ce que je puis pour l'obliger à la garder ; mais elle est obstinée.

HARPAGON, bas, à son fils, en le menaçant. — Pendard !

CLÉANTE. — Vous êtes cause, madame, que mon père me querelle.

HARPAGON, bas, à son fils, avec les mêmes gestes. — Le coquin.

CLÉANTE, à Mariane. — Vous le ferez tomber malade. De grâce madame, ne résistez point davantage.

FROSINE, à Mariane. — Mon Dieu ! que de façons ! Gardez la bague ; puisque monsieur le veut.

MARIANE, à Harpagon. — Pour ne vous point mettre en colère, je la garde maintenant, et je prendrai un autre temps pour vous la rendre.

SCÈNE XIII.

HARPAGON, MARIANE, ÉLISE, CLÉANTE, VALÈRE, FROSINE, BRINDAVOINE.

BRINDAVOINE. — Monsieur, il y a là un homme qui veut vous parler.

HARPAGON. — Dis lui que je suis empêché, et qu'il revienne une autre fois.

BRINDAVOINE. — Il dit qu'il vous apporte de l'argent.

HARPAGON, à Mariane. — Je vous demande pardon ; je reviens tout à l'heure.

E XIV.

HARPAGON, MARIANE, ÉLISE, CLÉANTE, VALÈRE, FROSINE, LA MERLUCHE.

LA MERLUCHE, courant, et faisant tomber Harpagon. — Monsieur....

HARPAGON. — Ah ! je suis mort.

CLÉANTE. — Qu'est-ce, mon père ? Vous êtes-vous fait mal ?

HARPAGON. — Le traître assurément a reçu de l'argent de mes débiteurs, pour me faire rompre le cou.

VALÈRE, à Harpagon. — Cela ne sera rien.

LA MERLUCHE, à Harpagon. — Monsieur, je vous

demande pardon; je croyois bien faire d'accourir vite.

HARPAGON. — Que viens-tu faire ici, bourreau?

LA MERLUCHE. — Vous dire que vos deux chevaux sont déferrés.

HARPAGON. — Qu'on les mène promptement chez le maréchal.

CLÉANTE. — En attendant qu'ils soient ferrés, je vais faire pour vous, mon père, les honneurs de votre logis, et conduire madame dans le jardin, où je ferai porter la collation.

SCÈNE XV.

HARPAGON, VALÈRE.

HARPAGON. — Valère, aie un peu l'œil à tout cela, et prends soin, je te prie, de m'en sauver le plus que tu pourras pour le renvoyer au marchand.

VALÈRE. — C'est assez.

HARPAGON, seul. — O fils impertinent! as-tu envie de me ruiner?

Ah! je suis mort! (Acte II, scène XIV.)

ACTE QUATRIÈME.

SCÈNE I.
CLÉANTE, MARIANE, ÉLISE, FROSINE.

CLÉANTE. — Rentrons ici; nous serons beaucoup mieux. Il n'y a plus autour de nous personne de suspect, et nous pouvons parler librement.

ÉLISE. — Oui, madame, mon frère m'a fait confidence de la passion qu'il a pour vous. Je sais les chagrins et les déplaisirs que sont capables de causer de pareilles traverses; et c'est, je vous assure, avec une tendresse extrême que je m'intéresse à votre aventure.

MARIANE. — C'est une douce consolation que de voir dans ses intérêts une personne comme vous; et je vous conjure, madame, de me garder toujours cette généreuse amitié, si capable de m'adoucir les cruautés de la fortune.

FROSINE. — Vous êtes, par ma foi, de malheureuses gens l'un et l'autre, de ne m'avoir point, avant tout ceci, avertie de votre affaire. Je vous aurois, sans doute, détourné cette inquiétude, et n'aurois point amené les choses où l'on voit qu'elles sont.

CLÉANTE. — Que veux-tu? C'est ma mauvaise destinée qui l'a voulu ainsi. Mais, belle Mariane, quelles résolutions sont les vôtres?

MARIANE. — Hélas! suis-je en pouvoir de faire des résolutions? Et, dans la dépendance où je me vois, puis-je former que des souhaits?

CLÉANTE. — Point d'autre appui pour moi dans votre cœur que de simples souhaits? Point de pitié officieuse? Point de secourable bonté? Point d'affection agissante?

MARIANE. — Que saurois-je vous dire? Mettez-vous en ma place, et voyez ce que je puis faire. Avisez, ordonnez vous-même : je m'en remets à vous; et je vous crois trop raisonnable, pour vouloir exiger de moi que ce qui peut m'être permis par l'honneur et la bienséance.

CLÉANTE. — Hélas! où me réduisez-vous, que de me renvoyer à ce que voudront permettre les fâcheux sentiments d'un rigoureux honneur et d'une scrupuleuse bienséance?

MARIANE. — Mais que voulez-vous que je fasse? Quand je pourrois passer sur quantité d'égards où notre sexe est obligé, j'ai de la considération pour ma mère. Elle m'a toujours élevée avec une tendresse extrême, et je ne saurois me résoudre à lui donner du déplaisir. Faites, agissez auprès d'elle; employez tous vos soins à gagner son esprit. Vous pouvez faire et dire tout ce que vous voudrez; je vous en donne la licence; et, s'il ne tient qu'à me déclarer en votre faveur, je veux bien consentir à lui faire un aveu, moi-même, de tout ce que je sens pour vous.

CLÉANTE. — Frosine, ma pauvre Frosine, voudrois-tu nous servir?

FROSINE. — Par ma foi, faut-il le demander? je le voudrois de tout mon cœur. Vous savez que, de mon naturel, je suis assez humaine. Le ciel ne m'a point fait l'âme de bronze, et je n'ai que trop de tendresse à rendre de petits services, quand je vois des gens qui s'entr'aiment en tout bien et en tout honneur. Que pourrions-nous faire à ceci?

CLÉANTE. — Songe un peu, je te prie.

MARIANE. — Ouvre-nous des lumières.

ÉLISE. — Trouve quelque invention pour rompre ce que tu as fait.

FROSINE. — Ceci est assez difficile. (*A Mariane.*) Pour votre mère, elle n'est pas tout à fait déraisonnable, et peut-être pourroit-on la gagner et la résoudre à transporter au fils le don qu'elle veut faire au père. (*A Cléante*.) Mais le mal que j'y trouve, c'est que votre père est votre père.

CLÉANTE. — Cela s'entend.

FROSINE. — Je veux dire qu'il conservera du dépit si l'on montre qu'on le refuse, et qu'il ne sera point d'humeur ensuite à donner son consentement à votre mariage. Il faudroit, pour bien faire, que le refus vînt de lui-même, et tâcher, par quelque moyen, de le dégoûter de votre personne.

CLÉANTE. — Tu as raison.

FROSINE. — Oui, j'ai raison; je le sais bien. C'est là ce qu'il faudroit; mais le diantre est d'en pouvoir trouver les moyens. Attendez : si nous avions quelque femme un peu sur l'âge, qui fût de mon talent, et jouât assez bien pour contrefaire une dame de qualité, par le moyen d'un train fait à la hâte et d'un bizarre nom de

Ouais, mon fils baise la main de sa prétendue belle-mère. (Acte IV, scène II.)

marquise ou de vicomtesse, que nous supposerions de la Basse-Bretagne, j'aurois assez d'adresse pour faire accroire à votre père que ce seroit une personne riche, outre ses maisons, de cent mille écus en argent comptant; qu'elle seroit éperdument amoureuse de lui, et souhaiteroit de se voir sa femme, jusqu'à lui donner tout son bien par contrat de mariage; et je ne doute point qu'il ne prêtât l'oreille à la proposition. Car enfin, il vous aime fort, je le sais; mais il aime un peu plus l'argent; et quand, ébloui de ce leurre, il auroit une fois consenti à ce qui vous touche, il importeroit peu ensuite qu'il se désabusât, en venant à vouloir voir clair aux effets de notre marquise.

CLÉANTE. — Tout cela est fort bien pensé.

FROSINE. — Laissez-moi faire. Je viens de me ressouvenir d'une de mes amies qui sera notre fait.

CLÉANTE. — Sois assurée, Frosine, de ma reconnoissance, si tu viens à bout de la chose. Mais, charmante Mariane, commençons, je vous prie, par gagner votre mère; c'est toujours beaucoup faire que de rompre ce mariage. Faites-y de votre part, je vous en conjure, tous les efforts qu'il vous sera possible. Servez-vous de tout le pouvoir que vous donne sur elle cette amitié qu'elle a pour vous. Déployez sans réserve les grâces éloquentes, les charmes tout-puissants que le ciel a placés dans vos yeux et dans votre bouche; et n'oubliez rien, s'il vous plaît, de ces tendres paroles, de ces douces prières, et de ces caresses touchantes, à qui je suis persuadé qu'on ne sauroit rien refuser.

MARIANE. — J'y ferai tout ce que je puis, et n'oublierai aucune chose.

SCÈNE II.

HARPAGON, CLÉANTE, MARIANE, ÉLISE, FROSINE.

HARPAGON, *à part, sans être aperçu*. — Ouais! mon fils baise la main de sa prétendue belle-mère; et sa prétendue belle-mère ne s'en défend pas fort! Y auroit-il quelque mystère là-dessous?

ÉLISE. — Voilà mon père.

HARPAGON. — Le carrosse est tout prêt; vous pouvez partir quand il vous plaira.

CLÉANTE. — Puisque vous n'y allez pas, mon père, je m'en vais les conduire.

HARPAGON. — Non : demeurez. Elles iront toutes seules, et j'ai besoin de vous.

SCÈNE III.

HARPAGON, CLÉANTE.

HARPAGON. — Or çà, intérêt de belle-mère à part, que te semble, à toi, de cette personne?

CLÉANTE. — Ce qui m'en semble?

HARPAGON. — Oui, de son air, de sa taille, de sa beauté, de son esprit?

CLÉANTE. — Là, là.

HARPAGON. — Mais encore?

CLÉANTE. — A vous en parler franchement, je ne l'ai pas trouvée ici ce que je l'avois crue. Son air est de franche coquette, sa taille est assez gauche, sa beauté très-médiocre, et son esprit des plus communs. Ne croyez pas que ce soit, mon père, pour vous en dégoûter; car, belle-mère pour belle-mère, j'aime autant celle-là qu'une autre.

HARPAGON. — Tu lui disois pourtant tantôt....

CLÉANTE. — Je lui ai dit quelques douceurs en votre nom, mais c'étoit pour vous plaire.

HARPAGON. — Si bien donc que tu n'aurois pas d'inclination pour elle?

CLÉANTE. — Moi? point du tout.

HARPAGON. — J'en suis fâché, car cela rompt une pensée qui m'étoit venue dans l'esprit. J'ai fait, en la voyant ici, réflexion sur mon âge; et j'ai songé qu'on pourra trouver à redire de me voir marier à une si jeune personne. Cette considération m'en faisoit quitter le dessein; et, comme je l'ai fait demander, et que je suis pour elle engagé de parole, je te l'aurois donnée, sans l'aversion que tu témoignes.

CLÉANTE. — A moi?

HARPAGON. — A toi.

CLÉANTE. — En mariage?

HARPAGON. — En mariage.

CLÉANTE. — Écoutez. Il est vrai qu'elle n'est pas fort à mon goût; mais, pour vous faire plaisir, mon père, je me résoudrai à l'épouser, si vous voulez.

HARPAGON. — Moi, je suis plus raisonnable que tu ne penses. Je ne veux point forcer ton inclination.

CLÉANTE. — Pardonnez-moi; je me ferai cet effort pour l'amour de vous.

HARPAGON. — Non, non. Un mariage ne sauroit être heureux, où l'inclination n'est pas.

CLÉANTE. — C'est une chose, mon père, qui peut-être viendra ensuite; et l'on dit que l'amour est souvent un fruit du mariage.

HARPAGON. — Non. Du côté de l'homme, on ne doit point risquer l'affaire; et ce sont des suites fâcheuses, où je n'ai garde de me commettre. Si tu avois senti quelque inclination pour elle, à la bonne heure; je te l'aurois fait épouser au lieu de moi; mais, cela n'étant pas, je suivrai mon premier dessein, et je l'épouserai moi-même.

CLÉANTE. — Hé bien! mon père, puisque les choses sont ainsi, il faut vous découvrir mon cœur; il faut vous révéler notre secret. La vérité est que je l'aime depuis un jour que je la vis dans une promenade; que mon dessein étoit tantôt de vous la demander pour femme, et que rien ne m'a retenu que la déclaration de vos sentimens, et la crainte de vous déplaire.

HARPAGON. — Lui avez-vous rendu visite?

CLÉANTE. — Oui, mon père.

HARPAGON. — Beaucoup de fois?

CLÉANTE. — Assez, pour le temps qu'il y a.

HARPAGON. — Vous a-t-on bien reçu?

CLÉANTE. — Fort bien, mais sans savoir qui j'étois; et c'est ce qui a fait tantôt la surprise de Mariane.

HARPAGON. — Lui avez-vous déclaré votre passion, et le dessein où vous étiez de l'épouser?

CLÉANTE. — Sans doute; et même j'en avois fait à sa mère quelque peu d'ouverture.

HARPAGON. — A-t-elle écouté, pour sa fille, votre proposition?

CLÉANTE. — Oui, fort civilement.

HARPAGON. — Et la fille correspond-elle fort à votre amour?

CLÉANTE. — Si j'en dois croire les apparences, je me persuade, mon père, qu'elle a quelque bonté pour moi.

HARPAGON, *bas, à part*. — Je suis bien aise d'avoir appris un tel secret; et voilà justement ce que je demandois. (*Haut.*) Or sus, mon fils, savez-vous ce qu'il y a? C'est qu'il faut songer, s'il vous plaît, à vous défaire de votre amour, à cesser toutes vos poursuites auprès d'une personne que je prétends pour moi, et à vous marier dans peu avec celle qu'on vous destine.

CLÉANTE. — Oui, mon père; c'est ainsi que vous

me jouez! Hé bien! puisque les choses en sont venues là, je vous déclare, moi, que je ne quitterai point la passion que j'ai pour Mariane; qu'il n'y a point d'extrémité où je ne m'abandonne, pour vous disputer sa conquête; et que, si vous avez pour vous le consentement d'une mère, j'aurai d'autres secours, peut-être, qui combattront pour moi.

HARPAGON. — Comment, pendard! tu as l'audace d'aller sur mes brisées?

CLÉANTE. — C'est vous qui allez sur les miennes, et je suis le premier en date.

HARPAGON. — Ne suis-je pas ton père, et ne me dois-tu pas respect?

CLÉANTE. — Ce ne sont point ici des choses où les enfans soient obligés de déférer aux pères, et l'amour ne connoît personne.

HARPAGON. — Je te ferai bien me connoître avec de bons coups de bâton.

CLÉANTE. — Toutes vos menaces ne feront rien.

HARPAGON. — Tu renonceras à Mariane.

CLÉANTE. — Point du tout.

HARPAGON. — Donnez-moi un bâton tout à l'heure.

SCÈNE IV.

HARPAGON, CLÉANTE, MAÎTRE JACQUES.

MAÎTRE JACQUES. — Hé, hé, hé! messieurs, qu'est-ce-ci? A quoi songez-vous?

CLÉANTE. — Je me moque de cela.

MAÎTRE JACQUES, à Cléante. — Ah! monsieur, doucement.

HARPAGON. — Me parler avec cette impudence!

MAÎTRE JACQUES, à Harpagon. — Ah! monsieur, de grâce.

CLÉANTE. — Je n'en démordrai point.

MAÎTRE JACQUES, à Cléante. — Hé quoi! à votre père?

HARPAGON. — Laisse-moi faire.

MAÎTRE JACQUES, à Harpagon. — Hé quoi! à votre fils? Encore passe pour moi.

HARPAGON. — Je te veux faire toi-même, maître Jacques, juge de cette affaire, pour montrer comme j'ai raison.

MAÎTRE JACQUES. — J'y consens. (A Cléante.) Éloignez-vous un peu.

HARPAGON. — J'aime une fille que je veux épouser; et le pendard a l'insolence de l'aimer avec moi, et d'y prétendre malgré mes ordres.

MAÎTRE JACQUES. — Il a tort.

HARPAGON. — N'est-ce pas une chose épouvantable, qu'un fils qui veut entrer en concurrence avec son père? et ne doit-il pas, par respect, s'abstenir de toucher à mes inclinations?

MAÎTRE JACQUES. — Vous avez raison. Laissez-moi lui parler, et demeurez là.

CLÉANTE, à maître Jacques, qui s'approche de lui.

— Hé bien! oui, puisqu'il veut te choisir pour juge, je n'y recule point; il ne m'importe qui ce soit; et je veux bien aussi me rapporter à toi, maître Jacques, de notre différend.

MAÎTRE JACQUES. — C'est beaucoup d'honneur que vous me faites.

CLÉANTE. — Je suis épris d'une jeune personne qui répond à mes vœux, et reçoit tendrement les offres de ma foi; et mon père s'avise de venir troubler notre amour, par la demande qu'il en fait faire.

MAÎTRE JACQUES. — Il a tort, assurément.

CLÉANTE. — N'a-t-il point de honte, à son âge, de songer à se marier? Lui sied-il bien d'être amoureux? et ne devroit-il pas laisser cette occupation aux jeunes gens?

MAÎTRE JACQUES. — Vous avez raison. Il se moque. Laissez-moi lui dire deux mots. (A Harpagon.) Hé bien! votre fils n'est pas si étrange que vous le dites, et il se met à la raison. Il dit qu'il sait le respect qu'il vous doit; qu'il ne s'est emporté que dans la première chaleur; et qu'il ne fera point refus de se soumettre à ce qu'il vous plaira, pourvu que vous vouliez le traiter mieux que vous ne faites, et lui donner quelque personne en mariage, dont il ait lieu d'être content.

HARPAGON. — Ah! dis-lui, maître Jacques, que, moyennant cela, il pourra espérer toutes choses de moi, et que, hors Mariane, je lui laisse la liberté de choisir celle qu'il voudra.

MAÎTRE JACQUES. — Laissez-moi faire. (A Cléante.) Hé bien! votre père n'est pas si déraisonnable que vous le faites; et il m'a témoigné que ce sont vos emportements qui l'ont mis en colère; qu'il n'en veut seulement qu'à votre manière d'agir; et qu'il sera fort disposé à vous accorder ce que vous souhaitez, pourvu que vous vouliez vous y prendre par la douceur, et lui rendre les déférences, les respects et les soumissions qu'un fils doit à son père.

CLÉANTE. Ah! maître Jacques, tu peux lui assurer que, s'il m'accorde Mariane, il me verra toujours le plus soumis de tous les hommes, et que jamais je ne ferai aucune chose que par ses volontés.

MAÎTRE JACQUES, à Harpagon. — Cela est fait; il consent à ce que vous dites.

HARPAGON. — Voilà qui va le mieux du monde.

MAÎTRE JACQUES, à Cléante. — Tout est conclu; il est content de vos promesses.

CLÉANTE. — Le ciel en soit loué!

MAÎTRE JACQUES. — Messieurs, vous n'avez qu'à parler ensemble : vous voilà d'accord maintenant; et vous alliez vous quereller, faute de vous entendre.

CLÉANTE. — Mon pauvre maître Jacques, je te serai obligé toute ma vie.

MAÎTRE JACQUES. — Il n'y a pas de quoi, monsieur.

HARPAGON. — Tu m'as fait plaisir, maître Jacques; et cela mérite une récompense. (*Harpagon fouille dans sa poche; maître Jacques tend la main; mais Harpagon ne tire que son mouchoir en disant :*) Va, je m'en souviendrai, je t'assure.

MAÎTRE JACQUES. — Je vous baise les mains.

SCÈNE V.

HARPAGON, CLÉANTE.

CLÉANTE. — Je vous demande pardon, mon père, de l'emportement que j'ai fait paroître.
HARPAGON. — Cela n'est rien.
CLÉANTE. — Je vous assure que j'en ai tous les regrets du monde.
HARPAGON. — Et moi, j'ai toutes les joies du monde de te voir raisonnable.
CLÉANTE. — Quelle bonté à vous, d'oublier si vite ma faute!
HARPAGON. — On oublie aisément les fautes des enfans, lorsqu'ils rentrent dans leur devoir.
CLÉANTE. — Quoi! ne garder aucun ressentiment de toutes mes extravagances?
HARPAGON. — C'est une chose où tu m'obliges, par la soumission et le respect où tu te ranges.
CLÉANTE. — Je vous promets, mon père, que, jusques au tombeau, je conserverai dans mon cœur le souvenir de vos bontés.
HARPAGON. — Et moi, je te promets qu'il n'y aura aucune chose que de moi tu n'obtiennes.
CLÉANTE. — Ah! mon père, je ne vous demande plus rien; et c'est m'avoir assez donné, que de me donner Mariane.
HARPAGON. — Comment?
CLÉANTE. — Je dis, mon père, que je suis trop content de vous, et que je trouve toutes choses dans la bonté que vous avez de m'accorder Mariane.
HARPAGON. — Qui est-ce qui parle de t'accorder Mariane?
CLÉANTE. — Vous, mon père.
HARPAGON. — Moi?
CLÉANTE. — Sans doute.
HARPAGON. — Comment? c'est toi qui as promis d'y renoncer.

Je te déshérite. (Acte IV, scène V.)

Sauvons-nous.... (Acte IV, scène VI.)

CLÉANTE. — Moi, y renoncer?
HARPAGON. — Oui.
CLÉANTE. — Point du tout.
HARPAGON. — Tu ne t'es pas départi d'y prétendre?
CLÉANTE. — Au contraire, j'y suis porté plus que jamais.
HARPAGON. — Quoi! pendard, derechef?
CLÉANTE. — Rien ne me peut changer.
HARPAGON. — Laisse-moi faire, traître!
CLÉANTE. — Faites tout ce qu'il vous plaira.
HARPAGON. — Je te défends de me jamais voir.
CLÉANTE. — A la bonne heure.
HARPAGON. — Je t'abandonne.
CLÉANTE. — Abandonnez.
HARPAGON. — Je te renonce pour mon fils.
CLÉANTE. — Soit.
HARPAGON. — Je te déshérite.
CLÉANTE. — Tout ce que vous voudrez.
HARPAGON. — Et je te donne ma malédiction.
CLÉANTE. — Je n'ai que faire de vos dons.

SCÈNE VI.

CLÉANTE, LA FLÈCHE.

LA FLÈCHE, *sortant du jardin, avec une cassette.* — Ah! monsieur, que je vous trouve à propos! Suivez-moi vite.
CLÉANTE. — Qu'y a-t-il?
LA FLÈCHE. — Suivez-moi, vous dis-je : nous sommes bien.
CLÉANTE. — Comment?
LA FLÈCHE. — Voici votre affaire.
CLÉANTE. — Quoi?
LA FLÈCHE. — J'ai guigné ceci tout le jour.
CLÉANTE. — Qu'est-ce que c'est?
LA FLÈCHE. — Le trésor de votre père, que j'ai attrapé.
CLÉANTE. — Comment as-tu fait?
LA FLÈCHE. — Vous saurez tout. Sauvons-nous : je l'entends crier.

SCÈNE VII.

HARPAGON, *criant au voleur dès le jardin.*

Au voleur! au voleur! à l'assassin! au meurtrier! Justice, juste ciel! je suis perdu, je suis assassiné; on m'a coupé la gorge : on m'a dérobé mon argent. Qui peut-ce être? Qu'est-il devenu? Où est-il? Où se cache-t-il? Que ferai-je pour le trouver? Où courir? Où ne pas courir? N'est-il point là? N'est-il point ici? Qui est-ce? Arrête. (*A lui-même se prenant par le bras.*) Rends-moi mon argent, coquin.... Ah! c'est moi! Mon esprit est troublé, et j'ignore où je suis, qui je suis, et ce que je fais. Hélas! mon pauvre argent! mon pauvre argent! mon cher ami! on m'a privé de toi; et, puisque tu m'es enlevé, j'ai perdu mon support, ma consolation, ma joie : tout est fini pour moi, et je n'ai plus que faire au monde. Sans toi, il m'est impossible de

vivre. C'en est fait; je n'en puis plus ; je me meurs; je suis mort; je suis enterré. N'y a-t-il personne qui veuille me ressusciter, en me rendant mon argent, ou en m'apprenant qui l'a pris? Euh! que dites-vous? Ce n'est personne. Il faut, qui que ce soit qui ait fait le coup, qu'avec beaucoup de soin on ait épié l'heure; et l'on a choisi justement le temps que je parlois à mon traître de fils. Sortons. Je veux aller quérir la justice et faire donner la question à toute ma maison ; à servantes, à valets, à fils, à fille, et à moi aussi. Que de gens assemblés! Je ne jette mes regards sur personne qui ne me donne des soupçons, et tout me semble mon voleur. Hé! de quoi est-ce qu'on parle là? de celui qui m'a dérobé? Quel bruit fait-on là-haut? Est-ce mon voleur qui y est? De grâce, si l'on sait des nouvelles de mon voleur, je supplie que l'on m'en dise. N'est il point caché là parmi vous? Ils me regardent tous, et se mettent à rire. Vous verrez qu'ils ont part, sans doute, au vol que l'on m'a fait. Allons vite, des commissaires, des archers, des prévôts, des juges, des gênes, des potences et des bourreaux. Je veux faire pendre tout le monde; et, si je ne retrouve mon argent, je me pendrai moi-même après.

FIN DU QUATRIÈME ACTE.

ACTE CINQUIÈME.

SCÈNE I.

HARPAGON, UN COMMISSAIRE.

LE COMMISSAIRE. — Laissez-moi faire ; je sais mon métier, Dieu merci. Ce n'est pas d'aujourd'hui que je me mêle de découvrir des vols, et je voudrois avoir autant de sacs de mille francs que j'ai fait pendre de personnes.

HARPAGON. — Tous les magistrats sont intéressés à prendre cette affaire en main ; et, si l'on ne me fait retrouver mon argent, je demanderai justice de la justice.

LE COMMISSAIRE. — Il faut faire toutes les poursuites requises. Vous dites qu'il y avoit dans cette cassette....

HARPAGON. — Dix mille écus bien comptés.

LE COMMISSAIRE. — Dix mille écus !

HARPAGON. — Dix mille écus.

LE COMMISSAIRE. — Le vol est considérable !

HARPAGON. — Il n'y a point de supplice assez grand pour l'énormité de ce crime ; et s'il demeure impuni, les choses les plus sacrées ne sont plus en sûreté.

LE COMMISSAIRE. — En quelles espèces étoit cette somme ?

HARPAGON. — En bons louis d'or et pistoles bien trébuchantes.

LE COMMISSAIRE. — Qui soupçonnez-vous de ce vol ?

HARPAGON. — Tout le monde ; et je veux que vous arrêtiez prisonniers la ville et les faubourgs.

LE COMMISSAIRE. — Il faut, si vous m'en croyez, n'effaroucher personne, et tâcher doucement d'attraper quelques preuves, afin de procéder après, par la rigueur, au recouvrement des deniers qui vous ont été pris.

SCÈNE II.

HARPAGON, UN COMMISSAIRE, MAITRE JACQUES.

MAÎTRE JACQUES, *dans le fond du théâtre, en se retournant du côté par lequel il est entré.* — Je m'en vais revenir. Qu'on me l'égorge tout à l'heure ; qu'on me lui fasse griller les pieds ; qu'on me le mette dans l'eau bouillante, et qu'on me le pende au plancher.

HARPAGON, *à maître Jacques*. — Qui ? celui qui m'a dérobé ?

MAÎTRE JACQUES. — Je parle d'un cochon de lait que votre intendant me vient d'envoyer, et je veux vous l'accommoder à ma fantaisie.

HARPAGON. — Il n'est pas question de cela, et voilà monsieur à qui il faut parler d'autre chose.

LE COMMISSAIRE, *à maître Jacques*. — Ne vous épouvantez point. Je suis un homme à ne vous point scandaliser, et les choses iront dans la douceur.

MAÎTRE JACQUES. — Monsieur est de votre souper ?

LE COMMISSAIRE. — Il faut ici, mon cher ami, ne rien cacher à votre maître.

MAÎTRE JACQUES. — Ma foi, monsieur, je montrerai tout ce que je sais faire, et je vous traiterai du mieux qu'il me sera possible.

HARPAGON. — Ce n'est pas là l'affaire.

MAÎTRE JACQUES. — Si je ne vous fais pas aussi bonne chère que je voudrois, c'est la faute de monsieur votre intendant, qui m'a rogné les ailes avec les ciseaux de son économie.

HARPAGON. — Traître ! il s'agit d'autre chose que de souper ; et je veux que tu me dises des nouvelles de l'argent qu'on m'a pris.

MAÎTRE JACQUES. — On vous a pris de l'argent ?

HARPAGON. — Oui, coquin ; et je m'en vais te faire pendre, si tu ne me le rends.

LE COMMISSAIRE, à Harpagon. — Mon Dieu ! ne le maltraitez point. Je vois à sa mine qu'il est honnête homme, et que, sans se faire mettre en prison, il vous découvrira ce que vous voulez savoir. Oui, mon ami, si vous nous confessez la chose, il ne vous sera fait aucun mal, et vous serez récompensé comme il faut par votre maître. On lui a pris aujourd'hui son argent ; et il n'est pas que vous ne sachiez quelques nouvelles de cette affaire.

MAÎTRE JACQUES, bas, à part. — Voici justement ce qu'il me faut pour me venger de notre intendant. Depuis qu'il est entré céans, il est le favori ; on n'écoute que ses conseils ; et j'ai aussi sur le cœur les coups de bâton de tantôt.

HARPAGON. — Qu'as-tu à ruminer?

LE COMMISSAIRE, à Harpagon. — Laissez-le faire. Il se prépare à vous contenter et je vous ai bien dit qu'il étoit honnête homme.

MAÎTRE JACQUES. — Monsieur, si vous voulez que je vous dise les choses, je crois que c'est monsieur votre cher intendant qui a fait le coup.

HARPAGON. — Valère?

MAÎTRE JACQUES. — Oui.

HARPAGON. — Lui ! qui me paroît si fidèle ?

MAÎTRE JACQUES. — Lui-même. Je crois que c'est lui qui vous a dérobé.

HARPAGON. — Et sur quoi le crois-tu?

MAÎTRE JACQUES. — Sur quoi ?

HARPAGON. — Oui.

MAÎTRE JACQUES. — Je le crois.... sur ce que je le crois.

LE COMMISSAIRE. — Mais il est nécessaire de dire les indices que vous avez.

HARPAGON. — L'as-tu vu rôder autour du lieu où j'avois mis mon argent?

MAÎTRE JACQUES. — Oui, vraiment. Où étoit-il, votre argent?

HARPAGON. — Dans le jardin.

MAÎTRE JACQUES. — Justement ; je l'ai vu rôder dans le jardin. Et dans quoi est-ce que cet argent étoit?

HARPAGON. — Dans une cassette.

MAÎTRE JACQUES. — Voilà l'affaire. Je lui ai vu une cassette.

HARPAGON. — Et cette cassette, comment est-elle faite? Je verrai bien si c'est la mienne.

MAÎTRE JACQUES. — Comment elle est faite?

HARPAGON. — Oui.

MAÎTRE JACQUES. — Elle est faite.... elle est faite comme une cassette.

LE COMMISSAIRE. — Cela s'entend. Mais dépeignez-la un peu, pour voir.

MAÎTRE JACQUES. — C'est une grande cassette.

HARPAGON. — Celle qu'on m'a volée est petite.

MAÎTRE JACQUES. — Hé ! oui, elle est petite, si l'on le veut prendre par là ; mais je l'appelle grande pour ce qu'elle contient.

LE COMMISSAIRE. — Et de quelle couleur est-elle?

MAÎTRE JACQUES. — De quelle couleur ?

LE COMMISSAIRE. — Oui.

MAÎTRE JACQUES. — Elle est de couleur.... là, d'une certaine couleur.... Ne sauriez-vous m'aider à dire?

HARPAGON. — Euh?

MAÎTRE JACQUES. — N'est-elle pas rouge?

HARPAGON. — Non, grise.

MAÎTRE JACQUES. — Hé ! oui, gris rouge ; c'est ce que je voulois dire.

HARPAGON. — Il n'y a point de doute ; c'est elle assurément. Écrivez, monsieur, écrivez sa déposition. Ciel ! à qui désormais se fier? Il ne faut plus jurer de rien ; et je crois, après cela, que je suis homme à me voler moi-même.

MAÎTRE JACQUES, à Harpagon. — Monsieur, le voici qui revient. Ne lui allez pas dire au moins que c'est moi qui ai découvert cela.

SCÈNE III.
HARPAGON, UN COMMISSAIRE, VALÈRE, MAITRE JACQUES.

HARPAGON. — Approche, viens confesser l'action la plus noire, l'attentat le plus horrible qui jamais ait été commis.

VALÈRE. — Que voulez-vous, monsieur?

HARPAGON. — Comment, traître, tu ne rougis pas de ton crime ?

VALÈRE. — De quel crime voulez-vous donc parler?

HARPAGON. — De quel crime je veux parler, infâme? comme si tu ne savois pas ce que je veux dire ! C'est en vain que tu prétendrois de le déguiser ; l'affaire est découverte, et l'on vient de m'apprendre tout. Comment abuser ainsi de ma bonté, et s'introduire exprès chez moi pour me trahir, pour me jouer un tour de cette nature?

VALÈRE. — Monsieur, puisqu'on vous a découvert tout, je ne veux point chercher de détours, et vous nier la chose.

MAÎTRE JACQUES, à part. — Oh ! oh ! aurois-je deviné sans y penser?

VALÈRE. — C'étoit mon dessein de vous en parler, et je voulois attendre pour cela des conjonctures favorables ; mais, puisqu'il est ainsi, je vous conjure de ne vous point fâcher, et de vouloir entendre mes raisons.

HARPAGON. — Et quelles belles raisons peux-tu me donner, voleur infâme?

VALÈRE. — Ah ! monsieur, je n'ai pas mérité ces noms. Il est vrai que j'ai commis une offense envers vous ; mais, après tout, ma faute est pardonnable.

HARPAGON. — Comment ! pardonnable? Un guet-apens, un assassinat de la sorte !

VALÈRE. — De grâce, ne vous mettez point en colère. Quand vous m'aurez ouï, vous verrez que le mal n'est pas si grand que vous le faites.

HARPAGON. — Le mal n'est pas si grand que je le fais ! Quoi ! mon sang, mes entrailles, pendard!

VALÈRE. — Votre sang n'est point tombé dans de

mauvaises mains. Je suis d'une condition à ne lui point faire de tort; et il n'y a rien, en tout ceci, que je ne puisse bien réparer.

HARPAGON. — C'est bien mon intention, et que tu me restitues ce que tu m'as ravi.

VALÈRE. — Votre honneur, monsieur, sera pleinement satisfait.

HARPAGON. — Il n'est pas question d'honneur là-dedans. Mais, dis-moi, qui t'a porté à cette action?

VALÈRE. — Hélas! me le demandez-vous?

HARPAGON. — Oui, vraiment, je te le demande.

VALÈRE. — Un dieu qui porte les excuses de tout ce qu'il fait faire, l'amour.

HARPAGON. — L'amour!

VALÈRE. — Oui.

HARPAGON. — Bel amour, bel amour, ma foi, l'amour de mes louis d'or!

VALÈRE. — Non, monsieur; ce ne sont point vos richesses qui m'ont tenté; ce n'est pas cela qui m'a ébloui; et je proteste de ne prétendre rien à tous vos biens, pourvu que vous me laissiez celui que j'ai.

HARPAGON. — Non ferai, de par tous les diables; je ne te le laisserai pas. Mais voyez quelle insolence, de vouloir retenir le vol qu'il m'a fait!

VALÈRE. — Appelez-vous cela un vol?

HARPAGON. — Si je l'appelle un vol? un trésor comme celui-là!

VALÈRE. — C'est un trésor, il est vrai, et le plus pré-

Écrivez, monsieur, écrivez. (Acte v, scène ii.)

cieux que vous ayez, sans doute; mais ce ne sera pas le perdre, que de me le laisser. Je vous le demande à genoux, ce trésor plein de charmes; et, pour bien faire, il faut que vous me l'accordiez.

HARPAGON. — Je n'en ferai rien. Qu'est-ce à dire cela?

VALÈRE. — Nous nous sommes promis une foi mutuelle, et avons fait serment de ne nous point abandonner.

HARPAGON. — Le serment est admirable, et la promesse plaisante!

VALÈRE. — Oui, nous nous sommes engagés d'être l'un à l'autre à jamais.

HARPAGON. — Je vous en empêcherai bien, je vous assure.

VALÈRE. — Rien que la mort ne peut nous séparer.

HARPAGON. — C'est être bien endiablé après mon argent!

VALÈRE. — Je vous ai déjà dit, monsieur, que ce n'étoit point l'intérêt qui m'avoit poussé à faire ce que j'ai fait. Mon cœur n'a point agi par les ressorts que vous pensez, et un motif plus noble m'a inspiré cette résolution.

HARPAGON. — Vous verrez que c'est par charité chrétienne qu'il veut avoir mon bien! Mais j'y donnerai bon ordre; et la justice, pendard effronté, me va faire raison de tout.

VALÈRE. — Vous en userez comme vous voudrez, et me voilà prêt à souffrir toutes les violences qu'il vous plaira; mais je vous prie de croire, au moins que, s'il y a du mal, ce n'est que moi qu'il en faut accuser, et que votre fille, en tout ceci, n'est aucunement coupable.

HARPAGON. — Je le crois bien, vraiment! il seroit fort étrange que ma fille eût trempé dans ce crime. Mais je veux ravoir mon affaire, et que tu me confesses en quel endroit tu me l'as enlevée.

VALÈRE. — Moi? je ne l'ai point enlevée; et elle est encore chez vous.

HARPAGON, à part. — O ma chère cassette! (Haut.) Elle n'est point sortie de ma maison?

VALÈRE. — Non, monsieur.

HARPAGON. — Hé! dis-moi donc un peu; tu n'y as point touché?

VALÈRE. — Moi, y toucher! Ah! vous lui faites tort, aussi bien qu'à moi; et c'est d'une ardeur toute pure et respectueuse que j'ai brûlé pour elle.

HARPAGON, à part — Brûlé pour ma cassette!

VALÈRE. — J'aimerois mieux mourir que de lui avoir fait paroître aucune pensée offensante : elle est trop sage et trop honnête pour cela.

HARPAGON, à part. — Ma cassette trop honnête!

VALÈRE. — Tous mes désirs se sont bornés à jouir de sa vue; et rien de criminel n'a profané la passion que ses beaux yeux m'ont inspirée.

HARPAGON, à part. — Les beaux yeux de ma cassette! Il parle d'elle comme un amant d'une maîtresse.

Ce furent des corsaires qui nous recueillirent.

VALÈRE. — Dame Claude, monsieur, sait la vérité de cette aventure; et elle vous peut rendre témoignage.....

HARPAGON. — Quoi! ma servante est complice de l'affaire?

VALÈRE. — Oui, monsieur : elle a été témoin de notre engagement; et c'est après avoir connu l'honnêteté de ma flamme, qu'elle m'a aidé à persuader votre fille de me donner sa foi, et recevoir la mienne.

HARPAGON, à part. — Eh! est-ce que la peur de la justice le fait extravaguer? (A Valère.) Que nous brouilles-tu ici de ma fille?

VALÈRE. — Je dis, monsieur, que j'ai eu toutes les peines du monde à faire consentir sa pudeur à ce que vouloit mon amour.

HARPAGON. — La pudeur de qui?

VALÈRE. — De votre fille; et c'est seulement depuis hier qu'elle a pu se résoudre à nous signer mutuellement une promesse de mariage.

HARPAGON. — Ma fille t'a signé une promesse de mariage?

VALÈRE. — Oui, monsieur; comme, de ma part, je lui en signé une.

HARPAGON. — O ciel! autre disgrâce!

MAÎTRE JACQUES, au commissaire. — Écrivez, monsieur, écrivez.

HARPAGON. — Rengrégement de mal! Surcroît de désespoir! (Au commissaire). Allons, monsieur, faites le dû de votre charge, et dressez-lui-moi un procès comme larron et comme suborneur.

MAÎTRE JACQUES. — Comme larron et comme suborneur.

VALÈRE. — Ce sont des noms qui ne me sont point dus; et quand on saura qui je suis....

SCÈNE IV.

HARPAGON, ÉLISE, MARIANE, VALÈRE, FROSINE, MAITRE JACQUES, UN COMMISSAIRE.

HARPAGON. — Ah! fille scélérate! fille indigne d'un père comme moi! C'est ainsi que tu pratiques les leçons que je t'ai données? Tu te laisses prendre d'amour pour un voleur infâme, et tu lui engages ta foi sans mon consentement! Mais vous serez trompés l'un et l'autre. (A Élise.) Quatre bonnes murailles me répondront de ta conduite; (à Valère) et une bonne potence me fera raison de ton audace.

VALÈRE. — Ce ne sera point votre passion qui jugera l'affaire, et l'on m'écoutera au moins avant que de me condamner.

HARPAGON. — Je me suis abusé de dire une potence; et tu seras roué tout vif.

ÉLISE, aux genoux d'Harpagon. — Ah! mon père, prenez des sentimens un peu plus humains, je vous prie, et n'allez point pousser les choses dans les dernières violences du pouvoir paternel. Ne vous laissez point entraîner aux premiers mouvemens de votre passion, et donnez-vous le temps de considérer ce que vous voulez faire. Prenez la peine de mieux voir celui dont vous vous offensez. Il est tout autre que vos yeux ne le jugent; et vous trouverez moins étrange que je me sois donnée à lui, lorsque vous saurez que, sans lui, vous ne m'auriez plus il y a longtemps. Oui, mon père, c'est celui qui me sauva de ce grand péril que vous savez que je courus dans l'eau, et à qui vous devez la vie de cette même fille dont....

HARPAGON. — Tout cela n'est rien; et il valoit bien mieux pour moi qu'il te laissât noyer, que de faire ce qu'il a fait.

ÉLISE. — Mon père, je vous conjure par l'amour paternel, de me...

HARPAGON. — Non, non; je ne veux rien entendre, et il faut que la justice fasse son devoir.

MAÎTRE JACQUES, à part. — Tu me payeras mes coups de bâton!

FROSINE, à part. — Voici un étrange embarras!

SCÈNE V.

ANSELME, HARPAGON, ÉLISE, MARIANE, FROSINE, VALÈRE, UN COMMISSAIRE, MAITRE JACQUES.

ANSELME. — Qu'est-ce, seigneur Harpagon? je vous vois tout ému.

HARPAGON. — Ah! seigneur Anselme, vous me voyez le plus infortuné de tous les hommes; et voici bien du trouble et du désordre au contrat que vous venez faire. On m'assassine dans le bien, on m'assassine dans l'honneur; et voilà un traître, un scélérat qui a violé tous les droits les plus saints, qui s'est coulé chez moi sous le titre de domestique, pour me dérober mon argent, et pour me suborner ma fille.

VALÈRE. — Qui songe à votre argent, dont vous me faites un galimatias?

HARPAGON. — Oui, ils se sont donné l'un à l'autre une promesse de mariage. Cet affront vous regarde, seigneur Anselme; et c'est vous qui devez vous rendre partie contre lui, et faire à vos dépens toutes les poursuites de la justice, pour nous venger de son insolence.

ANSELME. — Ce n'est pas mon dessein de me faire épouser par force, et de rien prétendre à un cœur qui se seroit donné; mais, pour vos intérêts, je suis prêt à les embrasser ainsi que les miens propres.

HARPAGON. — Voilà, monsieur, qui est un honnête commissaire, qui n'oubliera rien, à ce qu'il m'a dit, de la fonction de son office. (Au commissaire, montrant Valère.) Chargez-le comme il faut, monsieur, et rendez les choses bien criminelles.

VALÈRE. — Je ne vois pas quel crime on me peut faire de la passion que j'ai pour votre fille, et le supplice où vous croyez que je puisse être condamné pour notre engagement, lorsqu'on saura ce que je suis ...

HARPAGON. — Je me moque de tous ces contes; et le monde aujourd'hui n'est plein que de ces larrons de noblesse, que de ces imposteurs qui tirent avantage de leur obscurité, et s'habillent insolemment du premier nom illustre qu'ils s'avisent de prendre.

VALÈRE. — Sachez que j'ai le cœur trop bon pour me parer de quelque chose qui ne soit point à moi; et que tout Naples peut rendre témoignage de ma naissance.

ANSELME. — Tout beau! prenez garde à ce que vous allez dire. Vous risquez ici plus que vous ne pensez; et vous parlez devant un homme à qui tout Naples est connu, et qui peut aisément voir clair dans l'histoire que vous ferez.

VALÈRE, en mettant fièrement son chapeau. — Je ne suis point homme à rien craindre; et, si Naples vous est connu, vous savez qui étoit don Thomas d'Alburci.

ANSELME. — Sans doute, je le sais; et peu de gens l'ont connu mieux que moi.

HARPAGON. — Je ne me soucie ni de don Thomas ni de don Martin.

(Harpagon, voyant deux chandelles allumées, en souffle une.)

ANSELME. — De grâce, laissez-le parler; nous verrons ce qu'il en veut dire.

VALÈRE. — Je veux dire que c'est lui qui m'a donné le jour.

ANSELME. — Lui!

VALÈRE. — Oui.

ANSELME. — Allez, vous vous moquez. Cherchez quelque autre histoire qui vous puisse mieux réussir, et ne prétendez pas vous sauver sous cette imposture,

VALÈRE. — Songez à mieux parler. Ce n'est point une imposture, et je n'avance rien qu'il ne me soit aisé de justifier.

ANSELME. — Quoi! vous osez vous dire fils de don Thomas d'Alburci?

VALÈRE. — Oui, je l'ose; et je suis prêt de soutenir cette vérité contre qui que ce soit.

ANSELME. — L'audace est merveilleuse! Apprenez, pour vous confondre, qu'il y a seize ans, pour le moins, que l'homme dont vous nous parlez, périt sur mer avec ses enfans et sa femme, en voulant dérober leur vie aux cruelles persécutions qui ont accompagné les désordres de Naples, et qui en firent exiler plusieurs nobles familles.

VALÈRE. — Oui; mais apprenez, pour vous confondre, vous, que, son fils, âgé de sept ans, avec un domestique, fut sauvé de ce naufrage par un vaisseau espagnol; et que ce fils sauvé est celui qui vous parle. Apprenez que le capitaine de ce vaisseau, touché de ma fortune, prit amitié pour moi; qu'il me fit élever comme son propre fils, et que les armes furent mon emploi, dès que je m'en trouvai capable; que j'ai su depuis peu que mon père n'étoit point mort, comme je l'avois toujours cru; que, passant ici pour l'aller chercher, une aventure, par le ciel concertée, me fit voir la charmante Elise; que cette vue me rendit esclave de ses beautés, et que la violence de mon amour et les sévérités de son père, me firent prendre la résolution de m'introduire dans son logis, et d'envoyer un autre à la quête de mes parens.

ANSELME. — Mais quels témoignages encore, autres que vos paroles, nous peuvent assurer que ce ne soit point une fable que vous ayez bâtie sur une vérité?

VALÈRE. — Le capitaine espagnol; un cachet de rubis qui étoit à mon père; un bracelet d'agate que ma mère m'avoit mis au bras; le vieux Pédro, ce domestique qui se sauva avec moi du naufrage

MARIANE. — Hélas! à vos paroles je puis ici répondre, moi, que vous n'imposez point; et tout ce que vous dites me fait connoître clairement que vous êtes mon frère.

VALÈRE. — Vous, ma sœur!

MARIANE. — Oui. Mon cœur s'est ému dès le moment que vous avez ouvert la bouche; et notre mère, que vous allez ravir, m'a mille fois entretenue des disgrâces de notre famille. Le ciel ne nous fit point aussi périr dans ce triste naufrage; mais il ne nous sauva la vie que par la perte de notre liberté; et ce furent des corsaires, qui nous recueillirent, ma mère et moi, sur un débris de notre vaisseau. Après dix ans d'esclavage, une heureuse fortune nous rendit notre liberté, et nous retournâmes dans Naples, où nous trouvâmes tout notre bien vendu, sans y pouvoir trouver des nouvelles de notre père. Nous passâmes à Gênes, où ma mère alla ramasser quelques malheureux restes d'une succession qu'on avait déchirée; et de là, fuyant la barbare injustice de ses parens, elle vint en ces lieux, où elle n'a presque vécu que d'une vie languissante.

ANSELME. — O ciel! quels sont les traits de ta puissance! et que tu fais bien voir qu'il n'appartient qu'à toi de faire des miracles! Embrassez-moi, mes enfans, et mêlez tous deux vos transports à ceux de votre père.

VALÈRE. — Vous êtes notre père?

MARIANE. — C'est vous que ma mère a tant pleuré?

ANSELME. — Oui, ma fille; oui, mon fils; je suis don Thomas d'Alburci, que le ciel garantit des ondes avec tout l'argent qu'il portoit, et qui, vous ayant tous crus morts, durant plus de seize ans, se préparoit, après de longs voyages, à chercher, dans l'hymen d'une douce et sage personne, la consolation de quelque nouvelle famille. Le peu de sûreté que j'ai vu pour ma vie à retourner à Naples m'a fait y renoncer pour toujours; et ayant su trouver moyen d'y faire vendre ce que j'y avois, je me suis habitué ici, où sous le nom d'Anselme, j'ai voulu m'éloigner les chagrins de cet autre nom qui m'a causé tant de traverses.

HARPAGON, à Anselme. — C'est là votre fils?

ANSELME. — Oui.

HARPAGON. — Je vous prends à partie pour me payer dix mille écus qu'il m'a volés.

ANSELME. — Lui, vous avoir volé?

HARPAGON. — Lui-même.

VALÈRE. — Qui vous dit cela?

HARPAGON. — Maître Jacques.

VALÈRE, à maître Jacques. — C'est toi qui le dis

MAÎTRE JACQUES. — Vous voyez que je ne dis rien?

HARPAGON. — Oui. Voilà monsieur le commissaire qui a reçu sa déposition.

VALÈRE. — Pouvez-vous me croire capable d'une action si lâche?

HARPAGON. — Capable ou non capable, je veux ravoir mon argent.

SCÈNE VI.

HARPAGON, ANSELME, ELISE, MARIANE, CLÉANTE, VALÈRE, FROSINE, UN COMMISSAIRE, MAITRE JACQUES, LA FLÈCHE.

CLÉANTE. — Ne vous tourmentez point, mon père, et n'accusez personne. J'ai découvert des nouvelles de votre affaire; et je viens ici pour vous dire que, si vous voulez vous résoudre à me laisser épouser Mariane, votre argent vous sera rendu.

HARPAGON. — Où est-il?

CLÉANTE. — Ne vous en mettez point en peine. Il est en lieu dont je réponds; et tout ne dépend que de moi. C'est à vous de me dire à quoi vous vous déterminez; et vous pouvez choisir, ou de me donner Mariane, ou de perdre votre cassette.

HARPAGON. — N'en a-t-on rien ôté?

CLÉANTE. — Rien du tout. Voyez, si c'est votre dessein de souscrire à ce mariage, et de joindre votre consentement à celui de sa mère, qui lui laisse la liberté de faire un choix entre nous deux.

MARIANE, à Cléante. — Mais vous ne savez pas que ce n'est pas assez que ce consentement, et que le ciel (*montrant Valère*), avec un frère que vous voyez, vient de me rendre un père (*montrant Anselme*) dont vous avez à m'obtenir.

ANSELME. — Le ciel, mes enfans, ne me redonne point à vous pour être contraire à vos vœux. Seigneur Harpagon, vous jugez bien que le choix d'une jeune personne tombera sur le fils plutôt que sur le père : allons, ne vous faites point dire ce qu'il n'est point nécessaire d'entendre ; et consentez, ainsi que moi, à ce double hyménée.

HARPAGON. — Il faut, pour me donner conseil, que je voie ma cassette.

CLÉANTE. — Vous la verrez saine et entière.

HARPAGON. — Je n'ai point d'argent à donner en mariage à mes enfans.

ANSELME. — Hé bien! j'en ai pour eux ; que cela ne vous inquiète point.

HARPAGON. — Vous obligerez-vous à faire tous les frais de ces deux mariages?

ANSELME. — Oui, je m'y oblige. Êtes-vous satisfait?

HARPAGON. — Oui, pourvu que, pour les noces, vous me fassiez faire un habit.

ANSELME. — D'accord. Allons jouir de l'allégresse que cet heureux jour nous présente.

LE COMMISSAIRE. — Holà! messieurs, holà! tout doucement, s'il vous plaît. Qui me payera mes écritures?

HARPAGON. — Nous n'avons que faire de vos écritures.

LE COMMISSAIRE. — Oui, mais je ne prétends pas, moi, les avoir faites pour rien.

HARPAGON, *montrant maître Jacques*. — Pour votre payement, voilà un homme que je vous donne à pendre.

MAÎTRE JACQUES. — Hélas! comment faut-il donc faire? On me donne des coups de bâton pour dire vrai ; et on me veut pendre pour mentir.

ANSELME. — Seigneur Harpagon, il faut lui pardonner cette imposture.

HARPAGON. — Vous payerez donc le commissaire?

ANSELME. — Soit. Allons vite faire part de notre joie à votre mère.

HARPAGON. — Et moi, voir ma chère cassette.

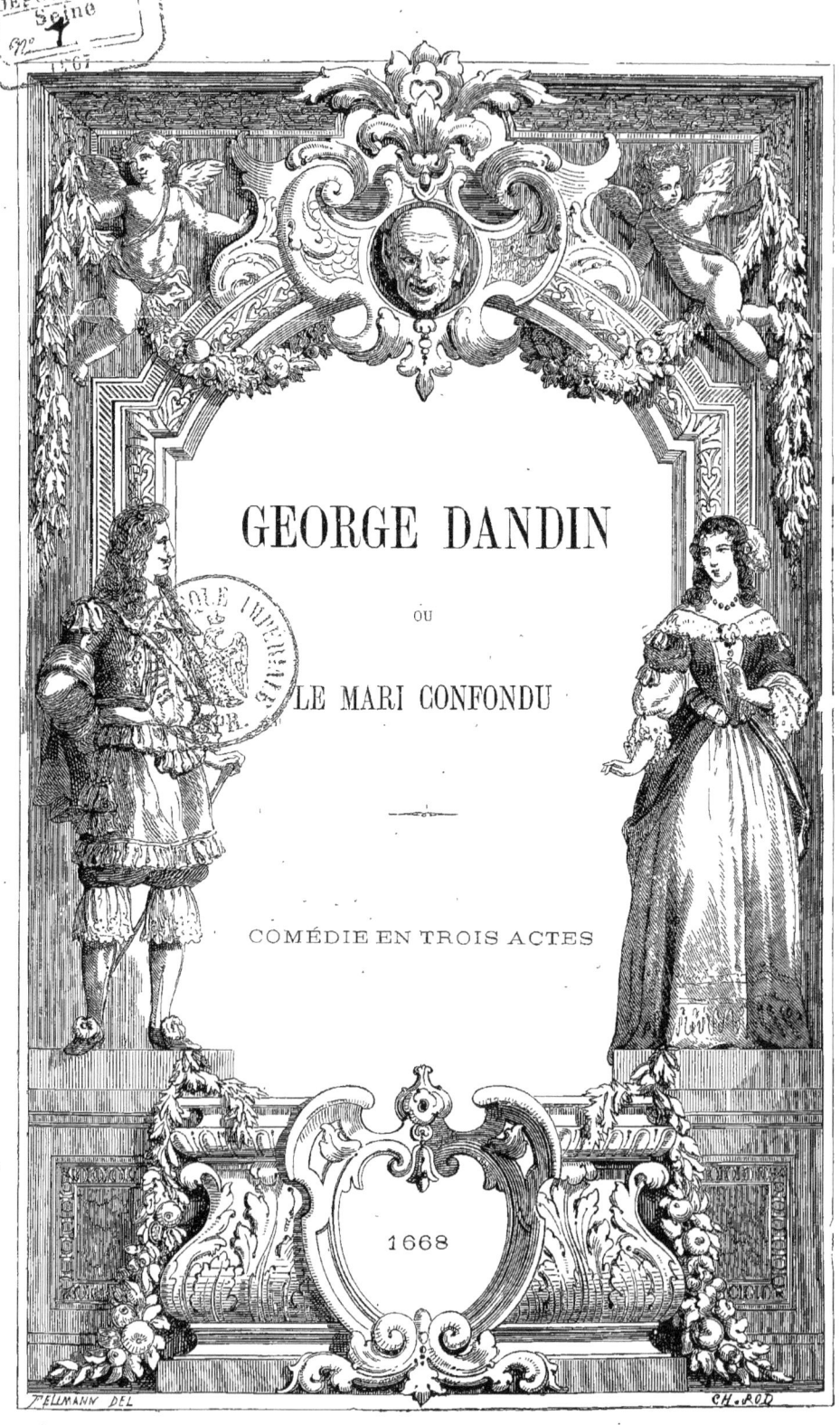

PERSONNAGES ET ACTEURS

GEORGE DANDIN, riche paysan, mari d'Angélique.	Molière.
ANGÉLIQUE, femme de George Dandin, et fille de M. de Sotenville.	Mlle Molière.
M. de SOTENVILLE, gentilhomme campagnard, père d'Angélique.	Du Croisy.
Madame de SOTENVILLE.	Hubert.
CLITANDRE, amant d'Angélique.	La Grange.
CLAUDINE, suivante d'Angélique.	Mlle de Brie.
LUBIN, paysan, servant Clitandre.	La Thorillière.
COLIN, valet de George Dandin.	

La scène est devant la maison de George Dandin, à la campagne.

George Dandin fut représenté pour la première fois à Versailles, le 18 juillet 1668, dans la fête d'été que le roi y donna pour célébrer le traité d'Aix-la-Chapelle.

La fable de *George Dandin* est empruntée à deux nouvelles de Boccace, qui lui-même l'avait empruntée à un ouvrage indien, le *Dolopathos*, publié cent ans avant Jésus-Christ, et traduit dans toutes les langues.

ACTE PREMIER.

SCÈNE I.
GEORGE DANDIN.

Ah! qu'une femme demoiselle est une étrange affaire! et que mon mariage est une leçon bien parlante à tous les paysans qui veulent s'élever au-dessus de leur condition, et s'allier, comme j'ai fait, à la maison d'un gentilhomme! La noblesse, de soi, est bonne; c'est une chose considérable, assurément; mais elle est accompagnée de tant de mauvaises circonstances, qu'il est très-bon de ne s'y point frotter. Je suis devenu là-dessus savant à mes dépens, et connois le style des nobles, lorsqu'ils nous font, nous autres, entrer dans leur famille. L'alliance qu'ils font est petite avec nos personnes. C'est notre bien seul qu'ils épousent; et j'aurois bien mieux fait, tout riche que je suis, de m'allier en bonne et franche paysannerie, que de prendre une femme qui se tient au-dessus de moi, s'offense de porter mon nom, et pense qu'avec tout mon bien, je n'ai pas assez acheté la qualité de son mari. George Dandin! George Dandin! vous avez fait une sottise la plus grande du monde. Ma maison m'est effroyable maintenant, et je n'y rentre point sans y trouver quelque chagrin.

SCÈNE II.
GEORGE DANDIN, LUBIN.

GEORGE DANDIN, *à part, voyant sortir Lubin de chez lui.* — Que diantre ce drôle-là vient-il faire chez moi?

LUBIN, *à part, apercevant George Dandin.* — Voilà un homme qui me regarde.

GEORGE DANDIN, *à part.* — Il ne me connoit pas.

LUBIN, *à part.* — Il se doute de quelque chose.

GEORGE DANDIN, *à part.* — Ouais! il a grand'peine à saluer.

LUBIN, *à part.* — J'ai peur qu'il n'aille dire qu'il m'a vu sortir de là dedans.

GEORGE DANDIN. — Bonjour.

LUBIN. — Serviteur.

GEORGE DANDIN. — Vous n'êtes pas d'ici, que je crois?

LUBIN. — Non; je n'y suis venu que pour voir la fête de demain.

GEORGE DANDIN. — Hé! dites-moi un peu, s'il vous plaît : vous venez de là dedans?

LUBIN. — Chut.

GEORGE DANDIN. — Comment?

LUBIN. — Paix.

GEORGE DANDIN. — Quoi donc?

LUBIN. — Motus! Il ne faut pas dire que vous m'ayez vu sortir de là.

GEORGE DANDIN. — Pourquoi!

LUBIN. — Mon Dieu! Parce....

GEORGE DANDIN. — Mais encore?

LUBIN. — Doucement. J'ai peur qu'on ne nous écoute.

GEORGE DANDIN. — Point, point.

LUBIN. — C'est que je viens de parler à la maîtresse du logis, de la part d'un certain monsieur qui lui fait les doux yeux; et il ne faut pas qu'on sache cela. Entendez-vous?

GEORGE DANDIN. — Oui.

LUBIN. — Voilà la raison. On m'a enchargé de prendre garde que personne ne me vît; et je vous prie, au moins, de ne pas dire que vous m'ayez vu.

GEORGE DANDIN. — Je n'ai garde.

LUBIN. — Je suis bien aise de faire les choses secrètement, comme on m'a recommandé.

GEORGE DANDIN. — C'est bien fait.

LUBIN. — Le mari, à ce qu'ils disent, est un jaloux qui ne veut pas qu'on fasse l'amour à sa femme; et il feroit le diable à quatre si cela venoit à ses oreilles. Vous comprenez bien?

GEORGE DANDIN. — Fort bien.

LUBIN. — Il ne faut pas qu'il sache rien de tout ceci.

On le veut tromper tout doucement. (Acte I, scène II.)

GEORGE DANDIN. — Sans doute.

LUBIN. — On le veut tromper tout doucement. Vous entendez bien?

GEORGE DANDIN. — Le mieux du monde.

LUBIN. — Si vous alliez dire que vous m'avez vu sortir de chez lui, vous gâteriez toute l'affaire. Vous comprenez bien?

GEORGE DANDIN. — Assurément. Hé! comment nommez-vous celui qui vous a envoyé là dedans?

LUBIN. — C'est le seigneur de notre pays, monsieur le vicomte de.... chose.... Foin! je ne me souviens jamais comment diantre ils baragouinent ce nom-là, Monsieur Cli.... Clitandre.

GEORGE DANDIN. — Est-ce ce jeune courtisan qui demeure?...

LUBIN. — Oui; auprès de ces arbres.

GEORGE DANDIN, à part. — C'est pour cela que depuis peu ce damoiseau poli s'est venu loger contre moi. J'avois bon nez, sans doute; et son voisinage déjà m'avoit donné quelque soupçon!

LUBIN. — Tétigué! c'est le plus honnête homme que vous ayez jamais vu. Il m'a donné trois pièces d'or pour aller dire seulement à la femme qu'il est amoureux d'elle, et qu'il souhaite fort l'honneur de pouvoir lui parler. Voyez s'il y a là une grande fatigue, pour me payer si bien; et ce qu'est, au prix de cela, une journée de travail, où je ne gagne que dix sols?

GEORGE DANDIN. — Hé bien! avez-vous fait votre message?

LUBIN. — Oui. J'ai trouvé là dedans une certaine Claudine, qui, tout au premier coup, a compris ce que je voulois, et qui m'a fait parler à sa maîtresse.

GEORGE DANDIN, à part. — Ah! coquine de servante!

LUBIN. — Morguienne! cette Claudine-là est tout à fait jolie: elle a gagné mon amitié, et il ne tiendra qu'à elle que nous ne soyons mariés ensemble.

GEORGE DANDIN. — Mais, quelle réponse a fait la maîtresse à ce monsieur le courtisan?

LUBIN. — Elle m'a dit de lui dire.... (attendez, je ne sais si je me souviendrai bien de tout cela) qu'elle lui est tout à fait obligée de l'affection qu'il a pour elle, et qu'à cause de son mari, qui est fantasque, il garde d'en rien faire paroître, et qu'il faudra songer à chercher quelque invention pour se pouvoir entretenir tous deux.

Mon Dieu! notre gendre, que vous avez peu de civilité! (Acte i, scène iv.)

GEORGE DANDIN, à part. — Ah! pendarde de femme!

LUBIN. — Tétiguienne! cela sera drôle; car le mari ne se doutera point de la manigance : voilà ce qui est de bon, et il aura un pied de nez avec sa jalousie. Est-ce pas?

GEORGE DANDIN. — Cela est vrai.

LUBIN. — Adieu. Bouche cousue au moins. Gardez bien le secret, afin que le mari ne le sache pas.

GEORGE DANDIN. — Oui, oui.

LUBIN. — Pour moi, je vais faire semblant de rien. Je suis un fin matois, et l'on ne diroit pas que j'y touche.

SCÈNE III.

GEORGE DANDIN, seul.

Hé bien! George Dandin, vous voyez de quel air votre femme vous traite! Voilà ce que c'est d'avoir voulu épouser une demoiselle! L'on vous accommode de toutes pièces, sans que vous puissiez vous venger; et la gentilhommerie vous tient les bras liés. L'égalité de condition laisse du moins à l'honneur d'un mari liberté de ressentiment; et, si c'étoit une paysanne, vous auriez maintenant toutes vos coudées franches à vous en faire la justice à bons coups de bâton. Mais vous avez voulu tâter de la noblesse; et il vous ennuyoit d'être maître chez vous. Ah! j'enrage de tout mon cœur, et je me donnerois volontiers des soufflets. Quoi! écouter impudemment l'amour d'un damoiseau, et y promettre en même temps de la correspondance! Morbleu! je ne veux point laisser passer une occasion de la sorte. Il me faut, de ce pas, aller faire mes plaintes au père et à la mère, et les rendre témoins, à telle fin que de raison, des sujets de chagrin et de ressentiment que leur fille me donne. Mais les voici l'un et l'autre fort à propos.

SCÈNE IV.

MONSIEUR DE SOTENVILLE, MADAME DE SOTENVILLE, GEORGE DANDIN.

MONSIEUR DE SOTENVILLE. — Qu'est-ce, mon gendre? Vous me paroissez tout troublé.

GEORGE DANDIN. — Aussi en ai-je du sujet, et....

MADAME DE SOTENVILLE. — Mon Dieu! notre gendre, que vous avez peu de civilité, de ne pas saluer les gens quand vous les approchez!

GEORGE DANDIN. — Ma foi! ma belle-mère, c'est que j'ai d'autres choses en tête; et....

MADAME DE SOTENVILLE. — Encore! Est-il possible, notre gendre, que vous sachiez si peu votre monde, et qu'il n'y ait pas moyen de vous instruire de la manière qu'il faut vivre parmi les personnes de qualité?

GEORGE DANDIN. — Comment?

MADAME DE SOTENVILLE. — Ne vous déferez-vous jamais, avec moi, de la familiarité de ce mot de ma belle-mère, et ne sauriez-vous vous accoutumer à me dire madame?

GEORGE DANDIN. — Parbleu! si vous m'appelez votre gendre, il me semble que je puis vous appeler ma belle-mère.

MADAME DE SOTENVILLE. — Il y a fort à dire, et les choses ne sont pas égales. Apprenez, s'il vous plaît, que ce n'est pas à vous à vous servir de ce mot-là avec une personne de ma condition; que tout notre gendre que vous soyez, il y a grande différence de vous à nous, et que vous devez vous connoître.

MONSIEUR DE SOTENVILLE. — C'en est assez, m'amour: laissons cela.

MADAME DE SOTENVILLE. — Mon Dieu! monsieur de Sotenville, vous avez des indulgences qui n'appartiennent qu'à vous, et vous ne savez pas vous faire rendre par les gens ce qui vous est dû.

MONSIEUR DE SOTENVILLE. — Corbleu! pardonnez-moi: on ne peut point me faire de leçons là-dessus; et j'ai su montrer en ma vie, par vingt actions de vigueur, que je ne suis point homme à démordre jamais d'une partie de mes prétentions; mais il suffit de lui avoir donné un petit avertissement. Sachons un peu, mon gendre, ce que vous avez dans l'esprit.

GEORGE DANDIN. — Puisqu'il faut donc parler catégoriquement, je vous dirai, monsieur de Sotenville, que j'ai lieu de....

MONSIEUR DE SOTENVILLE. — Doucement, mon gendre. Apprenez qu'il n'est pas respectueux d'appeler les gens par leur nom, et qu'à ceux qui sont au-dessus de nous, il faut dire monsieur tout court.

GEORGE DANDIN. — Hé bien! monsieur tout court, et non plus monsieur de Sotenville, j'ai à vous dire que ma femme me donne....

MONSIEUR DE SOTENVILLE. — Tout beau! Apprenez aussi que vous ne devez pas dire ma femme, quand vous parlez de notre fille.

GEORGE DANDIN. — J'enrage. Comment! ma femme n'est pas ma femme?

MADAME DE SOTENVILLE. — Oui, notre gendre, elle est votre femme; mais il ne vous est pas permis de l'appeler ainsi; et c'est tout ce que vous pourriez faire, si vous aviez épousé une de vos pareilles.

GEORGE DANDIN, à part. — Ah! George Dandin, où t'es-tu fourré? (Haut.) Hé! de grâce, mettez, pour un moment, votre gentilhommerie à côté, et souffrez que je vous parle maintenant comme je pourrai. (A part.) Au diantre soit la tyrannie de toutes ces histoires-là (A M. de Sotenville.) Je vous dis donc que je suis mal satisfait de mon mariage.

MONSIEUR DE SOTENVILLE. — Et la raison, mon gendre?

MADAME DE SOTENVILLE. — Quoi! parler ainsi d'une chose dont vous avez tiré de si grands avantages!

GEORGE DANDIN. — Et quels avantages, madame, puisque madame y a? L'aventure n'a pas été mauvaise pour vous; car, sans moi, vos affaires, avec votre permission, étoient fort délabrées, et mon argent a servi à reboucher d'assez bons trous; mais, moi, de quoi y ai-je profité, je vous prie, que d'un allongement de nom, et, au lieu de George Dandin, d'avoir reçu par vous le titre de monsieur de La Dandinière?

MONSIEUR DE SOTENVILLE. — Ne comptez-vous pour rien, mon gendre, l'avantage d'être allié à la maison de Sotenville?

MADAME DE SOTENVILLE. — Et à celle de La Prudoterie, dont j'ai l'honneur d'être issue; maison où le ventre anoblit, et qui, par ce beau privilége, rendra vos enfans gentilshommes?

GEORGE DANDIN. — Oui: voilà qui est bien, mes enfans seront gentilshommes; mais je serai cocu, moi, si l'on n'y met ordre.

MONSIEUR DE SOTENVILLE. — Que veut dire cela, mon gendre?

GEORGE DANDIN. — Cela veut dire que votre fille ne vit pas comme il faut qu'une femme vive, et qu'elle fait des choses qui sont contre l'honneur.

MADAME DE SOTENVILLE. — Tout beau! Prenez garde à ce que vous dites. Ma fille est d'une race trop pleine de vertu, pour se porter jamais à faire aucune chose dont l'honnêteté soit blessée; et, de la maison de La Prudoterie, il y a plus de trois cents ans qu'on n'a point remarqué qu'il y ait eu de femme, Dieu merci, qui ait fait parler d'elle.

MONSIEUR DE SOTENVILLE. — Corbleu! dans la maison de Sotenville, on n'a jamais vu de coquette ; et la bravoure n'y est pas plus héréditaire aux mâles, que la chasteté aux femelles.

MADAME DE SOTENVILLE. — Nous avons eu une Jacqueline de La Prudoterie, qui ne voulut jamais être la maîtresse d'un duc et pair, gouverneur de notre province.

MONSIEUR DE SOTENVILLE. — Il y a eu une Mathurine de Sotenville, qui refusa vingt mille écus d'un favori du roi, qui ne lui demandoit seulement que la faveur de lui parler.

GEORGE DANDIN. — Oh bien ! votre fille n'est pas si difficile que cela ; et elle s'est apprivoisée depuis qu'elle est chez moi.

MONSIEUR DE SOTENVILLE. — Expliquez-vous, mon gendre. Nous ne sommes point gens à la supporter dans de mauvaises actions, et nous serons les premiers, sa mère et moi, à vous en faire la justice.

MADAME DE SOTENVILLE. — Nous n'entendons point raillerie sur les matières de l'honneur ; et nous l'avons élevée dans toute la sévérité possible.

GEORGE DANDIN. — Tout ce que je vous puis dire, c'est qu'il y a ici un certain courtisan que vous avez vu, qui est amoureux d'elle à ma barbe, et qui lui a fait faire des protestations d'amour qu'elle a très-humainement écoutées.

MADAME DE SOTENVILLE. — Jour de Dieu ! je l'étranglerois de mes propres mains, s'il falloit qu'elle forlignât de l'honnêteté de sa mère.

MONSIEUR DE SOTENVILLE. — Corbleu ! je lui passerois mon épée au travers du corps, à elle et au galant, si elle avoit forfait à son honneur.

GEORGE DANDIN. — Je vous ai dit ce qui se passe, pour vous faire mes plaintes ; je vous demande raison de cette affaire-là.

MONSIEUR DE SOTENVILLE. — Ne vous tourmentez point : je vous la ferai de tous deux ; et je suis homme pour serrer le bouton à qui que ce puisse être. Mais êtes-vous bien sûr de ce que vous dites ?

GEORGE DANDIN. — Très-sûr.

MONSIEUR DE SOTENVILLE. — Prenez bien garde, au moins ; car, entre gentilshommes, ce sont des choses chatouilleuses ; et il n'est pas question d'aller faire ici un pas de clerc.

GEORGE DANDIN. — Je ne vous ai rien dit, vous dis-je, qui ne soit véritable.

MONSIEUR DE SOTENVILLE. — M'amour, allez-vous-en parler à votre fille, tandis qu'avec mon gendre, j'irai parler à l'homme.

MADAME DE SOTENVILLE. — Se pourroit-il, mon fils, qu'elle s'oubliât de la sorte, après le sage exemple que vous savez vous-même que je lui ai donné !

MONSIEUR DE SOTENVILLE. — Nous allons éclaircir l'affaire. Suivez-moi, mon gendre, et ne vous mettez pas en peine. Vous verrez de quel bois nous nous chauffons, lorsqu'on s'attaque à ceux qui nous peuvent appartenir.

GEORGE DANDIN. — Le voici qui vient vers nous.

SCÈNE V.

MONSIEUR DE SOTENVILLE, CLITANDRE, GEORGE DANDIN.

MONSIEUR DE SOTENVILLE. — Monsieur, suis-je connu de vous ?

CLITANDRE. — Non pas, que je sache, monsieur.

MONSIEUR DE SOTENVILLE. — Je m'appelle le baron de Sotenville.

CLITANDRE. — Je m'en réjouis fort.

MONSIEUR DE SOTENVILLE. — Mon nom est connu à la cour ; et j'eus l'honneur, dans ma jeunesse, de me signaler des premiers à l'arrière-ban de Nancy.

CLITANDRE. — A la bonne heure.

MONSIEUR DE SOTENVILLE. — Monsieur mon père, Jean-Gilles de Sotenville, eut la gloire d'assister au grand siége de Montauban.

CLITANDRE. — J'en suis ravi.

MONSIEUR DE SOTENVILLE. — Et j'ai eu un aïeul, Bertrand de Sotenville, qui fut si considéré en son temps, que d'avoir permission de vendre tout son bien pour le voyage d'outre-mer.

CLITANDRE. — Je le veux croire.

MONSIEUR DE SOTENVILLE. — Il m'a été rapporté, monsieur, que vous aimez et poursuivez une jeune personne, qui est ma fille, pour laquelle je m'intéresse, (montrant George Dandin) et pour l'homme que vous voyez, qui a l'honneur d'être mon gendre.

CLITANDRE. — Qui ? moi ?

MONSIEUR DE SOTENVILLE. — Oui ; et je suis bien aise de vous parler, pour tirer de vous, s'il vous plaît, un éclaircissement de cette affaire.

CLITANDRE. — Voilà une étrange médisance ! Qui vous a dit cela, monsieur ?

MONSIEUR DE SOTENVILLE. — Quelqu'un qui croit le bien savoir.

CLITANDRE. — Ce quelqu'un-là en a menti. Je suis honnête homme. Me croyez-vous capable, monsieur, d'une action aussi lâche que celle-là ? Moi, aimer une jeune et belle personne qui a l'honneur d'être la fille de monsieur le baron de Sotenville ! je vous révère trop pour cela, et suis trop votre serviteur. Quiconque vous l'a dit, est un sot.

MONSIEUR DE SOTENVILLE. — Allons, mon gendre.

GEORGE DANDIN. — Quoi ?

CLITANDRE. — C'est un coquin et un maraud.

MONSIEUR DE SOTENVILLE, à George Dandin. — Répondez.

GEORGE DANDIN. — Répondez vous-même.

CLITANDRE. — Si je savois qui ce peut être, je lui donnerois, en votre présence, de l'épée dans le ventre.

MONSIEUR DE SOTENVILLE, à George Dandin. — Soutenez donc la chose.

GEORGE DANDIN. — Elle est toute soutenue. Cela est vrai.

CLITANDRE. — Est-ce votre gendre, monsieur, qui ?...

MONSIEUR DE SOTENVILLE. — Oui, c'est lui-même qui s'en est plaint à moi.

CLITANDRE. — Certes, il peut remercier l'avantage qu'il a de vous appartenir; et, sans cela, je vous apprendrois bien à tenir de pareils discours d'une personne comme moi.

SCÈNE VI.

MONSIEUR ET MADAME DE SOTENVILLE, ANGÉLIQUE, CLITANDRE, GEORGE DANDIN, CLAUDINE.

MADAME DE SOTENVILLE. — Pour ce qui est de cela, la jalousie est une étrange chose! J'amène ici ma fille pour éclaircir l'affaire en présence de tout le monde.

CLITANDRE, à Angélique. — Est-ce donc vous, madame, qui avez dit à votre mari que je suis amoureux de vous?

ANGÉLIQUE. — Moi? Et comment lui aurois-je dit? Est-ce que cela est? Je voudrois bien le voir, vraiment, que vous fussiez amoureux de moi. Jouez-vous-y, je vous en prie; vous trouverez à qui parler; c'est une chose que je vous conseille de faire. Ayez recours, pour voir, à tous les détours des amans : essayez un peu, par plaisir, à m'envoyer des ambassades, à m'écrire secrètement de petits billets doux, à épier les momens que mon mari n'y sera pas, ou le temps que je sortirai, pour me parler de votre amour;

Moi? Et comment lui aurois-je dit? (Acte I, scène VI.)

vous n'avez qu'à y venir, je vous promets que vous serez reçu comme il faut.

CLITANDRE. — Hé! là, là, madame, tout doucement. Il n'est pas nécessaire de me faire tant de leçons, et de vous tant scandaliser. Qui vous dit que je songe à vous aimer?

ANGÉLIQUE. — Que sais-je, moi, ce qu'on me vient conter ici?

CLITANDRE. — On dira ce que l'on voudra; mais vous savez si je vous ai parlé d'amour, lorsque je vous ai rencontrée.

ANGÉLIQUE. — Vous n'aviez qu'à le faire, vous auriez été bien venu!

CLITANDRE. — Je vous assure qu'avec moi vous n'avez rien à craindre; que je ne suis point homme à donner du chagrin aux belles; et que je vous respecte trop, et vous, et messieurs vos parens, pour avoir la pensée d'être amoureux de vous.

MADAME DE SOTENVILLE, à George Dandin. — Hé bien! vous le voyez?

MONSIEUR DE SOTENVILLE. — Vous voilà satisfait, mon gendre. Que dites-vous à cela?

GEORGE DANDIN. — Je dis que ce sont là des contes à dormir debout; que je sais bien ce que je sais; et que tantôt, puisqu'il faut parler net, elle a reçu une ambassade de sa part.

ANGÉLIQUE. — Moi? j'ai reçu une ambassade?

CLITANDRE. — J'ai envoyé une ambassade?

ANGÉLIQUE. — Claudine?

CLITANDRE, à Claudine. — Est-il vrai?

CLAUDINE. — Par ma foi, voilà une étrange fausseté !

GEORGE DANDIN. — Taisez-vous, carogne que vous êtes. Je sais de vos nouvelles ; et c'est vous qui tantôt avez introduit le courrier.

CLAUDINE. — Qui ? moi ?

GEORGE DANDIN. — Oui, vous. Ne faites point tant la sucrée.

CLAUDINE. — Hélas ! que le monde aujourd'hui est rempli de méchanceté, de m'aller soupçonner ainsi, moi, qui suis l'innocence même !

GEORGE DANDIN. — Taisez-vous, bonne pièce. Vous faites la sournoise, mais je vous connois il y a longtemps ; et vous êtes une dessalée.

CLAUDINE, à Angélique. — Madame, est-ce que ?...

GEORGE DANDIN. — Taisez-vous, vous dis-je ; vous pourriez bien porter la folle enchère de tous les autres ; et vous n'avez point de père gentilhomme.

Allez. Vous ne méritez pas l'honnête femme qu'on vous a donnée. (Acte I, scène VII.)

ANGÉLIQUE. — C'est une imposture si grande, et qui me touche si fort au cœur, que je ne puis pas même avoir la force d'y répondre. Cela est bien horrible, d'être accusée par un mari, lorsqu'on ne lui fait rien qui ne soit à faire ! Hélas ! si je suis blâmable de quelque chose, c'est d'en user trop bien avec lui.

CLAUDINE. — Assurément.

ANGÉLIQUE. — Tout mon malheur est de le trop considérer ; et plût au ciel que je fusse capable de souffrir, comme il dit, les galanteries de quelqu'un ! je ne serois pas tant à plaindre. Adieu ; je me retire, et je ne puis plus endurer qu'on m'outrage de cette sorte.

SCÈNE VII.

MONSIEUR ET MADAME DE SOTENVILLE, CLITANDRE, GEORGE DANDIN, CLAUDINE.

MADAME DE SOTENVILLE, à George Dandin. — Allez. Vous ne méritez pas l'honnête femme qu'on vous a donnée.

CLAUDINE. — Par ma foi, il mériteroit qu'elle lui fit dire vrai : et, si j'étois en sa place, je n'y marchanderois pas. (A Clitandre.) Oui, monsieur, vous devez, pour le punir, faire l'amour à ma maîtresse. Poussez, c'est moi qui vous le dis ; ce sera fort bien employé; et je m'offre à vous servir, puisqu'il m'en a déjà taxée. (*Claudine sort.*)

MONSIEUR DE SOTENVILLE. — Vous méritez, mon gendre, qu'on vous dise ces choses-là; et votre procédé met tout le monde contre vous.

MADAME DE SOTENVILLE. — Allez, songez à mieux traiter une demoiselle bien née; et prenez garde désormais à ne plus faire de pareilles bévues.

GEORGE DANDIN, *à part.* — J'enrage de bon cœur d'avoir tort, lorsque j'ai raison.

Allons, mon gendre, faites satisfaction à monsieur. (Acte I, scène VIII.)

SCÈNE VIII.

MONSIEUR DE SOTENVILLE, CLITANDRE, GEORGE DANDIN.

CLITANDRE, *à M. de Sotenville.* — Monsieur, vous voyez comme j'ai été faussement accusé : vous êtes homme qui savez les maximes du point d'honneur; et je vous demande raison de l'affront qui m'a été fait.

MONSIEUR DE SOTENVILLE. — Cela est juste, et c'est l'ordre des procédés. Allons, mon gendre, faites satisfaction à monsieur.

GEORGE DANDIN. — Comment! satisfaction?

MONSIEUR DE SOTENVILLE. — Oui, cela se doit dans les règles, pour l'avoir à tort accusé.

GEORGE DANDIN. — C'est une chose, moi, dont je ne demeure pas d'accord, de l'avoir à tort accusé; et je sais bien ce que j'en pense.

MONSIEUR DE SOTENVILLE. — Il n'importe. Quelque pensée qui vous puisse rester, il a nié : c'est satisfaire les personnes; et l'on n'a nul droit de se plaindre de tout homme qui se dédit.

GEORGE DANDIN. — Si bien donc que, si je le trouvois couché avec ma femme, il en seroit quitte pour se dédire.

MONSIEUR DE SOTENVILLE. — Point de raisonnement. Faites-lui les excuses que je vous dis.

GEORGE DANDIN. — Moi! je lui ferai encore des excuses après!...

MONSIEUR DE SOTENVILLE. — Allons, vous dis-je! il n'y a rien à balancer; et vous n'avez que faire d'avoir peur d'en trop faire, puisque c'est moi qui vous conduis.

GEORGE DANDIN. — Je ne saurois....

MONSIEUR DE SOTENVILLE. — Corbleu! mon gendre, ne m'échauffez pas la bile. Je me mettrois avec lui contre vous. Allons, laissez-vous gouverner par moi.

GEORGE DANDIN, à part. — Ah! George Dandin!

MONSIEUR DE SOTENVILLE. — Votre bonnet à la main, le premier; monsieur est gentilhomme, et vous ne l'êtes pas.

GEORGE DANDIN, à part, le bonnet à la main. — J'enrage!

MONSIEUR DE SOTENVILLE. — Répétez avec moi : Monsieur....

GEORGE DANDIN. — Monsieur....

MONSIEUR DE SOTENVILLE. — Je vous demande pardon.... (Voyant que George Dandin fait difficulté de lui obéir.) Ah!

GEORGE DANDIN. — Je vous demande pardon...

MONSIEUR DE SOTENVILLE. — Des mauvaises pensées que j'ai eues de vous.

GEORGE DANDIN. — Des mauvaises pensées que j'ai eues de vous!

MONSIEUR DE SOTENVILLE. — C'est que je n'avois pas l'honneur de vous connoître.

GEORGE DANDIN. — C'est que je n'avois pas l'honneur de vous connoître.

MONSIEUR DE SOTENVILLE. — Et je vous prie de croire....

GEORGE DANDIN. — Et je vous prie de croire...

MONSIEUR DE SOTENVILLE. — Que je suis votre serviteur.

GEORGE DANDIN. — Voulez-vous que je sois serviteur d'un homme qui me veut faire cocu?

MONSIEUR DE SOTENVILLE, le menaçant encore. — Ah!

CLITANDRE. — Il suffit, monsieur.

MONSIEUR DE SOTENVILLE. — Non, je veux qu'il achève, et que tout aille dans les formes. Que je suis votre serviteur.

GEORGE DANDIN. — Que je suis votre serviteur.

CLITANDRE, à George Dandin. — Monsieur, je suis le vôtre de tout mon cœur; et je ne songe plus à ce qui s'est passé. (A M. de Sotenville.) Pour vous, monsieur, je vous donne le bonjour, et suis fâché du petit chagrin que vous avez eu.

MONSIEUR DE SOTENVILLE. — Je vous baise les mains; et, quand il vous plaira, je vous donnerai le divertissement de courre un lièvre.

CLITANDRE. — C'est trop de grâce que vous me faites. (Clitandre sort.)

MONSIEUR DE SOTENVILLE. — Voilà, mon gendre, comme il faut pousser les choses. Adieu. Sachez que vous êtes entré dans une famille qui vous donnera de l'appui, et ne souffrira point que l'on vous fasse aucun affront.

SCÈNE IX.

GEORGE DANDIN, seul.

Ah! que je.... Vous l'avez voulu, vous l'avez voulu, George Dandin, vous l'avez voulu; cela vous sied fort bien, et vous voilà ajusté comme il faut : vous avez justement ce que vous méritez. Allons, il s'agit seulement de désabuser le père et la mère; et je pourrai trouver peut-être quelque moyen d'y réussir.

FIN DU PREMIER ACTE

Morgué! je t'aime. (Acte II, scène I.)

ACTE DEUXIÈME.

SCÈNE I.

CLAUDINE, LUBIN.

CLAUDINE. — Oui, j'ai bien deviné qu'il falloit que cela vînt de toi, et que tu l'eusses dit à quelqu'un qui l'ait rapporté à notre maître.

LUBIN. — Par ma foi, je n'en ai touché qu'un petit mot, en passant, à un homme, afin qu'il ne dît point qu'il m'avoit vu sortir; et il faut que les gens, en ce pays-ci, soient de grands babillards!

CLAUDINE. — Vraiment, ce monsieur le vicomte a bien choisi son monde, que de te prendre pour son ambassadeur; et il s'est allé servir là d'un homme bien chanceux.

LUBIN. — Va, une autre fois je serai plus fin, et je prendrai mieux garde à moi.

CLAUDINE. — Oui, oui, il sera temps!

LUBIN. — Ne parlons plus de cela. Écoute.

CLAUDINE. — Que veux-tu que j'écoute?

LUBIN. — Tourne un peu ton visage devers moi.

CLAUDINE. — Hé bien! qu'est-ce?

LUBIN. — Claudine?

CLAUDINE. — Quoi?

LUBIN. — Hé! là! ne sais-tu pas bien ce que je veux dire?

CLAUDINE. — Non.

LUBIN. — Morgué! je t'aime.

CLAUDINE. — Tout de bon?

LUBIN. — Oui, le diable m'emporte! Tu me peux croire, puisque j'en jure.

Un moment d'entretien. (Acte II, scène III.)

CLAUDINE. — A la bonne heure.

LUBIN. — Je me sens tout tribouiller le cœur quand je te regarde.

CLAUDINE. — Je m'en réjouis.

LUBIN. — Comment est-ce que tu fais pour être si jolie?

CLAUDINE. — Je fais comme font les autres.

LUBIN. — Vois-tu, il ne faut point tant de beurre pour faire un quarteron : si tu veux, tu seras ma femme, je serai ton mari, et nous serons tous deux mari et femme.

CLAUDINE. — Tu serois peut-être jaloux comme notre maître?

LUBIN. — Point.

CLAUDINE. — Pour moi, je hais les maris soupçonneux; et j'en veux un qui ne s'épouvante de rien, un si plein de confiance, et si sûr de ma chasteté, qu'il me vît sans inquiétude au milieu de trente hommes.

LUBIN. — Hé bien! je serai tout comme cela.

CLAUDINE. — C'est la plus sotte chose du monde que de se défier d'une femme et de la tourmenter. La vérité de l'affaire est qu'on n'y gagne rien de bon : cela nous fait songer à mal; et ce sont souvent les maris qui, avec leurs vacarmes, se font eux-mêmes ce qu'ils sont.

LUBIN. — Hé hien! je te donnerai la liberté de faire tout ce qu'il te plaira.

CLAUDINE. — Voilà comme il faut faire pour n'être point trompé. Lorsqu'un mari se met à notre discrétion, nous ne prenons de liberté que ce qu'il nous en faut; et il en est comme avec ceux qui nous ouvrent leur bourse, et nous disent : Prenez. Nous en usons honnêtement, et nous nous contentons de la raison. Mais ceux qui nous chicanent, nous nous efforçons de les tondre, et nous ne les épargnons point.

LUBIN. — Va, je serai de ceux qui ouvrent leur bourse; et tu n'as qu'à te marier avec moi.

CLAUDINE. — Hé bien! bien, nous verrons.

LUBIN. — Viens donc ici, Claudine.

CLAUDINE. — Que veux-tu?

LUBIN. — Viens, te dis-je.

CLAUDINE. — Ah! doucement. Je n aime point les patineurs.

LUBIN. — Hé! un petit brin d'amitié!

CLAUDINE. — Laisse-moi là, te dis-je; je n'entends pas raillerie.

LUBIN. — Claudine?

CLAUDINE, *repoussant Lubin*. — Hai!

LUBIN. — Ah! que tu es rude à pauvres gens! Fi! que cela est malhonnête de refuser les personnes! N'as-tu point de honte d'être belle, et de ne vouloir pas qu'on te caresse? Hé! là!

CLAUDINE. — Je te donnerai sur le nez.

LUBIN. — Oh! la farouche! la sauvage! Fi! pouah! la vilaine, qui est cruelle!

CLAUDINE. — Tu t'émancipes trop.

LUBIN. — Qu'est-ce que cela te coûteroit de me laisser un peu faire?

CLAUDINE. — Il faut que tu te donnes patience.

LUBIN. — Un petit baiser seulement, en rabattant sur notre mariage.

CLAUDINE. — Je suis votre servante.

LUBIN. — Claudine, je t'en prie, sur l'et-tant-moins.

CLAUDINE. — Hé! que nenni! J'y ai déjà été attrapée. Adieu. Va-t'en, et dis à monsieur le vicomte que j'aurai soin de rendre son billet.

LUBIN. — Adieu, beauté rude ânière.

CLAUDINE. — Le mot est amoureux.

LUBIN. — Adieu, rocher, caillou, pierre de taille, et tout ce qu'il y a de plus dur au monde.

CLAUDINE, *seule*. — Je vais remettre aux mains de ma maîtresse.... Mais la voici avec son mari : éloignons-nous, et attendons qu'elle soit seule.

SCÈNE II.
GEORGE DANDIN, ANGÉLIQUE.

GEORGE DANDIN. — Non, non; on ne m'abuse pas avec tant de facilité, et je ne suis que trop certain que le rapport que l'on m'a fait est véritable. J'ai de meilleurs yeux qu'on ne pense, et votre galimatias ne m'a point tantôt ébloui.

SCÈNE III.
CLITANDRE, ANGÉLIQUE, GEORGE DANDIN.

CLITANDRE, *à part, dans le fond du théâtre*. — Ah! la voilà; mais le mari est avec elle.

GEORGE DANDIN, *sans voir Clitandre*. — Au travers de toutes vos grimaces, j'ai vu la vérité de ce que l'on m'a dit, et le peu de respect que vous avez pour le nœud qui vous joint. (*Clitandre et Angélique se saluent.*) Mon Dieu, laissez là votre révérence; ce n'est pas de ces sortes de respect dont je vous parle, et vous n'avez que faire de vous moquer.

ANGÉLIQUE. — Moi! me moquer! en aucune façon.

GEORGE DANDIN. — Je sais votre pensée, et connois.... (*Clitandre et Angélique se saluent encore.*) Encore! Ah! ne raillons point davantage. Je n'ignore pas qu'à cause de votre noblesse, vous me tenez fort au-dessous de vous; et le respect que je veux dire ne regarde point ma personne. J'entends parler de celui que vous devez à des nœuds aussi vénérables que le sont ceux du mariage. (*Angélique fait signe à Clitandre.*) Il ne faut point lever les épaules, et je ne dis point de sottises.

ANGÉLIQUE. — Qui songe à lever les épaules?

GEORGE DANDIN. — Mon Dieu! nous voyons clair. Je vous dis, encore une fois, que le mariage est une chaîne à laquelle on doit porter toute sorte de respect; et que c'est fort mal fait à vous d'en user comme vous faites. (*Angélique fait signe de la tête à Clitandre.*) Oui, oui, mal fait à vous; et vous n'avez que faire de hocher la tête, et de me faire la grimace.

ANGÉLIQUE. — Moi? je ne sais ce que vous voulez dire.

GEORGE DANDIN. — Je le sais fort bien, moi; et vos mépris me sont connus. Si je ne suis pas né noble, au moins suis-je d'une race où il n'y a point de reproche; et la famille des Dandins....

CLITANDRE, *derrière Angélique sans être aperçu de George Dandin*. — Un moment d'entretien.

GEORGE DANDIN, *sans voir Clitandre*. — Hé?

ANGÉLIQUE. — Quoi? Je ne dis mot.

(*George Dandin tourne autour de sa femme, et Clitandre se retire en faisant une grande révérence à George Dandin.*)

SCÈNE IV.
GEORGE DANDIN, ANGÉLIQUE.

GEORGE DANDIN. — Le voilà qui vient rôder autour de vous.

ANGÉLIQUE. — Hé bien! est-ce ma faute? Que voulez-vous que j'y fasse?

GEORGE DANDIN. — Je veux que vous y fassiez ce que fait une femme qui ne veut plaire qu'à son mari. Quoi qu'on en puisse dire, les galans n'obsèdent jamais que quand on le veut bien. Il y a un certain air doucereux qui les attire, ainsi que le miel fait les mouches; et les honnêtes femmes ont des manières qui les savent chasser d'abord.

ANGÉLIQUE. — Moi, les chasser! et par quelle raison? Je ne me scandalise point qu'on me trouve bien faite; et cela me fait du plaisir.

GEORGE DANDIN. — Oui! Mais quel personnage voulez-vous que joue un mari pendant cette galanterie?

ANGÉLIQUE. — Le personnage d'un honnête homme, qui est bien aise de voir sa femme considérée.

GEORGE DANDIN. — Je suis votre valet. Ce n'est pas là mon compte; et les Dandins ne sont point accoutumés à cette mode-là.

ANGÉLIQUE. — Oh! les Dandins s'y accoutumeront s'ils veulent; car, pour moi, je vous déclare que mon dessein n'est pas de renoncer au monde et de m'enterrer toute vive dans un mari. Comment! parce qu'un homme s'avise de nous épouser, il faut d'abord que toutes choses soient finies pour nous, et que nous rompions tout commerce avec les vivans! c'est une chose merveilleuse que cette tyrannie de messieurs les maris; et je les trouve bons de vouloir qu'on soit morte à tous les divertissemens, et qu'on ne vive que pour eux! Je me moque de cela, et ne veux point mourir si jeune!

GEORGE DANDIN. — C'est ainsi que vous satisfaites aux engagemens de la foi que vous m'avez donnée publiquement?

ANGÉLIQUE. — Moi? je ne vous l'ai point donnée de bon cœur, et vous me l'avez arrachée. M'avez-vous, avant le mariage, demandé mon consentement, et si je voulois bien de vous? Vous n'avez consulté pour cela que mon père et ma mère; ce sont eux, proprement, qui vous ont épousé, et c'est pourquoi vous ferez bien de vous plaindre toujours à eux des torts que l'on pourra vous faire. Pour moi, qui ne vous ai point dit de vous marier avec moi, et que vous avez prise sans consulter mes sentimens, je prétends n'être point obligée à me soumettre en esclave à vos volontés; et je veux jouir, s'il vous plaît, de quelque nombre de beaux jours que m'offre la jeunesse, prendre les douces libertés que l'âge me permet, voir un peu le monde, et goûter le plaisir de m'ouïr dire des douceurs. Préparez-vous-y, pour votre punition; et rendez grâce au ciel de ce que je ne suis pas capable de quelque chose de pis.

GEORGE DANDIN. — Oui! c'est ainsi que vous le prenez? Je suis votre mari, et je vous dis que je n'entends pas cela.

ANGÉLIQUE. — Moi, je suis votre femme, et je vous dis que je l'entends.

GEORGE DANDIN, à part. — Il me prend des tentations d'accommoder tout son visage à la compote, et le mettre en état de ne plaire de sa vie aux diseurs de fleurettes. Ah! Allons, George Dandin; je ne pourrois me retenir, et il vaut mieux quitter la place.

SCÈNE V.
ANGÉLIQUE, CLAUDINE.

CLAUDINE. — J'avois, madame, impatience qu'il s'en allât, pour vous rendre ce mot de la part que vous savez.

ANGÉLIQUE. — Voyons.

CLAUDINE, à part. — A ce que je puis remarquer, ce qu'on lui dit ne lui déplaît pas trop.

ANGÉLIQUE. — Ah! Claudine, que ce billet s'explique d'une façon galante! Que, dans tous leurs discours et dans toutes leurs actions, les gens de cour ont un air agréable! Et qu'est-ce que c'est, auprès d'eux, que nos gens de province?

CLAUDINE. — Je crois qu'après les avoir vus, les Dandins ne vous plaisent guère.

ANGÉLIQUE. — Demeure ici : je m'en vais faire la réponse.

CLAUDINE, seule. — Je n'ai pas besoin, que je pense, de lui recommander de la faire agréable. Mais voici....

SCÈNE VI.
CLITANDRE, LUBIN, CLAUDINE.

CLAUDINE. — Vraiment, monsieur, vous avez pris là un habile messager!

CLITANDRE. — Je n'ai pas osé envoyer de mes gens; mais, ma pauvre Claudine, il faut que je te récompense des bons offices que je sais que tu m'as rendus. (Il fouille dans sa poche.)

CLAUDINE. — Hé! monsieur, il n'est pas nécessaire. Non, monsieur, vous n'avez que faire de vous donner cette peine là; et je vous rends service, parce que vous le méritez, et que je me sens au cœur de l'inclination pour vous.

CLITANDRE, donnant de l'argent à Claudine. — Je te suis obligé.

LUBIN, à Claudine. — Puisque nous serons mariés, donne-moi cela, que je le mette avec le mien.

CLAUDINE. — Je te le garde, aussi bien que le baiser.

CLITANDRE, à Claudine. — Dis-moi, as-tu rendu mon billet à ta belle maîtresse.

CLAUDINE. — Oui. Elle est allée y répondre.

CLITANDRE. — Mais, Claudine, n'y a-t-il pas moyen que je la puisse entretenir?

CLAUDINE. — Oui : venez avec moi, je vous ferai parler à elle.

CLITANDRE. — Mais le trouvera-t-elle bon? et n'y a-t-il rien à risquer?

CLAUDINE. — Non, non. Son mari n'est pas au logis; et puis, ce n'est pas lui qu'elle a le plus à ménager; c'est son père et sa mère; et, pourvu qu'ils soient prévenus, tout le reste n'est point à craindre.

CLITANDRE. — Je m'abandonne à ta conduite.

LUBIN, seul. — Tétiguenne! Que j'aurai là une habile femme! Elle a de l'esprit comme quatre.

SCÈNE VII.

GEORGE DANDIN, LUBIN.

GEORGE DANDIN, *bas, à part.* — Voici mon homme de tantôt. Plût au ciel qu'il pût se résoudre à vouloir rendre témoignage au père et à la mère, de ce qu'ils ne veulent point croire!

LUBIN. — Ah! vous voilà, monsieur le babillard, à qui j'avois tant recommandé de ne point parler, et qui me l'aviez tant promis! Vous êtes donc un causeur, et vous allez redire ce que l'on vous dit en secret?

GEORGE DANDIN. — Moi?

LUBIN. — Oui. Vous avez été tout rapporter au mari, et vous êtes cause qu'il a fait du vacarme. Je suis bien

Je te suis obligé. (Acte II, scène VI.)

aise de savoir que vous avez de la langue; et cela m'apprendra à ne vous plus rien dire.

GEORGE DANDIN. — Écoute, mon ami.

LUBIN. — Si vous n'aviez point babillé, je vous aurois conté ce qui se passe à cette heure; mais, pour votre punition, vous ne saurez rien du tout.

GEORGE DANDIN. — Comment! qu'est-ce qui se passe?

LUBIN. — Rien, rien. Voilà ce que c'est d'avoir causé; vous n'en tâterez plus, et je vous laisse sur la bonne bouche.

GEORGE DANDIN. — Arrête un peu.

LUBIN. — Point.

GEORGE DANDIN. — Je ne te veux dire qu'un mot.

LUBIN. — Nennin, nennin. Vous avez envie de me tirer les vers du nez.

GEORGE DANDIN. — Non, ce n'est pas cela.

LUBIN. — Eh! quelque sot.... Je vous vois venir.

GEORGE DANDIN. — C'est autre chose. Écoute.

LUBIN. — Point d'affaire. Vous voudriez que je vous disse que monsieur le vicomte vient de donner de l'argent à Claudine, et qu'elle l'a mené chez sa maîtresse. Mais je ne suis pas si bête.

GEORGE DANDIN. — De grâce....

LUBIN. — Non.

GEORGE DANDIN. — Je te donnerai....

LUBIN. — Tarare!

SCÈNE VIII.

GEORGE DANDIN, *seul*.

Je n'ai pu me servir, avec cet innocent, de la pensée que j'avois. Mais le nouvel avis qui lui est échappé feroit la même chose; et, si le galant est chez moi, ce seroit pour avoir raison aux yeux du père et de la

Fort, madame! Frappez comme il faut. (Acte II, scène XI.)

mère, et les convaincre pleinement de l'effronterie de leur fille. Le mal de tout ceci, c'est que je ne sais comment faire pour profiter d'un tel avis. Si je rentre chez moi, je ferai évader le drôle ; et, quelque chose que je puisse voir moi-même de mon déshonneur, je n'en serai point cru à mon serment, et l'on me dira que je rêve. Si, d'autre part, je vais quérir beau-père et belle-mère, sans être sûr de trouver chez moi le galant, ce sera la même chose, et je retomberai dans l'inconvénient de tantôt. Pourrois-je point m'éclaircir doucement s'il y est encore? (*Après avoir été regarder par le trou de la serrure.*) Ah, ciel ! il n'en faut plus douter, et je viens de l'apercevoir par le trou de la porte. Le sort me donne ici de quoi confondre ma partie ; et, pour achever l'aventure, il fait venir à point nommé les juges dont j'avois besoin.

SCÈNE IX.

MONSIEUR ET MADAME DE SOTENVILLE, GEORGE DANDIN.

GEORGE DANDIN. — Enfin, vous ne m'avez pas voulu croire tantôt, et votre fille l'a emporté sur moi ; mais j'ai en main de quoi vous faire voir comme elle m'accommode ; et, Dieu merci, mon déshonneur est si clair maintenant, que vous n'en pourrez plus douter.

MONSIEUR DE SOTENVILLE. — Comment! mon gendre, vous en êtes encore là-dessus?

GEORGE DANDIN. — Oui ; j'y suis ; et jamais je n'eus tant de sujet d'y être.

MADAME DE SOTENVILLE. — Vous nous venez encore étourdir la tête?

GEORGE DANDIN. — Oui, madame, et l'on fait bien pis à la mienne.

MONSIEUR DE SOTENVILLE. — Ne vous lassez-vous point de vous rendre importun?

GEORGE DANDIN. — Non ; mais je me lasse fort d'être pris pour dupe.

MADAME DE SOTENVILLE. — Ne voulez-vous point vous défaire de vos pensées extravagantes?

GEORGE DANDIN. — Non, madame ; mais je voudrois bien me défaire d'une femme qui me déshonore.

MADAME DE SOTENVILLE. — Jour de Dieu, notre gendre, apprenez à parler.

MONSIEUR DE SOTENVILLE. — Corbleu! cherchez des termes moins offensans que ceux-là.

GEORGE DANDIN. — Marchand qui perd ne peut rire.

MADAME DE SOTENVILLE. — Souvenez-vous que vous avez épousé une demoiselle.

GEORGE DANDIN. — Je m'en souviens assez, et ne m'en souviendrai que trop.

MONSIEUR DE SOTENVILLE. — Si vous vous en souvenez, songez donc à parler d'elle avec plus de respect.

GEORGE DANDIN. — Mais que ne songe-t-elle plutôt à me traiter plus honnêtement? Quoi! parce qu'elle est demoiselle, il faut qu'elle ait la liberté de me faire ce qui lui plaît, sans que j'ose souffler?

MONSIEUR DE SOTENVILLE. — Qu'avez-vous donc, et que pouvez-vous dire? N'avez-vous pas vu, ce matin, qu'elle s'est défendue de connoître celui dont vous m'étiez venu parler?

GEORGE DANDIN. — Oui. Mais vous, que pourrez-vous dire, si je vous fais voir maintenant que le galant est avec elle?

MADAME DE SOTENVILLE. — Avec elle?

GEORGE DANDIN. — Oui, avec elle, et dans ma maison.

MONSIEUR DE SOTENVILLE. — Dans votre maison?

GEORGE DANDIN. — Oui, dans ma propre maison.

MADAME DE SOTENVILLE. — Si cela est, nous serons pour vous contre elle.

MONSIEUR DE SOTENVILLE. — Oui. L'honneur de notre famille nous est plus cher que toute chose ; et, si vous dites vrai, nous la renoncerons pour notre sang et l'abandonnerons à votre colère.

GEORGE DANDIN. — Vous n'avez qu'à me suivre.

MADAME DE SOTENVILLE. — Gardez de vous tromper.

MONSIEUR DE SOTENVILLE. — N'allez pas faire comme tantôt.

GEORGE DANDIN. — Mon Dieu! vous allez voir. (*Montrant Clitandre qui sort avec Angélique.*) Tenez, ai-je menti?

SCÈNE X.

ANGÉLIQUE, CLITANDRE, CLAUDINE, MONSIEUR DE SOTENVILLE, MADAME DE SOTENVILLE, avec GEORGE DANDIN, *dans le fond du théâtre.*

ANGÉLIQUE, *à Clitandre.* — Adieu. J'ai peur qu'on vous surprenne ici, et j'ai quelques mesures à garder.

CLITANDRE. — Promettez-moi donc, madame, que je pourrai vous parler cette nuit.

ANGÉLIQUE. — J'y ferai mes efforts.

GEORGE DANDIN, *à M. et à Mme de Sotenville.* — Approchons doucement par derrière, et tâchons de n'être point vus.

CLAUDINE, *à Angélique.* — Ah! madame, tout est perdu. Voilà votre père et votre mère, accompagnés de votre mari.

CLITANDRE. — Ah! ciel!

ANGÉLIQUE, *bas, à Clitandre et à Claudine.* — Ne faites pas semblant de rien. (*Haut, à Clitandre.*) Quoi! vous osez en user de la sorte, après l'affaire de tantôt ; et c'est ainsi que vous dissimulez vos sentimens? On me vient rapporter que vous avez de l'amour pour moi, et que vous faites des desseins de me solliciter : j'en témoigne mon dépit, et m'explique à vous clairement en présence de tout le monde ; vous niez hautement la chose ; et me donnez parole de n'avoir aucune pensée de m'offenser ; et cependant, le même jour, vous prenez la hardiesse de venir chez moi me rendre visite, de me dire que vous m'aimez, et de me faire cent sots contes, pour me persuader de répondre à vos extravagances ; comme si j'étois femme à violer la foi que j'ai donnée à un mari, et m'éloigner jamais de la vertu que mes parens m'ont enseignée? Si mon père savoit cela, il vous apprendroit bien à tenter de ces entreprises ! Mais une honnête femme n'aime point les éclats ; je n'ai garde de lui en rien dire ; (*après avoir fait signe à Claudine d'apporter un bâton*) et je veux vous montrer que, toute femme que je suis, j'ai assez de courage pour me venger moi-même des offenses que l'on me fait. L'action que vous avez faite n'est pas d'un gentilhomme, et ce n'est pas en gentilhomme aussi que je veux vous traiter.

(*Angélique prend le bâton, et le lève sur Clitandre, qui se range de façon que les coups tombent sur George Dandin.*)

CLITANDRE, *criant comme s'il avoit été frappé.* — Ah! ah! ah! ah! ah! doucement.

SCÈNE XI.

MONSIEUR ET MADAME DE SOTENVILLE, ANGÉLIQUE, GEORGE DANDIN, CLAUDINE.

CLAUDINE. — Fort, madame! frappez comme il faut.
ANGÉLIQUE, *faisant semblant de parler à Clitandre.* — S'il vous demeure quelque chose sur le cœur, je suis pour vous répondre.
CLAUDINE. — Apprenez à qui vous vous jouez.
ANGÉLIQUE, *faisant l'étonnée.* — Ah! mon père, vous êtes là?
MONSIEUR DE SOTENVILLE. — Oui, ma fille; et je vois qu'en sagesse et en courage, tu te montres un digne rejeton de la maison de Sotenville. Viens çà; approche-toi, que je t'embrasse.
MADAME DE SOTENVILLE. — Embrasse-moi aussi, ma fille. Las! je pleure de joie, et reconnois mon sang aux choses que tu viens de faire.
MONSIEUR DE SOTENVILLE. — Mon gendre, que vous devez être ravi! et que cette aventure est pour vous pleine de douceurs! Vous aviez un juste sujet de vous alarmer; mais vos soupçons se trouvent dissipés le plus avantageusement du monde.
MADAME DE SOTENVILLE. — Sans doute, notre gendre, et vous devez maintenant être le plus content des hommes.
CLAUDINE. — Assurément. Voilà une femme, celle-là! Vous êtes trop heureux de l'avoir, et vous devriez baiser les pas où elle passe.
GEORGE DANDIN, *à part.* — Hé! traîtresse!
MONSIEUR DE SOTENVILLE. — Qu'est-ce, mon gendre? Que ne remerciez-vous un peu votre femme, de l'amitié que vous voyez qu'elle montre pour vous?
ANGÉLIQUE. — Non, non, mon père, il n'est pas nécessaire. Il ne m'a aucune obligation de ce qu'il vient de voir; et tout ce que j'en fais n'est que pour l'amour de moi-même.
MONSIEUR DE SOTENVILLE. — Où allez-vous, ma fille?
ANGÉLIQUE. — Je me retire, mon père, pour ne me voir point obligée de recevoir ses complimens.
CLAUDINE, *à George Dandin.* — Elle a raison d'être en colère. C'est une femme qui mérite d'être adorée; et vous ne la traitez pas comme vous devriez.
GEORGE DANDIN, *à part.* — Scélérate!

SCÈNE XII.

MONSIEUR ET MADAME DE SOTENVILLE, GEORGE DANDIN.

MONSIEUR DE SOTENVILLE. — C'est un petit ressentiment de l'affaire de tantôt, et cela se passera avec un peu de caresse que vous lui ferez. Adieu, mon gendre; vous voilà en état de ne vous plus inquiéter. Allez-vous-en faire la paix ensemble, et tâchez de l'apaiser par des excuses de votre emportement.
MADAME DE SOTENVILLE. — Vous devez considérer que c'est une jeune fille élevée à la vertu, et qui n'est point accoutumée à se voir soupçonnée d'aucune vilaine action. Adieu. Je suis ravie de voir vos désordres finis, et des transports de joie que vous doit donner sa conduite.

SCÈNE XIII.

GEORGE DANDIN, *seul.*

Je ne dis mot, car je ne gagnerois rien à parler; et jamais il ne s'est rien vu d'égal à ma disgrâce. Oui, j'admire mon malheur et la subtile adresse de ma carogne de femme, pour se donner toujours raison, et me faire avoir tort. Est-il possible que toujours j'aurai du dessous avec elle; que les apparences toujours tourneront contre moi, et que je ne parviendrai point à convaincre mon effrontée! O ciel! seconde mes desseins, et m'accorde la grâce de faire voir aux gens que l'on me déshonore!

Ah, Dieu! je n'en puis plus douter. (Acte II, scène VII.)

ACTE TROISIÈME.

SCÈNE I.
CLITANDRE, LUBIN.

CLITANDRE. — La nuit est avancée, et j'ai peur qu'il ne soit trop tard. Je ne vois point à me conduire Lubin?

LUBIN. — Monsieur?

CLITANDRE. — Est-ce par ici?

LUBIN. — Je pense que oui. Morgué! voilà une sotte nuit, d'être si noire que cela!

CLITANDRE. — Elle a tort, assurément; mais, si, d'un côté, elle nous empêche de voir, elle empêche, de l'autre, que nous ne soyons vus.

LUBIN. — Vous avez raison, elle n'a pas tant de tort. Je voudrois bien savoir, monsieur, vous qui êtes savant, pourquoi il ne fait point jour la nuit?

CLITANDRE. — C'est une grande question, et qui est difficile. Tu es curieux, Lubin.

LUBIN. — Oui; si j'avois étudié, j'aurois été songer à des choses où on n'a jamais songé.

CLITANDRE. — Je le crois. Tu as la mine d'avoir l'esprit subtil et pénétrant.

LUBIN. — Cela est vrai. Tenez j'explique du latin, quoique jamais je ne l'aie appris; et voyant l'autre jour écrit sur une grande porte, *collegium*, je devinai que cela vouloit dire collége.

CLITANDRE. — Cela est admirable! Tu sais donc lire, Lubin.

LUBIN. — Oui, je sais lire la lettre moulée; mais je n'ai jamais su apprendre à lire l'écriture.

CLITANDRE. — Nous voici contre la maison. (*Après avoir frappé dans ses mains.*) C'est le signal que m'a donné Claudine.

LUBIN. — Par ma foi, c'est une fille qui vaut de l'argent; et je l'aime de tout mon cœur.

CLITANDRE. — Aussi t'ai-je amené avec moi pour l'entretenir.

LUBIN. — Monsieur, je vous suis....

CLITANDRE. — Chut! j'entends quelque bruit.

SCÈNE II.
ANGÉLIQUE, CLAUDINE, CLITANDRE, LUBIN.

ANGÉLIQUE. — Claudine?

CLAUDINE. — Hé bien?

ANGÉLIQUE. — Laisse la porte entr'ouverte.

CLAUDINE. — Voilà qui est fait.

(*Scène de nuit. Les acteurs se cherchent les uns les autres dans l'obscurité.*)

CLITANDRE, *à Lubin.* — Ce sont elles. St.

ANGÉLIQUE. — St.

LUBIN. — St.

CLAUDINE. — St.

CLITANDRE, *à Claudine, qu'il prend pour Angélique.* — Madame!

ANGÉLIQUE, *à Lubin, qu'elle prend pour Clitandre.* — Quoi?

LUBIN, *à Angélique, qu'il prend pour Claudine.* — Claudine?

CLAUDINE, *à Clitandre, qu'elle prend pour Lubin.* — Qu'est-ce?

CLITANDRE, *à Claudine, croyant parler à Angélique.* — Ah! madame, que j'ai de joie!

LUBIN, *à Angélique, croyant parler à Claudine.* — Claudine! ma pauvre Claudine!

CLAUDINE, à Clitandre. — Doucement, monsieur.
ANGÉLIQUE, à Lubin. — Tout beau, Lubin.
CLITANDRE. — Est-ce toi, Claudine?
CLAUDINE. — Oui.
LUBIN. — Est-ce vous, madame?
ANGÉLIQUE. — Oui.
CLAUDINE, à Clitandre. — Vous avez pris l'une pour l'autre.
LUBIN, à Angélique. — Ma foi, la nuit on n'y voit goutte.
ANGÉLIQUE. — Est-ce pas vous, Clitandre?

CLITANDRE. — Oui, madame.
ANGÉLIQUE. — Mon mari ronfle comme il faut; et j'ai pris ce temps pour nous entretenir ici.
CLITANDRE. — Cherchons quelque lieu pour nous asseoir.
CLAUDINE. — C'est fort bien avisé.

(*Angélique, Clitandre et Claudine vont s'asseoir dans le fond du théâtre.*)

LUBIN, *cherchant Claudine*. — Claudine! où est-ce que tu es?

Est-ce pas vous, Clitandre? (Acte III, scène II.)

SCÈNE III.

ANGÉLIQUE, CLITANDRE, CLAUDINE, *assis au fond du théâtre;* GEORGE DANDIN, *à moitié déshabillé;* LUBIN.

GEORGE DANDIN, *à part*. — J'ai entendu descendre ma femme; et je me suis vite habillé pour descendre après elle. Où peut-elle être allée? Seroit-elle sortie?
LUBIN, *cherchant Claudine, et prenant George Dandin pour Claudine*. — Où es-tu donc, Claudine? Ah! te voilà. Par ma foi, ton maître est plaisamment at- trapé; et je trouve ceci aussi drôle que les coups de bâton de tantôt, dont on m'a fait récit. Ta maîtresse dit qu'il ronfle, à cette heure, comme tous les diantres; et il ne sait pas que monsieur le vicomte et elle sont ensemble, pendant qu'il dort. Je voudrois bien savoir quel songe il fait maintenant. Cela est tout à fait risible. De quoi s'avise-t-il aussi, d'être jaloux de sa femme, et de vouloir qu'elle soit à lui tout seul? C'est un impertinent, et monsieur le vicomte lui fait trop d'honneur. Tu ne dis mot, Claudine? Allons, suivons-les; et me donne ta petite menote, que je la baise. Ah! que cela est doux! Il me semble que je mange des confitures. (*A George Dandin, qu'il prend toujours*

pour Claudine, et qui le repousse rudement.) Tudieu! comme vous y allez! voilà une petite menote qui est un peu bien rude.

GEORGE DANDIN. — Qui va là?

LUBIN. — Personne.

GEORGE DANDIN. — Il fuit, et me laisse informé de la nouvelle perfidie de ma coquine. Allons, il faut que, sans tarder, j'envoie appeler son père et sa mère, et que cette aventure me serve à me faire séparer d'elle. Holà! Colin! Colin!

SCÈNE IV.

ANGÉLIQUE, CLITANDRE, CLAUDINE, LUBIN, *assis au fond du théâtre;* GEORGE DANDIN, COLIN.

COLIN, *à la fenêtre.* — Monsieur!

GEORGE DANDIN. — Allons, vite ici-bas.

COLIN, *sautant par la fenêtre.* — M'y voilà on ne peut pas plus vite.

Doucement. Parle bas. (Acte III, scène IV.)

GEORGE DANDIN. — Tu es là?

COLIN. — Oui, monsieur.

(*Pendant que George Dandin va chercher Colin du côté où il a entendu sa voix, Colin passe de l'autre, et s'endort.*)

GEORGE DANDIN, *se tournant du côté où il croit qu'est Colin.* — Doucement. Parle bas. Écoute. Va-t'en chez mon beau-père et ma belle-mère, et dis que je les prie très-instamment de venir tout à l'heure. Entends-tu? Hé! Colin! Colin!

COLIN, *de l'autre côté, se réveillant.* — Monsieur!

GEORGE DANDIN. — Où diable es-tu?

COLIN. — Ici.

GEORGE DANDIN. — Peste soit du maroufle, qui s'éloigne de moi! (*Pendant que George Dandin retourne du côté où il croit que Colin est resté, Colin, à moitié endormi, passe de l'autre côté, et se rendort.*) Je te dis que tu ailles de ce pas trouver mon beau-père et ma belle-mère, et leur dire que je les conjure de se rendre ici tout à l'heure. M'entends-tu bien? Réponds. Colin! Colin!

COLIN, *de l'autre côté, se réveillant.* — Monsieur!

GEORGE DANDIN. — Voilà un pendard qui me fera enrager. Viens-t'en à moi. (*Ils se rencontrent, et tombent tous deux.*) Ah! le traître! il m'a estropié. Où est-ce que tu es? Approche, que je te donne mille coups. Je pense qu'il me fuit.

COLIN. — Assurément.

GEORGE DANDIN. — Veux-tu venir?

COLIN. — Nenni, ma foi.

GEORGE DANDIN. — Viens, te dis-je.

COLIN. — Point. Vous me voulez battre.

GEORGE DANDIN. — Hé bien! non, je ne te ferai rien.

COLIN. — Assurément?

GEORGE DANDIN. — Approche. (A Colin, qu'il tient par le bras.) Bon! Tu es bien heureux de ce que j'ai besoin de toi. Va-t'en vite, de ma part, prier mon beau-père et ma belle-mère de se rendre ici le plus tôt qu'ils pourront, et leur dis que c'est pour une affaire de la dernière conséquence; et, s'ils faisoient quelque difficulté, à cause de l'heure, ne manque pas de les presser et de leur faire bien entendre qu'il est très-important qu'ils viennent, en quelque état qu'ils soient. Tu m'entends bien maintenant?

COLIN. — Oui, monsieur.

GEORGE DANDIN. — Va vite, et reviens de même. (Se croyant seul.) Et moi, je vais rentrer dans ma maison, attendant que.... Mais j'entends quelqu'un. Ne seroit-ce point ma femme? Il faut que j'écoute, et me serve de l'obscurité qu'il fait.

(George Dandin se range près de la porte de sa maison.)

SCÈNE V.

ANGÉLIQUE, CLITANDRE, CLAUDINE, LUBIN, GEORGE DANDIN.

ANGÉLIQUE, à Clitandre. — Adieu. Il est temps de se retirer.

CLITANDRE. — Quoi! sitôt?

ANGÉLIQUE. — Nous nous sommes assez entretenus.

CLITANDRE. — Ah! madame, puis-je assez vous entretenir, et trouver, en si peu de temps, toutes les paroles dont j'ai besoin? Il me faudroit des journées entières pour me bien expliquer à vous de tout ce que je sens; et je ne vous ai pas dit encore la moindre partie de ce que j'ai à vous dire.

ANGÉLIQUE. — Nous en écouterons une autre fois davantage.

CLITANDRE. — Hélas! de quel coup me percez-vous l'âme, lorsque vous parlez de vous retirer; et avec combien de chagrin m'allez-vous laisser maintenant!

ANGÉLIQUE. — Nous trouverons moyen de nous revoir.

CLITANDRE. — Oui. Mais je songe qu'en vous quittant, vous allez trouver un mari. Cette pensée m'assassine; et les priviléges qu'ont les maris sont des choses cruelles pour un amant qui aime bien.

ANGÉLIQUE. — Serez-vous assez foible pour avoir cette inquiétude, et pensez-vous qu'on soit capable d'aimer de certains maris qu'il y a? On les prend parce qu'on ne s'en peut défendre, et que l'on dépend de parens qui n'ont des yeux que pour le bien; mais on sait leur rendre justice, et l'on se moque fort de les considérer au delà de ce qu'ils méritent.

GEORGE DANDIN, à part. — Voilà nos carognes de femmes!

CLITANDRE. — Ah! qu'il faut avouer que celui qu'on vous a donné étoit peu digne de l'honneur qu'il a reçu, et que c'est une étrange chose que l'assemblage qu'on a fait d'une personne comme vous avec un homme comme lui!

GEORGE DANDIN, à part. — Pauvres maris! voilà comme on vous traite.

CLITANDRE. — Vous méritez, sans doute, une tout autre destinée; et le ciel ne vous a point faite pour être la femme d'un paysan.

GEORGE DANDIN. — Plût au ciel! fût-elle la tienne! tu changerois bien de langage! Rentrons; c'en est assez.

(George Dandin, étant rentré, ferme la porte en dedans.)

SCÈNE VI.

ANGÉLIQUE, CLITANDRE, CLAUDINE, LUBIN.

CLAUDINE. — Madame, si vous avez à dire du mal de votre mari, dépêchez vite, car il est tard.

CLITANDRE. — Ah! Claudine, que tu es cruelle!

ANGÉLIQUE, à Clitandre. — Elle a raison. Séparons-nous.

CLITANDRE. — Il faut donc s'y résoudre, puisque vous le voulez. Mais, au moins, je vous conjure de me plaindre un peu des méchans momens que je vais passer.

ANGÉLIQUE. — Adieu.

LUBIN. — Où es-tu, Claudine, que je te donne le bonsoir?

CLAUDINE. — Va, va, je le reçois de loin, et je t'en renvoie autant.

SCÈNE VII.

ANGÉLIQUE, CLAUDINE.

ANGÉLIQUE. — Rentrons sans faire de bruit.

CLAUDINE. — La porte s'est fermée.

ANGÉLIQUE. — J'ai le passe-partout.

CLAUDINE. — Ouvrez donc doucement.

ANGÉLIQUE. — On a fermé en dedans, et je ne sais comment nous ferons.

CLAUDINE. — Appelez le garçon qui couche là.

ANGÉLIQUE. — Colin! Colin! Colin!

SCÈNE VIII.

GEORGE DANDIN, ANGÉLIQUE, CLAUDINE.

GEORGE DANDIN, à la fenêtre. — Colin! Colin! Ah! je vous y prends donc, madame ma femme; et vous faites des escampativos pendant que je dors! Je suis bien aise de cela, et de vous voir dehors à l'heure qu'il est.

ANGÉLIQUE. — Hé bien! quel grand mal est-ce qu'il y a à prendre le frais de la nuit?

GEORGE DANDIN. — Oui, oui. L'heure est bonne à prendre le frais! C'est bien plutôt le chaud, madame la coquine; et nous savons toute l'intrigue du rendez-vous et du damoiseau. Nous avons entendu votre galant entretien, et les beaux vers à ma louange que vous avez dits l'un et l'autre. Mais ma consolation, c'est que je vais être vengé, et que votre père et votre mère seront convaincus maintenant de la justice de mes plaintes, et du déréglement de votre conduite. Je les ai envoyé querir, et ils vont être ici dans un moment.

ANGÉLIQUE, *à part*. — Ah! ciel!

CLAUDINE. — Madame!

GEORGE DANDIN. — Voilà un coup, sans doute, où vous ne vous attendiez pas. C'est maintenant que je triomphe, et j'ai de quoi mettre à bas votre orgueil, et détruire vos artifices. Jusques ici vous avez joué mes accusations, ébloui vos parents, et plâtré vos malversations. J'ai eu beau voir et beau dire; et votre adresse toujours l'a emporté sur mon bon droit, et toujours vous avez trouvé moyen d'avoir raison; mais, à cette fois, Dieu merci, les choses vont être éclaircies, et votre effronterie sera pleinement confondue.

ANGÉLIQUE. — Hé! je vous prie, faites-moi ouvrir la porte.

GEORGE DANDIN. — Non, non: il faut attendre la venue de ceux que j'ai mandés, et je veux qu'ils vous trouvent dehors à la belle heure qu'il est. En attendant qu'ils viennent, songez, si vous voulez, à chercher dans votre tête quelque nouveau détour pour vous tirer de cette affaire; à inventer quelque moyen de rhabiller votre escapade; à trouver quelque belle ruse pour éluder ici les gens et paroître innocente, quelque prétexte spécieux de pèlerinage nocturne, ou d'amie en travail d'enfant, que vous veniez de secourir.

Ah! le traître! il m'a estropié. (Acte III, scène IV.)

ANGÉLIQUE. — Non. Mon intention n'est pas de vous rien déguiser. Je ne prétends point me défendre, ni vous nier les choses, puisque vous les savez.

GEORGE DANDIN. — C'est que vous voyez bien que tous les moyens vous en sont fermés, et que, dans cette affaire, vous ne sauriez inventer d'excuse qu'il ne me soit facile de convaincre de fausseté.

ANGÉLIQUE. — Oui, je confesse que j'ai tort, et que vous avez sujet de vous plaindre. Mais je vous demande, par grâce de ne m'exposer point maintenant à la mauvaise humeur de mes parens, et de me faire promptement ouvrir.

GEORGE DANDIN. — Je vous baise les mains.

ANGÉLIQUE. — Hé! mon pauvre petit mari, je vous en conjure.

GEORGE DANDIN. — Hé! mon pauvre petit mari! Je suis votre petit mari, maintenant, parce que vous vous sentez prise. Je suis bien aise de cela; et vous ne vous étiez jamais avisée de me dire ces douceurs.

ANGÉLIQUE. — Tenez, je vous promets de ne vous plus donner aucun sujet de déplaisir, et de me....

GEORGE DANDIN. — Tout cela n'est rien. Je ne veux point perdre cette aventure; et il m'importe qu'on soit une fois éclairci à fond de vos déportemens.

ANGÉLIQUE. — De grâce, laissez-moi vous dire. Je vous demande un moment d'audience.

GEORGE DANDIN. — Hé bien! quoi?

ANGÉLIQUE. — Il est vrai que j'ai failli, je vous l'avoue encore une fois; que votre ressentiment est juste; que j'ai pris le temps de sortir pendant que vous dormiez; et que cette sortie est un rendez-vous que j'avois donné à la personne que vous dites. Mais enfin ce sont des actions que vous devez pardonner à mon âge, des emportemens de jeune personne qui n'a encore rien vu, et ne fait que d'entrer au monde; des libertés où l'on s'abandonne, sans y penser de mal, et qui sans doute dans le fond, n'ont rien de....

GEORGE DANDIN. — Oui: vous le dites, et ce sont des choses qui ont besoin qu'on les croie pieusement.

ANGÉLIQUE. — Je ne veux point m'excuser, par là, d'être coupable envers vous, et je vous prie seulement d'oublier une offense dont je vous demande pardon de tout mon cœur; et de m'épargner, en cette rencontre, le déplaisir que me pourroient causer les reproches fâcheux de mon père et de ma mère. Si vous m'accordez généreusement la grâce que je vous demande, ce procédé obligeant, cette bonté que vous me ferez voir, me gagnera entièrement; elle touchera tout à fait mon cœur, et y fera naître pour vous ce que tout le pouvoir de mes parens et les liens du mariage n'avoient pu y jeter. En un mot, elle sera cause que je renoncerai à toutes les galanteries, et n'aurai de l'attachement que pour vous. Oui, je vous donne ma parole que vous m'allez voir désormais la meilleure femme du monde, et que je vous témoignerai tant d'amitié, tant d'amitié, que vous en serez satisfait.

GEORGE DANDIN. — Ah! crocodile, qui flatte les gens pour les étrangler!

Ah! je vous y prends donc! (Acte III, scène VIII.)

ANGÉLIQUE. — Accordez-moi cette faveur.

GEORGE DANDIN. — Point d'affaires. Je suis inexorable.

ANGÉLIQUE. — Montrez-vous généreux.

GEORGE DANDIN. — Non.

ANGÉLIQUE. — De grâce!

GEORGE DANDIN. — Point.

ANGÉLIQUE. — Je vous en conjure de tout mon cœur.

GEORGE DANDIN. — Non, non, non. Je veux qu'on soit détrompé de vous, et que votre confusion éclate.

ANGÉLIQUE. — Hé bien! si vous me réduisez au désespoir, je vous avertis qu'une femme, en cet état, est capable de tout, et que je ferai quelque chose ici dont vous vous repentirez.

GEORGE DANDIN. — Hé! que ferez-vous, s'il vous plaît?

ANGÉLIQUE. — Mon cœur se portera jusqu'aux extrêmes résolutions; et, de ce couteau que voici, je me tuerai sur la place.

GEORGE DANDIN. — Ah! ah! A la bonne heure.

ANGÉLIQUE. — Pas tant à la bonne heure pour vous que vous vous imaginez. On sait de tous côtés nos différends, et les chagrins perpétuels que vous concevez contre moi. Lorsqu'on me trouvera morte, il n'y aura personne qui mette en doute que ce ne soit vous qui m'aurez tuée; et mes parens ne sont pas gens, assurément à laisser cette mort impunie, et ils en feront sur votre personne, toute la punition que leur pourront offrir et les poursuites de la justice, et la chaleur de leur ressentiment. C'est par là que je trouverai moyen de me venger de vous, et je ne suis pas la première qui ait su recourir à de pareilles vengeances, qui n'ait pas fait difficulté de se donner la mort, pour perdre ceux qui ont la cruauté de nous pousser à la dernière extrémité.

GEORGE DANDIN. — Je suis votre valet. On ne s'avise plus de se tuer soi-même, et la mode en est passée il y a longtemps.

ANGÉLIQUE. — C'est une chose dont vous pouvez vous tenir sûr; et, si vous persistez dans votre refus, si vous ne me faites ouvrir, je vous jure que, tout à l'heure, je vais vous faire voir jusqu'où peut aller la résolution d'une personne qu'on met au désespoir.

GEORGE DANDIN. — Bagatelles, bagatelles. C'est pour me faire peur.

ANGÉLIQUE. — Hé bien! puisqu'il le faut, voici qui nous contentera tous deux, et montrera si je me moque. (Après avoir fait semblant de se tuer.) Ah! c'en est fait. Fasse le ciel que ma mort soit vengée comme je le souhaite, et que celui qui en est cause, reçoive un juste châtiment de la dureté qu'il a eue pour moi!

GEORGE DANDIN. — Ouais! seroit-elle bien si malicieuse, que de s'être tuée pour me faire pendre? Prenons un bout de chandelle pour aller voir.

SCÈNE IX.

ANGELIQUE, CLAUDINE.

ANGÉLIQUE, à Claudine. — St. Paix. Rangeons-nous chacune immédiatement contre un des côtés de la porte.

SCÈNE X.

ANGÉLIQUE ET CLAUDINE, entrant dans la maison au moment que George Dandin en sort, et fermant la porte en dedans; GEORGE DANDIN, une chandelle à la main.

GEORGE DANDIN. — La méchanceté d'une femme iroit-elle bien jusque-là? (Seul, après avoir regardé partout.) Il n'y a personne. Hé! je m'en étois bien douté; et la pendarde s'est retirée, voyant qu'elle ne gagnoit rien après moi, ni par prières ni par menaces. Tant mieux! cela rendra ses affaires encore plus mauvaises; et le père et la mère qui vont venir, en verront mieux son crime. (Après avoir été à la porte de sa maison pour rentrer.) Ah! ah! la porte s'est fermée. Holà! ho! quelqu'un! qu'on m'ouvre promptement!

SCÈNE XI.

ANGÉLIQUE ET CLAUDINE, à la fenêtre; GEORGE DANDIN.

ANGÉLIQUE. — Comment! c'est toi? D'où viens-tu, bon pendard? Est-il l'heure de revenir chez soi quand le jour est près de paroître? et cette manière de vivre est-elle celle que doit suivre un honnête mari?

CLAUDINE. — Cela est-il beau, d'aller ivrogner toute la nuit, et de laisser ainsi toute seule une pauvre jeune femme dans la maison?

GEORGE DANDIN. — Comment! vous avez....

ANGÉLIQUE. — Va, va, traître, je suis lasse de tes déportemens, et je m'en veux plaindre sans plus tarder, à mon père et à ma mère.

GEORGE DANDIN. — Quoi! c'est ainsi que vous osez...

SCÈNE XII.

MONSIEUR ET MADAME DE SOTENVILLE, en déshabillé de nuit; COLIN, portant une lanterne; ANGÉLIQUE ET CLAUDINE, à la fenêtre; GEORGE DANDIN.

ANGÉLIQUE, à M. et à madame de Sotenville. — Approchez, de grâce, et venez me faire raison de l'insolence la plus grande du monde, d'un mari à qui le vin et la jalousie ont troublé de telle sorte la cervelle, qu'il ne sait plus ni ce qu'il dit, ni ce qu'il fait, et vous a lui-même envoyé querir pour vous faire témoin de l'extravagance la plus étrange dont on ait jamais ouï parler. Le voilà qui revient, comme vous voyez, après s'être fait attendre toute la nuit; et, si vous voulez l'écouter, il vous dira qu'il a les plus grandes plaintes du monde à vous faire de moi; que, durant qu'il dormoit, je me suis dérobée d'auprès de lui pour m'en aller courir et cent autres contes de même nature qu'il est allé rêver.

GEORGE DANDIN, à part. — Voilà une méchante carogne.

CLAUDINE. — Oui, il nous a voulu faire accroire qu'il étoit dans la maison, et que nous en étions dehors, et c'est une folie qu'il n'y a pas moyen de lui ôter de la tête.

MONSIEUR DE SOTENVILLE. — Comment! Qu'est-ce à dire cela?

MADAME DE SOTENVILLE. — Voilà une furieuse impudence que de nous envoyer querir!

GEORGE DANDIN. — Jamais....

ANGÉLIQUE. — Non, mon père, je ne puis plus souffrir un mari de la sorte : ma patience est poussée à bout ; et il vient de me dire cent paroles injurieuses.

MONSIEUR DE SOTENVILLE, à George Dandin. — Corbleu! vous êtes un malhonnête homme.

CLAUDINE. — C'est une conscience de voir une pauvre jeune femme traitée de la façon ; et cela crie vengeance au ciel.

GEORGE DANDIN. — Peut-on?...

MONSIEUR DE SOTENVILLE. Allez, vous devriez mourir de honte.

GEORGE DANDIN. — Laissez-moi vous dire deux mots.

ANGÉLIQUE. — Vous n'avez qu'à l'écouter : il va vous en conter de belles !

GEORGE DANDIN, à part. — Je désespère.

CLAUDINE. — Il a tant bu, que je ne pense pas qu'on puisse durer contre lui ; et l'odeur du vin qu'il souffle est montée jusqu'à nous.

GEORGE DANDIN. — Monsieur mon beau-père, je vous en conjure....

MONSIEUR DE SOTENVILLE. — Retirez-vous, vous puez le vin à pleine bouche.

GEORGE DANDIN. — Madame, je vous prie....

MADAME DE SOTENVILLE. — Fi! ne m'approchez pas : votre haleine est empestée.

GEORGE DANDIN, à M. de Sotenville. — Souffrez que je vous....

MONSIEUR DE SOTENVILLE. — Retirez-vous, vous dis-je, on ne peut vous souffrir.

GEORGE DANDIN, à madame de Sotenville. — Permettez, de grâce, que....

MADAME DE SOTENVILLE. — Pouah ! vous m'engloutissez le cœur. Parlez de loin, si vous voulez.

GEORGE DANDIN. — Hé bien! oui, je parle de loin. Je vous jure que je n'ai bougé de chez moi, et que c'est elle qui est sortie.

ANGÉLIQUE. — Ne voilà pas ce que je vous ai dit?

CLAUDINE. — Vous voyez quelle apparence il y a.

MONSIEUR DE SOTENVILLE, à George Dandin. — Allez, vous vous moquez des gens. Descendez, ma fille, et venez ici.

SCÈNE XIII.

MONSIEUR ET MADAME DE SOTENVILLE, GEORGE DANDIN, COLIN.

GEORGE DANDIN. — J'atteste le ciel que j'étois dans la maison, et que....

MONSIEUR DE SOTENVILLE. — Taisez-vous : c'est une extravagance qui n'est pas supportable.

GEORGE DANDIN. — Que la foudre m'écrase tout à l'heure, si....

MONSIEUR DE SOTENVILLE. — Ne vous rompez pas davantage la tête, et songez à demander pardon à votre femme.

GEORGE DANDIN. — Moi! demander pardon?

MONSIEUR DE SOTENVILLE. — Oui, pardon, et sur-le-champ.

GEORGE DANDIN. — Quoi! je...

MONSIEUR DE SOTENVILLE. — Corbleu! si vous répliquez, je vous apprendrai ce que c'est que de vous jouer à nous.

GEORGE DANDIN. — Ah! George Dandin!

SCÈNE XIV.

MONSIEUR ET MADAME DE SOTENVILLE, ANGÉLIQUE, GEORGE DANDIN, CLAUDINE, COLIN.

MONSIEUR DE SOTENVILLE. — Allons, venez, ma fille, que votre mari vous demande pardon.

ANGÉLIQUE. — Moi ! lui pardonner tout ce qu'il m'a dit? Non, non, mon père, il m'est impossible de m'y résoudre ; et je vous prie de me séparer d'un mari avec lequel je ne saurois plus vivre.

CLAUDINE. — Le moyen d'y résister !

MONSIEUR DE SOTENVILLE. — Ma fille, de semblables séparations ne se font point sans grand scandale ; et vous devez vous montrer plus sage que lui, et patienter encore cette fois.

ANGÉLIQUE. — Comment patienter, après de telles indignités ! Non, mon père ; c'est une chose où je ne puis consentir.

MONSIEUR DE SOTENVILLE. — Il le faut, ma fille, et c'est moi qui vous le commande.

ANGÉLIQUE. — Ce mot me ferme la bouche ; et vous avez sur moi une puissance absolue.

CLAUDINE. — Quelle douceur !

ANGÉLIQUE. — Il est fâcheux d'être contrainte d'oublier de telles injures ; mais, quelque violence que je me fasse, c'est à moi de vous obéir.

CLAUDINE. — Pauvre mouton !

MONSIEUR DE SOTENVILLE, à Angélique. — Approchez.

ANGÉLIQUE. — Tout ce que vous me faites faire ne servira de rien ; et vous verrez que ce sera dès demain à recommencer.

MONSIEUR DE SOTENVILLE. — Nous y donnerons ordre. (A George Dandin.) Allons, mettez-vous à genoux.

GEORGE DANDIN. — A genoux?

MONSIEUR DE SOTENVILLE. — Oui, à genoux, et sans tarder.

GEORGE DANDIN, à genoux, une chandelle à la main. — (A part.) O ciel ! (A M. de Sotenville.) Que faut-il dire?

MONSIEUR DE SOTENVILLE. — Madame, je vous prie de me pardonner....

GEORGE DANDIN. — Madame, je vous prie de me pardonner....

MONSIEUR DE SOTENVILLE. — L'extravagance que j'ai faite....

GEORGE DANDIN. — L'extravagance que j'ai faite... (A part.) de vous épouser.

MONSIEUR DE SOTENVILLE. — Et je vous promets de mieux vivre à l'avenir.

GEORGE DANDIN. — Et je vous promets de mieux vivre à l'avenir.

MONSIEUR DE SOTENVILLE, *à George Dandin.* — Prenez-y garde, et sachez que c'est ici la dernière de vos impertinences que nous souffrirons.

MADAME DE SOTENVILLE. — Jour de Dieu! si vous y retournez, on vous apprendra le respect que vous devez à votre femme et à ceux de qui elle sort.

MONSIEUR DE SOTENVILLE. — Voilà le jour qui va paroître. Adieu. (*A George Dandin.*) Rentrez chez vous, et songez bien à être sage. (*A madame de Sotenville.*) Et nous, m'amour, allons nous mettre au lit.

SCÈNE XV.

GEORGE DANDIN, *seul.*

Ah! je le quitte maintenant, et je n'y vois plus de remède. Lorsqu'on a, comme moi, épousé une méchante femme, le meilleur parti qu'on puisse prendre, c'est de s'aller jeter dans l'eau, la tête la première.

Madame, je vous prie de me pardonner!... (Acte III, scène XIV.)

RELATION

DE LA

FÊTE DE VERSAILLES.

DU 18 JUILLET 1668.

Cette relation est de Félibien, auteur des *Entretiens sur la vie et les ouvrages des plus excellents peintres anciens et modernes* et père de dom Félibien qui écrivit, avec dom Lobineau, l'*Histoire de la ville de Paris*.
Tous les intermèdes sont de Molière.

Le roi ayant accordé la paix aux instances de ses alliés, et aux vœux de toute l'Europe, et donné des marques d'une modération et d'une bonté sans exemple, même dans le plus fort de ses conquêtes, ne pensoit plus qu'à s'appliquer aux affaires de son royaume, lorsque, pour réparer, en quelque sorte, ce que la cour avoit perdu dans le carnaval, pendant son absence, il résolut de faire une fête dans les jardins de Versailles, où, parmi les plaisirs que l'on trouve dans un séjour si délicieux, l'esprit fût encore touché de ces beautés surprenantes et extraordinaires dont ce grand prince sait si bien assaisonner tous ses divertissemens.

Pour cet effet, voulant donner la comédie ensuite d'une collation, et le souper après la comédie, qui fût suivi d'un bal et d'un feu d'artifice, il jeta les yeux sur les personnes qu'il jugea les plus capables pour disposer toutes les choses propres à cela. Il leur marqua lui-même les endroits où la disposition du lieu pouvait, par sa beauté naturelle, contribuer davantage à leur décoration; et, parce que l'un des plus beaux ornemens de cette maison est la quantité des eaux que l'art y a conduites, malgré la nature qui les lui avoi refusées, Sa Majesté leur ordonna de s'en servir le plus qu'ils pourroient à l'embellissement de ces lieux, et même leur ouvrit les moyens de les employer et d'en tirer les effets qu'elles peuvent faire

Pour l'exécution de cette fête, le duc de Créquy, comme premier gentilhomme de la chambre, fut chargé de ce qui regardoit la comédie; le maréchal de Bellefonds, comme premier maître d'hôtel du roi, prit soin de la collation, du souper, et de tout ce qui regardoit le service des tables; et M. Colbert, comme surintendant des bâtimens, fit construire et embellir les divers lieux destinés à ce divertissement royal, et donna les ordres pour l'exécution des feux d'artifice.

Le sieur Virgarani eut ordre de dresser le théâtre pour la comédie; le sieur Gissey, d'accommoder un endroit pour le souper; et le sieur Le Vau, premier architecte du roi, un autre pour le bal.

Le mercredi, dix-huitième jour de juillet, le roi étant parti de Saint-Germain, vint dîner à Versailles avec la reine, Mgr le Dauphin, Monsieur et Madame. Le reste de la cour étant arrivé incontinent après midi, trouva des officiers du roi qui faisoient les honneurs, et recevoient tout le monde dans les salles du château, où il y avoit, en plusieurs endroits, des tables dressées et de quoi se rafraîchir; les principales dames furent conduites dans des chambres particulières pour se reposer.

Sur les six heures du soir, le roi, ayant commandé au marquis de Gesvres, capitaine de ses gardes, de faire ouvrir toutes les portes, afin qu'il n'y eût personne qui ne prît part au divertissement, sortit du château avec la reine et tout le reste de la cour, pour prendre le plaisir de la promenade.

Quand Leurs Majestés eurent fait le tour du grand parterre, elles descendirent dans celui de gazon qui est du côté de la Grotte, où, après avoir considéré les fontaines qui les embellissent, elles s'arrêtèrent particulièrement à regarder celle qui est au bas du petit parc, du côté de la pompe. Dans le milieu de son bassin, l'on voit un dragon de bronze qui, percé d'une flèche, semble vomir le sang par la gueule, en poussant en l'air un bouillon d'eau qui retombe en pluie et couvre tout le bassin.

Autour de ce dragon, il y a quatre petits Amours sur des cygnes, qui font chacun un grand jet d'eau, et qui nagent vers le bord, comme pour se sauver. Deux de ces Amours qui sont en face du dragon, se cachent le visage avec la main pour ne le pas voir, et sur leur visage l'on aperçoit toutes les marques de la crainte parfaitement exprimées; les deux autres plus hardis parce que le monstre n'est pas tourné de leur côté, l'attaquent de leurs armes. Entre ces Amours, sont des dauphins de bronze, dont la gueule ouverte pousse en l'air de gros bouillons d'eau.

Leurs Majestés allèrent ensuite chercher le frais dans ces bosquets si délicieux, où l'épaisseur des arbres empêche que le soleil ne se fasse sentir. Lorsqu'elles furent dans celui dont un grand nombre d'agréables allées forme une espèce de labyrinthe, elles arrivèrent, après plusieurs détours, dans un cabinet de verdure pentagone, où aboutissent cinq allées. Au milieu de ce cabinet, il y a une fontaine dont le bassin est bordé de gazon. De ce bassin sortoient cinq tables en manière de buffets, chargées de toutes les choses qui peuvent composer une collation magnifique.

L'une de ces tables représentoit une montagne, où, dans plusieurs espèces de cavernes, on voyoit diverses sortes de viandes froides; l'autre étoit comme la face d'un palais bâti de massepains et pâtes sucrées. Il y en avoit une chargée de pyramides de confitures sèches; une autre d'une infinité de vases remplis de toutes sortes de liqueurs; et la dernière étoit composée de caramels. Toutes ces tables, dont les plans étoient ingénieusement formés en divers compartimens, étoient couvertes d'une infinité de choses délicates, et disposées d'une manière toute nouvelle; leurs pieds et leurs dossiers étoient environnés de feuillages mêlés de festons de fleurs, dont une partie étoit soutenue par des Bacchantes. Il y avoit, entre ces tables, une petite pelouse de mousse verte, qui s'avançoit dans le bassin, et sur laquelle on voyoit, dans un grand vase, un oranger dont les fruits étoient confits; chacun de ces orangers avoit à côté de lui deux autres arbres de différentes espèces, dont les fruits étoient pareillement confits.

Du milieu de ces tables s'élevoit un jet d'eau de plus de trente pieds de haut, dont la chute faisoit un bruit très-agréable, de sorte qu'en voyant tous ces buffets d'une même hauteur, joints les uns aux autres par les branches d'arbres et les fleurs dont ils étoient revêtus, il sembloit que ce fut une petite montagne, du haut de laquelle sortoit une fontaine.

La palissade qui fait l'enceinte de ce cabinet étoit disposée d'une manière toute particulière; le jardinier, ayant employé son industrie à bien ployer les branches des arbres, et à les lier ensemble en diverses façons, en avoit formé une espèce d'architecture. Dans le milieu du couronnement, on voyoit un socle de verdure sur lequel il y avoit un dé qui portoit un vase rempli de fleurs. Aux côtés du dé, et sur le même socle, étoient deux autres vases de fleurs; et en cet endroit, le haut de la palissade venant doucement à s'arrondir en forme de galbe, se terminoit aux deux extrémités par deux autres vases aussi remplis de fleurs.

Au lieu de sièges de gazon, il y avoit tout autour du cabinet des couches de melons, dont la quantité, la grosseur et la bonté étoient surprenantes pour la saison. Ces couches étoient faites d'une manière tout extraordinaire; et à bien considérer la beauté de ce lieu l'on auroit pu dire autrefois que les hommes n'auroient point eu de part à un si bel arrangement, mais que quelques divinités de ces bois auroient employé leurs soins pour l'embellir de la sorte.

Comme il y a cinq allées qui se terminent toutes dans ce cabinet, et qui forment une étoile, l'on trouvoit ces allées ornées de chaque côté de vingt-six arcades de cyprès. Sous chaque arcade, et sur des sièges de gazon, il y avoit de grands vases remplis de divers arbres chargés de leurs fruits. Dans la première de ces allées, il n'y avoit que des orangers de Portugal. La seconde étoit toute de bigareautiers et de cerisiers mêlés ensemble. La troisième étoit bordée d'abricotiers et de pêchers ; la quatrième, de groseilliers de Hollande ; et dans la cinquième on ne voyoit que des poiriers de différentes espèces. Tous ces arbres faisoient un agréable objet à la vue, à cause de leurs fruits qui paroissoient encore davantage contre l'épaisseur du bois.

Au bout de ces cinq allées, il y a cinq grandes niches de verdure, que l'on voit toutes en face du milieu du cabinet. Ces niches étoient cintrées ; et sur les pilastres des côtés s'élevoient deux rouleaux qui s'alloient joindre à un carré qui étoit au milieu. Dans ce carré, l'on voyoit les chiffres du roi, composés de différentes fleurs ; et des deux côtés pendoient des festons qui s'attachoient à l'extrémité des rouleaux. A côté de la niche, il y avoit deux arcades aussi de verdure, avec leurs pilastres, d'un côté et d'autre ; et tous ces pilastres étoient terminés par des vases remplis de fleurs.

Dans l'une de ces niches étoit la figure du dieu Pan, qui, ayant sur le visage toutes les marques de la joie, sembloit prendre part à celle de toute l'assemblée. Le sculpteur l'avoit disposé dans une action qui faisoit connoître qu'il étoit mis là comme la divinité qui présidoit dans ce lieu.

Dans les quatre autres niches, il y avoit quatre Satyres, deux hommes et deux femmes, qui tous sembloient danser, et témoigner le plaisir qu'ils ressentoient de se voir visités par un si grand monarque, suivi d'une si belle cour. Toutes ces figures étoient dorées, et faisoient un effet admirable contre le vert de ces palissades.

Après que Leurs Majestés eurent été quelque temps dans cet endroit si charmant, et que les dames eurent fait collation, le roi abandonna les tables au pillage des gens qui suivoient, et la destruction d'un arrangement si beau servit encore de divertissement agréable à toute la cour, par l'empressement et la confusion de ceux qui démolissoient ces châteaux de massepains et ces montagnes de confitures.

Au sortir de ce lieu, le roi rentrant dans une calèche, la reine dans sa chaise, et tout le reste de la cour dans leurs carrosses, poursuivirent leur promenade pour se rendre à la comédie, et passant dans une grande allée de quatre rangs de tilleuls, firent le tour du bassin de la fontaine des Cygnes, qui termine l'allée Royale vis-à-vis du château. Ce bassin est un carré long finissant par deux demi-ronds. Sa longueur est de soixante toises, sur quarante de large. Dans son milieu, il y a une infinité de jets d'eau, qui, réunis ensemble, font une gerbe d'une hauteur et d'une grosseur extraordinaires.

A côté de la grande allée Royale, il y en a deux autres qui en sont éloignées d'environ deux cents pas ; celle qui est à droite en montant vers le château s'appelle l'allée du Roi, et celle qui est à gauche, l'allée des Prés. Ces trois allées sont traversées par une autre qui se termine à deux grilles qui font la clôture du petit parc. Ces deux allées des côtés, et celle qui les traverse, ont cinq toises de large ; mais à l'endroit où elles se rencontrent, elles forment un grand espace qui a plus de treize toises en carré. C'est dans cet endroit de l'allée du Roi, que le sieur Vigarani avoit disposé le lieu de la comédie. Le théâtre, qui avançoit un peu dans le carré de la place, s'enfonçoit de dix toises dans l'allée qui monte vers le château, et laissoit, pour la salle, un espace de treize toises de face sur neuf de large.

L'exhaussement de ce salon étoit de trente pieds jusques à la corniche, d'où les côtés du plafond s'élevoient encore de huit pieds jusques au dernier enfoncement. Il étoit couvert de feuilles par dehors, et, par dedans, paré de riches tapisseries que le sieur du Metz, intendant des meubles de la couronne, avoit pris soin de faire disposer de la manière la plus belle et la plus convenable pour la décoration de ce lieu. Du haut du plafond pendoient trente-deux chandeliers de cristal, portant chacun dix bougies de cire blanche. Autour de la salle étoient plusieurs sièges disposés en amphithéâtre, remplis de plus de douze cents personnes ; et, dans le parterre, il y avoit encore sur des bancs une plus grande quantité de monde. Cette salle étoit percée par deux grandes arcades, dont l'une étoit vis-à-vis du théâtre, et l'autre du côté qui va vers la grande allée. L'ouverture du théâtre étoit de trente-six pieds, et, de chaque côté, il y avoit deux grandes colonnes torses, de bronze et de lapis, environnées de branches et de feuilles de vigne d'or ; elles étoient posées sur des piédestaux de marbre, et portoient une grande corniche aussi de marbre, dans le milieu de laquelle on voyoit les armes du roi sur un cartouche doré, accompagné de trophées ; l'architecture étoit d'ordre ionique. Entre chaque colonne, il y avoit une figure : celle qui étoit à droite représentoit la Paix, et celle qui étoit à gauche figuroit la Victoire ; pour montrer que Sa Majesté est toujours en état de faire que ses peuples jouissent d'une paix heureuse et pleine d'abondance, en établissant le repos dans l'Europe, ou d'une victoire glorieuse et remplie de joie, quand elle est obligée de prendre les armes pour soutenir ses droits.

Lorsque Leurs Majestés furent arrivés dans ce lieu, dont la grandeur et la magnificence surprit toute la cour, et quand elles eurent pris leurs places sur le haut dais qui étoit au milieu du parterre, on leva la toile qui cachoit la décoration du théâtre ; et alors, les yeux se trouvant tout à fait trompés, l'on crut voir effectivement un jardin d'une beauté extraordinaire.

A l'entrée de ce jardin l'on découvroit deux palissades si ingénieusement moulées, qu'elles formoient un ordre d'architecture dont la corniche étoit soutenue par quatre Termes qui représentoient des Satyres. La partie d'en bas de ces Termes, et ce qu'on appelle gaîne, étoient de jaspe, et le reste de bronze doré. Ces Satyres portoient sur leurs têtes des corbeilles pleines de fleurs ; et, sur les piédestaux de marbre qui soutenoient ces mêmes Termes, il y avoit de grands vases dorés, aussi remplis de fleurs.

Un peu plus loin, paroissoient deux terrasses revêtues de marbre blanc, qui environnoient un long canal. Au bord de ces terrasses, il y avoit des masques dorés qui vomissaient de l'eau dans le canal; et, au-dessus de ces masques, on voyoit des vases de bronze doré, d'où sortoient aussi autant de véritables jets d'eau.

On montoit sur ces terrasses par trois degrés; et, sur la même ligne où étoient rangés les Termes, il y avoit d'un côté et d'autre, une longue allée de grands arbres, entre lesquels paroissoient des cabinets d'une architecture rustique. Chaque cabinet couvroit un grand bassin de marbre, soutenu sur un piédestal de même matière, et de ces bassins sortoient autant de jets d'eau.

Le bout du canal le plus proche étoit bordé de douze jets d'eau, qui formoient autant de chandeliers; et, à l'autre extrémité, on voyoit un superbe édifice en forme de dôme. Il étoit percé de trois grands portiques, au travers desquels on découvroit une grande étendue de pays.

D'abord l'on vit sur le théâtre une collation magni-

Colbert.

fique d'oranges de Portugal, et de toutes sortes de fruits chargés à fond et en pyramides dans trente-six corbeilles, qui furent servies à toute la cour par le maréchal de Bellefonds, et par plusieurs seigneurs pendant que le sieur de Launay, intendant des menus plaisirs et affaires de la chambre, donnoit de tous côtés des imprimés qui contenoient le sujet de la comédie et du ballet.

Bien que la pièce qu'on représenta doive être considérée comme un impromptu, et un de ces ouvrages où la nécessité de satisfaire sur-le-champ aux volontés du roi ne donne pas toujours le loisir d'y apporter la dernière main, et d'en former les derniers traits, néanmoins il est certain qu'elle est composée de parties si diversifiées et si agréables, qu'on peut dire qu'il n'en a guère paru sur le théâtre de plus capable de satisfaire tout ensemble l'oreille et les yeux des spectateurs. La prose dont on s'est servi, est un langage très-propre pour l'action qu'on représente; et les vers qui se chantent entre les actes de la comédie convien-

Louis XIV.

nent si bien au sujet, et expriment si tendrement les passions dont ceux qui les récitent doivent être émus, qu'il n'y a jamais rien eu de plus touchant. Quoiqu'il semble que ce soient deux comédies que l'on joue en même temps, dont l'une soit en prose et l'autre en vers, elles sont pourtant si bien unies à un même sujet, qu'elles ne sont qu'une même pièce, et ne représentent qu'une seule action.

L'ouverture du théâtre se fait par quatre bergers déguisés en valets de fête, qui, accompagnés de quatre autres bergers qui jouent de la flûte, font une danse, où ils obligent d'entrer avec eux un riche paysan qu'ils rencontrent, et qui, mal satisfait de son mariage, n'a l'esprit rempli que de fâcheuses pensées : aussi l'on voit qu'il se retire bientôt de leur compagnie, où il n'a demeuré que par contrainte.

Climène et Chloris, qui sont deux bergères amies, entendant le son des flûtes, viennent joindre leurs voix à ces instrumens, et chantent :

> L'autre jour, d'Annette
> J'entendis la voix,
> Qui, sur sa musette,
> Chantoit dans nos bois :
> Amour, que sous ton empire
> On souffre de maux cuisans !
> Je le puis bien dire,
> Puisque je le sens.
> La jeune Lisette,
> Au même moment,
> Sur le ton d'Annette,
> Reprit tendrement :
> Amour, si, sous ton empire,
> Je souffre des maux cuisans,
> C'est de n'oser dire
> Tout ce que je sens.

Tircis et Philène, amans de ces deux bergères, les abordent pour les entretenir de leur passion, et font avec elles une scène en musique.

CHLORIS.
Laissez-nous en repos, Philène.
CLIMÈNE.
Tircis, ne viens point m'arrêter.
TIRCIS ET PHILÈNE.
Ah ! belle inhumaine,
Daigne un moment m'écouter !
CLIMÈNE ET CHLORIS.
Mais que me veux-tu conter ?
LES DEUX BERGERS.
Que d'une flamme immortelle
Mon cœur brûle sous tes lois.
LES DEUX BERGÈRES.
Ce n'est pas une nouvelle :
Tu me l'as dit mille fois.
PHILÈNE, à Chloris.
Quoi ! veux-tu toute ma vie,
Que j'aime et n'obtienne rien ?
CHLORIS.
Non ; ce n'est pas mon envie

N'aime plus ; je le veux bien.
TIRCIS, à Climène.
Le ciel me force à l'hommage
Dont tous ces bois sont témoins.
CLIMÈNE.
C'est au ciel, puisqu'il t'engage,
A te payer de tes soins.
PHILÈNE, à Chloris.
C'est par ton mérite extrême
Que tu captives mes vœux.
CHLORIS.
Si je mérite qu'on m'aime,
Je ne dois rien à tes feux.
LES DEUX BERGERS.
L'éclat de tes yeux me tue.
LES DEUX BERGÈRES.
Détourne de moi tes pas.
LES DEUX BERGERS.
Je me plais dans cette vue.
LES DEUX BERGÈRES.
Berger, ne t'en plains donc pas
PHILÈNE.
Ah ! belle Climène !
TIRCIS.
Ah ! belle Chloris !
PHILÈNE, à Climène.
Rends-la pour moi plus humaine.
TIRCIS, à Chloris.
Dompte pour moi ses mépris.
CLIMÈNE, à Chloris.
Sois sensible à l'amour que te porte Philène.
CHLORIS, à Climène.
Sois sensible à l'ardeur dont Tircis est épris.
CLIMÈNE, à Chloris.
Si tu veux me donner ton exemple, bergère,
Peut-être je le recevrai.
CHLORIS, à Climène.
Si tu veux te résoudre à marcher la première,
Possible que je te suivrai.
CLIMÈNE, à Philène.
Adieu, berger.
CHLORIS, à Tircis.
Adieu, berger.
CLIMÈNE, à Philène.
Attends un favorable sort.
CHLORIS, à Tircis.
Attends un doux succes du mal qui te possède.
TIRCIS.
Je n'attends aucun remède.
PHILÈNE.
Et je n'attends que la mort.
TIRCIS ET PHILÈNE.
Puisqu'il nous faut languir en de tels déplaisirs,
Mettons fin, en mourant, à nos tristes soupirs.

Ces deux bergers se retirent, l'âme pleine de douleur et de désespoir ; et, ensuite de cette musique, commence le premier acte de la comédie en prose.

Le sujet est qu'un riche paysan, s'étant marié à la fille d'un gentilhomme de campagne, ne reçoit que du mépris de sa femme aussi bien que de son beau-père et de sa belle-mère, qui ne l'avoient pris pour leur gendre qu'à cause de ses grands biens.

Toute cette pièce est traitée de la même sorte que le sieur de Molière a de coutume de faire ses autres pièces de théâtre; c'est-à-dire qu'il y représente avec des couleurs si naturelles le caractère des personnes qu'il introduit, qu'il ne se peut rien voir de plus ressemblant que ce qu'il a fait pour montrer la peine et les chagrins où se trouvent souvent ceux qui s'allient au-dessus de leur condition; et, quand il dépeint l'humeur et la manière de faire de certains nobles campagnards, il ne forme point de traits qui n'expriment parfaitement leur véritable image. Sur la fin de l'acte, le paysan est interrompu par une bergère qui lui vient apprendre le désespoir des deux bergers: mais, comme il est agité d'autres inquiétudes, il la quitte en colère; et Chloris entre, qui vient faire une plainte sur la mort de son amant:

 Ah! mortelles douleurs!
 Qu'ai-je plus à prétendre?
 Coulez, coulez, mes pleurs;
 Je n'en puis trop répandre.

Pourquoi faut-il qu'un tyrannique honneur
Tienne notre âme en esclave asservie?
Hélas! pour contenter sa barbare rigueur,
J'ai réduit mon amant à sortir de la vie.

 Ah! mortelles douleurs!
 Qu'ai-je plus à prétendre?
 Coulez, coulez, mes pleurs;
 Je n'en puis trop répandre.

Me puis-je pardonner, dans ce funeste sort,
Les sévères froideurs dont je m'étois armée?
Quoi donc, mon cher amant, je t'ai donné la mort!
Est-ce le prix, hélas! de m'avoir tant aimée?

 Ah! mortelles douleurs!
 Qu'ai-je plus à prétendre?
 Coulez, coulez mes pleurs;
 Je n'en puis trop répandre.

Après cette plainte commença le second acte de la comédie en prose: c'est une suite des déplaisirs du paysan marié, qui se trouve encore interrompu par la même bergère, qui vient lui dire que Tircis et Philène ne sont point morts, et lui montre six bateliers qui les ont sauvés. Le paysan, importuné de tous ces avis, se retire, et quitte la place aux bateliers, qui, ravis de la récompense qu'ils ont reçue, dansent avec leurs crocs, et se jouent ensemble; après quoi se récite le troisième acte de la comédie en prose.

Dans ce dernier acte, l'on voit le paysan dans le comble de la douleur, par les mauvais traitemens de sa femme. Enfin un de ses amis lui conseille de noyer dans le vin toutes ses inquiétudes, et l'emmène pour joindre sa troupe, voyant venir toute la foule des bergers amoureux, qui commence à célébrer, par des chants et des danses, le pouvoir de l'Amour.

Ici la décoration du théâtre se trouve changée en un instant, et l'on ne peut comprendre comment tant de véritables jets d'eau ne paroissent plus, ni par quel artifice, au lieu de ces cabinets et de ces allées, on ne découvre sur le théâtre que de grands rochers entremêlés d'arbres, où l'on voit plusieurs bergers qui chantent et qui jouent de toutes sortes d'instrumens. Chloris commence, la première, à joindre sa voix au son des flûtes et des musettes.

CHLORIS.

 Ici l'ombre des ormeaux
 Donne un teint frais aux herbettes;
 Et les bords de ces ruisseaux
 Brillent de mille fleurettes
 Qui se mirent dans les eaux.
 Prenez, bergers, vos musettes,
 Ajustez vos chalumeaux,
 Et mêlons nos chansonnettes
 Au chant des petits oiseaux.
 Le Zéphire, entre ces eaux,
 Fait mille courses secrètes;
 Et les rossignols nouveaux,
 De leurs douces amourettes
 Parlent aux tendres rameaux.
 Prenez, bergers, vos musettes,
 Ajustez vos chalumeaux,
 Et mêlons nos chansonnettes,
 Au chant des petits oiseaux.

Pendant que la musique charme les oreilles, les yeux sont agréablement occupés à voir danser plusieurs bergers et bergères, galamment vêtus. Et Climène chante:

Ah! qu'il est doux, belle Sylvie,
Ah! qu'il est doux de s'enflammer!
Il faut retrancher de la vie
Ce qu'on en passe sans aimer.

CHLORIS.

Ah! les beaux jours qu'Amour nous donne,
Lorsque sa flamme unit les cœurs!
Est-il ni gloire ni couronne
Qui vaille ses moindres douceurs?

TIRCIS.

Qu'avec peu de raison on se plaint d'un martyre,
Que suivent de si doux plaisirs!

PHILÈNE.

Un moment de bonheur dans l'amoureux empire
Répare dix ans de soupirs.

TOUS ENSEMBLE.

Chantons tous de l'Amour le pouvoir adorable;
 Chantons tous dans ces lieux
 Ses attraits glorieux:
 Il est le plus aimable
 Et le plus grand des dieux.

A ces mots l'on vit s'approcher, du fond du théâtre, un grand rocher couvert d'arbres, sur lequel étoit assise toute la troupe de Bacchus, composée de quarante Satyres. L'un d'eux, s'avançant à la tête, chanta fièrement ces paroles :

Arrêtez : c'est trop entreprendre.
Un autre dieu, dont nous suivons les lois,
S'oppose à cet honneur qu'à l'Amour osent rendre
Vos musettes et vos voix :
A des titres si beaux Bacchus seul peut prétendre ;
Et nous sommes ici pour défendre ses droits.

CHOEUR DE SATYRES.
Nous suivons de Bacchus le pouvoir adorable ;
Nous suivons en tous lieux
Ses attraits glorieux :
Il est le plus aimable
Et le plus grand des dieux.

Plusieurs du parti de Bacchus mêloient aussi leurs pas à la musique ; et l'on vit un combat des danseurs

Marie-Thérèse d'Autriche.

et des chantres de Bacchus contre les danseurs et les chantres qui soutenoient le parti de l'Amour.

CHLORIS.
C'est le printemps qui rend l'âme
A nos champs semés de fleurs ;
Mais c'est l'Amour et sa flamme
Qui font revivre nos cœurs.

UN SUIVANT DE BACCHUS.
Le soleil chasse les ombres
Dont le ciel est obscurci,
Et des âmes les plus sombres
Bacchus chasse le souci.

CHOEUR DE BACCHUS.
Bacchus est révéré sur la terre et sur l'onde.
CHOEUR DE L'AMOUR.
Et l'Amour est un dieu qu'on adore en tous lieux.
CHOEUR DE BACCHUS.
Bacchus à son pouvoir a soumis tout le monde.
CHOEUR DE L'AMOUR.
Et l'Amour a dompté les hommes et les dieux.
CHOEUR DE BACCHUS.
Rien peut-il égaler sa douceur sans seconde?
CHOEUR DE L'AMOUR.
Rien peut-il égaler ses charmes précieux?

CHŒUR DE BACCHUS.
Fi de l'Amour et de ses feux!
LE PARTI DE L'AMOUR.
Ah! quel plaisir d'aimer!
LE PARTI DE BACCHUS.
Ah! quel plaisir de boire!
LE PARTI DE L'AMOUR.
A qui vit sans amour, la vie est sans appas.

LE PARTI DE BACCHUS.
C'est mourir que de vivre et de ne boire pas.
LE PARTI DE L'AMOUR.
Aimables fers!
LE PARTI DE BACCHUS.
Douce victoire!
LE PARTI DE L'AMOUR.
Ah! quel plaisir d'aimer!

Madame, duchesse d'Orléans.

LE PARTI DE BACCHUS.
Ah! quel plaisir de boire!
LES DEUX PARTIS.
Non, non, c'est un abus.
Le plus grand dieu de tous....
LE PARTI DE L'AMOUR.
C'est l'amour.
LE PARTI DE BACCHUS.
C'est Bacchus.

Un berger arrive, qui se jette au milieu des deux partis pour les séparer, et leur chante ces vers.

C'est trop, c'est trop, bergers. Et! pourquoi ces débats?
Souffrons qu'en un parti la raison nous assemble.
L'Amour a des douceurs, Bacchus a des appas:
Ce sont deux déités qui sont fort bien ensemble:
Ne les séparons pas.
LES DEUX CHŒURS.
Mêlons donc leurs douceurs aimables,

Mêlons nos voix dans ces lieux agréables,
Et faisons répéter aux échos d'alentour,
Qu'il n'est rien de plus doux que Bacchus et l'Amour.

Tous les danseurs se mêlent ensemble, et l'on voit parmi les bergers et les bergères quatre des suivans de Bacchus, avec des thyrses, et quatre Bacchantes avec des espèces de tambours de basque, qui représentent des cribles qu'elles portoient anciennement aux fêtes de Bacchus. De ces thyrses, les suivans frappent sur les cribles des Bacchantes, et font différentes postures, pendant que les bergers et les bergères dansent plus sérieusement.

On peut dire que, dans cet ouvrage, le sieur de Lulli a trouvé le secret de satisfaire et de charmer tout le monde; car jamais il n'y a rien eu de si beau et de mieux inventé. Si l'on regarde les danses, il n'y a point de pas qui ne marque l'action que les danseurs doivent faire, et dont les gestes ne soient autant de paroles qui se fassent entendre. Si l'on regarde la musique, il n'y a rien qui n'exprime parfaitement toutes les passions, et qui ne ravisse l'esprit des auditeurs. Mais ce qui n'a jamais été vu, est cette harmonie de voix si agréable, cette symphonie d'instrumens, cette belle union de différens chœurs, ces douces chansonnettes, ces dialogues si tendres et si amoureux, ces échos, et enfin cette conduite admirable dans toutes les parties, où, depuis les premiers récits, l'on a vu toujours que la musique s'est augmentée, et qu'enfin, après avoir commencé par une seule voix, elle a fini par un concert de plus de cent personnes qu'on a vues, toutes à la fois sur un même théâtre, joindre ensemble leurs instrumens, leurs voix et leurs pas dans un accord et une cadence qui finit la pièce, en laissant tout le monde dans une admiration qu'on ne peut assez exprimer.

Cet agréable spectacle étant fini de la sorte, le roi et toute la cour sortirent par le portique du côté gauche du salon, et qui rend dans l'allée de traverse, au bout de laquelle, à l'endroit où elle coupe l'allée des Prés, l'on aperçut de loin un édifice élevé de cinquante pieds de haut. Sa figure étoit octogone, et sur le haut de la couverture s'élevoit une espèce de dôme d'une grandeur et d'une hauteur si belle et si proportionnée, que le tout ensemble ressembloit beaucoup à ces beaux temples antiques dont on voit encore quelques restes; il étoit couvert de feuillages, et rempli d'une infinité de lumières. A mesure qu'on s'en approchoit, on y découvroit mille différentes beautés. Il étoit isolé, et l'on voyoit dans les huit angles autant de pilastres qui servoient comme de pieds-forts ou d'arcs-boutans élevés de quinze pieds de haut. Au-dessus de ces pilastres, il y avoit de grands vases ornés de différentes façons, et remplis de lumières. Du haut de ces vases sortoit une fontaine, qui, retombant à l'entour, les environnoit comme d'une cloche de cristal; ce qui faisoit un effet d'autant plus admirable, qu'on voyoit un feu éclairer agréablement au milieu de l'eau.

Cet édifice étoit percé de huit portes. Au devant de celle par où l'on entroit, et sur deux piédestaux de verdure, étoient deux grandes figures dorées qui représentoient deux Faunes jouant chacun d'un instrument. Au-dessus de ces portes, on voyoit comme une espèce de frise ornée de huit grands bas-reliefs, représentant, par des figures assises, les quatre saisons de l'année et les quatre parties du jour. A côté des premières, il y avoit des doubles L; et, à côté des autres, des fleurs de lis. Elles étoient toutes enchâssées parmi le feuillage, et faites avec un artifice de lumière si beau et si surprenant, qu'il sembloit que toutes ces figures, ces L et ces fleurs de lis, fussent d'un métal lumineux et transparent.

Le tour du dôme étoit aussi orné de huit bas-reliefs éclairés de la même sorte; mais, au lieu de figures, c'étoient des trophées disposés en différentes manières. Sur les angles du principal édifice et du dôme, il y avoit de grosses boules de verdure qui en terminoient les extrémités.

Si l'on fut surpris en voyant par dehors la beauté de ce lieu, on le fut encore davantage en voyant le dedans. Il étoit presque impossible de ne se pas persuader que ce ne fût un enchantement, tant il y paroissoit de choses qu'on croiroit ne se pouvoir faire que par magie! Sa grandeur étoit de huit toises de diamètre. Au milieu, il y avoit un grand rocher, et autour du rocher une table de figure octogone, chargée de soixante-quatre couverts. Ce rocher étoit percé en quatre endroits. Il sembloit que la nature eût fait choix de tout ce qu'elle a de plus beau et de plus riche pour la composition de cet ouvrage; et qu'elle eût elle-même pris plaisir d'en faire son chef-d'œuvre, tant les ouvriers avoient bien su cacher l'artifice dont ils s'étoient servis pour l'imiter!

Sur la cime du rocher étoit le cheval Pégase; il sembloit, en se cabrant, faire sortir de l'eau qu'on voyoit couler doucement de dessous ses pieds, mais qui aussitôt tomboit avec abondance, et formoit comme quatre fleuves. Cette eau, qui se précipitoit avec violence et par gros bouillons parmi les pointes du rocher, le rendoit tout blanc d'écume, et ne s'y perdoit que pour paroître ensuite plus belle et plus brillante; car, ressortant avec impétuosité par des endroits cachés, elle faisoit des chûtes d'autant plus agréables qu'elles se séparoient en plusieurs petits ruisseaux parmi les cailloux et les coquilles. Il sortoit, de tous les endroits les plus creux du rocher, mille gouttes d'eau qui, avec celle des cascades, venoient inonder une pelouse couverte de mousse et de divers coquillages, qui en faisoit l'entrée. C'étoit sur ce beau vert, et à l'entour de ces coquilles, que ces eaux, venant à se répandre et à couler agréablement, faisoient une infinité de retours qui paroissoient autant de petites ondes d'argent, et, avec un murmure doux et agréable qui s'accordoit au bruit des cascades, tomboient en cent différentes manières, dans huit canaux qui séparoient la table d'avec le rocher, et en recevoient toutes les eaux. Ces canaux étoient revêtus de carreaux de porcelaine et de mousse, au bord desquels il y avoit de grands vases à l'antique, émaillés d'or et d'azur, qui, jetant l'eau par trois différents endroits, remplissoient trois grandes coupes de cristal qui se dégorgeoient encore dans ces mêmes canaux.

Au-dessous du cheval Pégase, et vis-à-vis la porte par où l'on entroit, on voyoit la figure d'Apollon assise, tenant dans sa main une lyre; les neuf Muses étoient au-dessous de lui, qui tenoient aussi divers instrumens. Dans les quatre coins du rocher, et au-dessous de la chute de ces fleuves, il y avoit quatre figures couchées, qui en représentoient les divinités.

De quelque côté qu'on regardât ce rocher, l'on y voyoit toujours différents effets d'eau; et les lumières dont il étoit éclairé étoient si bien disposées, qu'il n'y en avoit point qui ne contribuassent à faire paroître toutes les figures qui étoient d'argent, et à faire briller davantage les divers éclats de l'eau et les différentes couleurs des pierres et des cristaux dont il étoit composé. Il y avoit même des lumières si industrieusement cachées dans les cavités de ce rocher, qu'elles n'étoient point aperçues, mais qui cependant le faisoient voir partout, et donnoient un lustre et un éclat merveilleux à toutes les gouttes d'eau qui tomboient.

Des huit portes dont ce salon étoit percé, il y en avoit quatre au droit des quatre grandes allées, et quatre autres qui étoient vis-à-vis des petites allées qui sont dans les angles de cette place. A côté de chaque porte, il y avoit quatre grandes niches percées à jour, et remplies d'un grand pied d'argent; au-dessus étoit un grand vase de même matière, qui portoit une girandole de cristal, allumée de dix bougies de cire blanche. Dans les huit angles qui forment la figure de ce lieu, il y avoit un corps solide taillé rustiquement et dont le fond verdâtre brilloit en façon de cristal ou d'eau congelée. Contre ce corps étoient quatre coquilles de marbre les unes au-dessus des autres, et dans des distances fort proportionnées; la plus haute étoit la moins grande, et celles de dessous augmentoient toujours en grandeur, pour mieux recevoir l'eau qui tomboit des unes dans les autres. On avoit mis sur la coquille la plus élevée une girandole de cristal, allumée de dix bougies, et de cette coquille sortoit de l'eau en forme de nappe, qui, tombant dans la seconde coquille, se répandoit dans une troisième, où l'eau d'un masque posé au-dessus venant à se rendre, la remplissoit encore davantage. Cette troisième coquille étoit portée par deux dauphins, dont les écailles étoient de couleur de nacre; ces deux dauphins jetoient de l'eau dans la quatrième coquille, où tomboit aussi en nappe l'eau de la coquille qui étoit au-dessus; et toutes ces eaux venoient enfin à se rendre dans un bassin de marbre, aux deux extrémités duquel étoient deux grands vases remplis d'orangers.

Le plafond de ce lieu n'étoit pas cintré en forme de voûte; il s'élevoit jusques à l'ouverture du dôme, par huit pans qui représentoient un compartiment de menuiserie, artistement taillé de feuillages dorés. Dans ces compartimens qui paroissoient percés, l'on avoit peint des branches d'arbres au naturel, pour avoir plus d'union avec la feuillée dont le corps de cet édifice étoit composé. Le haut du dôme étoit aussi un compartiment d'une riche broderie d'or et d'argent sur un fond vert.

Outre vingt-cinq lustres de cristal, chacun de dix bougies, qui éclairoient ce lieu, et qui tomboient du haut de la voûte, il y en avoit encore d'autres au milieu des huit portes, qui étoient attachés avec de grandes écharpes de gaze d'argent entre des festons de fleurs, noués avec de pareilles écharpes, enrichies d'une frange de même.

Sur la grande corniche, qui régnoit tout autour de ce salon, étoient rangés soixante-quatre vases de porcelaine remplis de diverses fleurs; et, entre ces vases, on avoit mis soixante-quatre boules de cristal de diverses couleurs, et d'un pied de diamètre, soutenues sur des pieds d'argent; elles paroissoient comme autant de pierres précieuses, et étoient éclairées d'une manière si ingénieuse, que la lumière, passant au travers et se trouvant chargée des différentes couleurs de ces cristaux, se répandoit par tout le haut du plafond, où elle faisoit des effets si admirables, qu'il sembloit que ce fussent les couleurs mêmes d'un véritable arc-en-ciel. De cette corniche et du tour que formoit l'ouverture du dôme pendoient plusieurs festons de toutes sortes de fleurs, attachés avec de grandes écharpes de gaz d'argent, dont les bouts, tombant entre chaque feston, paroissoient avec beaucoup d'éclat et de grâce sur tout le corps de cette architecture, qui étoit de feuillage, et dont l'on avoit si bien su former différentes sortes de verdure, que la diversité des arbres qu'on y avoit employés, et que l'on avoit su accommoder les uns auprès des autres, ne faisoit pas une des moindres beautés de la composition de cet agréable édifice.

Au delà du portique, qui étoit vis-à-vis de celui par où l'on entroit, on avoit dressé un buffet d'une beauté et d'une richesse tout extraordinaires. Il étoit enfoncé de dix-huit pieds dans l'allée, et l'on y montoit par trois grands degrés en forme d'estrade. Il y avoit, des deux côtés de ce buffet, deux manières d'ailes élevées d'environ dix pieds de haut, dont le dessous servoit pour passer ceux qui portoient les viandes. Sur le milieu de chacune de ces ailes étoit un socle de verdure, qui portoit un grand guéridon d'argent, chargé d'une girandole aussi d'argent, allumée de bougies de cire blanche, et, à côté de ces guéridons, plusieurs grands vases d'argent; contre ce socle étoit attachée une grande plaque d'argent à trois branches, portant chacune un flambeau de cire blanche.

Sur la table du buffet, il y avoit quatre degrés de deux pieds de large et de trois à quatre pieds de haut, qui s'élevoient jusques à un plafond de feuillée de vingt-cinq pieds d'exhaussement. Sur ce buffet et sur ces degrés, l'on voyoit, dans une disposition agréable, vingt-quatre bassins d'argent d'une grandeur extrême et d'un ouvrage merveilleux: ils étoient séparés les uns des autres par autant de grands vases, de cassolettes et de girandoles d'argent d'une pareille beauté. Il y avoit sur la table vingt-quatre grands pots d'argent, remplis de toutes sortes de fleurs, avec la nef du roi, la vaisselle et les verres destinés pour son service.

Au devant de la table, on voyoit une grande cuvette

Le château de Versailles.

d'argent en forme de coquille, et, aux deux bouts du buffet, quatre guéridons d'argent, de six pieds de haut, sur lesquels étoient des girandoles d'argent, allumées de dix bougies de cire blanche.

Dans les deux autres arcades, qui étoient à côté de celle-ci, étoient deux autres buffets moins hauts et moins larges que celui du milieu; chaque table avoit deux degrés, sur lesquels étoient dressés quatre grands

Mademoiselle de La Vallière.

bassins d'argent, qui accompagnoient un grand vase chargé d'une girandole allumée de dix bougies; et, entre ces bassins et ce vase, il y avoit plusieurs figures d'argent. Aux deux bouts du buffet, l'on voyoit deux grandes plaques, portant chacune trois flambeaux de cire blanche; au-dessus du dossier, un guéridon d'argent, chargé de plusieurs bougies, et, à côté, plusieurs grands vases d'un prix et d'une pesanteur extraordinaires, outre six grands bassins qui servoient de fond. Devant chaque table, il y avoit une grande cuvette d'argent, pesant mille marcs; et ces tables, qui étoient comme deux crédences pour accompagner le grand buffet du roi, étoient destinées pour le service des dames.

Au delà de l'arcade qui servoit d'entrée du côté de l'allée qui descend vers les grilles du grand parc, étoit un enfoncement de dix-huit toises de long, qui formoit comme un avant-salon.

Ce lieu étoit terminé d'un grand portique de verdure, au delà duquel il y avoit une grande salle, bornée par les deux côtés des palissades de l'allée, et, par l'autre bout, d'un autre portique de feuillage. Dans cette salle l'on avoit dressé quatre grandes tentes très-magnifiques, sous lesquelles étoient huit tables accompagnées de leurs buffets chargés de bassins, de verres et de lumières, disposés dans un ordre tout à fait singulier.

Lorsque le roi fut entré dans le salon octogone, et que toute la cour, surprise de la beauté et de la disposition si extraordinaire de ce lieu, en eut bien considéré toutes les parties, Sa Majesté se mit à table, le dos tourné du côté par où elle étoit entrée; et, lorsque Monsieur eut pris aussi sa place, les dames qui y étoient nommées par Sa Majesté pour y souper prirent les leurs, selon qu'elles se rencontrèrent, sans garder aucun rang. Celles qui eurent cet honneur, furent :

Mlles d'Angoulême,
Mme Aubry de Courcy,
Mme de Saint-Arbre,
Mme de Broglio,
Mme de Bailleul,
Mme de Bonnelle,
Mme Bignon,
Mme de Bordeaux,
Mlle Borelle,
Mme de Brissac,
Mme de Coulange,
Mme la maréchale de Clérambaut,
Mme la maréchale de Castelnau,
Mme de Comminge,
Mme la marquise de Castelnau,
Mlle d'Elbeuf,
Mme la maréchale d'Albret, et mademoiselle sa fille,
Mme la maréchale d'Estrées,
Mme la maréchale de La Ferté,
Mme de La Fayette,
Mme la comtesse de Fiesque,
Mme de Fontenay-Hotman,
Mme de Fieubet,
Mme la maréchale de Grancey, et mesdemoiselles ses deux filles,
Mme des Hameaux,
Mme la maréchale de l'Hôpital,
Mme la lieutenante civile,
Mme la comtesse de Louvigny,
Mlle de Manicham,
Mme de Meckelbourg,
Mme la Grande Maréchale,
Mme de Marré,
Mme de Nemours,
Mme de Richelieu,
Mme la duchesse de Richemont,
Mlle de Tresmes,
Mme Tambonneau,
Mme de La Trousse,
Mme la présidente Tubœuf,
Mme la duchesse de La Vallière,
Mme la marquise de La Vallière,
Mme de Vilacerf,
Mme la duchesse de Wirtemberg, et madame sa fille,
Mme de Valavoire,

Comme la somptuosité de ce festin passe tout ce qu'on pourroit dire, tant par l'abondance et la délicatesse des viandes qui y furent servies, que par le bel ordre que le maréchal de Bellefonds et le sieur de Valentiné, contrôleur général de la maison du roi, y apportèrent, je n'entreprendrai pas d'en faire le détail; je dirai seulement que le pied du rocher étoit revêtu, parmi les coquilles et la mousse, de quantité de pâtes, de confitures, de conserves, d'herbages et de fruits sucrés, qui sembloient être crus parmi les pierres, et en faire partie. Il y avoit sur les huit angles qui marquent la figure du rocher et de la table, huit pyramides de fleurs, dont chacune étoit composée de treize porcelaines remplies de différens mets. Il y eut cinq services, chacun de cinquante-six plats; les plats du dessert étoient chargés de seize porcelaines en pyramides, où tout ce qu'il y a de plus exquis et de plus rare dans la saison y paroissoit à l'œil et au goût, d'une manière qui secondoit bien ce que l'on avoit fait dans cet agréable lieu pour charmer la vue.

Dans une allée assez proche de là, et sous une tente, étoit la table de la reine, où mangeoient Madame, Mademoiselle, madame la Princesse, madame la princesse de Carignan. Mgr le dauphin soupa au château, dans son appartement.

Le roi étoit servi par monsieur le Duc; et Monsieur, par le sieur de Valentiné. Les sieurs Grotteau, contrôleur de la bouche, Gaut et Chamois, contrôleurs d'office, mettoient les viandes sur la table.

Le maréchal de Bellefonds servoit la reine; et le sieur Courtet, contrôleur d'office, servoit Madame; le sieur de La Grange, aussi contrôleur d'office, mettoit sur la table; les cent-suisses de la garde portoient les viandes, et les pages et valets de pied du roi, de la reine, de Monsieur et Madame, servoient les tables de Leurs Majestés.

Dans le même temps que l'on portoit sur ces deux tables, il y en avoit huit autres que l'on servoit de la même manière, qui étoient dressées sous les quatre tentes dont j'ai parlé; et ces tables avoient leurs maîtres d'hôtel, qui faisoient porter les viandes par les gardes suisses.

La première étoit celle

De Mme la comtesse de Soissons, de	20 couverts.
De Mme la princesse de Bade, de	20 couverts.
De Mme la duchesse de Créquy, de	20 couverts.
De Mme la maréchale de La Mothe, de	20 couverts.
De Mme de Montausier, de	40 couverts.
De Mme la maréchale de Bellefonds, de	65 couverts.
De Mme la maréchale d'Humières, de	20 couverts.
De Mme de Béthune, de	20 couverts.

Il y en avoit encore trois autres dans une petite allée à côté de celle que tenoit madame la maréchale de Bellefonds, de quinze à seize couverts chacune, dont les maîtres d'hôtel du roi avoient le soin.

Quantité d'autres tables se servoient de la desserte de la reine et des autres, pour les femmes de la reine et pour d'autres personnes.

Dans la grotte, proche du château, il y eut trois tables pour les ambassadeurs, qui furent servies en même temps, de vingt-deux couverts chacune.

Il y avoit encore, en plusieurs endroits, des tables dressées, où l'on donnoit à manger à tout le monde; et l'on peut dire que l'abondance des viandes, des vins et des liqueurs, la beauté et l'excellence des fruits et des confitures, et une infinité d'autres choses délicatement apprêtées, faisoient bien voir que la magnificence du roi se répandoit de tous côtés.

Le roi s'étant levé de table pour donner un nouveau divertissement aux dames, et passant par le portique où l'allée monte vers le château, les conduisit dans la salle du bal.

A deux cents pas de l'endroit où l'on avoit soupé, et dans une traverse d'allées qui forme un espace d'une vaste grandeur, l'on avoit dressé un édifice d'une figure octogone, haute de plus de neuf toises, et large de dix. Toute la cour marcha le long de l'allée, sans s'apercevoir du lieu où elle étoit; mais, comme elle en eut fait plus de la moitié du chemin, il y eut une palissade de verdure, qui, s'ouvrant tout d'un coup de part et d'autre, laissa voir, au travers d'un grand portique, un salon rempli d'une infinité de lumières, et une longue allée au delà, dont l'extraordinaire beauté surprit tout le monde.

Ce bâtiment n'étoit pas tout de feuillage, comme celui où l'on avoit soupé; il représentoit une superbe salle, revêtue de marbre et de porphyre, et ornée seulement, en quelques endroits, de verdure et de festons. Un grand portique de seize pieds de large, et de trente-deux de haut, servoit d'entrée à un riche salon; il avançoit environ trois toises dans l'allée; et cette avance servoit encore de vestibule, et faisoit symétrie aux autres enfoncemens qui se rencontraient dans les huit côtés. Du milieu du portique pendoient de grands festons de fleurs, attachés de part et d'autre. Aux deux côtés de l'entrée, et sur deux piédestaux, on voyoit des Termes représentant des Satyres, qui étoient là comme les gardes de ce beau lieu. A la hauteur de huit pieds, ce salon étoit ouvert par les six côtés, entre la porte par où l'on entroit, et l'allée du milieu; ces ouvertures formoient six grandes arcades, qui servoient de tribunes, où l'on avoit dressé plusieurs sièges en forme d'amphithéâtres, pour asseoir plus de six-vingts personnes dans chacune. Ces enfoncemens étoient ornés de feuillages, qui, venant se terminer entre les pilastres et le haut des arcades, y montroient assez que ce bel endroit étoit paré comme un jour de fête, puisque l'on y mêloit des feuilles et des fleurs pour l'orner; car les impostes et les clefs des arcades étoient marquées par des festons et des ceintures de fleurs.

Du côté droit, dans l'arcade du milieu, et au haut de l'enfoncement, étoit une grotte de rocaille, où, dans un large bassin travaillé rustiquement, l'on voyoit Arion porté sur un dauphin, et tenant une lyre; il y avoit à côté de lui deux Tritons : c'étoit dans ce lieu que les musiciens étoient placés. A l'opposite, l'on avoit mis tous les joueurs d'instrumens; l'enfoncement de l'arcade où ils étoient, formoit aussi une grotte, où l'on voyoit Orphée sur un rocher, qui sembloit joindre sa voix à celle de deux Nymphes assises auprès de lui. Dans le fond des quatre autres arcades, il y avoit d'autres grottes, où, par la gueule de certains monstres, sortoit de l'eau qui tomboit dans des bassins rustiques, d'où elle s'échappoit entre des pierres, et dégouttoit lentement parmi la mousse et les rocailles.

Contre les huit pilastres qui formoient ces arcades, et sur des piédestaux de marbre, l'on avoit posé huit grandes figures de femmes, qui tenoient dans leurs mains divers instrumens, dont elles sembloient se servir pour contribuer au divertissement du bal.

Dans le milieu des piédestaux, il y avoit des masques de bronze doré, qui jetoient de l'eau dans un bassin. Au bas de chaque piédestal, et des deux côtés du même bassin, s'élevoient deux jets d'eau, qui formoient deux chandeliers. Tout autour de ce salon régnoit un siége de marbre, sur lequel, d'espace en espace, étoient plusieurs vases remplis d'orangers.

Dans l'arcade qui étoit vis-à-vis de l'entrée, et qui servoit d'ouverture à une grande allée de verdure, l'on voyoit encore, sur deux piédestaux, deux figures qui représentoient Flore et Pomone. De ces piédestaux, il en sortoit de l'eau comme de ceux du salon.

Le haut du salon s'élevoit au-dessus de la corniche, par huit pans, jusqu'à la hauteur de douze pieds; puis, formant un plafond de figure octogone, laissoit, dans le milieu, une ouverture de pareille forme, dont l'enfoncement étoit de cinq à six pieds. Dans ces huit pans, étoient huit soleils d'or, soutenus de huit figures qui représentoient les douze mois de l'année, avec les signes du zodiaque : le fond étoit d'azur, semé de fleurs de lis d'or; et le reste enrichi de roses et d'autres ornemens d'or, d'où pendoient trente-deux lustres, portant chacun douze bougies.

Outre toutes ces lumières, qui faisoient le plus beau jour du monde, il y avoit dans les six tribunes vingt-quatre plaques, dont chacune portoit neuf bougies; et, aux deux côtés des huit pilastres, au-dessus des figures, sortoient de la feuillée de grands fleurons d'argent, en forme de branches d'arbres, qui soutenoient treize chandeliers disposés en pyramides. Aux deux côtés de la porte, et dans l'endroit qui servoit comme de vestibule, il y avoit six grandes plaques en ovale, enrichies des chiffres du roi; chacune des plaques portoit seize chandeliers allumés de seize bougies.

L'allée qui aboutit au milieu de ce salon, avoit plus de vingt pieds de large; elle étoit toute de feuille de part et d'autre, et apparoissoit découverte par le haut; par les côtés, elle sembloit accompagnée de huit cabinets, où, à chaque encoignure, l'on voyoit, sur des piédestaux de marbre, des Termes qui représentoient des Satyres : à l'endroit où étoient ces Termes, les cabinets se fermoient en berceau.

Au bout de l'allée, il y avoit une grotte de rocaille, où l'art étoit si heureusement joint à la nature, que, parmi les figures qui l'ornoient, on y voyoit cette belle négligence, et cet arrangement rustique, qui donne un si grand plaisir à la vue.

Au haut, et dans le lieu le plus enfoncé de la grotte,

on découvroit une espèce de masque de bronze doré, représentant la tête d'un monstre marin. Deux Tritons argentés ouvroient les deux côtés de la gueule de ce masque, duquel s'élevoit, en forme d'aigrette, un gros bouillon d'eau, dont la chute, augmentant celle qui tomboit de sa gueule, extraordinairement grande, faisoit une nappe qui se répandoit dans un grand bassin, d'où ces deux Tritons sembloient sortir.

De ce bassin se formoit une autre grande nappe, accompagnée de deux gros jets d'eau, que deux animaux, d'une figure monstrueuse, vomissoient en se regardant l'un l'autre. Ces deux animaux, qui ne paroissoient qu'à demi hors de la roche, étoient aussi de bronze doré. De cette quantité d'eau qu'ils jetoient, et de celle de ce bassin qui tomboit dans un autre beaucoup plus grand, il se formoit une troisième nappe, qui, couvrant tout le bas du rocher, et se déchirant inégalement contre les pierres d'en bas, faisoit paroître des éclats si beaux et si extraordinaires, qu'on ne les peut bien exprimer.

Cette abondance d'eau, qui, comme un agréable torrent, se précipitoit de la sorte par différentes chutes, sembloit couvrir le rocher de plusieurs voiles d'argent, qui n'empêchoient pas qu'on ne vît la disposition des pierres et des coquillages, dont les couleurs paroissoient encore avec plus de beauté parmi la mousse mouillée, et au travers de l'eau qui tomboit en bas, où elle formoit de gros bouillons d'écume.

De ce dernier endroit, où toute cette eau finissoit sa chute dans un carré qui étoit au pied de la grotte, elle se divisoit en deux canaux, qui, bordant les deux côtés de l'allée, venoient se terminer dans un grand bassin, dont la figure étoit d'un carré long, augmenté, par les quatre côtés, de quatre demi-ronds, lequel séparoit l'allée d'avec le salon : mais cette eau ne couloit pas sans faire paroître mille beaux effets; car, vis-à-vis des huit cabinets, il y avoit, dans chaque canal, deux jets d'eau qui formoient de chaque côté seize lances de douze à quinze pieds de haut; et, d'espace en espace, l'eau de ces canaux, venant à tomber, faisoit des cascades qui composoient autant de petites nappes argentées, dont la longueur de chaque canal étoit agréablement interrompue.

Ces canaux étoient bordés de gazon de part et d'autre. Du côté des cabinets, et entre les Termes qui en marquoient les encoignures, il y avoit dans de grands vases des orangers chargés de fleurs et de fruits; et le milieu de l'allée étoit d'un sable jaune qui partageoit les deux lisières de gazon.

Dans le bassin qui séparoit l'allée d'avec le salon, il y avoit un groupe de quatre dauphins dans des coquilles de bronze doré, posées sur un petit rocher : ces quatre dauphins ne formoient qu'une seule tête, qui étoit renversée, et qui, ouvrant la gueule en haut, poussoit un jet d'eau d'une grosseur extraordinaire. Après que cette eau, qui s'élevoit de plus de trente pieds de haut, avoit frappé la feuillée avec violence, elle retomboit dans le bassin en mille petites boules de cristal.

Aux deux côtés de ce bassin, il y avoit quatre grandes plaques en ovale, chargées chacune de quinze bougies; mais comme toutes les autres lumières qui éclairoient cette allée étoient cachées derrière les pilastres et les Termes qui marquoient les cabinets, l'on ne voyoit qu'un jour universel qui se répandoit si agréablement dans tout ce lieu, et en découvroit les parties avec tant de beauté, que tout le monde préféroit cette clarté à la lumière des plus beaux jours. Il n'y avoit point de jet d'eau qui ne fît paroître mille brillans; et l'on reconnoissoit principalement dans ce lieu, et dans la grotte où le roi avoit soupé, une distribution d'eau si belle et si extraordinaire, que jamais il ne s'est rien vu de pareil. Le sieur Joly, qui en avoit eu la conduite, les avoit si bien ménagées, que, produisant toutes des effets différens, il y avoit encore une union et un certain accord qui faisoit paroître partout une agréable beauté, la chute des unes servant, en plusieurs endroits, à donner plus d'éclat à la chute des autres. Les jets d'eau, qui s'élevoient de quinze pieds sur le devant des deux canaux, venoient peu à peu diminuer de hauteur et de force à mesure qu'ils s'éloignoient de la vue; de sorte que, s'accordant avec la belle manière dont l'on avoit disposé l'allée, il sembloit que cette allée, qui n'avoit guère plus de quinze toises de long, en eût quatre fois davantage, tant toutes choses y étoient bien conduites!

Pendant que, dans un séjour si charmant, Leurs Majestés et toute la cour prenoient le divertissement du bal, à la vue de ces beaux objets et au bruit de ces eaux qui n'interrompoient qu'agréablement le son des instruments, l'on préparoit ailleurs d'autres spectacles dont personne ne s'étoit aperçu, et qui devoient surprendre tout le monde. Le sieur Gissey, outre le soin qu'il avoit pris du lieu où le roi avoit soupé, et des dessins de tous les habits de la comédie, se trouvant encore chargé des illuminations qu'on devoit mettre au château et en plusieurs endroits du parc, travailloit à mettre toutes ces choses en ordre, pour faire que ce beau divertissement eût une fin aussi heureuse et aussi agréable, que le succès en avoit été favorable jusques alors; ce qui arriva en effet par les soins qu'il y prit; car, en un moment, toutes les choses furent si bien ordonnées, que, quand Leurs Majestés sortirent du bal, elles aperçurent le tour du Fer-à-Cheval et le château tout en feu, mais d'un feu si beau et si agréable, que cet élément, qui ne paroît guère dans l'obscurité de la nuit sans donner de la crainte et de la frayeur, ne causoit que du plaisir et de l'admiration. Deux cents vases de quatre pieds de haut, de plusieurs façons, et ornés de différentes manières, entouroient ce grand espace qui enferme les parterres de gazon, et qui forme le Fer-à-Cheval. Au bas des degrés qui sont au milieu, on voyoit quatre figures représentant quatre fleuves; et au-dessus, sur quatre piédestaux qui sont aux extrémités des rampes, quatre autres figures qui représentoient les quatre parties du monde. Sur les angles du Fer-à-Cheval, et entre les vases, il y avoit trente-huit candélabres ou chandeliers antiques, de six pieds de haut; et ces vases, ces candélabres et ces figures, étant éclairés de la même sorte que celles qui avoient paru dans la frise du salon où l'on avoit soupé, faisoient un spectacle merveilleux. Mais la cour étant arrivée au haut du Fer-à-Cheval, et découvrant encore mieux tout le château, ce fut alors que tout le monde demeura dans une surprise qui ne se peut connoître qu'en la ressentant.

Il étoit orné de quarante-cinq figures. Dans le milieu de la porte du château, il y en avoit une qui représentoit Janus; et des deux côtés, dans les quatorze fenêtres d'en bas, l'on voyoit différens trophées de guerre. A l'étage d'en haut, il y avoit quinze figures qui représentoient diverses vertus, et au-dessus, un soleil avec des lyres, et d'autres instrumens ayant rapport à Apollon, qui paroissoient en quinze différens endroits. Toutes ces figures étoient de diverses couleurs, mais si brillantes et si belles, que l'on ne pouvoit dire si c'étoient différens métaux allumés ou des pierres de plusieurs couleurs qui fussent éclairées par un artifice inconnu. Les balustrades qui environnent le fossé du château étoient illuminées de la même sorte; et dans les endroits où, durant le jour, on avoit vu des vases remplis d'orangers et de fleurs, l'on y voyoit cent vases de diverses formes allumés de différentes couleurs.

De si merveilleux objets arrêtoient la vue de tout le monde, lorsqu'un bruit, qui s'éleva vers la grande allée, fit qu'on se tourna de ce côté-là. Aussitôt on la vit éclairée, d'un bout à l'autre, de soixante-douze Termes, faits de la même manière que les figures qui étoient au château, et qui la bordoient des deux côtés. De ces Termes il partit, en un moment, un si grand nombre de fusées, que les unes, se croisant sur l'allée, faisoient une espèce de berceau, et les autres s'élevant tout droit, et laissant jusques en terre une grosse trace de lumière, formoient comme une haute palissade de feu. Dans le temps que ces fusées montoient jusques au ciel, et qu'elles remplissoient l'air de mille clartés plus brillantes que les étoiles, l'on voyoit, tout au bas de l'allée, le grand bassin d'eau, qui paroissoit une mer de flamme et de lumière, dans laquelle une infinité de feux plus rouges et plus vifs sembloient se jouer au milieu d'une clarté plus blanche et plus claire.

A de si beaux effets, se joignit le bruit de plus de cinq cents boîtes, qui, étant dans le grand parc, et fort éloignées, sembloient être l'écho de ces grands éclats dont les grosses fusées faisoient retentir l'air, lorsqu'elles étoient en haut.

Cette grande allée ne fut guère en cet état, que les trois bassins des fontaines qui sont dans le parterre de gazon, au bas du Fer-à-Cheval, parurent trois sources de lumières. Mille feux sortoient du milieu de l'eau, qui, comme furieux et s'échappant d'un lieu où ils auroient été retenus par force, se répandoient de tous côtés sur les bords du parterre. Une infinité d'autres feux sortant de la gueule des lézards, des crocodiles, des grenouilles, et des autres animaux de bronze qui sont sur les bords des fontaines, sembloient aller secourir les premiers, et, se jetant dans l'eau, sous la figure de plusieurs serpens, tantôt séparément, tantôt joints ensemble par gros pelotons, lui faisoient une rude guerre. Dans ces combats, accompagnés de bruits épouvantables, et d'un embrasement qu'on ne peut représenter, ces deux élémens étoient si étroitement mêlés ensemble, qu'il étoit impossible de les distinguer. Mille fusées, qui s'élevoient en l'air, paroissoient comme des jets d'eau enflammés; et l'eau, qui bouillonnoit de toutes parts, ressembloit à des flots de feu, et à des flammes agitées.

Bien que tout le monde sût que l'on préparoit des feux d'artifice, néanmoins, en quelque lieu qu'on allât durant le jour, l'on n'y voyoit nulle disposition; de sorte que, dans le temps que chacun étoit en peine du lieu où ils devoient paroître, l'on s'en trouva tout à coup environné; car non-seulement ils partoient de ces bassins de fontaines, mais encore des grandes allées qui environnent le parterre; et, en voyant sortir de terre mille flammes qui s'élevoient de tous côtés, l'on ne savoit s'il y avoit des canaux qui fournissoient, cette nuit-là, autant de feux, comme, pendant le jour, on avoit vu des jets d'eau qui rafraîchissoient ce beau parterre. Cette surprise causa un agréable désordre parmi tout le monde, qui, ne sachant où se retirer, se cachoit dans l'épaisseur des bocages, et se jetoit contre terre.

Ce spectacle ne dura qu'autant de temps qu'il en faut pour imprimer dans l'esprit une belle image de ce que l'eau et le feu peuvent faire quand ils se rencontrent ensemble et qu'ils se font la guerre; et chacun, croyant que la fête se termineroit par un artifice si merveilleux, retournoit vers le château, quand, du côté du grand étang, l'on vit tout d'un coup le ciel rempli d'éclairs, et l'air d'un bruit qui sembloit faire trembler la terre. Chacun se rangea vers la Grotte pour voir cette nouveauté, et aussitôt il sortit de la tour de la pompe, qui élève toutes les eaux, une infinité de grosses fumées qui remplirent tous les environs de feux et de lumières. A quelque hauteur qu'elles montassent, elles laissoient attachée à la tour une grosse queue, qui ne s'en séparoit point que la fusée n'eût rempli l'air d'une infinité d'étoiles qu'elle y alloit répandre. Tout le haut de cette tour sembloit être embrasé, et, de moment en moment, elle vomissoit une infinité de feux, dont les uns s'élevoient jusques au ciel, et les autres, ne montant pas si haut, sembloient se jouer par mille mouvemens agréables qu'ils faisoient. Il y en avoit même qui, marquant les chiffres du roi par leurs tours et retours, traçoient dans l'air des doubles L, toutes brillantes d'une lumière très-vive et très-pure. Enfin, après que, de cette tour il fut sorti, à plusieurs fois, une si grande quantité de fusées, que jamais on n'a rien vu de semblable, toutes ces lumières s'éteignirent; et, comme si elles eussent obligé les étoiles à se retirer, l'on s'aperçut que, de ce côté-là, la plus grande partie ne se voyoit plus, mais que le jour, jaloux des avantages d'une si belle nuit, commençoit à paroître.

Leurs Majestés prirent aussitôt le chemin de Saint-Germain avec toute la cour, et il n'y eut que Mgr le Dauphin qui demeura dans le château.

Ainsi finit cette grande fête, de laquelle si l'on remarque bien toutes les circonstances, on verra qu'elle a surpassé, en quelque façon, ce qui a jamais été fait de plus mémorable. Car, soit que l'on regarde comme en si peu de temps l'on a dressé des lieux d'une grandeur extraordinaire pour la comédie, pour le souper et pour le bal, soit que l'on considère les divers ornemens dont on les a embellis, le nombre des lumières dont on les a éclairés, la quantité d'eau qu'il a fallu conduire, et la distribution qui en a été faite, la somptuosité des repas où l'on a vu une quantité de toutes sortes de viandes qui n'est pas concevable, et, enfin, toutes les choses nécessaires à la magnificence de ces spectacles, et à la conduite de tant de différens ouvriers, on avouera qu'il ne s'est jamais rien fait de plus surprenant, et qui ait causé plus d'admiration.

Mais, comme il n'y a que le roi qui puisse, en si peu de temps, mettre de grandes armées sur pied, et faire des conquêtes avec cette rapidité que l'on a vue, et dont toute la terre a été épouvantée, lorsque, dans le milieu de l'hiver, il triomphoit de ses ennemis et faisoit ouvrir les portes de toutes les villes par où il passoit : aussi n'appartient-il qu'à ce grand prince de mettre ensemble, avec la même promptitude, autant de musiciens, de danseurs, et de joueurs d'instrumens, et tant de différentes beautés. Un capitaine romain disoit autrefois, qu'il n'étoit pas moins d'un grand homme de savoir bien disposer un festin agréable à ses amis, que de ranger une armée redoutable à ses ennemis : ainsi l'on voit que Sa Majesté fait toutes ses actions avec une grandeur égale, et que, soit dans la paix, soit dans la guerre, elle est partout inimitable.

Quelque image que j'aie tâché de faire de cette belle fête, j'avoue qu'elle n'est que très-imparfaite, et l'on ne doit pas croire que l'idée qu'on s'en formera sur ce que j'en ai écrit, approche, en aucune façon, de la vérité. On peut voir ici les figures des principales décorations; mais ni les paroles, ni les figures ne sauroient bien représenter tout ce qui servit de divertissement dans ce grand jour de réjouissance.

FÉLIBIEN.

Lulli.

MONSIEUR DE POURCEAUGNAC

COMÉDIE-BALLET
EN TROIS ACTES

1669

PERSONNAGES ET ACTEURS DE LA COMÉDIE.

M. DE POURCEAUGNAC.	MOLIÈRE.
ORONTE.	BÉJART.
JULIE, fille d'Oronte.	Mlle MOLIÈRE.
ÉRASTE, amant de Julie.	LA GRANGE.
NÉRINE, femme d'intrigue, feinte Picarde.	MADELEINE BÉJART.
LUCETTE, feinte Gasconne.	HUBERT.
SBRIGANI, Napolitain, homme d'intrigue.	DU CROISY.
PREMIER MÉDECIN.	
SECOND MÉDECIN.	
UN APOTHICAIRE.	
UN PAYSAN.	
UNE PAYSANNE.	
PREMIER SUISSE.	
SECOND SUISSE.	
UN EXEMPT.	
DEUX ARCHERS.	

PERSONNAGES ET ACTEURS DU BALLET.

UNE MUSICIENNE.	Mlle HILAIRE.
DEUX MUSICIENS.	GAYE, LANGEAIS.
TROUPE DE DANSEURS.	
DEUX MAITRES A DANSER.	LA PIERRE, FAVIER.
DEUX PAGES dansans.	BEAUCHAMP, CHICANEAU.
QUATRE CURIEUX DE SPECTACLES, dansans.	NOBLET, JOUBERT, LESTANG, MAYEU.
DEUX SUISSES, dansans.	
DEUX MÉDECINS GROTESQUES.	Il signor CHIACCHIERONE (LULLI) GAYE.
MATASSINS, dansans.	BEAUCHAMP, LA PIERRE, FAVIER, NOBLET, CHICANEAU, LESTANG.
DEUX AVOCATS, chantans.	ESTIVAL, GAYE.
DEUX PROCUREURS dansans.	BEAUCHAMP, CHICANEAU.
DEUX SERGENS, dansans.	LA PIERRE, FAVIER.
TROUPE DE MASQUES, chantans et dansans.	
UNE ÉGYPTIENNE, chantante.	Mlle HILAIRE.
UN ÉGYPTIEN, chantant.	GAYE.
UN PANTALON, chantant.	BLONDEL.
DEUX VIEILLES.	FERNOND le cadet, LE GROS.
DEUX SCARAMOUCHES.	ESTIVAL, GINGAN.
DEUX PANTALONS.	GINGAN le cadet, BLONDEL.
DEUX DOCTEURS.	REBEL, HÉDOUIN.
DEUX PAYSANS.	LANGEAIS, DESCHAMPS.
SAUVAGES, dansans.	PAYSAN, NOBLET, JOUBERT, LESTANG.
BISCAYENS, dansans.	BEAUCHAMP, FAVIER, MAYEU, CHICANEAU.

La scène est à Paris.

Monsieur de Pourceaugnac fut joué devant le roi à Chambord en septembre 1669, et sur le théâtre du Palais-Royal, le 15 novembre de la même année.

ACTE PREMIER.

SCÈNE I.

ÉRASTE, UNE MUSICIENNE, DEUX MUSICIENS CHANTANS, PLUSIEURS AUTRES JOUANT DES INSTRUMENS, TROUPE DE DANSEURS.

ÉRASTE, *aux musiciens et aux danseurs.* — Suivez les ordres que je vous ai donnés pour la sérénade. Pour moi, je me retire, et ne veux point paroître ici.

SCÈNE II.

UNE MUSICIENNE, DEUX MUSICIENS CHANTANS, PLUSIEURS AUTRES JOUANT DES INSTRUMENS; TROUPE DE DANSEURS.

(Cette sérénade est composée de chant, d'instrumens et de danse. Les paroles qui s'y chantent, ont rapport à la situation où Éraste se trouve avec Julie, et expriment les sentimens de deux amans qui sont traversés dans leurs amours par le caprice de leurs parens.)

UNE MUSICIENNE.

Répands, charmante nuit, répands sur tous les yeux
   De tes pavots la douce violence;
Et ne laisse veiller en ces aimables lieux
   Que les cœurs que l'amour soumet à sa puissance.
     Tes ombres et ton silence,
    Plus beaux que le plus beau jour,
Offrent de doux momens à soupirer d'amour.

PREMIER MUSICIEN.

    Que soupirer d'amour
    Est une douce chose,
  Quand rien à nos vœux ne s'oppose;
A d'aimables penchans notre cœur nous dispose!
Mais on a des tyrans à qui l'on doit le jour.
    Que soupirer d'amour
    Est une douce chose,
  Quand rien à nos vœux ne s'oppose!

SECOND MUSICIEN.

  Tout ce qu'à nos vœux on oppose,
Contre un parfait amour ne gagne jamais rien,
   Et, pour vaincre toute chose,
   Il ne faut que s'aimer bien.

TOUS TROIS ENSEMBLE.

  Aimons-nous donc d'une ardeur éternelle:
Les rigueurs des parens, la contrainte cruelle,
L'absence, les travaux, la fortune rebelle,
Ne font que redoubler une amitié fidèle.
  Aimons-nous donc d'une ardeur éternelle:
   Quand deux cœurs s'aiment bien,
   Tout le reste n'est rien.

PREMIÈRE ENTRÉE DE BALLET. — *Danse de deux maîtres à danser.*

DEUXIÈME ENTRÉE DE BALLET. — *Danse de deux pages.*

TROISIÈME ENTRÉE DE BALLET. — *Quatre curieux de spectacles, qui ont pris querelle pendant la danse des deux pages, dansent en se battant l'épée à la main.*

QUATRIÈME ENTRÉE DE BALLET. — *Deux Suisses séparent les quatre combattans, et, après les avoir mis d'accord, dansent avec eux.*

SCÈNE III.

JULIE, ÉRASTE, NÉRINE.

JULIE. — Mon Dieu! Éraste, gardons d'être surpris. Je tremble qu'on ne nous voie ensemble; et tout seroit perdu après la défense que l'on m'a faite.

ÉRASTE. — Je regarde de tous côtés, et je n'aperçois rien.

JULIE, *à Nérine.* — Aie aussi l'œil au guet, Nérine; et prends bien garde qu'il ne vienne personne.

NÉRINE, *se retirant dans le fond du théâtre.* — Reposez-vous sur moi, et dites hardiment ce que vous avez à vous dire.

JULIE. — Avez-vous imaginé pour notre affaire quelque chose de favorable? et croyez-vous, Éraste, pouvoir venir à bout de détourner ce fâcheux mariage que mon père s'est mis en tête?

ÉRASTE. — Au moins y travaillons-nous fortement; et déjà nous avons préparé un bon nombre de batteries pour renverser ce dessein ridicule.

NÉRINE, *accourant, à Julie.* — Par ma foi, voilà votre père.

JULIE. — Ah! séparons-nous vite.

NÉRINE. — Non, non, non, ne bougez; je m'étois trompée.

JULIE. — Mon Dieu! Nérine, que tu es sotte de nous donner de ces frayeurs!

ÉRASTE. — Oui, belle Julie, nous avons dressé pour cela quantité de machines; et nous ne feignons point de mettre tout en usage, sur la permission que vous m'avez donnée. Ne nous demandez point tous les ressorts que nous ferons jouer; vous en aurez le divertissement; et, comme aux comédies, il est bon de vous laisser le plaisir de la surprise, et de ne vous avertir point de tout ce qu'on vous fera voir : c'est assez de vous dire que nous avons en main divers stratagèmes tout prêts à produire dans l'occasion, et que l'ingénieuse Nérine et l'adroit Sbrigani entreprennent l'affaire.

NÉRINE. — Assurément. Votre père se moque-t-il, de vouloir vous anger de son avocat de Limoges, monsieur de Pourceaugnac, qu'il n'a vu de sa vie, et qui vien par le coche vous enlever à notre barbe? Faut-il que trois ou quatre mille écus de plus, sur la parole de votre oncle, lui fassent rejeter un amant qui vous agrée? et une personne comme vous est-elle faite pour un Limosin? S'il a envie de se marier, que ne prend-il une Limosine, et ne laisse-t-il en repos les chrétiens? Le seul nom de monsieur de Pourceaugnac m'a mise dans une colere effroyable. J'enrage de monsieur de Pourceaugnac. Quand il n'y auroit que ce nom-là, monsieur de Pourceaugnac, j'y brûlerai mes livres, ou je romprai ce mariage; et vous ne serez point madame de Pourceaugnac. Pourceaugnac! cela se peut-il souffrir? Non, Pourceaugnac est une chose que je ne saurois supporter; et nous lui jouerons tant de pièces, nous lui ferons tant de niches sur niches, que nous renverrons à Limoges monsieur de Pourceaugnac.

ÉRASTE. — Voici notre subtil Napolitain, qui nous dira des nouvelles.

SCÈNE IV.

JULIE, ÉRASTE, SBRIGANI, NÉRINE.

SBRIGANI. — Monsieur, votre homme arrive. Je l'ai vu à trois lieues d'ici, où a couché le coche; et, dans la cuisine, où il est descendu pour déjeuner, je l'ai étudié une bonne grosse demi-heure, et je le sais déjà par cœur. Pour sa figure, je ne veux point vous en parler : vous verrez de quel air la nature l'a dessinée, et si l'ajustement qui l'accompagne y répond comme il faut; mais, pour son esprit, je vous avertis, par avance, qu'il est des plus épais qui se fassent; que nous trouvons en lui une matière tout à fait disposée pour ce que nous voulons, et qu'il est homme enfin à donner dans tous les panneaux qu'on lui présentera.

ÉRASTE. — Nous dis-tu vrai?

SBRIGANI. — Oui, si je me connois en gens.

NÉRINE. — Madame, voilà un illustre. Votre affaire ne pouvoit être mise en de meilleures mains, et c'est le héros de notre siècle pour les exploits dont il s'agit; un homme qui, vingt fois en sa vie, pour servir ses amis, a généreusement affronté les galères; qui, au péril de ses bras et de ses épaules, sait mettre noblement à fin les aventures les plus difficiles, et qui, tel que vous le voyez, est exilé de son pays pour je ne sais combien d'actions honorables qu'il a généreusement entreprises.

SBRIGANI. — Je suis confus des louanges dont vous m'honorez : et je pourrois vous en donner avec plus de justice sur les merveilles de votre vie, et principalement sur la gloire que vous acquîtes, lorsque avec tant d'honnêtetés vous pipâtes au jeu, pour douze mille écus, ce jeune seigneur étranger que l'on mena chez vous; lorsque vous fîtes galamment ce faux contrat qui ruina toute une famille; lorsque avec tant de grandeur d'âme vous sûtes nier le dépôt qu'on vous avoit confié; et que si généreusement on vous vit prêter votre témoignage à faire pendre ces deux personnes qui ne l'avoient pas mérité.

NÉRINE. — Ce sont petites bagatelles qui ne valent pas qu'on en parle; et vos éloges me font rougir.

SBRIGANI. — Je veux bien épargner votre modestie; laissons cela, et, pour commencer notre affaire, allons vite joindre notre provincial, tandis que de votre côté vous nous tiendrez prêts au besoin les autres acteurs de la comédie.

ÉRASTE. — Au moins, madame, souvenez-vous de votre rôle; et, pour mieux couvrir notre jeu, feignez, comme on vous a dit, d'être la plus contente du monde des résolutions de votre père.

Quatrième entrée de ballet. — Deux suisses séparant des combattants.

JULIE. — S'il ne tient qu'à cela, les choses iront à merveille.

ÉRASTE. — Mais, belle Julie, si toutes nos machines venoient à ne pas réussir?

JULIE. — Je déclarerai à mon père mes véritables sentimens.

ÉRASTE. — Et si, contre vos sentimens, il s'obstinoit à son dessein?

M. de Pourceaugnac.

JULIE. — Je le menacerois de me jeter dans un couvent.

ÉRASTE. — Mais si, malgré tout cela, il vouloit vous forcer à ce mariage?

JULIE. — Que voulez-vous que je vous dise?

ÉRASTE. — Ce que je veux que vous me disiez?

JULIE. — Oui.

ÉRASTE. — Ce qu'on dit quand on aime bien.

JULIE. — Mais quoi?

ÉRASTE. — Que rien ne pourra vous contraindre; et que, malgré tous les efforts d'un père, vous me promettez d'être à moi.

JULIE. — Mon Dieu! Éraste, contentez-vous de ce que je fais maintenant, et n'allez point tenter sur l'avenir les résolutions de mon cœur; ne fatiguez point mon devoir par les propositions d'une fâcheuse extrémité dont peut-être n'aurons-nous pas besoin; et, s'il y faut venir, souffrez au moins que j'y sois entraînée par la suite des choses.

ÉRASTE. — Hé bien!...

SBRIGANI. — Ma foi! voici notre homme: songeons à nous.

NÉRINE. — Ah! comme il est bâti!

SCÈNE V.
M. DE POURCEAUGNAC, SBRIGANI.

MONSIEUR DE POURCEAUGNAC, *se tournant du côté d'où il est venu, et parlant à des gens qui le suivent.* — Hé bien! quoi? Qu'est-ce? Qu'y a-t-il? Au diantre soit la sotte ville, et les sottes gens qui y sont! Ne pouvoir faire un pas, sans trouver des nigauds qui vous regardent et se mettent à rire! Hé! messieurs les badauds, faites vos affaires, et laissez passer les personnes sans leur rire au nez. Je me donne au diable, si je ne baille un coup de poing au premier que je verrai rire.

SBRIGANI, *parlant aux mêmes personnes.* — Qu'est-ce que c'est, messieurs? Que veut dire cela? A qui en avez-vous? Faut-il se moquer ainsi des honnêtes étrangers qui arrivent ici?

MONSIEUR DE POURCEAUGNAC. — Voilà un homme raisonnable, celui-là.

SBRIGANI. — Quel procédé est le vôtre? et qu'avez-vous à rire?

MONSIEUR DE POURCEAUGNAC. — Fort bien.

Que veut dire cela? (Acte I, scène V.)

SBRIGANI. — Monsieur a-t-il quelque chose de ridicule en soi?

MONSIEUR DE POURCEAUGNAC. — Oui.

SBRIGANI. — Est-il autrement que les autres?

MONSIEUR DE POURCEAUGNAC. — Suis-je tortu ou bossu?

SBRIGANI. — Apprenez à connoître les gens.

MONSIEUR DE POURCEAUGNAC. — C'est bien dit.

SBRIGANI. — Monsieur est d'une mine à respecter.

MONSIEUR DE POURCEAUGNAC. — Cela est vrai.

SBRIGANI. — Personne de condition.

MONSIEUR DE POURCEAUGNAC. — Oui; gentilhomme limosin.

SBRIGANI. — Homme d'esprit.

MONSIEUR DE POURCEAUGNAC. — Qui a étudié en droit.

SBRIGANI. — Il vous fait trop d'honneur de venir dans votre ville.

MONSIEUR DE POURCEAUGNAC. — Sans doute.

SBRIGANI. — Monsieur n'est point une personne à faire rire.

MONSIEUR DE POURCEAUGNAC. — Assurément.

SBRIGANI. — Et quiconque rira de lui, aura affaire à moi.

MONSIEUR DE POURCEAUGNAC, *à Sbrigani.* — Monsieur, je vous suis infiniment obligé.

SBRIGANI — Je suis fâché, monsieur, de voir recevoir de la sorte une personne comme vous; et je vous demande pardon pour la ville.

MONSIEUR DE POURCEAUGNAC. — Je suis votre serviteur.

SBRIGANI. — Je vous ai vu ce matin, monsieur, avec le coche, lorsque vous avez déjeuné; et la grâce avec laquelle vous mangiez votre pain, m'a fait naître d'abord de l'amitié pour vous; et, comme je sais que vous n'êtes jamais venu en ce pays, et que vous y êtes tout neuf, je suis bien aise de vous avoir trouvé, pour vous offrir mon service à cette arrivée, et vous aider à vous conduire parmi ce peuple, qui n'a pas, parfois, pour les honnêtes gens, toute la considération qu'il faudroit.

MONSIEUR DE POURCEAUGNAC. — C'est trop de grâce que vous me faites.

SBRIGANI. — Je vous l'ai déjà dit : du moment que je vous ai vu, je me suis senti pour vous de l'inclination.

MONSIEUR DE POURCEAUGNAC. — Je vous suis obligé.

SBRIGANI. — Votre physionomie m'a plu.

MONSIEUR DE POURCEAUGNAC. — Ce m'est beaucoup d'honneur.

SBRIGANI. — J'y ai vu quelque chose d'honnête.

MONSIEUR DE POURCEAUGNAC. — Je suis votre serviteur.

SBRIGANI. — Quelque chose d'aimable.

MONSIEUR DE POURCEAUGNAC. — Ah! ah!

SBRIGANI. — De gracieux.

MONSIEUR DE POURCEAUGNAC. — Ah! ah!

SBRIGANI. — De doux.

MONSIEUR DE POURCEAUGNAC. — Ah! ah!

SBRIGANI. — De majestueux.

MONSIEUR DE POURCEAUGNAC. — Ah! ah!

SBRIGANI. — De franc.

MONSIEUR DE POURCEAUGNAC. — Ah! ah!

SBRIGANI. — Et de cordial.

MONSIEUR DE POURCEAUGNAC. — Ah! ah!

SBRIGANI. — Je vous assure que je suis tout à vous.

MONSIEUR DE POURCEAUGNAC. — Je vous ai beaucoup d'obligation.

SBRIGANI. — C'est du fond du cœur que je parle.

MONSIEUR DE POURCEAUGNAC. — Je le crois.

SBRIGANI. — Si j'avois l'honneur d'être connu de vous, vous sauriez que je suis un homme tout à fait sincère.

MONSIEUR DE POURCEAUGNAC. — Je n'en doute point.

SBRIGANI. — Ennemi de la fourberie.

MONSIEUR DE POURCEAUGNAC. — J'en suis persuadé.

SBRIGANI. — Et qui n'est pas capable de déguiser ses sentimens.

MONSIEUR DE POURCEAUGNAC. — C'est ma pensée.

SBRIGANI. — Vous regardez mon habit, qui n'est pas fait comme les autres; mais je suis originaire de Naples, à votre service, et j'ai voulu conserver un peu et la manière de s'habiller, et la sincérité de mon pays.

MONSIEUR DE POURCEAUGNAC — C'est fort bien fait. Pour moi, j'ai voulu me mettre à la mode de la cour pour la campagne.

SBRIGANI. — Ma foi, cela vous va mieux qu'à tous nos courtisans.

MONSIEUR DE POURCEAUGNAC. — C'est ce que m'a dit mon tailleur. L'habit est propre et riche, et il fera du bruit ici.

SBRIGANI. — Sans doute. N'irez-vous pas au Louvre?

MONSIEUR DE POURCEAUGNAC. — Il faudra bien aller faire ma cour.

SBRIGANI. — Le roi sera ravi de vous voir.

MONSIEUR DE POURCEAUGNAC. — Je le crois.

SBRIGANI. — Avez-vous arrêté un logis?

MONSIEUR DE POURCEAUGNAC. — Non; j'allois en chercher un.

SBRIGANI. — Je serai bien aise d'être avec vous pour cela; et je connois tout ce pays-ci.

SCÈNE VI.

ÉRASTE, M. DE POURCEAUGNAC, SBRIGANI.

ÉRASTE. — Ah! Qu'est-ce ci? Que vois-je? Quelle heureuse rencontre! Monsieur de Pourceaugnac! Que je suis ravi de vous voir! Comment! il semble que vous ayez peine à me reconnoître!

MONSIEUR DE POURCEAUGNAC. — Monsieur, je suis votre serviteur.

ÉRASTE. — Est-il possible que cinq ou six années m'aient ôté de votre mémoire, et que vous ne reconnoissiez pas le meilleur ami de toute la famille des Pourceaugnacs?

MONSIEUR DE POURCEAUGNAC. — Pardonnez-moi. (Bas, à Sbrigani.) Ma foi, je ne sais qui il est.

ÉRASTE. — Il n'y a pas un Pourceaugnac à Limoges que je ne connoisse, depuis le plus grand jusques au plus petit; je ne fréquentois qu'eux dans le temps que j'y étois, et j'avois l'honneur de vous voir presque tous les jours.

MONSIEUR DE POURCEAUGNAC. — C'est moi qui l'ai reçu, monsieur.

ÉRASTE. — Vous ne vous remettez point mon visage?

MONSIEUR DE POURCEAUGNAC. — Si fait. (A Sbrigani.) Je ne le connois point.

ÉRASTE. — Vous ne vous souvenez pas que j'ai eu le bonheur de boire avec vous, je ne sais combien de fois?

MONSIEUR DE POURCEAUGNAC. — Excusez-moi. (A Sbrigani.) Je ne sais ce que c'est.

ÉRASTE. — Comment appelez-vous ce traiteur de Limoges qui fait si bonne chère?

MONSIEUR DE POURCEAUGNAC. — Petit-Jean?

ÉRASTE. — Le voilà. Nous allions le plus souvent ensemble chez lui nous réjouir. Comment est-ce que vous nommez à Limoges ce lieu où l'on se promène?

MONSIEUR DE POURCEAUGNAC. — Le cimetière des Arènes.

ÉRASTE. — Justement. C'est où je passois de si douces heures à jouir de votre agréable conversation. Vous ne vous remettez pas tout cela?

MONSIEUR DE POURCEAUGNAC — Excusez-moi, je me le remets. (A Sbrigani.) Diable emporte si je m'en souviens.

SBRIGANI, bas, à M. de Pourceaugnac. — Il y a cent choses comme cela qui passent de la tête.

ÉRASTE. — Embrassez-moi donc, je vous prie, et resserrons les nœuds de notre ancienne amitié.

SBRIGANI, *à M. de Pourceaugnac.* — Voilà un homme qui vous aime fort.

ÉRASTE. — Dites-moi un peu des nouvelles de toute la parenté. Comment se porte monsieur votre.... là.... qui est si honnête homme?

MONSIEUR DE POURCEAUGNAC. — Mon frère le consul?

ÉRASTE. — Oui.

MONSIEUR DE POURCEAUGNAC. — Il se porte le mieux du monde.

ÉRASTE. — Certes, j'en suis ravi. Et celui qui est de si bonne humeur? Là.... monsieur votre....

MONSIEUR DE POURCEAUGNAC. — Mon cousin l'assesseur?

ÉRASTE. — Justement.

MONSIEUR DE POURCEAUGNAC. — Toujours gai et gaillard.

ÉRASTE. — Ma foi, j'en ai beaucoup de joie. Et monsieur votre oncle? Le....

MONSIEUR DE POURCEAUGNAC. — Je n'ai point d'oncle.

ÉRASTE. — Vous aviez pourtant en ce temps-là....

MONSIEUR DE POURCEAUGNAC. — Non : rien qu'une tante.

ÉRASTE. — C'est ce que je voulois dire, madame votre tante. Comment se porte-t-elle?

MONSIEUR DE POURCEAUGNAC. — Elle est morte depuis six mois.

ÉRASTE. — Hélas! la pauvre femme! Elle étoit si bonne personne!

MONSIEUR DE POURCEAUGNAC. — Nous avons aussi mon neveu le chanoine qui a pensé mourir de la petite vérole.

ÉRASTE. — Quel dommage ç'auroit été!

MONSIEUR DE POURCEAUGNAC. — Le connoissez-vous aussi?

ÉRASTE. — Vraiment, si je le connois! Un grand garçon bien fait.

MONSIEUR DE POURCEAUGNAC. — Pas des plus grands.

ÉRASTE. — Non; mais de taille bien prise.

MONSIEUR DE POURCEAUGNAC. — Hé oui.

ÉRASTE. — Qui est votre neveu?

MONSIEUR DE POURCEAUGNAC. — Oui.

ÉRASTE. — Fils de votre frère ou de votre sœur?

MONSIEUR DE POURCEAUGNAC. — Justement.

ÉRASTE. — Chanoine de l'église de.... Comment l'appelez-vous?

MONSIEUR DE POURCEAUGNAC. — De Saint-Étienne.

ÉRASTE. — Le voilà; je ne connois autre.

MONSIEUR DE POURCEAUGNAC, *à Sbrigani.* — Il dit toute la parenté.

SBRIGANI. — Il vous connoît plus que vous ne croyez.

MONSIEUR DE POURCEAUGNAC. — A ce que je vois, vous avez demeuré longtemps dans notre ville?

ÉRASTE. — Deux ans entiers.

MONSIEUR DE POURCEAUGNAC. — Vous étiez donc là quand mon cousin l'élu fit tenir son enfant à monsieur notre gouverneur?

ÉRASTE. — Vraiment oui; j'y fus convié des premiers.

MONSIEUR DE POURCEAUGNAC. — Cela fut galant.

ÉRASTE. — Très-galant.

MONSIEUR DE POURCEAUGNAC. — C'étoit un repas bien troussé.

ÉRASTE. — Sans doute.

MONSIEUR DE POURCEAUGNAC. — Vous vîtes donc aussi la querelle que j'eus avec ce gentilhomme périgordin?

ÉRASTE. — Oui.

MONSIEUR DE POURCEAUGNAC. — Parbleu, il trouva à qui parler.

ÉRASTE. — Ah! ah!

MONSIEUR DE POURCEAUGNAC. — Il me donna un soufflet; mais je lui dis bien son fait.

ÉRASTE. — Assurément. Au reste, je ne prétends pas que vous preniez d'autre logis que le mien.

MONSIEUR DE POURCEAUGNAC. — Je n'ai garde de....

ÉRASTE. — Vous moquez-vous? Je ne souffrirai point du tout que mon meilleur ami soit autre part que dans ma maison.

MONSIEUR DE POURCEAUGNAC. — Ce seroit vous....

ÉRASTE. — Non. Le diable m'emporte! vous logerez chez moi.

SBRIGANI, *à M. de Pourceaugnac.* — Puisqu'il le veut obstinément, je vous conseille d'accepter l'offre.

ÉRASTE. — Où sont vos hardes?

MONSIEUR DE POURCEAUGNAC. — Je les ai laissées, avec mon valet, où je suis descendu.

ÉRASTE. — Envoyons-les querir par quelqu'un.

MONSIEUR DE POURCEAUGNAC. — Non. Je lui ai défendu de bouger, à moins que j'y fusse moi-même, de peur de quelque fourberie.

SBRIGANI. — C'est prudemment avisé.

MONSIEUR DE POURCEAUGNAC. — Ce pays-ci est un peu sujet à caution.

ÉRASTE. — On voit les gens d'esprit en tout.

SBRIGANI. — Je vais accompagner monsieur, et le ramènerai où vous voudrez.

ÉRASTE. — Oui. Je serai bien aise de donner quelques ordres, et vous n'avez qu'à revenir à cette maison-là.

SBRIGANI. — Nous sommes à vous tout à l'heure.

ÉRASTE, *à M. de Pourceaugnac.* — Je vous attends avec impatience.

MONSIEUR DE POURCEAUGNAC, *à Sbrigani.* — Voilà une connoissance où je ne m'attendois point.

SBRIGANI. — Il a la mine d'être honnête homme.

ÉRASTE, *seul.* — Ma foi, monsieur de Pourceaugnac, nous vous en donnerons de toutes les façons; les choses sont préparées, et je n'ai qu'à frapper. Holà!

SCÈNE VII.

ÉRASTE, UN APOTHICAIRE.

ÉRASTE. — Je crois, monsieur, que vous êtes le médecin à qui l'on est venu parler de ma part?

L'APOTHICAIRE. — Non, monsieur, ce n'est pas moi qui suis le médecin; à moi n'appartient pas cet honneur, et je ne suis qu'apothicaire; apothicaire indigne pour vous servir.

ÉRASTE. — Et monsieur le médecin est-il à la maison?

L'APOTHICAIRE. — Oui. Il est là embarrassé à expédier quelques malades; et je vais lui dire que vous êtes ici.

ÉRASTE. — Non; ne bougez pas; j'attendrai qu'il ait fait. C'est pour lui mettre entre les mains certain parent que nous avons, dont on lui a parlé, et qui se trouve attaqué de quelque folie, que nous serions bien aise qu'il pût guérir avant que de le marier.

L'APOTHICAIRE. — je sais ce que c'est, je sais ce que c'est; et j'étois avec lui quand on lui a parlé de cette affaire. Ma foi, ma foi! vous ne pouviez pas vous adresser à un médecin plus habile. C'est un homme qui sait la médecine à fond, comme je sais ma croix de par Dieu; et qui, quand on devroit crever, ne démordroit pas d'un iôta des règles des anciens. Oui, il suit toujours le grand chemin, le grand chemin, et ne va point chercher midi à quatorze heures; et pour tout l'or du monde, il ne voudroit pas avoir guéri une personne avec d'autres remèdes que ceux que la Faculté permet.

ÉRASTE. — Il fait fort bien. Un malade ne doit point vouloir guérir que la Faculté n'y consente.

L'APOTHICAIRE. — Ce n'est pas parce que nous sommes grands amis que j'en parle; mais il y a plaisir, il y a plaisir d'être son malade; et j'aimerois mieux mourir de ses remèdes, que de guérir de ceux d'un autre. Car, quoi qu'il puisse arriver, on est assuré que les choses sont toujours dans l'ordre, et, quand on meurt sous sa conduite, vos héritiers n'ont rien à vous reprocher.

ÉRASTE. — C'est une grande consolation pour un défunt!

L'APOTHICAIRE. — Assurément. On est bien aise au moins d'être mort méthodiquement. Au reste il n'est pas de ces médecins qui marchandent les maladies, c'est un homme expéditif, expéditif, qui aime à dépêcher ses malades; et quand on a à mourir, cela se fait avec lui le plus vite du monde.

ÉRASTE. — En effet, il n'est rien tel que de sortir promptement d'affaire.

L'APOTHICAIRE. — Cela est vrai. A quoi bon tant barguigner et tant tourner autour du pot? Il faut savoir vitement le court ou le long d'une maladie.

ÉRASTE. — Vous avez raison.

L'APOTHICAIRE. — Voilà déjà trois de mes enfans dont il m'a fait l'honneur de conduire la maladie, qui sont morts en moins de quatre jours, et qui entre les mains d'un autre, auroient langui plus de trois mois.

ÉRASTE. — Il est bon d'avoir des amis comme cela.

L'APOTHICAIRE. — Sans doute. Il ne me reste plus que deux enfans, dont il prend soin comme des siens; il les traite et gouverne à sa fantaisie, sans que je me mêle de rien; et, le plus souvent, quand je reviens de la ville, je suis tout étonné que je les trouve saignés ou purgés par son ordre.

ÉRASTE. — Voilà des soins fort obligeans.

L'APOTHICAIRE. — Le voici, le voici, le voici qui vient.

SCÈNE VIII.

ÉRASTE, PREMIER MÉDECIN, UN APOTHICAIRE, UN PAYSAN, UNE PAYSANNE.

LE PAYSAN, *au médecin*. — Monsieur, il n'en peut plus; et il dit qu'il sent dans la tête les plus grandes douleurs du monde.

PREMIER MÉDECIN. — Le malade est un sot; d'autant plus que, dans la maladie dont il est attaqué, ce n'est pas la tête, selon Galien, mais la rate qui lui doit faire mal.

LE PAYSAN. — Quoi que c'en soit, monsieur, il a toujours, avec cela, son cours de ventre depuis six mois.

PREMIER MÉDECIN. — Bon! c'est signe que le dedans se dégage. Je l'irai visiter dans deux ou trois jours; mais s'il mouroit avant ce temps-là, ne manquez point de m'en donner avis; car il n'est pas de la civilité qu'un médecin visite un mort.

LA PAYSANNE, *au médecin*. — Mon père, monsieur, est toujours malade de plus en plus.

PREMIER MÉDECIN. — Ce n'est pas ma faute. Je lui donne des remèdes, que ne guérit-il? Combien a-t-il été saigné de fois?

LA PAYSANNE. — Quinze, monsieur, depuis vingt jours.

PREMIER MÉDECIN. — Quinze fois saigné?

LA PAYSANNE. — Oui.

PREMIER MÉDECIN. — Et il ne guérit point?

LA PAYSANNE. — Non, monsieur.

PREMIER MÉDECIN. — C'est signe que la maladie n'est pas dans le sang. Nous le ferons purger autant de fois, pour voir si elle n'est pas dans les humeurs; et, si rien ne nous réussit, nous l'enverrons aux bains.

L'APOTHICAIRE. — Voilà le fin, cela; voilà le fin de la médecine.

SCÈNE IX.

ÉRASTE, PREMIER MÉDECIN, UN APOTHICAIRE.

ÉRASTE, *au médecin*. — C'est moi, monsieur, qui vous ai envoyé parler ces jours passés, pour un parent un peu troublé d'esprit, que je veux donner chez vous, afin de le guérir avec plus de commodité, et qu'il soit vu de moins de monde.

PREMIER MÉDECIN. — Oui, monsieur; j'ai déjà disposé tout, et promets d'en avoir tous les soins imaginables.

ÉRASTE. — Le voici.

PREMIER MÉDECIN. — La conjoncture est tout à fait heureuse, et j'ai ici un ancien de mes amis, avec lequel je serai bien aise de consulter sa maladie.

SCÈNE X.

M. DE POURCEAUGNAC, ÉRASTE, PREMIER MÉDECIN, UN APOTHICAIRE.

ÉRASTE, *à M. de Pourceaugnac*. — Une petite affaire m'est survenue, qui m'oblige à vous quitter ; *(montrant le médecin)* mais voilà une personne entre les mains de qui je vous laisse, qui aura soin pour moi de vous traiter du mieux qu'il lui sera possible.

PREMIER MÉDECIN. — Le devoir de ma profession m'y oblige ; et c'est assez que vous me chargiez de ce soin.

MONSIEUR DE POURCEAUGNAC, *à part*. — C'est son maître d'hôtel, et il faut que ce soit un homme de qualité.

PREMIER MÉDECIN, *à Éraste*. — Oui; je vous assure que je traiterai monsieur méthodiquement et dans toutes les régularités de notre art.

MONSIEUR DE POURCEAUGNAC. — Mon Dieu ! il ne me faut point tant de cérémonies, et je ne viens pas ici pour incommoder.

Buon dì, buon dì, buon dì. (Acte I, scène XIII.)

PREMIER MÉDECIN. — Un tel emploi ne me donne que de la joie.

ÉRASTE, *au médecin*. — Voilà toujours six pistoles d'avance, en attendant ce que j'ai promis.

MONSIEUR DE POURCEAUGNAC. — Non, s'il vous plaît; je n'entends pas que vous fassiez de dépense, et que vous envoyiez rien acheter pour moi.

ÉRASTE. — Mon Dieu! laissez faire. Ce n'est pas pour ce que vous pensez.

MONSIEUR DE POURCEAUGNAC. — Je vous demande de ne me traiter qu'en ami.

ÉRASTE. — C'est ce que je veux faire. *(Bas au médecin.)* Je vous recommande surtout de ne le point laisser sortir de vos mains; car, parfois, il veut s'échapper.

PREMIER MÉDECIN. — Ne vous mettez pas en peine.

ÉRASTE, *à M. de Pourceaugnac*. — Je vous prie de m'excuser de l'incivilité que je commets.

MONSIEUR DE POURCEAUGNAC. — Vous vous moquez; et c'est trop de grâce que vous me faites.

SCÈNE XI.

M. DE POURCEAUGNAC, PREMIER MÉDECIN, SECOND MÉDECIN, UN APOTHICAIRE.

PREMIER MÉDECIN. — Ce m'est beaucoup d'honneur, monsieur, d'être choisi pour vous rendre service.

MONSIEUR DE POURCEAUGNAC. — Je suis votre serviteur.

PREMIER MÉDECIN. — Voici un habile homme, mon

confrère, avec lequel je vais consulter la manière dont nous vous traiterons.

MONSIEUR DE POURCEAUGNAC. — Il ne faut point tant de façons, vous dis-je, et je suis homme à me contenter de l'ordinaire.

PREMIER MÉDECIN. — Allons, des siéges.

(*Des laquais entrent et donnent des siéges.*)

MONSIEUR DE POURCEAUGNAC, *à part*. — Voilà, pour un jeune homme, des domestiques bien lugubres.

PREMIER MÉDECIN. — Allons, monsieur : prenez votre place, monsieur.

(*Les deux médecins font asseoir M. de Pourceaugnac entre eux deux.*)

MONSIEUR DE POURCEAUGNAC, *s'asseyant*. — Votre très-humble valet. (*Les deux médecins lui prennent chacun une main pour lui tâter le pouls.*) Que veut dire cela?

PREMIER MÉDECIN. — Mangez-vous bien, monsieur?

MONSIEUR DE POURCEAUGNAC. — Oui; et bois encore mieux.

PREMIER MÉDECIN. — Tant pis! Cette grande appétition du froid et de l'humide, est une indication de la chaleur et sécheresse qui est au dedans. Dormez-vous fort?

MONSIEUR DE POURCEAUGNAC. — Oui; quand j'ai bien soupé.

PREMIER MÉDECIN. — Faites-vous des songes?

MONSIEUR DE POURCEAUGNAC. — Quelquefois.

PREMIER MÉDECIN. — De quelle nature sont-ils?

MONSIEUR DE POURCEAUGNAC. — De la nature des songes. Quelle diable de conversation est-ce là?

PREMIER MÉDECIN. — Vos déjections, comment sont-elles?

MONSIEUR DE POURCEAUGNAC. — Ma foi, je ne comprends rien à toutes ces questions; et je veux plutôt boire un coup.

PREMIER MÉDECIN. — Un peu de patience. Nous allons raisonner sur votre affaire devant vous; et nous le ferons en françois, pour être plus intelligibles.

MONSIEUR DE POURCEAUGNAC. — Quel grand raisonnement faut-il pour manger un morceau?

PREMIER MÉDECIN. — Comme ainsi soit qu'on ne puisse guérir une maladie qu'on ne la connoisse parfaitement, et qu'on ne la puisse parfaitement connoître, sans en bien établir l'idée particulière, et la véritable espèce, par ses signes diagnostiques et prognostiques; vous me permettrez, monsieur notre ancien, d'entrer en considération de la maladie dont il s'agit, avant que de toucher à la thérapeutique, et aux remèdes qu'il nous conviendra faire pour la parfaite curation d'icelle. Je dis donc, monsieur, avec votre permission, que notre malade ici présent est malheureusement attaqué, affecté, possédé, travaillé de cette sorte de folie que nous nommons fort bien mélancolie hypocondriaque; espèce de folie très-fâcheuse, et qui ne demande pas moins qu'un Esculape comme vous, consommé dans notre art : vous, dis-je, qui avez blanchi, comme on dit, sous le harnois, et auquel il en a tant passé par les mains, de toutes les façons. Je l'appelle mélancolie hpyocondriaque, pour la distinguer des deux autres ; car le célèbre Galien établit doctement, à son ordinaire, trois espèces de cette maladie, que nous nommons mélancolie, ainsi appelée, non-seulement par les Latins, mais encore par les Grecs : ce qui est bien à remarquer pour notre affaire. La première, qui vient du propre vice du cerveau : la seconde, qui vient de tout le sang, fait et rendu atrabilaire : la troisième, appelée hypocondriaque, qui est la nôtre, laquelle procède du vice de quelque partie du bas-ventre, et de la région inférieure, mais particulièrement de la rate, dont la chaleur et l'inflammation porte au cerveau de notre malade beaucoup de fuligines épaisses et crasses, dont la vapeur noire et maligne cause dépravation aux fonctions de la faculté princesse, et fait la maladie dont, par notre raisonnement, il est manifestement atteint et convaincu. Qu'ainsi ne soit, pour diagnostic incontestable de ce que je dis, vous n'avez qu'à considérer ce grand sérieux que vous voyez, cette tristesse accompagnée de crainte et de défiance, signes pathognomoniques et individuels de cette maladie, si bien marquée chez le divin vieillard Hippocrate ; cette physionomie, ces yeux rouges et hagards, cette grande barbe, cette habitude du corps, menue, grêle, noire et velue, lesquels signes le dénotent très-affecté de cette maladie, procédant du vice des hypocondres : laquelle maladie par laps de temps, naturalisée, envieillie, habituée, et ayant pris droit de bourgeoisie chez lui, pourroit bien dégénérer ou en manie, ou en phthisie, ou en apoplexie, ou même en fine frénésie et fureur. Tout ceci supposé puisqu'une maladie bien connue est à demi guérie, car *ignoti nulla est curatio morbi*, il ne vous sera pas difficile de convenir des remèdes que nous devons faire à monsieur. Premièrement, pour remédier à cette pléthore obturante, et à cette cacochymie luxuriante par tout le corps, je suis d'avis qu'il soit phlébotomisé libéralement ; c'est-à-dire que les saignées soient fréquentes et plantureuses : en premier lieu, de la basilique, puis de la céphalique ; et même si le mal est opiniâtre, de lui ouvrir la veine du front, et que l'ouverture soit large, afin que le gros sang puisse sortir ; et en même temps, de le purger, désopiler, et évacuer par purgatifs propres et convenables; c'est-à-dire, par cholagogues, mélanogogues, *et cætera;* et comme la véritable source de tout le mal est ou une humeur crasse et féculente, ou une vapeur noire et grossière, qui obscurcit, infecte et salit les esprits animaux, il est à propos ensuite qu'il prenne un bain d'eau pure et nette, avec force petit-lait clair, pour purifier, par l'eau la féculence de l'humeur crasse, et éclaircir, par le lait clair, la noirceur de cette vapeur. Mais, avant toute chose, je trouve qu'il est bon de le réjouir par agréables conversations, chants et instrumens de musique ; à quoi il n'y a pas d'inconvénient de joindre des danseurs, afin que leurs mouvemens, disposition et agilité puissent exciter et réveiller la paresse de ses esprits engourdis, qui occasionne l'épaisseur de son sang, d'où procède la maladie. Voilà les remèdes que j'imagine, auxquels pourront être ajoutés beaucoup d'autres meilleurs, par monsieur notre maître et ancien, suivant l'expérience, jugement, lumière et suffisance qu'il s'est acquise dans notre art. *Dixi.*

SECOND MÉDECIN. — A Dieu ne plaise, monsieur, qu'il me tombe en pensée d'ajouter rien à ce que vous venez de dire! Vous avez si bien discouru sur tous les signes, les symptômes et les causes de la maladie de monsieur; le raisonnement que vous en avez fait est si docte et si beau, qu'il est impossible qu'il ne soit pas fou et mélancolique hypocondriaque; et quand il ne le seroit pas, il faudroit qu'il le devînt, pour la beauté des choses que vous avez dites, et la justesse du raisonnement que vous avez fait. Oui, monsieur, vous avez dépeint fort graphiquement, *graphicè depinxisti*, tout ce qui appartient à cette maladie. Il ne se peut rien de plus doctement, sagement, ingénieusement conçu, pensé, imaginé, que ce que vous avez prononcé au sujet de ce mal, soit pour la diagnose, ou la prognose, ou la thérapie; et il ne me reste rien ici, que de féliciter monsieur d'être tombé entre vos mains, et de lui dire qu'il est trop heureux d'être fou, pour éprouver l'efficace et la douceur des remèdes que vous avez si judicieusement proposés. Je les approuve tous, *manibus et pedibus descendo in tuam sententiam*. Tout ce que j'y voudrois, c'est de faire les saignées et les purgations en nombre impair, *numero Deus impare gaudet*; de prendre le lait clair avant le bain; de lui composer un fronteau où il entre du sel, le sel est symbole de la sagesse; de faire blanchir les murailles de sa chambre, pour dissiper les ténèbres de ses esprits, *album est disgregativum visûs*; et de lui donner tout à l'heure un petit lavement, pour servir de prélude et d'introduction à ces judicieux remèdes, dont, s'il a à guérir, il doit recevoir du soulagement. Fasse le ciel que ces remèdes, monsieur, qui sont les vôtres, réussissent au malade, selon notre intention!

MONSIEUR DE POURCEAUGNAC. — Messieurs, il y a une heure que je vous écoute. Est-ce que nous jouons ici une comédie?

PREMIER MÉDECIN. — Non, monsieur, nous ne jouons point.

MONSIEUR DE POURCEAUGNAC. — Qu'est-ce que tout ceci? et que voulez-vous dire, avec votre galimatias et vos sottises?

PREMIER MÉDECIN. — Bon! dire des injures! Voilà un diagnostic qui nous manquoit pour la confirmation de son mal; et ceci pourroit bien tourner en manie.

MONSIEUR DE POURCEAUGNAC, *à part*. — Avec qui m'a-t-on mis ici? (*Il crache deux ou trois fois*.)

PREMIER MÉDECIN. — Autre diagnostic : la sputation fréquente.

MONSIEUR DE POURCLAUGNAC. — Laissons cela, et sortons d'ici.

PREMIER MÉDECIN. — Autre encore : l'inquiétude de changer de place.

MONSIEUR DE POURCEAUGNAC. — Qu'est-ce donc que toute cette affaire? et que me voulez-vous?

PREMIER MÉDECIN. — Vous guérir, selon l'ordre qui nous a été donné.

MONSIEUR DE POURCEAUGNAC. — Me guérir?

PREMIER MÉDECIN. — Oui.

MONSIEUR DE POURCEAUGNAC. — Parbleu! je ne suis pas malade.

PREMIER MÉDECIN. — Mauvais signe, lorsqu'un malade ne sent pas son mal.

MONSIEUR DE POURCEAUGNAC. — Je vous dis que je me porte bien.

PREMIER MÉDECIN. — Nous savons mieux que vous comment vous vous portez; et nous sommes médecins qui voyons clair dans votre constitution.

MONSIEUR DE POURCEAUGNAC. — Si vous êtes médecins, je n'ai que faire de vous; et je me moque de la médecine.

PREMIER MÉDECIN. — Hom! hom! voici un homme plus fou que nous ne pensons.

MONSIEUR DE POURCEAUGNAC. — Mon père et ma mère n'ont jamais voulu de remèdes, et ils sont morts tous deux sans l'assistance des médecins.

PREMIER MÉDECIN. — Je ne m'étonne pas s'ils ont engendré un fils qui est insensé. (*Au second médecin*.) Allons, procédons à la curation; et, par la douceur exhilarante de l'harmonie, adoucissons, lénifions, et accoisons l'aigreur de ses esprits, que je vois prêts à s'enflammer.

SCÈNE XII.

M. DE POURCEAUGNAC, *seul*.

Que diable est-ce là? Les gens de ce pays-ci sont-ils insensés? Je n'ai jamais rien vu de tel, et je n'y comprends rien du tout.

SCÈNE XIII.

M. DE POURCEAUGNAC, DEUX MÉDECINS
GROTESQUES.

(*Ils s'asseyent d'abord tous trois; les médecins se lèvent à différentes reprises pour saluer M. de Pourceaugnac, qui se lève autant de fois pour les saluer.*)

LES DEUX MÉDECINS.
Buon dì, buon dì, buon dì,
Non vi lasciate uccidere
Dal dolor malinconico,
Noi vi faremo ridere
Col nostro canto armonico;
Sol per guarirvi
Siamo venuti qui.
Buon dì, buon dì, buon dì.

PREMIER MEDECIN.
Altro non è la pazzia
Che malinconia.
Il malato
Non è disperato,
Se vol pigliar un poco d'allegria;
Altra no è la pazzia
Che malinconia.

SECOND MÉDECIN.
Sù, cantate, ballate, ridete;
E, se far meglio volete,
Quando sentite il deliro vicino,
Pigliate del vino,

E qualche volta un poco di tabac.
Allegramente, monsu Pourceaugnac.

SCÈNE XIV.

M. DE POURCEAUGNAC, DEUX MÉDECINS GROTESQUES, MATASSINS.

ENTRÉE DE BALLET. — *Danses des matassins autour de M. de Pourceaugnac.*

SCÈNE XV.

M. DE POURCEAUGNAC, UN APOTHICAIRE, *tenant une seringue.*

L'APOTHICAIRE. — Monsieur, voici un petit remède, un petit remède, qu'il vous faut prendre, s'il vous plaît, s'il vous plaît.

MONSIEUR DE POURCEAUGNAC. — Comment? je n'ai que faire de cela!

L'APOTHICAIRE. — Il a été ordonné, monsieur, il a été ordonné.

MONSIEUR DE POURCEAUGNAC. — Ah! que de bruit!

L'APOTHICAIRE. — Prenez-le, monsieur, prenez-le; il ne vous fera point de mal, il ne vous fera point de mal.

MONSIEUR DE POURCEAUGNAC. — Ah!

L'APOTHICAIRE. — C'est un petit clystère, un petit clystère, bénin, bénin; il est bénin, bénin : là, prenez, prenez, monsieur; c'est pour déterger, pour déterger, déterger.

Monsieur, voici un petit remède. (Acte I, scène XV.)

SCÈNE XVI.

M. DE POURCEAUGNAC, UN APOTHICAIRE, DEUX MÉDECINS GROTESQUES, MATASSINS, *avec des seringues.*

LES DEUX MÉDECINS.
Piglialo sù,
Signor monsu,
Piglialo, piglialo, piglialo sù,
Che non ti farà male.

Piglialo sù questo serviziale;
Piglialo sù,
Signor monsu,
Piglialo, piglialo, piglialo sù.

MONSIEUR DE POURCEAUGNAC. — Allez-vous-en au diable.

(*M. de Pourceaugnac, mettant son chapeau pour se garantir des seringues, est suivi par les deux médecins et par les matassins; il passe par derrière le théâtre, et revient se mettre sur sa chaise, auprès de laquelle il trouve l'apothicaire qui l'attendoit; les deux médecins et les matassins rentrent aussi.*)

LES DEUX MÉDECINS.
Piglialo sù,
Signor monsu;
Piglialo, piglialo, piglialo sù;
Che non ti farà male.
Piglialo sù,
Signor monsu;
Piglialo, piglialo, piglialo sù.

(*M. de Pourceaugnac s'enfuit avec sa chaise; l'apothicaire appuie sa seringue contre, et les médecins et les matassins le suivent.*)

Acte I, scène XVI.

ACTE DEUXIÈME.

SCÈNE I.

PREMIER MÉDECIN, SBRIGANI.

PREMIER MÉDECIN. — Il a forcé tous les obstacles que j'avois mis, et s'est dérobé aux remèdes que je commençois de lui faire.

SBRIGANI. — C'est être bien ennemi de soi-même, que de fuir des remèdes aussi salutaires que les vôtres.

PREMIER MÉDECIN. — Marque d'un cerveau démonté, et d'une raison dépravée, que de ne vouloir pas guérir.

SBRIGANI. — Vous l'auriez guéri haut la main.

PREMIER MÉDECIN. — Sans doute : quand il y auroit eu complication de douze maladies.

SBRIGANI. — Cependant voilà cinquante pistoles bien acquises qu'il vous fait perdre.

PREMIER MÉDECIN. — Moi, je n'entends point les perdre, et prétends le guérir en dépit qu'il en ait. Il est lié et engagé à mes remèdes; et je veux le faire saisir où je le trouverai, comme déserteur de la médecine et infracteur de mes ordonnances.

SBRIGANI. — Vous avez raison. Vos remèdes étoient un coup sûr; et c'est de l'argent qu'il vous vole.

PREMIER MÉDECIN. — Où puis-je en avoir des nouvelles?

SBRIGANI. — Chez le bonhomme Oronte, assurément, dont il vient épouser la fille, et qui, ne sachant rien de l'infirmité de son gendre futur, voudra peut-être se hâter de conclure le mariage.

PREMIER MÉDECIN. — Je vais lui parler tout à l'heure.

SBRIGANI. — Vous ne ferez point mal.

PREMIER MÉDECIN. — Il est hypothéqué à mes consultations; et un malade ne se moquera pas d'un médecin.

SBRIGANI. — C'est fort bien dit à vous; et, si vous m'en croyez, vous ne souffrirez point qu'il se marie, que vous ne l'ayez pansé tout votre soûl.

PREMIER MÉDECIN. — Laissez-moi faire.

SBRIGANI, *à part en s'en allant*. — Je vais de mon côté, dresser une autre batterie, et le beau-père est aussi dupe que le gendre

SCÈNE II.

ORONTE, PREMIER MÉDECIN.

PREMIER MÉDECIN. — Vous avez, monsieur, un certain monsieur de Pourceaugnac qui doit épouser votre fille?

ORONTE. — Oui; je l'attends de Limoges, et il devroit être arrivé.

PREMIER MÉDECIN. — Aussi l'est-il, et il s'en est fui de chez moi, après y avoir été mis; mais je vous défends de la part de la médecine, de procéder au mariage que vous avez conclu, que je ne l'aie dûment préparé pour cela, et mis en état de procréer des enfans bien conditionnés de corps et d'esprit.

ORONTE. — Comment donc?

PREMIER MÉDECIN. — Votre prétendu gendre a été constitué mon malade; sa maladie, qu'on m'a donnée à guérir, est un meuble qui m'appartient, et que je compte entre mes effets; et je vous déclare que je ne prétends point qu'il se marie, qu'au préalable il n'ait satisfait à la médecine, et subi les remèdes que je lui ai ordonnés.

ORONTE. — Il a quelque mal?

PREMIER MÉDECIN. — Oui.

ORONTE. — Et quel mal, s'il vous plaît?

PREMIER MÉDECIN. — Ne vous en mettez pas en peine.

ORONTE. — Est-ce quelque mal?...

PREMIER MÉDECIN. — Les médecins sont obligés au secret. Il suffit que je vous ordonne, à vous et à votre fille, de ne point célébrer, sans mon consentement vos noces avec lui, sur peine d'encourir la disgrâce de la Faculté, et d'être accablés de toutes les maladies qu'il nous plaira.

ORONTE. — Je n'ai garde, si cela est, de faire le mariage.

PREMIER MÉDECIN. — On me l'a mis entre les mains, et il est obligé d'être mon malade.

ORONTE. — A la bonne heure.

PREMIER MÉDECIN. — Il a beau fuir; je le ferai condamner par arrêt, à se faire guérir par moi.

ORONTE. — J'y consens.

PREMIER MÉDECIN. — Oui, il faut qu'il crève, ou que je le guérisse.

ORONTE. — Je le veux bien.

PREMIER MÉDECIN. — Et, si je ne le trouve, je m'en prendrai à vous; et je vous guérirai au lieu de lui.

ORONTE. — Je me porte bien.

PREMIER MÉDECIN. — Il n'importe. Il me faut un malade; et je prendrai qui je pourrai.

ORONTE. — Prenez qui vous voudrez; mais ce ne sera pas moi (*Seul*.) Voyez un peu la belle raison!

SCÈNE III.

ORONTE, SBRIGANI, *en marchand flamand*.

SBRIGANI. — Montsir, afec le fôtre permission, je suisse un trancher marchand flamane qui foudroit bienne vous temandair un petit nouvel.

ORONTE. — Quoi, monsieur?

SBRIGANI. Mettez le fôtre chapeau sur le tête, montsir, si ve plaît.

ORONTE. — Dites-moi, monsieur ce que vous voulez?

SBRIGANI. — Moi dire rien, montsir, si fous le mettre pas le chapeau sur le tête.

ORONTE. — Soit Qu'y a-t-il, monsieur?

SBRIGANI. — Fous connoître point en sti file un certe montsir Oronte?

ORONTE. — Oui, je le connois.

SBRIGANI. — Et quel homme est-il, montsir, si ve plaît?

ORONTE. — C'est un homme comme les autres.

SBRIGANI. — Je fous temande, montsir, s'il est un homme qui a du bienne?

ORONTE. — Oui.

SBRIGANI. — Mais riche beaucoup grandement, montsir?

ORONTE. — Oui.

SBRIGANI. — J'en suis aise beaucoup, montsir.

ORONTE — Mais pourquoi cela?

SBRIGANI. — L'est, montsir, pour un petit raisonne de conséquence pour nous.

ORONTE. — Mais encore, pourquoi?

SBRIGANI. — L'est, montsir, que sti montsir Oronte donne son fille en mariage à un certe montsir de Pourcegnac.

ORONTE. — Hé bien?

SBRIGANI. — Et sti montsir de Pourcegnac, montsir, l'est un homme que doivre beaucoup grandement, à dix ou douze marchands flamanes qui être venus ici.

ORONTE. — Ce monsieur de Pourceaugnac doit beaucoup à dix ou douze marchands?

SBRIGANI. — Oui, montsir; et, depuis huit mois, nous afoir obtenir un petit sentence contre lui; et lui a remettre à payer tous ce créanciers de sti mariage que sti montsir Oronte donne pour son fille.

ORONTE. — Hon, hon! il a remis là à payer ses créanciers?

SBRIGANI. Oui, montsir, et avec un grand défotion nous tous attendre sti mariage.

ORONTE, *à part.* — L'avis n'est pas mauvais. (*Haut.*) Je vous donne le bonjour.

SBRIGANI. — Je remercie, montsir, de la faveur grande.

ORONTE. — Votre très-humble valet.

SBRIGANI. — Je le suis, montsir, obliger plus que beaucoup du bon nouvel que montsir m'afoir donné. (*Seul, après avoir ôté sa barbe et dépouillé l'habit de Flamand qu'il a par-dessus le sien.*) Cela ne va pas mal. Quittons notre ajustement de Flamand, pour songer à d'autres machines; et tâchons de semer tant de soupçons et de division entre le beau-père et le gendre, que cela rompe le mariage prétendu. Tous deux également sont propres à gober les hameçons qu'on leur veut tendre; et, entre nous autres fourbes de la première classe, nous ne faisons que nous jouer, lorsque nous trouvons un gibier aussi facile que celui-là.

SCÈNE IV.

M. DE POURCEAUGNAC, SBRIGANI.

MONSIEUR DE POURCEAUGNAC, *se croyant seul.* — *Pigliaio sù, pigliaio sù signor monsu.* Que diable est-ce là? (*Apercevant Sbrigani.*) Ah!

SBRIGANI. — Qu'est-ce monsieur? Qu'avez-vous?

MONSIEUR DE POURCEAUGNAC. — Tout ce que je vois me semble lavement.

SBRIGANI. — Comment?

MONSIEUR DE POURCEAUGNAC. — Vous ne savez pas ce qui m'est arrivé dans ce logis à la porte duquel vous m'avez conduit?

SBRIGANI. — Non vraiment. Qu'est-ce que c'est?

MONSIEUR DE POURCEAUGNAC. — Je pensois y être régalé comme il faut.

SBRIGANI. — Hé bien?

MONSIEUR DE POURCEAUGNAC. — Je vous laisse entre les mains de monsieur. Des médecins habillés de noir. Dans une chaise. Tâter le pouls. Comme ainsi soit. Il est fou. Deux gros joufflus. Grands chapeaux. *Buon dì, buon dì.* Six Pantalons. Ta, ra, ta, ta ; ta, ra, ta, ta. *Allegramente, monsu Pourceaugnac.* Apothicaire. Lavement. Prenez, monsieur; prenez, prenez. Il est bénin, bénin, bénin. C'est pour déterger, pour déterger, déterger. *Piglialo sù, signor monsu; piglialo, piglialo, piglialo sù.* Jamais je n'ai été si soûl de sottises.

SBRIGANI. — Qu'est-ce que tout cela veut dire?

MONSIEUR DE POURCEAUGNAC. — Cela veut dire que cet homme-là, avec ses grandes embrassades, est un fourbe qui m'a mis dans une maison pour se moquer de moi, et me faire une pièce.

SBRIGANI. — Cela est-il possible?

MONSIEUR DE POURCEAUGNAC. — Sans doute. Ils étoient une douzaine de possédés après mes chausses; et j'ai eu toutes les peines du monde à m'échapper de leurs pattes.

SBRIGANI. — Voyez un peu : les mines sont bien trompeuses! Je l'aurois cru le plus affectionné de vos amis. Voilà un de mes étonnemens, comme il est possible qu'il y ait des fourbes comme cela dans le monde.

Mettez le fôtre chapeau sur le tête. (Acte II, scène III.)

MONSIEUR DE POURCEAUGNAC. — Ne sens-je point le lavement? Voyez, je vous prie.

SBRIGANI. — Hé! il y a quelque petite chose qui approche de cela.

MONSIEUR DE POURCEAUGNAC. — J'ai l'odorat et l'imagination tout remplis de cela; et il me semble toujours que je vois une douzaine de lavemens qui me couchent en joue.

SBRIGANI. — Voilà une méchanceté bien grande, et les hommes sont bien traîtres et scélérats !

MONSIEUR DE POURCEAUGNAC. — Enseignez-moi, de grâce, le logis de monsieur Oronte; je suis bien aise d'y aller tout à l'heure.

SBRIGANI. — Ah! ah! vous êtes donc de complexion amoureuse? et vous avez ouï parler que ce monsieur Oronte a une fille?...

MONSIEUR DE POURCEAUGNAC. — Oui. Je viens l'épouser.

SBRIGANI. — L'é.... l'épouser.

MONSIEUR DE POURCEAUGNAC. — Oui.

SBRIGANI. — En mariage?

MONSIEUR DE POURCEAUGNAC. — De quelle façon, donc?

SBRIGANI. — Ah! c'est une autre chose; et je vous demande pardon.

MONSIEUR DE POURCEAUGNAC. — Qu'est-ce que cela veut dire?

SBRIGANI. — Rien.

MONSIEUR DE POURCEAUGNAC. — Mais encore?

SBRIGANI. — Rien, vous dis-je, j ai un peu parlé trop vite.

MONSIEUR DE POURCEAUGNAC. — Je vous prie de me dire ce qu'il y a là-dessous.
SBRIGANI. — Non : cela n'est point nécessaire.
MONSIEUR DE POURCEAUGNAC. — De grâce.
SBRIGANI. — Point. Je vous prie de m'en dispenser.

MONSIEUR DE POURCEAUGNAC. — Est-ce que vous n'êtes pas de mes amis?
SBRIGANI. — Si fait, on ne peut pas l'être davantage.
MONSIEUR DE POURCEAUGNAC. — Vous devez donc ne me rien cacher.

Otez-vous de là, vous dis-je. (Acte II, scène VI.)

SBRIGANI. — C'est une chose où il y va de l'intérêt du prochain.
MONSIEUR DE POURCEAUGNAC. — Afin de vous obliger à m'ouvrir votre cœur, voilà une petite bague que je vous prie de garder pour l'amour de moi.
SBRIGANI. — Laissez-moi consulter un peu si je le puis faire en conscience. (*Après s'être un peu éloigné de M. de Pourceaugnac.*) C'est un homme qui cherche son bien, qui tâche de pourvoir sa fille le plus avantageusement qu'il est possible ; et il ne faut nuire à personne. Ce sont des choses qui sont connues, à la vérité; mais j'irai les découvrir à un homme qui les ignore ;

et il est défendu de scandaliser son prochain. Cela est vrai ; mais, d'autre part, voilà un étranger qu'on veut surprendre, et qui, de bonne foi, vient se marier avec une fille qu'il ne connoît pas et qu'il n'a jamais vue ; un gentilhomme plein de franchise, pour qui je me sens de l'inclination, qui me fait l'honneur de me tenir pour son ami, prend confiance en moi, et me donne une bague à garder pour l'amour de lui. (*A M. de Pourceaugnac.*) Oui, je trouve que je puis vous dire les choses sans blesser ma conscience : mais tâchons de vous lés dire le plus doucement qu'il nous sera possible, et d'épargner les gens le plus que nous pourrons. De vous dire que cette fille-là mène une vie déshonnête, cela seroit un peu trop fort. Cherchons, pour nous expliquer, quelques termes plus doux. Le mot de galante aussi n'est pas assez : celui de coquette achevée me semble propre à ce que nous voulons, et je m'en puis servir pour vous dire honnêtement ce qu'elle est.

MONSIEUR DE POURCEAUGNAC. — L'on me veut donc prendre pour dupe ?

SBRIGANI. — Peut-être, dans le fond, n'y a-t-il pas tant de mal que tout le monde croit ; et puis il y a des gens, après tout, qui se mettent au-dessus de ces sortes de choses, et qui ne croient pas que leur honneur dépende....

MONSIEUR DE POURCEAUGNAC. — Je suis votre serviteur ; je ne me veux point mettre sur la tête un chapeau comme celui-là ; et l'on aime à aller le front levé dans la famille des Pourceaugnacs.

SBRIGANI. — Voilà le père.

MONSIEUR DE POURCEAUGNAC. — Ce vieillard-là ?

SBRIGANI. — Oui. Je me retire.

SCÈNE V.

ORONTE, M. DE POURCEAUGNAC.

MONSIEUR DE POURCEAUGNAC. — Bonjour, monsieur, bonjour.

ORONTE. — Serviteur, monsieur, serviteur.

MONSIEUR DE POURCEAUGNAC. — Vous êtes monsieur Oronte, n'est-ce pas ?

ORONTE. — Oui.

MONSIEUR DE POURCEAUGNAC. — Et moi, monsieur de Pourceaugnac.

ORONTE. — A la bonne heure.

MONSIEUR DE POURCEAUGNAC. — Croyez-vous, monsieur Oronte, que les Limousins soient des sots ?

ORONTE. — Croyez-vous, monsieur de Pourceaugnac, que les Parisiens soient des bêtes ?

MONSIEUR DE POURCEAUGNAC. — Vous imaginez-vous, monsieur Oronte, qu'un homme comme moi soit si affamé de femme ?

ORONTE. — Vous imaginez-vous, monsieur de Pourceaugnac, qu'une fille comme la mienne soit si affamée de mari ?

SCÈNE VI.

M. DE POURCEAUGNAC, JULIE, ORONTE.

JULIE. — On vient de me dire, mon père, que monsieur de Pourceaugnac est arrivé. Ah ! le voilà sans doute, et mon cœur me le dit. Qu'il est bien fait ! Qu'il a bon air ! et que je suis contente d'avoir un tel époux ! Souffrez que je l'embrasse, et que je lui témoigne....

ORONTE. — Doucement, ma fille, doucement.

MONSIEUR DE POURCEAUGNAC, *à part*. — Tudieu ! Quelle galante ! Comme elle prend feu d'abord !

ORONTE. — Je voudrois bien savoir, monsieur de Pourceaugnac, pour quelle raison vous venez....

JULIE, *s'approche de M. de Pourceaugnac, le regarde d'un air languissant, et lui veut prendre la main.* — Que je suis aise de vous voir ! et que je brûle d'impatience !...

ORONTE. — Ah ! ma fille ! Otez-vous de là, vous dis-je.

MONSIEUR DE POURCEAUGNAC, *à part*. — Oh ! oh ! quelle égrillarde !

ORONTE. — Je voudrois bien, dis-je, savoir par quelle raison, s'il vous plaît, vous avez la hardiesse de.... (*Julie continue le même jeu.*)

MONSIEUR DE POURCEAUGNAC, *à part*. — Vertu de ma vie !

ORONTE. — *à Julie.* — Encore ? qu'est-ce à dire, cela ?

JULIE. — Ne voulez-vous pas que je caresse l'époux que vous m'avez choisi ?

ORONTE. — Non. Rentrez là dedans.

JULIE. — Laissez-moi le regarder.

ORONTE. — Rentrez, vous dis-je.

JULIE. — Je veux demeurer là, s'il vous plaît.

ORONTE. — Je ne veux pas, moi ; et si tu ne rentres tout à l'heure, je....

JULIE. — Hé bien ! je rentre.

ORONTE. — Ma fille est une sotte qui ne sait pas les choses.

MONSIEUR DE POURCEAUGNAC, *à part*. — Comme nous lui plaisons !

ORONTE, *à Julie, qui est restée après avoir fait quelques pas pour s'en aller.* — Tu ne veux pas te retirer ?

JULIE. — Quand est-ce donc que vous me marierez avec monsieur ?

ORONTE. — Jamais ; et tu n'es pas pour lui.

JULIE. — Je le veux avoir, moi, puisque vous me l'avez promis.

ORONTE. — Si je te l'ai promis, je te le dépromets.

MONSIEUR DE POURCEAUGNAC, *à part*. — Elle voudroit bien me tenir.

JULIE. — Vous avez beau faire : nous serons mariés ensemble en dépit de tout le monde.

ORONTE. — Je vous en empêcherai bien tous deux, je vous assure. Voyez un peu quel *vertigo* lui prend.

SCÈNE VII.

ORONTE, M. DE POURCEAUGNAC.

MONSIEUR DE POURCEAUGNAC. — Mon Dieu! notre beau-père prétendu, ne vous fatiguez point tant; on n'a pas envie de vous enlever votre fille, et vos grimaces n'attraperont rien.

ORONTE. — Toutes les vôtres n'auront pas grand effet.

MONSIEUR DE POURCEAUGNAC. — Vous êtes-vous mis dans la tête que Léonard de Pourceaugnac soit un homme à acheter chat en poche, et qu'il n'ait pas là dedans quelque morceau de judiciaire pour se conduire, pour se faire informer de l'histoire du monde, et voir, en se mariant, si son honneur a bien toutes ses sûretés?

ORONTE. — Je ne sais pas ce que cela veut dire; mais vous êtes-vous mis dans la tête qu'un homme de soixante-trois ans ait si peu de cervelle, et considère si peu sa fille, que de la marier avec un homme qui a ce que vous avez, et qui a été mis chez un médecin pour être pansé?

MONSIEUR DE POURCEAUGNAC. — C'est une pièce que l'on m'a faite et je n'ai aucun mal.

ORONTE. — Le médecin me l'a dit lui-même.

MONSIEUR DE POURCEAUGNAC. — Le médecin en a menti. Je suis gentilhomme, et je le veux voir l'épée à la main.

ORONTE. — Je sais ce que j'en dois croire; et vous ne m'abuserez pas là-dessus, non plus que sur les dettes que vous avez assignées sur le mariage de ma fille.

MONSIEUR DE POURCEAUGNAC. — Quelles dettes?

ORONTE. — La feinte ici est inutile; et j'ai vu le marchand flamand, qui, avec les autres créanciers, a obtenu depuis huit mois sentence contre vous.

MONSIEUR DE POURCEAUGNAC. — Quel marchand flamand? Quels créanciers? Quelle sentence obtenue contre moi?

ORONTE. — Vous savez bien ce que je veux dire.

SCÈNE VIII.

M. DE POURCEAUGNAC, ORONTE, LUCETTE.

LUCETTE, *contrefaisant une Languedocienne*. — Ah! tu es assi, et à la fi yeu te trobi après abé fait tant de passés. Podes-tu, scélérat, podes-tu sousteni ma bisto?

MONSIEUR DE POURCEAUGNAC. — Qu'est-ce que veut cette femme-là?

LUCETTE. — Que te boli, infâme! Tu fas semblan de nou me pas counnoisse, et nou rougisses pas, impudint que tu sios, tu ne rougisses pas de me beyre? (*A Oronte.*) Nou sabi pas, moussur, saquos bous dont m'an dit que bouillo esposa la fillo; may yeu bous déclari que yeu soun sa fenno, et que y a set ans, moussur, qu'en passan à Pézénas, el auguet l'adresse, dambé sas mignardisos, commo sap tapla fayre, de me gaigna lou cor, et m'obligel pra quel mouyen à ly douna la man per l'espousa.

ORONTE. — Oh! oh!

MONSIEUR DE POURCEAUGNAC. — Que diable est-ce ci?

LUCETTE. — Lou traité me quittel trés ans après, sul préteste de qualques affayres que l'apelabon dins soun pays, et despey noun l'y resçau put quaso de noubelo; may dins lou tens qui soungeabi lou mens, m'an dounat abist, que begnio dins aquesto bilo per se remarida dambé un autro jouena fillo, que sous parens ly an proucurado, sensse saupré res de son proumié mariatge. Yeu ai tout quitta en diligensso, et me souy rendudo dins aqueste loc lou pu leu qu'ay pouscut, per m'oupousa en aquel criminel mariatge, et confondre as elys de tout le mounde lou plus méchant day hommes.

MONSIEUR DE POURCEAUGNAC. — Voilà une étrange effrontée!

LUCETTE. — Impudint! n'as pas honte de m'injuria, alloc d'être confus day reproches secrets que ta consciensso te deu fayre?

MONSIEUR DE POURCEAUGNAC. — Moi je suis votre mari?

LUCETTE. — Infâme! gausos-tu dire lou contrari? Hé! tu sabes bé, per ma penno, que n'es que trop bertat; et plaguesso al cel qu'aco non fougesso pas, et que m'anquesso layssado dins l'état d'innoussenço, et dins la tranquillitat oun moun amo bibio daban que tous charmes et tas trounpariés nou m'en benguesson malhurousomen fayre sourty! yeu nou serio pas réduito à fayré lou tristé persounatge que yeu fave présentomen; à beyre un marit cruel mespresa touto l'ardou que yeu ay per el, et me laissa sensse cap de piétat abandounado à las mourtéles doulous que yeu ressenti de ses parfidos accius.

ORONTE. — Je ne saurois m'empêcher de pleurer. (*A M. de Pourceaugnac.*) Allez, vous êtes un méchant homme.

MONSIEUR DE POURCEAUGNAC. — Je ne connois rien à tout ceci.

SCÈNE IX.

M. DE POURCEAUGNAC, NÉRINE, LUCETTE, ORONTE.

NÉRINE, *contrefaisant une Picarde*. — Ah! je n'en pis plus; je sis tout essoflée! Ah! finfaron, tu m'as bien fait courir: tu ne m'écaperas mie. Justiche, justiche; je boute empêchement au mariage. (*A Oronte.*) Chés mon méri, monsieur, et je veux faire pindre che bon pindard-là.

MONSIEUR DE POURCEAUGNAC. — Encore!

ORONTE, *à part.* — Quel diable d'homme est-ce ci?

LUCETTE. — Et que boulez-bous dire, ambe bostre empachomen, et bostro pendarie? Quaquel homo es bostre marit?

NÉRINE. — Oui, medéme, et je sis sa femme.

LUCETTE. — Aquo es faus, aquos yeu que soun sa fenno, et se deu estre pendut, aquo sera yeu que lou farai penjat.

Ah! mon papa! mon papa! mon papa! (Acte II, scène x.)

La bigamie est un cas pendable. (Acte II, scène XIII.)

NÉRINE. — Je n'entaias mie che baragoin-là.
LUCETTE. — Yeu bous disi que yeu soun sa fenno.
NÉRINE. — Sa femme?
LUCETTE. Oy.
NÉRINE. — Je vous dis que chest mi, encore in coup, qui le sis.
LUCETTE. — Et yeu bous sousteni yeu, qu'aquos yeu.
NÉRINE. — Il y a quetre ans qu'il m'a éposée.
LUCETTE. — Et yeu set ans y a que m'a preso per fenno.
NÉRINE. — J'ai des gairans de tout cho que je di.
LUCETTE. — Tout mon pay lo sap.
NÉRINE. — No ville en est témoin.
LUCETTE. — Tout Pézénas a bist nostre mariatge.
NÉRINE. — Tout Chin-Quentin a assisté à no noche.
LUCETTE. — Nou y a res de tant béritable.
NÉRINE. — Il gn'y a rien de plus chertain.
LUCETTE, *à M. de Pourceaugnac.* — Gausos-tu dire lou contrari, valisquos?
NÉRINE, *à M. de Pourceaugnac.* — Est-che que tu me démaintiras, méchaint homme?
MONSIEUR DE POURCEAUGNAC. — Il est aussi vrai l'un que l'autre.
LUCETTE. — Quaigu impudensso! Et coussy, misérable, nou te soubennes plus de la pauro François, et del pauré Jeannet, que soun lous fruits de nostre mariatge?
NÉRINE. — Bayez un peu l'insolence! Quoi! tu ne te souviens mie de chette pauvre ainfain, no petite Madelaine, que tu m'as laichée pour gaige de ta foi?
MONSIEUR DE POURCEAUGNAC. — Voilà deux impudentes carognes!
LUCETTE. — Beni, Françon, beni, Jeannet, beni toustou, beni toustonne, beni fayre beyre à un payre dénaturat, la duretat qu'el a per nautres.
NÉRINE. — Venez, Madelèine, men ainfain, venez-ves-en ichi faire honte à vo père de l'impudainche qu'il a.

SCÈNE X.

M. DE POURCEAUGNAC, ORONTE, LUCETTE, NÉRINE, PLUSIEURS ENFANS.

LES ENFANS. — Ah! mon papa! mon papa! mon papa!
MONSIEUR DE POURCEAUGNAC. — Diantre soit des petits fils de putains!
LUCETTE. — Coussy, trayte, tu nou sios pas dins la darniere confusiu, de ressaupre à tal tous enfans, et de ferma l'aureillo à la tendresso paternello? Tu nou m'escaperas pas, infâme, yeu te boly seguy pertout, et te reproucha ton crime jusquos à tant que me sio beniado, et que t'ayo fayt penjat; couquy, te boly fayré penjat.
NÉRINE. — Ne rougis-tu mie de dire ches mots-là, et d'être insainsible aux cairesses de chette pauvre ainfaint? Tu ne te sauveras mie de mes pattes; et, en dépit de tes dains, je ferai bien voir que je sis ta femme, et je te ferai pindre.
LES ENFANS. — Mon papa! mon papa! mon papa!
MONSIEUR DE POURCEAUGNAC. — Au secours! au secours! Où fuirai-je? Je n'en puis plus.
ORONTE. — Allez, vous ferez bien de le faire punir; et il mérite d'être pendu.

SCÈNE XI.

SBRIGANI, *seul.*

Je conduis de l'œil toutes choses, et tout ceci ne va pas mal. Nous fatiguerons tant notre provincial, qu'il faudra, ma foi, qu'il déguerpisse.

SCÈNE XII.

M. DE POURCEAUGNAC, SBRIGANI.

MONSIEUR DE POURCEAUGNAC. — Ah! je suis assommé! Quelle peine! Quelle maudite ville? Assassiné de tous côtés!
SBRIGANI. — Qu'est-ce, monsieur? Est-il encore arrivé quelque chose?
MONSIEUR DE POURCEAUGNAC. — Oui. Il pleut en ce pays des femmes et des lavemens.
SBRIGANI. — Comment donc?
MONSIEUR DE POURCEAUGNAC. — Deux carognes de baragouineuses me sont venues accuser de les avoir épousées toutes deux, et me menacent de la justice.
SBRIGANI. — Voilà une méchante affaire, et la justice, en ce pays-ci, est rigoureuse en diable contre cette sorte de crime.
MONSIEUR DE POURCEAUGNAC. — Oui : mais, quand il y auroit information, ajournement, décret et jugement obtenu par surprise, défaut et contumace, j'ai la voie de conflit de juridiction pour temporiser et venir aux moyens de nullité qui seront dans les procédures.
SBRIGANI. — Voilà en parler dans tous les termes; et l'on voit bien, monsieur, que vous êtes du métier.
MONSIEUR DE POURCEAUGNAC. — Moi! point du tout. Je suis gentilhomme.
SBRIGANI. — Il faut bien, pour parler ainsi que vous ayez étudié la pratique.
MONSIEUR DE POURCEAUGNAC. — Point. Ce n'est que le sens commun qui me fait juger que je serai toujours reçu à mes faits justificatifs, et qu'on ne me sauroit condamner sur une simple accusation, sans un récolement et confrontation avec mes parties.
SBRIGANI. — En voilà de plus fin encore.
MONSIEUR DE POURCEAUGNAC. — Ces mots-là me viennent sans que je les sache.
SBRIGANI. — Il me semble que le sens commun d'un gentilhomme peut bien aller à concevoir ce qui est du droit et de l'ordre de la justice, mais non pas à savoir les vrais termes de la chicane

MONSIEUR DE POURCEAUGNAC. — Ce sont quelques mots que j'ai retenus en lisant les romans.

SBRIGANI. — Ah! fort bien!

MONSIEUR DE POURCEAUGNAC. — Pour vous montrer que je n'entends rien du tout à la chicane, je vous prie de me mener chez quelque avocat, pour consulter mon affaire.

SBRIGANI. — Je le veux, et vais vous conduire chez deux hommes fort habiles; mais j'ai auparavant à vous avertir de n'être point surpris de leur manière de parler; ils ont contracté du barreau certaine habitude de déclamation, qui fait que l'on diroit qu'ils chantent; et vous prendrez pour musique tout ce qu'ils vous diront.

MONSIEUR DE POURCEAUGNAC. — Qu'importe comme ils parlent, pourvu qu'ils me disent ce que je veux savoir?

SCÈNE XIII.

M. DE POURCEAUGNAC, SBRIGANI, DEUX AVOCATS, DEUX PROCUREURS, DEUX SERGENS.

PREMIER AVOCAT, *traînant ses paroles en chantant.*

La polygamie est un cas,
　Est un cas pendable.

SECOND AVOCAT, *chantant fort vite en bredouillant.*

Votre fait
Est clair et net;
Et tout le droit,
Sur cet endroit,
Conclut tout droit.
Si vous consultez nos auteurs
Législateurs et glossateurs.
Justinian, Papinian,
Ulpian, et Tribonian,
Fernand, Rebuffe, Jean Imole,
Paul Castre, Julian, Barthole,
Jason, Alciat et Cujas,
　Ce grand homme si capable,
La polygamie est un cas,
　Est un cas pendable.

ENTRÉE DE BALLET. — *Danse de deux procureurs et de deux sergens, pendant que le* SECOND AVOCAT *chante les paroles qui suivent :*

Tous les peuples policés
　Et bien sensés;
Les François, Anglois, Hollandois,
Danois, Suédois, Polonois,
Portugais, Espagnols, Flamands,
　Italiens, Allemands,
Sur ce fait tiennent loi semblable.
Et l'affaire est sans embarras.
La Polygamie est un cas,
　Est un cas pendable.

LE PREMIER AVOCAT, *chante celles ci :*

La polygamie est un cas,
　Est un cas pendable.

(*M. de Pourceaugnac, impatienté, les chasse.*)

FIN
DU
DEUXIÈME ACTE

ACTE TROISIÈME.

SCÈNE I.
ÉRASTE, SBRIGANI.

SBRIGANI. — Oui, les choses s'acheminent où nous voulons; et, comme ses lumières sont fort petites, et son sens le plus borné du monde, je lui ai fait prendre une frayeur si grande de la sévérité de la justice de ce pays, et des apprêts qu'on faisoit déjà pour sa mort, qu'il veut prendre la fuite; et, pour se dérober avec plus de facilité aux gens que je lui ai dit qu'on avoit mis pour l'arrêter aux portes de la ville, il s'est résolu à se déguiser; et le déguisement qu'il a pris, est l'habit d'une femme.

ÉRASTE. — Je voudrois bien le voir en cet équipage !

SBRIGANI. — Songez, de votre part, à achever la comédie; et, tandis que je jouerai mes scènes avec lui, allez-vous-en.... (*Il lui parle à l'oreille.*) Vous entendez bien?

ÉRASTE. — Oui.

SBRIGANI. — Et lorsque je l'aurai mis où je veux.... (*Il lui parle à l'oreille.*)

ÉRASTE. — Fort bien.

SBRIGANI. — Et quand le père aura été averti par moi.... (*Il lui parle encore à l'oreille.*)

ÉRASTE. — Cela va le mieux du monde.

SBRIGANI. — Voici notre demoiselle. Allez vite, qu'il ne nous voie ensemble.

SCÈNE II.
M. DE POURCEAUGNAC, *en femme*, SBRIGANI.

SBRIGANI. — Pour moi, je ne crois pas qu'en cet état on puisse jamais vous connoître; et vous avez la mine, comme cela, d'une femme de condition.

MONSIEUR DE POURCEAUGNAC. — Voilà qui m'étonne, qu'en ce pays-ci les formes de la justice ne soient point observées.

SBRIGANI. — Oui, je vous l'ai déjà dit, ils commencent ici par faire pendre un homme, et puis ils lui font son procès.

MONSIEUR DE POURCEAUGNAC. — Voilà une justice bien injuste !

SBRIGANI. — Elle est sévère comme tous les diables, particulièrement sur ces sortes de crimes.

MONSIEUR DE POURCEAUGNAC. — Mais quand on est innocent?

SBRIGANI. — N'importe; ils ne s'enquêtent point de cela : et puis, ils ont en cette ville une haine effroyable pour les gens de votre pays; et ils ne sont point plus ravis que de voir pendre un Limosin.

MONSIEUR DE POURCEAUGNAC. — Qu'est-ce que les Limosins leur ont fait?

SBRIGANI. — Ce sont des brutaux, ennemis de la gentillesse et du mérite des autres villes. Pour moi, je vous avoue que je suis pour vous dans une peur épouvantable; et je ne me consolerois de ma vie, si vous veniez à être pendu.

MONSIEUR DE POURCEAUGNAC. — Ce n'est pas tant la peur de la mort qui me fait fuir, que de ce qu'il est fâcheux à un gentilhomme d'être pendu, et qu'une preuve comme celle-là feroit tort à nos titres de noblesse.

SBRIGANI. — Vous avez raison; on vous contesteroit après cela le titre d'écuyer. Au reste, étudiez-vous, quand je vous mènerai par la main, à bien marcher comme une femme, et à prendre le langage et toutes les manières d'une personne de qualité.

MONSIEUR DE POURCEAUGNAC, ACTE III. 233

MONSIEUR DE POURCEAUGNAC. — Laissez-moi faire. J'ai vu les personnes du bel air. Tout ce qu'il y a, c'est que j'ai un peu de barbe.

SBRIGANI. — Votre barbe n'est rien ; il y a des femmes qui en ont autant que vous. Çà, voyons un peu comme vous ferez. (*Après que M. de Pourceaugnac a contrefait la femme de condition.*) Bon.

MONSIEUR DE POURCEAUGNAC. — Allons donc, mon carrosse ! Où est-ce qu'est mon carrosse ? Mon Dieu ! qu'on est misérable d'avoir des gens comme cela !

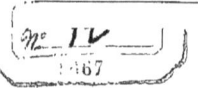

Et le déguisement qu'il a pris, est celui d'une femme.

Est-ce qu'on me fera attendre toute la journée sur le pavé, et qu'on ne me fera point venir mon carrosse ?

SBRIGANI. — Fort bien.

MONSIEUR DE POURCEAUGNAC. — Holà ! ho ! cocher, petit laquais ! Ah ! petit fripon, que de coups de fouet je vous ferai donner tantôt ! Petit laquais ! petit laquais ! Où est-ce donc qu'est ce petit laquais ? Ce petit laquais ne se trouvera-t-il point ? Ne me fera-t-on point venir ce petit laquais ! Est-ce que je n'ai point un petit laquais dans le monde ?

SBRIGANI. — Voilà qui va à merveille ; mais je remarque une chose : cette coiffe est un peu trop déliée :

j'en vais querir une un peu plus épaisse, pour vous mieux cacher le visage, en cas de quelque rencontre.

MONSIEUR DE POURCEAUGNAC. — Que deviendrai-je cependant?

SBRIGANI. — Attendez-moi là. Je suis à vous dans un moment; vous n'avez qu'à vous promener.

(*M. de Pourceaugnac fait plusieurs tours sur le théâtre, en continuant à contrefaire la femme de qualité.*)

SCÈNE III.
M. DE POURCEAUGNAC, DEUX SUISSES.

PREMIER SUISSE, *sans voir M. de Pourceaugnac.* — Allons, dépêchons, camerade; li faut allair tous deux nous à la Grève, pour regarter un peu chousticier sti monsiu de Pourcegnac, qui l'a été conané par ortonnance à l'être pendu par son cou.

Vous avez la mine d'une femme de condition. (Acte III, scène II.)

SECOND SUISSE, *sans voir M. de Pourceaugnac.* — Li faut nous loër un fenêtre pour foir sti choustice.

PREMIER SUISSE. — Li disent que l'on fait téjà planter un grand potence tout neuve, pour ly accrocher sti Porcegnac.

SECOND SUISSE. — Li sira, mon foi, un grand plaisir, di regarter pendre sti Limossin.

PREMIER SUISSE. — Oui, te li foir gambiller les pieds en haut tefant tout le monde.

SECOND SUISSE. — Li est un plaisant trôle, oui; li disent que s'être marié troy foie.

PREMIER SUISSE. — Sti tiable li fouloir trois femmes à li tout seul! li est bien assez t'une.

SECOND SUISSE, *en apercevant M. de Pourceaugnac.* — Ah! ponchour, mameselle

PREMIER SUISSE. — Que faire fous là tout seul?

MONSIEUR DE POURCEAUGNAC. — J'attends mes gens, messieurs.

SECOND SUISSE. — Li est belle, par mon foi!

MONSIEUR DE POURCEAUGNAC. — Doucement, messieurs.

PREMIER SUISSE. — Fous, mameselle, fouloir finir rechouir fous à la Grève? Nous faire foir à fous un petit pendement pien choli.

MONSIEUR DE POURCEAUGNAC. — Je vous rends grâce.

SECOND SUISSE. — L'est un gentilhomme limossin, qui sera pendu chentiment à un grand potence.

MONSIEUR DE POURCEAUGNAC. — Je n'ai pas de curiosité.

PREMIER SUISSE. — Li est là un petit teton qui l'est trôle.

MONSIEUR DE POURCEAUGNAC. — Tout beau !

PREMIER SUISSE. — Mon foi, moi couchair pien afec fous.

MONSIEUR DE POURCEAUGNAC. — Ah! c'en est trop! et ces sortes d'ordures-là ne se disent point à une femme de ma condition.

SECOND SUISSE. — Laisse, toi; l'est moi qui le veut couchair afec elle.

PREMIER SUISSE. — Moi, ne fouloir pas laisser.

SECOND SUISSE. — Moi, ly fouloir, moi.

(*Les deux Suisses tirent M. de Pourceaugnac avec violence.*)

PREMIER SUISSE. — Moi, ne faire rien.

SECOND SUISSE. — Toi, l'afoir menti toi-même.

PREMIER SUISSE. — Toi, l'afoir menti.

MONSIEUR DE POURCEAUGNAC. — Au secours! A la force !

SCÈNE IV.

M. DE POURCEAUGNAC, UN EXEMPT, DEUX ARCHERS, DEUX SUISSES.

L'EXEMPT. — Qu'est-ce? Quelle violence est-ce là? et que voulez-vous faire à madame? Allons, que l'on sorte de là, si vous ne voulez que je vous mette en prison.

PREMIER SUISSE. — Parti, pon, toi ne l'afoir point.

SECOND SUISSE. — Parti, pon aussi; toi ne l'afoir point encore.

SCÈNE V.

M. DE POURCEAUGNAC, UN EXEMPT, DEUX ARCHERS.

MONSIEUR DE POURCEAUGNAC. — Je vous suis bien obligée, monsieur, de m'avoir délivrée de ces insolens.

L'EXEMPT. — Ouais! voilà un visage qui ressemble bien à celui que l'on m'a dépeint.

MONSIEUR DE POURCEAUGNAC. — Ce n'est pas moi, je vous assure.

L'EXEMPT. — Ah! ah! qu'est-ce que veut dire....

MONSIEUR DE POURCEAUGNAC. — Je ne sais pas.

L'EXEMPT. — Pourquoi donc dites-vous cela?

MONSIEUR DE POURCEAUGNAC. — Pour rien.

L'EXEMPT. — Voilà un discours qui marque quelque chose; et je vous arrête prisonnier.

MONSIEUR DE POURCEAUGNAC. — Hé! monsieur, de grâce!

L'EXEMPT. — Non, non : à votre mine et à vos discours, il faut que vous soyez ce monsieur de Pourceaugnac que nous cherchons, qui se soit déguisé de la sorte; et vous viendrez en prison tout à l'heure.

MONSIEUR DE POURCEAUGNAC. — Hélas!

SCÈNE VI.

M. DE POURCEAUGNAC, SBRIGANI, UN EXEMPT, DEUX ARCHERS.

SBRIGANI, *à M. de Pourceaugnac.* — Ah ciel! que veut dire cela?

MONSIEUR DE POURCEAUGNAC. — Ils m'ont reconnu.

L'EXEMPT. — Oui, oui : c'est de quoi je suis ravi.

SBRIGANI, *à l'exempt.* — Hé! monsieur, pour l'amour de moi! Vous savez que nous sommes amis, il y a longtemps; je vous conjure de ne le point mener en prison.

L'EXEMPT. — Non : il m'est impossible.

SBRIGANI. — Vous êtes homme d'accommodement. N'y a-t-il pas moyen d'ajuster cela avec quelques pistoles?

L'EXEMPT, *à ses archers.* — Retirez-vous un peu.

SCÈNE VII.

M. DE POURCEAUGNAC, SBRIGANI, UN EXEMPT.

SBRIGANI, *à M. de Pourceaugnac.* — Il faut lui donner de l'argent pour vous laisser aller. Faites vite.

MONSIEUR DE POURCEAUGNAC, *donnant de l'argent à Sbrigani.* — Ah! maudite ville !

SBRIGANI. — Tenez, monsieur.

L'EXEMPT. — Combien y a-t-il?

SBRIGANI. — Un, deux, trois, quatre, cinq, six, sept, huit, neuf, dix.

L'EXEMPT. — Non; mon ordre est trop exprès.

SBRIGANI, *à l'exempt qui veut s'en aller.* — Mon Dieu! attendez. (*A M. de Pourceaugnac.*) Dépêchez; donnez-lui-en encore autant.

MONSIEUR DE POURCEAUGNAC. — Mais....

SBRIGANI. — Dépêchez-vous, vous dis-je, et ne perdez point de temps. Vous auriez un grand plaisir quand vous seriez pendu !

MONSIEUR DE POURCEAUGNAC. — Ah!

(*Il donne encore de l'argent à Sbrigani.*)

SBRIGANI, *à l'exempt.* — Tenez, monsieur.

L'EXEMPT, *à Sbrigani.* — Il faut donc que je m'enfuie avec lui; car il n'y auroit point ici de sûreté pour moi. Laissez-le-moi conduire, et ne bougez d'ici.

SBRIGANI. — Je vous prie donc d'en avoir un grand soin.

L'EXEMPT. — Je vous promets de ne le point quitter que je ne l'aie mis en lieu de sûreté.

MONSIEUR DE POURCEAUGNAC, *à Sbrigani.* — Adieu. Voilà le seul honnête homme que j'aie trouvé en cette ville.

SBRIGANI. — Ne perdez point de temps. Je vous aime tant, que je voudrois que vous fussiez déjà bien loin. (*Seul.*) Que le ciel te conduise ! Par ma foi, voilà une grande dupe! Mais voici....

SCÈNE VIII.

ORONTE, SBRIGANI.

SBRIGANI, *feignant de ne point voir Oronte.* — Ah! quelle étrange aventure! Quelle fâcheuse nouvelle pour un père! Pauvre Oronte, que je te plains! Que diras-tu? et de quelle façon pourras-tu supporter cette douleur mortelle?

ORONTE. — Qu'est-ce? Quel malheur me présages-tu?

SBRIGANI. — Ah! monsieur! ce perfide de Limosin, ce traître de monsieur de Pourceaugnac vous enlève votre fille!

ORONTE. — Il m'enlève ma fille!

SBRIGANI. — Oui. Elle en est devenue si folle, qu'elle vous quitte pour le suivre; et l'on dit qu'il a un caractère pour se faire aimer de toutes les femmes.

ORONTE. — Allons, vite à la justice! Des archers après eux!

SCÈNE IX.

ORONTE, ÉRASTE, JULIE, SBRIGANI.

ÉRASTE, *à Julie.* — Allons, vous viendrez malgré vous, et je veux vous remettre entre les mains de votre père. Tenez, monsieur, voilà votre fille que j'ai tirée de force d'entre les mains de l'homme avec qui elle s'enfuyoit; non pas pour l'amour d'elle, mais pour votre seule considération. Car, après l'action qu'elle a faite, je dois la mépriser, et me guérir absolument de l'amour que j'avois pour elle.

ORONTE. — Ah! infâme que tu es!

ÉRASTE, *à Julie.* — Comment? Me traiter de la sorte après toutes les marques d'amitié que je vous ai données! Je ne vous blâme point de vous être soumise aux volontés de monsieur votre père. Il est sage et judicieux dans les choses qu'il fait; et je ne me plains point de lui, de m'avoir rejeté pour un autre. S'il a manqué à la parole qu'il m'avoit donnée, il a ses raisons pour cela. On lui a fait croire que cet autre est plus riche que moi de quatre ou cinq mille écus; et quatre ou cinq mille écus est un denier considérable, et qui vaut bien la peine qu'un homme manque à sa parole; mais oublier en un moment toute l'ardeur que je vous ai montrée, vous laisser d'abord enflammer d'amour pour un nouveau venu, et le suivre honteusement, sans le consentement de monsieur votre père, après les crimes qu'on lui impute! c'est une chose condamnée de tout le monde, et dont mon cœur ne peut vous faire d'assez sanglans reproches.

JULIE. — Hé bien! oui. J'ai conçu de l'amour pour lui, et je l'ai voulu suivre, puisque mon père me l'avoit choisi pour époux. Quoi que vous me disiez, c'est un fort honnête homme; et tous les crimes dont on l'accuse, sont faussetés épouvantables.

ORONTE. — Taisez-vous; vous êtes une impertinente, et je sais mieux que vous ce qui en est.

JULIE. — Ce sont, sans doute, des pièces qu'on lui fait, et *(montrant Éraste)* c'est peut-être lui qui a trouvé cet artifice pour vous en dégoûter.

ÉRASTE. — Moi! Je serois capable de cela!

JULIE. — Oui, vous.

ORONTE. — Taisez-vous, vous dis-je. Vous êtes une sotte.

ÉRASTE. — Non, non : ne vous imaginez pas que j'aie aucune envie de détourner ce mariage, et que ce soit ma passion qui m'ait forcé à courir après vous. Je vous l'ai déjà dit, ce n'est que la seule considération que j'ai pour monsieur votre père; et je n'ai pu souffrir qu'un honnête homme comme lui fût exposé à la honte de tous les bruits qui pourroient suivre une action comme la vôtre.

ORONTE. — Je vous suis, seigneur Éraste, infiniment obligé.

ÉRASTE. — Adieu, monsieur. J'avois toutes les ardeurs du monde d'entrer dans votre alliance; j'ai fait tout ce que j'ai pu pour obtenir un tel honneur : mais j'ai été malheureux, et vous ne m'avez pas jugé digne de cette grâce. Cela n'empêchera pas que je ne conserve pour vous les sentimens d'estime et de vénération où votre personne m'oblige; et, si je n'ai pu être votre gendre, au moins serai-je éternellement votre serviteur.

ORONTE. — Arrêtez, seigneur Éraste. Votre procédé me touche l'âme, et je vous donne ma fille en mariage.

JULIE. — Je ne veux point d'autre mari que monsieur de Pourceaugnac.

ORONTE. — Et je veux, moi, tout à l'heure, que tu prennes le seigneur Éraste. Çà, la main.

JULIE. — Non, je n'en ferai rien.

ORONTE. — Je te donnerai sur les oreilles.

ÉRASTE. — Non, non, monsieur; ne lui faites point de violence, je vous en prie.

ORONTE. — C'est à elle à m'obéir, et je sais me montrer le maître.

ÉRASTE. — Ne voyez-vous pas l'amour qu'elle a pour cet homme-là? et voulez-vous que je possède un corps dont un autre possédera le cœur?

ORONTE. — C'est un sortilége qu'il lui a donné; et vous verrez qu'elle changera de sentiment avant qu'il soit peu. Donnez-moi votre main. Allons.

JULIE. — Je ne....

ORONTE. — Ah! que de bruit! Çà, votre main, vous dis-je. Ah! ah! ah!

ÉRASTE, *à Julie.* — Ne croyez pas que ce soit pour l'amour de vous que je vous donne la main : ce n'est que monsieur votre père dont je suis amoureux, et c'est lui que j'épouse.

ORONTE. — Je vous suis beaucoup obligé : et j'augmente de dix mille écus le mariage de ma fille. Allons, qu'on fasse venir le notaire pour dresser le contrat.

ÉRASTE. — En attendant qu'il vienne, nous pouvons jouir du divertissement de la saison, et faire entrer les masques que le bruit des noces de monsieur de Pourceaugnac a attirés ici de tous les endroits de la ville.

Sortez, sortez de ces lieux — soucis, chagrins et tristesse. (Acte III, scène X.)

SCÈNE X.

TROUPE DE MASQUES, DANSANS ET CHANTANS.

UN MASQUE, *en Égyptienne.*
Sortez, sortez de ces lieux
Soucis, Chagrins et Tristesse
Venez, venez, Ris et Jeux,
Plaisir, Amour et Tendresse ;
Ne songeons qu'à nous réjouir :
La grande affaire est le plaisir.

CHŒUR DE MASQUES CHANTANS.
Ne songeons qu'à nous réjouir :
La grande affaire est le plaisir.

L'ÉGYPTIENNE.
A me suivre tous ici,
Votre ardeur est non commune
Et vous êtes en souci
De votre bonne fortune :
Soyez toujours amoureux,
C'est le moyen d'être heureux.

UN MASQUE, *en Égyptien.*
Aimons jusques au trépas,
La raison nous y convie,
Hélas ! si l'on n'aimoit pas,
Que seroit-ce de la vie ?
Ah ! perdons plutôt le jour,
Que de perdre notre amour.

L'ÉGYPTIEN.
Les biens,

L'ÉGYPTIENNE.
La gloire,

L'ÉGYPTIEN.
Les grandeurs,

L'ÉGYPTIENNE.
Les sceptres qui font tant d'envie,

L'ÉGYPTIEN.
Tout n'est rien, si l'amour n'y mêle ses ardeurs.

L'ÉGYPTIENNE.
Il n'est point, sans l'amour, de plaisirs dans la vie.

TOUS DEUX ENSEMBLE.
Soyons toujours amoureux,
C'est le moyen d'être heureux.

CHŒUR.
Sus, sus, chantons tous ensemble ;
Dansons, sautons, jouons-nous.

UN MASQUE, *en Pantalon.*
Lorsque pour rire on s'assemble,
Les plus sages, ce me semble,
Sont ceux qui sont les plus fous.

TOUS ENSEMBLE.
Ne songeons qu'à nous réjouir :
La grande affaire est le plaisir.

PREMIÈRE ENTRÉE DE BALLET. — *Danse de sauvages.*

DEUXIÈME ENTRÉE DE BALLET. — *Danse de Biscayens.*

Moi ne fouloir pas laisser. (Acte III, scène III.)

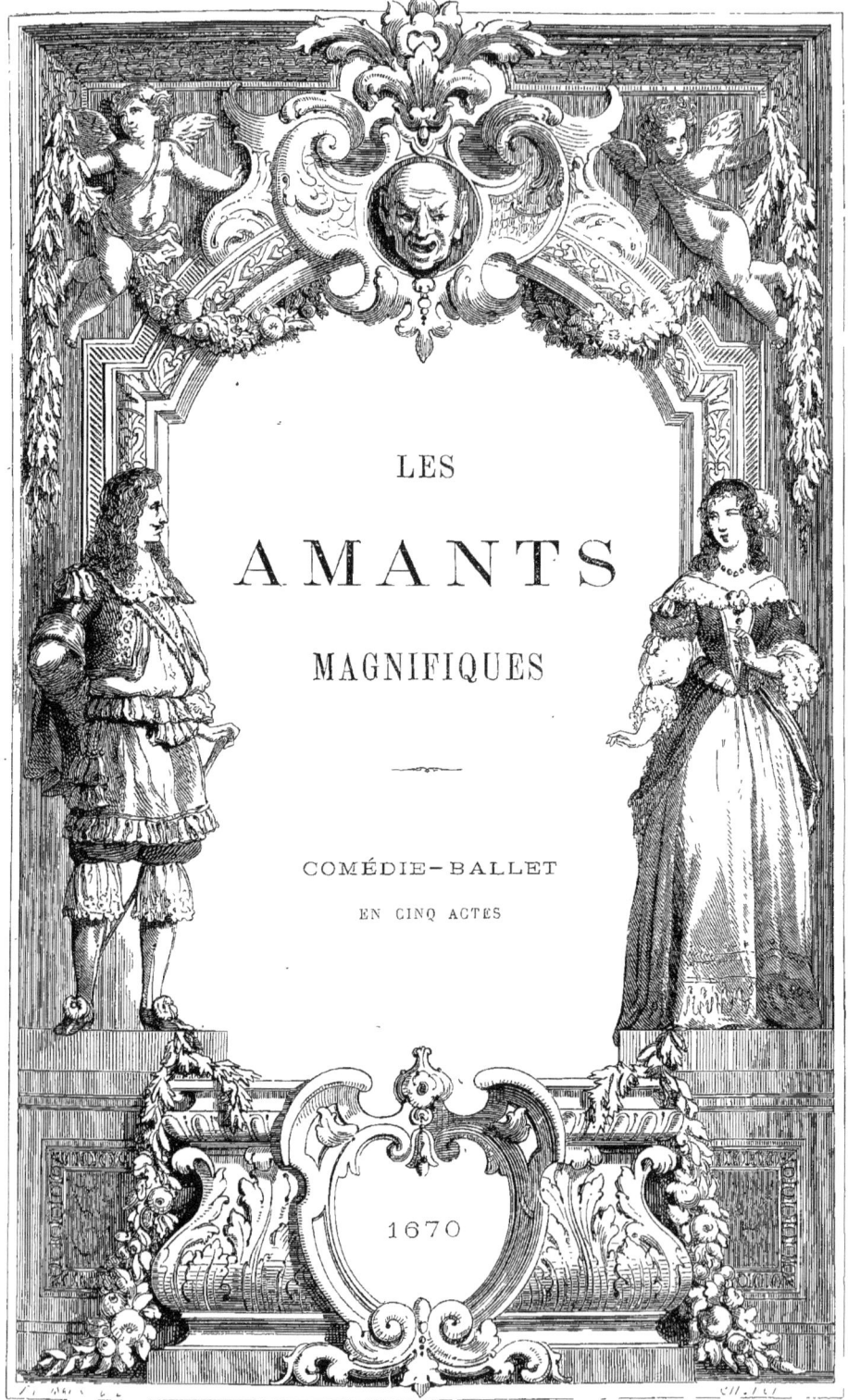

AVANT-PROPOS.

Le roi, qui ne veut que des choses extraordinaires dans tout ce qu'il entreprend, s'est proposé de donner à sa cour un divertissement qui fût composé de tous ceux que le théâtre peut fournir; et, pour embrasser cette vaste idée, et enchaîner ensemble tant de choses diverses, Sa Majesté a choisi pour sujet deux princes rivaux, qui, dans le champêtre séjour de la vallée de Tempé, où l'on doit célébrer la fête des jeux Pythiens, régalent à l'envi une jeune princesse et sa mère, de toutes les galanteries dont ils se peuvent aviser.

PERSONNAGES ET ACTEURS DE LA COMÉDIE.

ARISTIONE, princesse, mère d'Ériphile. Mlle Hervé.
ÉRIPHILE, fille de la princesse. Mlle Molière.
IPHICRATE, prince, amant d'Ériphile. La Grange.
TIMOCLÈS, prince, amant d'Ériphile. Du Croisy.
SOSTRATE, général d'armée, amant d'Ériphile.
CLÉONICE, confidente d'Ériphile. Madeleine Béjart.
ANAXARQUE, astrologue. Hubert.
CLÉON, fils d'Anaxarque.
CHORÈBE, de la suite d'Aristione.
CLITIDAS, plaisant de cour, de la suite d'Ériphile. Molière.
UNE FAUSSE VÉNUS, d'intelligence avec Anaxarque.

PERSONNAGES ET ACTEURS DES INTERMÈDES.

PREMIER INTERMÈDE.

ÉOLE. Estival.

TRITONS, chantans. { Le Gros, Hédoin, Don, Gingan l'aîné, Gingan le cadet, Fernon le cadet, Rebel, Langeais, Deschamps, Morel, Deux Pages de la musique de la chapelle.

FLEUVES, chantans. { Beaumont, Fernon l'aîné, Noblet, Serignan, David, Aurat, Devellois, Gillet.

AMOURS, chantans. { Quatre Pages de la musique de la chambre.

PÊCHEURS DE CORAIL, dansans. { Jouan, Chicaneau, Pesan l'aîné, Magny, Joubert, Mayeu, La Montagne, Lestang.

NEPTUNE. Le Roi.

DIEUX MARINS. { M. Le Grand, le marquis de Villeroi, le marquis de Rassent, Beauchamp, Favier, La Pierre.

DEUXIÈME INTERMÈDE.

PANTOMIMES, dansans. Beauchamp, Saint-André, Favier.

TROISIÈME INTERMÈDE.

LA NYMPHE de la vallée de Tempé. Mlle des Fronteaux.

PERSONNAGES ET ACTEURS DE LA PASTORALE EN MUSIQUE.

TYRCIS, berger, amant de Caliste. Gaye.
CALISTE, bergère. Mlle Hilaire.
LYCASTE, berger, ami de Tyrcis. Langeais.
MÉNANDRE, berger, ami de Tyrcis. Fernon le cadet.
DEUX SATYRES, amans de Caliste. Estival, Morel.
DRYADES, dansantes. { Arnald, Noblet, Lestang, Favier le cadet, Foignard l'aîné, Isaac.
FAUNES, dansans. { Beauchamp, Saint-André, Magny, Joubert, Favier l'aîné, Mayeu.
PHILINTE, berger. Blondel.
CLIMÈNE, bergère. Mlle de Saint-Christophle.
PETITES DRYADES, dansantes. Bouilland, Vaignard, Thibault.
PETITS FAUNES, dansans. La Montagne, Daluseau, Foignard.

QUATRIÈME INTERMÈDE.

STATUES, dansantes. { Dolivet, Le Chantre, Saint-André, Magny, Lestang, Foignard l'aîné, Dolivet fils, Foignard le cadet.

CINQUIÈME INTERMÈDE.

PANTOMIMES, dansans. { Dolivet, Le Chantre, Saint-André, Magny.

FÊTE DES JEUX PYTHIENS.

LA PRÊTRESSE. Mlle Hilaire.
PREMIER SACRIFICATEUR. Gaye.
SECOND SACRIFICATEUR. Langeais.

MINISTRES DU SACRIFICE, portant des haches, dansans. { Dolivet, Le Chantre, Saint-André, Foignard l'aîné, Foignard le cadet.

VOLTIGEURS, sautant sur des chevaux de bois. { Joly, Doyat, de Launoy, Beaumont, du Gard l'aîné, du Gard le cadet.

CONDUCTEURS D'ESCLAVES, dansans. { Le Prêtre, Jouan, Pesan l'aîné, Joubert.

ESCLAVES, dansans. { Paysan, La Vallée, Pesan le cadet, Favre, Vaignard, Dolivet fils, Girard, Charpentier.

HOMMES armés à la grecque, dansans. { Noblet, Chicaneau, Mayeu, Desgranges.

FEMMES armées à la grecque, dansantes. { La Montagne, Lestang, Favier le cadet, Arnald.

UN HÉRAUT. Rebel.

TROMPETTES. { La Plaine, Lorange, du Clos, Beaumont, Carbonnet, Ferrier.

TIMBALIER. Diacre.
APOLLON. Le Roi.

SUIVANS D'APOLLON, dansans. { M. Le Grand, le marquis de Villeroi, le marquis de Rassent, Beauchamp, Raynal, Favier.

CHŒURS DE PEUPLES, chantans.

La scène est en Thessalie, dans la vallée de Tempé.

Cette pièce fut représentée pour la première fois à Saint-Germain, au mois de février 1670. Louis XIV lui-même en avait donné le sujet. La musique est de Lulli.

Les Amants magnifiques. — Premier intermède.

PREMIER INTERMÈDE.

Le théâtre s'ouvre à l'agréable bruit de quantité d'instrumens; et d'abord il offre aux yeux une vaste mer, bordée de chaque côté de quatre grands rochers, dont le sommet porte chacun un Fleuve, accoudé sur les marques de ces sortes de déités. Au pied de ces rochers sont douze Tritons de chaque côté, et dans le milieu de la mer quatre Amours montés sur des dauphins, et derrière eux le dieu Éole, élevé au-dessus des ondes sur un petit nuage. Éole commande aux vents de se retirer; et, tandis que quatre Amours, douze Tritons et huit Fleuves lui répondent, la mer se calme, et, du milieu des ondes, on voit s'élever une île. Huit Pêcheurs sortent du fond de la mer, avec des nacres de perles et des branches de corail, et après une danse agréable vont se placer chacun sur un rocher au-dessus d'un Fleuve. Le chœur de la musique annonce la venue de Neptune; et, tandis que ce dieu danse avec sa suite, les Pêcheurs, les Tritons et les Fleuves accompagnent ses pas de gestes différens, et de bruit de conques de perles. Tout ce spectacle est une magnifique galanterie, dont l'un des princes régale sur la mer la promenade des princesses.

PREMIÈRE ENTRÉE DE BALLET.

NEPTUNE, ET SIX DIEUX MARINS.

DEUXIÈME ENTRÉE DE BALLET.

HUIT PÊCHEURS DE CORAIL.

Vers chantés.

RÉCIT D'ÉOLE.
Vents, qui troublez les plus beaux jours,
Rentrez dans vos grottes profondes;
Et laissez régner sur les ondes
Les Zéphyrs et les Amours.

UN TRITON.
Quels beaux yeux ont percé nos demeures humides?
Venez, venez, Tritons; cachez-vous, Néréides.

TOUS LES TRITONS.
Allons tous au-devant de ces divinités;
Et rendons par nos chants hommage à leurs beautés.

UN AMOUR.
Ah! que ces princesses sont belles!

UN AUTRE AMOUR.
Quels sont les cœurs qui ne s'y rendroient pas?

UN AUTRE AMOUR.
La plus belle des immortelles,
Notre mère a bien moins d'appas.

CHOEUR.
Allons tous au-devant de ces divinités;
Et rendons par nos chants hommage à leurs beautés.

UN TRITON.
Quel noble spectacle s'avance?
Neptune, le grand dieu Neptune, avec sa cour,
Vient honorer ce beau séjour
De son auguste présence.

CHOEUR.
Redoublons nos concerts;
Et faisons retentir dans le vague des airs
Notre réjouissance.

Vers pour LE ROI, *représentant Neptune.*

Le ciel, entre les dieux les plus considérés,
Me donne pour partage un rang considérable,
Et, me faisant régner sur les flots azurés,
Rend à tout l'univers mon pouvoir redoutable.

Il n'est aucune terre, à me bien regarder,
Qui ne doive trembler que je ne m'y répande;
Point d'États qu'à l'instant je ne pusse inonder
Des flots impétueux que mon pouvoir commande.

Rien n'en peut arrêter le fier débordement;
Et d'une triple digue à leur force opposée
On les verroit forcer la ferme empêchement,
Et se faire en tous lieux une ouverture aisée.

Mais je sais retenir la fureur de ces flots
Par la sage équité du pouvoir que j'exerce,
Et laisser en tous lieux, au gré des matelots,
La douce liberté d'un paisible commerce.

On trouve des écueils parfois dans mes États;
On voit quelques vaisseaux y périr par l'orage;
Mais contre ma puissance on n'en murmure pas,
Et chez moi la vertu ne fait jamais naufrage.

Pour M. LE GRAND, *représentant un dieu marin.*

L'empire où nous vivons est fertile en trésors,
Tous les mortels en foule accourent sur ses bords;
Et, pour faire bientôt une haute fortune,
Il ne faut rien qu'avoir la faveur de Neptune.

Pour le marquis DE VILLEROI, *représentant un dieu marin.*

Sur la foi de ce dieu de l'empire flottant,
On peut bien s'embarquer avec toute assurance :
Les flots ont de l'inconstance,
Mais le Neptune est constant.

Pour le marquis DE RASSENT, *représentant un dieu marin.*

Voguez sur cette mer d'un zèle inébranlable :
C'est le moyen d'avoir Neptune favorable.

Vous êtes amoureux de la princesse Ériphile. (Acte I, scène I.)

ACTE PREMIER.

SCÈNE I.
SOSTRATE, CLITIDAS.

CLITIDAS, *à part*. — Il est attaché à ses pensées.
SOSTRATE, *se croyant seul*. — Non, Sostrate, je ne vois rien où tu puisses avoir recours ; et tes maux sont d'une nature à ne te laisser nulle espérance d'en sortir.
CLITIDAS, *à part*. — Il raisonne tout seul.
SOSTRATE, *se croyant seul*. — Hélas !
CLITIDAS, *à part*. — Voilà des soupirs qui veulent dire quelque chose, et ma conjecture se trouvera véritable.
SOSTRATE, *se croyant seul*. — Sur quelles chimères, dis-moi, pourrois-tu bâtir quelque espoir ? et que peux-tu envisager, que l'affreuse longueur d'une vie malheureuse, et des ennuis à ne finir que par la mort ?
CLITIDAS, *à part*. — Cette tête-là est plus embarrassée que la mienne.
SOSTRATE, *se croyant seul*. — Ah ! mon cœur ! ah ! mon cœur ! où m'avez-vous jeté ?
CLITIDAS. — Serviteur, seigneur Sostrate.
SOSTRATE. — Où vas-tu, Clitidas ?
CLITIDAS. — Mais vous, plutôt, que faites-vous ici ? et quelle secrète mélancolie, quelle humeur sombre, s'il vous plaît, vous peut retenir dans ces bois, tandis que tout le monde a couru en foule à la magnificence de la fête dont l'amour du prince Iphicrate vient de régaler sur mer la promenade des princesses ; tandis qu'elles y ont reçu des cadeaux merveilleux de musique et de danse, et qu'on a vu les rochers et les ondes se parer de divinités pour faire honneur à leurs attraits ?

SOSTRATE. — Je me figure assez, sans la voir, cette magnificence ; et tant de gens, d'ordinaire, s'empressent à porter de la confusion dans ces sortes de fêtes, que j'ai cru à propos de ne pas augmenter le nombre des importuns.

CLITIDAS. — Vous savez que votre présence ne gâte jamais rien, et que vous n'êtes point de trop en quelque lieu que vous soyez. Votre visage est bienvenu partout, et il n'a garde d'être de ces visages disgraciés qui ne sont jamais bien reçus des regards souverains. Vous êtes également bien auprès des deux princesses ; et la mère et la fille vous font assez connoître l'estime qu'elles font de vous, pour n'appréhender pas de fatiguer leurs yeux ; et ce n'est pas cette crainte, enfin, qui vous a retenu.

SOSTRATE. — J'avoue que je n'ai pas naturellement grande curiosité pour ces sortes de choses.

CLITIDAS. — Mon Dieu ! quand on n'auroit nulle curiosité pour les choses, on en a toujours pour aller où l'on trouve tout le monde ; et, quoi que vous puissiez dire, on ne demeure point tout seul pendant une fête à rêver parmi des arbres, comme vous faites, à moins d'avoir en tête quelque chose qui embarrasse.

SOSTRATE. — Que voudrois-tu que j'y pusse avoir ?

CLITIDAS. — Ouais! je ne sais d'où cela vient; mais il sent ici l'amour. Ce n'est pas moi. Ah! par ma foi, c'est vous.

SOSTRATE. — Que tu es fou, Clitidas!

CLITIDAS. — Je ne suis point fou. Vous êtes amoureux; j'ai le nez délicat, et j'ai senti cela d'abord.

SOSTRATE. — Sur quoi prends-tu cette pensée?

CLITIDAS. — Sur quoi? Vous seriez bien étonné si je vous disois encore de qui vous êtes amoureux.

SOSTRATE. — Moi?

CLITIDAS. — Oui. Je gage que je vais deviner tout à l'heure celle que vous aimez. J'ai mes secrets aussi bien que notre astrologue dont la princesse Aristione est entêtée; et, s'il a la science de lire dans les astres la fortune des hommes, j'ai celle de lire dans les yeux le nom des personnes qu'on aime. Tenez-vous un peu, et ouvrez les yeux. É, par soi, É; r, i, ri, Eri; p, h, i, phi, Ériphi; l, e, le : Ériphile. Vous êtes amoureux de la princesse Ériphile.

SOSTRATE. — Ah! Clitidas, j'avoue que je ne puis cacher mon trouble; et tu me frappes d'un coup de foudre.

CLITIDAS. — Vous voyez si je suis savant!

SOSTRATE. — Hélas! si, par quelque aventure, tu as pu découvrir le secret de mon cœur, je te conjure

Sostrate, prenez de ma part cette commission. (Acte I, scène II.)

au moins de ne le révéler à qui que ce soit, et surtout de le tenir caché à la belle princesse dont tu viens de dire le nom.

CLITIDAS. — Et, sérieusement parlant, si dans vos actions j'ai bien pu connoître depuis un temps la passion que vous voulez tenir secrète, pensez-vous que la princesse Ériphile puisse avoir manqué de lumières pour s'en apercevoir? Les belles, croyez-moi, sont toujours les plus clairvoyantes à découvrir les ardeurs qu'elles causent; et le langage des yeux et des soupirs se fait entendre, mieux qu'à tout autre, à celles à qui il s'adresse.

SOSTRATE. — Laissons-la, Clitidas, laissons-la voir, si elle peut, dans mes soupirs et mes regards, l'amour que ses charmes m'inspirent; mais gardons bien que par nulle autre voie elle en apprenne jamais rien.

CLITIDAS. — Et qu'appréhendez-vous? Est-il possible que ce même Sostrate qui n'a pas craint ni Brennus, ni tous les Gaulois, et dont le bras a si glorieusement contribué à nous défaire de ce déluge de barbares qui ravageoint la Grèce; est-il possible, dis-je, qu'un homme si assuré dans la guerre soit si timide en amour, et que je le voie trembler à dire seulement qu'il aime?

SOSTRATE. — Ah! Clitidas, je tremble avec raison; et tous les Gaulois du monde ensemble sont bien moins redoutables que deux beaux yeux pleins de charmes.

CLITIDAS. — Je ne suis pas de cet avis; et je sais bien, pour moi, qu'un seul Gaulois, l'épée à la main, me feroit beaucoup plus trembler que cinquante beaux yeux ensemble les plus charmans du monde. Mais, dites-moi un peu, qu'espérez-vous faire?

SOSTRATE. — Mourir, sans déclarer ma passion.

CLITIDAS. — L'espérance est belle! Allez, allez, vous vous moquez; un peu de hardiesse réussit toujours aux amans : il n'y a en amour que les honteux qui perdent; et je dirois ma passion à une déesse, moi, si j'en devenois amoureux.

SOSTRATE. — Trop de choses, hélas! condamnent mes feux à un éternel silence.

CLITIDAS. — Et quoi?

SOSTRATE. — La bassesse de ma fortune, dont il plaît au ciel de rabattre l'ambition de mon amour; le rang de la princesse, qui met entre elle et mes désirs une distance si fâcheuse; la concurrence de deux princes appuyés de tous les grands titres qui peuvent soutenir les prétentions de leurs flammes; de deux princes qui, par mille et mille magnificences, se disputent à tous momens la gloire de sa conquête, et sur l'amour de qui on attend tous les jours de voir son choix se déclarer; mais plus que tout, Clitidas, le respect inviolable où ses beaux yeux assujettissent toute la violence de mon ardeur.

Vous voilà en état de servir vos amis. (Acte I, scène III.)

CLITIDAS. — Le respect bien souvent n'oblige pas tant que l'amour; et je me trompe fort, ou la jeune princesse a connu votre flamme, et n'y est pas insensible.

SOSTRATE. — Ah! ne t'avise point de vouloir flatter par pitié le cœur d'un misérable.

CLITIDAS. — Ma conjecture est fondée. Je lui vois reculer beaucoup le choix de son époux, et je veux éclaircir un peu cette petite affaire-là. Vous savez que je suis auprès d'elle en quelque espèce de faveur, que j'y ai les accès ouverts, et qu'à force de me tourmenter je me suis acquis le privilége de me mêler à la conversation, et parler à tort et à travers de toutes choses. Quelquefois cela ne me réussit pas, mais quelquefois aussi cela me réussit. Laissez-moi faire; je suis de vos amis, les gens de mérite me touchent, et je veux prendre mon temps pour entretenir la princesse de....

SOSTRATE. —Ah! de grâce, quelque bonté que mon malheur t'inspire, garde-toi bien de lui rien dire de ma flamme. J'aimerois mieux mourir, que de pouvoir être accusé par elle de la moindre témérité; et ce profond respect où ses charmes divins...

CLITIDAS. — Taisons-nous, voici tout le monde.

SCÈNE II.

ARISTIONE, IPHICRATE, TIMOCLÈS, SOSTRATE, ANAXARQUE, CLÉON, CLITIDAS.

ARISTIONE, à Iphicrate. — Prince, je ne puis me lasser de le dire, il n'est point de spectacle au monde qui puisse le disputer en magnificence à celui que vous venez de nous donner. Cette fête a eu des ornemens qui l'emportent sans doute sur tout ce que l'on sauroit voir; et elle vient de produire à nos yeux quelque chose de si noble, de si grand et de si majestueux, que le ciel même ne sauroit aller au delà; et je puis dire assurément qu'il n'y a rien dans l'univers qui s'y puisse égaler.

TIMOCLÈS. — Ce sont des ornemens dont on ne peut pas espérer que toutes les fêtes soient embellies; et je dois fort trembler, madame, pour la simplicité du petit divertissement que je m'apprête à vous donner dans le bois de Diane.

ARISTIONE. — Je crois que nous n'y verrons rien que de fort agréable; et, certes, il faut avouer que la campagne a lieu de nous paroître belle, et que nous n'avons pas le temps de nous ennuyer dans cet agréable séjour qu'ont célébré tous les poëtes sous le nom de Tempé. Car enfin, sans parler des plaisirs de la chasse que nous y prenons à toute heure, et de la solennité des jeux Pythiens que l'on y célèbre tantôt, vous prenez soin l'un et l'autre de nous y combler de tous les divertissemens qui peuvent charmer les chagrins des plus mélancoliques. D'où vient, Sostrate, qu'on ne vous a point vu dans notre promenade?

SOSTRATE. — Une petite indisposition, madame, m'a empêché de m'y trouver.

IPHICRATE. — Sostrate est de ces gens, madame, qui croient qu'il ne sied pas bien d'être curieux comme les autres; et il est beau d'affecter de ne pas courir où tout le monde court.

SOSTRATE. — Seigneur, l'affectation n'a guère de part à tout ce que je fais; et, sans vous faire compliment, il y avoit des choses à voir dans cette fête qui pouvoient m'attirer, si quelque autre motif ne m'avoit retenu.

ARISTIONE. — Et Clitidas a-t-il vu cela?

CLITIDAS. — Oui, madame, mais du rivage.

ARISTIONE. — Et pourquoi du rivage?

CLITIDAS. — Ma foi, madame, j'ai craint quelqu'un des accidens qui arrivent d'ordinaire dans ces confusions. Cette nuit j'ai songé de poisson mort et d'œufs cassés; et j'ai appris du seigneur Anaxarque que les œufs cassés et le poisson mort signifient malencontre.

ANAXARQUE. — Je remarque une chose : que Clitidas n'auroit rien à dire, s'il ne parloit de moi.

CLITIDAS. — C'est qu'il y a tant de choses à dire de vous, qu'on n'en sauroit parler assez.

ANAXARQUE. — Vous pourriez prendre d'autres matières, puisque je vous en ai prié.

CLITIDAS. — Le moyen? Ne dites-vous pas que l'ascendant est plus fort que tout? Et, s'il est écrit dans les astres que je sois enclin à parler de vous, comment voulez-vous que je résiste à ma destinée?

ANAXARQUE. — Avec tout le respect, madame, que je vous dois, il y a une chose qui est fâcheuse dans votre cour, que tout le monde y prenne liberté de parler, et que le plus honnête homme y soit exposé aux railleries du premier méchant plaisant.

CLITIDAS. — Je vous rends grâce de l'honneur.

ARISTIONE, à Anaxarque. — Que vous êtes fou de vous chagriner de ce qu'il dit!

CLITIDAS. — Avec tout le respect que je dois à madame, il y a une chose qui m'étonne dans l'astrologie : comment des gens qui savent tous les secrets des dieux, et qui possèdent des connoissances à se mettre au-dessus de tous les hommes, aient besoin de faire leur cour, et de demander quelque chose.

ANAXARQUE. — Vous devriez gagner un peu mieux votre argent, et donner à madame de meilleures plaisanteries.

CLITIDAS. — Ma foi, on les donne telles qu'on peut. Vous en parlez fort à votre aise; et le métier de plaisant n'est pas comme celui d'astrologue. Bien mentir et bien plaisanter sont deux choses fort différentes; et il est bien plus facile de tromper les gens que de les faire rire.

ARISTIONE. — Hé! qu'est-ce donc que cela veut dire?

CLITIDAS, se parlant à lui-même. — Paix, impertinent que vous êtes; ne savez-vous pas bien que l'astrologie est une affaire d'État, et qu'il ne faut point toucher à cette corde-là? Je vous l'ai dit plusieurs fois; vous vous émancipez trop, et vous prenez de certaines libertés qui vous joueront un mauvais tour, je vous en avertis. Vous verrez qu'un de ces jours on vous donnera du pied au cul, et qu'on vous chassera comme un faquin. Taisez-vous, si vous êtes sage.

ARISTIONE. — Où est ma fille?

TIMOCLÈS. — Madame, elle s'est écartée; et je lui ai présenté une main qu'elle a refusé d'accepter.

ARISTIONE. — Princes, puisque l'amour que vous avez pour Ériphile a bien voulu se soumettre aux lois que j'ai voulu vous imposer, puisque j'ai su obtenir de vous que vous fussiez rivaux sans devenir ennemis, et qu'avec pleine soumission aux sentimens de ma fille vous attendez un choix dont je l'ai faite seule maîtresse, ouvrez-moi tous deux le fond de votre âme, et me dites sincèrement quel progrès vous croyez l'un et l'autre avoir fait sur son cœur.

TIMOCLÈS. — Madame, je ne suis point pour me flatter; j'ai fait ce que j'ai pu pour toucher le cœur de la princesse Ériphile, et je m'y suis pris, que je crois, de toutes les tendres manières dont un amant se peut servir; je lui ai fait des hommages soumis de tous mes vœux; j'ai montré des assiduités; j'ai rendu des soins chaque jour; j'ai fait chanter ma passion aux voix les plus touchantes, et l'ai fait exprimer en vers aux plumes les plus délicates; je me suis plaint de mon martyre en des termes passionnés; j'ai fait dire à mes yeux, aussi bien qu'à ma bouche, le désespoir de mon amour; j'ai poussé à ses pieds des soupirs languissans; j'ai même répandu des larmes : mais tout cela inutilement; et je n'ai point connu qu'elle ait dans l'âme aucun ressentiment de mon ardeur.

ARISTIONE. — Et vous, prince?

IPHICRATE. — Pour moi, madame, connoissant son indifférence, et le peu de cas qu'elle fait des devoirs qu'on lui rend, je n'ai voulu perdre auprès d'elle ni plaintes, ni soupirs, ni larmes. Je sais qu'elle est toute soumise à vos volontés, et que ce n'est que de votre main seule qu'elle voudra prendre un époux : aussi n'est-ce qu'à vous que je m'adresse pour l'obtenir, à vous plutôt qu'à elle que je rends tous mes soins et tous mes hommages. Et plût au ciel, madame, que vous eussiez pu vous résoudre à tenir sa place; que vous eussiez voulu jouir des conquêtes que vous lui faites, et recevoir pour vous les vœux que vous lui renvoyez!

ARISTIONE. — Prince, le compliment est d'un amant adroit, et vous avez entendu dire qu'il falloit cajoler les mères pour obtenir les filles; mais ici, par malheur, tout cela devient inutile, et je me suis engagée à laisser le choix tout entier à l'inclination de ma fille.

IPHICRATE. — Quelque pouvoir que vous lui donniez pour ce choix, ce n'est point compliment, madame, que ce que je vous dis. Je ne recherche la princesse Ériphile que parce qu'elle est votre sang; je la trouve charmante par tout ce qu'elle tient de vous, et c'est vous que j'adore en elle.

ARISTIONE. — Voilà qui est fort bien.

IPHICRATE. — Oui, madame, toute la terre voit en vous des attraits et des charmes que je....

ARISTIONE. — De grâce, prince, ôtons ces charmes et ces attraits : vous savez que ce sont des mots que je retranche des complimens qu'on me veut faire. Je souffre qu'on me loue de ma sincérité; qu'on dise que je suis une bonne princesse, que j'ai de la parole pour tout le monde, de la chaleur pour mes amis, et de l'estime pour le mérite et la vertu; je puis tâter de tout cela : mais, pour les douceurs de charmes et d'attraits, je suis bien aise qu'on ne m'en serve point; et, quelque vérité qui s'y pût rencontrer, on doit faire quelque scrupule d'en goûter la louange, quand on est mère d'une fille comme la mienne.

IPHICRATE. — Ah! madame, c'est vous qui voulez être mère malgré tout le monde; il n'est point d'yeux qui ne s'y opposent; et, si vous le vouliez, la princesse Ériphile ne seroit que votre sœur.

ARISTIONE. — Mon Dieu! prince, je ne donne point dans tous ces galimatias où donnent la plupart des femmes : je veux être mère, parce que je la suis; et ce seroit en vain que je ne la voudrois pas être. Ce titre n'a rien qui me choque, puisque, de mon consentement, je me suis exposée à le recevoir. C'est un foible de notre sexe, dont, grâce au ciel, je suis exempte; et je ne m'embarrasse point de ces grandes disputes d'âge, sur quoi nous voyons tant de folles. Revenons à notre discours. Est-il possible que jusqu'ici vous n'ayez pu connoître où penche l'inclination d'Ériphile?

IPHICRATE. — Ce sont obscurités pour moi.

TIMOCLÈS. — C'est pour moi un mystère impénétrable.

ARISTIONE. — La pudeur peut-être l'empêche de s'expliquer à vous et à moi. Servons-nous de quelque autre pour découvrir le secret de son cœur. Sostrate, prenez de ma part cette commission, et rendez cet office à ces princes, de savoir adroitement de ma fille vers qui des deux ses sentimens peuvent tourner.

SOSTRATE. — Madame, vous avez cent personnes dans votre cour sur qui vous pourriez mieux verser l'honneur d'un tel emploi; et je me sens mal propre à bien exécuter ce que vous souhaitez de moi.

ARISTIONE. — Votre mérite, Sostrate, n'est point borné aux seuls emplois de la guerre : vous avez de l'esprit, de la conduite, de l'adresse; et ma fille fait cas de vous.

SOSTRATE. — Quelque autre mieux que moi, madame....

ARISTIONE. — Non, non; en vain vous vous en défendez.

SOSTRATE. — Puisque vous le voulez, madame, il vous faut obéir; mais je vous jure que, dans toute votre cour, vous ne pouviez choisir personne qui ne fût en état de s'acquitter beaucoup mieux que moi d'une telle commission.

ARISTIONE. — C'est trop de modestie; et vous vous acquitterez toujours bien de toutes les choses dont on vous chargera. Découvrez doucement les sentimens d'Ériphile, et faites-la ressouvenir qu'il faut se rendre de bonne heure dans le bois de Diane.

SCÈNE III.

IPHICRATE, TIMOCLÈS, SOSTRATE, CLITIDAS.

IPHICRATE, *à Sostrate*. — Vous pouvez croire que je prends part à l'estime que la princesse vous témoigne.

TIMOCLÈS, *à Sostrate*. — Vous pouvez croire que je suis ravi du choix que l'on a fait de vous.

IPHICRATE. — Vous voilà en état de servir vos amis.

TIMOCLÈS. — Vous avez de quoi rendre de bons offices aux gens qu'il vous plaira.

IPHICRATE. — Je ne vous recommande point mes intérêts.

TIMOCLÈS. — Je ne vous dis point de parler pour moi.

SOSTRATE. — Seigneurs, il seroit inutile. J'aurois tort de passer les ordres de ma commission; et vous trouverez bon que je ne parle ni pour l'un ni pour l'autre.

IPHICRATE. — Je vous laisse agir comme il vous plaira.

TIMOCLÈS. — Vous en userez comme vous voudrez.

SCÈNE IV.

IPHICRATE, TIMOCLÈS, CLITIDAS.

IPHICRATE, *bas, à Clitidas*. — Clitidas se ressouvient bien qu'il est de mes amis; je lui recommande toujours de prendre mes intérêts auprès de sa maîtresse contre ceux de mon rival.

CLITIDAS, *bas, à Iphicrate*. — Laissez-moi faire. Il y a bien de la comparaison de lui à vous! et c'est un prince bien bâti pour vous le disputer!

IPHICRATE, *bas, à Clitidas*. — Je reconnoîtrai ce service.

SCÈNE V.

TIMOCLÈS, CLITIDAS.

TIMOCLÈS. — Mon rival fait sa cour à Clitidas; mais

Clitidas sait bien qu'il m'a promis d'appuyer contre lui les prétentions de mon amour.

CLITIDAS. — Assurément; et il se moque de croire l'emporter sur vous. Voilà, auprès de vous, un beau petit morveux de prince!

TIMOCLÈS. — Il n'y a rien que je ne fasse pour Clitidas.

CLITIDAS, *seul*. — Belles paroles de tous côtés! Voici la princesse; prenons mon temps pour l'aborder.

SCÈNE VI.

ÉRIPHILE, CLÉONICE.

CLÉONICE. — On trouvera étrange, madame, que vous vous soyez ainsi écartée de tout le monde.

ÉRIPHILE. — Ah! qu'aux personnes comme nous, qui sommes toujours accablées de tant de gens, un peu de solitude est parfois agréable! et qu'après mille

On trouvera étrange que vous vous soyez ainsi écartée de tout le monde. (Acte I, scène VI.)

impertinens entretiens, il est doux de s'entretenir avec ses pensées! Qu'on me laisse ici promener toute seule.

CLÉONICE. — Ne voudriez-vous pas, madame, voir un petit essai de la disposition de ces gens admirables qui veulent se donner à vous? Ce sont des personnes qui, par leurs pas, leurs gestes et leurs mouvemens, expriment aux yeux toutes choses; et on appelle cela pantomimes. J'ai tremblé à vous dire ce mot; et il y a des gens dans votre cour qui ne me le pardonneroient pas.

ÉRIPHILE. — Vous avez bien la mine, Cléonice, de me venir ici régaler d'un mauvais divertissement; car, grâce au ciel, vous ne manquez pas de vouloir produire indifféremment tout ce qui se présente à vous, et vous avez une affabilité qui ne rejette rien. Aussi est-ce à vous seule qu'on voit avoir recours toutes les Muses nécessitantes; vous êtes la grande protectrice du mérite incommodé, et tout ce qu'il y a de vertueux indigens au monde, va débarquer chez vous.

CLÉONICE. — Si vous n'avez pas envie de les voir, madame, il ne faut que les laisser là.

ÉRIPHILE. — Non, non; voyons-les; faites-les venir.

CLÉONICE. — Mais peut-être, madame, que leur danse sera méchante.

ÉRIPHILE. — Méchante ou non, il la faut voir. Ce ne seroit, avec vous, que reculer la chose; et il vaut mieux en être quitte.

CLÉONICE. — Ce ne sera ici, madame, qu'une danse ordinaire, une autre fois....

ÉRIPHILE. — Point de préambule, Cléonice; qu'ils dansent.

DEUXIÈME INTERMÈDE.

La confidente de la jeune princesse lui produit trois danseurs, sous le nom de *pantomimes*, c'est-à-dire qui expriment par leurs gestes toutes sortes de choses. La princesse les voit danser, et les reçoit à son service.

ENTRÉE DE BALLET de trois pantomimes.

Je vous avertis, Clitidas, que la princesse veut être seule. (Acte II, scène II.)

ACTE DEUXIÈME.

SCÈNE I.

ÉRIPHILE, CLÉONICE.

ÉRIPHILE. — Voilà qui est admirable. Je ne crois pas qu'on puisse mieux danser qu'ils dansent, et je suis bien aise de les avoir à moi.

CLÉONICE. — Et moi, madame, je suis bien aise que vous ayez vu que je n'ai pas si méchant goût que vous avez pensé.

ÉRIPHILE. — Ne triomphez point tant; vous ne tarderez guère à me faire avoir ma revanche. Qu'on me laisse ici.

SCÈNE II.

ÉRIPHILE, CLÉONICE, CLITIDAS.

CLÉONICE, *allant au-devant de Clitidas.* — Je vous avertis, Clitidas, que la princesse veut être seule.

CLITIDAS. — Laissez-moi faire; je suis homme qui sais ma cour.

SCÈNE III.

ÉRIPHILE, CLITIDAS.

CLITIDAS, *en chantant.* — La, la, la, la. (*Faisant l'étonné, en voyant Ériphile.*) Ah!

ÉRIPHILE, *à Clitidas, qui feint de vouloir s'éloigner.* — Clitidas.

CLITIDAS. — Je ne vous avois pas vue là, madame.

ÉRIPHILE. — Approche. D'où viens-tu?

CLITIDAS. — De laisser la princesse votre mère, qui s'en alloit vers le temple d'Apollon, accompagnée de beaucoup de gens.

ÉRIPHILE. — Ne trouves-tu pas ces lieux les plus charmans du monde?

CLITIDAS. — Assurément. Les princes vos amans y étoient.

ÉRIPHILE. — Le fleuve Pénée fait ici d'agréables détours!

CLITIDAS. — Fort agréables. Sostrate y étoit aussi.

ÉRIPHILE. — D'où vient qu'il n'est pas venu à la promenade?

CLITIDAS. — Il a quelque chose dans la tête qui l'empêche de prendre plaisir à tous ces beaux régales. Il m'a voulu entretenir; mais vous m'avez défendu si expressément de me charger d'aucune affaire auprès de vous, que je n'ai point voulu lui prêter l'oreille; et je lui ai dit nettement que je n'avois pas le loisir de l'entendre.

ÉRIPHILE. — Tu as eu tort de lui dire cela; et tu devois l'écouter.

CLITIDAS. — Je lui ai dit d'abord que je n'avois pas le loisir de l'entendre; mais après, je lui ai donné audience.

ÉRIPHILE. — Tu as bien fait.

CLITIDAS. — En vérité, c'est un homme qui me revient, un homme fait comme je veux que les hommes soient faits, ne prenant point des manières bruyantes et des tons de voix assommans, sage et posé en toutes choses, ne parlant jamais que bien à propos, point prompt à décider, point du tout exagérateur incommode : et, quelques beaux vers que nos poëtes lui aient récités, je ne lui ai jamais ouï dire : « Voilà qui est plus beau que tout ce qu'a jamais fait Homère. » Enfin, c'est un homme pour qui je me sens de l'inclination ; et, si j'étois princesse, il ne seroit pas malheureux.

ÉRIPHILE. — C'est un homme d'un grand mérite, assurément. Mais de quoi t'a-t-il parlé?

CLITIDAS. — Il m'a demandé si vous aviez témoigné grande joie au magnifique régale que l'on vous a donné, m'a parlé de votre personne avec des transports les plus grands du monde, vous a mise au-dessus du ciel, et vous a donné toutes les louanges qu'on peut donner à la princesse la plus accomplie de la terre, entremêlant tout cela de plusieurs soupirs qui disoient plus qu'il ne vouloit. Enfin, à force de le tourner de tous côtés, et de le presser sur la cause de cette profonde mélancolie dont toute la cour s'aperçoit, il a été contraint de m'avouer qu'il étoit amoureux.

ÉRIPHILE. — Comment, amoureux ! Quelle témérité est la sienne ! C'est un extravagant que je ne verrai de ma vie.

CLITIDAS. — De quoi vous plaignez-vous, madame?

ÉRIPHILE. — Avoir l'audace de m'aimer! et, de plus, avoir l'audace de le dire!

CLITIDAS. — Ce n'est pas vous, madame, dont il est amoureux.

ÉRIPHILE. — Ce n'est pas moi?

CLITIDAS. — Non, madame; il vous respecte trop pour cela, et est trop sage pour y penser.

ÉRIPHILE. — Et de qui donc, Clitidas?

CLITIDAS. — D'une de vos filles, la jeune Arsinoé.

ÉRIPHILE. — A-t-elle tant d'appas, qu'il n'ait trouvé qu'elle digne de son amour?

CLITIDAS. — Il l'aime éperdument, et vous conjure d'honorer sa flamme de votre protection.

ÉRIPHILE. — Moi?

CLITIDAS. — Non, non, madame. Je vois que la chose ne vous plaît pas. Votre colère m'a obligé à prendre ce détour ; et, pour vous dire la vérité, c'est vous qu'il aime éperdument.

ÉRIPHILE. — Vous êtes un insolent de venir ainsi surprendre mes sentimens. Allons, sortez d'ici; vous vous mêlez de vouloir lire dans les âmes, de vouloir pénétrer dans les secrets du cœur d'une princesse ! Otez-vous de mes yeux, et que je ne vous voie jamais. Clitidas.

CLITIDAS. — Madame....

ÉRIPHILE. — Venez ici. Je vous pardonne cette affaire-là.

CLITIDAS. — Trop de bonté, madame !

ÉRIPHILE. — Mais à condition, prenez bien garde à ce que je vous dis, que vous n'en ouvrirez la bouche à personne du monde, sur peine de la vie.

CLITIDAS. — Il suffit.

ÉRIPHILE. — Sostrate t'a donc dit qu'il m'aimoit?

CLITIDAS. — Non, madame. Il faut vous dire la vérité. J'ai tiré de son cœur, par surprise, un secret qu'il veut cacher à tout le monde, et avec lequel il est, dit-il, résolu de mourir. Il a été au désespoir du vol subtil que je lui en ai fait; et, bien loin de me charger de vous le découvrir, il m'a conjuré, avec toutes les instantes prières qu'on sauroit faire, de ne vous en rien révéler; et c'est trahison contre lui que ce que je viens de vous dire.

ÉRIPHILE. — Tant mieux! C'est par son seul respect qu'il peut me plaire; et, s'il étoit si hardi que de me déclarer son amour, il perdroit pour jamais et ma présence et mon estime.

CLITIDAS. — Ne craignez point, madame....

ÉRIPHILE. — Le voici. Souvenez-vous au moins, si vous êtes sage, de la défense que je vous ai faite.

CLITIDAS. — Cela est fait, madame. Il ne faut pas être courtisan indiscret.

SCÈNE IV.

ÉRIPHILE, SOSTRATE.

SOSTRATE. — J'ai une excuse, madame, pour oser interrompre votre solitude ; et j'ai reçu de la princesse votre mère une commission qui autorise la hardiesse que je prends maintenant.

ÉRIPHILE. — Quelle commission, Sostrate?

SOSTRATE. — Celle, madame, de tâcher d'apprendre de vous vers lequel des deux princes peut incliner votre cœur.

ÉRIPHILE. — La princesse ma mère montre un esprit judicieux dans le choix qu'elle a fait de vous pour un pareil emploi. Cette commission, Sostrate, vous a été agréable, sans doute ; et vous l'avez acceptée avec beaucoup de joie?

SOSTRATE. — Je l'ai acceptée, madame, par la nécessité que mon devoir m'impose d'obéir; et, si la princesse avoit voulu recevoir mes excuses, elle auroit honoré quelque autre de cet emploi.

ÉRIPHILE. — Quelle cause, Sostrate, vous obligeoit à le refuser?

SOSTRATE. — La crainte, madame, de m'en acquitter mal.

ÉRIPHILE. — Croyez-vous que je ne vous estime pas assez pour vous ouvrir mon cœur, et vous donner toutes les lumières que vous pourrez désirer de moi sur le sujet de ces deux princes?

SOSTRATE. — Je ne désire rien pour moi là-dessus, madame ; et je ne vous demande que ce que vous croirez devoir aux ordres qui m'amènent.

ÉRIPHILE. — Jusqu'ici je me suis défendue de m'expliquer, et la princesse ma mère a eu la bonté de souffrir que j'aie reculé toujours ce choix qui me doit engager; mais je serai bien aise de témoigner à tout le monde que je veux faire quelque chose pour l'amour de vous; et, si vous m'en pressez, je rendrai cet arrêt qu'on attend depuis si longtemps.

SOSTRATE. — C'est une chose, madame, dont vous ne serez point importunée par moi; et je ne saurois me résoudre à presser une princesse qui sait trop ce qu'elle a à faire.

ÉRIPHILE. — Mais c'est ce que la princesse ma mère attend de vous.

SOSTRATE. — Ne lui ai-je pas dit aussi que je m'acquitterois mal de cette commission?

ÉRIPHILE. — Or çà, Sostrate, les gens comme vous ont toujours les yeux pénétrans; et je pense qu'il ne doit y avoir guère de choses qui échappent aux vôtres. N'ont-ils pu découvrir, vos yeux, ce dont tout le monde est en peine? et ne vous ont-ils point donné quelques petites lumières du penchant de mon cœur? Vous voyez les soins qu'on me rend, l'empressement qu'on me témoigne. Quel est celui de ces deux princes que vous croyez que je regarde d'un œil plus doux?

SOSTRATE. — Les doutes que l'on forme sur ces

Venez ici, je vous pardonne cette affaire-là. (Acte II, scène III.)

sortes de choses ne sont réglés, d'ordinaire, que par les intérêts qu'on prend.

ÉRIPHILE. — Pour qui, Sostrate, pencheriez-vous des deux? Quel est celui, dites-moi, que vous souhaiteriez que j'épousasse?

SOSTRATE. — Ah! madame, ce ne seront pas mes souhaits, mais votre inclination qui décidera de la chose.

ÉRIPHILE. — Mais si je me conseillois à vous pour ce choix?

SOSTRATE. — Si vous vous conseilliez à moi, je serois fort embarrassé.

ÉRIPHILE. — Vous ne pourriez pas dire qui des deux vous semble plus digne de cette préférence?

SOSTRATE. — Si l'on s'en rapporte à mes yeux, il n'y aura personne qui soit digne de cet honneur. Tous les princes du monde seront trop peu de chose pour aspirer à vous; les dieux seuls y pourront prétendre; et vous ne souffrirez des hommes que l'encens et les sacrifices.

ÉRIPHILE. — Cela est obligeant, et vous êtes de mes amis. Mais je veux que vous me disiez pour qui des deux vous vous sentez plus d'inclination, quel est celui que vous mettez le plus au rang de vos amis.

SCÈNE V.

ÉRIPHILE, SOSTRATE, CHORÈBE.

CHORÈBE. — Madame, voilà la princesse qui vient vous prendre ici pour aller au bois de Diane.
SOSTRATE, *à part*. — Hélas! petit garçon, que tu es venu à propos!

SCÈNE VI.

ARISTIONE, ÉRIPHILE, IPHICRATE, TIMOCLÈS, SOSTRATE, ANAXARQUE, CLITIDAS.

ARISTIONE. — On vous a demandée, ma fille, et il y a des gens que votre absence chagrine fort.
ÉRIPHILE. — Je pense, madame, qu'on m'a deman-

Mais si je me conseillais à vous pour ce choix? (Acte II, scène IV.)

dée par compliment; et on ne s'inquiète pas tant qu'on vous dit.
ARISTIONE. — On enchaîne pour nous ici tant de divertissemens les uns aux autres, que toutes nos heures sont retenues, et nous n'avons aucun moment à perdre, si nous voulons les goûter tous. Entrons vite dans le bois, et voyons ce qui nous y attend. Ce lieu est le plus beau du monde; prenons vite nos places.

TROISIÈME INTERMÈDE.

Le théâtre est une forêt où la princesse est invitée d'aller. Une Nymphe lui en fait les honneurs, en chantant; et, pour la divertir, on lui joue une petite comédie en musique, dont voici le sujet: Un berger se plaint à deux bergers, ses amis, des froideurs de celle qu'il aime: les deux amis le consolent; et, comme la bergère aimée arrive, tous trois se retirent pour l'observer. Après quelque plainte amoureuse, elle se repose sur un gazon, et s'abandonne aux douceurs du sommeil. L'amant fait approcher ses amis pour contempler les grâces de sa bergère, et invite toutes choses à contribuer à son repos. La bergère, en s'éveillant, voit son berger à ses pieds, se plaint de sa poursuite; mais, considérant sa constance, elle lui accorde sa demande, et consent d'en être aimée, en présence des deux bergers amis. Deux Satyres arrivent, se plaignent de son changement, et, étant touchés de cette disgrâce, cherchent leur consolation dans le vin.

LES PERSONNAGES DE LA PASTORALE.

LA NYMPHE de la vallée de Tempé.
TYRCIS.
LYCASTE.
MÉNANDRE.
CALISTE.
DEUX SATYRES.

PROLOGUE

LA NYMPHE DE TEMPÉ.

Venez, grande princesse, avec tous vos appas,
Venez prêter vos yeux aux innocens ébats
　　Que notre désert vous présente :
N'y cherchez point l'éclat des fêtes de la cour ;
　　On ne sent ici que l'amour,
　　Ce n'est que d'amour qu'on y chante.

SCÈNE I.

TYRCIS.

　　Vous chantez sous ces feuillages,
　　Doux rossignols pleins d'amour ;
　　Et de vos tendres ramages
　　Vous réveillez tour à tour
　　Les échos de ces bocages :
　　Hélas ! petits oiseaux, hélas !
Si vous aviez mes maux, vous ne chanteriez pas.

SCÈNE II.

LYCASTE, MÉNANDRE, TYRCIS.

LYCASTE
Hé quoi ! toujours languissant, sombre et triste ?

On vous a demandée, ma fille. (Acte II, scène VI.)

MÉNANDRE.
Hé quoi ! toujours aux pleurs abandonné ?
TYRCIS.
Toujours adorant Caliste,
Et toujours infortuné.
LYCASTE.
Dompte, dompte, berger, l'ennui qui te possède.
TYRCIS.
Hé ! le moyen, hélas !
MÉNANDRE.
　　　　Fais, fais-toi quelque effort.
TYRCIS.
Hé ! le moyen, hélas ! quand le mal est trop fort ?
LYCASTE.
Ce mal trouvera son remède.
TYRCIS.
Je ne guérirai qu'à ma mort.
LYCASTE ET MÉNANDRE.
Ah ! Tyrcis !
TYRCIS.
　　　Ah ! bergers !

LYCASTE ET MÉNANDRE.
　　　Prends sur toi plus d'empire.
TYRCIS.
Rien ne me peut secourir.
LYCASTE ET MÉNANDRE.
C'est trop, c'est trop céder.
TYRCIS.
　　　C'est trop, c'est trop souffrir.
LYCASTE ET MÉNANDRE.
Quelle foiblesse !
TYRCIS.
　　　Quel martyre !
LYCASTE ET MÉNANDRE.
Il faut prendre courage.
TYRCIS.
　　　Il faut plutôt mourir.
LYCASTE.
Il n'est point de bergère,
Si froide et si sévère,
Dont la pressante ardeur
D'un cœur qui persévère

Ne vainque la froideur.
MÉNANDRE.
Il est, dans les affaires
Des amoureux mystères,
Certains petits momens
Qui changent les plus fières,
Et font d'heureux amans.
TYRCIS.
Je la vois, la cruelle,
Qui porte ici ses pas :
Gardons d'être vu d'elle ;
L'ingrate, hélas!
N'y viendroit pas.

SCÈNE III.

CALISTE, seule.

Ah! que sur notre cœur
La sévère loi de l'honneur
Prend un cruel empire ;
Je ne fais voir que rigueurs pour Tyrcis ;
Et cependant, sensible à ses cuisans soucis,
De sa langueur en secret je soupire
Et voudrois bien soulager son martyre.
C'est à vous seuls que je le dis,
Arbres, n'allez pas le redire.
Puisque le ciel a voulu nous former
Avec un cœur qu'Amour peut enflammer,
Quelle rigueur impitoyable
Contre des traits si doux nous force à nous armer?
Et pourquoi, sans être blâmable,
Ne peut-on pas aimer
Ce que l'on trouve aimable ?
Hélas! que vous êtes heureux,
Innocens animaux, de vivre sans contrainte,
Et de pouvoir suivre sans crainte
Les doux emportemens de vos cœurs amoureux!
Hélas! petits oiseaux, que vous êtes heureux
De ne sentir nulle contrainte,
Et de pouvoir suivre sans crainte
Les doux emportemens de vos cœurs amoureux!
Mais le sommeil sur ma paupière
Verse de ses pavots l'agréable fraîcheur ;
Donnons-nous à lui tout entière ;
Nous n'avons pas de loi sévère
Qui défende à nos sens d'en goûter la douceur.

SCÈNE IV.

CALISTE, endormie; TYRCIS, LYCASTE, MÉNANDRE.

TYRCIS.
Vers ma belle ennemie
Portons sans bruit nos pas,
Et ne réveillons pas
Sa rigueur endormie.
TOUS TROIS.
Dormez, dormez, beaux yeux, adorables vainqueurs ;
Et goûtez le repos que vous ôtez aux cœurs.
Dormez, dormez, beaux yeux.
TYRCIS.
Silence, petits oiseaux,
Vents, n'agitez nulle chose ;
Coulez doucement, ruisseaux :
C'est Caliste qui repose.
TOUS TROIS.
Dormez, dormez, beaux yeux, adorables vainqueurs ;
Et goûtez le repos que vous ôtez aux cœurs.
Dormez, dormez, beaux yeux.
CALISTE, *en se réveillant, à Tyrcis.*
Ah! quelle peine extrême!
Suivre partout mes pas!
TYRCIS.
Que voulez-vous qu'on suive, hélas!
Que ce qu'on aime?
CALISTE.
Berger, que voulez-vous?
TYRCIS.
Mourir, belle bergère,
Mourir à vos genoux,
Et finir ma misère.
Puisque en vain à vos pieds on me voit soupirer,
Il y faut expirer.
CALISTE.
Ah! Tyrcis, ôtez-vous : j'ai peur que dans ce jour
La pitié dans mon cœur n'introduise l'amour.
LYCASTE ET MÉNANDRE, *l'un après l'autre.*
Soit amour, soit pitié,
Il sied bien d'être tendre.
C'est par trop vous défendre,
Bergère, il faut se rendre
A sa longue amitié.
Soit amour, soit pitié,
Il sied bien d'être tendre.
CALISTE, *à Tyrcis.*
C'est trop, c'est trop de rigueur.
J'ai maltraité votre ardeur,
Chérissant votre personne ;
Vengez-vous de mon cœur,
Tyrcis, je vous le donne.
TYRCIS.
O ciel! bergers! Caliste! Ah! je suis hors de moi!
Si l'on meurt de plaisir, je dois perdre la vie.
LYCASTE.
Digne prix de ta foi!
MÉNANDRE.
O sort digne d'envie!

SCÈNE V.

DEUX SATYRES, CALISTE, TYRCIS, LYCASTE, MÉNANDRE.

PREMIER SATYRE, *à Caliste.*
Quoi! tu me fuis, ingrate; et je te vois ici

De ce berger à moi faire une préférence !
SECOND SATYRE.
Quoi! mes soins n'ont rien pu sur ton indifférence
Et pour ce langoureux ton cœur s'est adouci ?
CALISTE.
Le destin le veut ainsi ;
Prenez tous deux patience.
PREMIER SATYRE.
Aux amans qu'on pousse à bout
L'amour fait verser des larmes ;
Mais ce n'est pas notre goût,
Et la bouteille a des charmes
Qui nous consolent de tout.
DEUXIÈME SATYRE.
Notre amour n'a pas toujours
Tout le bonheur qu'il désire ;
Mais nous avons un secours,
Et le bon vin nous fait rire
Quand on rit de nos amours.
TOUS.
Champêtres divinités,
Faunes, Dryades, sortez
De vos paisibles retraites ;
Mêlez vos pas à nos sons,
Et tracez sur les herbettes
L'image de nos chansons.

PREMIÈRE ENTRÉE DE BALLET.

En même temps, six Dryades et six Faunes sortent de leurs demeures, et font ensemble une danse agréable, qui, s'ouvrant tout d'un coup, laisse voir un berger et une bergère, qui font en musique une petite scène d'un dépit amoureux.

DÉPIT AMOUREUX.

CLIMÈNE, PHILINTE.

PHILINTE.
Quand je plaisois à tes yeux,
J'étois content de ma vie,
Et ne voyois roi ni dieux
Dont le sort me fit envie.
CLIMÈNE.
Lorsqu'à toute autre personne
Me préféroit ton ardeur
J'aurois quitté la couronne
Pour régner dessus ton cœur.
PHILINTE.
Une autre a guéri mon âme
Des feux que j'avois pour toi.
CLIMÈNE.
Un autre a vengé ma flamme
Des foiblesses de ta foi.
PHILINTE.
Chloris, qu'on vante si fort,
M'aime d'une ardeur fidèle ;
Si ses yeux vouloient ma mort,
Je mourrois content pour elle.
CLIMÈNE.
Myrtil, si digne d'envie,
Me chérit plus que le jour ;
Et moi, je perdrois la vie
Pour lui montrer mon amour.
PHILINTE.
Mais si d'une douce ardeur
Quelque renaissante trace
Chassoit Chloris de mon cœur,
Pour te remettre en sa place ?
CLIMÈNE.
Bien qu'avec pleine tendresse
Myrtil me puisse chérir,
Avec toi, je le confesse,
Je voudrois vivre et mourir.
TOUS DEUX ENSEMBLE.
Ah ! plus que jamais aimons-nous,
Et vivons et mourons en des liens si doux.
TOUS LES ACTEURS DE LA PASTORALE.
Amans, que vos querelles
Sont aimables et belles !
Qu'on y voit succéder
De plaisir, de tendresse !
Querellez-vous sans cesse
Pour vous raccommoder.
Amans, que vos querelles
Sont aimables et belles, etc.

DEUXIÈME ENTRÉE DE BALLET.

Les Faunes et les Dryades recommencent leur danse, que les bergères et les bergers musiciens entremêlent de leurs chansons, tandis que trois petites Dryades et trois petits Faunes font paroître dans l'enfoncement du théâtre tout ce qui se passe sur le devant.

LES BERGERS ET LES BERGÈRES.
Jouissons, jouissons des plaisirs innocens
Dont les feux de l'amour savent charmer nos sens
Des grandeurs qui voudra se soucie ;
Tous ces honneurs dont on a tant d'envie,
Ont des chagrins qui sont trop cuisans.
Jouissons, jouissons des plaisirs innocens
Dont les feux de l'amour savent charmer nos sens.
En aimant, tout nous plaît dans la vie ;
Deux cœurs unis de leur sort sont contens :
Cette ardeur, de plaisirs suivie,
De tous nos jours fait d'éternels printemps.
Jouissons, jouissons des plaisirs innocens
Dont les feux de l'amour savent charmer nos sens.

Les Amants magnifiques.

ACTE TROISIÈME.

SCÈNE I.

ARISTIONE, IPHICRATE, TIMOCLÈS, ÉRIPHILE, ANAXARQUE, SOSTRATE, CLITIDAS.

ARISTIONE. — Les mêmes paroles toujours se présentent à dire; il faut toujours s'écrier : Voilà qui est admirable! il ne se peut rien de plus beau! cela passe tout ce qu'on a jamais vu!

TIMOCLÈS. — C'est donner de trop grandes paroles, madame, à de petites bagatelles.

ARISTIONE. — Des bagatelles comme celles-là peuvent occuper agréablement les plus sérieuses personnes. En vérité, ma fille, vous êtes bien obligée à ces princes, et vous ne sauriez assez reconnaître tous les soins qu'ils prennent pour vous.

ÉRIPHILE. — J'en ai, madame, tout le ressentiment qu'il est possible.

ARISTIONE. — Cependant vous les faites longtemps languir sur ce qu'ils attendent de vous. J'ai promis de ne vous point contraindre; mais leur amour vous presse de vous déclarer, et de ne plus traîner en longueur la récompense de leurs services. J'ai chargé Sostrate d'apprendre doucement de vous les sentimens de votre cœur; et je ne sais pas s'il a commencé à s'acquitter de cette commission.

ÉRIPHILE. — Oui, madame; mais il me semble que je ne puis assez reculer ce choix dont on me presse, et que je ne saurois le faire sans mériter quelque blâme. Je me sens également obligée à l'amour, aux empressemens, aux services de ces deux princes; et je trouve une espèce d'injustice bien grande à me montrer ingrate, ou vers l'un, ou vers l'autre, par le refus qu'il m'en faudra faire dans la préférence de son rival.

IPHICRATE. — Cela s'appelle, madame, un fort honnête compliment pour nous refuser tous deux.

ARISTIONE. — Ce scrupule, ma fille, ne doit point vous inquiéter; et ces princes tous deux se sont soumis, il y a longtemps, à la préférence que pourra faire votre inclination.

ÉRIPHILE. — L'inclination, madame, est fort sujette à se tromper; et des yeux désintéressés sont beaucoup plus capables de faire un juste choix.

ARISTIONE. — Vous savez que je suis engagée de parole à ne rien prononcer là-dessus; et, parmi ces deux princes, votre inclination ne peut point se tromper, et faire un choix qui soit mauvais.

ÉRIPHILE. — Pour ne point violenter votre parole ni mon scrupule, agréez, madame, un moyen que j'ose proposer.

ARISTIONE. — Quoi, ma fille?

ÉRIPHILE. — Que Sostrate décide de cette préférence. Vous l'avez pris pour découvrir le secret de mon cœur, souffrez que je le prenne pour me tirer de l'embarras où je me trouve.

ARISTIONE. — J'estime tant Sostrate, que, soit que vous vouliez vous servir de lui pour expliquer vos sentimens, ou soit que vous vous en remettiez absolument à sa conduite; je fais, dis-je, tant d'estime de sa vertu et de son jugement, que je consens de tout mon cœur à la proposition que vous me faites.

IPHICRATE. — C'est-à-dire, madame, qu'il nous faut faire notre cour à Sostrate?

SOSTRATE. — Non, seigneur, vous n'aurez point de cour à me faire; et, avec tout le respect que je dois aux princesses, je renonce à la gloire où elles veulent m'élever.

ARISTIONE. — D'où vient cela, Sostrate?

SOSTRATE. — J'ai des raisons, madame, qui ne permettent pas que je reçoive l'honneur que vous me présentez.

IPHICRATE. — Craignez-vous, Sostrate, de vous faire un ennemi?

SOSTRATE. — Je craindrois peu, seigneur, les ennemis que je pourrois me faire en obéissant à mes souveraines.

TIMOCLÈS. — Par quelle raison donc refusez-vous d'accepter le pouvoir qu'on vous donne, et de vous acquérir l'amitié d'un prince qui vous devroit tout son bonheur?

SOSTRATE. — Par la raison que je ne suis pas en état d'accorder à ce prince ce qu'il souhaiteroit de moi.

IPHICRATE. — Quelle pourroit être cette raison?

SOSTRATE. — Pourquoi me tant presser là-dessus? Peut-être ai-je, seigneur, quelque intérêt secret qui s'oppose aux prétentions de votre amour. Peut-être ai-je un ami qui brûle, sans oser le dire, d'une flamme respectueuse pour les charmes divins dont vous êtes

C'est donner de trop grandes paroles à de petites bagatelles. (Acte III, scène 1.)

épris. Peut-être cet ami me fait-il tous les jours confidence de son martyre, qu'il se plaint à moi tous les jours des rigueurs de sa destinée, et regarde l'hymen de la princesse ainsi que l'arrêt redoutable qui le doit pousser au tombeau; et, si cela étoit, seigneur, seroit-il raisonnable que ce fût de ma main qu'il reçût le coup de sa mort?

IPHICRATE. — Vous auriez bien la mine, Sostrate, d'être vous-même cet ami dont vous prenez les intérêts.

SOSTRATE. — Ne cherchez point, de grâce, à me rendre odieux aux personnes qui vous écoutent. Je sais me connoître, seigneur; et les malheureux comme moi n'ignorent pas jusqu'où leur fortune leur permet d'aspirer.

ARISTIONE. — Laissons cela; nous trouverons moyen de terminer l'irrésolution de ma fille.

ANAXARQUE. — En est-il un meilleur, madame, pour terminer les choses au contentement de tout le monde, que les lumières que le ciel peut donner sur ce mariage? J'ai commencé, comme je vous ai dit, à jeter pour cela les figures mystérieuses que notre art nous enseigne; et j'espère vous faire voir tantôt ce que l'avenir garde à cette union souhaitée. Après cela, pourra-t-on balancer encore? La gloire et les prospérités que le ciel promettra ou à l'un ou à l'autre choix, ne seront-elles pas suffisantes pour le déterminer; et celui qui sera exclus, pourra-t-il s'offenser, quand ce sera le ciel qui décidera cette préférence?

IPHICRATE. — Pour moi, je m'y soumets entièrement; et je déclare que cette voie me semble la plus raisonnable.

TIMOCLÈS. — Je suis du même avis; et le ciel ne sauroit rien faire où je ne souscrive sans répugnance.

ÉRIPHILE. — Mais, seigneur Anaxarque, voyez-vous si clair dans les destinées, que vous ne vous trompiez jamais? et ces prospérités et cette gloire que vous dites que le ciel nous promet, qui en sera caution, je vous prie?

ARISTIONE. — Ma fille, vous avez une petite incrédulité qui ne vous quitte point.

ANAXARQUE. — Les épreuves, madame, que tout le monde a vues de l'infaillibilité de mes prédictions, sont les cautions suffisantes des promesses que je puis faire. Mais enfin, quand je vous aurai fait voir ce que le ciel vous marque, vous vous réglerez là-dessus à votre fan-

Vous auriez bien la mine d'être vous-même l'ami dont vous parlez. (Acte III, scène I.)

taisie; et ce sera à vous à prendre la fortune de l'un ou de l'autre choix.

ÉRIPHILE. — Le ciel, Anaxarque, me marquera les deux fortunes qui m'attendent?

ANAXARQUE. — Oui, madame: les félicités qui vous suivront, si vous épousez l'un; et les disgrâces qui vous accompagneront, si vous épousez l'autre.

ÉRIPHILE. — Mais comme il est impossible que je les épouse tous deux, il faut donc qu'on trouve écrit dans le ciel, non-seulement ce qui doit arriver, mais aussi ce qui ne doit pas arriver.

CLITIDAS, à part. — Voilà mon astrologue embarrassé.

ANAXARQUE. — Il faudroit vous faire, madame, une longue discussion des principes de l'astrologie, pour vous faire comprendre cela.

CLITIDAS. — Bien répondu. Madame, je ne dis point de mal de l'astrologie: l'astrologie est une belle chose, et le seigneur Anaxarque est un grand homme.

IPHICRATE. — La vérité de l'astrologie est une chose incontestable; et il n'y a personne qui puisse disputer contre la certitude de ses prédictions.

CLITIDAS. — Assurément.

TIMOCLÈS. — Je suis assez incrédule pour quantité de choses; mais, pour ce qui est de l'astrologie, il n'y a rien de plus sûr et de plus constant que le succès des horoscopes qu'elle tire.

CLITIDAS. — Ce sont des choses les plus claires du monde.

IPHICRATE. — Cent aventures prédites arrivent tous les jours, qui convainquent les plus opiniâtres.

CLITIDAS. — Il est vrai.

TIMOCLÈS. — Peut-on contester, sur cette matière, les incidens célèbres dont les histoires nous font foi?

CLITIDAS. — Il faut n'avoir pas le sens commun. Le moyen de contester ce qui est moulé?

ARISTIONE. — Sostrate n'en dit mot. Quel est son sentiment là-dessus?

SOSTRATE. — Madame, tous les esprits ne sont pas nés avec les qualités qu'il faut pour la délicatesse de ces belles sciences, qu'on nomme curieuses; et il y en a de si matériels, qu'ils ne peuvent aucunement comprendre ce que d'autres conçoivent le plus facilement du monde. Il n'est rien de plus agréable, madame, que toutes les grandes promesses de ces connoissances sublimes. Transformer tout en or; faire vivre éternellement; guérir par des paroles; se faire aimer de qui l'on veut; savoir tous les secrets de l'avenir; faire descendre comme on veut du ciel, sur des métaux, des impressions de bonheur; commander aux démons; se faire des armées invisibles et des soldats invulnérables : tout cela est charmant, sans doute; et il y a des gens qui n'ont aucune peine à en comprendre la possi-

Et le seigneur Anaxarque est un grand nomme. (Acte III, scène 1.)

bilité, cela leur est le plus aisé du monde à concevoir. Mais, pour moi, je vous avoue que mon esprit grossier a quelque peine à le comprendre et à le croire, et j'ai trouvé cela trop beau pour être véritable. Toutes ces belles raisons de sympathie, de force magnétique, et de vertu occulte, sont si subtiles et délicates, qu'elles échappent à mon sens matériel; et, sans parler du reste, jamais il n'a été en ma puissance de concevoir comme on trouve écrit dans le ciel jusqu'aux plus petites particularités de la fortune du moindre homme. Quel rapport, quel commerce, quelle correspondance peut-il y avoir entre nous et les globes éloignés de notre terre d'une distance si effroyable? et d'où cette belle science, enfin, peut-elle être venue aux hommes? Quel dieu l'a révélée? ou quelle expérience l'a pu former de l'observation de ce grand nombre d'astres qu'on n'a pu voir encore deux fois dans la même disposition?

ANAXARQUE. — Il ne sera pas difficile de vous le faire concevoir.

SOSTRATE. — Vous serez plus habile que tous les autres.

CLITIDAS, à Sostrate. — Il vous fera une discussion de tout cela, quand vous voudrez.

IPHICRATE, à Sostrate. — Si vous ne comprenez pas les choses, au moins les pouvez-vous croire sur ce que l'on voit tous les jours.

SOSTRATE. — Comme mon sens est si grossier qu'il n'a pu rien comprendre, mes yeux aussi sont si malheureux, qu'ils n'ont jamais rien vu.

IPHICRATE. — Pour moi, j'ai vu, et des choses tout à fait convaincantes.

TIMOCLÈS. — Et moi aussi.

SOSTRATE. — Comme vous avez vu, vous faites bien de croire; et il faut que vos yeux soient faits autrement que les miens.

IPHICRATE. — Mais enfin, la princesse croit à l'astrologie; et il me semble qu'on y peut bien croire après elle. Est-ce que madame, Sostrate, n'a pas de l'esprit et du sens?

SOSTRATE. — Seigneur, la question est un peu violente. L'esprit de la princesse n'est pas une règle pour

Dressons notre promenade vers cette belle grotte. (Acte III, scène I.)

le mien; et son intelligence peut l'élever à des lumières où mon sens ne peut pas atteindre.

ARISTIONE. — Non, Sostrate, je ne vous dirai rien sur quantité de choses auxquelles je ne donne guère plus de créance que vous; mais, pour l'astrologie, on m'a dit et fait voir des choses si positives, que je ne la puis mettre en doute.

SOSTRATE. — Madame, je n'ai rien à répondre à cela.

ARISTIONE. — Quittons ce discours, et qu'on nous laisse un moment. Dressons notre promenade, ma fille, vers cette belle grotte où j'ai promis d'aller. Des galanteries à chaque pas!

QUATRIÈME INTERMÈDE.

Le théâtre représente une grotte, où les princesses vont se promener; et, dans le temps qu'elles y entrent, huit statues, portant chacune deux flambeaux à leurs mains, sortent de leurs niches, et font une danse variée de plusieurs figures et de plusieurs belles attitudes, où elles demeurent par intervalles.

ENTRÉE DE BALLET de huit statues.

Quatrième intermède.

LES AMANTS MAGNIFIQUES

ACTE QUATRIÈME.

SCÈNE I.

ARISTIONE, ERIPHILE.

ARISTIONE. — De qui que cela soit, on ne peut rien de plus galant et de mieux entendu. Ma fille, j'ai voulu me séparer de tout le monde pour vous entretenir ; et je veux que vous ne me cachiez rien de la vérité. N'auriez-vous point dans l'âme quelque inclination secrète que vous ne voulez pas nous dire?

ÉRIPHILE. — Moi, madame?

ARISTIONE. — Parlez à cœur ouvert, ma fille. Ce que j'ai fait pour vous mérite bien que vous usiez avec moi de franchise. Tourner vers vous toutes mes pensées; vous préférer à toutes choses, et fermer l'oreille, en l'état où je suis, à toutes les propositions que cent princesses, en ma place, écouteroient avec bienséance ; tout cela vous doit assez persuader que je suis une bonne mère, et que je ne suis pas pour recevoir avec sévérité les ouvertures que vous pourriez me faire de votre cœur.

ÉRIPHILE. — Si j'avois si mal suivi votre exemple, que de m'être laissée aller à quelques sentiments d'inclination que j'eusse raison de cacher, j'aurois, madame, assez de pouvoir sur moi-même pour imposer silence à cette passion, et me mettre en état de ne rien faire voir qui fût indigne de votre sang.

ARISTIONE. — Non, non, ma fille ; vous pouvez, sans scrupule, m'ouvrir vos sentiments. Je n'ai point renfermé votre inclination dans le choix de deux princes : vous pouvez l'étendre où vous voudrez ; et le mérite, auprès de moi, tient un rang si considérable, que je l'égale à tout ; et, si vous m'avouez franchement les choses, vous me verrez souscrire sans répugnance au choix qu'aura fait votre cœur.

ÉRIPHILE. — Vous avez des bontés pour moi, madame, dont je ne puis assez me louer : mais je ne les mettrai point à l'épreuve sur le sujet dont vous me parlez ; et tout ce que je leur demande, c'est de ne point presser un mariage où je ne me sens pas encore bien résolue.

ARISTIONE. — Jusqu'ici je vous ai laissée assez maîtresse de tout ; et l'impatience des princes vos amans.... Mais quel bruit est-ce que j'entends ? Ah ! ma fille, quel spectacle s'offre à nos yeux ! Quelque divinité descend ici, et c'est la déesse Vénus qui semble nous vouloir parler.

SCÈNE II.

VÉNUS, *accompagnée de* QUATRE PETITS AMOURS *dans une machine;* ARISTIONE, ERIPHILE.

VÉNUS, *à Aristione.*

Princesse, dans tes soins brille un zèle exemplaire,
Qui, par les immortels, doit être couronné ;
Et, pour te voir un gendre illustre et fortuné,
Leur main te veut marquer le choix que tu dois faire.
  Ils t'annoncent tous par ma voix,
La gloire et les grandeurs que, par ce digne choix,
  Ils feront pour jamais entrer dans ta famille.
De tes difficultés termine donc le cours ;
    Et pense à donner ta fille
    A qui sauvera tes jours.

SCÈNE III.

ARISTIONE, ÉRIPHILE.

ARISTIONE. — Ma fille, les dieux imposent silence à tous nos raisonnemens. Après cela, nous n'avons plus rien à faire qu'à recevoir ce qu'ils s'apprêtent à nous donner; et vous venez d'entendre distinctement leur volonté. Allons dans le premier temple les assurer de notre obéissance, et leur rendre grâces de leurs bontés.

Princesse, dans tes soins brille un zèle exemplaire. (Acte IV, scène II.)

SCÈNE IV.

ANAXARQUE, CLÉON.

CLÉON. — Voilà la princesse qui s'en va; ne voulez-vous pas lui parler?

ANAXARQUE. — Attendons que sa fille soit séparée d'elle. C'est un esprit que je redoute, et qui n'est pas de trempe à se laisser mener ainsi que celui de sa mère. Enfin, mon fils, comme nous venons de voir par cette ouverture, le stratagème a réussi. Notre Vénus a fait des merveilles; et l'admirable ingénieur qui s'est employé à cet artifice, a si bien disposé tout, a coupé avec tant d'adresse le plancher de cette grotte, si bien ajusté ses lumières et habillé ses personnages, qu'il y a peu de gens qui n'y eussent été trompés; et, comme la princesse Aristione est fort superstitieuse, il ne faut point douter qu'elle ne donne à pleine tête dans cette tromperie. Il y a longtemps, mon fils, que je prépare cette machine; et me voilà tantôt au but de mes prétentions.

CLÉON. — Mais pour lequel des deux princes, au moins, dressez-vous tout cet artifice?

ANAXARQUE. — Tous deux ont recherché mon assistance, et je leur promets à tous deux la faveur de mon art. Mais les présens du prince Iphicrate, et les promesses qu'il m'a faites, l'emportent de beaucoup sur tout ce qu'a pu faire l'autre. Ainsi ce sera lui qui recevra les effets favorables de tous les ressorts que je fais jouer; et, comme son ambition me devra toute chose, voilà, mon fils, notre fortune faite. Je vais prendre mon temps pour affermir dans son erreur l'esprit de la princesse, pour la mieux prévenir encore par le rapport que je lui ferai voir adroitement des paroles de Vénus avec les prédictions des figures célestes que je lui dis que j'ai jetées. Va-t'en tenir la main au reste de l'ouvrage, préparer nos six hommes à se bien cacher dans leur barque derrière le rocher, à posément attendre le temps que la princesse Aristione vient tous les soirs se promener seule sur le rivage, à se jeter bien à propos sur elle, ainsi que des corsaires, et donner lieu au prince Iphicrate de lui apporter ce secours, qui, sur les paroles du ciel, doit mettre entre ses mains la princesse Ériphile. Ce prince est averti par moi; et, sur la foi de ma prédiction, il doit se tenir dans ce petit bois qui borde le rivage. Mais sortons de cette grotte; je te dirai, en marchant, toutes les choses qu'il faut bien observer. Voilà la princesse Ériphile : évitons sa rencontre.

SCÈNE V.

ÉRIPHILE, *seule*.

Hélas! quelle est ma destinée! et qu'ai-je fait aux dieux pour mériter les soins qu'ils veulent prendre de moi?

Va-t-en tenir la main au reste. (Acte IV, scène IV.)

SCÈNE VI.

ÉRIPHILE, CLÉONICE.

CLÉONICE. — Le voici, madame, que j'ai trouvé; et, à vos premiers ordres, il n'a pas manqué de me suivre.

ÉRIPHILE. — Qu'il approche, Cléonice; et qu'on nous laisse seuls un moment.

SCÈNE VII.

ÉRIPHILE, SOSTRATE

ÉRIPHILE. — Sostrate, vous m'aimez
SOSTRATE. — Moi, madame?

ÉRIPHILE. — Laissons cela, Sostrate; je le sais, je l'approuve, et vous permets de me le dire. Votre passion a paru à mes yeux accompagnée de tout le mérite qui me la pouvoit rendre agréable. Si ce n'étoit le rang où le ciel m'a fait naître, je puis vous dire que cette passion n'auroit pas été malheureuse, et que cent fois je lui ai souhaité l'appui d'une fortune qui pût mettre pour elle en pleine liberté les secrets sentimens de mon âme. Ce n'est pas, Sostrate, que le mérite seul n'ait à mes yeux tout le prix qu'il doit avoir, et que, dans mon cœur, je ne préfère les vertus qui sont en vous, à tous les titres magnifiques dont les autres sont revêtus. Ce n'est pas même que la princesse ma mère ne m'ait assez laissé la disposition de mes vœux; et je ne doute point, je vous l'avoue, que mes prières n'eussent pu tourner son consentement du côté que j'aurois voulu. Mais il est des états, Sostrate, où il n'est pas honnête de vouloir tout ce qu'on peut faire. Il y a des chagrins à se mettre au-dessus de toutes choses; et les bruits fâcheux de la renommée vous font trop acheter le plaisir que l'on trouve à contenter son inclination. C'est à quoi, Sostrate, je ne me serois jamais résolue; et j'ai cru faire assez de fuir l'engagement dont j'étois sollicitée. Mais enfin, les dieux veulent prendre eux-mêmes le soin de me donner un époux; et tous ces longs délais avec lesquels j'ai reculé mon mariage, et que les bontés de la princesse ma mère ont accordés à mes désirs; ces délais, dis-je, ne me sont plus permis, et il me faut résoudre à subir cet arrêt du ciel. Soyez sûr, Sostrate, que c'est avec toutes les répugnances du monde que je m'abandonne à cet hyménée; et que, si j'avois pu être maîtresse de moi, ou j'aurois été à vous, ou je n'aurois été à personne. Voilà, Sostrate, ce que j'avois à vous dire; voilà ce que j'ai cru devoir à votre mérite, et la consolation que toute ma tendresse peut donner à votre flamme.

SOSTRATE. — Ah! madame, c'en est trop pour un malheureux! Je ne m'étois pas préparé à mourir avec tant de gloire; et je cesse, dans ce moment, de me plaindre des destinées. Si elles m'ont fait naître dans un rang beaucoup moins élevé que mes désirs, elles m'ont fait naître assez heureux pour attirer quelque pitié du cœur d'une grande princesse; et cette pitié

Ah! madame, c'en est trop. (Acte IV, scène VII.)

glorieuse vaut des sceptres et des couronnes, vaut la fortune des plus grands princes de la terre. Oui, madame, dès que j'ai osé vous aimer (c'est vous, madame, qui voulez bien que je me serve de cet mot téméraire), dès que j'ai, dis-je, osé vous aimer, j'ai condamné d'abord l'orgueil de mes désirs; je me suis fait moi-même la destinée que je devois attendre. Le coup de mon trépas, madame, n'aura rien qui me surprenne, puisque je m'y étois préparé; mais vos bontés le comblent d'un honneur que mon amour jamais n'eût osé espérer; et je m'en vais mourir, après cela, le plus content et le plus glorieux de tous les hommes. Si je puis encore souhaiter quelque chose, ce sont deux grâces, madame, que je prends la hardiesse de vous demander à genoux : de vouloir souffrir ma présence jusqu'à cet heureux hyménée qui doit mettre fin à ma vie; et, parmi cette grande gloire et ces longues prospérités que le ciel promet à votre union, de vous souvenir quelquefois de l'amoureux Sostrate. Puis-je, divine princesse, me promettre de vous cette précieuse faveur?

ÉRIPHILE. — Allez, Sostrate, sortez d'ici. Ce n'est pas aimer mon repos, que de me demander que je me souvienne de vous.

SOSTRATE. — Ah! madame, si votre repos....

ÉRIPHILE. — Otez-vous, vous dis-je, Sostrate; épargnez ma foiblesse, et ne m'exposez point à plus que je n'ai résolu.

SCÈNE VIII.

ERIPHILE, CLÉONICE.

CLÉONICE. — Madame, je vous vois l'esprit tout chagrin : vous plaît-il que vos danseurs, qui expriment si bien toutes les passions, vous donnent maintenant quelque épreuve de leur adresse ?

ÉRIPHILE. — Oui, Cléonice : qu'ils fassent tout ce qu'ils voudront, pourvu qu'ils me laissent à mes pensées.

CINQUIÈME INTERMÈDE.

Quatre pantomimes, pour épreuve de leur adresse, ajustent leurs gestes et leurs pas aux inquiétudes de la jeune princesse Eriphile.

ENTRÉE DE BALLET de quatre pantomimes.

Troisième intermède. (Acte II.)

Qu'as-tu à me dire? (Acte v, scène 1)

ACTE CINQUIÈME.

SCÈNE I.

ÉRIPHILE, CLITIDAS.

CLITIDAS. — De quel côté porter mes pas? Où m'aviserai-je d'aller? et en quel lieu puis-je croire que je trouverai maintenant la princesse Ériphile? Ce n'est pas un petit avantage que d'être le premier à porter une nouvelle. Ah! la voilà! Madame, je vous annonce que le ciel vient de vous donner l'époux qu'il vous destinoit.

ÉRIPHILE. — Eh! laisse-moi, Clitidas, dans ma sombre mélancolie.

CLITIDAS. — Madame, je vous demande pardon. Je pensois faire bien de vous venir dire que le ciel vient de vous donner Sostrate pour époux; mais, puisque cela vous incommode, je rengaine ma nouvelle, et m'en retourne droit comme je suis venu.

ÉRIPHILE. — Clitidas! holà, Clitidas!

CLITIDAS. — Je vous laisse, madame, dans votre sombre mélancolie.

ÉRIPHILE. — Arrête, te dis-je; approche. Que viens-tu me dire?

CLITIDAS. — Rien, madame. On a parfois des empressemens de venir dire aux grands de certaines choses dont ils ne se soucient pas; et je vous prie de m'excuser.

ÉRIPHILE. — Que tu es cruel!

CLITIDAS. — Une autre fois j'aurai la discrétion de ne vous pas venir interrompre.

ÉRIPHILE. — Ne me tiens point dans l'inquiétude. Qu'est-ce que tu viens m'annoncer?

CLITIDAS. — C'est une bagatelle de Sostrate, madame, que je vous dirai une autre fois, quand vous ne serez point embarrassée.

ÉRIPHILE. — Ne me fais point languir davantage, te dis-je, et m'apprends cette nouvelle.

CLITIDAS. — Vous la voulez savoir, madame?

ÉRIPHILE. — Oui; dépêche. Qu'as-tu à me dire de Sostrate?

CLITIDAS. — Une aventure merveilleuse, où personne ne s'attendoit.

ÉRIPHILE. — Dis-moi vite ce que c'est.

CLITIDAS. — Cela ne troublera-t-il point, madame, votre sombre mélancolie?

ÉRIPHILE. — Ah! parle promptement.

CLITIDAS. — J'ai donc à vous dire, madame, que la princesse votre mère passoit presque seule dans la forêt, par ces petites routes qui sont si agréables, lorsqu'un sanglier hideux (ces vilains sangliers-là font toujours du désordre, et l'on devroit les bannir des forêts bien policées), lors, dis-je, qu'un sanglier hideux, poussé, je crois, par des chasseurs, est venu traverser la route où nous étions. Je devrois vous faire, peut-être, pour orner mon récit, une description étendue du sanglier dont je parle; mais vous vous en passerez, s'il vous plaît, et je me contenterai de vous dire que c'étoit un fort vilain animal. Il passoit son chemin, et il étoit bon de ne lui rien dire, de ne point chercher de noise avec lui; mais la princesse a voulu égayer sa dextérité, et de son dard, qu'elle lui a lancé un peu mal à propos, ne lui en déplaise, lui a fait au-dessus de l'oreille une assez petite blessure. Le sanglier, mal morigéné, s'est impertinemment détourné contre nous : nous étions là deux ou trois misérables, qui avons pâli de frayeur; chacun gagnoit son arbre, et la princesse, sans défense, demeuroit exposée à la furie de la bête, lorsque Sostrate a paru, comme si les dieux l'eussent envoyé.

ÉRIPHILE. — Hé bien! Clitidas?

CLITIDAS. — Si mon récit vous ennuie, madame, je remettrai le reste à une autre fois?

ÉRIPHILE. — Achève promptement.

Nous avons vu le sanglier mort. (Acte v, scène 1.)

CLITIDAS. — Ma foi, c'est promptement de vrai que j'achèverai; car un peu de poltronnerie m'a empêché de voir tout le détail de ce combat; et tout ce que je puis vous dire, c'est que, retournant sur la place, nous avons vu le sanglier mort, tout vautré dans son sang; et la princesse pleine de joie, nommant Sostrate son libérateur, et l'époux digne et fortuné que les dieux lui marquoient pour vous. A ces paroles, j'ai cru que j'en avois assez entendu; et je me suis hâté de vous en venir, avant tous, apporter la nouvelle.

ÉRIPHILE. — Ah! Clitidas, pouvois-tu m'en donner une qui me pût être plus agréable?

CLITIDAS. — Voilà qu'on vient vous trouver.

SCÈNE II.

ARISTIONE, SOSTRATE, ÉRIPHILE, CLITIDAS.

ARISTIONE. — Je vois, ma fille, que vous savez déjà tout ce que nous pourrions vous dire. Vous voyez que les dieux se sont expliqués bien plus tôt que nous n'eussions pensé : mon péril n'a guère tardé à nous marquer leurs volontés; et l'on connoît assez que ce sont eux qui se sont mêlés de ce choix, puisque le mérite tout seul brille dans cette préférence. Aurez-vous quelque répugnance à récompenser de votre cœur celui à qui je dois la vie? et refuserez-vous Sostrate pour époux?

ÉRIPHILE. — Et de la main des dieux et de la vôtre, madame, je ne puis rien recevoir qui ne me soit fort agréable.

SOSTRATE. — Ciel! n'est-ce point ici quelque songe tout plein de gloire dont les dieux me veuillent flatter? et quelque réveil malheureux ne me replongera-t-il point dans la bassesse de ma fortune?

Refuserez-vous Sostrate pour époux? (Acte V, scène II.)

SCÈNE III.

ARISTIONE, ÉRIPHILE, SOSTRATE, CLÉONICE, CLITIDAS.

CLÉONICE. — Madame, je viens vous dire qu'Anaxarque a jusqu'ici abusé l'un et l'autre prince, par l'espérance de ce choix qu'ils poursuivent depuis longtemps; et qu'au bruit qui s'est répandu de votre aventure, ils ont fait éclater tous deux leur ressentiment contre lui, jusque-là que, de paroles en paroles, les choses se sont échauffées, et il en a reçu quelques blessures dont on ne sait pas bien ce qui arrivera. Mais les voici.

SCÈNE IV.

ARISTIONE, ÉRIPHILE, IPHICRATE, TIMOCLÈS, SOSTRATE, CLÉONICE, CLITIDAS.

ARISTIONE. — Princes, vous agissez tous deux avec une violence bien grande! et, si Anaxarque a pu vous offenser, j'étois pour vous en faire justice moi-même.

IPHICRATE. — Et quelle justice, madame, auriez-vous pu nous faire de lui, si vous la faites si peu à notre rang dans le choix que vous embrassez?

ARISTIONE. — Ne vous êtes-vous pas soumis l'un et l'autre à ce que pourroient décider, ou les ordres du ciel, ou l'inclination de ma fille?

TIMOCLÈS. — Oui, madame, nous nous sommes soumis à ce qu'ils pourroient décider entre le prince Iphicrate et moi, mais non pas à nous voir rebutés tous deux.

ARISTIONE. — Et si chacun de vous a bien pu se résoudre à souffrir une préférence, que vous arrive-t-il à tous deux où vous ne soyez préparés? et que peuvent importer à l'un et à l'autre les intérêts de son rival?

IPHICRATE. — Oui, madame, il importe C'est quelque consolation de se voir préférer un homme qui vous est égal; et votre aveuglement est une chose épouvantable.

ARISTIONE. — Prince, je ne veux pas me brouiller avec une personne qui m'a fait tant de grâce que de me dire des douceurs; et je vous prie, avec toute l'honnêteté qu'il m'est possible, de donner à votre chagrin un fondement plus raisonnable; de vous souvenir, s'il vous plaît, que Sostrate est revêtu d'un mérite qui s'est fait connoître à toute la Grèce, et que le rang où le ciel l'élève aujourd'hui va remplir toute la distance qui étoit entre lui et vous.

IPHICRATE. — Oui, oui, madame, nous nous en

Je pardonne toutes ces menaces. (Acte v, scène iv.)

souviendrons. Mais peut-être aussi vous souviendrez-vous que deux princes outragés ne sont pas deux ennemis peu redoutables.

TIMOCLÈS. — Peut-être, madame, qu'on ne goûtera pas longtemps la joie du mépris que l'on fait de nous.

ARISTIONE. — Je pardonne toutes ces menaces aux chagrins d'un amour qui se croit offensé, et nous n'en verrons pas avec moins de tranquillité la fête des jeux Pythiens. Allons-y de ce pas; et couronnons, par ce pompeux spectacle, cette merveilleuse journée.

SIXIÈME INTERMÈDE.

Qui est la solennité des jeux Pythiens.

Le théâtre est une grande salle, en manière d'amphithéâtre, ouvert d'une grande arcade dans le fond, au-dessus de laquelle est une tribune fermée d'un rideau; et dans l'éloignement paroît un autel pour le sacrifice. Six hommes, habillés comme s'ils étoient presque nus, portant chacun une hache sur l'épaule, comme ministres du sacrifice, entrent par le portique, au son des violons, et sont suivis de deux sacrificateurs musiciens, d'une prêtresse musicienne, et leur suite.

LA PRÊTRESSE.
Chantez, peuples, chantez en mille et mille lieux
Du dieu que nous servons les brillantes merveilles;
    Parcourez la terre et les cieux :
Vous ne sauriez chanter rien de plus précieux,
    Rien de plus doux pour les oreilles.

UNE GRECQUE.
A ce dieu plein de force, à ce dieu plein d'appas
    Il n'est rien qui résiste.

AUTRE GRECQUE.
    Il n'est rien ici-bas,
Qui par ses bienfaits ne subsiste.

AUTRE GRECQUE.
Toute la terre est triste
Quand on ne le voit pas.

LE CHOEUR.
Poussons à sa mémoire
Des concerts si touchans,
Que, du haut de sa gloire,
Il écoute nos chants.

Intermède.

PREMIÈRE ENTRÉE DE BALLET.

Les six hommes portant les haches, font entre eux une danse, ornée de toutes les attitudes que peuvent exprimer des gens qui étudient leurs forces; puis ils se retirent aux deux côtés du théâtre, pour faire place à six voltigeurs.

DEUXIÈME ENTRÉE DE BALLET.

Six voltigeurs font paroître, en cadence, leur adresse sur des chevaux de bois qui sont apportés par des esclaves.

TROISIÈME ENTRÉE DE BALLET.

Quatre conducteurs d'esclaves amènent, en cadence, douze esclaves, qui dansent, en marquant la joie qu'ils ont d'avoir recouvré leur liberté.

QUATRIÈME ENTRÉE DE BALLET.

Quatre hommes et quatre femmes, armés à la grecque, font ensemble une manière de jeu pour les armes.

La tribune s'ouvre. Un héraut, six trompettes et un timbalier, se mêlant à tous les instrumens, annoncent, avec un grand bruit, la venue d'Apollon.

LE CHOEUR.

Ouvrons tous nos yeux
A l'éclat suprême
Qui brille en ces lieux.
Quelle grâce extrême!
Quel port glorieux!
Où voit-on des dieux
Qui soient faits de même?

Apollon, au bruit des trompettes et des violons, entre par le portique, précédé de six jeunes gens qui portent des lauriers entrelacés autour d'un bâton, et un soleil d'or au-dessus, avec la devise royale, en manière de trophée. Les six jeunes gens, pour danser avec Apollon, donnent leur trophée à tenir aux six hommes qui portent les haches, et commencent avec Apollon une danse héroïque, à laquelle se joignent, en diverses manières, les six hommes portant les trophées, les quatre femmes armées avec leurs timbres, et les quatre hommes armés avec leurs tambours, tandis que les six trompettes, le timbalier, les sacrificateurs, la prêtresse, et le chœur de musique accompagnent tout cela, en se mêlant, à diverses reprises; ce qui finit la fête des jeux Pythiens, et tout le divertissement.

CINQUIÈME ET DERNIÈRE ENTRÉE DE BALLET. — APOLLON ET SIX JEUNES GENS DE SA SUITE, CHOEUR DE MUSIQUE.

Pour LE ROI, *représentant le Soleil.*

Je suis la source des clartés;
Et les astres les plus vantés,
Dont le beau cercle m'environne,
Ne sont brillans et respectés
Que par l'éclat que je leur donne.

Du char où je me puis asseoir,
Je vois le désir de me voir
Posséder la nature entière;
Et le monde n'a son espoir
Qu'aux seuls bienfaits de ma lumière.

Bienheureuses de toutes parts,
Et pleines d'exquises richesses,
Les terres où de mes regards
J'arrête les douces caresses!

Pour M. LE GRAND, *suivant d'Apollon.*

Bien qu'auprès du soleil tout autre éclat s'efface,
S'en éloigner pourtant n'est pas ce que l'on veut;
Et vous voyez bien, quoi qu'il fasse,
Que l'on s'en tient toujours le plus près que l'on peut.

Pour le marquis DE VILLEROI, *suivant d'Apollon.*

De notre maître incomparable
Vous me voyez inséparable;
Et le zèle puissant qui m'attache à ses vœux,
Le suit parmi les eaux, le suit parmi les feux.

Pour le marquis DE RASSENT, *suivant d'Apollon.*

Je ne serai pas vain, quand je ne croirai pas
Qu'un autre, mieux que moi, suive partout ses pas.

FIN DU CINQUIÈME ACTE

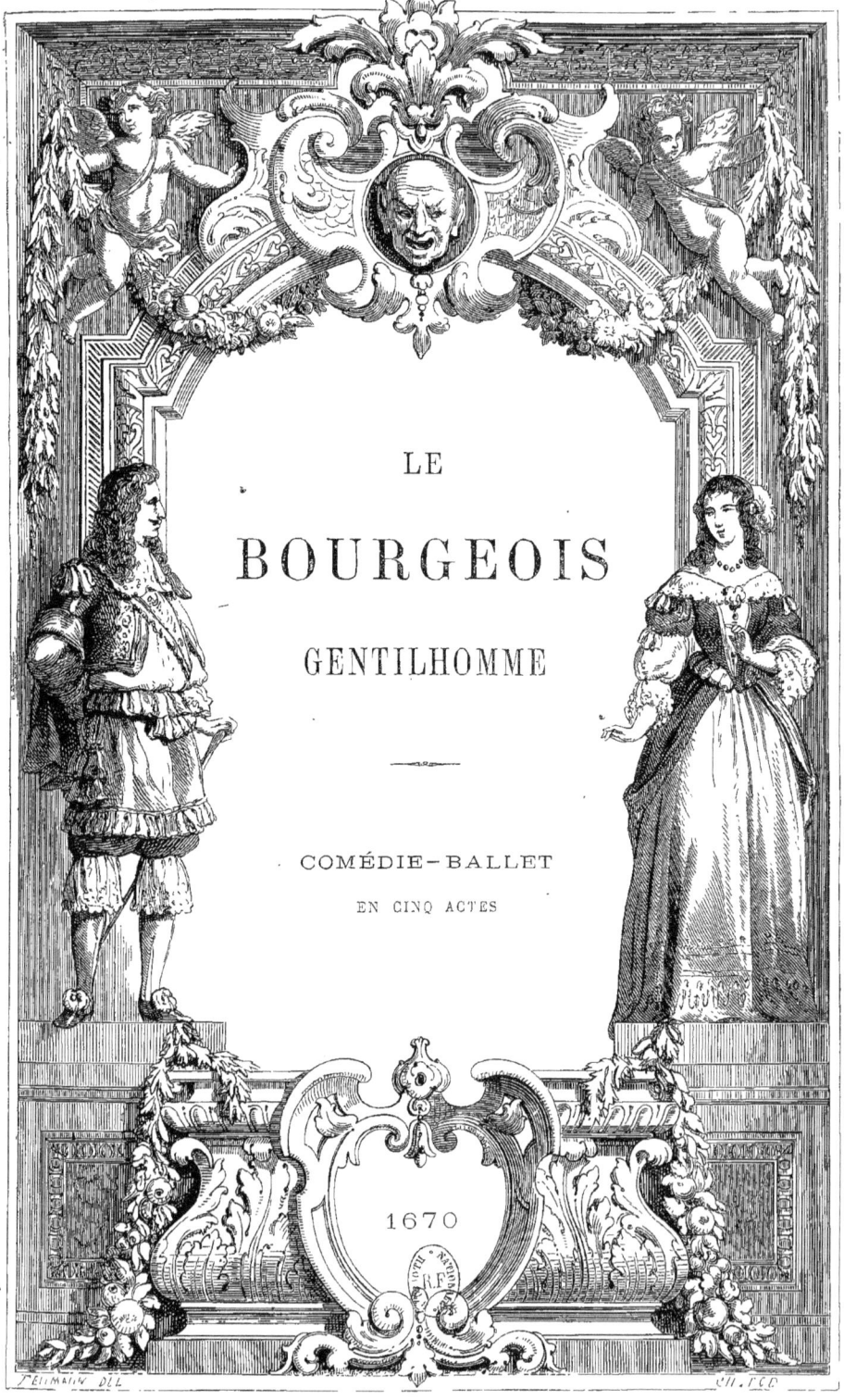

PERSONNAGES ET ACTEURS DE LA COMÉDIE.

M. JOURDAIN, bourgeois.	Molière.	UN MAITRE DE MUSIQUE.	
MADAME JOURDAIN, sa femme.	Hubert.	UN ÉLÈVE DU MAITRE DE MUSIQUE.	
LUCILE, fille de M. Jourdain.	Mlle Molière.	UN MAITRE A DANSER.	
CLÉONTE, amoureux de Lucile.	La Grange.	UN MAITRE D'ARMES.	De Brie.
DORIMÈNE, marquise.	Mlle de Brie.	UN MAITRE DE PHILOSOPHIE.	Du Croisy.
DORANTE, comte, amant de Dorimène.	La Thorillière.	UN MAITRE TAILLEUR.	
NICOLE, servante de M. Jourdain.	Mlle Beauval.	UN GARÇON TAILLEUR.	
COVIELLE, valet de Cléonte.		DEUX LAQUAIS.	

PERSONNAGES ET ACTEURS DU BALLET.

PREMIER ACTE.

UNE MUSICIENNE. Mlle Hilaire.
PREMIER MUSICIEN. Langeais.
SECOND MUSICIEN. Gaye.
DANSEURS. La Pierre, Saint-André, Magny.

DEUXIÈME ACTE.

GARÇONS TAILLEURS, dansans. { Dolivet, Le Chantre, Bonard, Isaac, Magny, Saint-André.

TROISIÈME ACTE.

CUISINIERS, dansans.

QUATRIÈME ACTE.

PREMIER MUSICIEN. La Grille.
SECOND MUSICIEN. Morel.
TROISIÈME MUSICIEN. Blondel.

CÉRÉMONIE TURQUE.

LE MUPHTI, chantant. Chiaccherone.
DERVIS, chantans. Morel, Guingan le cadet, Noblet, Philibert.
TURCS, assistans du muphti, chantans. { Estival, Blondel, Guingan l'aîné, Hédouin, Rebel, Gillet, Fernon le cadet, Bernard, Deschamps, Langeais, Gaye.
TURCS, assistans du muphti, dansans. { Beauchamp, Dolivet, La Pierre, Favier, Mayeu, Chicaneau.

CINQUIÈME ACTE.

BALLET DES NATIONS.

PREMIÈRE ENTRÉE.

UN DONNEUR DE LIVRES, dansant. Dolivet.

IMPORTUNS, dansans. Saint-André, La Pierre, Favier.
PREMIER HOMME du bel air. Le Gros.
SECOND HOMME du bel air. Rebel.
PREMIÈRE FEMME du bel air....
SECONDE FEMME du bel air....
PREMIER GASCON. Gaye.
SECOND GASCON. Guingan le cadet.
UN SUISSE. Philibert.
UN VIEUX BOURGEOIS babillard. Blondel.
UNE VIEILLE BOURGEOISE babillarde. Langeais.
TROUPE DE SPECTATEURS, chantans. { Estival, Hédouin, Morel, Guingan l'aîné, Fernon, Deschamps, Gillet, Bernard, Noblet, Quatre Pages de la musique.
FILLES COQUETTES. { Jeannot, Pierrot, Renier, un Page de la chapelle.
PREMIER ESPAGNOL, chantant. Morel.
SECOND ESPAGNOL, chantant. Gillet.
TROISIÈME ESPAGNOL, chantant. Martin.
ESPAGNOLS, dansans. { Dolivet, Le Chantre, Bonard, Lestang, Isaac, Joubert.
DEUX AUTRES ESPAGNOLS, dansans. Beauchamp, Chicaneau.

TROISIÈME ENTRÉE

UNE ITALIENNE, chantante. Mlle Hilaire.
UN ITALIEN, chantant. Gaye
SCARAMOUCHES, dansans. Beauchamp, Mayeu.
TRIVELINS, dansans. Magny, Foignard le cadet.
ARLEQUIN. Dominique.

QUATRIÈME ENTRÉE.

PREMIER POITEVIN, chantant et dansant. Noblet.
SECOND POITEVIN, chantant et dansant. La Grille.
POITEVINS, dansans. La Pierre, Favier, Saint-André.
POITEVINES, dansantes. Favre, Foignard, Favier le jeune.

La scène est à Paris, dans la maison de M. Jourdain.

Cette comédie fut représentée à Chambord le 14 octobre 1670, et à Paris le 29 novembre suivant.

Je me suis fait faire cette petite indienne-ci. (Acte I, scène II.)

ACTE PREMIER.

L'ouverture se fait par un grand assemblage d'instruments; et, dans le milieu du théâtre, on voit un élève du maître de musique, qui compose sur une table un air que le bourgeois a demandé pour une sérénade.

SCÈNE I.

UN MAITRE DE MUSIQUE, UN MAITRE A DANSER, TROIS MUSICIENS,
DEUX VIOLONS, QUATRE DANSEURS.

LE MAÎTRE DE MUSIQUE, *aux musiciens*. — Venez, entrez dans cette salle, et vous reposez là, en attendant qu'il vienne.

LE MAÎTRE A DANSER, *aux danseurs*. — Et vous aussi, de ce côté.

LE MAÎTRE DE MUSIQUE, *à son élève*. — Est-ce fait?

L'ÉLÈVE. — Oui.

LE MAÎTRE DE MUSIQUE. — Voyons.... Voilà qui est bien.

LE MAÎTRE A DANSER. — Est-ce quelque chose de nouveau?

LE MAÎTRE DE MUSIQUE. — Oui, c'est un air pour une sérénade, que je lui ai fait composer ici, en attendant que notre homme fût éveillé.

LE MAÎTRE A DANSER. — Peut-on voir ce que c'est?

LE MAÎTRE DE MUSIQUE. — Vous l'allez entendre avec le dialogue, quand il viendra. Il ne tardera guère.

LE MAÎTRE A DANSER. — Nos occupations, à vous et à moi, ne sont pas petites maintenant.

LE MAÎTRE DE MUSIQUE. — Il est vrai. Nous avons trouvé ici un homme comme il nous le faut à tous deux. Ce nous est une douce rente que ce monsieur Jourdain, avec les visions de noblesse et de galanterie qu'il est allé se mettre en tête; et votre danse et ma musique auroient à souhaiter que tout le monde lui ressemblât.

LE MAÎTRE A DANSER. — Non pas entièrement; et je voudrois, pour lui, qu'il se connût mieux qu'il ne fait aux choses que nous lui donnons.

LE MAÎTRE DE MUSIQUE. — Il est vrai qu'il les connoît mal, mais il les paye bien; et c'est de quoi maintenant nos arts ont plus besoin que de toute autre chose.

LE MAÎTRE A DANSER. — Pour moi, je vous l'avoue, je me repais un peu de gloire. Les applaudissemens me touchent; et je tiens que, dans tous les beaux-arts, c'est un supplice assez fâcheux que de se produire à des sots, que d'essuyer, sur des compositions, la barbarie d'un stupide. Il y a plaisir, ne m'en parlez point, à travailler pour des personnes qui soient capables de sentir les délicatesses d'un art; qui sachent faire un doux accueil aux beautés d'un ouvrage, et, par de chatouillantes approbations, vous régaler de votre travail. Oui, la récompense la plus agréable qu'on puisse recevoir des choses que l'on fait, c'est de les voir connues, de les voir caressées d'un applaudissement qui vous honore. Il n'y a rien, à mon avis, qui nous paye mieux que cela de toutes nos fatigues; et ce sont des douceurs exquises que des louanges éclairées.

LE MAÎTRE DE MUSIQUE. — J'en demeure d'accord; et je les goûte comme vous. Il n'y a rien assurément qui chatouille davantage, que les applaudissemens que vous dites; mais cet encens ne fait pas vivre. Des louanges toutes pures ne mettent point un homme à son aise · il y faut mêler du solide; et la meilleure façon de louer, c'est de louer avec les mains. C'est un homme, à la vérité, dont les lumières sont petites, qui parle à tort et à travers de toutes choses, et n'applaudit qu'à contre-sens; mais son argent redresse les jugemens de son esprit; il a du discernement dans sa bourse; ses louanges sont monnoyées; et ce bourgeois ignorant nous vaut mieux, comme vous voyez, que le grand seigneur éclairé qui nous a introduits ici.

LE MAÎTRE A DANSER. — Il y a quelque chose de vrai dans ce que vous dites; mais je trouve que vous appuyez un peu trop sur l'argent; et l'intérêt est quelque chose de si bas, qu'il ne faut jamais qu'un honnête homme montre pour lui de l'attachement.

LE MAÎTRE DE MUSIQUE. — Vous recevez fort bien pourtant l'argent que notre homme vous donne.

LE MAÎTRE A DANSER. — Assurément; mais je n'en fais pas tout mon bonheur; et je voudrois qu'avec son bien, il eût encore quelque bon goût des choses.

LE MAÎTRE DE MUSIQUE. — Je le voudrois aussi; et c'est à quoi nous travaillons tous deux autant que nous pouvons. Mais, en tout cas, il nous donne moyen de nous faire connoître dans le monde et il payera pour les autres ce que les autres loueront pour lui.

LE MAÎTRE A DANSER. — Le voilà qui vient.

SCÈNE II.

MONSIEUR JOURDAIN, en robe de chambre et en bonnet de nuit; LE MAITRE DE MUSIQUE, LE MAITRE A DANSER, L'ÉLÈVE DU MAÎTRE DE MUSIQUE, UNE MUSICIENNE, DEUX MUSICIENS, DANSEURS, DEUX LAQUAIS.

MONSIEUR JOURDAIN. — Hé bien, messieurs! Qu'est-ce? Me ferez-vous voir votre petite drôlerie?

LE MAÎTRE A DANSER. — Comment? Quelle petite drôlerie?

MONSIEUR JOURDAIN. — Hé! la.... Comment appelez-vous cela? Votre prologue ou dialogue de chansons et de danse.

LE MAÎTRE A DANSER. — Ah! ah!

LE MAÎTRE DE MUSIQUE. — Vous nous y voyez préparés.

MONSIEUR JOURDAIN. — Je vous ai fait un peu attendre; mais c'est que je me fais habiller aujourd'hui comme les gens de qualité; et mon tailleur m'a envoyé des bas de soie, que j'ai pensé ne mettre jamais.

LE MAÎTRE DE MUSIQUE. — Nous ne sommes ici que pour attendre votre loisir.

MONSIEUR JOURDAIN. — Je vous prie tous deux de ne vous point en aller qu'on ne m'ait apporté mon habit, afin que vous me puissiez voir.

LE MAÎTRE A DANSER. — Tout ce qu'il vous plaira.

MONSIEUR JOURDAIN. — Vous me verrez équipé comme il faut depuis les pieds jusqu'à la tête.

LE MAÎTRE DE MUSIQUE. — Nous n'en doutons point.

MONSIEUR JOURDAIN. — Je me suis fait faire cette indienne-ci.

LE MAÎTRE A DANSER. — Elle est fort belle.

MONSIEUR JOURDAIN. — Mon tailleur m'a dit que les gens de qualité étoient comme cela le matin.

LE MAÎTRE DE MUSIQUE. — Cela vous sied à merveille.

MONSIEUR JOURDAIN. — Laquais! holà, mes deux laquais!

PREMIER LAQUAIS. — Que voulez-vous, monsieur?

MONSIEUR JOURDAIN. — Rien. C'est pour voir si vous m'entendez bien. (Au maître de musique et au maître à danser.) Que dites-vous de mes livrées?

LE MAÎTRE A DANSER. — Elles sont magnifiques.

MONSIEUR JOURDAIN, *entr'ouvrant sa robe, et faisant voir son haut-de-chausses étroit de velours rouge, et sa camisole de velours vert.* — Voici encore un petit déshabillé pour faire, le matin, mes exercices.

LE MAÎTRE DE MUSIQUE. — Il est galant.

MONSIEUR JOURDAIN. — Laquais!

PREMIER LAQUAIS. — Monsieur?

MONSIEUR JOURDAIN. — L'autre laquais!

SECOND LAQUAIS. — Monsieur?

MONSIEUR JOURDAIN, *ôtant sa robe de chambre.* — Tenez ma robe. (*Au maître de musique et au maître à danser.*) Me trouvez-vous bien comme cela?

LE MAÎTRE A DANSER. — Fort bien. On ne peut pas mieux.

MONSIEUR JOURDAIN. — Voyons un peu votre affaire.

LE MAÎTRE DE MUSIQUE. — Je voudrois bien auparavant vous faire entendre un air (*montrant son élève*) qu'il vient de composer pour la sérénade que vous m'avez demandée. C'est un de mes écoliers, qui a pour ces sortes de choses un talent admirable.

MONSIEUR JOURDAIN. — Oui, mais il ne falloit pas faire faire cela par un écolier; et vous n'étiez pas trop bon vous-même pour cette besogne-là.

LE MAÎTRE DE MUSIQUE. — Il ne faut pas, monsieur, que le nom d'écolier vous abuse. Ces sortes d'écoliers en savent autant que les plus grands maîtres; et l'air est aussi beau qu'il s'en puisse faire. Écoutez seulement.

MONSIEUR JOURDAIN, *à ses laquais.* — Donnez-moi ma robe pour mieux entendre... Attendez, je crois que je serai mieux sans robe. Non, redonnez-la-moi; cela ira mieux.

LA MUSICIENNE.

Je languis nuit et jour, et mon mal est extrême
Depuis qu'à vos rigueurs vos beaux yeux m'ont soumis.
Si vous traitez ainsi, belle Iris, qui vous aime,
Hélas! que pourriez-vous faire à vos ennemis!

MONSIEUR JOURDAIN. — Cette chanson me semble un peu lugubre; elle endort, et je voudrois que vous la puissiez un peu ragaillardir par-ci, par-là.

LE MAÎTRE DE MUSIQUE. — Il faut, monsieur, que l'air soit accommodé aux paroles.

MONSIEUR JOURDAIN. — On m'en apprit un tout à fait joli, il y a quelque temps. Attendez.... là.... Comment est-ce qu'il dit?

LE MAÎTRE A DANSER. — Par ma foi, je ne sais.

MONSIEUR JOURDAIN. — Il y a du mouton dedans.

LE MAÎTRE A DANSER. — Du mouton?

MONSIEUR JOURDAIN. — Ah! (*Il chante.*)

    Je croyois Jeanneton
    Aussi douce que belle;
    Je croyois Jeanneton
    Plus douce qu'un mouton.
    Hélas! hélas!
Elle est cent fois, mille fois plus cruelle
Que n'est le tigre aux bois.

N'est-il pas joli?

LE MAÎTRE DE MUSIQUE. — Le plus joli du monde.

LE MAÎTRE A DANSER. — Et vous le chantez bien.

MONSIEUR JOURDAIN. — C'est sans avoir appris la musique.

LE MAÎTRE DE MUSIQUE. — Vous devriez l'apprendre, monsieur, comme vous faites la danse. Ce sont deux arts qui ont une étroite liaison ensemble.

LE MAÎTRE A DANSER. — Et qui ouvrent l'esprit d'un homme aux belles choses.

MONSIEUR JOURDAIN. — Est-ce que les gens de qualité apprennent aussi la musique?

LE MAÎTRE DE MUSIQUE. — Oui, monsieur.

MONSIEUR JOURDAIN. — Je l'apprendrai donc. Mais je ne sais quel temps je pourrai prendre; car, outre le maître d'armes qui me montre, j'ai arrêté encore un maître de philosophie qui doit commencer ce matin.

LE MAÎTRE DE MUSIQUE. — La philosophie est quelque chose; mais la musique, monsieur, la musique....

LE MAÎTRE A DANSER. — La musique et la danse.... La musique et la danse, c'est là tout ce qu'il faut.

LE MAÎTRE DE MUSIQUE. — Il n'y a rien qui soit si utile dans un État que la musique.

LE MAÎTRE A DANSER. — Il n'y a rien qui soit si nécessaire aux hommes que la danse.

LE MAÎTRE DE MUSIQUE. — Sans la musique, un État ne peut subsister.

LE MAÎTRE A DANSER. — Sans la danse, un homme ne sauroit rien faire.

LE MAÎTRE DE MUSIQUE. — Tous les désordres, toutes les guerres qu'on voit dans le monde, n'arrivent que pour n'apprendre pas la musique.

LE MAÎTRE A DANSER. — Tous les malheurs des hommes, tous les revers funestes dont les histoires sont remplies, les bévues des politiques et les manquemens des grands capitaines, tout cela n'est venu que faute de savoir danser.

MONSIEUR JOURDAIN. — Comment cela?

LE MAÎTRE DE MUSIQUE. — La guerre ne vient-elle pas d'un manque d'union entre les hommes?

MONSIEUR JOURDAIN. — Cela est vrai.

LE MAÎTRE DE MUSIQUE. — Et si tous les hommes apprenoient la musique, ne seroit-ce pas le moyen de s'accorder ensemble, et de voir dans le monde la paix universelle?

MONSIEUR JOURDAIN. — Vous avez raison.

LE MAÎTRE A DANSER. — Lorsqu'un homme a commis un manquement dans sa conduite, soit aux affaires de sa famille, ou au gouvernement d'un État, ou au commandement d'une armée, ne dit-on pas toujours : Un tel a fait un mauvais pas dans une telle affaire.

MONSIEUR JOURDAIN. — Oui, on dit cela.

LE MAÎTRE A DANSER. — Et faire un mauvais pas, peut-il procéder d'autre chose que de ne savoir pas danser?

MONSIEUR JOURDAIN. — Cela est vrai, et vous avez raison tous deux.

LE MAÎTRE A DANSER. — C'est pour vous faire voir l'excellence et l'utilité de la danse et de la musique.

Le maître à danser.  Le maître de musique.

Les musiciens.

MONSIEUR JOURDAIN. — Je comprends cela à cette heure.

LE MAÎTRE DE MUSIQUE. — Voulez-vous voir nos deux affaires?

MONSIEUR JOURDAIN. — Oui.

LE MAÎTRE DE MUSIQUE. — Je vous l'ai déjà dit, c'est un petit essai que j'ai fait autrefois des diverses passions que peut exprimer la musique.

MONSIEUR JOURDAIN. — Fort bien.

LE MAÎTRE DE MUSIQUE, *aux musiciens*. — Allons, avancez. (*A M. Jourdain.*) Il faut vous figurer qu'ils sont habillés en bergers.

MONSIEUR JOURDAIN. — Pourquoi toujours des bergers? On ne voit que cela partout.

LE MAÎTRE A DANSER. — Lorsqu'on a des personnes à faire parler en musique, il faut bien que, pour la vraisemblance, on donne dans la bergerie. Le chant a été de tout temps affecté au bergers; et il n'est guère naturel, en dialogue, que des princes ou des bourgeois chantent leurs passions.

MONSIEUR JOURDAIN. — Passe, passe. Voyons.

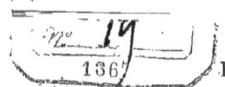

Sont-ce encore des bergers? (Acte I, scène II.)

DIALOGUE EN MUSIQUE.
UNE MUSICIENNE ET DEUX MUSICIENS.

LA MUSICIENNE.
Un cœur, dans l'amoureux empire,
De mille soins est toujours agité.
On dit qu'avec plaisir on languit, on soupire;
Mais, quoi qu'on puisse dire,
Il n'est rien de si doux que notre liberté.

PREMIER MUSICIEN.
Il n'est rien de si doux que les tendres ardeurs
Qui font vivre deux cœurs
Dans une même envie;
On ne peut être heureux sans amoureux désirs,
Otez l'amour de la vie,
Vous en ôtez les plaisirs.

SECOND MUSICIEN.
Il seroit doux d'entrer sous l'amoureuse loi,
Si l'on trouvoit en amour de la foi;
Mais, hélas! ô rigueur cruelle!
On ne voit point de bergère fidèle,
Et ce sexe inconstant, trop indigne du jour,
Doit faire pour jamais renoncer à l'amour.

PREMIER MUSICIEN.
Aimable ardeur!

LA MUSICIENNE.
Franchise heureuse?

SECOND MUSICIEN.
Sexe trompeur!

PREMIER MUSICIEN.
Que tu m'es précieuse!

LA MUSICIENNE.
Que tu plais à mon cœur!

SECOND MUSICIEN.
Que tu me fais d'horreur !
PREMIER MUSICIEN.
Ah! quitte, pour aimer, cette haine mortelle.
LA MUSICIENNE.
On peut, on peut te montrer
Une bergère fidèle.
SECOND MUSICIEN.
Hélas! où la rencontrer?
LA MUSICIENNE.
Pour défendre notre gloire,
Je te veux offrir mon cœur.
SECOND MUSICIEN.
Mais, bergère, puis-je croire
Qu'il ne sera point trompeur?
LA MUSICIENNE.
Voyons, par expérience,
Qui des deux aimera mieux.
SECOND MUSICIEN.
Qui manquera de constance,
Le puissent perdre les dieux!

TOUS TROIS ENSEMBLE.

A des ardeurs si belles
Laissons-nous enflammer :
Ah! qu'il est doux d'aimer
Quand deux cœurs sont fidèles !

MONSIEUR JOURDAIN. — Est-ce tout?
LE MAÎTRE DE MUSIQUE. — Oui.
MONSIEUR JOURDAIN. — Je trouve cela bien troussé; et il y a là dedans de petits dictons assez jolis.
LE MAÎTRE A DANSER. — Voici, pour mon affaire, un petit essai des plus beaux mouvemens et des plus belles attitudes dont une danse puisse être variée.
MONSIEUR JOURDAIN. — Sont-ce encore des bergers?
LE MAÎTRE A DANSER. — C'est ce qu'il vous plaira. (Aux danseurs.) Allons.

ENTRÉE DE BALLET. — *Quatre danseurs exécutent tous les mouvemens différens et toutes les sortes de pas que le maître à danser leur commande.*

ACTE DEUXIÈME.

SCÈNE I.

MONSIEUR JOURDAIN, LE MAITRE DE MUSIQUE, LE MAITRE A DANSER.

MONSIEUR JOURDAIN. — Voilà qui n'est point sot, et ces gens-là se trémoussent bien.

LE MAÎTRE DE MUSIQUE. — Lorsque la danse sera mêlée avec la musique, cela fera plus d'effet encore; et vous verrez quelque chose de galant dans le petit ballet que nous avons ajusté pour vous.

MONSIEUR JOURDAIN. — C'est pour tantôt, au moins; et la personne pour qui j'ai fait faire tout cela, me doit faire l'honneur de venir dîner céans.

LE MAÎTRE A DANSER. — Tout est prêt.

LE MAÎTRE DE MUSIQUE. — Au reste, monsieur, ce n'est pas assez; il faut qu'une personne comme vous, qui êtes magnifique, et qui avez l'inclination pour les belles choses, ait un concert de musique chez soi tous les mercredis ou tous les jeudis.

MONSIEUR JOURDAIN. — Est-ce que les gens de qualité en ont?

LE MAÎTRE DE MUSIQUE. — Oui, monsieur.

MONSIEUR JOURDAIN. — J'en aurai donc. Cela sera-t-il beau?

LE MAÎTRE DE MUSIQUE. — Sans doute. Il vous faudra trois voix, un dessus, une haute-contre, et une basse, qui seront accompagnées d'une basse de viole, d'un théorbe, et d'un clavecin pour les basses continues, avec deux dessus de violon pour jouer les ritournelles.

MONSIEUR JOURDAIN. — Il y faudra mettre aussi une trompette marine. La trompette marine est un instrument qui me plaît, et qui est harmonieux.

LE MAÎTRE DE MUSIQUE. — Laissez-nous gouverner les choses.

MONSIEUR JOURDAIN. — Au moins, n'oubliez pas tantôt de m'envoyer des musiciens pour chanter à table.

LE MAÎTRE DE MUSIQUE. — Vous aurez tout ce qu'il vous faut.

MONSIEUR JOURDAIN. — Mais, surtout, que le ballet soit beau.

LE MAÎTRE DE MUSIQUE. — Vous en serez content; et, entre autres choses, de certains menuets que vous y verrez.

MONSIEUR JOURDAIN. — Ah! les menuets sont ma danse, et je veux que vous me les voyiez danser. Allons, mon maître.

LE MAÎTRE A DANSER. — Un chapeau, monsieur, s'il vous plaît. (*M. Jourdain va prendre le chapeau de son laquais, et le met par-dessus son bonnet de nuit. Son maître lui prend les mains et le fait danser sur un air de menuet qu'il chante.*) La, la, la, la, la, la; la, la, la, la, la, la; la, la, la, la, la, la; la, la, la, la, la; la, la, la, la, la. En cadence, s'il vous plaît. La, la, la. La jambe droite, la, la, la. Ne remuez point tant les épaules. La, la, la, la, la, la, la, la. Vos deux bras sont estropiés. La, la, la, la, la. Haussez la tête. Tournez la pointe du pied en dehors. La, la, la. Dressez votre corps.

MONSIEUR JOURDAIN. — Hé!

LE MAÎTRE DE MUSIQUE. — Voilà qui est le mieux du monde.

MONSIEUR JOURDAIN. — A propos! apprenez-moi comme il faut faire une révérence pour saluer une marquise; j'en aurai besoin tantôt.

LE MAÎTRE A DANSER. — Une révérence pour saluer une marquise?

MONSIEUR JOURDAIN. — Oui. Une marquise qui s'appelle Dorimène.

LE MAÎTRE A DANSER. — Donnez-moi la main.

Tournez la pointe du pied en dehors. (Acte II, scène I.)

MONSIEUR JOURDAIN. — Non. Vous n'avez qu'à faire : je le retiendrai bien.

LE MAÎTRE A DANSER. — Si vous voulez la saluer avec beaucoup de respect, il faut faire d'abord une révérence en arrière, puis marcher vers elle avec trois révérences en avant, et à la dernière vous baisser jusqu'à ses genoux.

MONSIEUR JOURDAIN. — Faites un peu. (*Après que le maître à danser a fait trois révérences.*) Bon.

SCÈNE II.

MONSIEUR JOURDAIN, LE MAITRE DE MUSIQUE, LE MAITRE A DANSER, UN LAQUAIS.

LE LAQUAIS. — Monsieur, voilà votre maître d'armes qui est là.

MONSIEUR JOURDAIN. — Dis-lui qu'il entre ici pour me donner leçon. (*Au maître de musique, et au maître à danser.*) Je veux que vous me voyiez faire.

SCÈNE III.

MONSIEUR JOURDAIN, UN MAITRE D'ARMES, LE MAITRE DE MUSIQUE, LE MAITRE A DANSER, UN LAQUAIS, *tenant deux fleurets.*

LE MAÎTRE D'ARMES, *après avoir pris les deux fleurets de la main du laquais, et en avoir présenté un à M. Jourdain.* — Allons, monsieur, la révérence. Votre

Allons, monsieur, la révérence. (Acte II, scène III.)

corps droit. Un peu penché sur la cuisse gauche. Les jambes point tant écartées. Vos pieds sur une même ligne. Votre poignet à l'opposite de votre hanche. La pointe de votre épée vis-à-vis de votre épaule. Le bras pas tout à fait si étendu. La main gauche à la hauteur de l'œil. L'épaule gauche plus quartée. La tête droite. Le regard assuré. Avancez. Le corps ferme. Touchez-moi l'épée de quarte, et achevez de même. Une, deux. Remettez-vous. Redoublez de pied ferme. Un saut en arrière. Quand vous portez la botte, monsieur, il faut que l'épée parte la première, et que le corps soit bien effacé. Une, deux. Allons, touchez-moi l'épée de tierce, et achevez de même. Avancez. Le corps ferme. Avancez. Partez de là. Une, deux. Remettez-vous.

Redoublez. Un saut en arrière. En garde, monsieur, en garde.

(*Le maître d'armes lui pousse deux ou trois bottes, en lui disant : en garde.*)

MONSIEUR JOURDAIN. — Hé !

LE MAÎTRE DE MUSIQUE. — Vous faites des merveilles.

LE MAÎTRE D'ARMES. — Je vous l'ai déjà dit, tout le secret des armes ne consiste qu'en deux choses, à donner et à ne point recevoir ; et, comme je vous fis voir l'autre jour par raison démonstrative, il est impossible que vous receviez, si vous savez détourner l'épée de votre ennemi de la ligne de votre corps ; ce qui ne dépend seulement que d'un petit mouvement du poignet, ou en dedans, ou en dehors.

MONSIEUR JOURDAIN. — De cette façon donc, un homme, sans avoir du cœur, est sûr de tuer son homme, et de n'être point tué?

LE MAÎTRE D'ARMES. — Sans doute. N'en vîtes-vous pas la démonstration?

MONSIEUR JOURDAIN. — Oui.

LE MAÎTRE D'ARMES. — Et c'est en quoi l'on voit de quelle considération nous autres nous devons être dans un État; et combien la science des armes l'emporte hautement sur toutes les autres sciences inutiles, comme la danse, la musique, la....

LE MAÎTRE A DANSER. — Tout beau, monsieur le tireur d'armes; ne parlez de la danse qu'avec respect.

LE MAÎTRE DE MUSIQUE. — Apprenez, je vous prie, à mieux traiter l'excellence de la musique.

LE MAÎTRE D'ARMES. — Vous êtes de plaisantes gens, de vouloir comparer vos sciences à la mienne !

LE MAÎTRE DE MUSIQUE. — Voyez un peu l'homme d'importance !

LE MAÎTRE A DANSER. — Voilà un plaisant animal, avec son plastron !

LE MAÎTRE D'ARMES. — Mon petit maître à danser, je vous ferois danser comme il faut. Et vous, mon petit musicien, je vous ferois chanter de la belle manière.

Allez, bélître de pédant. (Acte II, scène IV.)

LE MAÎTRE A DANSER. — Monsieur le batteur de fer, je vous apprendrai votre métier.

MONSIEUR JOURDAIN, *au maître à danser*. — Êtes-vous fou de l'aller quereller, lui qui entend la tierce et la quarte, et qui sait tuer un homme par raison démonstrative?

LE MAÎTRE A DANSER. — Je me moque de sa raison démonstrative, et de sa tierce et de sa quarte.

MONSIEUR JOURDAIN, *au maître à danser*. — Tout doux, vous dis-je.

LE MAÎTRE D'ARMES, *au maître à danser*. — Comment ! petit impertinent !

MONSIEUR JOURDAIN. — Hé ! mon maître d'armes !

LE MAÎTRE A DANSER, *au maître d'armes*. — Comment ! grand cheval de carrosse !

MONSIEUR JOURDAIN. — Hé ! mon maître à danser !

LE MAÎTRE D'ARMES. — Si je me jette sur vous....

MONSIEUR JOURDAIN, *au maître d'armes*. — Doucement !

LE MAÎTRE A DANSER. — Si je mets sur vous la main....

MONSIEUR JOURDAIN, *au maître à danser*. — Tout beau !

LE MAÎTRE D'ARMES. — Je vous étrillerai d'un air.

MONSIEUR JOURDAIN, *au maître d'armes*. — De grâce !

LE MAÎTRE A DANSER. — Je vous rosserai d'une manière....

MONSIEUR JOURDAIN, *au maître à danser*. — Je vous prie.

LE MAÎTRE DE MUSIQUE. — Laissez-nous un peu lui apprendre à parler.

MONSIEUR JOURDAIN, *au maître de musique*. — Mon Dieu ! arrêtez-vous !

SCENE IV.

UN MAITRE DE PHILOSOPHIE, MONSIEUR JOURDAIN, LE MAITRE DE MUSIQUE, LE MAITRE A DANSER, LE MAITRE D'ARMES, UN LAQUAIS.

MONSIEUR JOURDAIN. — Holà! monsieur le philosophe, vous arrivez tout à propos avec votre philosophie. Venez un peu mettre la paix entre ces personnes-ci.

LE MAÎTRE DE PHILOSOPHIE. — Qu'est-ce donc? Qu'y a-t-il, messieurs?

MONSIEUR JOURDAIN. — Ils se sont mis en colère pour la préférence de leurs professions, jusqu'à se dire des injures, et en vouloir venir aux mains.

LE MAÎTRE DE PHILOSOPHIE. — Hé quoi, messieurs! faut-il s'emporter de la sorte? et n'avez-vous point lu le docte traité que Sénèque a composé de la colère? Y a-t-il rien de plus bas et de plus honteux que cette passion, qui fait d'un homme une bête féroce? et la raison ne doit-elle pas être maîtresse de tous nos mouvemens?

LE MAÎTRE A DANSER. — Comment, monsieur! il vient nous dire des injures à tous deux, en méprisant la danse que j'exerce, et la musique dont il fait profession!

LE MAÎTRE DE PHILOSOPHIE. — Un homme sage est au-dessus de toutes les injures qu'on lui peut dire; et la grande réponse qu'on doit faire aux outrages, c'est la modération et la patience.

LE MAÎTRE D'ARMES. — Ils ont tous deux l'audace de vouloir comparer leurs professions à la mienne!

LE MAÎTRE DE PHILOSOPHIE. — Faut-il que cela vous émeuve? Ce n'est pas de vaine gloire et de condition que les hommes doivent disputer entre eux; et ce qui nous distingue parfaitement les uns des autres, c'est la sagesse et la vertu.

LE MAÎTRE A DANSER. — Je lui soutiens que la danse est une science à laquelle on ne peut faire assez d'honneur.

LE MAÎTRE DE MUSIQUE. — Et moi, que la musique en est une que tous les siècles ont révérée.

LE MAÎTRE D'ARMES. — Et moi je leur soutiens à tous deux que la science de tirer les armes est la plus belle et la plus nécessaire de toutes les sciences.

LE MAÎTRE DE PHILOSOPHIE. — Et que sera donc la philosophie? Je vous trouve tous trois bien impertinens, de parler devant moi avec cette arrogance, et de donner impudemment le nom de science à des choses que l'on ne doit pas même honorer du nom d'art, et qui ne peuvent être comprises que sous le nom de métier misérable de gladiateur, de chanteur et de baladin!

LE MAÎTRE D'ARMES. — Allez, philosophe de chien.

LE MAÎTRE DE MUSIQUE. — Allez, bélître de pédant.

LE MAÎTRE A DANSER. — Allez, cuistre fieffé.

LE MAÎTRE DE PHILOSOPHIE. — Comment! marauds que vous êtes....

(Le philosophe se jette sur eux, et tous trois le chargent de coups.)

MONSIEUR JOURDAIN. — Monsieur le philosophe

LE MAÎTRE DE PHILOSOPHIE. — Infâmes, coquins, insolens!

MONSIEUR JOURDAIN. — Monsieur le philosophe

LE MAÎTRE D'ARMES. — La peste! l'animal!

MONSIEUR JOURDAIN. — Messieurs!

LE MAÎTRE DE PHILOSOPHIE. — Impudens!

MONSIEUR JOURDAIN. — Monsieur le philosophe!

LE MAÎTRE A DANSER. — Diantre soit de l'âne bâté!

MONSIEUR JOURDAIN. — Messieurs!

LE MAÎTRE DE PHILOSOPHIE. — Scélérats!

MONSIEUR JOURDAIN. — Monsieur le philosophe!

LE MAÎTRE DE MUSIQUE. — Au diable l'impertinent!

MONSIEUR JOURDAIN. — Messieurs!

LE MAÎTRE DE PHILOSOPHIE. — Fripons, gueux, traîtres, imposteurs!

MONSIEUR JOURDAIN. — Monsieur le philosophe! Messieurs! Monsieur le philosophe! Messieurs! Monsieur le philosophe!

(Ils sortent en se battant.)

SCÈNE V.

MONSIEUR JOURDAIN, UN LAQUAIS.

MONSIEUR JOURDAIN. — Oh! battez-vous tant qu'il vous plaira: je n'y saurois que faire, et je n'irai pas gâter ma robe pour vous séparer. Je serois bien fou de m'aller fourrer parmi eux, pour recevoir quelque coup qui me feroit mal.

SCÈNE VI.

LE MAITRE DE PHILOSOPHIE, MONSIEUR JOURDAIN, UN LAQUAIS.

LE MAÎTRE DE PHILOSOPHIE, *raccommodant son collet*. — Venons à notre leçon.

MONSIEUR JOURDAIN. — Ah! monsieur, je suis fâché des coups qu'ils vous ont donnés!

LE MAÎTRE DE PHILOSOPHIE. — Cela n'est rien. Un philosophe sait recevoir comme il faut les choses; et je vais composer contre eux une satire du style de Juvénal, qui les déchirera de la belle façon. Laissons cela. Que voulez-vous apprendre?

MONSIEUR JOURDAIN. — Tout ce que je pourrai; car j'ai toutes les envies du monde d'être savant; et j'enrage que mon père et ma mère ne m'aient pas fait bien étudier dans toutes les sciences, quand j'étois jeune.

LE MAÎTRE DE PHILOSOPHIE. — Ce sentiment est raisonnable: *nam, sine doctrinâ, vita est quasi mortis imago.* Vous entendez cela, et vous savez le latin, sans doute.

MONSIEUR JOURDAIN. — Oui: mais faites comme si

je ne le savois pas. Expliquez-moi ce que cela veut dire.

LE MAÎTRE DE PHILOSOPHIE. — Cela veut dire que, *sans la science, la vie est presque une image de la mort.*

MONSIEUR JOURDAIN. — Ce latin-là a raison.

LE MAÎTRE DE PHILOSOPHIE. — N'avez-vous point quelques principes, quelques commencemens des sciences?

MONSIEUR JOURDAIN. — Oh! oui. Je sais lire et écrire.

LE MAÎTRE DE PHILOSOPHIE. — Par où vous plaît-il que nous commencions? voulez-vous que je vous apprenne la logique?

MONSIEUR JOURDAIN. — Qu'est-ce que c'est que cette logique!

LE MAÎTRE DE PHILOSOPHIE. — C'est elle qui enseigne les trois opérations de l'esprit.

MONSIEUR JOURDAIN. — Qui sont-elles, ces trois opérations de l'esprit?

LE MAÎTRE DE PHILOSOPHIE. — La première, la seconde et la troisième. La première est de bien concevoir par le moyen des universaux; la seconde, de bien juger, par le moyen des catégories; et la troisième, de bien tirer une conséquence, par le moyen des figures : *Barbara, Celarent, Darii, Ferio, Baralipton,* etc.

MONSIEUR JOURDAIN. — Voilà des mots qui sont

Comment, marauds que vous êtes. (Acte II, scène IV.)

trop rébarbatifs. Cette logique-là ne me revient point. Apprenons autre chose qui soit plus joli.

LE MAÎTRE DE PHILOSOPHIE. — Voulez-vous apprendre la morale?

MONSIEUR JOURDAIN. — La morale?

LE MAÎTRE DE PHILOSOPHIE. — Oui.

MONSIEUR JOURDAIN. — Qu'est-ce qu'elle dit, cette morale?

LE MAÎTRE DE PHILOSOPHIE. — Elle traite de la félicité, enseigne aux hommes à modérer leurs passions, et....

MONSIEUR JOURDAIN. — Non : laissons cela. Je suis bilieux comme tous les diables, et il n'y a morale qui tienne : je me veux mettre en colère tout mon soûl, quand il m'en prend envie.

LE MAÎTRE DE PHILOSOPHIE. — Est-ce la physique que vous voulez apprendre?

MONSIEUR JOURDAIN. — Qu'est-ce qu'elle chante, cette physique?

LE MAÎTRE DE PHILOSOPHIE. — La physique est celle qui explique les principes des choses naturelles, et les propriétés du corps; qui discourt de la nature des élémens, des métaux, des minéraux, des pierres, des plantes et des animaux, et nous enseigne les causes de tous les météores, l'arc-en-ciel, les feux volans, les comètes, les éclairs, le tonnerre, la foudre, la pluie, la neige, la grêle, les vents et les tourbillons.

MONSIEUR JOURDAIN. — Il y a trop de tintamarre là dedans, trop de brouillamini.

LE MAÎTRE DE PHILOSOPHIE. — Que voulez-vous donc que je vous apprenne?

MONSIEUR JOURDAIN. — Apprenez-moi l'orthographe.

LE MAÎTRE DE PHILOSOPHIE. — Très-volontiers.

MONSIEUR JOURDAIN. — Après, vous m'apprendrez l'almanach, pour savoir quand il y a de la lune, et quand il n'y en a point.

LE MAÎTRE DE PHILOSOPHIE. — Soit. Pour bien suivre votre pensée, et traiter cette matière en philosophe, il faut commencer, selon l'ordre des choses, par une exacte connoissance de la nature des lettres, et de la différente manière de les prononcer toutes. Et là-dessus j'ai à vous dire que les lettres sont divisées en voyelles, parce qu'elles expriment les voix; et en consonnes, ainsi appelées consonnes, parce qu'elles sonnent avec les voyelles, et ne font que marquer les diverses articulations des voix. Il y a cinq voyelles ou voix : A, E, I, O, U.

MONSIEUR JOURDAIN. — J'entends tout cela.

LE MAÎTRE DE PHILOSOPHIE. — La voix A se forme en ouvrant fort la bouche : A.

MONSIEUR JOURDAIN. — A, A. Oui.

La voix O se forme en rouvrant les mâchoires. (Acte II, scène VI.)

LE MAÎTRE DE PHILOSOPHIE. — La voix E se forme en rapprochant la mâchoire d'en bas de celle d'en haut : A, E.

MONSIEUR JOURDAIN. — A, E; A, E. Ma foi, oui. Ah! que cela est beau!

LE MAÎTRE DE PHILOSOPHIE. — Et la voix I, en rapprochant encore davantage les mâchoires l'une de l'autre, et écartant les deux coins de la bouche vers les oreilles : A, E, I.

MONSIEUR JOURDAIN. — A, E, I, I, I, I. Cela est vrai. Vive la science!

LE MAÎTRE DE PHILOSOPHIE. — La voix O se forme en rouvrant les mâchoires, et rapprochant les lèvres par les deux coins, le haut et le bas : O.

MONSIEUR JOURDAIN. — O, O. Il n'y a rien de plus juste : A, E, I, O, I, O. Cela est admirable! I, O; I, O.

LE MAÎTRE DE PHILOSOPHIE. — L'ouverture de la bouche fait justement comme un petit rond qui représente un O.

MONSIEUR JOURDAIN. — O, O, O. Vous avez raison. O. Ah! la belle chose que de savoir quelque chose!

LE MAÎTRE DE PHILOSOPHIE. — La voix U se forme en rapprochant les dents sans les joindre entièrement, et allongeant les deux lèvres en dehors, les approchant aussi l'une de l'autre, sans les joindre tout à fait : U.

MONSIEUR JOURDAIN. — U, U. Il n'y a rien de plus véritable : U.

LE MAÎTRE DE PHILOSOPHIE. — Vos deux lèvres s'allongent comme si vous faisiez la moue : d'où vient que si vous la voulez faire à quelqu'un, et vous moquer de lui, vous ne sauriez lui dire que U.

MONSIEUR JOURDAIN. — U, U. Cela est vrai. Ah! que n'ai-je étudié plus tôt, pour savoir tout cela!

LE MAÎTRE DE PHILOSOPHIE. — Demain, nous verrons les autres lettres, qui sont les consonnes.

MONSIEUR JOURDAIN. — Est-ce qu'il y a des choses aussi curieuses qu'à celles-ci?

LE MAÎTRE DE PHILOSOPHIE. — Sans doute. La consonne D, par exemple, se prononce en donnant du bout de la langue au-dessus des dents d'en haut : DA.

MONSIEUR JOURDAIN. — DA, DA. Oui. Ah! les belles choses! les belles choses!

LE MAÎTRE DE PHILOSOPHIE. — L'F, en appuyant les dents d'en haut sur la lèvre de dessous : FA.

MONSIEUR JOURDAIN. — FA, FA. C'est la vérité. Ah! mon père et ma mère, que je vous veux de mal!

LE MAÎTRE DE PHILOSOPHIE. — Et l'R, en portant le bout de la langue jusqu'au haut du palais; de sorte qu'étant frôlée par l'air qui sort avec force, elle lui cède, et revient toujours au même endroit, faisant une manière de tremblement : R, RA.

MONSIEUR JOURDAIN. — R, R, RA, R, R, R, R, R, RA. Cela est vrai. Ah! l'habile homme que vous êtes, et que j'ai perdu de temps! R, R, R, RA.

LE MAÎTRE DE PHILOSOPHIE. — Je vous expliquerai à fond toutes ces curiosités.

MONSIEUR JOURDAIN. — Je vous en prie. Au reste, il faut que je vous fasse une confidence. Je suis amoureux d'une personne de grande qualité, et je souhaiterois que vous m'aidassiez à lui écrire quelque chose dans un petit billet que je veux laisser tomber à ses pieds.

LE MAÎTRE DE PHILOSOPHIE. — Fort bien!

MONSIEUR JOURDAIN. — Cela sera galant, oui.

LE MAÎTRE DE PHILOSOPHIE. — Sans doute. Sont-ce des vers que vous lui voulez écrire?

MONSIEUR JOURDAIN. — Non, non; point de vers.

LE MAÎTRE DE PHILOSOPHIE. — Vous ne voulez que de la prose?

MONSIEUR JOURDAIN. — Non, je ne veux ni prose ni vers.

LE MAÎTRE DE PHILOSOPHIE. — Il faut bien que ce soit l'un ou l'autre.

MONSIEUR JOURDAIN. — Pourquoi?

LE MAÎTRE DE PHILOSOPHIE. — Par la raison, monsieur, qu'il n'y a, pour s'exprimer, que la prose ou les vers.

MONSIEUR JOURDAIN. — Il n'y a que la prose ou les vers?

LE MAÎTRE DE PHILOSOPHIE. — Non monsieur. Tout ce qui n'est point prose est vers; et tout ce qui n'est point vers est prose.

MONSIEUR JOURDAIN. — Et comme l'on parle, qu'est-ce que c'est donc que cela?

LE MAÎTRE DE PHILOSOPHIE. — De la prose.

MONSIEUR JOURDAIN. — Quoi! quand je dis : « Nicole, apportez-moi mes pantoufles, et me donnez mon bonnet de nuit, » c'est de la prose?

LE MAÎTRE DE PHILOSOPHIE. — Oui, monsieur.

MONSIEUR JOURDAIN. — Par ma foi, il y a plus de quarante ans que je dis de la prose, sans que j'en susse rien ; et je vous suis le plus obligé du monde, de m'avoir appris cela. Je voudrois donc lui mettre dans un billet : *Belle marquise, vos beaux yeux me font mourir d'amour;* mais je voudrois que cela fût mis d'une manière galante; que cela fût tourné gentiment.

LE MAÎTRE DE PHILOSOPHIE. — Mettre que les feux de ses yeux réduisent votre cœur en cendres; que vous souffrez nuit et jour pour elle les violences d'un....

MONSIEUR JOURDAIN. — Non, non, non; je ne veux point tout cela. Je ne veux que ce que je vous ai dit : *Belle marquise, vos beaux yeux me font mourir d'amour.*

LE MAÎTRE DE PHILOSOPHIE. — Il faut bien étendre un peu la chose.

MONSIEUR JOURDAIN. — Non, vous dis-je. Je ne veux que ces seules paroles-là dans le billet, mais tournées à la mode, bien arrangées comme il faut. Je vous prie de me dire un peu, pour voir, les diverses manières dont on les peut mettre.

LE MAÎTRE DE PHILOSOPHIE. — On les peut mettre premièrement comme vous avez dit : *Belle marquise, vos beaux yeux me font mourir d'amour.* Ou bien : *D'amour mourir me font, belle marquise, vos beaux yeux.* Ou bien : *Vos yeux beaux d'amour me font, belle marquise, mourir.* Ou bien : *Mourir vos beaux yeux, belle marquise, d'amour me font.* Ou bien : *Me font vos yeux beaux mourir, belle marquise, d'amour.*

MONSIEUR JOURDAIN. — Mais de toutes ces façons-là, laquelle est la meilleure?

LE MAÎTRE DE PHILOSOPHIE. — Celle que vous avez dite : *Belle marquise, vos beaux yeux me font mourir d'amour.*

MONSIEUR JOURDAIN. — Cependant je n'ai point étudié, et j'ai fait cela tout du premier coup. Je vous remercie de tout mon cœur, et je vous prie de venir demain de bonne heure.

LE MAÎTRE DE PHILOSOPHIE. — Je n'y manquerai pas.

SCÈNE VII.

MONSIEUR JOURDAIN, UN LAQUAIS.

MONSIEUR JOURDAIN, *à son laquais.* — Comment! mon habit n'est point encore arrivé?

LE LAQUAIS. — Non, monsieur.

MONSIEUR JOURDAIN. — Ce maudit tailleur me fait bien attendre pour un jour où j'ai tant d'affaires. J'enrage. Que la fièvre quartaine puisse serrer bien fort le bourreau de tailleur! Au diable le tailleur! La peste étouffe le tailleur! Si je le tenois maintenant, ce tailleur détestable, ce chien de tailleur-là, ce traître de tailleur, je....

SCÈNE VIII.

MONSIEUR JOURDAIN, UN MAITRE TAILLEUR; UN GARÇON TAILLEUR, *portant l'habit de M. Jourdain;* UN LAQUAIS.

MONSIEUR JOURDAIN. — Ah! vous voilà! Je m'allois mettre en colère contre vous.
LE MAÎTRE TAILLEUR. — Je n'ai pas pu venir plus tôt, et j'ai mis vingt garçons après votre habit.
MONSIEUR JOURDAIN. — Vous m'avez envoyé des bas de soie si étroits que j'ai eu toutes les peines du monde à les mettre; et il y a déjà deux mailles de rompues.
LE MAÎTRE TAILLEUR. — Ils ne s'élargiront que trop.
MONSIEUR JOURDAIN. — Oui, si je romps toujours des mailles. Vous m'avez aussi fait faire des souliers qui me blessent furieusement.
LE MAÎTRE TAILLEUR. — Point du tout, monsieur.
MONSIEUR JOURDAIN. — Comment! point du tout?
LE MAÎTRE TAILLEUR. — Non, ils ne vous blessent point.
MONSIEUR JOURDAIN. — Je vous dis qu'ils me blessent, moi.
LE MAÎTRE TAILLEUR. — Vous vous imaginez cela.
MONSIEUR JOURDAIN. — Je me l'imagine parce que je le sens. Voyez la belle raison!
LE MAÎTRE TAILLEUR. — Tenez, voilà le plus bel habit de la cour, et le mieux assorti. C'est un chef-d'œuvre que d'avoir inventé un habit sérieux qui ne fût pas noir; et je le donne en six coups aux tailleurs les plus éclairés.
MONSIEUR JOURDAIN. — Qu'est-ce que c'est que ceci? Vous avez mis les fleurs en en-bas.
LE MAÎTRE TAILLEUR. — Vous ne m'avez pas dit que vous les vouliez en en-haut.
MONSIEUR JOURDAIN. — Est-ce qu'il faut dire cela?
LE MAÎTRE TAILLEUR. — Oui, vraiment. Toutes les personnes de qualité les portent de la sorte.
MONSIEUR JOURDAIN. — Les personnes de qualité portent les fleurs en en-bas?
LE MAÎTRE TAILLEUR. — Oui, monsieur.
MONSIEUR JOURDAIN. — Oh! voilà qui est donc bien.
LE MAÎTRE TAILLEUR. — Si vous voulez, je les mettrai en en-haut.
MONSIEUR JOURDAIN. — Non, non.
LE MAÎTRE TAILLEUR. — Vous n'avez qu'à dire.
MONSIEUR JOURDAIN. — Non, vous dis-je; vous avez bien fait. Croyez-vous que l'habit m'aille bien?
LE MAÎTRE TAILLEUR. — Belle demande! Je défie un peintre, avec son pinceau, de vous faire rien de plus juste. J'ai chez moi un garçon qui, pour monter une ringrave, est le plus grand génie du monde; et un autre qui, pour assembler un pourpoint, est le héros de notre temps.

MONSIEUR JOURDAIN. — La perruque et les plumes sont-elles comme il faut?
LE MAÎTRE TAILLEUR. — Tout est bien.
MONSIEUR JOURDAIN, *regardant le maître tailleur.* — Ah! ah! monsieur le tailleur, voilà de mon étoffe du dernier habit que vous m'avez fait. Je la reconnois bien.
LE MAÎTRE TAILLEUR. — C'est que l'étoffe me sembla si belle, que j'en ai voulu lever un habit pour moi.
MONSIEUR JOURDAIN. — Oui : mais il ne falloit pas le lever avec le mien.
LE MAÎTRE TAILLEUR. — Voulez-vous mettre votre habit?
MONSIEUR JOURDAIN. — Oui : donnez-le-moi.
LE MAÎTRE TAILLEUR. — Attendez. Cela ne va pas comme cela. J'ai amené des gens pour vous habiller en cadence, et ces sortes d'habits se mettent avec cérémonie. Holà! entrez, vous autres.

SCÈNE IX.

MONSIEUR JOURDAIN, LE MAITRE TAILLEUR, LE GARÇON TAILLEUR, GARÇONS TAILLEURS DANSANS, UN LAQUAIS.

LE MAÎTRE TAILLEUR, *à ses garçons.* — Mettez cet habit à monsieur, de la manière que vous faites aux personnes de qualité.

PREMIÈRE ENTRÉE DE BALLET. — Les quatre garçons tailleurs dansans s'approchent de M. Jourdain. Deux lui arrachent le haut-de-chausses de ses exercices; les deux autres lui ôtent la camisole; après quoi, toujours en cadence, ils lui mettent son habit neuf. M. Jourdain se promène au milieu d'eux, et leur montre son habit, pour voir s'il est bien.

GARÇON TAILLEUR. — Mon gentilhomme, donnez, s'il vous plaît, aux garçons quelque chose pour boire.
MONSIEUR JOURDAIN. — Comment m'appelez-vous?
GARÇON TAILLEUR. — Mon gentilhomme.
MONSIEUR JOURDAIN. — Mon gentilhomme! Voilà ce que c'est que de se mettre en personne de qualité! Allez-vous-en demeurer toujours habillé en bourgeois, on ne vous dira point : Mon gentilhomme. (*Donnant de l'argent.*) Tenez, voilà pour Mon gentilhomme.
GARÇON TAILLEUR. — Monseigneur, nous vous sommes bien obligés.
MONSIEUR JOURDAIN. — Monseigneur! Oh! oh! Monseigneur! Attendez, mon ami; Monseigneur mérite quelque chose, et ce n'est pas une petite parole que Monseigneur! Tenez, voilà ce que Monseigneur vous donne.
GARÇON TAILLEUR. — Monseigneur, nous allons boire tous à la santé de votre grandeur.
MONSIEUR JOURDAIN. — Votre grandeur! Oh! oh!

oh! Attendez ; ne vous en allez pas. A moi, Votre grandeur! (*Bas, à part.*) Ma foi, s'il va jusqu'à l'altesse, il aura toute la bourse. (*Haut.*) Tenez, voilà pour ma grandeur.

GARÇON TAILLEUR. — Monseigneur, nous la remercions très-humblement de ses libéralités.

MONSIEUR JOURDAIN. — Il a bien fait; je lui allois tout donner.

SCÈNE X.

DEUXIEME ENTRÉE DE BALLET. — *Les quatre garçons tailleurs se réjouissent, en dansant, de la libéralité de M. Jourdain.*

Monseigneur, nous vous sommes bien obligés. (Acte II, scène IX.)

Hi! hi! hi! Comme vous voilà bâti. (Acte III, scène II.)

ACTE TROISIÈME.

SCÈNE I.
MONSIEUR JOURDAIN, DEUX LAQUAIS.

MONSIEUR JOURDAIN. — Suivez-moi, que j'aille un peu montrer mon habit par la ville; et surtout ayez soin tous deux de marcher immédiatement sur mes pas, afin qu'on voie bien que vous êtes à moi.

LAQUAIS. — Oui, monsieur.

MONSIEUR JOURDAIN. — Appelez-moi Nicole, que je lui donne quelques ordres. Ne bougez : la voilà.

SCÈNE II.

MONSIEUR JOURDAIN, NICOLE, DEUX LAQUAIS.

MONSIEUR JOURDAIN. — Nicole !
NICOLE. — Plaît-il ?
MONSIEUR JOURDAIN. — Écoutez.
NICOLE, *riant.* — Hi, hi, hi, hi, hi.
MONSIEUR JOURDAIN — Qu'as-tu à rire ?
NICOLE. — Hi, hi, hi, hi, hi, hi.
MONSIEUR JOURDAIN. — Que veut dire cette coquine-là.
NICOLE. — Hi, hi, hi. Comme vous voilà bâti ! Hi, hi, hi.
MONSIEUR JOURDAIN. — Comment donc ?
NICOLE. — Ah ! ah ! mon Dieu ! Hi, hi, hi, hi, hi.
MONSIEUR JOURDAIN. — Quelle friponne est-ce là ? Te moques-tu de moi ?
NICOLE. — Nenni, monsieur ; j'en serois bien fâchée. Hi, hi, hi, hi, hi.
MONSIEUR JOURDAIN. — Je te baillerai sur le nez, si tu ris davantage.
NICOLE. — Monsieur, je ne puis pas m'en empêcher. Hi, hi, hi, hi, hi, hi.
MONSIEUR JOURDAIN. — Tu ne t'arrêteras pas ?
NICOLE. — Monsieur, je vous demande pardon ; mais vous êtes si plaisant, que je ne saurois me tenir de rire. Hi, hi, hi.
MONSIEUR JOURDAIN. — Mais voyez quelle insolence !
NICOLE. — Vous êtes tout à fait drôle comme cela. Hi, hi.
MONSIEUR JOURDAIN. — Je te....
NICOLE. — Je vous prie de m'excuser. Hi, hi, hi, hi.
MONSIEUR JOURDAIN. — Tiens, si tu ris encore le moins du monde, je te jure que je t'appliquerai sur la joue le plus grand soufflet qui se soit jamais donné.
NICOLE. — Hé bien ! monsieur, voilà qui est fait : je ne rirai plus.
MONSIEUR JOURDAIN. — Prends-y bien garde. Il faut que, pour tantôt, tu nettoies....
NICOLE. — Hi, hi.
MONSIEUR JOURDAIN. — Que tu nettoies comme il faut....
NICOLE. — Hi, hi.
MONSIEUR JOURDAIN. — Il faut, dis-je, que tu nettoies la salle, et....
NICOLE. — Hi, hi.
MONSIEUR JOURDAIN. — Encore ?
NICOLE, *tombant à force de rire.* — Tenez, monsieur, battez-moi plutôt, et me laissez rire tout mon soûl ; cela me fera plus de bien. Hi, hi, hi, hi, hi.
MONSIEUR JOURDAIN. — J'enrage !
NICOLE. — De grâce, monsieur, je vous prie de me laisser rire. Hi, hi, hi.
MONSIEUR JOURDAIN. — Si je te prends....
NICOLE. — Monsieur, eur, je crèverai, ai, si je ne ris. Hi, hi, hi.
MONSIEUR JOURDAIN. — Mais a-t-on jamais vu une pendarde comme celle-là, qui me vient rire insolemment au nez, au lieu de recevoir mes ordres
NICOLE. — Que voulez-vous que je fasse, monsieur ?
MONSIEUR JOURDAIN. — Que tu songes, coquine, à préparer ma maison pour la compagnie qui doit venir tantôt.
NICOLE, *se relevant.* — Ah ! par ma foi, je n'ai plus envie de rire ; et toutes vos compagnies font tant de désordres céans, que ce mot est assez pour me mettre en mauvaise humeur.
MONSIEUR JOURDAIN. — Ne dois-je point pour toi fermer ma porte à tout le monde ?
NICOLE. — Vous devriez au moins la fermer à certaines gens.

SCÈNE III.

MADAME JOURDAIN, MONSIEUR JOURDAIN, NICOLE, DEUX LAQUAIS.

MADAME JOURDAIN. — Ah ! ah ! voici une nouvelle histoire ! Qu'est-ce que c'est donc, mon mari, que cet équipage-là ? Vous moquez-vous du monde, de vous être fait enharnacher de la sorte ? et avez-vous envie qu'on se raille partout de vous ?
MONSIEUR JOURDAIN. — Il n'y a que des sots et des sottes, ma femme, qui se railleront de moi.
MADAME JOURDAIN. — Vraiment, on n'a pas attendu jusqu'à cette heure ; et il y a longtemps que vos façons d'agir donnent à rire à tout le monde.
MONSIEUR JOURDAIN. — Qui est donc tout ce monde-là, s'il vous plaît ?
MADAME JOURDAIN. — Tout ce monde-là est un monde qui a raison, et qui est plus sage que vous. Pour moi, je suis scandalisée de la vie que vous menez. Je ne sais plus ce que c'est que notre maison. On diroit qu'il est céans carême-prenant tous les jours ; et, dès le matin, de peur d'y manquer, on y entend des vacarmes de violons et de chanteurs, dont tout le voisinage se trouve incommodé.
NICOLE. — Madame parle bien. Je ne saurois plus voir mon ménage propre avec cet attirail de gens que vous faites venir chez vous. Ils ont des pieds qui vont chercher de la boue dans tous les quartiers de la ville pour l'apporter ici ; et la pauvre Françoise est presque sur les dents, à frotter les planchers que vos biaux maîtres viennent crotter régulièrement tous les jours.
MONSIEUR JOURDAIN. — Ouais ! notre servante Nicole, vous avez le caquet bien affilé, pour une paysanne !
MADAME JOURDAIN. — Nicole a raison, et son sens est meilleur que le vôtre. Je voudrois savoir ce que vous pensez faire d'un maître à danser, à l'âge que vous avez.
NICOLE. — Et d'un grand maître tireur d'armes, qui vient, avec ses battemens de pied, ébranler toute la maison, et nous déraciner tous les carriaux de notre salle.
MONSIEUR JOURDAIN. — Taisez-vous, ma servante et ma femme.

MADAME JOURDAIN. — Est-ce que vous voulez apprendre à danser pour quand vous n'aurez plus de jambes?

NICOLE. — Est-ce que vous avez envie de tuer quelqu'un?

MONSIEUR JOURDAIN. — Taisez-vous, vous dis-je : vous êtes des ignorantes l'une et l'autre ; et vous ne savez pas les prérogatives de tout cela.

MADAME JOURDAIN. — Vous devriez bien plutôt songer à marier votre fille, qui est en âge d'être pourvue.

MONSIEUR JOURDAIN. — Je songerai à marier ma fille quand il se présentera un parti pour elle ; mais je veux songer aussi à apprendre les belles choses.

NICOLE. — J'ai encore ouï dire, madame, qu'il a pris aujourd'hui, pour renfort de potage, un maître de philosophie.

MONSIEUR JOURDAIN. — Fort bien. Je veux avoir de l'esprit, et savoir raisonner des choses parmi les honnêtes gens.

MADAME JOURDAIN. — N'irez-vous point, l'un de ces jours, au collége vous faire donner le fouet, à votre âge?

MONSIEUR JOURDAIN. — Pourquoi non? Plût à Dieu l'avoir tout à l'heure, le fouet, devant tout le monde, et savoir ce qu'on apprend au collége!

NICOLE. — Oui, ma foi! cela vous rendroit la jambe bien mieux faite.

MONSIEUR JOURDAIN. — Sans doute.

MADAME JOURDAIN. — Tout cela est fort nécessaire pour conduire votre maison!

MONSIEUR JOURDAIN. — Assurément. Vous parlez toutes deux comme des bêtes, et j'ai honte de votre ignorance. (A madame Jourdain.) Par exemple, savez-vous, vous, ce que c'est que vous dites à cette heure?

MADAME JOURDAIN. — Oui. Je sais que ce que je dis est fort bien dit, et que vous devriez songer à vivre d'autre sorte.

MONSIEUR JOURDAIN. — Je ne parle pas de cela. Je vous demande ce que c'est que les paroles que vous dites ici.

MADAME JOURDAIN. — Ce sont des paroles bien sensées, et votre conduite ne l'est guère.

MONSIEUR JOURDAIN. — Je ne parle pas de cela, vous dis-je. Je vous demande : ce que je parle avec vous, ce que je vous dis à cette heure, qu'est-ce que c'est?

MADAME JOURDAIN. — Des chansons.

MONSIEUR JOURDAIN. — Hé! non, ce n'est pas cela. Ce que nous disons tous deux, le langage que nous parlons à cette heure?

MADAME JOURDAIN. — Hé bien?

MONSIEUR JOURDAIN. — Comment est-ce que cela s'appelle?

MADAME JOURDAIN. — Cela s'appelle comme on veut l'appeler.

MONSIEUR JOURDAIN. — C'est de la prose, ignorante.

MADAME JOURDAIN. — De la prose?

MONSIEUR JOURDAIN. — Oui, de la prose. Tout ce qui est prose n'est point vers ; et tout ce qui n'est point vers est prose. Hé! voilà ce que c'est que d'étudier. (A Nicole.) Et toi, sais-tu bien comme il faut faire pour dire un U?

NICOLE. — Comment?

MONSIEUR JOURDAIN. — Oui. Qu'est-ce que tu fais quand tu dis U?

NICOLE. — Quoi?

MONSIEUR JOURDAIN. — Dis un peu U, pour voir.

NICOLE. — Hé bien! U.

MONSIEUR JOURDAIN. — Qu'est-ce que tu fais?

NICOLE. — Je dis U.

MONSIEUR JOURDAIN. — Oui : mais quand tu dis U, qu'est-ce que tu fais?

NICOLE. — Je fais ce que vous me dites.

MONSIEUR JOURDAIN. — Oh! l'étrange chose, que d'avoir affaire à des bêtes! Tu allonges les lèvres en dehors, et approches la mâchoire d'en haut de celle d'en bas ; U, vois-tu? Je fais la moue : U.

NICOLE. — Oui, cela est biau.

MADAME JOURDAIN. — Voilà qui est admirable!

MONSIEUR JOURDAIN. — C'est bien autre chose, si vous aviez vu O, et DA, DA, et FA, FA!

MADAME JOURDAIN. — Qu'est-ce que c'est que tout ce galimatias-là?

NICOLE. — De quoi est-ce que tout cela guérit?

MONSIEUR JOURDAIN. — J'enrage, quand je vois des femmes ignorantes.

MADAME JOURDAIN. — Allez, vous devriez envoyer promener tous ces gens-là, avec leurs fariboles.

NICOLE. — Et surtout ce grand escogriffe de maître d'armes, qui remplit de poudre tout mon ménage.

MONSIEUR JOURDAIN. — Ouais! ce maître d'armes vous tient au cœur! Je te veux faire voir ton impertinence tout à l'heure. (Après avoir fait apporter deux fleurets, et en avoir donné un à Nicole.) Tiens, raison démonstrative, la ligne du corps. Quand on pousse en quarte, on n'a qu'à faire cela ; et, quand on pousse en tierce, on n'a qu'à faire cela. Voilà le moyen de n'être jamais tué ; et cela n'est-il pas beau, d'être assuré de son fait quand on se bat contre quelqu'un? Là, pousse-moi un peu, pour voir.

NICOLE. — Hé bien! quoi!

(Nicole pousse plusieurs bottes à M. Jourdain.)

MONSIEUR JOURDAIN. — Tout beau! Holà! ho! Doucement! Diantre soit la coquine!

NICOLE. — Vous me dites de pousser.

MONSIEUR JOURDAIN. — Oui ; mais tu me pousses en tierce avant que de pousser en quarte, et tu n'as pas la patience que je pare.

MADAME JOURDAIN. — Vous êtes fou, mon mari, avec toutes vos fantaisies ; et cela vous est venu depuis que vous vous mêlez de hanter la noblesse.

MONSIEUR JOURDAIN. — Lorsque je hante la noblesse, je fais paroître mon jugement ; et cela est plus beau que de hanter votre bourgeoisie.

MADAME JOURDAIN. — Çamon vraiment! il y a fort à gagner à fréquenter vos nobles, et vous avez bien opéré avec ce beau monsieur le comte, dont vous vous êtes embéguiné!

MONSIEUR JOURDAIN. — Paix ; songez à ce que vous

dites. Savez-vous bien, ma femme, que vous ne savez pas de qui vous parlez, quand vous parlez de lui? C'est une personne d'importance plus que vous ne pensez, un seigneur que l'on considère à la cour, et qui parle au roi tout comme je vous parle. N'est-ce pas une chose qui m'est tout à fait honorable, que l'on voie venir chez moi si souvent une personne de cette qualité, qui m'appelle son cher ami, et me traite comme si j'étois son égal? Il a pour moi des bontés qu'on ne devineroit jamais; et devant tout le monde il me fait des caresses dont je suis moi-même confus.

MADAME JOURDAIN. — Oui, il a des bontés pour vous et vous fait des caresses; mais il vous emprunte votre argent.

MONSIEUR JOURDAIN. — Hé bien! ne m'est-ce pas de l'honneur, de prêter de l'argent à un homme de cette condition-là? et puis-je faire moins pour un seigneur qui m'appelle son cher ami?

MADAME JOURDAIN. — Et ce seigneur, que fait-il pour vous?

MONSIEUR JOURDAIN. — Des choses dont on seroit étonné, si on les savoit.

MADAME JOURDAIN. — Et quoi?

MONSIEUR JOURDAIN. — Baste! je ne puis pas m'expliquer. Il suffit que, si je lui ai prêté de l'argent, il me le rendra bien, et avant qu'il soit peu.

MADAME JOURDAIN. — Oui, attendez-vous à cela!

MONSIEUR JOURDAIN. — Assurément. Ne me l'a-t-il pas dit?

Doucement! Diantre soit la coquine! (Acte III, scène III.)

MADAME JOURDAIN. — Oui, oui, il ne manquera pas d'y faillir.

MONSIEUR JOURDAIN. — Il m'a juré sa foi de gentilhomme.

MADAME JOURDAIN. — Chansons!

MONSIEUR JOURDAIN. — Ouais! Vous êtes bien obstinée, ma femme! Je vous dis qu'il me tiendra sa parole; j'en suis sûr.

MADAME JOURDAIN. — Et moi, je suis sûre que non, et que toutes les caresses qu'il vous fait ne sont que pour vous enjôler.

MONSIEUR JOURDAIN. — Taisez-vous. Le voici.

MADAME JOURDAIN. — Il ne nous faut plus que cela. Il vient peut-être encore vous faire quelque emprunt; et il me semble que j'ai dîné quand je le vois.

MONSIEUR JOURDAIN. — Taisez-vous, vous dis-je.

SCÈNE IV.

DORANTE, MONSIEUR JOURDAIN, MADAME JOURDAIN, NICOLE.

DORANTE. — Mon cher ami monsieur Jourdain, comment vous portez-vous?

MONSIEUR JOURDAIN. — Fort bien, monsieur, pour vous rendre mes petits services.

DORANTE. — Et madame Jourdain, que voilà, comment se porte-t-elle?

MADAME JOURDAIN. — Madame Jourdain se porte comme elle peut.

DORANTE. — Comment! monsieur Jourdain, vous voilà le plus propre du monde!

MONSIEUR JOURDAIN. — Vous voyez.

DORANTE. — Vous avez tout à fait bon air avec cet habit; et nous n'avons point de jeunes gens à la cour qui soient mieux faits que vous.

MONSIEUR JOURDAIN. — Hai, hai.

MADAME JOURDAIN, *à part*. — Il le gratte par où il se démange.

DORANTE. — Tournez-vous. Cela est tout à fait galant.

MADAME JOURDAIN, *à part*. — Oui, aussi sot, par derrière que par devant.

DORANTE. — Ma foi, monsieur Jourdain, j'avois une impatience étrange de vous voir. Vous êtes l'homme du monde que j'estime le plus; et je parlois encore de vous, ce matin, dans la chambre du roi.

MONSIEUR JOURDAIN. — Vous me faites beaucoup d'honneur, monsieur. (*A madame Jourdain.*) Dans la chambre du roi!

DORANTE. — Allons, mettez.

MONSIEUR JOURDAIN. — Monsieur, je sais le respect que je vous dois.

DORANTE. — Mon Dieu! mettez. Point de cérémonie entre nous, je vous prie.

MONSIEUR JOURDAIN. — Monsieur...

DORANTE. — Mettez, vous dis-je, monsieur Jourdain : vous êtes mon ami.

MONSIEUR JOURDAIN. — Monsieur, je suis votre serviteur.

DORANTE. — Je ne me couvrirai point, si vous ne vous couvrez.

MONSIEUR JOURDAIN, *se couvrant*. — J'aime mieux être incivil qu'importun.

DORANTE. — Je suis votre débiteur, comme vous le savez.

MADAME JOURDAIN, *à part*. — Oui : nous ne le savons que trop.

DORANTE. — Vous m'avez généreusement prêté de l'argent en plusieurs occasions, et m'avez obligé de la meilleure grâce du monde, assurément.

MONSIEUR JOURDAIN. — Monsieur, vous vous moquez.

Madame Jourdain.   Dorante.

DORANTE. — Mais je sais rendre ce qu'on me prête, et reconnoître les plaisirs qu'on me fait.

MONSIEUR JOURDAIN. — Je n'en doute point, monsieur.

DORANTE. — Je veux sortir d'affaire avec vous; et je viens ici pour faire nos comptes ensemble.

MONSIEUR JOURDAIN, *bas à madame Jourdain*. — Hé bien! vous voyez votre impertinence, ma femme.

DORANTE. — Je suis homme qui aime à m'acquitter le plus tôt que je puis.

MONSIEUR JOURDAIN, *bas, à madame Jourdain*. — Je vous le disois bien.

DORANTE. — Voyons un peu ce que je vous dois.

MONSIEUR JOURDAIN, *bas, à madame Jourdain*. — Vous voilà, avec vos soupçons ridicules.

DORANTE. — Vous souvenez-vous bien de tout l'argent que vous m'avez prêté?

MONSIEUR JOURDAIN. — Je crois que oui. J'en ai fait un petit mémoire. Le voici. Donné à vous une fois deux cents louis.

DORANTE. — Cela est vrai.

MONSIEUR JOURDAIN. — Une autre fois six-vingts.

DORANTE. — Oui.

MONSIEUR JOURDAIN. — Et une autre fois cent quarante.

DORANTE. — Vous avez raison.

MONSIEUR JOURDAIN. — Ces trois articles font quatre cent soixante louis, qui valent cinq mille soixante livres.

DORANTE. — Le compte est fort bon. Cinq mille soixante livres.

MONSIEUR JOURDAIN. — Mille huit cent trente-deux livres à votre plumassier.

DORANTE — Justement.

MONSIEUR JOURDAIN. — Deux mille sept cent quatre-vingts livres à votre tailleur.

DORANTE. — Il est vrai.

MONSIEUR JOURDAIN. — Quatre mille trois cent septante-neuf livres douze sols huit deniers à votre marchand.

DORANTE. — Fort bien. Douze sols huit deniers; le compte est juste.

MONSIEUR JOURDAIN. — Et mille sept cent quarante-huit livres sept sols quatre deniers à votre sellier.

DORANTE. — Tout cela est véritable. Qu'est-ce que cela fait?

MONSIEUR JOURDAIN. — Somme totale, quinze mille huit cents livres.

DORANTE. — Somme totale est juste. Quinze mille huit cents livres. Mettez encore deux cents pistoles que vous m'allez donner : cela fera justement dix-huit mille francs, que je vous payerai au premier jour.

MADAME JOURDAIN, *bas, à M. Jourdain.* — Hé bien! ne l'avois-je pas bien deviné?

MONSIEUR JOURDAIN, *bas, à madame Jourdain.*—Paix.

DORANTE. — Cela vous incommodera-t-il, de me donner ce que je vous dis?

MONSIEUR JOURDAIN. — Hé! non.

MADAME JOURDAIN, *bas, à M. Jourdain.* — Cet homme-là fait de vous une vache à lait.

MONSIEUR JOURDAIN, *bas, à madame Jourdain.* — Taisez-vous.

DORANTE. — Si cela vous incommode, j'en irai chercher ailleurs.

MONSIEUR JOURDAIN. — Non, monsieur.

MADAME JOURDAIN, *bas, à M Jourdain.* — Il ne sera pas content qu'il ne vous ait ruiné.

MONSIEUR JOURDAIN, *bas, à madame Jourdain.* — Taisez-vous, vous dis-je.

DORANTE. — Vous n'avez qu'à me dire si cela vous embarrasse.

MONSIEUR JOURDAIN. — Point, monsieur.

MADAME JOURDAIN, *bas, à M. Jourdain.* — C'est un vrai enjôleur.

MONSIEUR JOURDAIN, *bas, à madame Jourdain.* — Taisez-vous donc.

MADAME JOURDAIN, *bas, à M. Jourdain.* — Il vous sucera jusqu'au dernier sou.

MONSIEUR JOURDAIN, *bas, à madame Jourdain.* — Vous tairez-vous?

DORANTE. — J'ai force gens qui m'en prêteroient avec joie; mais, comme vous êtes mon meilleur ami, j'ai cru que je vous ferois tort, si j'en demandois à quelque autre.

MONSIEUR JOURDAIN. — C'est trop d'honneur, monsieur, que vous me faites. Je vais querir votre affaire.

MADAME JOURDAIN, *bas, à M. Jourdain.* — Quoi! vous allez encore lui donner cela?

MONSIEUR JOURDAIN, *bas, à madame Jourdain.* — Que faire? Voulez-vous que je refuse un homme de cette condition-là, qui a parlé de moi ce matin dans la chambre du roi?

MADAME JOURDAIN, *bas, à M. Jourdain.* — Allez, vous êtes une vraie dupe.

SCÈNE V.

DORANTE, MADAME JOURDAIN, NICOLE.

DORANTE. — Vous me semblez toute mélancolique. Qu'avez-vous, madame Jourdain?

MADAME JOURDAIN. — J'ai la tête plus grosse que le poing, et si elle n'est pas enflée.

DORANTE. — Mademoiselle votre fille, où est-elle, que je ne la vois point?

MADAME JOURDAIN. — Mademoiselle ma fille est bien où elle est.

DORANTE. — Comment se porte-t-elle?

MADAME JOURDAIN. — Elle se porte sur ses deux jambes.

DORANTE. — Ne voulez-vous point, un de ces jours, venir avec elle le ballet et la comédie que l'on fait chez le roi?

MADAME JOURDAIN. — Oui, vraiment! nous avons fort envie de rire, fort envie de rire nous avons.

DORANTE. — Je pense, madame Jourdain, que vous avez eu bien des amans dans votre jeune âge, belle et d'agréable humeur comme vous étiez.

MADAME JOURDAIN. — Tredame! monsieur, est-ce que madame Jourdain est décrépite, et la tête lui grouille-t-elle déjà?

DORANTE. — Ah! ma foi, madame Jourdain, je vous demande pardon! Je ne songeois pas que vous êtes jeune; et je rêve le plus souvent. Je vous prie d'excuser mon impertinence.

SCÈNE VI.

MONSIEUR JOURDAIN, MADAME JOURDAIN, DORANTE, NICOLE.

MONSIEUR JOURDAIN, *à Dorante.* — Voilà deux cents louis bien comptés.

DORANTE. — Je vous assure, monsieur Jourdain, que je suis tout à vous, et que je brûle de vous rendre un service à la cour.

MONSIEUR JOURDAIN. — Je vous suis trop obligé.

DORANTE. — Si madame Jourdain veut voir le divertissement royal, je lui ferai donner les meilleures places de la salle.

MADAME JOURDAIN. — Madame Jourdain vous baise les mains.

DORANTE, *bas, à M. Jourdain.* — Notre belle marquise, comme je vous ai mandé par mon billet, viendra tantôt ici pour le ballet et le repas; et je l'ai fait consentir enfin au cadeau que vous lui voulez donner.

MONSIEUR JOURDAIN. — Tirons-nous un peu plus loin, pour cause.

DORANTE. — Il y a huit jours que je ne vous ai vu, et je ne vous ai point mandé de nouvelles du diamant que vous me mîtes entre les mains pour lui en faire présent de votre part; mais c'est que j'ai eu toutes les peines du monde à vaincre son scrupule; et ce n'est que d'aujourd'hui qu'elle s'est résolue à l'accepter.

MONSIEUR JOURDAIN. — Comment l'a-t-elle trouvé?

DORANTE. — Merveilleux; et je me trompe fort, ou la beauté de ce diamant fera pour vous sur son esprit un effet admirable.

MONSIEUR JOURDAIN. — Plût au ciel!

MADAME JOURDAIN, *à Nicole*. — Quand il est une fois avec lui, il ne peut le quitter.

DORANTE. — Je lui ai fait valoir comme il faut la richesse de ce présent, et la grandeur de votre amour.

MONSIEUR JOURDAIN. — Ce sont, monsieur, des bontés qui m'accablent; et je suis dans une confusion la plus grande du monde, de voir une personne de votre qualité s'abaisser pour moi à ce que vous faites.

DORANTE. — Vous moquez-vous? Est-ce qu'entre amis on s'arrête à ces sortes de scrupules? et ne feriez-vous pas pour moi la même chose, si l'occasion s'en offroit?

MONSIEUR JOURDAIN. — Oh! assurément, et de très-grand cœur!

MADAME JOURDAIN, *à Nicole*. — Que sa présence me pèse sur les épaules.

DORANTE. — Pour moi, je ne regarde rien, quand il faut servir un ami; et, lorsque vous me fîtes confidence de l'ardeur que vous aviez prise pour cette marquise agréable, chez qui j'avois commerce, vous vîtes que d'abord je m'offris de moi-même à servir votre amour.

MONSIEUR JOURDAIN. — Il est vrai. Ce sont des bontés qui me confondent.

MADAME JOURDAIN, *à Nicole*. — Est-ce qu'il ne s'en ira point?

NICOLE. — Ils se trouvent bien ensemble.

DORANTE. — Vous avez pris le bon biais pour toucher son cœur. Les femmes aiment surtout les dépenses qu'on fait pour elles; et vos fréquentes sérénades, et vos bouquets continuels, ce superbe feu d'artifice qu'elle trouva sur l'eau, le diamant qu'elle a reçu de votre part, et le cadeau que vous lui préparez; tout cela lui parle bien mieux en faveur de votre amour, que toutes les paroles que vous auriez pu lui dire vous-même.

MONSIEUR JOURDAIN. — Il n'y a point de dépenses que je ne fisse, si par là je pouvois trouver le chemin de son cœur. Une femme de qualité a pour moi des charmes ravissans; et c'est un honneur que j'achèterois au prix de toutes choses.

MADAME JOURDAIN, *bas, à Nicole*. — Que peuvent-ils tant dire ensemble? Va-t'en un peu tout doucement prêter l'oreille.

DORANTE. — Ce sera tantôt que vous jouirez à votre aise du plaisir de sa vue, et vos yeux auront tout le temps de se satisfaire.

MONSIEUR JOURDAIN. — Pour être en pleine liberté, j'ai fait en sorte que ma femme ira dîner chez ma sœur, où elle passera toute l'après-dînée.

DORANTE. — Vous avez fait prudemment, et votre femme auroit pu nous embarrasser. J'ai donné pour vous l'ordre qu'il faut au cuisinier, et à toutes les choses qui sont nécessaires pour le ballet. Il est de mon invention; et, pourvu que l'exécution puisse répondre à l'idée, je suis sûr qu'il sera trouvé....

MONSIEUR JOURDAIN, *s'apercevant que Nicole écoute, et lui donnant un soufflet*. — Ouais! vous êtes bien impertinente. (*A Dorante*). Sortons, s'il vous plaît.

SCÈNE VII.

MADAME JOURDAIN, NICOLE.

NICOLE. — Ma foi, madame, la curiosité m'a coûté quelque chose : mais je crois qu'il y a quelque anguille sous roche ; et ils parlent de quelque affaire où ils ne veulent pas que vous soyez.

MADAME JOURDAIN. — Ce n'est pas d'aujourd'hui, Nicole, que j'ai conçu des soupçons de mon mari. Je suis la plus trompée du monde, ou il y a quelque amour en campagne ; et je travaille à découvrir ce que ce peut être. Mais songeons à ma fille. Tu sais l'amour que Cléonte a pour elle : c'est un homme qui me revient ; et je veux aider sa recherche, et lui donner Lucile, si je puis.

NICOLE. — En vérité, madame, je suis la plus ravie du monde, de vous voir dans ces sentimens; car, si le maître vous revient, le valet ne me revient pas moins, et je souhaiterois que notre mariage se pût faire à l'ombre du leur.

MADAME JOURDAIN. — Va-t'en lui parler de ma part, et lui dire que tout à l'heure il me vienne trouver, pour faire ensemble à mon mari la demande de ma fille.

NICOLE. — J'y cours, madame, avec joie, et je ne pouvois recevoir une commission plus agréable. (*Seule.*) Je vais, je pense, bien réjouir les gens.

SCÈNE VIII.

CLÉONTE, COVIELLE, NICOLE.

NICOLE, *à Cléonte*. — Ah! vous voilà tout à propos. Je suis une ambassadrice de joie, et je viens....

CLÉONTE. — Retire-toi, perfide, et ne me viens point amuser avec tes traîtresses paroles.

NICOLE. — Est-ce ainsi que vous recevez....

CLÉONTE. — Retire-toi, te dis-je, et va-t'en dire, de ce pas, à ton infidèle maîtresse qu'elle n'abusera de sa vie le trop simple Cléonte.

NICOLE. — Quel vertigo est-ce donc là? Mon pauvre Covielle, dis-moi un peu ce que cela veut dire.

COVIELLE. — Ton pauvre Covielle, petite scélérate! Allons, vite, ôte-toi de mes yeux, vilaine, et me laisse en repos.

NICOLE. — Quoi! tu me viens aussi....

COVIELLE. — Ote-toi de mes yeux, te dis-je, et ne me parle de ta vie.

NICOLE, *à part*. — Ouais! quelle mouche les a piqués tous deux? Allons de cette belle histoire informer ma maîtresse.

SCÈNE IX.

CLÉONTE, COVIELLE.

CLÉONTE. — Quoi! traiter un amant de la sorte, et un amant le plus fidèle et le plus passionné de tous les amans!

COVIELLE. — C'est une chose épouvantable, que ce qu'on nous fait à tous deux.

CLÉONTE. — Je fais voir pour une personne toute l'ardeur et toute la tendresse qu'on peut imaginer; je n'aime rien au monde qu'elle, je n'ai qu'elle dans l'esprit; elle fait tous mes soins, tous mes désirs, toute ma joie; je ne parle que d'elle, je ne pense qu'à elle, je ne fais des songes que d'elle, je ne respire que par elle, mon cœur vit tout en elle, et voilà de tant d'amitié la digne récompense ! Je suis deux jours sans la voir, qui sont pour moi deux siècles effroyables; je la rencontre par hasard; mon cœur, à cette vue, se sent tout transporté, ma joie éclate sur mon visage, je vole avec ravissement vers elle; et l'infidèle détourne de moi ses regards, et passe brusquement, comme si de sa vie elle ne m'avoit vu!

COVIELLE. — Je dis les mêmes choses que vous.

CLÉONTE. — Peut-on rien voir d'égal, Covielle, à cette perfidie de l'ingrate Lucile?

COVIELLE. — Et à celle, monsieur, de la pendarde de Nicole?

CLÉONTE. — Après tant de sacrifices ardens, de soupirs et de vœux que j'ai faits à ses charmes!

COVIELLE. — Après tant d'assidus hommages, de soins et de services que je lui ai rendus dans sa cuisine!

CLÉONTE. — Tant de larmes que j'ai versées à ses genoux!

COVIELLE. — Tant de seaux d'eau que j'ai tirés au puits pour elle!

CLÉONTE. — Tant d'ardeur que j'ai fait paroître à la chérir plus que moi-même!

COVIELLE. — Tant de chaleur que j'ai soufferte à tourner la broche à sa place !

CLÉONTE. — Elle me fuit avec mépris !

COVIELLE. — Elle me tourne le dos avec effronterie!

CLÉONTE. — C'est une perfidie digne des plus grands châtimens.

COVIELLE. — C'est une trahison à mériter mille soufflets.

CLÉONTE. — Ne t'avise point, je te prie, de me parler jamais pour elle.

Lucile.

COVIELLE. — Moi, monsieur, Dieu m'en garde!

CLÉONTE. — Ne viens point m'excuser l'action de cette infidèle.

COVIELLE. — N'ayez pas peur.

CLÉONTE. — Non, vois-tu, tous tes discours pour la défendre ne serviront de rien.

COVIELLE. — Qui songe à cela?

CLÉONTE. — Je veux contre elle conserver mon ressentiment, et rompre ensemble tout commerce.

COVIELLE. — J'y consens.

CLÉONTE. — Ce monsieur le comte qui va chez elle lui donne peut-être dans la vue; et son esprit, je le vois bien, se laisse éblouir à la qualité. Mais il me faut, pour mon honneur, prévenir l'éclat de son inconstance Je veux faire autant de pas qu'elle au changement où je la vois courir, et ne lui laisser pas toute la gloire de me quitter.

COVIELLE. — C'est fort bien dit, et j'entre pour mon compte dans tous vos sentimens.

CLÉONTE. — Donne la main à mon dépit, et soutiens ma résolution contre tous les restes d'amour qui me pourroient parler pour elle. Dis-m'en, je t'en conjure, tout le mal que tu pourras. Fais-moi de sa personne une peinture qui me la rende méprisable; et marque-moi bien, pour m'en dégoûter, tous les défauts que tu peux voir en elle.

COVIELLE. — Elle, monsieur? voilà une belle mijaurée, une pimpesouée bien bâtie, pour vous donner tant d'amour! Je ne lui vois rien que de très-médiocre; et vous trouverez cent personnes qui seront plus dignes de vous. Premièrement, elle a les yeux petits.

CLÉONTE. — Cela est vrai; elle a les yeux petits; mais elle les a pleins de feu, les plus brillans, les plus perçans du monde, les plus touchans qu'on puisse voir.

COVIELLE. — Elle a la bouche grande.

CLÉONTE. — Oui : mais on y voit des grâces qu'on ne voit point aux autres bouches; et cette bouche, en la voyant, inspire des désirs, est la plus attrayante, la plus amoureuse du monde.

COVIELLE. — Pour sa taille, elle n'est pas grande.

CLÉONTE. — Non ; mais elle est aisée et bien prise.

COVIELLE. — Elle affecte une nonchalance dans son parler et dans ses actions.

CLÉONTE. — Il est vrai; mais elle a grâce à tout cela; et ses manières sont engageantes, ont je ne sais quel charme à s'insinuer dans les cœurs.

COVIELLE. — Pour de l'esprit....

CLÉONTE. — Ah! elle en a, Covielle, du plus fin, du plus délicat.

COVIELLE. — Sa conversation....

CLÉONTE. — Sa conversation est charmante.

COVIELLE. — Elle est toujours sérieuse.

CLÉONTE. — Veux-tu de ces enjouemens épanouis, de ces joies toujours ouvertes? et vois-tu rien de plus impertinent que des femmes qui rient à tout propos?

COVIELLE. — Mais enfin, elle est capricieuse autant que personne du monde.

CLÉONTE. — Oui, elle est capricieuse, j'en demeure d'accord; mais tout sied bien aux belles; on souffre tout des belles.

COVIELLE. — Puisque cela va comme cela, je vois bien que vous avez envie de l'aimer toujours.

CLÉONTE. — Moi? j'aimerois mieux mourir; et je vais la haïr autant que je l'ai aimée.

COVIELLE. — Le moyen, si vous la trouvez si parfaite?

CLÉONTE. — C'est en quoi ma vengeance sera plus éclatante, en quoi je veux faire mieux voir la force de mon cœur à la haïr, à la quitter, toute belle, toute pleine d'attraits, tout aimable que je la trouve. La voici

Vous me voyez, ingrate, pour la dernière fois. (Acte III, scène X.)

SCÈNE X.

LUCILE, CLÉONTE, COVIELLE, NICOLE.

NICOLE, à Lucile. — Pour moi, j'en ai été toute scandalisée.

LUCILE. — Ce ne peut être, Nicole, que ce que je te dis. Mais le voilà.

CLÉONTE, à Covielle. — Je ne veux pas seulement lui parler.

COVIELLE. — Je veux vous imiter.

LUCILE. — Qu'est-ce donc, Cléonte? qu'avez-vous?

NICOLE. — Qu'as-tu donc, Covielle?

LUCILE. — Quel chagrin vous possède?

NICOLE. — Quelle mauvaise humeur te tient?

LUCILE. — Êtes-vous muet, Cléonte?

NICOLE. — As-tu perdu la parole, Covielle?

CLÉONTE. — Que voilà qui est scélérat!

COVIELLE. — Que cela est Judas!

LUCILE. — Je vois bien que la rencontre de tantôt a troublé votre esprit.

CLÉONTE, à Covielle. — Ah! ah! On voit ce qu'on a fait.

NICOLE. — Notre accueil de ce matin t'a fait prendre la chèvre.

COVIELLE, à Cléonte. — On a deviné l'enclouure.

LUCILE. — N'est-il pas vrai, Cléonte, que c'est là le sujet de votre dépit?

CLÉONTE. — Oui, perfide, ce l'est, puisqu'il faut parler; et j'ai à vous dire que vous ne triompherez pas, comme vous pensez, de votre infidélité; que je veux être le premier à rompre avec vous, et que vous n'aurez pas l'avantage de me chasser. J'aurai de la peine, sans doute, à vaincre l'amour que j'ai pour vous; cela me causera des chagrins; je souffrirai un temps; mais j'en viendrai à bout, et je me percerai plutôt le cœur, que d'avoir la foiblesse de retourner à vous.

COVIELLE, à Nicole. — Queussi, queumi.

LUCILE. — Voilà bien du bruit pour un rien ! Je veux vous dire, Cléonte, le sujet qui m'a fait ce matin éviter votre abord.

CLÉONTE, *voulant s'en aller pour éviter Lucile.* — Non, je ne veux rien écouter.

NICOLE, *à Covielle.* — Je te veux apprendre la cause qui nous a fait passer si vite.

COVIELLE, *voulant aussi s'en aller pour éviter Nicole.* — Je ne veux rien entendre.

LUCILE, *suivant Cléonte.* — Sachez que ce matin....

CLÉONTE, *marchant toujours sans regarder Lucile.* — Non, vous dis-je.

NICOLE, *suivant Covielle.* — Apprends que....

COVIELLE, *marchant aussi sans regarder Nicole.* — Non, traîtresse !

LUCILE. — Écoutez.

CLÉONTE. — Point d'affaire.

NICOLE. — Laisse-moi dire.

COVIELLE. — Je suis sourd.

LUCILE. — Cléonte !

COVIELLE. — Non.

NICOLE. — Covielle !

COVIELLE. — Point.

LUCILE. — Arrêtez.

CLÉONTE. — Chansons.

NICOLE. — Entends-moi.

COVIELLE. — Bagatelle.

LUCILE. — Un moment.

CLÉONTE. — Point du tout.

NICOLE. — Un peu de patience.

COVIELLE. — Tarare.

LUCILE. — Deux paroles.

CLÉONTE. — Non : c'en est fait.

NICOLE. — Un mot.

COVIELLE. — Plus de commerce.

LUCILE, *s'arrêtant.* — Hé bien ! puisque vous ne voulez pas m'écouter, demeurez dans votre pensée, et faites ce qu'il vous plaira.

NICOLE, *s'arrêtant aussi.* — Puisque tu fais comme cela, prends-le tout comme tu voudras.

CLÉONTE, *se tournant vers Lucile.* — Sachons donc le sujet d'un si bel accueil.

LUCILE, *s'en allant à son tour pour éviter Cléonte.* — Il ne me plaît plus de le dire.

COVIELLE, *se tournant vers Nicole.* — Apprends-nous un peu cette histoire.

NICOLE, *s'en allant aussi pour éviter Covielle.* — Je ne veux plus, moi, te l'apprendre.

CLÉONTE, *suivant Lucile.* — Dites-moi....

LUCILE, *marchant toujours sans regarder Cléonte.* — Non, je ne veux rien dire.

COVIELLE, *suivant Nicole.* — Conte-moi....

NICOLE, *marchant aussi sans regarder Covielle.* — Non, je ne conte rien.

CLÉONTE. — De grâce !

LUCILE. — Non, vous dis-je.

COVIELLE. — Par charité !

NICOLE. — Point d'affaire.

CLÉONTE. — Je vous en prie.

LUCILE. — Laissez-moi.

COVIELLE. — Je t'en conjure.

NICOLE. — Ote-toi de là.

CLÉONTE. — Lucile !

LUCILE. — Non.

COVIELLE. — Nicole !

NICOLE. — Point.

CLÉONTE. — Au nom des dieux !

LUCILE. — Je ne veux pas.

COVIELLE. — Parle-moi.

NICOLE. — Point du tout.

CLÉONTE. — Éclaircissez mes doutes.

LUCILE. — Non : je n'en ferai rien.

COVIELLE. — Guéris-moi l'esprit.

NICOLE. — Non : il ne me plaît pas.

CLÉONTE. — Hé bien ! puisque vous vous souciez si peu de me tirer de peine, et de vous justifier du traitement indigne que vous avez fait à ma flamme, vous me voyez, ingrate, pour la dernière fois ; et je vais, loin de vous, mourir de douleur et d'amour.

COVIELLE, *à Nicole.* — Et moi, je vais suivre ses pas.

LUCILE, *à Cléonte, qui veut sortir.* — Cléonte !

NICOLE, *à Covielle, qui suit son maître.* — Covielle !

CLÉONTE, *s'arrêtant.* — Hé ?

COVIELLE, *s'arrêtant aussi.* — Plaît-il ?

LUCILE. — Où allez-vous ?

CLÉONTE. — Où je vous ai dit.

COVIELLE. — Nous allons mourir.

LUCILE. — Vous allez mourir, Cléonte ?

CLÉONTE. — Oui, cruelle, puisque vous le voulez.

LUCILE. — Moi ! je veux que vous mouriez ?

CLÉONTE. — Oui, vous le voulez.

LUCILE. — Qui vous le dit ?

CLÉONTE, *s'approchant de Lucile.* — N'est-ce pas le vouloir, que de ne vouloir pas éclaircir mes soupçons ?

LUCILE. — Est-ce ma faute ? et, si vous aviez voulu m'écouter, ne vous aurois-je pas dit que l'aventure dont vous vous plaignez a été causée ce matin par la présence d'une vieille tante, qui veut à toute force que la seule approche d'un homme déshonore une fille, qui perpétuellement nous sermonne sur ce chapitre, et nous figure tous les hommes comme des diables qu'il faut fuir ?

NICOLE, *à Covielle.* — Voilà le secret de l'affaire.

CLÉONTE. — Ne me trompez-vous point, Lucile ?

COVIELLE, *à Nicole.* — Ne m'en donnes-tu point à garder ?

LUCILE, *à Cléonte.* — Il n'est rien de plus vrai.

NICOLE, *à Covielle.* — C'est la chose comme elle est.

COVIELLE, *à Cléonte.* — Nous rendrons-nous à cela ?

CLÉONTE. — Ah ! Lucile, qu'avec un mot de votre bouche, vous savez apaiser de choses dans mon cœur ; et que facilement on se laisse persuader aux personnes qu'on aime !

COVIELLE. — Qu'on est aisément amadoué par ces diantres d'animaux-là !

SCÈNE XI.

MADAME JOURDAIN, CLÉONTE, LUCILE, COVIELLE, NICOLE.

MADAME JOURDAIN. — Je suis bien aise de vous voir, Cléonte, et vous voilà tout à propos. Mon mari vient : prenez vite votre temps pour lui demander Lucile en mariage.

CLÉONTE. — Ah ! madame, que cette parole m'est douce, et qu'elle flatte mes désirs ! Pouvois-je recevoir un ordre plus charmant, une faveur plus précieuse ?

SCÈNE XII.

CLÉONTE, MONSIEUR JOURDAIN, MADAME JOURDAIN, LUCILE, COVIELLE, NICOLE.

CLÉONTE. — Monsieur, je n'ai voulu prendre personne pour vous faire une demande que je médite il y a longtemps. Elle me touche assez pour m'en charger moi-même ; et, sans autre détour, je vous dirai que l'honneur d'être votre gendre est une faveur glorieuse que je vous prie de m'accorder.

MONSIEUR JOURDAIN. — Avant que de vous rendre réponse, monsieur, je vous prie de me dire si vous êtes gentilhomme.

CLÉONTE. — Monsieur, la plupart des gens, sur cette question, n'hésitent pas beaucoup. On tranche le mot aisément. Ce nom ne fait aucun scrupule à prendre et l'usage aujourd'hui semble en autoriser le vol. Pour moi, je vous l'avoue, j'ai les sentiments sur cette matière un peu plus délicats. Je trouve que toute imposture est indigne d'un honnête homme, et qu'il y a de la lâcheté à déguiser ce que le ciel nous a fait naître, à se parer aux yeux du monde d'un titre dérobé, à se vouloir donner pour ce qu'on n'est pas. Je suis né de parens, sans doute, qui ont tenu des charges honorables ; je me suis acquis, dans les armes, l'honneur de six ans de service, et je me trouve assez de bien pour tenir dans le monde un rang assez passable : mais, avec tout cela, je ne veux point me donner un nom, où d'autres, en ma place, croiroient pouvoir prétendre ; et je vous dirai franchement que je ne suis point gentilhomme.

MONSIEUR JOURDAIN. — Touchez là, monsieur : ma fille n'est pas pour vous.

CLÉONTE. — Comment ?

MONSIEUR JOURDAIN. — Vous n'êtes point gentilhomme : vous n'aurez pas ma fille.

MADAME JOURDAIN. — Que voulez-vous donc dire avec votre gentilhomme ? Est-ce que nous sommes, nous autres, de la côte de saint Louis ?

MONSIEUR JOURDAIN. — Taisez-vous, ma femme : je vous vois venir.

MADAME JOURDAIN. — Descendons-nous tous deux que de bonne bourgeoisie ?

MONSIEUR JOURDAIN. — Voilà pas le coup de langue ?

MADAME JOURDAIN. — Et votre père n'étoit-il pas marchand aussi bien que le mien ?

MONSIEUR JOURDAIN. — Peste soit de la femme ! Elle n'y a jamais manqué. Si votre père a été marchand, tant pis pour lui ; mais, pour le mien, ce sont des malavisés qui disent cela. Tout ce que j'ai à vous dire, moi, c'est que je veux avoir un gendre gentilhomme.

MADAME JOURDAIN. — Il faut à votre fille un mari qui lui soit propre ; et il vaut mieux, pour elle, un honnête homme riche et bien fait, qu'un gentilhomme gueux et mal bâti.

NICOLE. — Cela est vrai. Nous avons le fils du gentilhomme de notre village, qui est le plus grand malitorne et le plus sot dadais que j'aie jamais vu.

MONSIEUR JOURDAIN, à Nicole. — Taisez-vous, impertinente. Vous vous fourrez toujours dans la conversation. J'ai du bien assez pour ma fille ; je n'ai besoin que d'honneurs, et je la veux faire marquise.

MADAME JOURDAIN. — Marquise ?

MONSIEUR JOURDAIN. — Oui, marquise.

MADAME JOURDAIN. — Hélas ! Dieu m'en garde !

MONSIEUR JOURDAIN. — C'est une chose que j'ai résolue.

MADAME JOURDAIN. — C'est une chose, moi, où je ne consentirai point. Les alliances avec plus grand que soi sont sujettes toujours à de fâcheux inconvéniens. Je ne veux point qu'un gendre puisse à ma fille reprocher ses parens, et qu'elle ait des enfans qui aient honte de m'appeler leur grand'maman. S'il falloit qu'elle me vînt visiter en équipage de grand'dame, et qu'elle manquât, par mégarde, à saluer quelqu'un du quartier, on ne manqueroit pas aussitôt de dire cent sottises. « Voyez-vous, diroit-on, cette madame la marquise qui fait tant la glorieuse ? C'est la fille de monsieur Jourdain, qui étoit trop heureuse, étant petite, de jouer à la madame avec nous. Elle n'a pas toujours été si relevée que la voilà ; et ses deux grands-pères vendoient du drap auprès de la porte Saint-Innocent. Ils ont amassé du bien à leurs enfans, qu'ils payent maintenant peut-être bien cher en l'autre monde ; et l'on ne devient guère si riche à être honnêtes gens. » Je ne veux point tous ces caquets, et je veux un homme, en un mot, qui m'ait obligation de ma fille, et à qui je puisse dire : « Mettez-vous là, mon gendre, et dînez avec moi. »

MONSIEUR JOURDAIN. — Voilà bien les sentiments d'un petit esprit, de vouloir demeurer toujours dans la bassesse. Ne me répliquez pas davantage : ma fille sera marquise, en dépit de tout le monde ; et, si vous me mettez en colère, je la ferai duchesse.

SCÈNE XIII.

MADAME JOURDAIN, LUCILE, CLÉONTE, NICOLE, COVIELLE.

MADAME JOURDAIN. — Cléonte, ne perdez point courage encore. (*A Lucile.*) Suivez-moi, ma fille ;

venez dire résolûment à votre père que, si vous ne l'avez, vous ne voulez épouser personne.

SCÈNE XIV.
CLÉONTE, COVIELLE.

COVIELLE. — Vous avez fait de belles affaires avec vos beaux sentimens !

CLÉONTE. — Que veux-tu? J'ai un scrupule là-dessus que l'exemple ne sauroit vaincre.

COVIELLE. — Vous moquez-vous, de le prendre sérieusement avec un homme comme cela? Ne voyez-vous pas qu'il est fou? et vous coûtoit-il quelque chose de vous accommoder à ses chimères?

CLÉONTE. — Tu as raison; mais je ne croyois pas qu'il fallût faire ses preuves de noblesse pour être gendre de monsieur Jourdain.

COVIELLE, *riant*. — Ah! ah! ah!

Madame, ce m'est une gloire bien grande. (Acte III, scène XIX.)

CLÉONTE. — De quoi ris-tu?

COVIELLE. — D'une pensée qui me vient pour jouer notre homme, et vous faire obtenir ce que vous souhaitez.

CLÉONTE. — Comment?

COVIELLE. — L'idée est tout à fait plaisante.

CLÉONTE. — Quoi donc?

COVIELLE. — Il s'est fait depuis peu une certaine mascarade qui vient le mieux du monde ici, et que je prétends faire entrer dans une bourle que je veux faire à notre ridicule. Tout cela sent un peu sa comédie; mais, avec lui, on peut hasarder toute chose, il n'y faut point chercher tant de façons, et il est homme à y jouer son rôle à merveille, à donner aisément dans toutes les fariboles qu'on s'avisera de lui dire. J'ai les acteurs, j'ai les habits tout prêts; laissez-moi faire seulement.

CLÉONTE. — Mais apprends-moi....

COVIELLE. — Je vais vous instruire de tout. Retirons-nous; le voilà qui revient.

SCÈNE XV.

MONSIEUR JOURDAIN, *seul*.

Que diable est-ce là? Ils n'ont rien que les grands seigneurs à me reprocher; et moi, je ne vois rien de si beau que de hanter les grands seigneurs; il n'y a qu'honneur et que civilité avec eux; et je voudrois qu'il m'eût coûté deux doigts de la main, et être né comte ou marquis.

SCÈNE XVI.

MONSIEUR JOURDAIN, UN LAQUAIS.

LE LAQUAIS. — Monsieur, voici monsieur le comte, et une dame qu'il mène par la main.
MONSIEUR JOURDAIN. — Hé! mon Dieu! j'ai quelques ordres à donner. Dis-leur que je vais venir ici tout à l'heure.

Entrée de ballet. (Acte III, scène XXI.)

SCÈNE XVII.

DORIMÈNE, DORANTE, UN LAQUAIS.

LE LAQUAIS. — Monsieur dit comme cela qu'il va venir ici tout à l'heure.
DORANTE. — Voilà qui est bien.

SCÈNE XVIII.

DORIMÈNE, DORANTE.

DORIMÈNE. — Je ne sais pas, Dorante; je fais encore ici une étrange démarche, de me laisser amener par vous dans une maison où je ne connois personne.
DORANTE. — Quel lieu voulez-vous donc, madame, que mon amour choisisse pour vous régaler, puisque, pour fuir l'éclat, vous ne voulez ni votre maison, ni la mienne?

DORIMÈNE. — Mais vous ne dites pas que je m'engage insensiblement chaque jour à recevoir de trop grands témoignages de votre passion. J'ai beau me défendre des choses, vous fatiguez ma résistance, et vous avez une civile opiniâtreté qui me fait venir doucement à tout ce qu'il vous plaît. Les visites fréquentes ont commencé, les déclarations sont venues ensuite, qui, après elles, ont traîné les sérénades et les cadeaux, que les présens ont suivis. Je me suis opposée à tout cela; mais vous ne vous rebutez point, et, pied à pied, vous gagnez mes résolutions. Pour moi, je ne puis plus répondre de rien; et je crois qu'à la fin vous me ferez venir au mariage, dont je me suis tant éloignée.

DORANTE. — Ma foi, madame, vous y devriez déjà être. Vous êtes veuve, et ne dépendez que de vous; je suis maître de moi, et vous aime plus que ma vie: à quoi tient-il que, dès aujourd'hui, vous ne fassiez tout mon bonheur?

DORIMÈNE. — Mon Dieu, Dorante, il faut des deux parts bien des qualités pour vivre heureusement ensemble; et les deux plus raisonnables personnes du monde ont souvent peine à composer une union dont ils soient satisfaits.

DORANTE. — Vous vous moquez, madame, de vous y figurer tant de difficultés; et l'expérience que vous avez faite ne conclut rien pour tous les autres.

DORIMÈNE. — Enfin, j'en reviens toujours là. Les dépenses que je vous vois faire pour moi m'inquiètent par deux raisons : l'une, qu'elles m'engagent plus que je ne voudrois; et l'autre, que je suis sûre, sans vous déplaire, que vous ne les faites point que vous ne vous incommodiez; et je ne veux point cela.

DORANTE. — Ah! madame, ce sont des bagatelles, et ce n'est pas par là....

DORIMÈNE. — Je sais ce que je dis; et, entre autres, le diamant que vous m'avez forcée à prendre est d'un prix....

DORANTE. — Hé! madame, de grâce, ne faites point tant valoir une chose que mon amour trouve indigne de vous; et souffrez.... Voici le maître du logis.

SCÈNE XIX.

MONSIEUR JOURDAIN, DORIMÈNE, DORANTE.

MONSIEUR JOURDAIN, *après avoir fait deux révérences, se trouvant trop près de Dorimène.* — Un peu plus loin, madame.

DORIMÈNE. — Comment?

MONSIEUR JOURDAIN. — Un pas, s'il vous plaît.

DORIMÈNE. — Quoi donc?

MONSIEUR JOURDAIN. — Reculez un peu pour la troisième.

DORANTE. — Madame, monsieur Jourdain sait son monde.

MONSIEUR JOURDAIN. — Madame, ce m'est une gloire bien grande, de me voir assez fortuné, pour être si heureux, que d'avoir le bonheur, que vous ayez eu la bonté de m'accorder la grâce, de me faire l'honneur de m'honorer de la faveur de votre présence; et, si j'avois aussi le mérite pour mériter un mérite comme le vôtre, et que le ciel... envieux de mon bien.... m'eût accordé.... l'avantage de me voir digne.... des....

DORANTE. — Monsieur Jourdain, en voilà assez. Madame n'aime pas les grands complimens, et elle sait que vous êtes homme d'esprit. (*Bas, à Dorimène.*) C'est un bon bourgeois assez ridicule, comme vous voyez, dans toutes ses manières.

DORIMÈNE, *bas, à Dorante.* — Il n'est pas malaisé de s'en apercevoir.

DORANTE. — Madame, voilà le meilleur de mes amis.

MONSIEUR JOURDAIN. — C'est trop d'honneur que vous me faites.

DORANTE. — Galant homme tout à fait.

DORIMÈNE. — J'ai beaucoup d'estime pour lui.

MONSIEUR JOURDAIN. — Je n'ai rien fait encore, madame, pour mériter cette grâce.

DORANTE, *bas, à M. Jourdain.* — Prenez bien garde, au moins, à ne lui point parler du diamant que vous lui avez donné.

MONSIEUR JOURDAIN, *bas, à Dorante.* — Ne pourrois-je pas seulement lui demander comment elle le trouve?

DORANTE, *bas, à M. Jourdain.* — Comment? Gardez-vous-en bien! Cela seroit vilain à vous; et, pour agir en galant homme, il faut que vous fassiez comme si ce n'étoit pas vous qui lui eussiez fait ce présent. (*Haut.*) Monsieur Jourdain, madame, dit qu'il est ravi de vous voir chez lui.

DORIMÈNE. — Il m'honore beaucoup.

MONSIEUR JOURDAIN, *bas, à Dorante.* — Que je vous suis obligé, monsieur, de lui parler ainsi pour moi!

DORANTE, *bas, à M. Jourdain.* — J'ai eu une peine effroyable à la faire venir ici.

MONSIEUR JOURDAIN, *bas, à Dorante.* — Je ne sais quelles grâces vous en rendre.

DORANTE. — Il dit, madame, qu'il vous trouve la plus belle personne du monde.

DORIMÈNE. — C'est bien de la grâce qu'il me fait.

MONSIEUR JOURDAIN. — Madame, c'est vous qui faites les grâces, et....

DORANTE. — Songeons à manger.

SCÈNE XX.

MONSIEUR JOURDAIN, DORIMÈNE, DORANTE, UN LAQUAIS.

LE LAQUAIS, *à M. Jourdain.* — Tout est prêt, monsieur.

DORANTE. — Allons donc nous mettre à table; et qu'on fasse venir les musiciens.

SCÈNE XXI.

ENTRÉE DE BALLET. — *Six cuisiniers, qui ont préparé le festin, dansent ensemble, et font le troisième intermède; après quoi, ils apportent une table couverte de plusieurs mets.*

ACTE QUATRIÈME.

SCÈNE I.

DORIMÈNE, MONSIEUR JOURDAIN, DORANTE, TROIS MUSICIENS, UN LAQUAIS.

DORIMÈNE. — Comment! Dorante, voilà un repas tout à fait magnifique!

MONSIEUR JOURDAIN. — Vous vous moquez, madame, et je voudrois qu'il fût plus digne de vous être offert.

(*Dorimène, M. Jourdain, Dorante, et les trois musiciens se mettent à table.*)

DORANTE. — Monsieur Jourdain a raison, madame, de parler de la sorte, et il m'oblige, de vous faire si bien les honneurs de chez lui. Je demeure d'accord avec lui que le repas n'est pas digne de vous. Comme c'est moi qui l'ai ordonné, et que je n'ai pas sur cette matière les lumières de nos amis, vous n'avez pas ici un repas fort savant, et vous y trouverez des incongruités de bonne chère, et des barbarismes de bon goût. Si Damis s'en étoit mêlé, tout seroit dans les règles; il y auroit partout de l'élégance et de l'érudition, et il ne manqueroit pas de vous exagérer lui-même toutes les pièces du repas qu'il vous donneroit, et de vous faire tomber d'accord de sa haute capacité dans la science des bons morceaux; de vous parler d'un pain de rive à biseau doré, relevé de croûte partout, croquant tendrement sous la dent; d'un vin à séve veloutée, armé d'un vert qui n'est point trop commandant; d'un carré de mouton gourmandé de persil; d'une longe de veau de rivière, longue comme cela, blanche, délicate, et qui, sous les dents, est une vraie pâte d'amandes; de perdrix relevées d'un fumet surprenant; et pour son opéra, d'une soupe à bouillon perlé, soutenue d'un jeune gros dindon cantonné de pigeonneaux, et couronné d'oignons blancs mariés avec la chicorée. Mais, pour moi, je vous avoue mon ignorance; et, comme monsieur Jourdain a fort bien dit, je voudrois que le repas fût plus digne de vous être offert.

DORIMÈNE. — Je ne réponds à ce compliment, qu'en mangeant comme je fais.

MONSIEUR JOURDAIN. — Ah! que voilà de belles mains!

DORIMÈNE. — Les mains sont médiocres, monsieur Jourdain; mais vous voulez parler du diamant, qui est fort beau.

MONSIEUR JOURDAIN. — Moi, madame, Dieu me garde d'en vouloir parler! ce ne seroit pas agir en galant homme; et le diamant est fort peu de chose.

DORIMÈNE. — Vous êtes bien dégoûté.

MONSIEUR JOURDAIN. — Vous avez trop de bonté....

DORANTE, *après avoir fait un signe à M. Jourdain*. — Allons, qu'on donne du vin à monsieur Jourdain et à ces messieurs, qui nous feront la grâce de nous chanter un air à boire.

DORIMÈNE. — C'est merveilleusement assaisonner la bonne chère, que d'y mêler la musique, et je me vois ici admirablement régalée.

MONSIEUR JOURDAIN. — Madame, ce n'est pas....

DORANTE. — Monsieur Jourdain, prêtons silence à ces messieurs; ce qu'ils nous diront vaudra mieux que tout ce que nous pourrions dire.

PREMIER ET SECOND MUSICIENS ENSEMBLE, *un verre à la main.*

Un petit doigt, Philis, pour commencer le tour :

Ah! qu'un verre en vos mains a d'agréables charmes!
Vous et le vin vous vous prêtez des armes,
Et je sens pour tous deux redoubler mon amour :
Entre lui, vous et moi, jurons, jurons, ma belle,
  Une ardeur éternelle.

Qu'en mouillant votre bouche il en reçoit d'attraits!
Et que l'on voit par lui votre bouche embellie!
  Ah! l'un de l'autre ils me donnent envie,
Et de vous et de lui je m'enivre à longs traits.
Entre lui, vous et moi, jurons, jurons, ma belle,
  Une ardeur éternelle.

SECOND ET TROISIÈME MUSICIENS ENSEMBLE.

Buvons, chers amis, buvons,
Le temps qui fuit nous y convie :
  Profitons de la vie
  Autant que nous pouvons.

Quand on a passé l'onde noire,
Adieu le bon vin, nos amours.
  Dépêchons-nous de boire ;
  On ne boit pas toujours.

Laissons raisonner les sots
Sur le vrai bonheur de la vie,
  Notre philosophie
  Le met parmi les pots.

Les biens, le savoir et la gloire,
N'ôtent point les soucis fâcheux ;
  Et ce n'est qu'à bien boire
  Que l'on peut être heureux.

TOUS TROIS ENSEMBLE.

Sus, sus ; du vin partout : versez, garçon, versez,
Versez, versez toujours, tant qu'on vous dise : Assez.

DORIMÈNE. — Je ne crois pas qu'on puisse mieux chanter ; et cela est tout à fait beau.

MONSIEUR JOURDAIN. — Je vois encore ici, madame, quelque chose de plus beau.

DORIMÈNE. — Ouais! monsieur Jourdain est galant plus que je ne pensois.

LORANTE. — Comment, madame, pour qui prenez-vous monsieur Jourdain?

MONSIEUR JOURDAIN. — Je voudrois bien qu'elle me prît pour ce que je dirois.

DORIMÈNE. — Encore ?

DORANTE, à Dorimène. — Vous ne le connoissez pas.

MONSIEUR JOURDAIN. — Elle me connoîtra quand il lui plaira.

DORIMÈNE. — Oh! je le quitte.

DORANTE. — Il est homme qui a toujours la riposte en main. Mais vous ne voyez pas que monsieur Jourdain, madame, mange tous les morceaux que vous touchez.

DORIMÈNE. — Monsieur Jourdain est un homme qui me ravit.

MONSIEUR JOURDAIN. — Si je pouvois ravir votre cœur, je serois....

SCÈNE II.

MADAME JOURDAIN, MONSIEUR JOURDAIN, DORIMÈNE, DORANTE, MUSICIENS, LAQUAIS.

MADAME JOURDAIN. — Ah! ah! je trouve ici bonne compagnie, et je vois bien qu'on ne m'y attendoit pas. C'est donc pour cette belle affaire-ci, monsieur mon mari, que vous avez eu tant d'empressement à m'envoyer dîner chez ma sœur? Je viens de voir un théâtre là-bas, et je vois ici un banquet à faire noces. Voilà comme vous dépensez votre bien ; et c'est ainsi que vous festinez les dames en mon absence, et que vous leur donnez la musique et la comédie, tandis que vous m'envoyez promener.

DORANTE. — Que voulez-vous dire, madame Jourdain? et quelles fantaisies sont les vôtres, de vous aller mettre en tête que votre mari dépense son bien, et que c'est lui qui donne ce régale à madame? Apprenez que c'est moi, je vous prie ; qu'il ne fait seulement que me prêter sa maison, et que vous devriez un peu mieux regarder aux choses que vous dites.

MONSIEUR JOURDAIN. — Oui, impertinente, c'est monsieur le comte qui donne tout ceci à madame, qui est une personne de qualité. Il me fait l'honneur de prendre ma maison, et de vouloir que je sois avec lui.

MADAME JOURDAIN. — Ce sont des chansons que cela ; je sais ce que je sais.

DORANTE. — Prenez, madame Jourdain, prenez de meilleures lunettes.

MADAME JOURDAIN. — Je n'ai que faire de lunettes, monsieur, et je vois assez clair. Il y a longtemps que je sens les choses, et je ne suis pas une bête. Cela est fort vilain à vous, pour un grand seigneur, de prêter la main comme vous faites aux sottises de mon mari. Et vous, madame, pour une grand'dame, cela n'est ni beau, ni honnête à vous, de mettre de la dissension dans un ménage, et de souffrir que mon mari soit amoureux de vous.

DORIMÈNE. — Que veut donc dire tout ceci? Allez, Dorante, vous vous moquez, de m'exposer aux sottes visions de cette extravagante.

DORANTE, suivant Dorimène qui sort. — Madame, holà! madame, où courez-vous?

MONSIEUR JOURDAIN. — Madame.... Monsieur le comte, faites-lui mes excuses, et tâchez de la ramener.

SCÈNE III.

MADAME JOURDAIN, MONSIEUR JOURDAIN, LAQUAIS.

MONSIEUR JOURDAIN. — Ah! impertinente que vous êtes, voilà de vos beaux faits! Vous me venez faire des affronts devant tout le monde ; et vous chassez de chez moi des personnes de qualité!

MADAME JOURDAIN. — Je me moque de leur qualité.

MONSIEUR JOURDAIN. — Je ne sais qui me tient,

maudite, que je ne vous fende la tête avec les pièces du repas que vous êtes venue troubler.
(Les laquais emportent la table.)
MADAME JOURDAIN, sortant. — Je me moque de cela.

Ce sont mes droits que je défends, et j'aurai pour moi toutes les femmes.
MONSIEUR JOURDAIN. — Vous faites bien d'éviter ma colère.

Ah! ah! Je trouve ici bonne compagnie. (Acte IV, scène II.)

SCÈNE IV.

MONSIEUR JOURDAIN, seul.

Elle est arrivée bien malheureusement. J'étois en humeur de dire de jolies choses, et jamais je ne m'étois senti tant d'esprit. Qu'est-ce que c'est que cela?

SCÈNE V.

MONSIEUR JOURDAIN, COVIELLE, déguisé.

COVIELLE. — Monsieur, je ne sais pas si j'ai l'honneur d'être connu de vous.
MONSIEUR JOURDAIN. — Non, monsieur.

COVIELLE, *étendant la main à un pied de terre.* — Je vous ai vu que vous n'étiez pas plus grand que cela.

MONSIEUR JOURDAIN. — Moi?

COVIELLE. — Oui. Vous étiez le plus bel enfant du monde, et toutes les dames vous prenoient dans leurs bras pour vous baiser.

MONSIEUR JOURDAIN. — Pour me baiser?

COVIELLE. — Oui. J'étois grand ami de feu monsieur votre père.

MONSIEUR JOURDAIN. — De feu monsieur mon père?

COVIELLE. — Oui. C'étoit un fort honnête gentilhomme.

MONSIEUR JOURDAIN. — Comment dites-vous?

COVIELLE. — Je dis que c'étoit un fort honnête gentilhomme.

MONSIEUR JOURDAIN. — Mon père?

COVIELLE. — Oui.

MONSIEUR JOURDAIN. — Vous l'avez fort connu?

COVIELLE. — Assurément.

MONSIEUR JOURDAIN. — Et vous l'avez connu pour gentilhomme?

COVIELLE. — Sans doute.

MONSIEUR JOURDAIN. — Je ne sais donc comment le monde est fait!

COVIELLE. — Comment?

MONSIEUR JOURDAIN. — Il y a de sottes gens qui me veulent dire qu'il a été marchand.

COVIELLE. — Lui, marchand? C'est pure médisance, il ne l'a jamais été. Tout ce qu'il faisoit, c'est qu'il étoit fort obligeant, fort officieux, et, comme il se connoissoit fort bien en étoffes, il en alloit choisir de tous les côtés, les faisoit apporter chez lui, et en donnoit à ses amis pour l'argent.

MONSIEUR JOURDAIN. — Je suis ravi de vous connoître, afin que vous rendiez ce témoignage-là, que mon père étoit gentilhomme.

COVIELLE. — Je le soutiendrai devant tout le monde.

MONSIEUR JOURDAIN. — Vous m'obligerez. Quel sujet vous amène?

COVIELLE. — Depuis avoir connu feu monsieur votre père, honnête gentilhomme, comme je vous ai dit, j'ai voyagé par tout le monde.

MONSIEUR JOURDAIN. — Par tout le monde?

COVIELLE. — Oui.

MONSIEUR JOURDAIN. — Je pense qu'il y a bien loin en ce pays-là.

COVIELLE. — Assurément. Je ne suis revenu de tous mes longs voyages que depuis quatre jours; et, par l'intérêt que je prends à tout ce qui vous touche, je viens vous annoncer la meilleure nouvelle du monde.

MONSIEUR JOURDAIN. — Quelle?

COVIELLE. — Vous savez que le fils du Grand-Turc est ici?

MONSIEUR JOURDAIN. — Moi? Non.

COVIELLE. — Comment! Il a un train tout à fait magnifique; tout le monde le va voir, et il a été reçu en ce pays comme un seigneur d'importance.

MONSIEUR JOURDAIN. — Par ma foi, je ne savois pas cela.

COVIELLE. — Ce qu'il y a d'avantageux pour vous, c'est qu'il est amoureux de votre fille.

MONSIEUR JOURDAIN. — Le fils du Grand-Turc?

COVIELLE. — Oui; et il veut être votre gendre.

MONSIEUR JOURDAIN. — Mon gendre, le fils du Grand-Turc?

COVIELLE. — Le fils du Grand-Turc votre gendre. Comme je le fus voir, et que j'entends parfaitement sa langue, il s'entretint avec moi; et, après quelques autres discours, il me dit : « *Acciam croc soler onch alla moustaph gidelum amanahem varahini oussere carbulath,* » c'est-à-dire : « N'as-tu point vu une jeune belle personne, qui est la fille de monsieur Jourdain, gentilhomme parisien? »

MONSIEUR JOURDAIN. — Le fils du Grand-Turc dit cela de moi?

COVIELLE. — Oui. Comme je lui eus répondu que je vous connoissois particulièrement, et que j'avois vu votre fille : « Ah! me dit-il, *marababa sahem!* » c'est-à-dire : « Ah! que je suis amoureux d'elle! »

MONSIEUR JOURDAIN. — *Marababa sahem,* veut dire: Ah! que je suis amoureux d'elle?

COVIELLE. — Oui.

MONSIEUR JOURDAIN. — Par ma foi, vous faites bien de me le dire; car, pour moi, je n'aurois jamais cru que *Marababa sahem* eût voulu dire : Ah! que je suis amoureux d'elle! Voilà une langue admirable que ce turc!

COVIELLE. — Plus admirable qu'on ne peut croire. Savez-vous bien ce que veut dire *cacaracamouchen?*

MONSIEUR JOURDAIN. — *Cacaracamouchen?* Non.

COVIELLE. — C'est-à-dire : Ma chère âme.

MONSIEUR JOURDAIN. — *Cacaracamouchen,* veut dire : Ma chère âme?

COVIELLE. — Oui.

MONSIEUR JOURDAIN. — Voilà qui est merveilleux! *Cacaracamouchen :* Ma chère âme. Diroit-on jamais cela? Voilà qui me confond.

COVIELLE. — Enfin, pour achever mon ambassade, il vient vous demander votre fille en mariage; et, pour avoir un beau-père qui soit digne de lui, il veut vous faire *mamamouchi,* qui est une certaine grande dignité de son pays.

MONSIEUR JOURDAIN. — *Mamamouchi?*

COVIELLE. — Oui, *mamamouchi :* c'est-à-dire, en notre langue, paladin. Paladin, ce sont de ces anciens.... Paladin, enfin. Il n'y a rien de plus noble que cela dans le monde; et vous irez de pair avec les plus grands seigneurs de la terre.

MONSIEUR JOURDAIN. — Le fils du Grand-Turc m'honore beaucoup, et je vous prie de me mener chez lui, pour lui en faire mes remercîmens.

COVIELLE. — Comment! le voilà qui va venir ici.

MONSIEUR JOURDAIN. — Il va venir ici?

COVIELLE. — Oui; et il amène toutes choses pour la cérémonie de votre dignité.

MONSIEUR JOURDAIN. — Voilà qui est bien prompt.

COVIELLE. — Son amour ne peut souffrir aucun retardement.

MONSIEUR JOURDAIN. — Tout ce qui m'embarrasse

ici, c'est que ma fille est une opiniâtre qui s'est allé mettre dans la tête un certain Cléonte, et elle jure de n'épouser personne que celui-là.

COVIELLE. — Elle changera de sentiment, quand elle verra le fils du Grand-Turc; et puis il se rencontre ici une aventure merveilleuse, c'est que le fils du Grand-Turc ressemble à ce Cléonte, à peu de chose près. Je viens de le voir; on me l'a montré, et l'amour qu'elle a pour l'un, pourra passer aisément à l'autre, et.... Je l'entends venir; le voilà.

SCÈNE VI.

CLÉONTE, *en Turc;* TROIS PAGES, *portant la veste de Cléonte;* MONSIEUR JOURDAIN, COVIELLE.

CLÉONTE. — *Ambousahin oqui boraf, Jordina, Salamalequi.*

COVIELLE, *à M. Jourdain.* — C'est-à-dire : « Monsieur Jourdain, votre cœur soit toute l'année comme un rosier fleuri. » Ce sont façons de parler obligeantes de ces pays-là.

MONSIEUR JOURDAIN. — Je suis très-humble serviteur de son altesse turque.

COVIELLE. — *Carigar camboto oustin moraf.*

CLÉONTE. — *Oustin yoc catamalequi basum base alla moran.*

COVIELLE. — Il dit : « Que le ciel vous donne la force des lions, et la prudence des serpens. »

MONSIEUR JOURDAIN. — Son altesse turque m'honore trop, et je lui souhaite toutes sortes de prospérités.

COVIELLE. — *Ossa binamen sadoc baballi oracaf ouram.*

CLÉONTE. — *Bel-men.*

COVIELLE. — Il dit que vous allez vite avec lui vous préparer pour la cérémonie, afin de voir ensuite votre fille et de conclure le mariage.

MONSIEUR JOURDAIN. — Tant de choses en deux mots?

COVIELLE. — Oui. La langue turque est comme cela, elle dit beaucoup en peu de paroles. Allez vite où il souhaite.

SCÈNE VII.

COVIELLE, *seul.*

Ah! ah! ah! Ma foi, cela est tout à fait drôle. Quelle dupe! Quand il auroit appris son rôle par cœur, il ne pourroit pas le mieux jouer. Ah! ah!

SCÈNE VIII.

DORANTE, COVIELLE.

COVIELLE. — Je vous prie, monsieur, de nous vouloir aider céans dans une affaire qui s'y passe.

DORANTE. — Ah! ah! Covielle, qui t'auroit reconnu? Comme te voilà ajusté!

COVIELLE. — Vous voyez. Ah! ah!

DORANTE. — De quoi ris-tu?

COVIELLE. — D'une chose, monsieur, qui le mérite bien.

DORANTE. — Comment?

COVIELLE. — Je vous le donnerois en bien des fois, monsieur, à deviner le stratagème dont nous nous servons auprès de monsieur Jourdain, pour porter son esprit à donner sa fille à mon maître.

DORANTE. — Je ne devine point le stratagème; mais je devine qu'il ne manquera pas de faire son effet, puisque tu l'entreprends.

COVIELLE. — Je sais, monsieur, que la bête vous est connue.

DORANTE. — Apprends-moi ce que c'est.

COVIELLE. — Prenez la peine de vous tirer un peu plus loin, pour faire place à ce que j'aperçois venir. Vous pourrez voir une partie de l'histoire, tandis que je vous conterai le reste.

SCÈNE IX.

CÉRÉMONIE TURQUE.

LE MUPHTI, DERVIS, TURCS, *assistans du muphti, chantans et dansans.*

PREMIÈRE ENTRÉE DE BALLET.

Six Turcs entrent gravement deux à deux, au son des instrumens. Ils portent trois tapis qu'ils lèvent fort haut, après en avoir fait, en dansant, plusieurs figures. Les Turcs chantans passent par-dessous ces tapis, pour s'aller ranger aux deux côtés du théâtre. Le muphti, accompagné des dervis, ferme cette marche.

Alors les Turcs étendent les tapis par terre, et se mettent dessus à genoux. Le muphti et les dervis restent debout au milieu d'eux; et, pendant que le muphti invoque Mahomet, en faisant beaucoup de contorsions et de grimaces, sans proférer une seule parole, les Turcs assistans se prosternent jusqu'à terre, chantant Alli, *lèvent les bras au ciel, en chantant* Alla; *ce qu'ils continuent jusqu'à la fin de l'invocation, après laquelle ils se lèvent tous, chantant* Alla eckber, *et deux dervis vont chercher M. Jourdain.*

SCÈNE X.

LE MUPHTI, DERVIS, TURCS CHANTANS ET DANSANS; MONSIEUR JOURDAIN, *vêtu à la turque, la tête rasée, sans turban et sans sabre.*

LE MUPHTI, *à M. Jourdain.*

Se ti sabir,
Ti respondir;

Je suis très-humble serviteur de son altesse turque. (Acte IV, scène VI.)

Dorante et Cléonte.

Cérémonie d'investiture.

Acte v. Ballets.

Se non sabir,
Tazir, tazir.

Mi star muphti,
Ti qui star si?
Non intendir;
Tazir, tazir.
(Deux dervis font retirer M. Jourdain.)

SCÈNE XI.

LE MUPHTI, DERVIS, TURCS CHANTANS ET DANSANS.

LE MUPHTI. — Dice, Turque, qui star quista? Anabatista? anabatista?
LES TURCS. — Ioc.
LE MUPHTI. — Zuinglista?
LES TURCS. — Ioc.
LE MUPHTI. — Coffita?
LES TURCS. — Ioc.
LE MUPHTI. — Hussita? Morista? Fronista?
LES TURCS. — Ioc, ioc, ioc.
LE MUPHTI. — Ioc, ioc, ioc. Star pagana?
LES TURCS. — Ioc.
LE MUPHTI. — Luterana?
LES TURCS. — Ioc.
LE MUPHTI. — Puritana?
LES TURCS. — Ioc.
LE MUPHTI. — Bramina? Moffina? Zurina?
LES TURCS. — Ioc, ioc, ioc.
LE MUPHTI. — Ioc, ioc, ioc. Mahametana? Mahametana?
LES TURCS. — Hi Valla. Hi Valla.
LE MUPHTI. — Como chamara? Como chamara?
LES TURCS. — Giourdina, Giourdina.
LE MUPHTI, *sautant.* — Giourdina, Giourdina.
LES TURCS. — Giourdina, Giourdina.

LE MUPHTI.

Mahameta, per Giourdina,
Mi pregar, sera e matina.
Voler far un paladina
De Giourdina, de Giourdina;
Dar turbanta, e da scarrina
Con galera, e brigantina,
Per deffender Palestina.
Mahameta, per Giourdina,
Mi pregar sera e matina.

(Aux Turcs.)

Star bon Turca Giourdina?
LES TURCS. — Hi Valla. Hi Valla.
LE MUPHTI, *chantant et dansant.* — Ha la ba, ba la chou, ba la ba, ba la da.
LES TURCS. — Ha la ba, ba la chou, ba la ba, ba la da.

SCÈNE XII.

TURCS, CHANTANS ET DANSANS.

DEUXIÈME ENTRÉE DE BALLET.

SCÈNE XIII.

LE MUPHTI, DERVIS, MONSIEUR JOURDAIN, TURCS CHANTANS ET DANSANS.

Le muphti revient coiffé avec son turban de cérémonie, qui est d'une grosseur démesurée, et garni de bougies allumées à quatre ou cinq rangs; il est accompagné de deux dervis qui portent l'Alcoran, et qui ont des bonnets pointus, garnis de bougies allumées.
Les deux autres dervis amènent M. Jourdain, et le font mettre à genoux, les mains par terre; de façon que son dos, sur lequel est mis l'Alcoran, sert de pupitre au muphti, qui fait une seconde invocation burlesque, fronçant le sourcil, frappant de temps en temps sur l'Alcoran, et tournant les feuillets avec précipitation; après quoi, en levant les bras au ciel, le muphti crie à haute voix, Hou.
Pendant cette seconde invocation, les Turcs assistans, s'inclinant et se relevant alternativement, chantent aussi Hou, Hou, Hou.

MONSIEUR JOURDAIN, *après qu'on lui a ôté l'Alcoran de dessus le dos.* — Ouf!

LE MUPHTI, *à M. Jourdain.*
Ti non star furba!

LES TURCS.
No, no, no.

LE MUPHTI.
Non star forfanta?

LES TURCS.
No, no, no.

LE MUPHTI, *aux Turcs.*
Donar turbanta.

LES TURCS.
Ti non star furba?
No, no, no.
Non star forfanta?
No, no, no.
Donar turbanta.

TROISIÈME ENTRÉE DE BALLET.

Les Turcs dansans mettent le turban sur la tête de M. Jourdain au son des instrumens.

LE MUPHTI, *donnant le sabre à M. Jourdain.*
Ti star nobile, non star fabbola.
Pigliar schiabbola.

LES TURCS, *mettant le sabre à la main.*
Ti star nobile, non star fabbola.
Pigliar schiabbola.

QUATRIÈME ENTRÉE DE BALLET.

Les Turcs dansans donnent en cadence plusieurs coups de sabre à M. Jourdain.

LE MUPHTI.
Dara, dara
Bastonnara.

LES TURCS.
Dara, dara
Bastonnara.

CINQUIÈME ENTRÉE DU BALLET.

Les Turcs dansans donnent à M. Jourdain des coups de bâton en cadence.

LE MUPHTI.
Non tener honta,
Questa star l'ultima affronta.

LES TURCS.
Non tener honta,
Questa star l'ultima affronta.

Le muphti commence une troisième invocation. Les dervis le soutiennent par-dessous les bras avec respect; après quoi, les Turcs, chantans et dansans, sautant autour du muphti, se retirent avec lui, et emmènent M. Jourdain.

FIN DU QUATRIÈME ACTE

ACTE CINQUIÈME.

SCÈNE I.

MONSIEUR JOURDAIN, MADAME JOURDAIN.

MADAME JOURDAIN. — Ah! mon Dieu, miséricorde! Qu'est-ce que c'est donc que cela? Quelle figure! Est-ce un momon que vous allez porter, et est-il temps d'aller en masque! Parlez donc, qu'est-ce que c'est que ceci? Qui vous a fagoté comme cela?

MONSIEUR JOURDAIN. — Voyez l'impertinente, de parler de la sorte à un *mamamouchi*.

MADAME JOURDAIN. — Comment donc?

MONSIEUR JOURDAIN. — Oui, il me faut porter du respect maintenant, et l'on vient de me faire *mamamouchi*.

MADAME JOURDAIN. — Que voulez-vous dire, avec votre *mamamouchi*?

MONSIEUR JOURDAIN. — *Mamamouchi*, vous dis-je. Je suis *mamamouchi*.

MADAME JOURDAIN. — Quelle bête est-ce là?

MONSIEUR JOURDAIN. — *Mamamouchi*, c'est-à-dire en notre langue, paladin.

MADAME JOURDAIN. — Baladin! Êtes-vous en âge de danser des ballets?

MONSIEUR JOURDAIN. — Quelle ignorante! Je dis paladin : c'est une dignité dont on vient de me faire la cérémonie.

MADAME JOURDAIN. — Quelle cérémonie donc?

MONSIEUR JOURDAIN. — *Mahameta per Jordina*.

MADAME JOURDAIN. — Qu'est-ce que cela veut dire?

MONSIEUR JOURDAIN. — *Jordina*, c'est-à-dire Jourdain.

MADAME JOURDAIN. — Hé bien! quoi, Jourdain?

MONSIEUR JOURDAIN. — *Voler far un paladina de Jordina*.

MADAME JOURDAIN. — Comment?

MONSIEUR JOURDAIN. — *Dar turbanta con galera*.

MADAME JOURDAIN. — Qu'est-ce à dire, cela?

MONSIEUR JOURDAIN. — *Per deffendar Palestina*.

MADAME JOURDAIN. — Que voulez vous donc dire!

MONSIEUR JOURDAIN. — *Dara, dara bastonnara*.

MADAME JOURDAIN. — Qu'est-ce donc que ce jargon-là?

MONSIEUR JOURDAIN. — *Non tener honta, questa star l'ultima affronta*.

MADAME JOURDAIN. — Qu'est-ce que c'est donc que tout cela?

MONSIEUR JOURDAIN, *chantant et dansant.* — Hou la ba, ba la chou, ba la ba, ba la da. (*Il tombe par terre.*)

MADAME JOURDAIN. — Hélas! mon Dieu, mon mari est devenu fou.

MONSIEUR JOURDAIN, *se relevant et s'en allant.* — Paix, insolente. Portez respect à monsieur le *mamamouchi*.

MADAME JOURDAIN, *seule.* — Où est-ce donc qu'il a perdu l'esprit? Courons l'empêcher de sortir. (*Apercevant Dorimène et Dorante.*) Ah! ah! voici justement le reste de notre écu! Je ne vois que chagrin de tous côtés.

SCÈNE II.

DORANTE, DORIMÈNE.

DORANTE. — Oui, madame, vous verrez la plus plaisante chose qu'on puisse voir, et je ne crois pas que dans tout le monde, il soit possible de trouver encore un homme aussi fou que celui-là. Et puis, madame, il faut tâcher de servir l'amour de Cléonte, et d'appuyer toute sa mascarade. C'est un fort galant homme, et qui mérite que l'on s'intéresse pour lui.

DORIMÈNE. — J'en fais beaucoup de cas, et il est digne d'une bonne fortune.

DORANTE. — Outre cela, nous avons ici, madame, un ballet qui nous revient, que nous ne devons pas

Ah! mon Dieu, miséricorde! (Acte v, scène i.)

laisser perdre; et il faut bien voir si mon idée pourra réussir.

DORIMÈNE. — J'ai vu là des apprêts magnifiques, et ce sont des choses, Dorante, que je ne puis plus souffrir. Oui, je veux enfin vous empêcher vos profusions; et, pour rompre le cours à toutes les dépenses que je vous vois faire pour moi, j'ai résolu de me marier promptement avec vous. C'en est le vrai secret; et toutes ces choses finissent avec le mariage.

DORANTE. — Ah! madame, est-il possible que vous ayez pu prendre pour moi une si douce résolution?

DORIMÈNE. — Ce n'est que pour vous empêcher de vous ruiner, et, sans cela, je vois bien qu'avant qu'il fût peu, vous n'auriez pas un sou.

DORANTE. — Que j'ai d'obligation, madame, aux soins que vous avez de conserver mon bien! Il est entièrement à vous, aussi bien que mon cœur; et vous en userez de la façon qu'il vous plaira.

DORIMÈNE. — J'userai bien de tous les deux. Mais voici votre homme; la figure en est admirable.

SCÈNE III.

MONSIEUR JOURDAIN, DORIMÈNE, DORANTE.

DORANTE. — Monsieur, nous venons rendre hommage, madame et moi, à votre nouvelle dignité, et nous réjouir avec vous du mariage que vous faites de votre fille avec le fils du Grand-Turc.

MONSIEUR JOURDAIN, *après avoir fait les révérences à la turque.* — Monsieur, je vous souhaite la force des serpens, et la prudence des lions.

DORIMÈNE. — J'ai été bien aise d'être des premières, monsieur, à venir vous féliciter du haut degré de gloire où vous êtes monté.

MONSIEUR JOURDAIN. — Madame, je vous souhaite toute l'année votre rosier fleuri. Je vous suis infiniment obligé de prendre part aux honneurs qui m'arrivent; et j'ai beaucoup de joie de vous voir revenue ici pour vous faire les très-humbles excuses de l'extravagance de ma femme.

DORIMÈNE. — Cela n'est rien; j'excuse en elle un pareil mouvement: votre cœur lui doit être précieux, et il n'est pas étrange que la possession d'un homme comme vous puisse inspirer quelques alarmes.

MONSIEUR JOURDAIN. — La possession de mon cœur est une chose qui vous est tout acquise.

DORANTE. — Vous voyez, madame, que monsieur Jourdain n'est pas de ces gens que les prospérités aveuglent, et qu'il sait, dans sa grandeur, connoître encore ses amis.

DORIMÈNE. — C'est la marque d'une âme tout à fait généreuse.

DORANTE. — Où est donc son altesse turque? Nous voudrions bien, comme vos amis, lui rendre nos devoirs.

MONSIEUR JOURDAIN. — Le voilà qui vient; et j'ai envoyé quérir ma fille pour lui donner la main.

SCÈNE IV.

MONSIEUR JOURDAIN, DORIMÈNE, DORANTE, CLEONTE, *habillé en Turc.*

DORANTE, *à Cléonte.* — Monsieur, nous venons faire la révérence à votre altesse, comme amis de monsieur votre beau-père, et l'assurer avec respect de nos très-humbles services.

MONSIEUR JOURDAIN. — Où est le truchement, pour lui dire qui vous êtes, et lui faire entendre ce que vous dites? Vous verrez qu'il vous répondra; et il parle turc à merveille. Holà! où diantre est-il allé? (*A Cléonte.*) *Strouf, strif, strof, straf.* Monsieur est un *grande segnore, grande segnore, grande segnore;* et madame, une *granda dama, granda dama.* (*Voyant qu'il ne se fait point entendre.*) Ah! (*A Cléonte, montrant Dorante.*) Monsieur, lui *mamamouchi* françois, et madame *mamamouchie* françoise. Je ne puis pas parler plus clairement. Bon! voici l'interprète.

SCÈNE V.

MONSIEUR JOURDAIN, DORIMÈNE, DORANTE, CLÉONTE, *habillé en Turc*, COVIELLE, *déguisé.*

MONSIEUR JOURDAIN. — Où allez-vous donc? Nous ne saurions rien dire sans vous. (*Montrant Cléonte.*) Dites-lui un peu que monsieur et madame sont des personnes de grande qualité, qui lui viennent faire la révérence, comme mes amis, et l'assurer de leurs services. (*A Dorimène et à Dorante.*) Vous allez voir comme il va répondre.

COVIELLE. — *Alabala crociam acci boram alabamen.*

CLÉONTE. — *Catalequi tubal ourin soter amalouchan.*

MONSIEUR JOURDAIN, *à Dorimène et à Dorante.* — Voyez-vous?

COVIELLE. — Il dit que la pluie des prospérités arrose en tout temps le jardin de votre famille.

MONSIEUR JOURDAIN. — Je vous l'avois bien dit, qu'il parle turc!

DORIMÈNE. — Cela est admirable!

SCÈNE VI.

LUCILE, CLÉONTE, MONSIEUR JOURDAIN, DORIMÈNE, DORANTE, COVIELLE.

MONSIEUR JOURDAIN. — Venez, ma fille; approchez-vous, et venez donner votre main à monsieur, qui vous fait l'honneur de vous demander en mariage.

LUCILE. — Comment! mon père, comme vous voilà fait? Est-ce une comédie que vous jouez?

MONSIEUR JOURDAIN. — Non, non: ce n'est pas une comédie; c'est une affaire fort sérieuse, et la plus pleine d'honneur pour vous qui se peut souhaiter. (*Montrant Cléonte.*) Voilà le mari que je vous donne.

LUCILE. — A moi, mon père?

MONSIEUR JOURDAIN. — Oui, à vous. Allons, touchez-lui dans la main, et rendez grâces au ciel de votre bonheur.

LUCILE. — Je ne veux point me marier.

MONSIEUR JOURDAIN. — Je le veux, moi, qui suis votre père.

LUCILE. — Je n'en ferai rien.

MONSIEUR JOURDAIN. — Ah! que de bruit! Allons, vous dis-je. Çà, votre main.

LUCILE. — Non, mon père; je vous l'ai dit, il n'est point de pouvoir qui me puisse obliger à prendre un autre mari que Cléonte; et je me résoudrai plutôt à toutes les extrémités, que de.... (Reconnoissant Cléonte.) Il est vrai que vous êtes mon père : je vous dois entière obéissance, et c'est à vous à disposer de moi selon vos volontés.

MONSIEUR JOURDAIN. — Ah! je suis ravi de vous voir si promptement revenue dans votre devoir, et voilà qui me plaît d'avoir une fille obéissan .

SCÈNE VII.

MADAME JOURDAIN, CLÉONTE, MONSIEUR JOURDAIN, LUCILE, DORANTE, DORIMÈNE, COVIELLE.

MADAME JOURDAIN. — Comment donc? Qu'est-ce que c'est que ceci? On dit que vous voulez donner votre fille en mariage à un carême-prenant?

MONSIEUR JOURDAIN. — Voulez-vous vous taire, impertinente? Vous venez toujours mêler vos extravagances à toutes choses, et il n'y a pas moyen de vous apprendre à être raisonnable.

MADAME JOURDAIN. — C'est vous qu'il n'y a pas moyen de rendre sage, et vous allez de folie en folie. Quel est votre dessein, et que voulez-vous faire avec cet assemblage?

MONSIEUR JOURDAIN. — Je veux marier notre fille avec le fils du Grand-Turc.

MADAME JOURDAIN. — Avec le fils du Grand-Turc?

MONSIEUR JOURDAIN, montrant Covielle. — Oui. Faites-lui faire vos complimens par le truchement que voilà.

MADAME JOURDAIN. — Je n'ai que faire du truchement, et je lui dirai bien moi-même, à son nez, qu'il n'aura point ma fille.

MONSIEUR JOURDAIN. — Voulez-vous vous taire, encore une fois?

DORANTE. — Comment! madame Jourdain, vous vous opposez à un honneur comme celui-là? Vous refusez son altesse turque pour gendre?

MADAME JOURDAIN. — Mon Dieu! monsieur, mêlez-vous de vos affaires.

DORIMENE. — C'est une grande gloire qui n'est pas à rejeter.

MADAME JOURDAIN. — Madame, je vous prie aussi de ne vous point embarrasser de ce qui ne vous touche pas.

DORANTE. — C'est l'amitié que nous avons pour vous qui nous fait intéresser dans vos avantages.

MADAME JOURDAIN. — Je me passerai bien de votre amitié.

DORANTE. — Voilà votre fille qui consent aux volontés de son père.

MADAME JOURDAIN. — Ma fille consent à épouser un Turc?

DORANTE. — Sans doute.

MADAME JOURDAIN. — Elle peut oublier Cléonte?

DORANTE. — Que ne fait-on pas pour être grande dame?

MADAME JOURDAIN. — Je l'étranglerois de mes mains, si elle avoit fait un coup comme celui-là.

MONSIEUR JOURDAIN. — Voilà bien du caquet! Je vous dis que ce mariage-là se fera.

MADAME JOURDAIN. — Je vous dis, moi, qu'il ne se fera point.

MONSIEUR JOURDAIN. — Ah! que de bruit!

LUCILE. — Ma mère!

MADAME JOURDAIN. — Allez. Vous êtes une coquine.

MONSIEUR JOURDAIN, à madame Jourdain. — Quoi! vous la querellez de ce qu'elle m'obéit?

MADAME JOURDAIN. — Oui. Elle est à moi aussi bien qu'à vous.

COVIELLE, à madame Jourdain. — Madame!

MADAME JOURDAIN. — Que me voulez-vous conter, vous?

COVIELLE. — Un mot.

MADAME JOURDAIN. — Je n'ai que faire de votre mot.

COVIELLE, à M. Jourdain. — Monsieur, si elle veut écouter une parole en particulier, je vous promets de la faire consentir à ce que vous voulez.

MADAME JOURDAIN. — Je n'y consentirai point.

COVIELLE. — Écoutez-moi seulement.

MADAME JOURDAIN. — Non.

MONSIEUR JOURDAIN, à madame Jourdain. — Écoutez-le.

MADAME JOURDAIN. — Non : je ne veux pas l'écouter.

MONSIEUR JOURDAIN. — Il vous dira...

MADAME JOURDAIN. — Je ne veux point qu'il me dise rien.

MONSIEUR JOURDAIN. — Voilà une grande obstination de femme! Cela vous fera-t-il mal, de l'entendre?

COVIELLE. — Ne faites que m'écouter; vous ferez après ce qu'il vous plaira.

MADAME JOURDAIN. — Hé bien! quoi?

COVIELLE, bas, à madame Jourdain. — Il y a une heure, madame, que nous vous faisons signe. Ne voyez-vous pas bien que tout ceci n'est fait que pour nous ajuster aux visions de votre mari, que nous l'abusons sous ce déguisement, et que c'est Cléonte lui-même qui est le fils du Grand-Turc?

MADAME JOURDAIN, bas, à Covielle. — Ah! ah!

COVIELLE, bas, à madame Jourdain. — Et moi, Covielle, qui suis le truchement.

MADAME JOURDAIN, bas, à Covielle. — Ah! comme cela, je me rends.

COVIELLE, bas, à madame Jourdain. — Ne faites pas semblant de rien.

MADAME JOURDAIN, haut. — Oui. Voilà qui est fait; je consens au mariage.

MONSIEUR JOURDAIN. — Ah! voilà tout le monde raisonnable. (A madame Jourdain.) Vous ne vouliez pas l'écouter. Je savois bien qu'il vous expliqueroit ce que c'est que le fils du Grand-Turc.

MADAME JOURDAIN. — Il me l'a expliqué comme il faut, et j'en suis satisfaite. Envoyons querir un notaire.

DORANTE. — C'est fort bien dit. Et afin, madame Jourdain, que vous puissiez avoir l'esprit tout à fait content, et que vous perdiez aujourd'hui toute la jalousie que vous pourriez avoir conçue de monsieur votre mari, c'est que nous nous servirons du même notaire pour nous marier, madame et moi.

MADAME JOURDAIN. — Je consens aussi à cela.

Ah! que de bruit! Allons, vous dis-je. (Acte v, scène vi.)

MONSIEUR JOURDAIN, bas, à Dorante. — C'est pour lui faire accroire.

DORANTE, bas, à M. Jourdain. — Il faut bien l'amuser avec cette feinte.

MONSIEUR JOURDAIN, bas. — Bon, bon! (Haut) Qu'on aille querir le notaire.

DORANTE. — Tandis qu'il viendra et qu'il dressera les contrats, voyons notre ballet, et donnons-en le divertissement à son altesse turque.

MONSIEUR JOURDAIN. — C'est fort bien avisé. Allons prendre nos places.

MADAME JOURDAIN. — Et Nicole?

MONSIEUR JOURDAIN. — Je la donne au truchement; et ma femme, à qui la voudra.

COVIELLE. — Monsieur, je vous remercie. (A part.) Si l'on en peut voir un plus fou, je l'irai dire à Rome.

La comédie finit par un ballet qui avoit été préparé.

PREMIÈRE ENTRÉE.

Un homme vient donner les livres du ballet, qui d'abord est fatigué par une multitude de gens de provinces différentes, qui crient en musique pour en avoir, et par trois importuns qu'il trouve toujours sur ses pas.

DIALOGUE DES GENS, QUI EN MUSIQUE DEMANDENT DES LIVRES.

TOUS.

A moi, monsieur, à moi, de grâce, à moi, monsieur.

Un livre, s'il vous plaît, à votre serviteur.

HOMME DU BEL AIR.

Monsieur, distinguez-nous parmi les gens qui crient.
Quelques livres ici; les dames vous en prient.

AUTRE HOMME DU BEL AIR.

Holà, monsieur! monsieur, ayez la charité
D'en jeter de notre côté.

FEMME DU BEL AIR.

Mon Dieu, qu'aux personnes bien faites
On sait peu rendre honneur céans!

AUTRE FEMME DU BEL AIR.

Ils n'ont des livres et des bancs

Vieux bourgeois.

Vieille bourgeoise.

Que pour mesdames les grisettes.

GASCON.

Ah! l'homme aux libres, qu'on m'en vaille,
J'ai déjà lé poumon usé.
Bous boyez qué chacun mé raille,
Et jé suis escandalisé
Dé boir ès mains de la canaille,
Ce qui m'est par bous refusé.

AUTRE GASCON.

Hé! cadédis, monseu, boyez qui l'on pût être.

Un libret, jé bous prie, au varon d'Asbarat.
Jé pensé, mordi, qué lé fat
N'a pas l'honneur dé mé connoître.

LE SUISSE.

Montsir le donner de papieir,
Que vuel dir sti façon de fifre?
Moi l'écorchair tout mon gosier
A crieir,
Sans que jo pouvre afoir ein liffre.
Pardi, ma foi, montsir, je pense fous l'être ifre.

VIEUX BOURGEOIS BABILLARD.
De tout ceci, franc et net,
　Je suis mal satisfait;
Et cela sans doute est laid,
　　Que notre fille
Si bien faite et si gentille,
　De tant d'amoureux l'objet,
　　N'ait pas à son souhait
　　Un livre de ballet,
　　Pour lire le sujet
Du divertissement qu'on fait;
Et que toute notre famille
　　Si proprement s'habille
Pour être placée au sommet
　De la salle, où l'on met
　Les gens de l'entriguet!
De tout ceci, franc et net,
　Je suis mal satisfait;
Et cela sans doute est laid.
　VIEILLE BOURGEOISE BABILLARDE.
Il est vrai que c'est une honte ;
Le sang au visage me monte;
Et ce jeteur de vers, qui manque au capital,
　　L'entend fort mal :
　　　C'est un brutal,
　　　Un vrai cheval,
　　　Franc animal,
De faire si peu de compte
D'une fille qui fait l'ornement principal
　Du quartier du Palais-Royal,
Et que, ces jours passés, un comte
Fut prendre la première au bal.
　　Il l'entend mal :
　　　C'est un brutal,
　　　Un vrai cheval,
　　　Franc animal.
　HOMMES ET FEMMES DU BEL AIR.
Ah! quel bruit!
　　Quel fracas!
　　　　Quel chaos!
　　　　　　Quel mélange!
Quelle confusion!
　　Quelle cohue étrange!
Quel désordre!
　　Quel embarras!
On y sèche.
　　L'on n'y tient pas.
　　GASCON.
Bentré! jé suis à vout.
　　AUTRE GASCON.
　　　J'enragé, Diou mé damne.
　　LE SUISSE.
Ah ! que l'y faire saif dans sti sal de cians!
　　GASCON.
Jé murs !
　　AUTRE GASCON.
　　　Jé perds la tramontane !
　　LE SUISSE.
Mon foi, moi, le foudrois être hors de dedans.

VIEUX BOURGEOIS BABILLARD.
　Allons, ma mie,
　Suivez mes pas,
　Je vous en prie,
Et ne me quittez pas.
On fait de nous trop peu de cas,
　Et je suis las
　De ce tracas.
　Tout ce fracas,
　Cet embarras,
Me pèse par trop sur les bras.
S'il me prend jamais envie
De retourner de ma vie
A ballet ni comédie,
Je veux bien qu'on m'estropie.
　Allons, ma mie,
　Suivez mes pas,
　Je vous en prie,
Et ne me quittez pas;
On fait de nous trop peu de cas.
　VIEILLE BOURGEOISE BABILLARDE.
Allons, mon mignon, mon fils,
Regagnons notre logis;
Et sortons de ce taudis,
Où l'on ne peut être assis.
Ils seront bien ébaubis
Quand ils nous verront partis.
Trop de confusion règne dans cette salle,
Et j'aimerois mieux être au milieu de la halle.
Si jamais je reviens à semblable régale,
Je veux bien recevoir des soufflets plus de six.
　Allons, mon mignon, mon fils,
　Regagnons notre logis,
　Et sortons de ce taudis,
　Où l'on ne peut être assis.
　　TOUS.
A moi, monsieur, à moi, de grâce, à moi, monsieur.
Un livre, s'il vous plaît à votre serviteur.

DEUXIÈME ENTRÉE.

Les trois importuns dansent.

TROISIÈME ENTRÉE.

TROIS ESPAGNOLS, *chantans*.
Sé que me muero de amor
Y solicito el dolor.

Aun muriendo de querer,
De tan buen ayre adolezco
Que es mas de lo que padezco
Lo que quiero padecer ;
Y no pudiendo exceder
A mi deseo el rigor,

Sé que me muero de amor
Y solicito el dolor.

Lisonxeame la suerte
Con piedad tan advertida

Que me asegura la vida
En el riesgo de la muerte.
Vivir de su golpe fuerte
Es de mi salud primor.

Sé que me muero de amor
Y solicito el dolor.

Six Espagnols dansent.

TROIS MUSICIENS ESPAGNOLS.

Ay! que locura, con tanto rigor
 Quexarse de amor
 Del niño bonito
 Que todo es dulzura.
 Ay! que locura!
 Ay! que locura!

ESPAGNOL, *chantant.*

El dolor solicita,
El que al dolor se da
Y naide de amor muere,
Sino quien no sabe amar.

DEUX ESPAGNOLS.

Dulce muerte es el amor
Con correspondencia igual;
Y si esta gozamos hoy,
Porque la quieres turbar?

UN ESPAGNOL.

Alegrese enamorado
Y tome mi parecer,
Que en esto de querer,
Todo es hallar el vado.

TOUS TROIS ENSEMBLE.

Vaya, vaya de fiestas!
 Vaya de bayle!
Alegria, alegria, alegria!
Que esto de dolor es fantasia.

QUATRIÈME ENTRÉE.

ITALIENS.

UNE MUSICIENNE ITALIENNE *fait le premier récit, dont voici les paroles :*

Di rigori armata il seno,
Contro amor mi ribellai;
Ma fui vinta in un baleno,
In mirar due vaghi rai.
Ahi! che resiste puoco
Cor di gelo a stral di fuoco!

Ma sí caro è 'l mio tormento,
Dolce è si la piaga mia,
Ch' il penare è mio contento,
E 'l sanarmi è tirannia.

Ahi! che più giova e piace,
Quanto amor è più vivace!

Après l'air que la musicienne a chanté, deux Scaramouches, deux Trivelins et un Arlequin, représentent une nuit à la manière des comédiens italiens, en cadence. Un musicien italien se joint à la musicienne italienne, et chante avec elle les paroles qui suivent :

LE MUSICIEN ITALIEN.

Bel tempo che vola
Rapisce il contento :
D'Amor ne la scuola
Si coglie il momento.

LA MUSICIENNE.

Insin che florida
 Ride l'età,
Che pur tropp'orrida,
 Da noi sen va.

TOUS DEUX.

 Sù cantiamo,
 Sù godiamo
Ne' bei dì di gioventù;
Perduto ben non si racquista più.

MUSICIEN.

Pupilla ch' è vaga
Mill'alme incatena,
Fà dolce la piaga,
Felice la pena.

MUSICIENNE.

Ma poichè frigida
 Langue l'età,
Più l'alma rigida
 Fiamme non ha.

TOUS DEUX.

 Sù cantiamo,
 Sù godiamo
Ne' bei dì di gioventù;
Perduto ben non si racquista più.

Après les dialogues italiens, les Scaramouches et Trivelins dansent une réjouissance.

CINQUIÈME ENTRÉE.

FRANÇOIS.

DEUX MUSICIENS POITEVINS *dansent et chantent les paroles qui suivent :*

PREMIER MENUET.

Ah! qu'il fait beau dans ces bocages!
Ah! que le ciel donne un beau jour!

AUTRE MUSICIEN.

Le rossignol, sous ces tendres feuillages,
Chante aux échos son doux retour!
  Ce beau séjour
  Ces doux ramages,
  Ce beau séjour
Nous invite à l'amour.

DEUXIÈME MENUET. — TOUS DEUX ENSEMBLE.

  Vois, ma Climène,
  Vois, sous ce chêne
S'entrebaiser ces oiseaux amoureux :
  Ils n'ont rien dans leurs vœux
    Qui les gêne ;
  De leurs doux feux
  Leur âme est pleine.
  Qu'ils sont heureux !

  Nous pouvons tous deux,
    Si tu le veux,
  Être comme eux.

Six autres François viennent après, vêtus galamment à la poitevine, trois en hommes et trois en femmes, accompagnés de huit flûtes et de hautbois, et dansent les menuets.

SIXIÈME ENTRÉE.

Tout cela finit par le mélange des trois nations, et les applaudissemens en danse et en musique de toute l'assistance, qui chante les deux vers qui suivent :

Quels spectacles charmans! quels plaisirs goûtons-nous!
Les dieux mêmes, les dieux n'en ont point de plus doux.

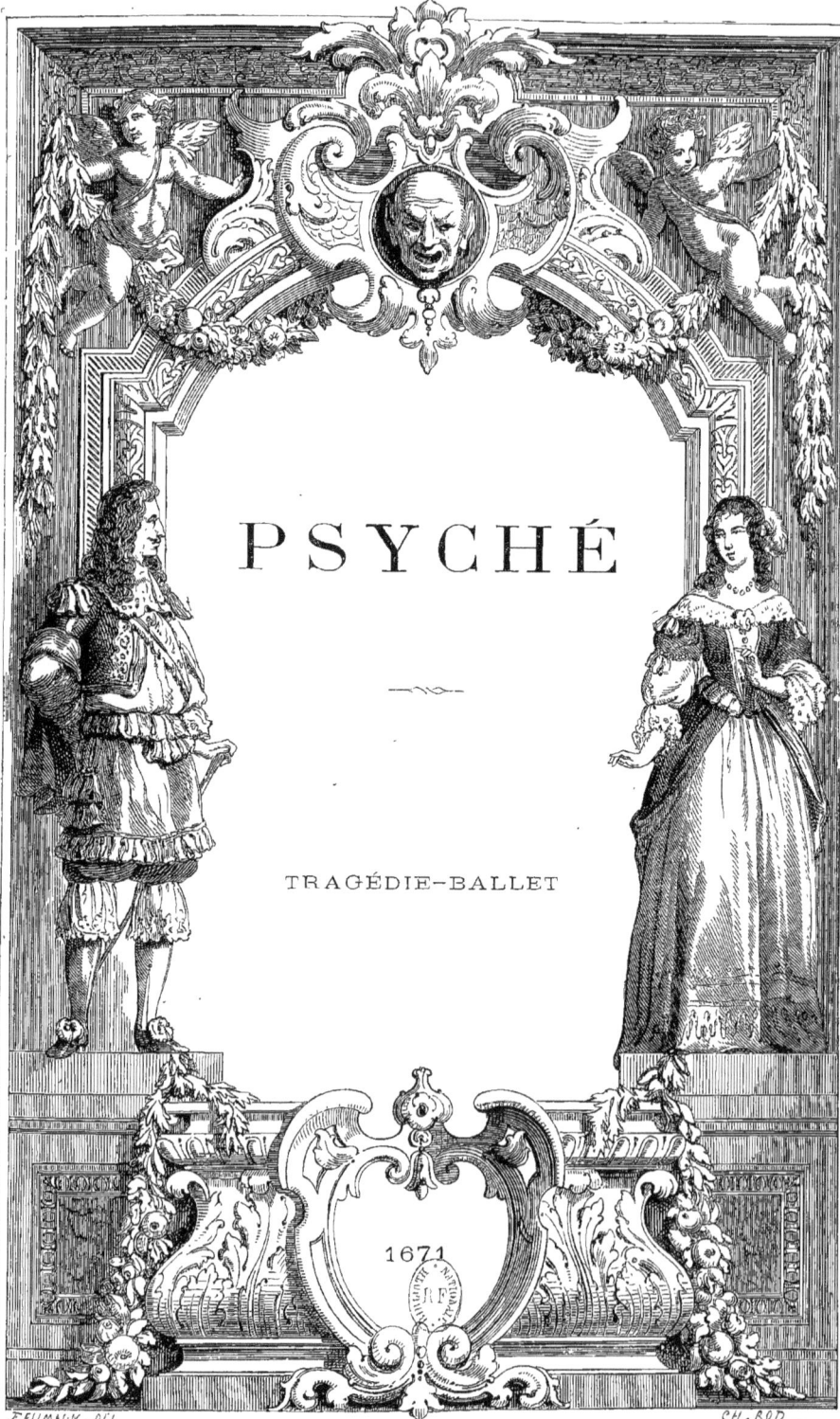

PSYCHÉ

TRAGÉDIE-BALLET

1671

LE LIBRAIRE AU LECTEUR.

Cet ouvrage n'est pas tout d'une main. M. Quinault a fait les paroles qui s'y chantent en musique, à la réserve de la plainte italienne. M. Molière a dressé le plan de la pièce, et réglé la disposition, où il s'est plus attaché aux beautés et à la pompe du spectacle, qu'à l'exacte régularité. Quant à la versification, il n'a pas eu le loisir de la faire entière. Le carnaval approchoit, et les ordres du roi, qui se vouloit donner ce magnifique divertissement plusieurs fois avant le carême, l'ont mis dans la nécessité de souffrir un peu de secours. Ainsi il n'y a que le prologue, le premier acte, la première scène du second, et la première du troisième, dont les vers soient de lui. M. Corneille a employé une quinzaine au reste; et, par ce moyen, Sa Majesté s'est trouvée servie dans le temps qu'elle l'avoit ordonné.

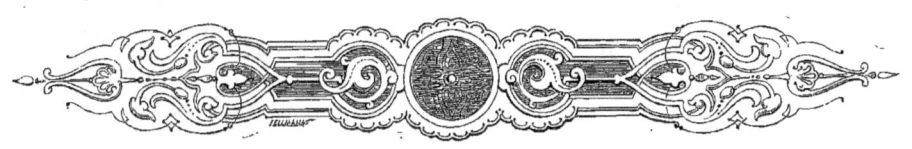

PERSONNAGES ET ACTEURS DU PROLOGUE.

FLORE. Mlle HILAIRE.
VERTUMNE. DE LA GRILLE.
SYLVAINS, dansans. CHICANEAU, LA PIERRE, FAVIER, MAGNY.
DRYADES, dansantes. DE LORGE, BONNARD, CHAUVEAU, FAVRE.
PALÉMON. GAYE.
DIEUX DES FLEUVES, dansans. { BEAUCHAMP, MAYEU, DESBROSSES, SAINT-ANDRÉ le cadet.
NAIADES, dansantes. { LESTANG, ARNAL, FAVIER le cadet, FOIGNARD le cadet.
CHŒURS DES DIVINITÉS CHANTANTES de la terre et des eaux.
VÉNUS. Mlle DE BRIE.
LES DEUX GRACES. Mlles LA THORILLIÈRE, DU CROISY.
L'AMOUR. LA THORILLIÈRE le fils.
SIX AMOURS.

PERSONNAGES ET ACTEURS DE LA TRAGÉDIE-BALLET.

JUPITER.
VÉNUS.
L'AMOUR.
ZÉPHYRE.
ÆGIALE, } Grâces.
PHAÈNE, }
LE ROI, père de Psyché.
PSYCHÉ.

DU CROISY.
Mlle DE BRIE.
BARON.
MOLIÈRE.
{ Mlle LA THORILLIÈRE.
{ Mlle DU CROISY.
LA THORILLIÈRE.
Mlle MOLIÈRE.

AGLAURE, } sœurs de Psyché.
CIDIPPE, }
CLÉOMÈNE, } princes, amans de Psyché.
AGÉNOR, }
LYCAS, capitaine des gardes.
LE DIEU D'UN FLEUVE.
DEUX PETITS AMOURS.

{ Mlle BEAUPRE.
{ Mlle BEAUVAL.
{ HUBERT.
{ LA GRANGE.
CHATEAUNEUF.
DE BRIE.
{ LA THORILLIÈRE fils.
{ BARILLONNET.

PERSONNAGES ET ACTEURS DU BALLET.

PREMIER INTERMÈDE.

FEMME DÉSOLÉE. Mlle HILAIRE.
HOMMES AFFLIGÉS. MOREL, LANGEAIS.
HOMMES AFFLIGÉS, dansans. { DOLIVET, LE CHANTRE, SAINT-ANDRÉ l'aîné, SAINT-ANDRÉ le cadet, LA MONTAGNE, FOIGNARD l'aîné.
FEMMES AFFLIGÉES, dansantes. { BONNARD, JOUBERT, DOLIVET le fils, ISAAC, VAIGNARD l'aîné, GIRARD.

DEUXIÈME INTERMÈDE.

VULCAIN....
CYCLOPES, dansans. { BEAUCHAMP, CHICANEAU, MAYEU, LA PIERRE, FAVIER, DESBROSSES, JOUBERT, SAINT-ANDRÉ le cadet.
FÉES, dansantes. { NOBLET, MAGNY, DE LORGE, LESTANG, LA MONTAGNE, FOIGNARD l'aîné, FOIGNARD le cadet, VAIGNARD l'aîné.

TROISIÈME INTERMÈDE.

ZÉPHYRE, chantant. JEANNOT.
DEUX AMOURS, chantans. RENIER, PIERROT.
ZÉPHYRES, dansans. { BOUTEVILLE, DES-AIRS, ARTUS, VAIGNARD le cadet, GERMAIN, PÉCOURT, DU MIRAIL, LESTANG le jeune.
AMOURS, dansans. { POL, ROUILLANT, THIBAUT, LA MONTAGNE, DOLIVET fils, DALUZEAU, VITROU, LA THORILLIÈRE.

QUATRIÈME INTERMÈDE.

FURIES, dansantes. { BEAUCHAMP, HIDIEU, CHICANEAU, MAYEU, DESBROSSES, MAGNY, FOIGNARD le cadet, JOUBERT, LESTANG, FAVIER l'aîné, SAINT-ANDRÉ le cadet.

LUTINS, faisant des sauts périlleux. { COBUS, MAURICE, POULET, PETIT-JEAN.

DERNIER INTERMÈDE.

APOLLON. LANGEAIS.
ARTS, travestis en bergers, dansans. { BEAUCHAMP, CHICANEAU, LA PIERRE, FAVIER l'aîné, MAGNY, NOBLET, DESBROSSES, LESTANG, FOIGNARD l'aîné, FOIGNARD le cadet.
DEUX MUSES, chantantes. Mlles HILAIRE, DESFRONTEAUX.
BACCHUS. GAYE.
MÉNADES, dansantes. { ISAAC, PAYSAN, JOUBERT, DOLIVET fils, BRETAU, DESFORGES.
ÉGYPANS, dansans. { DOLIVET, HIDIEU, LE CHANTRE, ROYER, SAINT-ANDRÉ l'aîné, SAINT-ANDRÉ le cadet.
SILÈNE. BLONDEL.
SATYRES, chantans. LA GRILLE, BERNARD.
SATYRES, voltigeurs. DE MINIGLAISE, DE VIEUX-AMANT.
MOME. MOREL.
MATASSINS, dansans. { DE LORGE, BONNARD, ARNAL, FAVIER le cadet, GOYER, BUREAU.
POLICHINELLES, dansans. { MANCEAU, GIRARD, LA VALLÉE, FAVRE, LE FEBVRE, LA MONTAGNE.
MARS. ESTIVAL.
CONDUCTEUR DE LA SUITE DE MARS. REBEL.
SUIVANS DE MARS, dansans.
GUERRIERS avec des drapeaux. { BEAUCHAMP, MAYEU, LA PIERRE, FAVIER.
GUERRIERS armés de piques. { NOBLET, CHICANEAU, MAGNY, LESTANG.
GUERRIERS portant des masses et des boucliers. { CAMET, LA HAYE, LE DUC, DU BUISSON.
CHŒUR DES DIVINITÉS CÉLESTES.

La tragédie-ballet de *Psyché* fut représentée pour la première fois sur le théâtre des machines du palais des Tuileries, au mois de janvier 1671, et sur le théâtre du Palais-Royal, le 24 juillet de la même année. Elle eut trente-huit représentations consécutives; et fut reprise deux fois l'année suivante.

PROLOGUE.

La scène représente, sur le devant, un lieu champêtre, et, dans l'enfoncement, un rocher percé à jour, au travers duquel on voit la mer en éloignement.

Flore paroît au milieu du théâtre, accompagnée de Vertumne, dieu des arbres et des fruits, et de Palémon, dieu des eaux. Chacun de ces dieux conduit une troupe de divinités : l'un mène à sa suite des Dryades et des Sylvains, et l'autre, des dieux des fleuves et des Naïades.

FLORE *chante ce récit pour inviter Vénus à descendre en terre :*

Ce n'est plus le temps de la guerre;
Le plus puissant des rois
Interrompt ses exploits,
Pour donner la paix à la terre.
Descendez, mère des Amours,
Venez nous donner de beaux jours.

(*Vertumne et Palémon, avec les divinités qui les accompagnent, joignent leurs voix à celle de Flore, et chantent ces paroles :*)

CHOEUR DES DIVINITÉS *de la terre et des eaux, composé de Flore, Nymphes, Palémon, Vertumne, Sylvains, Faunes, Dryades et Naïades.*

Nous goûtons une paix profonde,
Les plus doux jours sont ici-bas.
On doit ce repos plein d'appas
Au plus grand roi du monde.
Descendez, mère des Amours,
Venez nous donner de beaux jours.

(*Il se fait ensuite une entrée de ballet, composée de deux Dryades, quatre Sylvains, deux Fleuves et deux Naïades: après laquelle Vertumne et Palémon chantent ce dialogue :*)

VERTUMNE.
Rendez-vous, beautés cruelles,
Soupirez à votre tour.

PALÉMON.
Voici la reine des belles,
Qui vient inspirer l'amour.

VERTUMNE.
Un bel objet, toujours sévère,
Ne se fait jamais bien aimer.

PALÉMON.
C'est la beauté qui commence de plaire,
Mais la douceur achève de charmer.

TOUS DEUX ENSEMBLE.
C'est la beauté qui commence de plaire,
Mais la douceur achève de charmer.

VERTUMNE.
Souffrons tous qu'Amour nous blesse,
Languissons, puisqu'il le faut.

PALÉMON.
Que sert un cœur sans tendresse?
Est-il un plus grand défaut.

VERTUMNE.
Un bel objet, toujours sévère,
Ne se fait jamais bien aimer.

PALÉMON.
C'est la beauté qui commence de plaire,
Mais la douceur achève de charmer.

TOUS DEUX ENSEMBLE.
C'est la beauté qui commence de plaire,
Mais la douceur achève de charmer.

PSYCHÉ, PROLOGUE.

FLORE *répond au dialogue de Vertumne et de Palémon par ce menuet; et les autres divinités y mêlent leurs danses.*

  Est-on sage,
  Dans le bel âge,
  Est-on sage
  De n'aimer pas?
  Que sans cesse,
  L'on se presse
De goûter les plaisirs ici-bas.

  La sagesse
  De la jeunesse,
C'est de savoir jouir de ses appas.
  L'Amour charme
  Ceux qu'il désarme;
  L'Amour charme,
  Cédons-lui tous.
  Notre peine
  Seroit vaine
De vouloir résister à ses coups;

Va, ne résiste point. (Prologue.)

  Quelque chaîne
  Qu'un amant prenne,
La liberté n'a rien qui soit si doux.

(*Vénus descend du ciel dans une grande machine avec l'Amour, son fils, et deux petites Grâces, nommées Ægiale et Phaène; et les divinités de la terre et des eaux recommencent de joindre toutes leurs voix, et continuent par leurs danses de lui témoigner la joie qu'elles ressentent à son abord.*)

CHOEUR *de toutes les divinités de la terre et des eaux.*

  Nous goûtons une paix profonde,
  Les plus doux jeux sont ici-bas;
  On doit ce repos plein d'appas

Au plus grand roi du monde.
Descendez, mère des Amours,
Venez nous donner de beaux jours.
  VÉNUS, *dans sa machine.*
Cessez, cessez, pour moi, tous vos chants d'allégresse;
De si rares honneurs ne m'appartiennent pas;
Et l'hommage qu'ici votre bonté m'adresse,
Doit être réservé pour de plus doux appas.
  C'est une trop vieille méthode,
  De me venir faire sa cour;
  Toutes les choses ont leur tour,
  Et Vénus n'est plus à la mode.
  Il est d'autres attraits naissans
  Où l'on va porter ses encens.
Psyché, Psyché la belle, aujourd'hui tient ma place;

Déjà tout l'univers s'empresse à l'adorer,
  Et c'est trop que, dans ma disgrâce,
Je trouve encor quelqu'un qui me daigne honorer.
On ne balance point entre nos deux mérites;
A quitter mon parti tout s'est licencié,
Et du nombreux amas de Grâces favorites
Dont je traînois partout les soins et l'amitié,
Il ne m'en est resté que deux des plus petites,
  Qui m'accompagnent par pitié.
  Souffrez que ces demeures sombres
Prêtent leur solitude aux troubles de mon cœur,
  Et me laissez parmi leurs ombres
  Cacher ma honte et ma douleur.

(*Flore et les autres déités se retirent, et Vénus avec sa suite sort de sa machine.*)

ÆGIALE.
  Nous ne savons, déesse, comment faire,
  Dans ce chagrin qu'on voit vous accabler
    Notre respect veut se taire,
    Notre zèle veut parler.

VÉNUS.
Parlez; mais, si vos soins aspirent à me plaire,
Laissez tous vos conseils pour une autre saison,
  Et ne parlez de ma colère
  Que pour dire que j'ai raison.
C'étoit là, c'étoit là la plus sensible offense
Que ma divinité pût jamais recevoir :
  Mais j'en aurai la vengeance,
  Si les dieux ont du pouvoir.

PHAÈNE.
Vous avez plus que nous de clarté, de sagesse,
Pour juger ce qui peut être digne de vous;
Mais, pour moi, j'aurois cru qu'une grande déesse
  Devroit moins se mettre en courroux.

VÉNUS.
Et c'est là la raison de ce courroux extrême.
Plus mon rang a d'éclat, plus l'affront est sanglant;
Et, si je n'étois pas dans ce degré suprême,
Le dépit de mon cœur seroit moins violent.
Moi, la fille du dieu qui lance le tonnerre,
  Mère du dieu qui fait aimer,
Moi, les plus doux souhaits du ciel et de la terre,
Et qui ne suis venue au jour que pour charmer;
  Moi qui, par tout ce qui respire,
Ai vu de tant de vœux encenser mes autels,
Et qui de la beauté, par des droits immortels,
Ai tenu de tout temps le souverain empire;
Moi, dont les yeux ont mis deux grandes déités
Au point de me céder le prix de la plus belle,
Je me vois ma victoire et mes droits disputés
  Par une chétive mortelle!
  Le ridicule excès d'un fol entêtement
Va jusqu'à m'opposer une petite fille!
Sur ses traits et les miens j'essuierai constamment
  Un téméraire jugement,
  Et, du haut des cieux, où je brille,
J'entendrai prononcer aux mortels prévenus :
  « Elle est plus belle que Vénus! »

ÆGIALE.
Voilà comme l'on fait; c'est le style des hommes;
Ils sont impertinens dans leurs comparaisons.

PHAÈNE.
Ils ne sauroient louer, dans le siècle où nous sommes,
  Qu'ils n'outragent les plus grands noms.

VÉNUS.
Ah! que de ces trois mots la rigueur insolente
  Venge bien Junon et Pallas,
Et console leurs cœurs de la gloire éclatante
Que la fameuse pomme acquit à mes appas!
Je les vois s'applaudir de mon inquiétude,
  Affecter à toute heure un ris malicieux,
Et, d'un fixe regard, chercher avec étude
  Ma confusion dans mes yeux.
Leur triomphante joie, au fort d'un tel outrage,
Semble me venir dire, insultant mon courroux,
Vante, vante, Vénus, les traits de ton visage!
Au jugement d'un seul tu l'emportas sur nous;
  Mais par le jugement de tous,
Une simple mortelle a sur toi l'avantage.
Ah! ce coup-là m'achève, il me perce le cœur;
Je n'en puis plus souffrir les rigueurs sans égales;
Et c'est trop de surcroît à ma vive douleur,
  Que le plaisir de mes rivales.
Mon fils, si j'eus jamais sur toi quelque crédit,
  Et si jamais je te fus chère,
Si tu portes un cœur à sentir le dépit
  Qui trouble le cœur d'une mère
  Qui si tendrement te chérit,
Emploie, emploie ici l'effort de ta puissance
  A soutenir mes intérêts;
  Et fais à Psyché, par tes traits,
  Sentir les traits de ma vengeance.
  Pour rendre son cœur malheureux,
Prends celui de tes traits le plus propre à me plaire,
  Le plus empoisonné de ceux
  Que tu lances dans ta colère.
Du plus bas, du plus vil, du plus affreux mortel,
Fais que, jusqu'à la rage, elle soit enflammée,
Et qu'elle ait à souffrir le supplice cruel
  D'aimer et n'être point aimée.

L'AMOUR.
Dans le monde on n'entend que plaintes de l'Amour;
On m'impute partout mille fautes commises,
Et vous ne croiriez point le mal et les sottises
  Que l'on dit de moi chaque jour.
  Si pour servir votre colère....

VÉNUS.
Va, ne résiste point aux souhaits de ta mère,
  N'applique tes raisonnemens
  Qu'à chercher les plus prompts momens
De faire un sacrifice à ma gloire outragée.
Pars, pour toute réponse à mes empressemens,
Et ne me revois point que je ne sois vengée.

(*L'Amour s'envole, et Vénus se retire avec les Grâces. La scène est changée en une grande ville, où l'on découvre des deux côtés des palais et des maisons de différens ordres d'architecture.*)

ACTE PREMIER.

SCÈNE I.

AGLAURE, CIDIPPE.

AGLAURE.

Il est des maux, ma sœur, que le silence aigrit :
Laissons, laissons parler mon chagrin et le vôtre,
    Et de nos cœurs l'un à l'autre
    Exhalons le cuisant dépit.
    Nous nous voyons sœurs d'infortune ;
Et la vôtre et la mienne ont un si grand rapport,
Que nous pouvons mêler toutes les deux en une,
    Et, dans notre juste transport,
    Murmurer, à plainte commune,
    Des cruautés de notre sort.
    Quelle fatalité secrète,
    Ma sœur, soumet tout l'univers
    Aux attraits de notre cadette,
    Et, de tant de princes divers
    Qu'en ces lieux la fortune jette,
    N'en présente aucun à nos fers ?
Quoi ! voir de toutes parts, pour lui rendre les armes,
    Les cœurs se précipiter,
    Et passer devant nos charmes
    Sans s'y vouloir arrêter !
    Quel sort ont nos yeux en partage,
    Et qu'est-ce qu'ils ont fait aux dieux
    De ne jouir d'aucun hommage
Parmi tous ces tributs de soupirs glorieux,
    Dont le superbe avantage
    Fait triompher d'autres yeux ?
Est-il pour nous, ma sœur, de plus rudes disgrâces,
Que de voir tous les cœurs mépriser nos appas,
Et l'heureuse Psyché jouir avec audace
D'une foule d'amans attachés à ses pas ?

CIDIPPE.

    Ah ! ma sœur, c'est une aventure
    A faire perdre la raison ;
    Et tous les maux de la nature
    Ne sont rien en comparaison.

AGLAURE.

Pour moi, j'en suis souvent jusqu'à verser des larmes.
Tout plaisir, tout repos par là m'est arraché ;
Contre un pareil malheur ma constance est sans armes :
Toujours à ce chagrin mon esprit attaché,
Me tient devant les yeux la honte de nos charmes,
    Et le triomphe de Psyché.
La nuit, il m'en repasse une idée éternelle,
    Qui sur toute chose prévaut.
Rien ne me peut chasser cette image cruelle ;
Et, dès qu'un doux sommeil me vient délivrer d'elle,
    Dans mon esprit aussitôt
    Quelque songe la rappelle,
    Qui me réveille en sursaut.

CIDIPPE.

    Ma sœur, voilà mon martyre :
    Dans vos discours je me vois ;
    Et vous venez là de dire
    Tout ce qui se passe en moi.

AGLAURE.

Mais encor, raisonnons un peu sur cette affaire.
Quels charmes si puissans en elle sont épars ?
Et par où, dites-moi, du grand secret de plaire
L'honneur est-il acquis à ses moindres regards ?
    Que voit-on dans sa personne,
    Pour inspirer tant d'ardeur ?
    Quel droit de beauté lui donne
    L'empire de tous les cœurs ?
Elle a quelques attraits, quelque éclat de jeunesse ;

On en tombe d'accord; je n'en disconviens pas;
Mais lui cède-t-on fort pour quelque peu d'aînesse,
    Et se voit-on sans appas?
Est-on d'une figure à faire qu'on se raille?
N'a-t-on point quelques traits et quelques agrémens,
Quelque teint, quelques yeux, quelque air et quelque [taille,
A pouvoir dans nos fers jeter quelques amans?
    Ma sœur, faites-moi la grâce
    De me parler franchement :
Suis-je faite d'un air, à votre jugement,
Que mon mérite au sien doive céder la place?
    Et, dans quelque ajustement,
    Trouvez-vous qu'elle m'efface?

CIDIPPE.

    Qui? vous, ma sœur? nullement.
    Hier, à la chasse près d'elle,
    Je vous regardai longtemps,
    Et, sans vous donner d'encens,
    Vous me parûtes plus belle.
Mais, moi, dites, ma sœur, sans me vouloir flatter,
Sont-ce des visions que je me mets en tête,
Quand je me crois taillée à pouvoir mériter
    La gloire de quelque conquête?

AGLAURE.

Vous, ma sœur? Vous avez, sans nul déguisement,
Tout ce qui peut causer une amoureuse flamme.
Vos moindres actions brillent d'un agrément
    Dont je me sens toucher l'âme;
    Et je serois votre amant,
    Si j'étois autre que femme.

CIDIPPE.

D'où vient donc qu'on la voit l'emporter sur nous deux;
Qu'à ses premiers regards les cœurs rendent les armes,
Et que d'aucun tribut de soupirs et de vœux
    On ne fait honneur à nos charmes?

AGLAURE.

    Toutes les dames, d'une voix,
    Trouvent ses attraits peu de chose;
Et du nombre d'amans qu'elle tient sous ses lois,
    Ma sœur, j'ai découvert la cause.

CIDIPPE.

Pour moi, je la devine; et l'on doit présumer
Qu'il faut que là-dessous soit caché du mystère.
    Ce secret de tout enflammer
N'est point de la nature un effet ordinaire;
L'art de la Thessalie entre dans cette affaire;
Et quelque main a su, sans doute, lui former
    Un charme pour se faire aimer.

AGLAURE.

Sur un plus fort appui ma croyance se fonde;
Et le charme qu'elle a pour attirer les cœurs,
C'est un air en tout temps désarmé de rigueurs,
Des regards caressans que la bouche seconde,
    Un souris chargé de douceurs,
    Qui tend les bras à tout le monde,
    Et ne vous promets que faveurs.
Notre gloire n'est plus aujourd'hui conservée;
Et l'on n'est plus au temps de ces nobles fiertés
Qui, par un digne essai d'illustres cruautés,
Vouloient voir d'un amant la constance éprouvée.
De tout ce noble orgueil, qui nous seyoit si bien,
On est bien descendu, dans le siècle où nous sommes
Et l'on en est réduite à n'espérer plus rien,
A moins que l'on se jette à la tête des hommes.

CIDIPPE.

Oui, voilà le secret de l'affaire; et je vois
    Que vous le prenez mieux que moi.
C'est pour nous attacher à trop de bienséance,
Qu'aucun amant, ma sœur, à nous ne veut venir;
    Et nous voulons trop soutenir
L'honneur de notre sexe et de notre naissance.
Les hommes maintenant aiment ce qui leur rit;
L'espoir, plus que l'amour, est ce qui les attire;
    Et c'est par là que Psyché nous ravit
    Tous les amans qu'on voit sous son empire.
Suivons, suivons l'exemple, ajustons-nous au temps;
Abaissons-nous, ma sœur, à faire des avances,
Et ne ménageons plus de tristes bienséances,
Qui nous ôtent les fruits du plus beau de nos ans.

AGLAURE.

J'approuve la pensée, et nous avons matière
    D'en faire l'épreuve première
Aux deux princes qui sont les derniers arrivés.
Ils sont charmans, ma sœur, et leur personne entière
    Me.... Les avez-vous observés?

CIDIPPE.

Ah! ma sœur, ils sont faits tous deux d'une manière,
Que mon âme.... Ce sont deux princes achevés.

AGLAURE.

Je trouve qu'on pourroit rechercher leur tendresse,
    Sans se faire déshonneur.

CIDIPPE.

Je trouve que, sans honte, une belle princesse
    Leur pourroit donner son cœur.

AGLAURE.

    Les voici tous deux, et j'admire
    Leur air et leur ajustement.

CIDIPPE.

    Ils ne démentent nullement
    Tout ce que nous venons de dire.

SCÈNE II.

CLÉOMÈNE, AGÉNOR, AGLAURE, CIDIPPE.

AGLAURE.

D'où vient, princes, d'où vient que vous fuyez ainsi?
Prenez-vous l'épouvante en nous voyant paroître?

CLÉOMÈNE.

    On nous faisoit croire qu'ici
La princesse Psyché, madame, pourroit être.

AGLAURE.

Tous ces lieux n'ont-ils rien d'agréable pour vous
Si vous ne les voyez ornés de sa présence?

AGÉNOR.

Ces lieux peuvent avoir des charmes assez doux;
Mais nous cherchons Psyché dans notre impatience.

CIDIPPE.
Quelque chose de bien pressant
Vous doit, à la chercher, pousser tous deux, sans doute.
CLÉOMÈNE.
Le motif est assez puissant,
Puisque notre fortune enfin en dépend toute.
AGLAURE.
Ce seroit trop à nous que de nous informer
Du secret que ces mots nous peuvent enfermer.
CLÉOMÈNE.
Nous ne prétendons point en faire de mystère :
Aussi bien, malgré nous, paroîtroit-il au jour ;
Et le secret ne dure guère,
Madame, quand c'est de l'amour.
CIDIPPE.
Sans aller plus avant, princes, cela veut dire
Que vous aimez Psyché tous deux.
AGÉNOR.
Tous deux soumis à son empire
Nous allons, de concert, lui découvrir nos feux.
AGLAURE.
C'est une nouveauté, sans doute, assez bizarre,
Que deux rivaux si bien unis.
CLÉOMÈNE.
Il est vrai que la chose est rare,
Mais non pas impossible à deux parfaits amis.
CIDIPPE.
Est-ce que dans ces lieux il n'est qu'elle de belle,
Et n'y trouvez-vous point à séparer vos vœux?
AGLAURE.
Parmi l'éclat du sang, vos yeux n'ont-ils vu qu'elle
A pouvoir mériter vos feux?
CLÉOMÈNE.
Est-ce que l'on consulte au moment qu'on s'enflamme?
Choisit-on qui l'on veut aimer?
Et, pour donner toute son âme,
Regarde-t-on quel droit on a de nous charmer?
AGÉNOR.
Sans qu'on ait le pouvoir d'élire,
On suit, dans une telle ardeur,
Quelque chose qui nous attire ;
Et, lorsque l'amour touche un cœur,
On n'a point de raison à dire.
AGLAURE.
En vérité, je plains les fâcheux embarras
Où je vois que vos cœurs se mettent.
Vous aimez un objet dont les rians appas
Mêleront des chagrins à l'espoir qu'ils vous jettent,
Et son cœur ne vous tiendra pas
Tout ce que ses yeux vous promettent.
CIDIPPE.
L'espoir qui vous appelle au rang de ses amans,
Trouvera du mécompte aux douceurs qu'elle étale ;
Et c'est pour essuyer de très-fâcheux momens,
Que les soudains retours de son âme inégale.
AGLAURE.
Un clair discernement de ce que vous valez
Nous fait plaindre le sort où cet amour vous guide ;
Et vous pouvez trouver tous deux, si vous voulez,
Avec autant d'attraits, une âme plus solide.

CIDIPPE.
Par un choix plus doux de moitié,
Vous pouvez de l'amour sauver votre amitié ;
Et l'on voit en vous deux un mérite si rare,
Qu'un tendre avis veut bien prévenir, par pitié,
Ce que votre cœur se prépare.
CLÉOMÈNE.
Cet avis généreux fait, pour nous, éclater
Des bontés qui nous touchent l'âme;
Mais le ciel nous réduit à ce malheur, madame,
De ne pouvoir en profiter.
AGÉNOR.
Votre illustre pitié veut en vain nous distraire
D'un amour dont tous deux nous redoutons l'effet ;
Ce que notre amitié, madame, n'a pas fait,
Il n'est rien qui le puisse faire.
CIDIPPE.
Il faut que le pouvoir de Psyché.... La voici.

SCÈNE III.

PSYCHÉ, CIDIPPE, AGLAURE, CLÉOMÈNE, AGÉNOR.

CIDIPPE.
Venez jouir, ma sœur, de ce qu'on vous apprête.
AGLAURE.
Préparez vos attraits à recevoir ici
Le triomphe nouveau d'une illustre conquête.
CIDIPPE.
Ces princes ont tous deux si bien senti vos coups,
Qu'à vous le découvrir leur bouche se dispose.
PSYCHÉ.
Du sujet qui les tient si rêveurs parmi nous
Je ne me croyois pas la cause;
Et j'aurois cru toute autre chose,
En les voyant parler à vous.
AGLAURE.
N'ayant ni beauté ni naissance
A pouvoir mériter leur amour et leurs soins,
Ils nous favorisent au moins
De l'honneur de la confidence.
CLÉOMÈNE, à Psyché.
L'aveu qu'il nous faut faire à vos divins appas
Est sans doute, madame, un aveu téméraire ;
Mais tant de cœurs, près du trépas,
Sont, par de tels aveux, forcés à vous déplaire,
Que vous êtes réduite à ne les punir pas
Des foudres de votre colère.
Vous voyez en nous deux amis
Qu'un doux rapport d'humeurs sut joindre dès l'enfance ;
Et ces tendres liens se sont vus affermis
Par cent combats d'estime et de reconnoissance.
Du destin ennemi les assauts rigoureux,
Les mépris de la mort, et l'aspect des supplices,
Par d'illustres éclats de mutuels offices,
Ont de notre amitié signalé les beaux nœuds;
Mais, à quelques essais qu'elle se soit trouvée,

Son grand triomphe est en ce jour;
Et rien ne fait tant voir sa constance éprouvée,
Que de se conserver au milieu de l'amour.
Oui, malgré tant d'appas, son illustre constance
Aux lois qu'elle nous fait a soumis tous nos vœux;
Elle vient, d'une douce et pleine déférence,
Remettre à votre choix le succès de nos feux;
Et, pour donner un poids à notre concurrence,
Qui des raisons d'État entraîne la balance
   Sur le choix de l'un de nous deux,
Cette même amitié s'offre, sans répugnance,
D'unir nos deux États au sort du plus heureux.

      AGÉNOR.

   Oui, de ces deux États, madame,
Que sous votre heureux choix nous nous offrons d'unir,
   Nous voulons faire à notre flamme
   Un secours pour vous obtenir.
Ce que, pour ce bonheur, près du roi votre père,
   Nous nous sacrifions tous deux,
N'a rien de difficile à nos cœurs amoureux;
Et c'est au plus heureux faire un don nécessaire
   D'un pouvoir dont le malheureux,
   Madame, n'aura plus affaire.

      PSYCHÉ.

Le choix que vous m'offrez, princes, montre à mes yeux
De quoi remplir les vœux de l'âme la plus fière;
Et vous me le parez tous deux d'une manière
Qu'on ne peut rien offrir qui soit plus précieux.
Vos feux, votre amitié, votre vertu suprême,
Tout me relève en vous l'offre de votre foi,
Et j'y vois un mérite à s'opposer lui-même
   A ce que vous voulez de moi.
Ce n'est pas à mon cœur qu'il faut que je défère
Pour entrer sous de tels liens;
Ma main, pour se donner, attend l'ordre d'un père,
Et mes sœurs ont des droits qui vont devant les miens
Mais, si l'on me rendoit sur mes vœux absolue,
Vous y pourriez avoir trop de part à la fois;
Et toute mon estime, entre vous suspendue,
Ne pourroit sur aucun laisser tomber mon choix.
   A l'ardeur de votre poursuite
   Je répondrois assez, de mes vœux les plus doux,
   Mais c'est, parmi tant de mérite,
Trop que deux cœurs pour moi, trop peu qu'un cœur
      [pour vous.
De mes plus doux souhaits j'aurois l'âme gênée
   A l'effort de votre amitié;
Et j'y vois l'un de vous prendre une destinée
   A me faire trop de pitié.
Oui, princes, à tous ceux dont l'amour suit le vôtre,
Je vous préférerois tous deux avec ardeur;
   Mais je n'aurois jamais le cœur
De pouvoir préférer l'un de vous deux à l'autre.
   A celui que je choisirois
Ma tendresse feroit un trop grand sacrifice;
   Et je m'imputerois à barbare injustice
   Le tort qu'à l'autre je ferois.
Oui, tous deux vous brillez de trop de grandeur d'âme
   Pour en faire aucun malheureux;
Et vous devez chercher dans l'amoureuse flamme
   Le moyen d'être heureux tous deux.
   Si votre cœur me considère
Assez pour me souffrir de disposer de vous,
   J'ai deux sœurs capables de plaire,
Qui peuvent bien vous faire un destin assez doux;
Et l'amitié me rend leur personne assez chère
   Pour vous souhaiter leurs époux.

      CLÉOMÈNE.

   Un cœur dont l'amour est extrême
   Peut-il bien consentir, hélas!
   D'être donné par ce qu'il aime?
Sur nos deux cœurs, madame, à vos divins appas
   Nous donnons un pouvoir suprême;
   Disposez-en pour le trépas;
   Mais pour une autre que vous-même,
Ayez cette bonté, de n'en disposer pas.

      AGÉNOR.

Aux princesses, madame, on feroit trop d'outrage,
Et c'est, pour leurs attraits, un indigne partage,
   Que les restes d'une autre ardeur.
Il faut d'un premier feu la pureté fidèle,
   Pour aspirer à cet honneur
   Où votre bonté nous appelle;
   Et chacune mérite un cœur
   Qui n'ait soupiré que pour elle.

      AGLAURE.

   Il me semble, sans nul courroux,
   Qu'avant que de vous en défendre,
   Princes, vous deviez bien attendre
   Qu'on se fût expliqué sur vous.
Nous croyez-vous un cœur si facile et si tendre?
Et, lorsqu'on parle ici de vous donner à nous,
   Savez-vous si l'on veut vous prendre?

      CIDIPPE.

Je pense que l'on a d'assez hauts sentimens
Pour refuser un cœur qu'il faut qu'on sollicite,
Et qu'on ne veut devoir qu'à son propre mérite
   La conquête de ses amans.

      PSYCHÉ.

J'ai cru pour vous, mes sœurs, une gloire assez grande
Si la possession d'un mérite si haut....

SCÈNE IV.

PSYCHE, AGLAURE, CIDIPPE, CLÉOMÈNE,
AGÉNOR, LYCAS.

      LYCAS, *à Psyché.*

Ah! madame!

      PSYCHÉ.

Qu'as-tu?

      LYCAS.

   Le roi....

      PSYCHÉ.

      Quoi?

      LYCAS.

      Vous demande

      PSYCHÉ.

De ce trouble si grand que faut-il que j'attende?

PSYCHÉ, ACTE I.

LYCAS.
Vous ne le saurez que trop tôt.
PSYCHÉ.
Hélas! que pour le roi tu me donnes à craindre!
LYCAS.
Ne craignez que pour vous; c'est vous que l'on doit
[plaindre.
PSYCHÉ.
C'est pour louer le ciel, et me voir hors d'effroi,
De savoir que je n'aie à craindre que pour moi.
Mais apprends-moi, Lycas, le sujet qui te touche.
LYCAS.
Souffrez que j'obéisse à qui m'envoie ici,
Madame, et qu'on vous laisse apprendre de sa bouche
Ce qui peut m'affliger ainsi.
PSYCHÉ.
Allons savoir sur quoi l'on craint tant ma foiblesse.

SCÈNE V.

AGLAURE, CIDIPPE, LYCAS.

AGLAURE.
Si ton ordre n'est pas jusqu'à nous étendu,
Dis-nous quel grand malheur nous couvre ta tristesse
LYCAS.
Hélas! ce grand malheur, dans la cour répandu,
 ‹ Voyez-le vous-même, princesse,
Dans l'oracle qu'au roi les destins ont rendu.
Voici ses propres mots que la douleur, madame,
A gravés au fond de mon âme :

Que l'on ne pense nullement
A vouloir de Psyché conclure l'hyménée;
Mais qu'au sommet d'un mont elle soit promptement
 En pompe funèbre menée,
 Et que, de tous abandonnée,
Pour époux elle attende en ces lieux constamment
Un monstre dont on a la vue empoisonnée,
Un serpent qui répand son venin en tous lieux,
Et trouble dans sa rage et la terre et les cieux.
 Après un arrêt si sévère,
Je vous quitte, et vous laisse à juger entre vous
Si, par de plus cruels et plus sensibles coups,
Tous les dieux nous pouvoient expliquer leur colère.

SCÈNE VI.

AGLAURE, CIDIPPE.

CIDIPPE.
Ma sœur, que sentez-vous à ce soudain malheur
Où nous voyons Psyché par les destins plongée?
AGLAURE.
Mais vous, que sentez-vous, ma sœur?
CIDIPPE.
A ne vous point mentir, je sens que, dans mon cœur,
Je n'en suis pas trop affligée.
AGLAURE.
Moi, je sens quelque chose au mien
Qui ressemble assez à la joie.
Allons, le Destin nous envoie
Un mal que nous pouvons regarder comme un bien.

PREMIER INTERMÈDE.

La scène est changée en des rochers affreux, et fait voir en l'éloignement une grotte effroyable.

C'est dans ce désert que Psyché doit être exposée pour obéir à l'oracle. Une troupe de personnes affligées y viennent déplorer sa disgrâce. Une partie de cette troupe désolée témoigne sa pitié par des plaintes touchantes et par des concerts lugubres; et l'autre exprime sa désolation par une danse pleine de toute sles marques du plus violent désespoir.

PLAINTES EN ITALIEN, *chantées par une femme désolée et deux hommes affligés.*

FEMME DÉSOLÉE.
Deh! piangete al pianto mio,
Sassi duri, antiche selve;
Lagrimate, fonti, e belve,
D'un bel volto il fato rio.
PREMIER HOMME AFFLIGÉ.
Ahi dolore!
SECOND HOMME AFFLIGÉ.
Ahi martire!
PREMIER HOMME AFFLIGÉ.
Cruda morte!
SECOND HOMME AFFLIGÉ.
Empia sorte!
TOUS TROIS.
Che condanni a morir tanta beltà!
Cieli! stelle! Ahi crudeltà!
FEMME DÉSOLÉE.
Rispondete a miei lamenti,
Antri cavi, ascose rupi;
Deh! ridite, fondi cupi,
Del mio duolo i mesti accenti.

PSYCHÉ, ACTE I.

PREMIER HOMME AFFLIGÉ.
Ahi dolore!
SECOND HOMME AFFLIGÉ.
Ahi martire!
PREMIER HOMME AFFLIGÉ.
Cruda morte!
FEMME DÉSOLÉE ET SECOND HOMME AFFLIGÉ.
Empia sorte!
TOUS TROIS.
Che condanni a morir tanta beltà!
Cieli! stelle! Ahi crudeltà!
SECOND HOMME AFFLIGÉ.
Com'esser può fra voi, o numi eterni,
Chi voglia estinta una beltà innocente?
Ahi! che tanto rigor, cielo inclemente
Vince di crudeltà gli stessi inferni.
PREMIER HOMME AFFLIGÉ.
Nume fiero!
SECOND HOMME AFFLIGÉ.
Dio severo!
LES DEUX HOMMES AFFLIGÉS.
Perche tanto rigor
Contro innocente cor?
Ahi! sentenza inudita!
Dar morte a la beltà, ch'altrui dà vita!
FEMME DÉSOLÉE.
Ahi! ch'indarno si tarda!
Non resiste a li dei mortalé affetto,
Alto impero ne sforza,
Ove comanda il ciel, l'uom cede a forza.
PREMIER HOMME AFFLIGÉ.
Ahi dolore!
SECOND HOMME AFFLIGÉ.
Ahi martire!
PREMIER HOMME AFFLIGÉ.
Cruda morte!
FEMME DÉSOLÉE ET SECOND HOMME AFFLIGÉ.
Empia sorte!
TOUS TROIS.
Che condanni a morir tanta beltà!
Cieli! stelle! Ahi crudeltà[1]!

(*Ces plaintes sont entrecoupées et finies par une entrée de ballet de huit personnes affligées.*)

ACTE DEUXIÈME.

SCÈNE I.

LE ROI, PSYCHÉ, AGLAURE, CIDIPPE, LYCAS, SUITE.

PSYCHÉ.

De vos larmes, seigneur, la source m'est bien chère ;
Mais c'est trop aux bontés que vous avez pour moi,
Que de laisser régner les tendresses de père
    Jusque dans les yeux d'un grand roi.
Ce qu'on vous voit ici donner à la nature,
Au rang que vous tenez, seigneur, fait trop d'injure,
Et j'en dois refuser les touchantes faveurs.
    Laissez moins sur votre sagesse
    Prendre d'empire à vos douleurs,
Et cessez d'honorer mon destin par des pleurs
Qui dans le cœur d'un roi montrent de la foiblesse.
    LE ROI.
Ah ! ma fille ! à ces pleurs laisse mes yeux ouverts.
Mon deuil est raisonnable, encor qu'il soit extrême ;
Et, lorsque pour toujours on perd ce que je perds,
La sagesse, crois-moi, peut pleurer elle-même.
    En vain l'orgueil du diadème
Veut qu'on soit insensible à ces cruels revers ;
En vain de la raison les secours sont offerts
Pour vouloir d'un œil sec voir mourir ce qu'on aime,
L'effort en est barbare aux yeux de l'univers,
Et c'est brutalité plus que vertu suprême.
    Je ne veux point, dans cette adversité,
    Parer mon cœur d'insensibilité,
      Et cacher l'ennui qui me touche.
    Je renonce à la vanité
    De cette dureté farouche
    Que l'on appelle fermeté,
    Et, de quelque façon qu'on nomme
Cette vive douleur dont je ressens les coups,
Je veux bien l'étaler, ma fille, aux yeux de tous,
Et dans le cœur d'un roi montrer le cœur d'un homme.
    PSYCHÉ.
Je ne mérite pas cette grande douleur :
Opposez, opposez un peu de résistance
    Aux droits qu'elle prend sur un cœur
Dont mille événemens ont marqué la puissance.
Quoi ! faut-il que pour moi vous renonciez, seigneur,
    A cette royale constance
Dont vous avez fait voir, dans les coups du malheur,
    Une fameuse expérience ?
    LE ROI.
La constance est facile en mille occasions.
    Toutes les révolutions
Où nous peut exposer la fortune inhumaine,
La perte des grandeurs, les persécutions,
Le poison de l'envie, et les traits de la haine,
    N'ont rien que ne puissent, sans peine,
    Braver les résolutions.
D'une âme où la raison est un peu souveraine.
    Mais ce qui porte des rigueurs
    A faire succomber les cœurs
    Sous le poids des douleurs amères,
    Ce sont, ce sont les rudes traits
    De ces fatalités sévères
    Qui nous enlèvent pour jamais
    Les personnes qui nous sont chères.
    La raison, contre de tels coups,
    N'offre point d'armes secourables ;
    Et voilà, des dieux en courroux,
    Les foudres les plus redoutables

Qui se puissent lancer sur nous.
PSYCHÉ.
Seigneur, une douceur ici vous est offerte :
Votre hymen a reçu plus d'un présent des dieux ;
Et, par une faveur ouverte,
Ils ne vous ôtent rien, en m'ôtant à vos yeux,
Dont ils n'aient pris le soin de réparer la perte :
Il vous reste de quoi consoler vos douleurs ;
Et cette loi du ciel, que vous nommez cruelle,
Dans les deux princesses mes sœurs,
Laisse à l'amitié paternelle
Où placer toutes ses douceurs.
LE ROI.
Ah! de mes maux soulagement frivole!
Rien ne s'offre à moi qui de toi me console.
C'est sur mes déplaisirs que j'ai les yeux ouverts ;
Et, dans un destin si funeste,
Je regarde ce que je perds,
Et ne vois point ce qui me reste.
PSYCHÉ.
Vous savez mieux que moi qu'aux volontés des dieux
Seigneur, il faut régler les nôtres ;
Et je ne puis vous dire, en ces tristes adieux,
Que ce que beaucoup mieux vous pouvez dire aux autres.
Ces dieux sont maîtres souverains
Des présens qu'ils daignent nous faire ;
Ils ne les laissent dans nos mains
Qu'autant de temps qu'il peut leur plaire.
Lorsqu'ils viennent les retirer,
On n'a nul droit de murmurer
Des grâces que leur main ne veut plus nous étendre.
Seigneur, je suis un don qu'ils ont fait à vos vœux ;
Et, quand, par cet arrêt, ils veulent me reprendre,
Ils ne vous ôtent rien que vous ne teniez d'eux,
Et c'est sans murmurer que vous devez me rendre.
LE ROI.
Ah! cherche un meilleur fondement
Aux consolations que ton cœur me présente ;
Et, de la fausseté de ce raisonnement,
Ne fais point un accablement
A cette douleur si cuisante,
Dont je souffre ici le tourment.
Crois-tu là me donner une raison puissante
Pour ne me plaindre point de cet arrêt des cieux?
Et, dans le procédé des dieux,
Dont tu veux que je me contente,
Une rigueur assassinante
Ne paroît-elle pas aux yeux?
Vois l'état où ces dieux me forcent à te rendre,
Et l'autre où te reçut mon cœur infortuné ;
Tu connoîtras par là qu'ils me viennent reprendre
Bien plus que ce qu'ils m'ont donné.
Je reçus d'eux en toi, ma fille,
Un présent que mon cœur ne leur demandoit pas ;
J'y trouvois alors peu d'appas,
Et leur en vis, sans joie, accroître ma famille.
Mais mon cœur, ainsi que mes yeux,
S'est fait de ce présent une douce habitude :
J'ai mis quinze ans de soins, de veilles et d'étude
A me le rendre précieux ;

Je l'ai paré de l'aimable richesse
De mille brillantes vertus ;
En lui j'ai renfermé, par des soins assidus,
Tous les plus beaux trésors que fournit la sagesse ;
A lui j'ai de mon âme attaché la tendresse ;
J'en ai fait de ce cœur le charme et l'allégresse,
La consolation de mes sens abattus,
Le doux espoir de ma vieillesse.
Ils m'ôtent tout cela, ces dieux!
Et tu veux que je n'aie aucun sujet de plainte
Sur cet affreux arrêt dont je souffre l'atteinte !
Ah! leur pouvoir se joue avec trop de rigueur
Des tendresses de notre cœur.
Pour m'ôter leur présent, leur falloit-il attendre
Que j'en eusse fait tout mon bien?
Ou plutôt, s'ils avoient dessein de le reprendre,
N'eût-il pas été mieux de ne me donner rien?
PSYCHÉ.
Seigneur, redoutez la colère
De ces dieux contre qui vous osez éclater.
LE ROI.
Après ce coup, que peuvent-ils me faire?
Ils m'ont mis en état de ne rien redouter.
PSYCHÉ.
Ah! seigneur, je tremble des crimes
Que je vous fais commettre, et je dois me haïr....
LE ROI.
Ah! qu'ils souffrent du moins mes plaintes légitimes ;
Ce m'est assez d'effort que de leur obéir ;
Ce doit leur être assez que mon cœur t'abandonne
Au barbare respect qu'il faut qu'on ait pour eux,
Sans prétendre gêner la douleur que me donne
L'épouvantable arrêt d'un sort si rigoureux.
Mon juste désespoir ne sauroit se contraindre ;
Je veux, je veux garder ma douleur à jamais ;
Je veux sentir toujours la perte que je fais ;
De la rigueur du ciel je veux toujours me plaindre ;
Je veux, jusqu'au trépas, incessamment pleurer
Ce que tout l'univers ne peut me réparer.
PSYCHÉ.
Ah! de grâce, seigneur, épargnez ma foiblesse ;
J'ai besoin de constance en l'état où je suis.
Ne fortifiez point l'excès de mes ennuis
Des larmes de votre tendresse.
Seuls ils sont assez forts, et c'est trop pour mon cœur,
De mon destin et de votre douleur.
LE ROI.
Oui, je dois t'épargner mon deuil inconsolable.
Voici l'instant fatal de m'arracher de toi ;
Mais comment prononcer ce mot épouvantable?
Il le faut toutefois; le ciel m'en fait la loi ;
Une rigueur inévitable
M'oblige à te laisser en ce funeste lieu,
Adieu ; je vais.... Adieu.

(*Ce qui suit jusqu'à la fin de la pièce est de M. Corneille, à la réserve de la première scène du troisième acte, qui est de la même main que ce qui a précédé.*)

SCÈNE II.

PSYCHÉ, AGLAURE, CIDIPPE.

PSYCHÉ.

Suivez le roi, mes sœurs, vous essuierez ses larmes,
Vous adoucirez ses douleurs ;
Et vous l'accableriez d'alarmes,
Si vous vous exposiez encore à mes malheurs ;
Conservez-lui ce qui lui reste ;
Le serpent que j'attends peut vous être funeste,
Vous envelopper dans mon sort,
Et me porter en vous une seconde mort.
Le ciel m'a seule condamnée
A son haleine empoisonnée ;
Rien ne sauroit me secourir ;
Et je n'ai pas besoin d'exemple pour mourir.

AGLAURE.

Ne nous enviez pas ce cruel avantage,
De confondre nos pleurs avec vos déplaisirs,
De mêler nos soupirs à vos derniers soupirs:
D'une tendre amitié souffrez ce dernier gage.

PSYCHÉ.
C'est vous perdre inutilement.

CIDIPPE.
C'est en votre faveur espérer un miracle,
Ou vous accompagner jusques au monument.

PSYCHÉ.
Que peut-on se promettre après un tel oracle ?

AGLAURE.
Un oracle jamais n'est sans obscurité ;   [dre,
On l entend d'autant moins, que mieux on croit l'enten-
Et peut-être, après tout, n'en devez-vous attendre
Que gloire et que félicité.
Laissez-nous voir, ma sœur, par une digne issue,
Cette frayeur mortelle, heureusement déçue,
Ou mourir du moins avec vous,
Si le ciel à nos vœux ne se montre plus doux.

PSYCHÉ.
Ma sœur, écoutez mieux la voix de la nature,
Qui vous appelle auprès du roi.
Vous m'aimez trop ; le devoir en murmure ;
Vous en savez l'indispensable loi.
Un père vous doit être encor plus cher que moi.
Rendez-vous toutes deux l'appui de sa vieillesse ;
Vous lui devez chacune un gendre et des neveux ;
Mille rois, à l'envi, vous gardent leur tendresse ;
Mille rois, à l'envi, vous offriront leurs vœux.
L'oracle me veut seule, et seule aussi je veux
Mourir, si je puis, sans foiblesse,
Ou ne vous avoir pas pour témoins toutes deux,
De ce que, malgré moi, la nature m'en laisse.

AGLAURE.
Partager vos malheurs, c'est vous importuner.

CIDIPPE.
J'ose dire un peu plus, ma sœur, c'est vous déplaire.

PSYCHÉ.
Non. Mais, enfin, c'est me gêner,
Et peut-être du ciel redoubler la colère.

AGLAURE.
Vous le voulez, et nous partons.
Daigne ce même ciel, plus juste et moins sévère,
Vous envoyer le sort que nous vous souhaitons,
Et que notre amitié sincère,
En dépit de l'oracle et malgré vous, espère.

PSYCHÉ.
Adieu. C'est un espoir, ma sœur, et des souhaits
Qu'aucun des dieux ne remplira jamais.

SCÈNE III.

PSYCHÉ, *seule*.

Enfin, seule et toute à moi-même,
Je puis envisager cet affreux changement,
Qui, du haut d'une gloire extrême,
Me précipite au monument.
Cette gloire étoit sans seconde ;
L'éclat s'en répendoit jusqu'aux deux bouts du monde ;
Tout ce qu'il a de rois sembloient faits pour m'aimer ;
Tous leurs sujets, me prenant pour déesse,
Commençoient à m'accoutumer
Aux encens qu'ils m'offroient sans cesse.
Leurs soupirs me suivoient, sans qu'il m'en coûtât rien ;
Mon âme restoit libre en captivant tant d'âmes,
Et j'étois, parmi tant de flammes,
Reine de tous les cœurs, et maîtresse du mien.
O ciel ! m'auriez-vous fait un crime
De cette insensibilité ?
Déployez-vous sur moi tant de sévérité,
Pour n'avoir à leurs vœux rendu que de l'estime ?
Si vous m'imposiez cette loi,
Qu'il fallût faire un choix pour ne pas vous déplaire,
Puisque je ne pouvois le faire,
Que ne le faisiez-vous pour moi ?
Que ne m'inspiriez-vous ce qu'inspire à tant d'autres
Le mérite, l'amour, et.... Mais que vois-je ici ?

SCÈNE IV.

CLÉOMÈNE, AGÉNOR, PSYCHÉ.

CLÉOMÈNE.
Deux amis, deux rivaux, dont l'unique souci
Est d'exposer leurs jours pour conserver les vôtres.

PSYCHÉ.
Puis-je vous écouter, quand j'ai chassé deux sœurs ?
Princes, contre le ciel pensez-vous me défendre ?
Vous livrer au serpent qu'ici je dois attendre,
Ce n'est qu'un désespoir qui sied mal aux grands cœurs ;
Et mourir alors que je meurs,
C'est accabler une âme tendre
Qui n'a que trop de ses douleurs.

AGÉNOR.
Un serpent n'est pas invincible ;

Cadmus, qui n'aimoit rien, défit celui de Mars.
Nous aimons, et l'Amour sait rendre tout possible
　　Au cœur qui suit ses étendards,
A la main dont lui-même il conduit tous les dards.
PSYCHÉ.
Voulez-vous qu'il vous serve en faveur d'une ingrate
　　Que tous ses traits n'ont pu toucher,
Qu'il dompte sa vengeance au moment qu'elle éclate,
　　Et vous aide à m'en arracher?
　　Quand même vous m'auriez servie,
　　Quand vous m'auriez rendu la vie,
Quel fruit espérez-vous de qui ne peut aimer?
CLÉOMÈNE.
Ce n'est point par l'espoir d'un si charmant salaire
　　Que nous nous sentons animer;
　　Nous ne cherchons qu'à satisfaire
Aux devoirs d'un amour qui n'ose présumer
　　Que jamais, quoi qu'il puisse faire,
　　Il soit capable de vous plaire,
　　Et digne de vous enflammer.
Vivez, belle princesse, et vivez pour un autre :
　　Nous le verrons d'un œil jaloux,
　　Nous en mourrons; mais d'un trépas plus doux
　　Que s'il nous falloit voir le vôtre;
Et, si nous ne mourrons en vous sauvant le jour,
Quelque amour qu'à nos yeux vous préféreriez au nôtre,
　　Nous voulons bien mourir de douleur et d'amour.
PSYCHÉ.
Vivez, princes, vivez, et de ma destinée
Ne songez plus à rompre ou partager la loi :
Je crois vous l'avoir dit, le ciel ne veut que moi;
　　Le ciel m'a seule condamnée.
Je pense ouïr déjà les mortels sifflemens
De son ministre qui s'approche :
Ma frayeur me le peint, me l'offre à tous momens,
Et, maîtresse qu'elle est de tous mes sentimens,
Elle me le figure au haut de cette roche.
J'en tombe de foiblesse, et mon cœur abattu
Ne soutient plus qu'à peine un reste de vertu.
Adieu, princes, fuyez, qu'il ne vous empoisonne.
AGÉNOR.
Rien ne s'offre à nos yeux encor qui les étonne;
Et, quand vous nous peignez un si proche trépas,
　　Si la force vous abandonne,
　　Nous avons des cœurs et des bras
　　Que l'espoir n'abandonne pas.
Peut-être qu'un rival a dicté cet oracle ;
Que l'or a fait parler celui qui l'a rendu.
　　Ce ne seroit pas un miracle
Que, pour un dieu muet, un homme eût répondu;
Et, dans tous les climats, on n'a que trop d'exemples
Qu'il est, ainsi qu'ailleurs, des méchans dans les temples.
CLÉOMÈNE.
Laissez-nous opposer au lâche ravisseur

A qui le sacrilége indignement vous livre,
Un amour qu'a le ciel choisi pour défenseur
De la seule beauté pour qui nous voulons vivre.
Si nous n'osons prétendre à sa possession,
Du moins, en son péril, permettez-nous de suivre
L'ardeur et les devoirs de notre passion.
PSYCHÉ.
　　Portez-les à d'autres moi-mêmes,
　　Princes, portez-les à mes sœurs,
　　Ces devoirs, ces ardeurs extrêmes
　　Dont pour moi sont remplis vos cœurs,
　　Vivez pour elles, quand je meurs;
Plaignez de mon destin les funestes rigueurs,
Sans leur donner en vous de nouvelles matières.
　　Ce sont mes volontés dernières ;
　　Et l'on a reçu, de tout temps,
Pour souveraines lois, les ordres des mourans.
CLÉOMÈNE.
Princesse !
PSYCHÉ.
　　Encore un coup, princes, vivez pour elles.
Tant que vous m'aimerez, vous devez m'obéir :
Ne me réduisez pas à vouloir vous haïr,
　　Et vous regarder en rebelles,
　　A force de m'être fidèles.
Allez, laissez-moi seule expirer en ce lieu,
Où je n'ai plus de voix que pour vous dire adieu.
Mais je sens qu'on m'enlève, et l'air m'ouvre une route,
D'où vous n'entendrez plus cette mourante voix.
Adieu, princes; adieu, pour la dernière fois :
Voyez si de mon sort vous pouvez être en doute.
　　(*Psyché est enlevée en l'air par deux Zéphyres.*)
AGÉNOR.
Nous la perdons de vue. Allons tous deux chercher
　　Sur le faîte de ce rocher,
　　Prince, les moyens de la suivre.
CLÉOMÈNE.
Allons-y chercher ceux de ne lui point survivre.

SCÈNE V.

L'AMOUR, *en l'air.*

Allez mourir, rivaux d'un dieu jaloux,
　　Dont vous méritez le courroux
Pour avoir eu le cœur sensible aux mêmes charmes.
Et toi, forge, Vulcain, mille brillans attraits
　　Pour orner un palais
Où l'Amour de Psyché veut essuyer les larmes,
　　Et lui rendre les armes.

DEUXIÈME INTERMÈDE.

La scène se change en une cour magnifique, ornée de colonnes de lapis, enrichies de figures d'or, qui forment un palais pompeux et brillant que l'Amour destine pour Psyché. Six cyclopes, avec quatre fées, y font une entrée de ballet, où ils achèvent en cadence quatre gros vases d'argent que les fées leur ont apportés. Cette entrée est entrecoupée par ce récit de Vulcain, qu'il fait à deux reprises :

Dépêchez, préparez ces lieux
Pour le plus aimable des dieux ;
Que chacun pour lui s'intéresse ;
N'oubliez rien des soins qu'il faut.
    Quand l'amour presse,
On n'a jamais fait assez tôt.

L'Amour ne veut point qu'on diffère ;
    Travaillez, hâtez-vous,
Frappez, redoublez vos coups ;
    Que l'ardeur de lui plaire
Fasse vos soins les plus doux.

SECOND COUPLET.

Servez bien un dieu si charmant ;
Il se plaît dans l'empressement ;
Que chacun pour lui s'intéresse ;
N'oubliez rien de ce qu'il faut.
    Quand l'Amour presse,
On n'a jamais fait assez tôt.

L'Amour ne veut point qu'on diffère ;
    Travaillez, hâtez-vous,
Frappez, redoublez vos coups ;
    Que l'ardeur de lui plaire
Fasse vos soins les plus doux.

FIN DU DEUXIÈME ACTE

ACTE TROISIÈME.

SCÈNE I.

L'AMOUR, ZÉPHYRE.

ZÉPHYRE.

Oui, je me suis galamment acquitté
De la commission que vous m'avez donnée ;
Et, du haut du rocher, je l'ai, cette beauté,
Par le milieu des airs doucement amenée
    Dans ce beau palais enchanté,
      Où vous pouvez en liberté
    Disposer de sa destinée.
Mais vous me surprenez par ce grand changement
    Qu'en votre personne vous faites ;
Cette taille, ces traits, et cet ajustement,
    Cachent tout à fait qui vous êtes ;
Et je donne aux plus fins à pouvoir, en ce jour,
    Vous reconnoître pour l'Amour.

L'AMOUR.

Aussi ne veux-je pas qu'on puisse me connoître:
Je ne veux à Psyché découvrir que mon cœur,
Rien que les beaux transports de cette vive ardeur
    Que ses doux charmes y font naître ;
Et, pour en exprimer l'amoureuse langueur,
    Et cacher ce que je puis être
    Aux yeux qui m'imposent des lois,
    J'ai pris la forme que tu vois.

ZÉPHYRE.

En tout vous êtes un grand maître ;
    C'est ici que je le connois.
Sous des déguisemens de diverse nature,
    On a vu les dieux amoureux
Chercher à soulager cette douce blessure
Que reçoivent les cœurs de vos traits pleins de feux ;
    Mais en bon sens vous l'emportez sur eux ;
    Et voilà la bonne figure
    Pour avoir un succès heureux
Près de l'aimable sexe où l'on porte ses vœux.
Oui, de ces formes-là l'assistance est bien forte,
    Et, sans parler ni de rang, ni d'esprit,
Qui peut trouver moyen d'être fait de la sorte,
    Ne soupire guère à crédit.

L'AMOUR.

    J'ai résolu, mon cher Zéphyre,
    De demeurer ainsi toujours,
    Et l'on ne peut le trouver à redire
    A l'aîné de tous les Amours.
Il est temps de sortir de cette longue enfance.
    Qui fatigue ma patience ;
Il est temps désormais que je devienne grand.

ZÉPHYRE.

Fort bien. Vous ne pouvez mieux faire ;
    Et vous entrez dans un mystère
    Qui ne demande rien d'enfant.

L'AMOUR.

Ce changement, sans doute, irritera ma mère.

ZÉPHYRE.

Je prévois là-dessus quelque peu de colère.
    Bien que les disputes des ans
Ne doivent point régner parmi les immortelles,
Votre mère Vénus est de l'humeur des belles,
    Qui n'aiment point de grands enfans.
    Mais où je la trouve outragée,
C'est dans le procédé que l'on vous voit tenir ;
    Et c'est l'avoir étrangement vengée,
Que d'aimer la beauté qu'elle vouloit punir !
Cette haine où ses vœux prétendent que réponde

La puissance d'un fils que redoutent les dieux....
L'AMOUR.
Laissons cela, Zéphyre, et me dis si tes yeux
Ne trouvent pas Psyché la plus belle du monde?
Est-il rien sur la terre, est-il rien dans les cieux
Qui puisse lui ravir le titre glorieux
  De beauté sans seconde?
Mais je la vois, mon cher Zéphyre,
Qui demeure surprise à l'éclat de ces lieux.
ZÉPHYRE.
Vous pouvez vous montrer pour finir son martyre,
  Lui découvrir son destin glorieux,
Et vous dire, entre vous, tout ce que peuvent dire
  Les soupirs, la bouche et les yeux.
En confident discret, je sais ce qu'il faut faire
Pour ne pas interrompre un amoureux mystère.

SCÈNE II.

PSYCHÉ, *seule*.

Où suis-je? Et, dans un lieu que je croyois barbare,
Quelle savante main a bâti ce palais,
  Que l'art, que la nature pare
  De l'assemblage le plus rare
  Que l'œil puisse admirer jamais?
  Tout rit, tout brille, tout éclate
Dans ces jardins, dans ces appartemens,
Dont les pompeux ameublemens
N'ont rien qui n'enchante et ne flatte,
Et, de quelque côté que tournent mes frayeurs,
Je ne vois sous mes pas que de l'or ou des fleurs.
Le ciel auroit-il fait cet amas de merveilles
  Pour la demeure d'un serpent?
Et, lorsque, par leur vue, il amuse et suspend
De mon destin jaloux les rigueurs sans pareilles,
  Veut-il montrer qu'il s'en repent?
Non, non; c'est de sa haine, en cruauté féconde,
  Le plus noir, le plus rude trait,
Qui, par une rigueur nouvelle et sans seconde,
  N'étale ce choix qu'elle a fait
De ce qu'a de plus beau le monde,
Qu'afin que je le quitte avec plus de regret.

  Que mon espoir est ridicule,
 S'il croit par là soulager mes douleurs!
Tout autant de momens que ma mort se recule,
  Sont autant de nouveaux malheurs :
 Plus elle tarde, et plus de fois je meurs.

Ne me fais plus languir, viens prendre ta victime,
  Monstre qui dois me déchirer.
Veux-tu que je te cherche, et faut-il que j'anime
  Tes fureurs à me dévorer?
Si le ciel veut ma mort, si ma vie est un crime,
De ce peu qui m'en reste ose enfin t'emparer;
  Je suis lasse de murmurer
  Contre un châtiment légitime.

Je suis lasse de soupirer ;
Viens, que j'achève d'expirer.

SCÈNE III.

L'AMOUR, PSYCHÉ, ZÉPHYRE.

L'AMOUR.
Le voilà, ce serpent, ce monstre impitoyable
Qu'un oracle étonnant pour vous a préparé,
Et qui n'est pas, peut-être, à tel point effroyable,
  Que vous vous l'êtes figuré.
PSYCHÉ.
Vous, seigneur, vous seriez ce monstre dont l'oracle
  A menacé mes tristes jours,
Vous qui semblez plutôt un dieu qui, par miracle,
  Daigne venir lui-même à mon secours!
L'AMOUR.
Quel besoin de secours au milieu d'un empire
  Où tout ce qui respire
N'attend que vos regards pour en prendre la loi,
Où vous n'avez à craindre autre monstre que moi?
PSYCHÉ.
Qu'un monstre tel que vous inspire peu de crainte!
  Et que, s'il a quelque poison,
  Une âme auroit peu de raison
  De hasarder la moindre plainte.
  Contre une favorable atteinte,
 Dont tout le cœur craindroit la guérison!
A peine je vous vois, que mes frayeurs cessées
Laissent évanouir l'image du trépas,
Et que je sens couler dans mes veines glacées
Un je ne sais quel feu que je ne connois pas.
J'ai senti de l'estime et de la complaisance,
  De l'amitié, de la reconnoissance ;
De la compassion les chagrins innocens
  M'en ont fait sentir la puissance ;
Mais je n'ai point encor senti ce que je sens.
Je ne sais ce que c'est; mais je sais qu'il me charme,
  Que je n'en conçois point d'alarme.
Plus j'ai les yeux sur vous, plus je m'en sens charmer.
Tout ce que j'ai senti n'agissoit point de même,
  Et je dirois que je vous aime,
Seigneur, si je savois ce que c'est que d'aimer.
Ne les détournez point, ces yeux qui m'empoisonnent,
Ces yeux tendres, ces yeux perçans, mais amoureux,
Qui semblent partager le trouble qu'ils me donnent.
  Hélas! plus ils sont dangereux,
 Plus je me plais à m'attacher sur eux.
Par quel ordre du ciel, que je ne puis comprendre,
  Vous dis-je plus que je ne dois,
Moi de qui la pudeur devroit du moins attendre
Que vous m'expliquassiez le trouble où je vous vois?
Vous soupirez, seigneur, ainsi que je soupire ;
Vos sens, comme les miens, paroissent interdits.
C'est à moi de m'en taire, à vous de me le dire ;
  Et cependant c'est moi qui vous le dis.
L'AMOUR.
Vous avez eu, Psyché, l'âme toujours si dure,

Qu'il ne faut pas vous étonner
Si, pour en réparer l'injure,
L'Amour, en ce moment, se paye avec usure
De ce qu'elle a dû lui donner.
Ce moment est venu qu'il faut que votre bouche
Exhale des soupirs si longtemps retenus,
Et qu'en vous arrachant à cette humeur farouche,
Un amas de transports aussi doux qu'inconnus,
Aussi sensiblement tout à la fois vous touche,
Qu'ils ont dû vous toucher durant tant de beaux jours
Dont cette âme insensible a profané le cours.

PSYCHÉ.
N'aimer point c'est donc un grand crime?

L'AMOUR.
En souffrez-vous un rude châtiment?

PSYCHÉ.
C'est punir assez doucement.

L'AMOUR.
C'est lui choisir sa peine légitime,
Et se faire justice en ce glorieux jour,
D'un manquement d'amour par un excès d'amour.

PSYCHÉ.
Que n'ai-je été plus tôt punie!
J'y mets le bonheur de ma vie.
Je devrois en rougir, ou le dire plus bas;
Mais le supplice a trop d'appas.

Permettez que, tout haut, je le die et redie :
Je le dirois cent fois, et n'en rougirois pas.
Ce n'est point moi qui parle : et de votre présence
L'empire surprenant, l'aimable violence,
Dès que je veux parler, s'empare de ma voix.
C'est en vain qu'en secret ma pudeur s'en offense,
Que le sexe et la bienséance
Osant me faire d'autres lois ;
Vos yeux, de ma réponse eux-mêmes font le choix,
Et ma bouche asservie à leur toute-puissance
Ne me consulte plus sur ce que je me dois.

L'AMOUR.
Croyez, belle Psyché, croyez ce qu'ils vous disent,
Ces yeux qui ne sont point jaloux;
Qu'à l'envi les vôtres m'instruisent
De tout ce qui se passe en vous.

Croyez-en ce cœur qui soupire,
Et qui, tant que le vôtre y voudra repartir,
Vous dira bien plus, d'un soupir,
Que cent regards ne peuvent dire,
C'est le langage le plus doux;
C'est le plus fort, c'est le plus sûr de tous.

PSYCHÉ.
L'intelligence en étoit due
A nos cœurs, pour les rendre également contens.
J'ai soupiré, vous m'avez entendue ;
Vous soupirez, je vous entends.
Mais ne me laissez plus en doute,
Seigneur, et dites-moi si, par la même route,
Après moi, le Zéphyre ici vous a rendu
Pour me dire ce que j'écoute.
Quand j'y suis arrivée, étiez-vous attendu?

Et, quand vous lui parlez, êtes-vous entendu ?
L'AMOUR.
J'ai dans ce doux climat un souverain empire,
　　Comme vous l'avez sur mon cœur;
L'Amour m'est favorable, et c'est en sa faveur
Qu'à mes ordres Éole a soumis le Zéphyre.
C'est l'Amour qui, pour voir mes feux récompensés,
　　Lui-même a dicté cet oracle
　　Par qui vos beaux jours menacés
D'une foule d'amans se ont débarrassés,
Et qui m'a délivré de l'éternel obstacle
　　De tant de soupirs empressés
Qui ne méritoient pas de vous être adressés.
Ne me demandez point quelle est cette province,
　　Ni le nom de son prince
　　Vous le saurez quand il en sera temps.
Je veux vous acquérir, mais c'est par mes services,
Par des soins assidus et par des vœux constans,
　　Par les amoureux sacrifices
　　De tout ce que je suis,
　　De tout ce que je puis,
Sans que l'éclat du rang pour moi vous sollicite,
Sans que de mon pouvoir je me fasse un mérite ;
Et, bien que souverain dans cet heureux séjour,
Je ne vous veux, Psyché, devoir qu'à mon amour.
Venez en admirer avec moi les merveilles,
Princesse, et préparez vos yeux et vos oreilles
　　A ce qu'il a d'enchantemens ;
　　Vous y verrez des bois et des prairies
　　Contester sur leur agrémens
　　Avec l'or et les pierreries;
　　Vous n'entendrez que des concerts charmans
　　De cent beautés vous y serez servie,
Qui vous adoreront sans vous porter envie,
　　Et brigueront, à tous momens,
　　D'une âme soumise et ravie,
　　L'honneur de vos commandemens.
PSYCHÉ.
Mes volontés suivent les vôtres;
Je n'en saurois plus avoir d'autres :
Mais votre oracle, enfin, vient de me séparer
　　De deux sœurs et du roi mon père,
　　Que mon trépas imaginaire
　　Réduit tous trois à me pleurer.
Pour dissiper l'erreur dont leur âme accablée
De mortels déplaisirs se voit pour moi comblée.
　　Souffrez que mes sœurs soient témoins
　　Et de ma gloire et de vos soins.
Prêtez-leur, comme à moi, les ailes du Zéphyre,
　　Qui leur puissent de votre empire.
　　Ainsi qu'à moi, faciliter l'accès;

Faites-leur voir en quel lieu je respire;
Faites-leur de ma perte admirer le succès.
L'AMOUR.
Vous ne me donnez pas, Psyché, toute votre âme,
Ce tendre souvenir d'un père et de deux sœurs
　　Me vole une part des douceurs
　　Que je veux toutes pour ma flamme.
N'ayez d'yeux que pour moi, qui n'en ai que pour vous;
Ne songez qu'à m'aimer, ne songez qu'à me plaire;
Et, quand de tels soucis osent vous en distraire.
PSYCHÉ.
Des tendresses du sang peut-on être jaloux ?
L'AMOUR.
Je le suis, ma Psyché, de toute la nature.
Les rayons du soleil vous baisent trop souvent;
Vos cheveux souffrent trop les caresses du vent :
　　Dès qu'il les flatte, j'en murmure :
　　L'air même que vous respirez
Avec trop de plaisir passe par votre bouche ;
　　Votre habit de trop près vous touche;
　　Et, sitôt que vous soupirez,
　　Je ne sais quoi, qui m'effarouche,
Craint, parmi vos soupirs, des soupirs égarés.
Mais vous voulez vos sœurs ; allez, partez, Zéphyre ;
　　Psyché le veut, je ne l'en puis dédire.
　　　　(Zéphyre s'envole.)

SCÈNE IV.
L'AMOUR, PSYCHE.

L'AMOUR.
Quand vous leur ferez voir ce bienheureux séjour,
　　De ces trésors faites-leur cent largesses,
　　Prodiguez-leur caresses sur caresses,
　　Et du sang, s'il se peut, épuisez les tendresses,
　　Pour vous rendre toute à l'amour.
Je n'y mêlerai point d'importune présence ;
Mais ne leur faites pas de si longs entretiens :
Vous ne sauriez pour eux avoir de complaisance,
　　Que vous ne dérobiez aux miens.
PSYCHÉ
　　Votre amour me fait une grâce,
　　Dont je n'abuserai jamais.
L'AMOUR.
Allons voir cependant ces jardins, ce palais,
Où vous ne verrez rien que votre éclat n'efface.
Et vous, petits Amours, et vous, jeunes Zéphyrs,
Qui, pour armes, n'avez que de tendres soupirs,
Montrez tous à l'envi ce qu'à voir ma princesse
　　Vous avez senti d'allégresse.

FIN DU TROISIÈME ACTE.

TROISIÈME INTERMÈDE.

Il se fait une entrée de ballet de quatre Amours et quatre Zéphyrs, interrompue deux fois par un dialogue chanté par un Amour et un Zéphyr.

L'AMOUR, PSYCHÉ.

LE ZÉPHYR.

Aimable jeunesse,
Suivez la tendresse ;
Joignez aux beaux jours
La douceur des Amours.
C'est pour vous surprendre
Qu'on vous fait entendre
Qu'il faut éviter leurs soupirs,
Et craindre leurs désirs :
Laissez-vous apprendre
Quels sont leurs plaisirs.

ILS CHANTENT ENSEMBLE.

Chacun est obligé d'aimer
　　A son tour ;
Et plus on a de quoi charmer,
　　Plus on doit à l'Amour.

LE ZÉPHYR SEUL.

Un cœur jeune et tendre
Est fait pour se rendre ;
Il n'a point à prendre
De fâcheux détour.

LES DEUX ENSEMBLE.

Chacun est obligé d'aimer
　　A son tour ;
Et plus on a de quoi charmer,
　　Plus on doit à l'Amour.

L'AMOUR SEUL.

Pourquoi se défendre ?
Que sert-il d'attendre ?
Quand on perd un jour,
On le perd sans retour.

LES DEUX ENSEMBLE.

Chacun est obligé d'aimer
　　A son tour ;
Et plus on a de quoi charmer,
　　Plus on doit à l'Amour.

DEUXIÈME COUPLET.

LE ZÉPHYR.

L'Amour a des charmes,
Rendons-lui les armes ;
Ses soins et ses pleurs
Ne sont pas sans douceurs.
Un cœur, pour le suivre,
A cent maux se livre.
Il faut, pour goûter ses appas,
Languir jusqu'au trépas :
Mais ce n'est pas vivre
Que de n'aimer pas.

ILS CHANTENT ENSEMBLE.

S'il faut des soins et des travaux
　　En aimant,
On est payé de mille maux
　　Par un heureux moment.

LE ZÉPHYR SEUL.

On craint, on espère ;
Il faut du mystère ;
Mais on n'obtient guère
De bien sans tourment.

LES DEUX ENSEMBLE.

S'il faut des soins et des travaux
　　En aimant,
On est payé de mille maux
　　Par un heureux moment.

L'AMOUR SEUL.

Que peut-on mieux faire,
Qu'aimer et que plaire ?
C'est un soin charmant
Que l'emploi d'un amant.

LES DEUX ENSEMBLE.

S'il faut des soins et des travaux
　　En aimant,
On est payé de mille maux
　　Par un heureux moment.

ACTE QUATRIÈME.

Le théâtre devient un autre palais magnifique, coupé dans le fond par un vestibule, au travers duquel on voit un jardin superbe et charmant, décoré de plusieurs vases d'orangers, et d'arbres chargés de toutes sortes de fruits.

SCÈNE I.

AGLAURE, CIDIPPE.

AGLAURE.

Je n'en puis plus, ma sœur; j'ai vu trop de merveilles,
L'avenir aura peine à les bien concevoir;
Le soleil qui voit tout, et qui nous fait tout voir,
N'en a vu jamais de pareilles.
Elles me chagrinent l'esprit :
Et ce brillant palais, ce pompeux équipage
Font un odieux étalage
Qui m'accable de honte autant que de dépit.
Que la fortune indignement nous traite,
Et que sa largesse indiscrète
Prodigue aveuglément, épuise, unit d'efforts,
Pour faire de tant de trésors
Le partage d'une cadette!

CIDIPPE.

J'entre dans tous vos sentimens;
J'ai les mêmes chagrins; et, dans ces lieux charmans,
Tout ce qui vous déplaît me blesse;
Tout ce que vous prenez pour un mortel affront,
Comme vous, m'accable, et me laisse
L'amertume dans l'âme, et la rougeur au front.

AGLAURE.

Non, ma sœur, il n'est point de reines
Qui, dans leur propre État, parlent en souveraines
Comme Psyché parle en ces lieux.
On l'y voit obéie avec exactitude ;
Et de ses volontés une amoureuse étude
Les cherche jusque dans ses yeux.
Mille beautés s'empressent autour d'elle,
Et semblent dire à nos regards jaloux :
Quels que soient nos attraits, elle est encor plus belle
Et nous, qui la servons, le sommes plus que vous.
Elle prononce, on exécute ;
Aucun ne s'en défend, aucun ne s'en rebute.
Flore, qui s'attache à ses pas,
Répand à pleines mains, autour de sa personne,
Ce qu'elle a de plus doux appas.
Zéphyre vole aux ordres qu'elle donne ;
Et son amante et lui, s'en laissant trop charmer,
Quittent, pour la servir, les soins de s'entr'aimer.

CIDIPPE.

Elle a des dieux à son service,
Elle aura bientôt de autels ;
Et nous ne commandons qu'à des chétifs mortels,
De qui l'audace et le caprice,
Contre nous, à toute heure, en secret révoltés,
Opposent à nos volontés
Ou le murmure, ou l'artifice.

AGLAURE.

C'étoit peu que, dans notre cour,
Tant de cœurs à l'envi nous l'eussent préférée ;
Ce n'étoit pas assez que, de nuit et de jour,
D'une foule d'amans elle y fût adorée.
Quand nous nous consolions de la voir au tombeau
Par l'ordre imprévu d'un oracle,
Elle a voulu, de son destin nouveau,
Faire, en notre présence, éclater le miracle,

Et choisir nos yeux pour témoins
De ce qu'au fond du cœur nous souhaitions le moins.

CIDIPPE.

Ce qui le plus me désespère,
C'est cet amant parfait et si digne de plaire,
Qui se captive sous ses lois.
Quand nous pourrions choisir entre tous les monarques
En est-il un, de tant de rois,
Qui porte de si nobles marques?
Se voir du bien par delà ses souhaits,
N'est souvent qu'un bonheur qui fait des misérables;
Il n'est ni train pompeux, ni superbe palais
Qui n'ouvre quelque porte à des maux incurables :
Mais avoir un amant d'un mérite achevé
Et s'en voir chèrement aimée,
C'est un bonheur si haut, si relevé,
Que sa grandeur ne peut être exprimée.

AGLAURE.

N'en parlons plus, ma sœur, nous en mourrions d'ennui.
Songeons plutôt à la vengeance,
Et trouvons le moyen de rompre entre elle et lui
Cette adorable intelligence.
La voici. J'ai des coups tout prêts à lui porter,
Qu'elle aura peine d'éviter,

SCÈNE II.

PSYCHÉ, AGLAURE, CIDIPPE.

PSYCHÉ.

Je viens vous dire adieu; mon amant vous renvoie
Et ne sauroit plus endurer
Que vous lui retranchiez un moment de la joie
Qu'il prend de se voir seul à me considérer.
Dans un simple regard, dans la moindre parole,
Son amour trouve des douceurs
Qu'en faveur du sang je lui vole,
Quand je les partage à des sœurs.

AGLAURE.

La jalousie est assez fine;
Et ses délicats sentimens
Méritent bien qu'on s'imagine
Que celui qui pour vous a ces empressemens
Passe le commun des amans.
Je vous en parle ainsi, faute de le connoître.
Vous ignorez son nom et ceux dont il tient l'être.
Nos esprits en sont alarmés,
Je le tiens un grand prince, et d'un pouvoir suprême,
Bien au delà du diadème;
Ses trésors, sous vos pas confusément semés,
Ont de quoi faire honte à l'abondance même ;
Vous l'aimez autant qu'il vous aime ;
Il vous charme, et vous le charmez,
Votre félicité, ma sœur, seroit extrême,
Si vous saviez qui vous aimez.

PSYCHÉ.

Que m'importe? j'en suis aimée.
Plus il me voit, plus je lui plais.
Il n'est point de plaisirs dont l'âme soit charmée,
Qui ne préviennent mes souhaits;
Et je vois mal de quoi la vôtre est alarmée,
Quand tout me sert dans ce palais.

AGLAURE

Qu'importe qu'ici tout vous serve,
Si toujours cet amant vous cache ce qu'il est?
Nous ne nous alarmons que pour votre intérêt.
En vain tout vous y rit, en vain tout vous y plaît,
Le véritable amour ne fait point de réserve ;
Et qui s'obstine à se cacher,
Sent quelque chose en soi qu'on lui peut reprocher.
Si cet amant devient volage,
Car souvent, en amour, le change est assez doux,
Et j'ose le dire entre nous,
Pour grand que soit l'éclat dont brille ce visage,
Il en peut être ailleurs d'aussi belles que vous :
Si, dis-je, un autre objet sous d'autres lois l'engage ;
Si, dans l'état où je vous voi,
Seule en ses mains, et sans défense,
Il va jusqu'à la violence,
Sur qui vous vengera le roi,
Ou de ce changement, ou de cette insolence?

PSYCHÉ.

Ma sœur, vous me faites trembler.
Juste ciel! pourrois-je être assez infortunée....

CIDIPPE.

Que sait-on si déjà les nœuds de l'hyménée....

PSYCHÉ.

N'achevez pas; ce seroit m'accabler.

AGLAURE.

Je n'ai plus qu'un mot à vous dire.
Ce prince qui vous aime, et qui commande aux vents,
Qui nous donne pour char les ailes du Zéphyre,
Et de nouveaux plaisirs vous comble à tous momens,
Quand il rompt à vos yeux l'ordre de la nature,
Peut-être à tant d'amour mêle un peu d'imposture;
Peut-être ce palais n'est qu'un enchantement ;
Et ces lambris dorés, ces amas de richesses,
Dont il achète vos tendresses,
Dès qu'il sera lassé de souffrir vos caresses,
Disparoîtront en un moment.
Vous savez, comme nous, ce que peuvent les charmes.

PSYCHÉ.

Que je sens à mon tour de cruelles alarmes!

AGLAURE.

Notre amitié ne veut que votre bien.

PSYCHÉ.

Adieu, mes sœurs; finissons l'entretien.
J'aime, et je crains qu'on ne s'impatiente.
Partez; et demain, si je puis,
Vous me verrez ou plus contente,
Ou dans l'accablement des plus mortels ennuis.

AGLAURE.

Nous allons dire au roi quelle nouvelle gloire,
Quel excès de bonheur le ciel répand sur vous.

CIDIPPE.

Nous allons lui conter d'un changement si doux
La surprenante et merveilleuse histoire.

PSYCHÉ.
Ne l'inquiétez point, ma sœur, de vos soupçons,
Et, quand vous lui peindrez un si charmant empire....

AGLAURE.
Nous savons toutes deux ce qu'il faut taire ou dire,
Et n'avons pas besoin, sur ce point, de leçons.

(*Zéphyre enlève les deux sœurs de Psyché dans un nuage qui descend jusqu'à terre, et dans lequel il les emporte avec rapidité.*)

SCÈNE III.
L'AMOUR, PSYCHE.

L'AMOUR.
Enfin, vous êtes seule, et je puis vous redire,
Sans avoir pour témoins vos importunes sœurs,
Ce que des yeux si beaux ont pris sur moi d'empire.
    Et quels excès ont les douceurs
      Qu'une sincère ardeur inspire
    Sitôt qu'elle assemble deux cœurs.
Je puis vous expliquer de mon âme ravie
      Les amoureux empressemens,
    Et vous jurer qu'à vous seule asservie,
Elle n'a pour objet de ses ravissemens
Que de voir cette ardeur, de même ardeur suivie,
    Ne concevoir plus d'autre envie
Que de régler mes vœux sur vos désirs,
Et de ce qui vous plaît faire tous mes plaisirs.
    Mais d'où vient qu'un triste nuage
Semble offusquer l'éclat de ces beaux yeux?
Vous manque-t-il quelque chose en ces lieux?
Des vœux qu'on vous y rend dédaignez-vous l'hommage?

PSYCHÉ.
Non, seigneur.

L'AMOUR.
    Qu'est-ce donc? et d'où vient mon malheur?
J'entends moins de soupirs d'amour que de douleur;
Je vois de votre teint les roses amorties
    Marquer un déplaisir secret;
    Vos sœurs à peine sont parties,
    Que vous soupirez de regret.
Ah! Psyché, de deux cœurs quand l'ardeur est la même,
Ont-ils ces soupirs différens?
Et, quand on aime bien, et qu'on voit ce qu'on aime,
    Peut-on songer à des parens?

PSYCHÉ.
Ce n'est point là ce qui m'afflige.

L'AMOUR.
    Est-ce l'absence d'un rival,
Et d'un rival aimé, qui fait qu'on me néglige?

PSYCHÉ.
Dans un cœur tout à vous que vous pénétrez mal!
Je vous aime, seigneur, et mon amour s'irrite
De l'indigne soupçon que vous avez formé.
Vous ne connoissez pas quel est votre mérite;
    Si vous craignez de n'être pas aimé.
Je vous aime; et depuis que j'ai vu la lumière,
    Je me suis montrée assez fière
    Pour dédaigner les vœux de plus d'un roi;
Et, s'il vous faut ouvrir mon âme tout entière,
Je n'ai trouvé que vous qui fût digne de moi.
    Cependant j'ai quelque tristesse
    Qu'en vain je voudrois vous cacher;
Un noir chagrin se mêle à toute ma tendresse,
    Dont je ne la puis détacher.
    Ne m'en demandez point la cause;
Peut-être, la sachant, voudrez-vous m'en punir;
Et, si j'ose aspirer encore à quelque chose,
Je suis sûre du moins de ne point l'obtenir.

L'AMOUR.
Eh! ne craignez-vous point qu'à mon tour je m'irrite.
Que vous connoissiez mal quel est votre mérite,
    Ou feigniez de ne pas savoir
Quel est sur moi votre absolu pouvoir?
Ah! si vous en doutez, soyez désabusée.
Parlez.

PSYCHÉ.
J'aurai l'affront de me voir refusée.

L'AMOUR.
Prenez en ma faveur de meilleurs sentimens;
    L'expérience en est aisée.
Parlez, tout se tient prêt à vos commandemens.
    Si, pour m'en croire, il vous faut des sermens,
J'en jure vos beaux yeux, ces maîtres de mon âme,
    Ces divins auteurs de ma flamme;
Et, si ce n'est assez d'en jurer vos beaux yeux,
J'en jure par le Styx, comme jurent les dieux.

PSYCHÉ.
J'ose craindre un peu moins, après cette assurance.
Seigneur, je vois ici la pompe et l'abondance;
    Je vous adore et vous m'aimez;
Mon cœur en est ravi, mes sens en sont charmés.
    Mais, parmi ce bonheur suprême,
J'ai le malheur de ne savoir qui j'aime.
    Dissipez cet aveuglement,
Et faites moi connoître un si parfait amant.

L'AMOUR.
Psyché! que venez-vous de dire?

PSYCHÉ.
Que c'est le bonheur où j'aspire;
Et si vous ne me l'accordez....

L'AMOUR.
Je l'ai juré, je n'en suis plus le maître :
Mais vous ne savez pas ce que vous demandez.
Laissez-moi mon secret. Si je me fais connoître,
Je vous perds, et vous me perdez.
Le seul remède est de vous en dédire.

PSYCHÉ.
C'est là sur vous mon souverain empire?

L'AMOUR.
Vous pouvez tout, et je suis tout à vous.
    Mais si nos feux vous semblent doux,
Ne mettez point d'obstacle à leur charmante suite;
    Ne me forcez point à la fuite;
C'est le moindre malheur qui nous puisse arriver
    D'un souhait qui vous a séduite.

PSYCHÉ.
Seigneur, vous voulez m'éprouver ;
Mais je sais ce que j'en dois croire.
De grâce, apprenez-moi tout l'excès de ma gloire
Et ne me cachez plus pour quel illustre choix
J'ai rejeté les vœux de tant de rois.
L'AMOUR.
Le voulez-vous ?
PSYCHÉ.
Souffrez que je vous en conjure.
L'AMOUR.
Si vous saviez, Psyché, la cruelle aventure
Que par là vous vous attirez....
PSYCHÉ.
Seigneur, vous me désespérez.
L'AMOUR.
Pensez-y bien ; je puis encor me taire.
PSYCHÉ.
Faites-vous des sermens pour n'y point satisfaire ?
L'AMOUR.
Hé bien, je suis le dieu le plus puissant des dieux,
Absolu sur la terre, absolu dans les cieux ;
Dans les eaux, dans les airs, mon pouvoir est suprême,
En un mot, je suis l'Amour même,
Qui de mes propres traits m'étois blessé pour vous
Et, sans la violence, hélas ! que vous me faites,
Et qui vient de changer mon amour en courroux,
Vous m'alliez avoir pour époux
Vos volontés sont satisfaites ;
Vous avez su qui vous aimiez ;
Vous connoissez l'amant que vous charmiez ;
Psyché, voyez où vous en êtes.
Vous me forcerez vous-même à vous quitter,
Vous me forcez vous-même à vous ôter
Tout l'effet de votre victoire.
Peut-être vos beaux yeux ne me reverront plus.
Ce palais, ces jardins, avec moi disparus,
Vont faire évanouir votre naissante gloire.
Vous n'avez pas voulu m'en croire ;
Et, pour tout fruit de ce doute éclairci,
Le Destin, sous qui le ciel tremble,
Plus fort que mon amour, que tous les dieux ensemble,
Vous va montrer sa haine, et me chasse d'ici.

(*L'Amour disparoît, et, dans l'instant qu'il s'envole, le superbe jardin s'évanouit. Psyché demeure seule au milieu d'une vaste campagne, et sur le bord sauvage d'un grand fleuve où elle veut se précipiter. Le dieu du fleuve paroît assis sur un amas de joncs et de roseaux, et appuyé sur une grande urne, d'où sort une grosse source d'eau.*)

SCÈNE IV.

PSYCHÉ, LE DIEU DU FLEUVE.

PSYCHÉ.
Cruel destin, funeste inquiétude !
Fatale curiosité !
Qu'avez-vous fait, affreuse solitude,
De toute ma félicité ?
J'aimois un dieu, j'en étois adorée,
Mon bonheur redoubloit de moment en moment ;
Et je me vois seule, éplorée,
Au milieu d'un désert, où, pour accablement,
Et confuse et désespérée,
Je sens croître l'amour quand j'ai perdu l'amant.
Le souvenir m'en charme et m'empoisonne,
Sa douceur tyrannise un cœur infortuné
Qu'aux plus cuisans chagrins ma flamme a condamné.
Ô ciel ! quand l'Amour m'abandonne,
Pourquoi me laisse-t-il l'amour qu'il m'a donné ?
Source de tous les biens, inépuisable et pure,
Maître des hommes et des dieux,
Cher auteur des maux que j'endure,
Êtes-vous pour jamais disparu de mes yeux ?
Je vous en ai banni moi-même,
Dans un excès d'amour, dans un bonheur extrême
D'un indigne soupçon mon cœur s'est alarmé :
Cœur ingrat ! tu n'avois qu'un feu mal allumé ;
Et l'on ne peut vouloir, du moment que l'on aime,
Que ce que veut l'objet aimé.
Mourons, c'est le parti qui seul me reste à suivre.
Après la perte que je fais
Pour qui, grands dieux ! voudrois-je vivre ?
Et pour qui former des souhaits ?
Fleuve, de qui les eaux baignent ces tristes sables,
Ensevelis mon crime dans tes flots ;
Et, et pour finir des maux si déplorables,
Laisse-moi dans ton lit assurer mon repos.
LE DIEU DU FLEUVE.
Ton trépas souilleroit mes ondes :
Psyché, le ciel te le défend ;
Et peut-être qu'après des douleurs si profondes,
Un autre sort t'attend.
Fuis plutôt de Vénus l'implacable colère :
Je la vois qui te cherche et qui te veut punir ;
L'amour du fils a fait la haine de la mère.
Fuis, je saurai la retenir
PSYCHÉ.
J'attends ses fureurs vengeresses ;
Qu'auront-elles pour moi qui ne me soit trop doux ?
Qui cherche le trépas, ne craint dieux ni déesses,
Et peut braver tout leur courroux.

SCÈNE V.

VÉNUS, PSYCHÉ, LE DIEU DU FLEUVE.

VÉNUS.
Orgueilleuse Psyché, vous m'osez donc attendre,
Après m'avoir, sur terre, enlevé mes honneurs,
Après que vos traits suborneurs
Ont reçu les encens qu'aux miens seuls on doit rendre ?
J'ai vu mes temples désertés ;
J'ai vu tous les mortels, séduits par vos beautés,
Idolâtrer en vous la beauté souveraine,

Vous offrir des respects jusqu'alors inconnus,
  Et ne se mettre pas en peine
  S'il étoit une autre Vénus;
  Et je vous vois encor l'audace
De n'en pas redouter les justes châtimens,
  Et de me regarder en face,
Comme si c'étoit peu que mes ressentimens.

PSYCHÉ.
Si de quelques mortels on m'a vue adorée,
Est-ce un crime pour moi d'avoir eu des appas,
  Dont leur âme inconsidérée
Laissoit charmer des yeux qui ne vous voyoient pas?
  Je suis ce que le ciel m'a faite;
Je n'ai que les beautés qu'il m'a voulu prêter.
Si les vœux qu'on m'offroit vous ont mal satisfaite,
  Pour forcer tous les cœurs à vous les reporter,
  Vous n'aviez qu'à vous présenter,
Qu'à ne leur cacher plus cette beauté parfaite
  Qui, pour les rendre à leur devoir,
Pour se faire adorer, n'a qu'à se faire voir.

VÉNUS.
  Il falloit vous en mieux défendre.
Ces respects, ces encens se doivent refuser;
  Et, pour les mieux désabuser,
Il falloit, à leurs yeux, vous-même me les rendre.
  Vous avez aimé cette erreur,
Pour qui vous ne deviez avoir que de l'horreur.
Vous avez bien fait plus : votre humeur arrogante
  Sur le mépris de mille rois,
  Jusques aux cieux a porté de son choix
  L'ambition extravagante.

PSYCHÉ.
J'aurois porté mon choix, déesse, jusqu'aux cieux?

VÉNUS.
  Votre insolence est sans seconde.
  Dédaigner tous les rois du monde,
  N'est-ce pas aspirer aux dieux?

PSYCHÉ.
Si l'Amour pour eux tous m'avoit endurci l'âme
  Et me réservoit toute à lui,
En puis-je être coupable? et faut-il qu'aujourd'hui
  Pour prix d'une si belle flamme,
Vous vouliez m'accabler d'un éternel ennui?

VÉNUS.
  Psyché, vous deviez mieux connoître
  Qui vous étiez, et quel étoit ce dieu.

PSYCHÉ.
Eh! m'en a-t-il donné ni le temps ni le lieu,
Lui qui de tout mon cœur d'abord s'est rendu maître

VÉNUS.
  Tout votre cœur s'en est laissé charmer,
Et vous l'avez aimé dès qu'il vous a dit : J'aime.

PSYCHÉ.
Pouvois-je n'aimer pas le dieu qui fait aimer,
  Et qui me parloit pour lui-même?
  C'est votre fils; vous savez son pouvoir;
  Vous en connoissez le mérite.

VÉNUS.
Oui, c'est mon fils, mais un fils qui m'irrite,
Un fils qui me rend mal ce qu'il sait me devoir,
  Un fils qui fait qu'on m'abandonne,
Et qui, pour mieux flatter ses indignes amours,
Depuis que vous l'aimez ne blesse plus personne
Qui vienne à mes autels implorer mon secours.
Vous m'en avez fait un rebelle :
On m'en verra vengée, et hautement sur vous;
Et je vous apprendrai s'il faut qu'une mortelle
  Souffre qu'un dieu soupire à ses genoux.
Suivez-moi, vous verrez, par votre expérience
  A quelle folle confiance
  Vous portoit cette ambition.
Venez, et préparez autant de patience,
  Qu'on vous voit de présomption.

QUATRIÈME INTERMÈDE.

La scène représente les enfers. On y voit une mer toute de feu, dont les flots sont dans une perpétuelle agitation. Cette mer effroyable est bornée par des ruines enflammées; et, au milieu de ses flots agités, au travers d'une gueule affreuse, paroît le palais infernal de Pluton. Huit furies en sortent et forment une entrée de ballet, où elles se réjouissent de la rage qu'elles ont allumée dans l'âme de la plus douce des divinités. Un lutin mêle quantité de sauts périlleux à leurs danses, cependant que Psyché, qui a passé aux enfers par le commandement de Vénus, repasse dans la barque de Caron, avec la boîte qu'elle a reçue de Proserpine pour cette déesse.

ACTE CINQUIÈME.

SCÈNE I.

PSYCHÉ, *seule*.

Effroyables replis des ondes infernales,
Noirs palais où Mégère et ses sœurs font leur cour,
    Eternels ennemis du jour,
Parmi vos Ixions et parmi vos Tantales,
Parmi tant de tourmens qui n'ont point d'intervalles,
    Est-il, dans votre affreux séjour,
    Quelques peines qui soient égales
Aux travaux où Vénus condamne mon amour?
    Elle n'en peut être assouvie,
Et, depuis qu'à ses lois je me trouve asservie,
Depuis qu'elle me livre à ses ressentimens,
    Il m'a fallu, dans ces cruels momens,
    Plus d'une âme et plus d'une vie
    Pour remplir ses commandemens.
    Je souffrirois tout avec joie,
Si, parmi les rigueurs que sa haine déploie,
Mes yeux pouvoient revoir, ne fût-ce qu'un moment,
    Ce cher objet, cet adorable amant.
Je n'ose le nommer; ma bouche, criminelle
    D'avoir trop exigé de lui,
S'en est rendue indigne; et, dans ce dur ennui,
    La souffrance la plus mortelle,
Dont m'accable à toute heure un renaissant trépas,
    Est celle de ne le voir pas.
    Si son courroux duroit encore,
Jamais aucun malheur n'approcheroit du mien.
Mais, s'il avoit pitié d'une âme qui l'adore,
Quoi qu'il fallût souffrir, je ne souffrirois rien.
Oui, Destins, s'il calmoit cette juste colère,
    Tous mes malheurs seroient finis:
Pour me rendre insensible aux fureurs de la mère,
    Il ne faut qu'un regard du fils.
Je n'en veux plus douter, il partage ma peine,
Il voit ce que je souffre, et souffre comme moi.
    Tout ce que j'endure le gêne;
Lui-même il s'en impose une amoureuse loi.
En dépit de Vénus, en dépit de mon crime,
C'est lui qui me soutient, c'est lui qui me ranime
Au milieu des périls où l'on me fait courir;
Il garde la tendresse où son feu le convie,
Et prend soin de me rendre une nouvelle vie
    Chaque fois qu'il me faut mourir.
    Mais que me veulent ces deux ombres
Qu'à travers le faux jour de ces demeures sombres
    J'entrevois s'avancer vers moi?

SCÈNE II.

PSYCHÉ, CLÉOMÈNE, AGÉNOR.

PSYCHÉ.

Cléomène, Agénor, est-ce vous que je voi?
    Qui vous a ravi la lumière?

CLÉOMÈNE.

La plus juste douleur qui d'un beau désespoir
    Nous eût pu fournir la matière;
Cette pompe funèbre, où du sort le plus noir
    Vous attendiez la rigueur la plus fière,
    L'injustice la plus entière.

AGÉNOR.

Sur ce même rocher où le ciel en courroux
    Vous promettoit, au lieu d'époux,
Un serpent dont soudain vous seriez dévorée,
    Nous tenions la main préparée

A repousser sa rage, ou mourir avec vous.
Vous le savez, princesse ; et, lorsqu'à notre vue,
Par le milieu des airs vous êtes disparue,
Du haut de ce rocher, pour suivre vos beautés,
Ou plutôt pour goûter cette amoureuse joie
D'offrir pour vous au monstre une première proie,
D'amour et de douleur l'un et l'autre emportés,
Nous nous sommes précipités.

CLÉOMÈNE.

Heureusement déçus au sens de votre oracle,
Nous en avons ici reconnu le miracle,
Et su que le serpent prêt à vous dévorer
  Étoit le dieu qui fait qu'on aime,
Et qui, tout dieu qu'il est, vous adorant lui-même,
  Ne pouvoit endurer
Qu'un mortel comme nous osât vous adorer.

AGÉNOR.

Pour prix de vous avoir suivie,
Nous jouissons ici d'un trépas assez doux.
  Qu'avions-nous affaire de vie,
  Si nous ne pouvions être à vous ?
  Nous revoyons ici vos charmes,
Qu'aucun des deux là-haut n'auroit revus jamais.
Heureux si nous voyons la moindre de vos larmes
Honorer des malheurs que vous nous avez faits !

PSYCHÉ.

Puis-je avoir des larmes de reste,
Après qu'on a porté les miens au dernier point ?
Unissons nos soupirs dans un sort si funeste ;
  Les soupirs ne s'épuisent point :
Mais vous soupireriez, princes, pour une ingrate.
Vous n'avez point voulu survivre à mes malheurs ;
  Et, quelque douleur qui m'abatte,
  Ce n'est point pour vous que je meurs.

CLÉOMÈNE.

L'avons-nous mérité, nous dont toute la flamme
N'a fait que vous lasser du récit de nos maux ?

PSYCHÉ.

Vous pouviez mériter, princes, toute mon âme,
  Si vous n'eussiez été rivaux.
  Ces qualités incomparables,
Qui de l'un et de l'autre accompagnoient les vœux,
  Vous rendoient tous deux trop aimables
  Pour mépriser aucun des deux.

AGÉNOR.

Vous avez pu, sans être injuste ni cruelle,
Nous refuser un cœur réservé pour un dieu.
Mais revoyez Vénus. Le Destin nous rappelle,
  Et nous force à vous dire adieu.

PSYCHÉ.

Ne vous donne-t-il point le loisir de me dire
  Quel est ici votre séjour ?

CLÉOMÈNE.

Dans des bois toujours verts, où d'amour on respire,
  Aussitôt qu'on est mort d'amour.
D'amour on y revit, d'amour on y soupire
Sous les plus douces lois de son heureux empire ;
Et l'éternelle nuit n'ose en chasser le jour
  Que lui-même il attire
  Sur nos fantômes qu'il inspire,

Et dont aux enfers même il se fait une cour.

AGÉNOR.

Vos envieuses sœurs, après nous descendues
  Pour vous perdre se sont perdues ;
  Et l'une et l'autre, tour à tour,
Pour le prix d'un conseil qui leur coûte la vie,
A côté d'Ixion, à côté de Tityc,
Souffrent tantôt la roue, et tantôt le vautour.
L'Amour, par les Zéphyrs, s'est fait prompte justice
  De leur envenimée et jalouse malice ;
Ces ministres ailés de son juste courroux,
Sous couleur de les rendre encore auprès de vous,
Ont plongé l'une et l'autre au fond d'un précipice,
Où le spectacle affreux de leurs corps déchirés
N'étale que le moindre et le premier supplice
  De ces conseils, dont l'artifice
  Fait les maux dont vous soupirez.

PSYCHÉ.

Que je les plains !

CLÉOMÈNE.

          Vous êtes seule à plaindre ;
Mais nous demeurons trop à vous entretenir ;
Adieu. Puissions-nous vivre en votre souvenir !
Puissiez-vous, et bientôt, n'avoir plus rien à craindre !
Puisse, et bientôt, l'Amour vous enlever aux cieux,
  Vous y mettre à côté des dieux,
Et, rallumant un feu qui ne se puisse éteindre,
Affranchir à jamais l'éclat de vos beaux yeux
  D'augmenter le jour en ces lieux !

SCÈNE III.

PSYCHÉ, *seule*.

Pauvres amans ! Leur amour dure encore !
  Tout morts qu'ils sont, l'un et l'autre m'adore,
Moi, dont la dureté reçut si mal leurs vœux !
Tu n'en fais pas ainsi, toi qui seul m'as ravie,
Amant que j'aime encor cent fois plus que ma vie,
  Et qui brises de si beaux nœuds !
  Ne me fuis plus, et souffre que j'espère
Que tu pourras un jour rabaisser l'œil sur moi,
Qu'à force de souffrir j'aurai de quoi te plaire,
  De quoi me rengager ta foi.
Mais ce que j'ai souffert m'a trop défigurée,
  Pour rappeler un tel espoir.
  L'œil abattu, triste, désespérée,
  Languissante et décolorée,
  De quoi puis-je me prévaloir,
Si, par quelque miracle, impossible à prévoir,
Ma beauté, qui t'a plu, ne se voit réparée ?
  Je porte ici de quoi la réparer :
  Ce trésor de beauté divine,
Qu'en mes mains, pour Vénus, a remis Proserpine,
Enferme des appas dont je puis m'emparer ;
  Et l'éclat en doit être extrême,
  Puisque Vénus, la beauté même,
  Les demande pour se parer.
En dérober un peu, seroit-ce un si grand crime ?

Pour plaire aux yeux d'un dieu qui s'est fait mon amant,
Pour regagner son cœur et finir mon tourment,
  Tout n'est-il pas trop légitime ?
Ouvrons. Quelles vapeurs m'offusquent le cerveau ?
Et que vois-je sortir de cette boîte ouverte ?
Amour, si ta pitié ne s'oppose à ma perte,
Pour ne revivre plus, je descends au tombeau.

(*Elle s'évanouit, et l'Amour descend auprès d'elle en volant.*)

SCÈNE IV.

L'AMOUR, PSYCHÉ, *évanouie*.

L'AMOUR.
Votre péril, Psyché, dissipe ma colère,
Ou plutôt de mes feux l'ardeur n'a point cessé ;
Et, bien qu'au dernier point vous m'ayez su déplaire,
  Je ne me suis intéressé
Que contre celle de ma mère :
J'ai vu tous vos travaux, j'ai suivi vos malheurs ;
Mes soupirs ont partout accompagné vos pleurs.
Tournez les yeux vers moi ; je suis encor le même.
Quoi ! je dis et redis tout haut que je vous aime,
Et vous ne dites point, Psyché, que vous m'aimez !
Est-ce que pour jamais vos beaux yeux sont fermés,
Qu'à jamais la clarté leur vient d'être ravie ?
O Mort ! devois-tu prendre un dard si criminel,
Et, sans aucun respect pour mon être éternel,
  Attenter à ma propre vie !
  Combien de fois, ingrate déité,
  Ai-je grossi ton noir empire
  Par les mépris et par la cruauté
  D'une orgueilleuse ou farouche beauté !
  Combien même, s'il le faut dire,
  T'ai-je immolé de fidèles amans,
  A force de ravissemens !
  Va, je ne blesserai plus d'âmes,
  Je ne percerai plus de cœurs
Qu'avec des dards trempés aux divines liqueurs,
Qui nourrissent du ciel les immortelles flammes,
Et n'en lancerai plus que pour faire à tes yeux
  Autant d'amans, autant de dieux.
  Et vous, impitoyable mère,
  Qui la forcez à m'arracher
  Tout ce que j'avois de plus cher,
Craignez, à votre tour, l'effet de ma colère.
Vous me voulez faire la loi,
Vous, qu'on voit si souvent la recevoir de moi ;
Vous, qui portez un cœur sensible comme un autre,
Vous enviez au mien les délices du vôtre !
Mais dans ce même cœur j'enfoncerai des coups
Qui ne seront suivis que de chagrins jaloux ;
Je vous accablerai de honteuses surprises,
Et choisirai partout, à vos yeux les plus doux,
  Des Adonis et des Anchises
  Qui n'auront que haine pour vous.

SCÈNE V.

VÉNUS, L'AMOUR, PSYCHÉ, *évanouie*.

VÉNUS.
  La menace est respectueuse,
Et d'un enfant qui fait le révolté,
  La colère présomptueuse....
L'AMOUR.
Je ne suis plus enfant, et je l'ai trop été ;
Et ma colère est juste autant qu'impétueuse.
VÉNUS.
L'impétuosité s'en devroit retenir ;
  Et vous pourriez vous souvenir
  Que vous me devez la naissance.
L'AMOUR.
  Et vous pourriez n'oublier pas
  Que vous avez un cœur et des appas
  Qui relèvent de ma puissance ;
Que mon arc de la vôtre est l'unique soutien ;
  Que, sans mes traits, elle n'est rien,
  Et que, si les cœurs les plus braves
En triomphe, par vous, se sont laissé traîner,
  Vous n'avez jamais fait d'esclaves,
  Que ceux qu'il m'a plu d'enchaîner.
Ne me vantez donc plus ces droits de la naissance
  Qui tyrannisent mes désirs,
Et, si vous ne voulez perdre mille soupirs,
Songez, en me voyant, à la reconnoissance,
  Vous qui tenez de ma puissance
  Et votre gloire et vos plaisirs.
VÉNUS.
  Comment l'avez-vous défendue,
  Cette gloire dont vous parlez ?
  Comment me l'avez-vous rendue ?
Et, quand vous avez vu mes autels désolés,
  Mes temples violés,
  Mes honneurs ravalés,
Si vous avez pris part à tant d'ignominie,
  Comment en a-t-on vu punie
  Psyché qui me les a volés ?
Je vous ai commandé de la rendre charmée
  Du plus vil des mortels,
Qui ne daignât répondre à son âme enflammée
  Que par des rebuts éternels,
  Par les mépris les plus cruels ;
  Et vous-même l'avez aimée !
Vous avez contre moi séduit des immortels ;
C'est pour vous qu'à mes yeux les Zéphyrs l'ont cachée,
  Qu'Apollon même, suborné,
Par un oracle adroitement tourné,
  Me l'avoit si bien arrachée,
  Que, si sa curiosité,
  Par une aveugle défiance,
  Ne l'eût rendue à ma vengeance,
  Elle échappoit à mon cœur irrité.
Voyez l'état où votre amour l'a mise,
  Votre Psyché ; son âme va partir ;
Voyez ; et, si la vôtre en est encore éprise,

Recevez son dernier soupir.
Menacez, bravez-moi, cependant qu'elle expire :
Tant d'insolence vous sied bien ;
Et je dois endurer quoi qu'il vous plaise dire,
Moi qui, sans vos traits, ne puis rien.

L'AMOUR.

Vous ne pouvez que trop, déesse impitoyable ;
Le Destin l'abandonne à tout votre courroux :
Mais soyez moins inexorable
Aux prières, aux pleurs d'un fils à vos genoux.
Ce doit vous être un spectacle assez doux,
De voir d'un œil Psyché mourante,
Et de l'autre, ce fils, d'une voix suppliante,
Ne vouloir plus tenir son bonheur que de vous.
Rendez-moi ma Psyché, rendez-lui tous ses charmes ;
Rendez-la, déesse, à mes larmes ;
Rendez à mon amour, rendez à ma douleur,
Le charme de mes yeux, et le choix de mon cœur.

VÉNUS.

Quelque amour que Psyché vous donne,
De ses malheurs par moi n'attendez pas la fin.
Si le Destin me l'abandonne,
Je l'abandonne à son destin.
Ne m'importunez plus ; et, dans cette infortune,
Laissez-la, sans Vénus, triompher ou périr.

L'AMOUR.

Hélas ! si je vous importune,
Je ne le ferois pas, si je pouvois mourir.

VÉNUS.

Cette douleur n'est pas commune,
Qui force un immortel à souhaiter la mort.

L'AMOUR.

Voyez, par son excès, si mon amour est fort.
Ne lui ferez-vous grâce aucune ?

VÉNUS.

Je vous l'avoue, il me touche le cœur,
Votre amour ; il désarme, il fléchit ma rigueur :
Votre Psyché reverra la lumière.

L'AMOUR.

Que je vous vais partout faire donner d'encens !

VÉNUS.

Oui, vous la reverrez dans sa beauté première ;
Mais de vos vœux reconnoissans
Je veux la déférence entière ;
Je veux qu'un vrai respect laisse à mon amitié
Vous choisir une autre moitié.

L'AMOUR.

Et moi, je ne veux plus de grâce :
Je reprends toute mon audace ;
Je veux Psyché, je veux sa foi ;
Je veux qu'elle revive, et revive pour moi ;
Et tiens indifférent que votre haine lasse
En faveur d'une autre se passe.
Jupiter, qui paroît, va juger, entre nous,
De mes emportemens et de votre courroux.

(*Après quelques éclairs et des roulemens de tonnerre,
Jupiter paroît en l'air sur son aigle.*)

SCÈNE VI.

JUPITER, VÉNUS, L'AMOUR, PSYCHÉ, *évanouie.*

L'AMOUR.

Vous, à qui seul tout est possible,
Père des dieux, souverain des mortels,
Fléchissez la rigueur d'une mère inflexible,
Qui, sans moi, n'auroit point d'autels.
J'ai pleuré, j'ai prié, je soupire, menace,
Et perds menaces et soupirs.
Elle ne veut pas voir que de mes déplaisirs
Dépend du monde entier l'heureuse ou triste face ;
Et que, si Psyché perd le jour,
Si Psyché n'est à moi, je ne suis plus l'Amour.
Oui, je romprai mon arc, je briserai mes flèches,
J'éteindrai jusqu'à mon flambeau,
Je laisserai languir la nature au tombeau ;
Ou, si je daigne aux cœurs faire encor quelques brèches,
Avec ces pointes d'or qui me font obéir
Je vous blesserai tous là-haut pour des mortelles,
Et ne décocherai sur elles
Que des traits émoussés qui forcent à haïr,
Et qui ne font que des rebelles,
Des ingrates et des cruelles.
Par quelle tyrannique loi
Tiendrai-je à vous servir mes armes toujours prêtes,
Et vous ferai-je à tous conquêtes sur conquêtes,
Si vous me défendez d'en faire une pour moi ?

JUPITER, *à Vénus.*

Ma fille, sois-lui moins sévère ;
Tu tiens de sa Psyché le destin en tes mains.
La Parque, au moindre mot, va suivre ta colère.
Parle, et laisse-toi vaincre aux tendresses de mère,
Ou redoute un courroux que moi-même je crains.
Veux-tu donner le monde en proie
A la haine, au désordre, à la confusion ;
Et d'un dieu d'union,
D'un dieu de douceurs et de joie,
Faire un dieu d'amertume et de division ?
Considère ce que nous sommes,
Et si les passions doivent nous dominer.
Plus la vengeance a de quoi plaire aux hommes,
Plus il sied bien aux dieux de pardonner.

VÉNUS.

Je pardonne à ce fils rebelle ;
Mais voulez-vous qu'il me soit reproché
Qu'une misérable mortelle,
L'objet de mon courroux, l'orgueilleuse Psyché,
Sous ombre qu'elle est un peu belle,
Par un hymen dont je rougis
Souille mon alliance et le lit de mon fils ?

JUPITER.

Hé bien, je la fais immortelle,
Afin d'y rendre tout égal.

VÉNUS.

Je n'ai plus de mépris ni de haine pour elle,
Et l'admets à l'honneur de ce nœud conjugal.
Psyché, reprenez la lumière
Pour ne la reperdre jamais.

Jupiter a fait votre paix ;
Et je quitte cette humeur fière
Qui s'opposoit à vos souhaits.
PSYCHÉ, *sortant de son évanouissement.*
C'est donc vous, ô grande déesse,
Qui redonnez la vie à ce cœur innocent !
VÉNUS.
Jupiter vous fait grâce, et ma colère cesse.
Vivez, Vénus l'ordonne ; aimez, elle y consent.
PSYCHÉ, *à l'Amour.*
Je vous revois enfin, cher objet de ma flamme !
L'AMOUR, *à Psyché.*
Je vous possède enfin, délices de mon âme !
JUPITER.
Venez, amans, venez aux cieux
Achever un si grand et si digne hyménée.
Viens-y, belle Psyché, changer de destinée ;
Viens prendre place au rang des dieux.

Deux grandes machines descendent aux deux côtés de Jupiter, cependant qu'il dit ces derniers vers. Vénus, avec sa suite, monte dans l'une, et tous ensemble remontent au ciel.

Les divinités qui avoient été partagées entre Vénus et son fils, se réunissent en les voyant d'accord ; et toutes ensemble, par des concerts, des chants et des danses, célèbrent la fête des noces de l'Amour. Apollon paroît le premier, et, comme dieu de l'harmonie, commence à chanter, pour inviter les autres dieux à se réjouir.

RÉCIT D'APOLLON.
Unissons-nous, troupe immortelle,
Le dieu d'Amour devient heureux amant,
Et Vénus a repris sa douceur naturelle
En faveur d'un fils si charmant ;
Il va goûter en paix, après un long tourment,
Une félicité qui doit être éternelle.

TOUTES LES DIVINITÉS *chantent ensemble ce couplet à la gloire de l'Amour :*

Célébrons ce grand jour,
Célébrons tous une fête si belle ;
Que nos chants en tous lieux en portent la nouvelle,
Qu'ils fassent retentir le céleste séjour.
Chantons, répétons tour à tour,
Qu'il n'est point d'âme si cruelle
Qui tôt ou tard ne se rende à l'Amour.

APOLLON *continue.*
Le dieu qui nous engage
A lui faire la cour,
Défend qu'on soit trop sage.
Les plaisirs ont leur tour :
C'est leur plus doux usage
Que de finir les soins du jour.
La nuit est le partage
Des jeux et de l'amour.

Ce seroit grand dommage
Qu'en ce charmant séjour
On eût un cœur sauvage.
Les plaisirs ont leur tour :
C'est leur plus doux usage
Que de finir les soins du jour.
La nuit est le partage
Des jeux et de l'amour.

Deux Muses, qui ont toujours évité de s'engager sous les lois de l'Amour, conseillent aux belles qui n'ont point encore aimé de s'en défendre avec soin, à leur exemple.

CHANSON DES MUSES.
Gardez-vous, beautés sévères,
Les amours font trop d'affaires ;
Craignez toujours de vous laisser charmer.
Quand il faut que l'on soupire,
Tout le mal n'est pas de s'enflammer ;
Le martyre
De le dire
Coûte plus cent fois que d'aimer

SECOND COUPLET DES MUSES.
On ne peut aimer sans peines ;
Il est peu de douces chaînes ;
A tout moment on se sent alarmer.
Quand il faut que l'on soupire,
Tout le mal n'est pas de s'enflammer ;
Le martyre
De le dire
Coûte plus cent fois que d'aimer.

Bacchus faisant entendre qu'il n'est pas si dangereux que l'Amour.

RÉCIT DE BACCHUS.
Si quelquefois
Suivant nos douces lois,
La raison se perd et s'oublie,
Ce que le vin nous cause de folie,
Commence et finit en un jour ;
Mais quand un cœur est enivré d'amour,
Souvent c'est pour toute la vie.

Mome déclare qu'il n'a point de plus doux emploi que de médire, et que ce n'est qu'à l'Amour seul qu'il n'ose se jouer.

RÉCIT DE MOME.
Je cherche à médire
Sur la terre et dans les cieux ;
Je soumets à ma satire
Les plus grands des dieux.
Il n'est dans l'univers que l'Amour qui m'étonne,
Il est le seul que j'épargne aujourd'hui ;
Il n'appartient qu'à lui
De n'épargner personne.

ENTRÉE DE BALLET,

Composée de deux Ménades et de deux Egipans qui suivent Bacchus.

ENTRÉE DE BALLET,

Composée de quatre polichinelles et de deux matassins qui suivent Mome, et viennent joindre leur plaisanterie et leur badinage aux divertissemens de cette grande fête.
Bacchus et Mome, qui les conduisent, chantent au milieu d'eux chacun une chanson, Bacchus à la louange du vin, et Mome une chanson enjouée sur le sujet et les avantages de la raillerie.

RÉCIT DE BACCHUS.

Admirons le jus de la treille :
Qu'il est puissant, qu'il a d'attraits !
Il sert aux douceurs de la paix,
Et dans la guerre il fait merveille :
Mais surtout pour les amours
Le vin est d'un grand secours.

RÉCIT DE MOME.

Folâtrons, divertissons-nous,
Raillons, nous ne saurions mieux faire ;
La raillerie est nécessaire
Dans les jeux les plus doux.
Sans la douceur que l'on goûte à médire,
On trouve peu de plaisirs sans ennui :
Rien n'est si plaisant que de rire,
Quand on rit aux dépens d'autrui.
Plaisantons, ne pardonnons rien,
Rions, rien n'est plus à la mode ;
On court péril d'être incommode
En disant trop de bien.
Sans la douceur que l'on goûte à médire,
On trouve peu de plaisirs sans ennui ;
Rien n'est si plaisant que de rire,
Quand on rit aux dépens d'autrui.

(Mars arrive au milieu du théâtre, suivi de sa troupe guerrière, qu'il excite à profiter de leur loisir, en prenant part aux divertissemens.)

RÉCIT DE MARS.

Laissons en paix toute la terre ;
Cherchons de doux amusemens ;
Parmi les jeux les plus charmans,
Mêlons l'image de la guerre.

ENTRÉE DE BALLET.

Suivans de Mars, qui font, en dansant avec des enseignes, une manière d'exercice.

DERNIÈRE ENTRÉE DE BALLET.

Les troupes différentes de la suite d'Apollon, de Bacchus, de Mome et de Mars, après avoir achevé leurs entrées particulières, s'unissent ensemble, et forment la dernière entrée, qui renferme toutes les autres.
Un chœur de toutes les voix et de tous les instrumens, qui sont au nombre de quarante, se joint à la danse générale, et termine la fête des noces de l'Amour et de Psyché.

DERNIER CHŒUR.

Chantons les plaisirs charmans
Des heureux amans.
Que tout le ciel s'empresse
A leur faire sa cour.
Célébrons ce beau jour
Par mille doux chants d'allégresse ;
Célébrons ce beau jour
Par mille doux chants pleins d'amour.

(Dans le grand salon du palais des Tuileries, où Psyché a été représentée devant Leurs Majestés, il y avoit des timbales, des trompettes et des tambours mêlés dans ces derniers concerts ; et ce dernier couplet se chantoit ainsi :)

Chantons les plaisirs charmans
Des heureux amans.
Répondez-nous, trompettes,
Timbales et tambours ;
Accordez-vous toujours
Avec le doux son des musettes ;
Accordez-vous toujours
Avec le doux chant des amours.

FIN DU CINQUIÈME ACTE

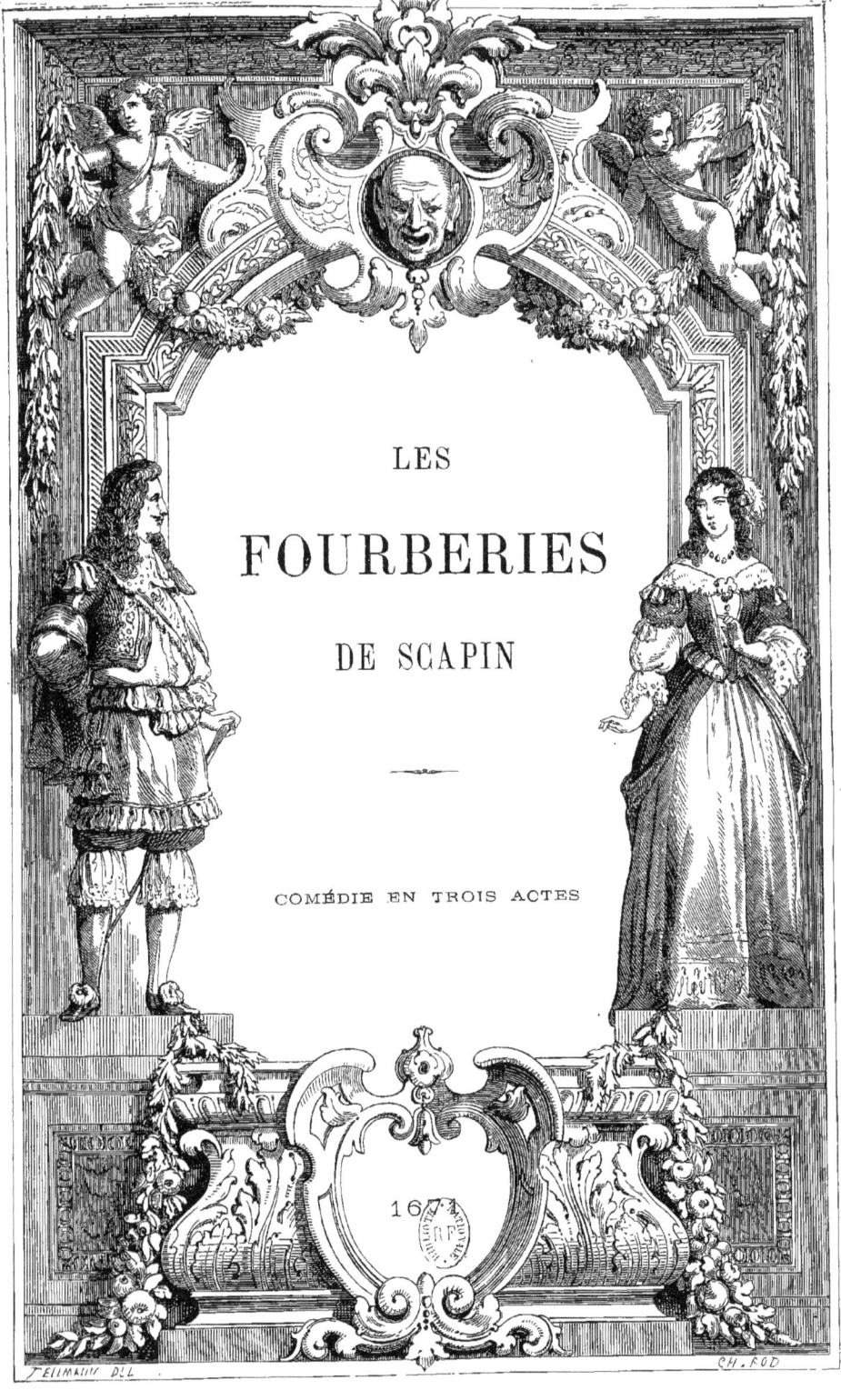

LES FOURBERIES DE SCAPIN

COMÉDIE EN TROIS ACTES

1671

PERSONNAGES ET ACTEURS.

ARGANTE, père d'Octave et de Zerbinette.	HUBERT.
GÉRONTE, père de Léandre et d'Hyacinte.	DU CROISY.
OCTAVE, fils d'Argante, et amant d'Hyacinte.	BARON.
LÉANDRE, fils de Géronte, et amant de Zerbinette.	LA GRANGE.
ZERBINETTE, crue Égyptienne, et reconnue fille d'Argante, et amante de Léandre.	Mlle BEAUVAL.
HYACINTE, fille de Géronte, et amante d'Octave.	Mlle MOLIÈRE.
SCAPIN, valet de Léandre et fourbe.	MOLIÈRE.
SYLVESTRE, valet d'Octave.	LA THORILLIÈRE.
NÉRINE, nourrice d'Hyacinte.	DE BRIE.
CARLE, fourbe.	
DEUX PORTEURS.	

La scène est à Naples.

Cette pièce fut représentée pour la première fois sur le théâtre du Palais-Royal, le 24 mai 1671. Elle est imitée du *Phormion* de Terence. Molière a fait aussi quelques emprunts à *la Sœur*, comédie de Rotrou, et au *Pédant joué*, de Cyrano de Bergerac.

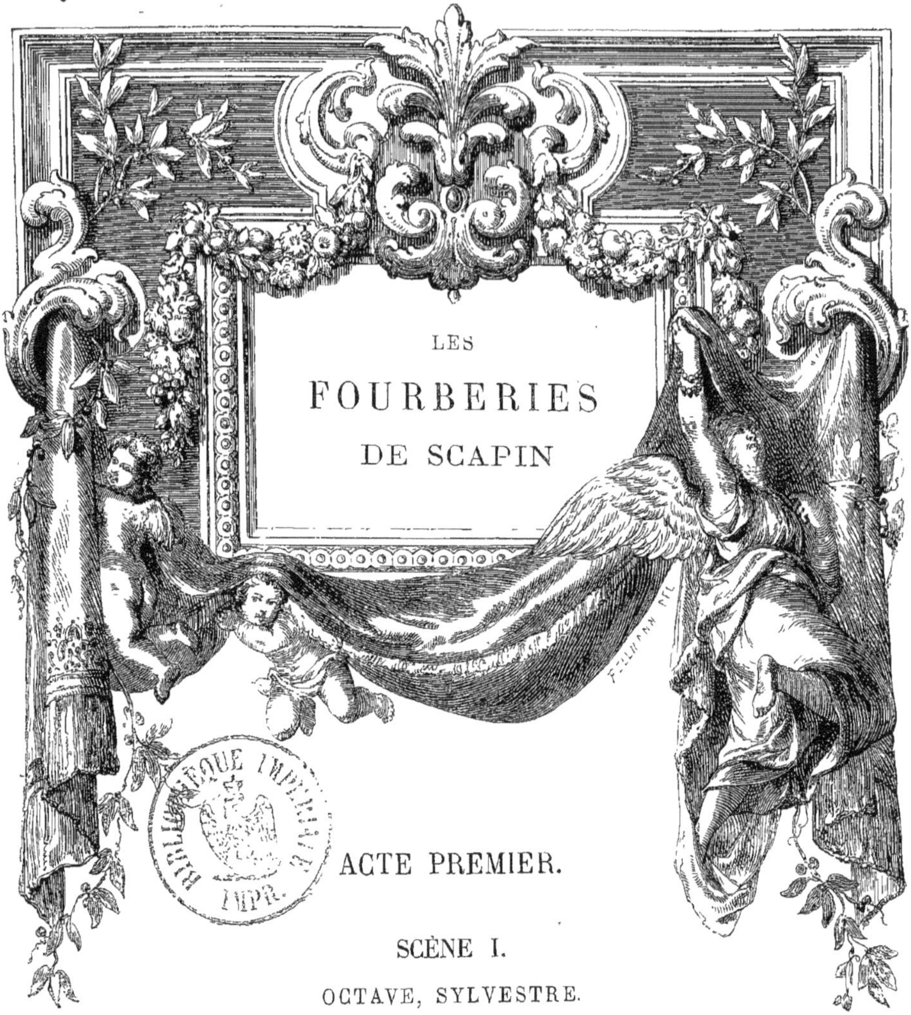

LES FOURBERIES DE SCAPIN

ACTE PREMIER.

SCÈNE I.

OCTAVE, SYLVESTRE.

OCTAVE. — Ah! fâcheuses nouvelles pour un cœur amoureux! Dures extrémités où je me vois réduit! Tu viens, Sylvestre, d'apprendre au port que mon père revient?

SYLVESTRE. — Oui.

OCTAVE. — Qu'il arrive ce matin même?

SYVESTRE. — Ce matin même.

OCTAVE. — Et qu'il revient dans la résolution de me marier?

SYLVESTRE. — Oui.

OCTAVE. — Avec une fille du seigneur Géronte?

SYLVESTRE. — Du seigneur Géronte.

OCTAVE. — Et que cette fille est mandée de Tarente ici pour cela?

SYLVESTRE. — Oui.

OCTAVE. — Et tu tiens ces nouvelles de mon oncle?

SYLVESTRE. De votre oncle.

OCTAVE. — A qui mon père les a mandées par une lettre?

SYLVESTRE. — Par une lettre.

OCTAVE. — Et cet oncle, dis-tu, sait toutes nos affaires?

SYLVESTRE. — Toutes nos affaires.

OCTAVE. — Ah! parle, si tu veux, et ne te fais point, de la sorte, arracher les mots de la bouche.

SYLVESTRE. — Qu'ai-je à parler davantage? Vous n'oubliez aucune circonstance, et vous dites les choses tout justement comme elles sont.

OCTAVE. — Conseille-moi, du moins, et me dis ce que je dois faire dans ces cruelles conjonctures.

SYLVESTRE. — Ma foi, je m'y trouve autant embarrassé que vous; et j'aurois bon besoin que l'on me conseillât moi-même.

OCTAVE. — Je suis assassiné par ce maudit retour.

SYLVESTRE. — Je ne le suis pas moins.

OCTAVE. — Lorsque mon père apprendra les choses, je vais voir fondre sur moi un orage soudain d'impétueuses réprimandes.

SYLVESTRE. — Les réprimandes ne sont rien ; et plût au ciel que j'en fusse quitte à ce prix ! mais j'ai bien la mine, pour moi, de payer plus cher vos folies ; et je vois se former, de loin, un nuage de coups de bâton qui crèvera sur mes épaules.

OCTAVE. — O ciel! par où sortir de l'embarras où je me trouve!

SYLVESTRE. — C'est à quoi vous deviez songer avant que de vous y jeter.

OCTAVE. — Ah ! tu me fais mourir par tes leçons hors de saison.

SYLVESTRE. — Vous me faites bien plus mourir par vos actions étourdies.

OCTAVE. — Que dois-je faire? Quelle résolution prendre? A quel remède recourir?

SCÈNE II.

OCTAVE, SCAPIN, SYLVESTRE.

SCAPIN. — Qu'est-ce, seigneur Octave? Qu'avez-vous? Qu'y a-t-il? Quel désordre est cela? Je vous vois tout troublé.

OCTAVE. — Ah ! mon pauvre Scapin, je suis perdu ; je suis désespéré ; je suis le plus infortuné de tous les hommes.

SCAPIN. — Comment?

OCTAVE. N'as-tu rien appris de ce qui me regarde ?

SCAPIN. — Non.

OCTAVE. — Mon père arrive avec le seigneur Géronte, et ils me veulent marier.

SCAPIN. — Hé bien ! qu'y a-t-il là de si funeste ?

OCTAVE. — Hélas! tu ne sais pas la cause de mon inquiétude.

SCAPIN. — Non; mais il ne tiendra qu'à vous que je la sache bientôt ; et je suis homme consolatif, homme à m'intéresser aux affaires des jeunes gens.

OCTAVE. — Ah ! Scapin, si tu pouvois trouver quelque invention, forger quelque machine pour me tirer de la peine où je suis, je croirois t'être redevable de plus que de la vie.

SCAPIN. — A vous dire la vérité, il y a peu de choses qui me soient impossibles, quand je m'en veux mêler. J'ai sans doute reçu du ciel un génie assez beau pour toutes les fabriques de ces gentillesses d'esprit, de ces galanteries ingénieuses, à qui le vulgaire ignorant donne le nom de fourberies ; et je puis dire, sans vanité, qu'on n'a guère vu d'homme qui fût plus habile ouvrier de ressorts et d'intrigues, qui ait acquis plus de gloire que moi dans ce noble métier. Mais, ma foi, le mérite est trop maltraité aujourd hui ; et j'ai renoncé à toutes choses depuis certain chagrin d'une affaire qui m'arriva.

OCTAVE. — Comment? quelle affaire, Scapin?

SCAPIN. — Une aventure où je me brouillai avec la justice.

OCTAVE. — La justice?

SCAPIN. — Oui. Nous eûmes un petit démêlé ensemble.

SYLVESTRE. — Toi et la justice ?

SCAPIN. — Oui. Elle en usa fort mal avec moi ; et je me dépitai de telle sorte contre l'ingratitude du siècle, que je résolus de ne plus rien faire. Baste ! Ne laissez pas de me conter votre aventure.

OCTAVE. — Tu sais, Scapin, qu'il y a deux mois que le seigneur Géronte et mon père s'embarquèrent ensemble pour un voyage qui regarde certain commerce où leurs intérêts sont mêlés.

SCAPIN. — Je sais cela.

OCTAVE. — Et que Léandre et moi nous fûmes laissés par nos pères, moi sous la conduite de Sylvestre, et Léandre sous ta direction.

SCAPIN. — Oui. Je me suis fort bien acquitté de ma charge.

OCTAVE. — Quelque temps après, Léandre fit rencontre d'une jeune Egyptienne, dont il devint amoureux.

SCAPIN. — Je sais cela encore.

OCTAVE. — Comme nous sommes grands amis, il me fit aussitôt confidence de son amour, et me mena voir cette fille, que je trouvai belle, à la vérité, mais non pas tant qu'il vouloit que je la trouvasse. Il ne m'entretenoit que d'elle chaque jour, m'exageroit à tous momens sa beauté et sa grâce, me louoit son esprit, et me parloit avec transport des charmes de son entretien, dont il me rapportoit jusqu'aux moindres paroles, qu'il s'efforçoit toujours de me faire trouver les plus spirituelles du monde. Il me querelloit quelquefois de n'être pas assez sensible aux choses qu'il venoit me dire, me blâmoit sans cesse de l'indifférence où j'étois pour les feux de l'amour.

SCAPIN. — Je ne vois pas encore où ceci veut aller.

OCTAVE. — Un jour que je l'accompagnois pour aller chez les gens qui gardent l'objet de ses vœux; nous entendîmes, dans une petite maison d'une rue écartée, quelques plaintes mêlées de beaucoup de sanglots. Nous demandons ce que c'est; on nous dit, en soupirant, que nous pouvions voir là quelque chose de pitoyable en des personnes étrangères, et qu'à moins d'être insensibles, nous en serions touchés.

SCAPIN. — Où est-ce que cela nous mène?

OCTAVE. — La curiosité me fit presser Léandre de voir ce que c'étoit. Nous entrons dans une salle, où nous voyons une vieille femme mourante, assistée d'une servante qui faisoit des regrets, et d'une jeune fille toute fondante en larmes, la plus belle et la plus touchante qu'on puisse jamais voir.

SCAPIN. — Ah ! ah !

OCTAVE. — Une autre auroit paru effroyable en l'état où elle étoit ; car elle n'avoit pour habillement qu'une méchante petite jupe, avec des brassières de nuit, qui étoient de simple futaine ; et sa coiffure étoit une cornette jaune, retroussée au haut de sa tête, qui laissoit tomber en désordre ses cheveux sur ses épaules ; et cependant, faite comme cela, elle brilloit de mille attraits, et ce n'étoit qu'agrémens et que charmes que toute sa personne.

SCAPIN. — Je sens venir la chose.

OCTAVE. — Si tu l'avois vue, Scapin, en l'état que je te dis, tu l'aurois trouvée admirable.

SCAPIN. — Oh! je n'en doute point; et, sans l'avoir vue, je vois bien qu'elle étoit tout à fait charmante.

OCTAVE. — Ses larmes n'étoient point de ces larmes désagréables qui défigurent un visage; elle avoit, à pleurer, une grâce touchante, et sa douleur étoit la plus belle du monde.

SCAPIN. — Je vois tout cela.

OCTAVE. — Elle faisoit fondre chacun en larmes, en se jetant amoureusement sur le corps de cette mourante, qu'elle appeloit sa chère mère; et il n'y avoit personne qui n'eût l'âme percée de voir un si bon naturel.

SCAPIN. — En effet, cela est touchant; et je vois bien que ce bon naturel-là vous la fit aimer.

OCTAVE. — Ah! Scapin, un barbare l'auroit aimée.

SCAPIN. — Assurément. Le moyen de s'en empêcher!

OCTAVE. — Après quelques paroles, dont je tâchai d'adoucir la douleur de cette charmante affligée, nous sortîmes de là; et demandant à Léandre ce qu'il lui sembloit de cette personne, il me répondit froidement qu'il la trouvoit assez jolie. Je fus piqué de la froideur avec laquelle il m'en parloit, et je ne voulus point lui découvrir l'effet que ses beautés avaient fait sur mon âme.

SYLVESTRE, à *Octave*. — Si vous n'abrégez ce récit, nous en voilà pour jusqu'à demain. Laissez-le-moi finir en deux mots. (*A Scapin.*) Son cœur prend feu dès ce moment; il ne sauroit plus vivre qu'il n'aille consoler son aimable affligée. Ses fréquentes visites sont rejetées de la servante, devenue la gouvernante par le trépas de la mère. Voilà mon homme au désespoir; il presse, supplie, conjure : point d'affaire. On lui dit que la fille, quoique sans bien et sans appui, est de famille honnête, et qu'à moins que de l'épouser, on ne peut souffrir ses poursuites. Voilà son amour augmenté par les difficultés. Il consulte dans sa tête, agite, raisonne, balance, prend sa résolution : le voilà marié avec elle depuis trois jours.

SCAPIN. — J'entends.

SYLVESTRE. — Maintenant, mets avec cela le retour imprévu du père, qu'on n'attendoit que dans deux mois; la découverte que l'oncle a faite du secret de notre mariage, et l'autre mariage qu'on veut faire de lui avec la fille que le seigneur Géronte a eue d'une seconde femme qu'on dit qu'il a épousée à Tarente.

OCTAVE. — Et par-dessus tout cela, mets encore l'indigence où se trouve cette aimable personne, et l'impuissance où je me vois d'avoir de quoi la secourir.

SCAPIN. — Est-ce là tout? Vous voilà bien embarrassés tous deux pour une bagatelle! c'est bien là de quoi se tant alarmer! N'as-tu point de honte, toi, de demeurer court à si peu de chose? Que diable. te voilà grand et gros comme père et mère, et tu ne saurois trouver dans ta tête, forger dans ton esprit quelque ruse galante, quelque honnête petit stratagème, pour ajuster vos affaires! Fi! peste soit du butor! Je voudrois bien que l'on m'eût donné autrefois nos vieillards à duper; je les aurois joués tous deux par-dessous la jambe : et je n'étois pas plus grand que cela, que je me signalois déjà par cent tours d'adresse jolis.

SYLVESTRE. — J'avoue que le ciel ne m'a pas donné tes talens, et que je n'ai pas l'esprit, comme toi, de me brouiller avec la justice.

OCTAVE. — Voici mon aimable Hyacinte.

SCÈNE III.

HYACINTE, OCTAVE, SCAPIN, SYLVESTRE.

HYACINTE. — Ah! Octave, est-il vrai ce que Sylvestre vient de dire à Nérine, que votre père est de retour, et qu'il veut vous marier?

OCTAVE. — Oui, belle Hyacinte; et ces nouvelles m'ont donné une atteinte cruelle. Mais que vois-je? vous pleurez! Pourquoi ces larmes? Me soupçonnez-vous, dites-moi, de quelque infidélité? et n'êtes-vous pas assurée de l'amour que j'ai pour vous?

HYACINTE. — Oui, Octave, je suis sûre que vous m'aimez; mais je ne le suis pas que vous m'aimiez toujours.

OCTAVE. — Hé! peut-on vous aimer, qu'on ne vous aime toute sa vie?

HYACINTE. — J'ai ouï dire, Octave, que votre sexe aime moins longtemps que le nôtre, et que les ardeurs que les hommes font voir, sont des feux qui s'éteignent aussi facilement qu'ils naissent.

OCTAVE. — Ah! ma chère Hyacinte, mon cœur n'est donc pas fait comme celui des autres hommes; et je sens bien, pour moi, que je vous aimerai jusqu'au tombeau.

HYACINTE. — Je veux croire que vous sentez ce que vous dites, et je ne doute point que vos paroles ne soient sincères; mais je crains un pouvoir qui combattra dans votre cœur les tendres sentimens que vous pouvez avoir pour moi. Vous dépendez d'un père qui veut vous marier à une autre personne; et je suis sûre que je mourrai si ce malheur m'arrive.

OCTAVE. — Non, belle Hyacinte, il n'y a point de père qui puisse me contraindre à vous manquer de foi; et je me résoudrai à quitter mon pays, et le jour même, s'il est besoin, plutôt qu'à vous quitter. J'ai déjà pris, sans l'avoir vue, une aversion effroyable pour celle que l'on me destine; et, sans être cruel, je souhaiterois que la mer l'écartât d'ici pour jamais. Ne pleurez donc point, je vous prie, mon aimable Hyacinte, car vos larmes me tuent, et je ne les puis voir sans me sentir percer le cœur.

HYACINTE. — Puisque vous le voulez, je veux bien essuyer mes pleurs, et j'attendrai, d'un œil constant, ce qu'il plaira au ciel de résoudre de moi.

OCTAVE. — Le ciel nous sera favorable.

HYACINTE. — Il ne sauroit m'être contraire, si vous m'êtes fidèle.

OCTAVE. — Je le serai, assurément.

HYACINTE. — Je serai donc heureuse.

SCAPIN, *à part.* — Elle n'est pas tant sotte, ma foi; et je la trouve assez passable.

OCTAVE, *montrant Scapin.* — Voici un homme qui

Allez, je veux m'employer pour vous. (Acte I, scène

pourroit bien, s'il le vouloit, nous être, dans tous nos besoins, d'un secours merveilleux.

SCAPIN. — J'ai fait de grands sermens de ne me mêler plus du monde; mais, si vous m'en priez bien fort tous deux, peut-être....

OCTAVE. — Ah! s'il ne tient qu'à te prier bien fort pour obtenir ton aide, je te conjure de tout mon cœur de prendre la conduite de notre barque.

SCAPIN, *à Hyacinte.* — Et vous, ne me dites-vous rien?

Ah! ah! vous voilà donc. (Acte I, scène VI.)

HYACINTE. — Je vous conjure, à son exemple, par tout ce qui vous est le plus cher au monde, de vouloir servir notre amour.

SCAPIN. — Il faut se laisser vaincre, et avoir de l'humanité. Allez, je veux m'employer pour vous.

OCTAVE. — Crois que....

SCAPIN, à Octave. — Chut! (A Hyacinte.) Allez-vous-en, vous, et soyez en repos.

SCÈNE IV.

OCTAVE, SCAPIN, SYLVESTRE.

SCAPIN, à Octave. — Et vous, préparez-vous à soutenir avec fermeté l'abord de votre père.

OCTAVE. — Je t'avoue que cet abord me fait trembler par avance; et j'ai une timidité naturelle que je ne saurois vaincre.

SCAPIN. — Il faut pourtant paroître ferme au premier choc, de peur que, sur votre foiblesse, il ne prenne le pied de vous mener comme un enfant. Là! tâchez de vous composer par étude. Un peu de hardiesse; et songez à répondre résolûment sur tout ce qu'il pourra dire.

OCTAVE. — Je ferai du mieux que je pourrai.

SCAPIN. — Çà, essayons un peu, pour vous accoutumer. Répétons un peu votre rôle, et voyons si vous ferez bien. Allons; la mine résolue, la tête haute, les regards assurés.

OCTAVE. — Comme cela?

SCAPIN. — Encore un peu davantage.

OCTAVE. — Ainsi?

SCAPIN. — Bon. Imaginez-vous que je suis votre père qui arrive, et répondez-moi fermement, comme si c'étoit à lui-même. Comment! pendard, vaurien, infâme, fils indigne d'un père commé moi, oses-tu bien paroître devant mes yeux, après tes bons déportemens, après le lâche tour que tu m'as joué pendant mon absence? Est-ce là le fruit de mes soins, maraud? est-ce là le fruit de mes soins? le respect qui m'est dû? le respect que tu me conserves? (Allons donc.) Tu as l'insolence, fripon, de t'engager sans le consentement de ton père, de contracter un mariage clandestin! Réponds-moi, coquin, réponds-moi. Voyons un peu tes belles raisons.... Oh! que diable, vous demeurez interdit!

OCTAVE. — C'est que je m'imagine que c'est mon père que j'entends.

SCAPIN. — Hé! oui; c'est par cette raison qu'il ne faut pas être comme un innocent.

OCTAVE. — Je m'en vais prendre plus de résolution, et je répondrai fermement.

SCAPIN. — Assurément?

OCTAVE. — Assurément.

SYLVESTRE. — Voilà votre père qui vient.

OCTAVE. — O ciel! je suis perdu.

SCÈNE V.

SCAPIN, SYLVESTRE.

SCAPIN. — Holà, Octave! demeurez, Octave. Le voilà enfui! Quelle pauvre espèce d'homme! Ne laissons pas d'attendre le vieillard.

SYLVESTRE. — Que lui dirai-je?

SCAPIN. — Laisse-moi dire, moi, et ne fais que me suivre.

SCÈNE VI.

ARGANTE, SCAPIN, ET SYLVESTRE
dans le fond du théâtre.

ARGANTE, *se croyant seul*. — A-t-on jamais ouï parler d'une action pareille à celle-là?

SCAPIN, à Sylvestre. — Il a déjà appris l'affaire; et elle lui tient si fort en tête, que, tout seul, il en parle haut.

ARGANTE, *se croyant seul*. — Voilà une témérité bien grande!

SCAPIN, à Sylvestre. — Écoutons-le un peu.

ARGANTE, *se croyant seul*. — Je voudrois bien savoir ce qu'ils me pourront dire sur ce beau mariage.

SCAPIN, à part. — Nous y avons songé.

ARGANTE, *se croyant seul*. — Tâcheront-ils de me nier la chose?

SCAPIN, à part. — Non, nous n'y pensons pas.

ARGANTE, *se croyant seul*. — Ou s'ils entreprendront de l'excuser?

SCAPIN, à part. — Celui-là se pourra faire.

ARGANTE, *se croyant seul*. — Prétendront-ils m'amuser par des contes en l'air?

SCAPIN, à part. — Peut-être.

ARGANTE, *se croyant seul*. — Tous leurs discours seront inutiles.

SCAPIN, à part. — Nous allons voir.

ARGANTE, *se croyant seul*. — Ils ne m'en donneront point à garder.

SCAPIN, à part. — Ne jurons de rien.

ARGANTE, *se croyant seul*. — Je saurai mettre mon pendard de fils en lieu de sûreté.

SCAPIN, à part. — Nous y pourvoirons.

ARGANTE, *se croyant seul*. — Et pour le coquin de Sylvestre, je le rouerai de coups.

SYLVESTRE, à Scapin. — J'étois bien étonné s'il m'oublioit.

ARGANTE, *apercevant Sylvestre*. — Ah! ah! vous voilà donc, sage gouverneur de famille, beau directeur de jeunes gens!

SCAPIN. — Monsieur, je suis ravi de vous voir de retour.

ARGANTE. — Bonjour, Scapin. (A Sylvestre.) Vous avez suivi mes ordres vraiment d'une belle manière!

et mon fils s'est comporté fort sagement pendant mon absence!

SCAPIN — Vous vous portez bien à ce que je vois.

ARGANTE. — Assez bien. (*A Sylvestre.*) Tu ne dis mot, coquin, tu ne dis mot.

SCAPIN. — Votre voyage a-t-il été bon?

ARGANTE. — Mon Dieu, fort bon! Laisse-moi un peu quereller en repos.

SCAPIN. — Vous voulez quereller?

ARGANTE. — Oui, je veux quereller.

SCAPIN. — Hé! qui, monsieur?

ARGANTE, *montrant Sylvestre*. — Ce maraud-là.

SCAPIN. — Pourquoi?

ARGANTE. — Tu n'as pas ouï parler de ce qui s'est passé dans mon absence?

SCAPIN. — J'ai bien ouï parler de quelque petite chose.

ARGANTE. — Comment! quelque petite chose! Une action de cette nature!

SCAPIN. — Vous avez quelque raison.

ARGANTE. — Une hardiesse pareille à celle-là!

SCAPIN. — Cela est vrai.

ARGANTE. — Un fils qui se marie sans le consentement de son père!

SCAPIN. — Oui, il y a quelque chose à dire à cela. Mais je serois d'avis que vous ne fissiez point de bruit.

ARGANTE. — Je ne suis pas de cet avis, moi; et je veux faire du bruit tout mon soûl. Quoi! tu ne trouves pas que j'aie tous les sujets du monde d'être en colère?

SCAPIN. — Si fait. J'y ai d'abord été, moi, lorsque j'ai su la chose; et je me suis intéressé pour vous, jusqu'à quereller votre fils. Demandez-lui un peu quelles belles réprimandes je lui ai faites, et comme je l'ai chapitré sur le peu de respect qu'il gardoit à un père dont il devoit baiser les pas. On ne peut pas lui mieux parler, quand ce seroit vous-même. Mais quoi? je me suis rendu à la raison, et j'ai considéré que, dans le fond, il n'a pas tant de tort qu'on pourroit le croire.

ARGANTE. — Que me viens-tu conter? Il n'a pas tant de tort de s'aller marier de but en blanc avec une inconnue?

SCAPIN. — Que voulez-vous? Il a été poussé par sa destinée.

ARGANTE. — Ah! ah! Voici une raison la plus belle du monde. On n'a plus qu'à commettre tous les crimes imaginables, tromper, voler, assassiner, et dire, pour excuse, qu'on y a été poussé par sa destinée.

SCAPIN. — Mon Dieu, vous prenez mes paroles trop en philosophe. Je veux dire qu'il s'est trouvé fatalement engagé dans cette affaire.

ARGANTE. — Et pourquoi s'y engageoit-il?

SCAPIN. — Voulez-vous qu'il soit aussi sage que vous? Les jeunes gens sont jeunes, et n'ont pas toute la prudence qu'il leur faudroit pour ne rien faire que de raisonnable : témoin notre Léandre, qui, malgré toutes mes leçons, malgré toutes mes remontrances, est allé faire, de son côté, pis encore que votre fils. Je voudrois bien savoir si vous-même n'avez pas été jeune, et n'avez pas, dans votre temps, fait des fredaines comme les autres. J'ai ouï dire, moi, que vous avez été autrefois un compagnon parmi les femmes, que vous faisiez de votre drôle avec les plus galantes de ce temps-là, et que vous n'en approchiez point que vous ne poussassiez à bout.

ARGANTE. — Cela est vrai, j'en demeure d'accord; mais je m'en suis toujours tenu à la galanterie, et je n'ai point été jusqu'à faire ce qu'il a fait.

SCAPIN. — Que vouliez-vous qu'il fît? Il voit une jeune personne qui lui veut du bien (car il tient cela de vous, d'être aimé de toutes les femmes); il la trouve charmante, il lui rend des visites, lui conte des douceurs, soupire galamment, fait le passionné. Elle se rend à sa poursuite; il pousse sa fortune. Le voilà surpris avec elle par ses parents, qui, la force à la main, le contraignent de l'épouser.

SYLVESTRE, *à part*. — L'habile fourbe que voilà!

SCAPIN. — Eussiez-vous voulu qu'il se fût laissé tuer? Il vaut mieux encore être marié qu'être mort.

ARGANTE. — On ne m'a pas dit que l'affaire se soit ainsi passée.

SCAPIN, *montrant Sylvestre*. — Demandez-lui plutôt; il ne vous dira pas le contraire.

ARGANTE, *à Sylvestre*. — C'est par force qu'il a été marié?

SYLVESTRE. — Oui, monsieur.

SCAPIN. — Voudrois-je vous mentir?

ARGANTE. — Il devoit donc aller tout aussitôt protester de violence chez un notaire.

SCAPIN. — C'est ce qu'il n'a pas voulu faire.

ARGANTE. — Cela m'auroit donné plus de facilité à rompre ce mariage.

SCAPIN. — Rompre ce mariage?

ARGANTE. — Oui.

SCAPIN. — Vous ne le romprez point.

ARGANTE. — Je ne le romprai point?

SCAPIN. — Non.

ARGANTE. — Quoi! je n'aurai pas pour moi les droits de père, et la raison de la violence qu'on a faite à mon fils?

SCAPIN. — C'est une chose dont il ne demeurera pas d'accord.

ARGANTE. — Il n'en demeurera pas d'accord?

SCAPIN — Non

ARGANTE. — Mon fils?

SCAPIN. — Votre fils. Voulez-vous qu'il confesse qu'il ait été capable de crainte, et que ce soit par force qu'on lui ait fait faire les choses? Il n'a garde d'aller avouer cela; ce seroit se faire tort, et se montrer indigne d'un père comme vous.

ARGANTE. — Je me moque de cela.

SCAPIN. — Il faut, pour son honneur et pour le vôtre, qu'il dise dans le monde que c'est de bon gré qu'il l'a épousée.

ARGANTE. — Et je veux, moi, pour mon honneur et pour le sien, qu'il dise le contraire.

SCAPIN. — Non, je suis sûr qu'il ne le fera pas.

ARGANTE. — Je l'y forcerai bien.

SCAPIN. — Il ne le fera pas, vous dis-je.
ARGANTE. — Il le fera, ou je le déshériterai.
SCAPIN. — Vous?
ARGANTE. — Moi.
SCAPIN. — Bon!
ARGANTE. — Comment, bon?
SCAPIN. — Vous ne le déshériterez point.
ARGANTE. — Je ne le déshériterai point?
SCAPIN. — Non.
ARGANTE. — Non?
SCAPIN. — Non.
ARGANTE. — Ouais! voici qui est plaisant! Je ne déshériterai pas mon fils?
SCAPIN. — Non, vous dis-je.
ARGANTE. — Qui m'en empêchera?
SCAPIN. — Vous-même.
ARGANTE. — Moi?
SCAPIN. — Oui. Vous n'aurez pas ce cœur-là.
ARGANTE. — Je l'aurai.
SCAPIN. — Vous vous moquez.
ARGANTE. — Je ne me moque point.
SCAPIN. — La tendresse paternelle fera son office.
ARGANTE. — Elle ne fera rien.
SCAPIN. — Oui, oui.
ARGANTE. — Je vous dis que cela sera.
SCAPIN. — Bagatelles.
ARGANTE. — Il ne faut point dire : Bagatelles.
SCAPIN. — Mon Dieu! je vous connois; vous êtes bon naturellement.
ARGANTE. — Je ne suis point bon, je suis méchant quand je veux. Finissons ce discours, qui m'échauffe la bile. (*A Sylvestre.*) Va-t'en, pendard; va-t'en me chercher mon fripon, tandis que j'irai rejoindre le seigneur Géronte, pour lui conter ma disgrâce.
SCAPIN. — Monsieur, si je vous puis être utile en quelque chose, vous n'avez qu'à me commander.
ARGANTE. — Je vous remercie. (*A part.*) Ah! pourquoi faut-il qu'il soit fils unique! et que n'ai-je à cette heure la fille que le ciel m'a ôtée, pour la faire mon héritière!

SCÈNE VII.

SCAPIN, SYLVESTRE.

SYLVESTRE. — J'avoue que tu es un grand homme, et voilà l'affaire en bon train; mais l'argent, d'autre part, nous presse pour notre subsistance, et nous avons de tous côtés des gens qui aboient après nous.
SCAPIN. — Laisse-moi faire, la machine est trouvée. Je cherche seulement dans ma tête un homme qui nous soit affidé, pour jouer un personnage dont j'ai besoin. Attends. Tiens-toi un peu. Enfonce ton bonnet en méchant garçon. Campe-toi sur un pied. Mets la main au côté. Fais les yeux furibonds. Marche un peu en roi de théâtre. Voilà qui est bien. Suis-moi. J'ai des secrets pour déguiser ton visage et ta voix.
SYLVESTRE. — Je te conjure, au moins, de ne m'aller point brouiller avec la justice.
SCAPIN. — Va, va, nous partagerons les périls en frères; et trois ans de galères de plus ou de moins ne sont pas pour arrêter un noble cœur.

FIN
DU
PREMIER ACTE

Va, va, nous partagerons les périls en frères. (Acte I, scène VII.)

ACTE DEUXIÈME.

SCÈNE I.

GÉRONTE, ARGANTE.

GÉRONTE. — Oui, sans doute, par le temps qu'il fait, nous aurons ici nos gens aujourd'hui; et un matelot qui vient de Tarente m'a assuré qu'il avait vu mon homme qui étoit près de s'embarquer. Mais l'arrivée de ma fille trouvera les choses mal disposées à ce que nous nous proposions; et ce que vous venez de m'apprendre de votre fils rompt étrangement les mesures que nous avions prises ensemble.

ARGANTE. — Ne vous mettez pas en peine; je vous réponds de renverser tout cet obstacle, et j'y vais travailler de ce pas.

GÉRONTE. — Ma foi, seigneur Argante, voulez-vous que je vous dise? l'éducation des enfans est une chose à quoi il faut s'attacher fortement.

ARGANTE. — Sans doute. A quel propos cela?

GÉRONTE. — A propos de ce que les mauvais déportemens des jeunes gens viennent le plus souvent de la mauvaise éducation que leurs pères leur donnent.

ARGANTE. — Cela arrive parfois. Mais que voulez-vous dire par là?

GÉRONTE. — Ce que je veux dire par là?

ARGANTE. — Oui.

GÉRONTE. — Que si vous aviez, en brave père, bien morigéné votre fils, il ne vous auroit pas joué le tour qu'il vous a fait.

ARGANTE. — Fort bien. De sorte donc que vous avez bien mieux morigéné le vôtre?

GÉRONTE. — Sans doute; et je serois bien fâché qu'il m'eût rien fait approchant de cela.

ARGANTE. — Et si ce fils, que vous avez, en brave père, si bien morigéné, avoit fait pis encore que le mien? Hé?

GÉRONTE. — Comment?

ARGANTE. — Comment?

GÉRONTE. — Qu'est-ce que cela veut dire?

ARGANTE. — Cela veut dire, seigneur Géronte, qu'il ne faut pas être si prompt à condamner la conduite des autres; et que ceux qui veulent gloser doivent bien regarder chez eux s'il n'y a rien qui cloche.

GÉRONTE. — Je n'entends point cette énigme.

ARGANTE. — On vous l'expliquera.

GÉRONTE. — Est-ce que vous auriez ouï dire quelque chose de mon fils?

ARGANTE. — Cela se peut faire.

GÉRONTE. — Et quoi, encore?

ARGANTE. — Votre Scapin, dans mon dépit, ne m'a dit la chose qu'en gros, et vous pourrez de lui, ou de quelque autre, être instruit du détail. Pour moi, je vais vite consulter un avocat, et aviser des biais que j'ai à prendre. Jusqu'au revoir.

SCÈNE II.

GÉRONTE, seul.

Que pourroit-ce être que cette affaire-ci? Pis encore que le sien? Pour moi, je ne vois pas ce que l'on peut faire de pis; et je trouve que se marier sans le consentement de son père, est une action qui passe tout ce qu'on peut s'imaginer.

SCÈNE III.

GÉRONTE, LÉANDRE.

GÉRONTE. — Ah! vous voilà!

LÉANDRE, *courant à Géronte pour l'embrasser.* — Ah! mon père, que j'ai de joie de vous voir de retour!

GÉRONTE, *refusant d'embrasser Léandre.* — Doucement. Parlons un peu d'affaire.

LÉANDRE. — Souffrez que je vous embrasse, et que....

GÉRONTE, *le repoussant encore.* — Doucement, vous dis-je.

LÉANDRE. — Quoi! vous me refusez, mon père, de vous exprimer mon transport par mes embrassemens?

GÉRONTE. — Oui. Nous avons quelque chose à démêler ensemble.

LÉANDRE. — Et quoi?

GÉRONTE. — Tenez-vous, que je vous voie en face.

LÉANDRE. — Comment?

GÉRONTE. — Regardez-moi entre deux yeux.

LÉANDRE. — Hé bien!

GÉRONTE. — Qu'est-ce donc qu'il s'est passé ici?

LÉANDRE. — Ce qui s'est passé?

GÉRONTE. — Oui. Qu'avez-vous fait dans mon absence?

LÉANDRE. — Que voulez-vous, mon père, que j'aie fait?

GÉRONTE. — Ce n'est pas moi qui veux que vous ayez fait, mais qui demande ce que c'est que vous avez fait?

LÉANDRE. — Moi? Je n'ai fait aucune chose dont vous ayez lieu de vous plaindre.

GÉRONTE. — Aucune chose?

LÉANDRE. — Non.

GÉRONTE. — Vous êtes bien résolu!

LÉANDRE. — C'est que je suis sûr de mon innocence.

GÉRONTE. — Scapin pourtant m'a dit de vos nouvelles.

LÉANDRE. — Scapin?

GÉRONTE. — Ah! ah! ce mot vous fait rougir.

LÉANDRE. — Il vous a dit quelque chose de moi?

GÉRONTE. — Ce lieu n'est pas tout à fait propre à vider cette affaire, et nous allons l'examiner ailleurs. Qu'on se rende au logis; j'y vais revenir tout à l'heure. Ah! traître, s'il faut que tu me déshonores, je te renonce pour mon fils, et tu peux bien, pour jamais, te résoudre à fuir de ma présence.

SCÈNE IV.

LÉANDRE, *seul.*

Me trahir de cette manière! Un coquin qui doit, par cent raisons, être le premier à cacher les choses que je lui confie, est le premier à les aller découvrir à mon père! Ah! je jure le ciel que cette trahison ne demeurera pas impunie.

SCÈNE V.

OCTAVE, LÉANDRE, SCAPIN.

OCTAVE. — Mon cher Scapin, que ne dois-je point à tes soins! Que tu es un homme admirable! et que le ciel m'est favorable de t'envoyer à mon secours!

LÉANDRE. — Ah! ah! vous voilà! Je suis ravi de vous trouver, monsieur le coquin.

SCAPIN. — Monsieur, votre serviteur. C'est trop d'honneur que vous me faites.

LÉANDRE, *mettant l'épée à la main.* — Vous faites le méchant plaisant! Ah! je vous apprendrai....

SCAPIN, *se mettant à genoux.* — Monsieur!

OCTAVE, *se mettant entre deux pour empêcher Léandre de frapper Scapin.* — Ah! Léandre!

LÉANDRE. — Non, Octave, ne me retenez point, je vous prie.

SCAPIN, *à Léandre.* — Hé! monsieur!

OCTAVE, *retenant Léandre.* — De grâce!

LÉANDRE, *voulant frapper Scapin.* — Laissez-moi contenter mon ressentiment.

OCTAVE. — Au nom de l'amitié, Léandre, ne le maltraitez point.

SCAPIN. — Monsieur, que vous ai-je fait?

LÉANDRE, *voulant frapper Scapin.* — Ce que tu m'as fait, traître!

OCTAVE, *retenant encore Léandre.* — Hé! doucement.

LÉANDRE. — Non, Octave, je veux qu'il me confesse lui-même, tout à l'heure, la perfidie qu'il m'a faite. Oui, coquin, je sais le trait que tu m'as joué; on vient de me l'apprendre, et tu ne croyois pas peut-être que l'on me dût révéler ce secret; mais je veux en avoir la confession de ta propre bouche, ou je vais te passer cette épée au travers du corps.

SCAPIN. — Ah! monsieur, auriez-vous bien ce cœur-là?

LÉANDRE. — Parle donc.

SCAPIN. — Je vous ai fait quelque chose, monsieur?

LÉANDRE. — Oui, coquin, et ta conscience ne te dit que trop ce que c'est.

SCAPIN. — Je vous assure que je l'ignore.

LÉANDRE, *s'avançant pour frapper Scapin.* — Tu l'ignores!

OCTAVE, *retenant Léandre.* — Léandre!

SCAPIN. — Hé bien, monsieur, puisque vous le voulez, je vous confesse que j'ai bu avec mes amis ce petit quarteau de vin d'Espagne dont on vous fit présent il y a quelques jours, et que c'est moi qui fis une fente au tonneau, et répandis de l'eau autour, pour faire croire que le vin s'étoit échappé.

LÉANDRE. — C'est toi, pendard, qui m'as bu mon vin d'Espagne, et qui as été cause que j'ai tant querellé la servante, croyant que c'étoit elle qui m'avoit fait le tour?

SCAPIN. — Oui, monsieur, je vous en demande pardon.

LÉANDRE. — Je suis bien aise d'apprendre cela. Mais ce n'est pas l'affaire dont il est question maintenant.

SCAPIN. — Ce n'est pas cela, monsieur?

LÉANDRE. — Non : c'est une autre affaire qui me touche bien plus, et je veux que tu me la dises.

SCAPIN. — Monsieur, je ne me souviens pas d'avoir fait autre chose.

LÉANDRE, *voulant frapper Scapin.* — Tu ne veux pas parler?

SCAPIN. — Hé!

OCTAVE, *retenant Léandre.* — Tout doux!

SCAPIN. — Oui, monsieur; il est vrai qu'il y a trois semaines que vous m'envoyâtes porter, le soir, une petite montre à la jeune Égyptienne que vous aimez. Je revins au logis mes habits tout couverts de boue, et le visage plein de sang, et vous dis que j'avois trouvé des voleurs qui m'avoient bien battu, et m'avoient dérobé la montre. C'étoit moi, monsieur, qui l'avois retenue..

LÉANDRE. — C'est toi qui as retenu ma montre?

SCAPIN. — Oui, monsieur, afin de voir quelle heure il est.

LÉANDRE. — Ah! ah! j'apprends ici de jolies choses, et j'ai un serviteur fort fidèle, vraiment! Mais ce n'est pas cela encore que je demande.

SCAPIN. — Ce n'est pas cela?

LÉANDRE. — Non, infâme; c'est autre chose que je veux que tu me confesses.

SCAPIN, *à part.* — Peste!

LÉANDRE. — Parle vite, j'ai hâte.

SCAPIN. — Monsieur, voilà tout ce que j'ai fait.

LÉANDRE, *voulant frapper Scapin.* — Voilà tout.

OCTAVE, *se mettant au-devant de Léandre.* — Hé!

SCAPIN. — Hé bien! oui, monsieur. Vous vous souvenez de ce loup-garou, il y a six mois, qui vous donna tant de coups de bâton la nuit, et vous pensa faire rompre le cou dans une cave où vous tombâtes en fuyant.

LÉANDRE. — Hé bien!

SCAPIN. — C'étoit moi, monsieur, qui faisois le loup-garou.

LÉANDRE. — C'étoit toi, traître, qui faisois le loup-garou?

SCAPIN. — Oui, monsieur; seulement pour vous faire peur, et vous ôter l'envie de nous faire courir toutes les nuits comme vous aviez de coutume.

LÉANDRE. — Je saurai me souvenir en temps et lieu, de tout ce que je viens d'apprendre. Mais je veux venir au fait, et que tu me confesses ce que tu as dit à mon père.

SCAPIN. — A votre père?

LÉANDRE. — Oui, fripon, à mon père.

SCAPIN. — Je ne l'ai pas seulement vu depuis son retour.

LÉANDRE. — Tu ne l'as pas vu?

SCAPIN. — Non, monsieur.

LÉANDRE. — Assurément?

SCAPIN. — Assurément. C'est une chose que je vais vous faire dire par lui-même.

LÉANDRE. — C'est de sa bouche que je le tiens pourtant.

SCAPIN. — Avec votre permission, il n'a pas dit la vérité.

SCÈNE VI.

LÉANDRE, OCTAVE, CARLE, SCAPIN.

CARLE. — Monsieur, je vous apporte une nouvelle qui est fâcheuse pour votre amour.

LÉANDRE. — Comment?

CARLE. — Vos Égyptiens sont sur le point de vous enlever Zerbinette; et elle-même, les larmes aux yeux, m'a chargé de venir promptement vous dire que, si dans deux heures vous ne songez à leur porter l'argent qu'ils vous ont demandé pour elle, vous l'allez perdre pour jamais.

LÉANDRE. — Dans deux heures?

CARLE. — Dans deux heures.

SCÈNE VII.

LÉANDRE, OCTAVE, SCAPIN.

LÉANDRE. — Ah! mon pauvre Scapin, j'implore ton secours.

SCAPIN, *se levant et passant fièrement devant Léandre.* — Ah! mon pauvre Scapin! Je suis mon pauvre Scapin, à cette heure qu'on a besoin de moi.

LÉANDRE. — Va, je te pardonne tout ce que tu viens de me dire, et pis encore, si tu me l'as fait.

SCAPIN. — Non, non; ne me pardonnez rien; passez-moi votre épée au travers du corps. Je serai ravi que vous me tuiez.

LÉANDRE. — Non. Je te conjure plutôt de me donner la vie, en servant mon amour.

SCAPIN. — Point, point; vous ferez mieux de me tuer.

LÉANDRE. — Tu m'es trop précieux; et je te prie de vouloir employer pour moi ce génie admirable qui vient à bout de toutes choses.

SCAPIN. — Non. Tuez-moi, vous dis-je.

LÉANDRE. — Ah! de grâce, ne songe plus à tout cela, et pense à me donner le secours que je te demande.

OCTAVE. — Scapin, il faut faire quelque chose pour lui.

SCAPIN. — Le moyen, après une avanie de la sorte?

LÉANDRE. — Je te conjure d'oublier mon emportement, et de me prêter ton adresse.

OCTAVE. — Je joins mes prières aux siennes.

SCAPIN. — J'ai cette insulte-là sur le cœur.

OCTAVE. — Il faut quitter ton ressentiment.

LÉANDRE. — Voudrois-tu m'abandonner, Scapin, dans la cruelle extrémité où se voit mon amour?

SCAPIN. — Me venir faire, à l'improviste, un affront comme celui-là!

LÉANDRE. — J'ai tort, je le confesse.

SCAPIN. — Me traiter de coquin, de fripon, de pendard, d'infâme!

LÉANDRE. — J'en ai tous les regrets du monde.

SCAPIN. — Me vouloir passer son épée au travers du corps!

LÉANDRE. — Je t'en demande pardon de tout mon cœur; et, s'il ne tient qu'à me jeter à tes genoux, tu

Vous faites le méchant plaisant. (Acte II, scène V).

m'y vois, Scapin, pour te conjurer encore une fois de ne me point abandonner.

OCTAVE. — Ah! ma foi, Scapin, il se faut rendre à cela.

SCAPIN. — Levez-vous. Une autre fois ne soyez point si prompt.

LÉANDRE. — Me promets-tu de travailler pour moi?

SCAPIN. — On y songera.

LÉANDRE. — Mais tu sais que le temps presse.

SCAPIN. — Ne vous mettez pas en peine. Combien est-ce qu'il vous faut?

LÉANDRE. — Cinq cents écus.

SCAPIN. — Et à vous?
OCTAVE. — Deux cents pistoles.
SCAPIN. — Je veux tirer cet argent de vos pères. (À Octave.) Pour ce qui est du vôtre, la machine est déjà toute trouvée. (À Léandre.) Et, quant au vôtre, bien qu'avare au dernier degré, il y faudra moins de façons encore; car vous savez que pour l'esprit, il n'en a pas, grâces à Dieu, grande provision, et je le livre pour une espèce d'homme à qui l'on fera toujours croire tout ce que l'on voudra. Cela ne vous offense point; il ne tombe entre lui et vous aucun soupçon de ressemblance; et vous savez assez l'opinion de tout le monde, qui veut qu'il ne soit votre père que pour la forme.

LÉANDRE. — Tout beau, Scapin.

SCAPIN. — Bon, bon, on fait bien scrupule de cela! Vous moquez-vous? Mais j'aperçois venir le père d'Octave. Commençons par lui, puisqu'il se présente. Allez-vous-en tous deux. (À Octave.) Et vous, avertissez votre Sylvestre de venir vite jouer son rôle.

SCÈNE VIII.

ARGANTE, SCAPIN.

SCAPIN, *à part.* — Le voilà qui rumine.

ARGANTE, *se croyant seul.* — Avoir si peu de conduite et de considération! S'aller jeter dans un engagement comme celui-là! Ah! ah! jeunesse impertinente!

SCAPIN. — Monsieur, votre serviteur.

ARGANTE. — Bonjour, Scapin.

SCAPIN. — Vous rêvez à l'affaire de votre fils?

ARGANTE. — Je t'avoue que cela me donne un furieux chagrin.

SCAPIN. — Monsieur, la vie est mêlée de traverses; il est bon de s'y tenir sans cesse préparé; et j'ai ouï dire, il y a longtemps, une parole d'un ancien que j'ai toujours retenue.

ARGANTE. — Quoi?

SCAPIN. — Que, pour peu qu'un père de famille ait été absent de chez lui, il doit promener son esprit sur tous les fâcheux accidens que son retour peut rencontrer, se figurer sa maison brûlée, son argent dérobé, sa femme morte, son fils estropié, sa fille subornée; et ce qu'il trouve qui ne lui est point arrivé, l'imputer à bonne fortune. Pour moi, j'ai pratiqué toujours cette leçon dans ma petite philosophie; et je ne suis jamais revenu au logis que je ne me sois tenu prêt à la colère de mes maîtres, aux réprimandes, aux injures, aux coups de pieds au cul, aux bastonnades, aux étrivières; et ce qui a manqué à m'arriver, j'en ai rendu grâces à mon bon destin.

ARGANTE. — Voilà qui est bien; mais ce mariage impertinent, qui trouble celui que nous voulons faire, est une chose que je ne puis souffrir, et je viens de consulter des avocats pour le faire casser.

SCAPIN. — Ma foi, monsieur, si vous m'en croyez, vous tâcherez, par quelque autre voie, d'accommoder l'affaire. Vous savez ce que c'est que les procès en ce pays-ci, et vous allez vous enfoncer dans d'étranges épines.

ARGANTE. — Tu as raison, je le vois bien. Mais quelle autre voie?

SCAPIN. — Je pense que j'en ai trouvé une. La compassion que m'a donnée tantôt votre chagrin, m'a obligé à chercher dans ma tête quelque moyen pour vous tirer d'inquiétude : car je ne saurois voir d'honnêtes pères chagrinés par leurs enfans, que cela ne m'émeuve; et, de tout temps, je me suis senti pour votre personne une inclination particulière.

ARGANTE. — Je te suis obligé.

SCAPIN. — J'ai donc été trouver le frère de cette fille qui a été épousée. C'est un de ces braves de profession, de ces gens qui sont tout coups d'épée, qui ne parlent que d'échiner, et ne font non plus de conscience de tuer un homme, que d'avaler un verre de vin. Je l'ai mis sur ce mariage, lui ai fait voir quelle facilité offroit la raison de la violence pour le faire casser, vos prérogatives du nom de père, et l'appui que vous donneroient auprès de la justice et votre droit, et votre argent, et vos amis. Enfin, je l'ai tant tourné de tous les côtés, qu'il a prêté l'oreille aux propositions que je lui ai faites d'ajuster l'affaire pour quelque somme; et il donnera son consentement à rompre le mariage, pourvu que vous lui donniez de l'argent.

ARGANTE. — Et qu'a-t-il demandé?

SCAPIN. — Oh! d'abord des choses par-dessus les maisons.

ARGANTE. — Et quoi?

SCAPIN. — Des choses extravagantes.

ARGANTE. — Mais encore?

SCAPIN. — Il ne parloit pas moins que de cinq ou six cents pistoles.

ARGANTE. — Cinq ou six cents fièvres quartaines qui le puissent serrer! Se moque-t-il des gens?

SCAPIN. — C'est ce que je lui ai dit. J'ai rejeté bien loin de pareilles propositions, et je lui ai bien fait entendre que vous n'étiez point une dupe, pour vous demander des cinq ou six cents pistoles. Enfin, après plusieurs discours, voici où s'est réduit le résultat de notre conférence. Nous voilà au temps, m'a-t-il dit, que je dois partir pour l'armée; je suis après à m'équiper; et le besoin que j'ai de quelque argent me fait consentir, malgré moi, à ce qu'on me propose. Il me faut un cheval de service, et je n'en saurois avoir un qui soit tant soit peu raisonnable, à moins de soixante pistoles.

ARGANTE. — Hé bien! pour soixante pistoles, je les donne.

SCAPIN. — Il faudra le harnois et les pistolets; et cela ira bien à vingt pistoles encore.

ARGANTE. — Vingt pistoles et soixante, ce seroit quatre-vingts.

SCAPIN. — Justement.

ARGANTE. — C'est beaucoup : mais, soit; je consens à cela.

SCAPIN. — Il me faut aussi un cheval pour monter mon valet, qui coûtera bien trente pistoles.

ARGANTE. — Comment, diantre! Qu'il se promène, il n'aura rien du tout.

SCAPIN. — Monsieur!

ARGANTE. — Non : c'est un impertinent.

SCAPIN. — Voulez-vous que son valet aille à pied?

ARGANTE. — Qu'il aille comme il lui plaira, et le maître aussi.

SCAPIN. — Mon Dieu, monsieur, ne vous arrêtez point à peu de chose. N'allez point plaider, je vous prie ; et donnez tout, pour vous sauver des mains de la justice.

ARGANTE. — Hé bien ! soit ; je me résous à donner encore ces trente pistoles.

SCAPIN. — Il me faut encore, a-t-il dit, un mulet pour porter....

ARGANTE. — Oh! qu'il aille au diable avec son mulet! C'en est trop ; et nous irons devant les juges.

SCAPIN. — De grâce ! monsieur....

ARGANTE. — Non, je n'en ferai rien.

SCAPIN. — Monsieur, un petit mulet.

ARGANTE. — Je ne lui donnerois pas seulement un âne.

SCAPIN. — Considérez....

ARGANTE. — Non : j'aime mieux plaider.

SCAPIN. — Eh ! monsieur, de quoi parlez-vous là, et à quoi vous résolvez-vous? Jetez les yeux sur les détours de la justice. Voyez combien d'appels et de degrés de juridiction ; combien de procédures embarrassantes ; combien d'animaux ravissans, par les griffes desquels il vous faudra passer; sergens, procureurs, avocats, greffiers, substituts, rapporteurs, juges, et leurs clercs. Il n'y a pas un de tous ces gens-là qui, pour la moindre chose, ne soit capable de donner un soufflet au meilleur droit du monde. Un sergent baillera de faux exploits, sur quoi vous serez condamné sans que vous le sachiez. Votre procureur s'entendra avec votre partie, et vous vendra à beaux deniers comptans. Votre avocat, gagné de même, ne se trouvera point lorsqu'on plaidera votre cause, on dira des raisons qui ne feront que battre la campagne, et n'iront point au fait. Le greffier délivrera par contumace des sentences et arrêts contre vous. Le clerc du rapporteur soustraira des pièces, ou le rapporteur même ne dira pas ce qu'il a vu ; et quand, par les plus grandes précautions du monde, vous aurez paré tout cela, vous serez ébahi que vos juges auront été sollicités contre vous, ou par des gens dévots, ou par des femmes qu'ils aimeront. Eh ! monsieur, si vous le pouvez, sauvez-vous de cet enfer-là. C'est être damné dès ce monde, que d'avoir à plaider ; et la seule pensée d'un procès seroit capable de me faire fuir jusqu'aux Indes.

ARGANTE. — A combien est-ce qu'il fait monter le mulet?

SCAPIN. — Monsieur, pour le mulet, pour son cheval et celui de son homme, pour le harnois et les pistolets, et pour payer quelque petite chose qu'il doit à son hôtesse, il demande en tout deux cents pistoles.

ARGANTE. — Deux cents pistoles!

SCAPIN. — Oui.

ARGANTE, *se promenant en colère.* — Allons, allons ; nous plaiderons.

SCAPIN. — Faites réflexion.

ARGANTE. — Je plaiderai.

SCAPIN. — Ne vous allez point jeter....

ARGANTE. — Je veux plaider.

SCAPIN. — Mais pour plaider, il vous faudra de l'argent. Il vous en faudra pour l'exploit ; il vous en faudra pour le contrôle ; il vous en faudra pour la procuration, pour la présentation, les conseils, productions, et journées du procureur. Il vous en faudra pour les consultations et plaidoiries des avocats, pour le droit de retirer le sac, et pour les grosses d'écritures. Il vous en faudra pour le rapport des substituts, pour les épices de conclusion, pour l'enregistrement du greffier, façon d'appointement, sentences et arrêts, contrôles, signatures et expéditions de leurs clercs ; sans parler de tous les présens qu'il vous faudra faire. Donnez cet argent-là à cet homme-ci, vous voilà hors d'affaire.

ARGANTE. — Comment! deux cents pistoles!

SCAPIN. — Oui. Vous y gagnerez. J'ai fait un petit calcul, en moi-même, de tous les frais de la justice, et j'ai trouvé qu'en donnant deux cents pistoles à votre homme, vous en aurez de reste, pour le moins, cent cinquante, sans compter les soins, les pas et les chagrins que vous vous épargnerez. Quand il n'y auroit à essuyer que les sottises que disent devant tout le monde de méchans plaisans d'avocats, j'aimerois mieux donner trois cents pistoles, que de plaider.

ARGANTE. — Je me moque de cela, et je défie les avocats de rien dire de moi.

SCAPIN. — Vous ferez ce qu'il vous plaira ; mais, si j'étois que de vous, je fuirois les procès.

ARGANTE. — Je ne donnerai point deux cents pistoles.

SCAPIN. — Voici l'homme dont il s'agit.

SCÈNE IX.

ARGANTE, SCAPIN, SYLVESTRE, *déguisé en spadassin.*

SYLVESTRE. — Scapin, fais-moi connoître un peu cet Argante qui est père d'Octave.

SCAPIN. — Pourquoi, monsieur?

SYLVESTRE. — Je viens d'apprendre qu'il veut me mettre en procès, et faire rompre par justice le mariage de ma sœur.

SCAPIN. — Je ne sais pas s'il a cette pensée ; mais il ne veut point consentir aux deux cents pistoles que vous voulez ; et il dit que c'est trop.

SYLVESTRE. — Par la mort! par la tête! par le ventre! si je le trouve, je le veux échiner, dussé-je être roué tout vif.

(*Argante, pour n'être point vu, se tient en tremblant derrière Scapin.*)

SCAPIN. — Monsieur, ce père d'Octave a du cœur, et peut-être ne vous craindra-t-il point.

SYLVESTRE. — Lui, lui? Par le sang? par la tête! s'il étoit là, je lui donnerois tout à l'heure de l'épée dans le ventre. (*Apercevant Argante.*) Qui est cet homme-là?

SCAPIN. — Ce n'est pas lui, monsieur; ce n'est pas lui.

SYLVESTRE. — N'est-ce point quelqu'un de ses amis?

SCAPIN. — Non, monsieur; au contraire, c'est son ennemi capital.

SYLVESTRE. — Son ennemi capital?

SCAPIN. — Oui.

SYLVESTRE. — Ah! parbleu, j'en suis ravi. (*A Argante.*) Vous êtes ennemi, monsieur, de ce faquin d'Argante? Hé?

SCAPIN. — Oui, oui; je vous en réponds.

SYLVESTRE, *secouant rudement la main d'Argante.* — Touchez là, touchez. Je vous donne ma parole, et vous jure sur mon honneur, par l'épée que je porte, par tous les sermens que je saurois faire, qu'avant la fin du jour je vous déferai de ce maraud fieffé, de ce faquin d'Argante. Reposez-vous sur moi.

SCAPIN. — Monsieur, les violences en ce pays-ci ne sont guère souffertes.

SYLVESTRE. — Je me moque de tout, et je n'ai rien à perdre.

SCAPIN. — Il se tiendra sur ses gardes, assurément; et il a des parens, des amis et des domestiques, dont il se fera un secours contre votre ressentiment.

SYLVESTRE. — C'est ce que je demande, morbleu! c'est ce que je demande. (*Mettant l'épée à la main.*) Ah, tête! ah, ventre! Que ne le trouvé-je à cette heure avec tout son secours! Que ne paroît-il à mes yeux au milieu de trente personnes! Que ne les vois-je fondre sur moi les armes à la main! (*Se mettant en garde.*) Comment! marauds, vous avez la hardiesse de vous attaquer à moi! Allons, morbleu, tue. (*Poussant de tous les côtés, comme s'il avoit plusieurs personnes à combattre.*) Point de quartier. Donnons. Ferme. Poussons. Bon pied, bon œil. Ah, coquins! ah, canaille! vous en voulez par là! je vous en ferai tâter votre soûl. Soutenez, marauds; soutenez. Allons. A cette botte. A cette autre. (*Se tournant du côté d'Argante et de Scapin.*) A celle-ci. A celle-là. Comment, vous reculez! Pied ferme, morbleu; pied ferme!

SCAPIN. — Hé, hé, hé! monsieur, nous n'en sommes pas.

SYLVESTRE. — Voilà qui vous apprendra à vous oser jouer à moi.

SCÈNE X.

ARGANTE, SCAPIN.

SCAPIN. — Hé bien! vous voyez combien de personnes tuées pour deux cents pistoles. Or sus, je vous souhaite une bonne fortune.

ARGANTE, *tout tremblant.* — Scapin.

SCAPIN. — Plaît-il?

ARGANTE. — Je me résous à donner les deux cents pistoles.

SCAPIN. — J'en suis ravi pour l'amour de vous.

ARGANTE. — Allons le trouver; je les ai sur moi.

SCAPIN. — Vous n'avez qu'à me les donner. Il ne faut pas, pour votre honneur, que vous paroissiez là, après avoir passé ici pour autre que ce que vous êtes; et, de plus, je craindrois qu'en vous faisant connoître, il n'allât s'aviser de vous demander davantage.

ARGANTE. — Oui; mais j'aurois été bien aise de voir comme je donne mon argent.

SCAPIN. — Est-ce que vous vous défiez de moi?

ARGANTE. — Non pas; mais....

SCAPIN. — Parbleu! monsieur, je suis un fourbe, ou je suis honnête homme; c'est l'un des deux. Est-ce que je voudrois vous tromper, et que, dans tout ceci, j'ai d'autre intérêt que le vôtre et celui de mon maître, à qui vous voulez vous allier? Si je vous suis suspect, je ne me mêle plus de rien, et vous n'avez qu'à chercher, dès cette heure, qui accommodera vos affaires.

ARGANTE. — Tiens donc.

SCAPIN. — Non, monsieur, ne me confiez point votre argent. Je serai bien aise que vous vous serviez de quelque autre.

ARGANTE. — Mon Dieu! tiens.

SCAPIN. — Non, vous dis-je, ne vous fiez point à moi. Que sait-on si je ne veux point vous attraper votre argent?

ARGANTE. — Tiens, te dis-je; ne me fais point contester davantage. Mais songe à bien prendre tes sûretés avec lui.

SCAPIN. — Laissez-moi faire; il n'a pas affaire à un sot.

ARGANTE. — Je vais t'attendre chez moi.

SCAPIN. — Je ne manquerai pas d'y aller. (*Seul.*) Et un. Je n'ai qu'à chercher l'autre. Ah! ma foi, le voici. Il semble que le ciel, l'un après l'autre, les amène dans mes filets.

SCÈNE XI.

GÉRONTE, SCAPIN.

SCAPIN, *faisant semblant de ne pas voir Géronte.* — O ciel! ô disgrâce imprévue! ô misérable père! Pauvre Géronte, que feras-tu?

GÉRONTE, *à part.* — Que dit-il là de moi, avec ce visage affligé?

SCAPIN. — N'y a-t-il personne qui puisse me dire où est le seigneur Géronte?

GÉRONTE. — Qu'y a-t-il, Scapin?

SCAPIN, *courant sur le théâtre sans vouloir entendre ni voir Géronte.* — Où pourrai-je le rencontrer pour lui dire cette infortune?

GÉRONTE, *courant après Scapin.* — Qu'est-ce que c'est donc?

SCAPIN. — En vain je cours de tous côtés pour le pouvoir trouver.

Comment! marauds, vous avez la hardiesse de vous attaquer..... (Acte II, scène IX.)

GÉRONTE. — Me voici.

SCAPIN. — Il faut qu'il soit caché en quelque endroit qu'on ne puisse point deviner.

GÉRONTE, *arrêtant Scapin.* — Holà! Es-tu aveugle, que tu ne me vois pas?

SCAPIN. — Ah! monsieur, il n'y a pas moyen de vous rencontrer.

GÉRONTE. — Il y a une heure que je suis devant toi. Qu'est-ce que c'est donc qu'il y a?

SCAPIN. — Monsieur....

GÉRONTE. — Quoi?

SCAPIN. — Monsieur votre fils....

GÉRONTE. — Hé bien! mon fils....

SCAPIN. — Est tombé dans une disgrâce la plus étrange du monde.

GÉRONTE. — Et quelle?

SCAPIN. — Je l'ai trouvé tantôt tout triste de je ne sais quoi que vous lui avez dit, où vous m'avez mêlé assez mal à propos; et, cherchant à divertir cette tristesse, nous sommes allés promener sur le port. Là, entre autres plusieurs choses, nous avons arrêté nos yeux sur une galère turque assez bien équipée. Un jeune Turc de bonne mine nous a invités d'y entrer, et nous a présenté la main. Nous y avons passé. Il nous a fait mille civilités, nous a donné la collation, où nous avons mangé des fruits les plus excellens qui se puissent voir, et bu du vin que nous avons trouvé le meilleur du monde.

GÉRONTE. — Qu'y a-t-il de si affligeant à tout cela?

SCAPIN. — Attendez, monsieur, nous y voici. Pendant que nous mangions, il a fait mettre la galère en mer, et, se voyant éloigné du port, il m'a fait mettre dans un esquif, et m'envoie vous dire que si vous ne lui envoyez par moi, tout à l'heure, cinq cents écus, il va vous emmener votre fils en Alger.

GÉRONTE. — Comment, diantre! cinq cents écus!

SCAPIN. — Oui, monsieur; et de plus, il ne m'a donné pour cela que deux heures.

GÉRONTE. — Ah! le pendard de Turc! m'assassiner de la façon!

SCAPIN. — C'est à vous, monsieur, d'aviser promptement aux moyens de sauver des fers un fils que vous aimez avec tant de tendresse.

GÉRONTE. — Que diable alloit-il faire dans cette galère?

SCAPIN. — Il ne songeoit pas à ce qui est arrivé.

GÉRONTE. — Va-t'en, Scapin, va-t'en dire à ce Turc que je vais envoyer la justice après lui.

SCAPIN. — La justice en pleine mer! Vous moquez-vous des gens?

GÉRONTE. — Que diable alloit-il faire dans cette galère?

SCAPIN. — Une méchante destinée conduit quelquefois les personnes.

GÉRONTE. — Il faut, Scapin, il faut que tu fasses ici l'action d'un serviteur fidèle.

SCAPIN. — Quoi, monsieur?

GÉRONTE. — Que tu ailles dire à ce Turc qu'il me renvoie mon fils, et que tu te mettes à sa place jusqu'à ce que j'aie amassé la somme qu'il demande.

SCAPIN. — Hé! monsieur, songez-vous à ce que vous dites? et vous figurez-vous que ce Turc ait si peu de sens que d'aller recevoir un misérable comme moi à la place de votre fils?

GÉRONTE. — Que diable alloit-il faire dans cette galère?

SCAPIN. — Il ne devinoit pas ce malheur. Songez, monsieur, qu'il ne m'a donné que deux heures.

GÉRONTE. — Tu dis qu'il demande....

SCAPIN. — Cinq cents écus.

GÉRONTE. — Cinq cents écus! N'a-t-il point de conscience?

SCAPIN. — Vraiment oui, de la conscience à un Turc!

GÉRONTE. — Sait-il bien ce que c'est que cinq cents écus?

SCAPIN. — Oui, monsieur; il sait que c'est mille cinq cents livres.

GÉRONTE. — Croit-il, le traître, que mille cinq cents livres se trouvent dans le pas d'un cheval?

SCAPIN. — Ce sont des gens qui n'entendent point de raison.

GÉRONTE. — Mais que diable alloit-il faire à cette galère?

SCAPIN. — Il est vrai. Mais quoi! on ne prévoyoit pas les choses. De grâce, monsieur, dépêchez.

GÉRONTE. — Tiens, voilà la clef de mon armoire.

SCAPIN. — Bon.

GÉRONTE. — Tu l'ouvriras.

SCAPIN. — Fort bien.

GÉRONTE. — Tu trouveras une grosse clef du côté gauche, qui est celle de mon grenier.

SCAPIN. — Oui.

GÉRONTE. — Tu iras prendre toutes les hardes qui sont dans cette grande manne, et tu les vendras aux fripiers pour aller racheter mon fils.

SCAPIN, *en lui rendant la clef.* — Eh! monsieur, rêvez-vous? Je n'aurais pas cent francs de tout ce que vous dites; et, de plus, vous savez le peu de temps qu'on m'a donné.

GÉRONTE. — Mais que diable alloit-il faire à cette galère?

SCAPIN. — Oh! que de paroles perdues! Laissez là cette galère, et songez que le temps presse, et que vous courez risque de perdre votre fils. Hélas! mon pauvre maître! peut-être que je ne te verrai de ma vie, et qu'à l'heure que je parle, on t'emmène esclave en Alger. Mais le ciel me sera témoin que j'ai fait pour toi tout ce que j'ai pu; et que, si tu manques à être racheté, il n'en faut accuser que le peu d'amitié d'un père.

GÉRONTE. — Attends, Scapin, je m'en vais querir cette somme.

SCAPIN. — Dépêchez donc vite, monsieur; je tremble que l'heure ne sonne.

GÉRONTE. — N'est-ce pas quatre cents écus que tu dis?

SCAPIN. — Non. Cinq cents écus.

GÉRONTE. — Cinq cents écus!

SCAPIN. — Oui.

GÉRONTE. — Que diable alloit-il faire à cette galère ?

SCAPIN. — Vous avez raison ; mais hâtez-vous.

GÉRONTE. — N'y avoit-il point d'autre promenade ?

SCAPIN. — Cela est vrai ; mais faites promptement.

GÉRONTE. — Ah! maudite galère!

SCAPIN, *à part.* — Cette galère lui tient au cœur.

GÉRONTE. — Tiens, Scapin, je ne me souvenois pas que je viens justement de recevoir cette somme en or, et je ne croyois pas qu'elle dût m'être sitôt ravie. (*Tirant sa bourse de sa poche, et la présentant à Scapin.*) Tiens, va-t'en racheter mon fils.

SCAPIN, *tendant la main.* — Oui, monsieur.

GÉRONTE, *retenant sa bourse qu'il fait semblant de vouloir donner à Scapin.* — Mais dis à ce Turc que c'est un scélérat.

SCAPIN, *tendant encore la main.* — Oui.

GÉRONTE, *recommençant la même action.* — Un infâme.

SCAPIN, *tendant toujours la main.* — Oui.

GÉRONTE, *de même.* — Un homme sans foi, un voleur.

SCAPIN. — Laissez-moi faire.

GÉRONTE, *de même.* — Qu'il me tire cinq cents écus contre toute sorte de droit.

SCAPIN. — Oui.

GÉRONTE, *de même.* — Que je ne les lui donne ni à la mort, ni à la vie.

SCAPIN. — Fort bien.

GÉRONTE, *de même.* — Et que, si jamais je l'attrape, je saurai me venger de lui.

SCAPIN. — Oui.

GÉRONTE, *remettant sa bourse dans sa poche, et s'en allant.* — Va, va vite requérir mon fils.

SCAPIN, *courant après Géronte.* — Holà, monsieur.

GÉRONTE. — Quoi ?

SCAPIN. — Où est donc cet argent ?

GÉRONTE. — Ne te l'ai-je pas donné ?

SCAPIN. — Non, vraiment ; vous l'avez remis dans votre poche.

GÉRONTE. — Ah! c'est la douleur qui me trouble l'esprit.

SCAPIN. — Je le vois bien.

GÉRONTE. — Que diable alloit-il faire dans cette galère ? Ah! maudite galère! traître de Turc! à tous les diables.

SCAPIN, *seul.* — Il ne peut digérer les cinq cents écus que je lui arrache ; mais il n'est pas quitte envers moi ; et je veux qu'il me paye en une autre monnoie l'imposture qu'il m'a faite auprès de son fils.

SCÈNE XII.

OCTAVE, LÉANDRE, SCAPIN.

OCTAVE. — Hé bien! Scapin, as-tu réussi pour moi dans ton entreprise ?

LÉANDRE. — As-tu fait quelque chose pour tirer mon amour de la peine où il est ?

SCAPIN, *à Octave.* — Voilà deux cents pistoles que j'ai tirées de votre père.

OCTAVE. — Ah! que tu me donnes de joie!

SCAPIN, *à Léandre.* — Pour vous, je n'ai pu faire rien.

LÉANDRE, *voulant s'en aller.* — Il faut donc que j'aille mourir ; et je n'ai que faire de vivre, si Zerbinette m'est ôtée.

SCAPIN. — Holà! holà! tout doucement. Comme diantre vous allez vite!

LÉANDRE, *se retournant.* — Que veux-tu que je devienne ?

SCAPIN. — Allez, j'ai votre affaire ici.

LÉANDRE. — Ah! tu me redonnes la vie.

SCAPIN. — Mais à condition que vous me permettrez, à moi, une petite vengeance contre votre père, pour le tour qu'il m'a fait.

LÉANDRE. — Tout ce que tu voudras.

SCAPIN. — Vous me le promettez devant témoin.

LÉANDRE. — Oui.

SCAPIN. — Tenez, voilà cinq cents écus.

LÉANDRE. — Allons-en promptement acheter celle que j'adore.

FIN
DU
DEUXIÈME ACTE

Mais que diable alloit-il faire dans cette galère? (Acte II, scène XI.)

ACTE TROISIÈME.

SCÈNE I.

ZERBINETTE, HYACINTE, SCAPIN, SYLVESTRE.

SYLVESTRE. — Oui, vos amans ont arrêté entre eux que vous fussiez ensemble; et nous nous acquittons de l'ordre qu'ils nous ont donné.

HYACINTE, à Zerbinette. — Un tel ordre n'a rien qui ne me soit fort agréable. Je reçois avec joie une compagne de la sorte; et il ne tiendra pas à moi que l'amitié qui est entre les personnes que nous aimons, ne se répande entre nous deux.

ZERBINETTE. — J'accepte la proposition, et ne suis point personne à reculer lorsqu'on m'attaque d'amitié.

SCAPIN. — Et lorsque c'est d'amour qu'on vous attaque?

ZERBINETTE. — Pour l'amour, c'est une autre chose; on y court un peu plus de risque, et je n'y suis pas si hardie.

SCAPIN. — Vous l'êtes, que je crois, contre mon maître maintenant; et ce qu'il vient de faire pour vous, doit vous donner du cœur pour répondre comme il faut à sa passion.

ZERBINETTE. — Je ne m'y fie encore que de la bonne sorte; et ce n'est pas assez pour m'assurer entièrement, que ce qu'il vient de faire. J'ai l'humeur enjouée, et sans cesse je ris : mais, tout en riant, je suis sérieuse sur de certains chapitres; et ton maître s'abusera, s'il croit qu'il lui suffise de m'avoir achetée pour me voir toute à lui. Il doit lui en coûter autre chose que de l'argent; et, pour répondre à son amour de la manière qu'il souhaite, il me faut un don de sa foi, qui soit assaisonné de certaines cérémonies qu'on trouve nécessaires.

SCAPIN. — C'est là aussi comme il l'entend. Il ne prétend à vous qu'en tout bien et en tout honneur; et je n'aurois pas été homme à me mêler de cette affaire, s'il avoit une autre pensée.

ZERBINETTE. — C'est ce que je veux croire, puisque vous me le dites; mais, du côté du père, j'y prévois des empêchemens.

SCAPIN. — Nous trouverons moyen d'accommoder les choses.

HYACINTE, à Zerbinette. — La ressemblance de nos destins doit contribuer encore à faire naître notre amitié; et nous nous voyons toutes deux dans les mêmes alarmes, toutes deux exposées à la même infortune.

ZERBINETTE. — Vous avez cet avantage au moins, que vous savez de qui vous êtes née, et que l'appui de vos parens, que vous pouvez faire connoître, est capable d'ajuster tout, peut assurer votre bonheur, et faire donner un consentement au mariage qu'on trouve fait. Mais, pour moi, je ne rencontre aucun secours dans ce que je puis être; et l'on me voit dans un état qui n'adoucira pas les volontés d'un père qui ne regarde que le bien.

HYACINTE. — Mais aussi avez-vous cet avantage, que l'on ne tente point, par un autre parti, celui que vous aimez.

ZERBINETTE. — Le changement du cœur d'un amant n'est pas ce qu'on peut le plus craindre. On se peut naturellement croire assez de mérite pour garder sa conquête; et ce que je vois de plus redoutable dans ces sortes d'affaires, c'est la puissance paternelle, auprès de qui tout le mérite ne sert de rien.

HYACINTE. — Hélas! pourquoi faut-il que de justes

inclinations se trouvent traversées? La douce chose que d'aimer, lorsque l'on ne voit point d'obstacle à ces aimables chaînes dont deux cœurs se lient ensemble!

SCAPIN. — Vous vous moquez; la tranquillité en amour est un calme désagréable. Un bonheur tout uni nous devient ennuyeux; il faut du haut et du bas dans la vie; et les difficultés qui se mêlent aux choses réveillent les ardeurs, augmentent les plaisirs.

ZERBINETTE. — Mon Dieu, Scapin, fais-nous un peu ce récit, qu'on m'a dit qui est si plaisant, du stratagème dont tu t'es avisé pour tirer de l'argent de ton vieillard avare. Tu sais qu'on ne perd point sa peine lorsqu'on me fait un conte, et que je le paye assez bien par la joie qu'on m'y voit prendre.

SCAPIN. — Voilà Sylvestre qui s'en acquittera aussi bien que moi. J'ai dans la tête certaine petite vengeance dont je vais goûter le plaisir.

SYLVESTRE. — Pourquoi, de gaieté de cœur, veux-tu chercher à t'attirer de méchantes affaires?

SCAPIN. — Je me plais à tenter des entreprises hasardeuses.

SYLVESTRE. — Je te l'ai déjà dit, tu quitterois le dessein que tu as, si tu m'en voulois croire.

SCAPIN. — Oui: mais c'est moi que j'en croirai.

SYLVESTRE. — A quoi diable te vas tu amuser?

SCAPIN. — De quoi diable te mets-tu en peine?

SYLVESTRE. — C'est que je vois que, sans nécessité, tu vas courir risque de t'attirer une venue de coups de bâton.

SCAPIN. — Hé bien! c'est aux dépens de mon dos, et non pas du tien.

SYLVESTRE. — Il est vrai que tu es maître de tes épaules, et tu en disposeras comme il te plaira.

SCAPIN. — Ces sortes de périls ne m'ont jamais arrêté; et je hais ces cœurs pusillanimes qui, pour trop prévoir les suites des choses, n'osent rien entreprendre.

ZERBINETTE, *à Scapin.* — Nous aurons besoin de tes soins.

SCAPIN. — Allez. Je vous irai bientôt rejoindre. Il ne sera pas dit qu'impunément on m'ait mis en état de me trahir moi-même, et de découvrir des secrets qu'il étoit bon qu'on ne sût pas.

SCÈNE II.

GÉRONTE, SCAPIN.

GÉRONTE. — Hé bien! Scapin, comment va l'affaire de mon fils?

SCAPIN. — Votre fils, monsieur, est en lieu de sûreté; mais vous courez maintenant, vous, le péril le plus grand du monde, et je voudrois, pour beaucoup, que vous fussiez dans votre logis.

GÉRONTE. — Comment donc?

SCAPIN. — A l'heure que je parle, on vous cherche de toutes parts pour vous tuer.

GÉRONTE. — Moi?

SCAPIN. — Oui.

GÉRONTE. — Et qui?

SCAPIN. — Le frère de cette personne qu'Octave a épousée. Il croit que le dessein que vous avez de mettre votre fille à la place que tient sa sœur, est ce qui pousse le plus fort à faire rompre leur mariage; et, dans cette pensée, il a résolu hautement de décharger son désespoir sur vous, et de vous ôter la vie pour venger son honneur. Tous ses amis, gens d'épée comme lui, vous cherchent de tous les côtés, et demandent de vos nouvelles. J'ai vu même, deçà et delà, des soldats de sa compagnie qui interrogent ceux qu'ils trouvent, et occupent par pelotons toutes les avenues de votre maison : de sorte que vous ne sauriez aller chez vous, vous ne sauriez faire un pas, ni à droite, ni à gauche, que vous ne tombiez dans leurs mains.

GÉRONTE. — Que ferai-je, mon pauvre Scapin?

SCAPIN. — Je ne sais pas, monsieur; et voici une étrange affaire. Je tremble pour vous depuis les pieds jusqu'à la tête, et.... Attendez. (*Scapin fait semblant d'aller voir au fond du théâtre s'il n'y a personne.*)

GÉRONTE, *en tremblant.* — Hé?

SCAPIN, *revenant.* — Non, non, non, ce n'est rien.

GÉRONTE. — Ne saurois-tu trouver quelque moyen pour me tirer de peine?

SCAPIN. — J'en imagine bien un; mais je courrois risque, moi, de me faire assommer.

GÉRONTE. — Hé! Scapin, montre-toi serviteur zélé. Ne m'abandonne pas, je te prie.

SCAPIN. — Je le veux bien. J'ai une tendresse pour vous qui ne sauroit souffrir que je vous laisse sans secours.

GÉRONTE. — Tu en seras récompensé, je t'assure; et je te promets cet habit-ci quand je l'aurai un peu usé.

SCAPIN. — Attendez. Voici une affaire que je me suis trouvée fort à propos pour vous sauver. Il faut que vous vous mettiez dans ce sac, et que....

GÉRONTE, *croyant voir quelqu'un.* — Ah!

SCAPIN. — Non, non, non, non, ce n'est personne. Il faut, dis-je, que vous vous mettiez là dedans, et que vous gardiez de remuer en aucune façon. Je vous chargerai sur mon dos comme un paquet de quelque chose, et je vous porterai ainsi, au travers de vos ennemis, jusque dans votre maison, où, quand nous serons une fois, nous pourrons nous barricader, et envoyer quérir main-forte contre la violence.

GÉRONTE. — L'invention est bonne.

SCAPIN. — La meilleure du monde. Vous allez voir. (*A part.*) Tu me payeras l'imposture.

GÉRONTE. — Hé?

SCAPIN. — Je dis que vos ennemis seront bien attrapés. Mettez-vous bien jusqu'au fond; et surtout prenez garde de ne vous point montrer, et de ne branler pas, quelque chose qui puisse arriver.

GÉRONTE. — Laisse-moi faire; je saurai me tenir....

SCAPIN. — Cachez-vous; voici un spadassin qui vous cherche. (*En contrefaisant sa voix.*) « Quoi! je n'aurai pas l'abantage dé tuer cé Géronte, et quelqu'un, par charité, né m'enseignera pas où il est! » (A Géronte, avec sa voix ordinaire.) Ne branlez pas. « Cadédis, jé lé trouberai, se cachât-il au centre dé la terre. » (A Géronte, avec son ton naturel.) Ne vous montrez pas. (Tout le langage gascon est supposé de celui qu'il contrefait, et le reste de lui.) « Oh! l'homme au sac. » Monsieur. « Jé té vaille un louis, et m'enseigne où put être Géronte. » Vous cherchez le seigneur Géronte? « Oui, mordi, jé lé cherche. » Et pour quelle affaire, monsieur? « Pour quelle affaire? » Oui. « Jé beux, cadédis, lé faire mourir sous les coups dé vaton. » Oh! monsieur, les coups de bâton ne se donnent point à des gens comme lui, et ce n'est pas un homme à être traité de la sorte. « Qui? cé fat dé Géronte, cé maraud, cé vélitre? » Le seigneur Géronte, monsieur, n'est ni fat, ni maraud, ni bélître; et vous devriez, s'il vous plaît, parler d'un autre façon. « Comment, tu mé traites, à moi, avec cette hautur? » Je défends, comme je dois, un homme d'honneur qu'on offense. « Est-ce que tu es des amis dé cé Géronte? » Oui, monsieur, j'en suis. « Ah! cadédis, tu es dé ses amis : à la vonne hure. » (Donnant plusieurs coups de bâton sur le sac.) « Tiens, boilà cé qué jé té vaille pour lui. » (Criant comme s'il recevoit les coups de bâton.) Ah, ah, ah, ah, monsieur. Ah, ah, monsieur, tout beau. Ah, doucement. Ah, ah, ah. « Va, porte-lui cela dé ma part. Adiusias. » Ah! Diable soit le Gascon! Ah!

GÉRONTE, mettant la tête hors du sac. — Ah! Scapin, je n'en puis plus.

SCAPIN. — Ah! monsieur, je suis tout moulu, et les épaules me font un mal épouvantable.

GÉRONTE. — Comment! c'est sur les miennes qu'il a frappé.

SCAPIN. — Nenni, monsieur, c'étoit sur mon dos qu'il frappoit.

GÉRONTE. — Que veux-tu dire? J'ai bien senti les coups, et les sens bien encore.

SCAPIN. — Non, vous dis-je; ce n'est que le bout du bâton qui a été jusque sur vos épaules.

GÉRONTE. — Tu devois donc te retirer un peu plus loin pour m'épargner....

SCAPIN, lui remettant la tête dans le sac. — Prenez garde; en voici un autre qui a la mine d'un étranger. (Cet endroit est de même que celui du Gascon, pour le changement de langage et le jeu de théâtre.) « Parti, moi courir comme une Basque, et moi ne pouvre point troufair de tout le jour sti diable de Gironte. » Cachez-vous bien. « Dites-moi un peu, fous, monsir l'homme, s'il ve plaît, fous savoir point où l'est sti Gironte que moi cherchair? » Non, monsieur, je ne sais point où est Géronte. « Dites-moi-le, fous, franchemente, moi li foulior pas grande chose à lui. L'est seulement pour lui donnair une petite régale sur le dos d'un douzaine de coup de bâtonne, et de trois ou quatre petites coups d'épée au trafers de son poitrine. » Je vous assure, monsieur, que je ne sais pas où il est. « Il me semble que ji foi remuair quelque chose dans sti sac. » Pardonnez-moi, monsieur. « Li est assurémente quelque histoire là tetans. » Point du tout, monsieur. « Moi l'avoir enfie-de tonner ain-coup d'épée dans sti

sac. » Ah! monsieur, gardez-vous-en bien. « Montre-le-moi un peu, fous, ce que c'être là. » Tout beau, monsieur. « Quement, tout beau? » Vous n'avez que faire de vouloir voir ce que je porte. « Et moi, je le foulior foir, moi. » Vous ne le verrez point. « Ah! que de badinemente! » Ce sont hardes qui m'appartiennent. « Montre-moi, fous, te dis-je. » Je n'en ferai rien. « Toi ne faire rien? » Non. « Moi pailler de ste bâtonne dessus les épaules de toi. » Je me moque de cela. « Ah! toi fairę le trôle. » (Donnant des coups de bâton sur le sac, et criant comme s'il les recevoit.) Ahi, ahi, ahi! Ah, monsieur, ah, ah, ah, ah. « Jusqu'au refoir : l'être là un petit leçon pour li apprendre à toi à parlair insolentemente. » Ah! peste soit du baragouineux! Ah!

GÉRONTE, sortant sa tête du sac. — Ah! je suis roué.

SCAPIN. — Ah! je suis mort.

GÉRONTE. — Pourquoi diantre faut-il qu'ils frappent sur mon dos?

SCAPIN, lui remettant la tête dans le sac. — Prenez garde; voici une demi-douzaine de soldats tout ensemble. (Contrefaisant la voix de plusieurs personnes.) « Allons, tâchons à trouver ce Géronte, cherchons partout. N'épargnons point nos pas. Courons toute la ville. N'oublions aucun lieu. Visitons tout. Furetons de tous les côtés. Par où irons-nous? Tournons par là. Non, par ici. A gauche. A droite. Nenni. Si fait. » (A Géronte, avec sa voix ordinaire.) Cachez-vous bien. « Ah! camarades, voici son valet. Allons, coquin, il faut que tu nous enseignes où est ton maître. » Hé! messieurs, ne me maltraitez point. « Allons, dis-nous où il est. Parle. Hâte-toi. Expédions. Dépêche vite. Tôt. » Hé! messieurs, doucement. (Géronte met doucement la tête hors du sac, et aperçoit la fourberie de Scapin.) « Si tu ne nous fais trouver ton maître tout à l'heure, nous allons faire pleuvoir sur toi une ondée de coups de bâton. » J'aime mieux souffrir toute chose que de découvrir mon maître. « Nous allons t'assommer. » Faites tout ce qu'il vous plaira. « Tu as envie d'être battu? » Je ne trahirai point mon maître. « Ah! tu en veux tâter? Voilà.... » Oh! (Comme il est prêt de frapper, Géronte sort du sac et Scapin s'enfuit.)

GÉRONTE, seul. — Ah! infâme! ah! traître! ah! scélérat! C'est ainsi que tu m'assassines?

SCÈNE III.

ZERBINETTE, GÉRONTE.

ZERBINETTE, riant, sans voir Géronte. — Ah, ah. Je veux prendre un peu l'air.

GÉRONTE, à part, sans voir Zerbinette. — Tu me le payeras, je te le jure.

ZERBINETTE, sans voir Géronte. — Ah, ah, ah, ah. La plaisante histoire! et la bonne dupe que ce vieillard!

Ah! tu veux en tâter! en voilà! (Acte III, scène II.)

GÉRONTE. — Il n'y a rien de plaisant à cela ; et vous n'avez que faire d'en rire.
ZERBINETTE. — Quoi? Que voulez-vous dire, monsieur ?
GÉRONTE. — Je veux dire que vous ne devez pas vous moquer de moi.
ZERBINETTE. — De vous?
GÉRONTE — Oui.

Pourquoi venez-vous ici me rire au nez? (Acte III, scène III.)

ZERBINETTE. — Comment! qui songe à se moquer de vous ?
GÉRONTE. — Pourquoi venez-vous ici me rire au nez?
ZERBINETTE. — Cela ne vous regarde point, et je ris toute seule d'un conte qu'on vient de me faire, le plus plaisant qu'on puisse entendre. Je ne sais pas si c'est parce que je suis intéressée dans la chose ; mais je n'ai jamais trouvé rien de si drôle, qu'un tour qui vient d'être joué par un fils à son père, pour en attraper de l'argent.
GÉRONTE. — Par un fils à son père, pour en attraper de l'argent?

ZERBINETTE. — Oui. Pour peu que vous me pressiez, vous me trouverez assez disposée à vous dire l'affaire ; et j'ai une démangeaison naturelle à faire part des contes que je sais.

GÉRONTE. — Je vous prie de me dire cette histoire.

ZERBINETTE. — Je le veux bien. Je ne risquerai pas grand'chose à vous la dire, et c'est une aventure qui n'est pas pour être longtemps secrète. La destinée a voulu que je me trouvasse parmi une bande de ces personnes qu'on appelle Égyptiens, et qui, rôdant de province en province, se mêlent de dire la bonne fortune, et quelquefois de beaucoup d'autres choses. En arrivant dans cette ville, un jeune homme me vit, et conçut pour moi de l'amour. Dès ce moment, il s'attacha à mes pas ; et le voilà d'abord comme tous les jeunes gens, qui croient qu'il n'y a qu'à parler, et qu'au moindre mot qu'ils nous disent, leurs affaires sont faites ; mais il trouva une fierté qui lui fit un peu corriger ses premières pensées. Il fit connoître sa passion aux gens qui me tenoient, et il les trouva disposés à me laisser à lui, moyennant quelque somme. Mais le mal de l'affaire étoit que mon amant se trouvoit dans l'état où l'on voit très-souvent la plupart des fils de famille, c'est-à-dire qu'il étoit un peu dénué d'argent. Il a un père qui, quoique riche, est un avaricieux fieffé, le plus vilain homme du monde. Attendez. Ne me saurois-je souvenir de son nom ? Haie. Aidez-moi un peu. Ne pouvez-vous me nommer quelqu'un de cette ville qui soit connu pour être un avare au dernier point ?

GÉRONTE. — Non.

ZERBINETTE. — Il y a à son nom du ron.... ronte.... Or.... Oronte. Non. Gé.... Géronte. Oui, Géronte, justement ; voilà mon vilain ; je l'ai trouvé ; c'est ce ladre-là que je dis. Pour venir à notre conte, nos gens ont voulu aujourd'hui partir de cette ville ; et mon amant s'alloit perdre, faute d'argent, si, pour en tirer de son père, il n'avoit trouvé du secours dans l'industrie d'un serviteur qu'il a. Pour le nom du serviteur, je le sais à merveille. Il s'appelle Scapin ; c'est un homme incomparable, et il mérite toutes les louanges qu'on peut donner.

GÉRONTE, à part. — Ah ! coquin que tu es !

ZERBINETTE. — Voici le stratagème dont il s'est servi pour attraper sa dupe. Ah, ah, ah, ah. Je ne saurois m'en souvenir, que je ne rie de tout mon cœur. Ah, ah, ah. Il est allé trouver ce chien d'avare, ah, ah, ah ; et lui a dit qu'en se promenant sur le port avec son fils, hi, hi, ils avoient vu une galère turque, où on les avoit invités d'entrer ; qu'un jeune Turc leur y avoit donné la collation, ah ; que, tandis qu'ils mangeoient, on avoit mis la galère en mer, et que le Turc l'avoit renvoyé lui seul à terre dans un esquif, avec ordre de dire au père de son maître, qu'il emmenoit son fils en Alger, s'il ne lui envoyoit tout à l'heure cinq cents écus. Ah, ah, ah. Voilà mon ladre, mon vilain dans de furieuses angoisses ; et la tendresse qu'il a pour son fils fait un combat étrange avec son avarice. Cinq cents écus qu'on lui demande, sont justement cinq cents coups de poignard qu'on lui donne. Ah, ah, ah. Il ne peut se résoudre à tirer cette somme de ses entrailles ; et la peine qu'il souffre lui fait trouver cent moyens ridicules pour ravoir son fils. Ah, ah, ah. Il veut envoyer la justice en mer, après la galère du Turc. Ah, ah, ah. Il sollicite son valet de s'aller offrir à tenir la place de son fils, jusqu'à ce qu'il ait amassé l'argent qu'il n'a pas envie de donner. Ah, ah, ah. Il abandonne, pour faire les cinq cents écus, quatre ou cinq vieux habits qui n'en valent pas trente. Ah, ah, ah. Le valet lui fait comprendre à tous coups l'impertinence de ses propositions, et chaque réflexion est douloureusement accompagnée d'un : « Mais que diable alloit-il faire à cette galère ? Ah ! maudite galère ! Traître de Turc ! » Enfin, après plusieurs détours, après avoir longtemps gémi et soupiré.... Mais il me semble que vous ne riez point de mon conte ; qu'en dites-vous ?

GÉRONTE. — Je dis que le jeune homme est un pendard, un insolent, qui sera puni par son père du tour qu'il lui a fait ; que l'Égyptienne est une malavisée, une impertinente, de dire des injures à un homme d'honneur, qui saura lui apprendre à venir ici débaucher les enfans de famille ; et que le valet est un scélérat qui sera, par Géronte, envoyé au gibet avant qu'il soit demain.

SCÈNE IV.

ZERBINETTE, SYLVESTRE.

SYLVESTRE. — Où est-ce donc que vous vous échappez ? Savez-vous bien que vous venez de parler là au père de votre amant ?

ZERBINETTE. — Je viens de m'en douter, et je me suis adressée à lui-même, sans y penser, pour lui conter son histoire.

SYLVESTRE. — Comment, son histoire ?

ZERBINETTE. — Oui. J'étois toute remplie du conte, et je brûlois de le redire. Mais qu'importe ? Tant pis pour lui. Je ne vois pas que les choses, pour nous, en puissent être ni pis ni mieux.

SYLVESTRE. — Vous aviez grande envie de babiller ; et c'est avoir bien de la langue, que de ne pouvoir se taire de ses propres affaires.

ZERBINETTE. — N'auroit-il pas appris cela de quelque autre ?

SCÈNE V.

ARGANTE, ZERBINETTE, SYLVESTRE.

ARGANTE, derrière le théâtre. — Holà ! Sylvestre.

SYLVESTRE, à Zerbinette. — Rentrez dans la maison. Voilà mon maître qui m'appelle.

SCÈNE VI.

ARGANTE, SYLVESTRE.

ARGANTE. — Vous vous êtes donc accordés, coquins, vous vous êtes accordés, Scapin, vous et mon fils, pour me fourber ; et vous croyez que je l'endure ?

SYLVESTRE. — Ma foi, monsieur, si Scapin vous fourbe, je m'en lave les mains, et vous assure que je n'y trempe en aucune façon.

ARGANTE. Nous verrons cette affaire, pendard, nous verrons cette affaire, et je ne prétends pas qu'on me fasse passer la plume par le bec.

SCÈNE VII.

GÉRONTE, ARGANTE, SYLVESTRE.

GÉRONTE. — Ah ! seigneur Argante, vous me voyez accablé de disgrâce.

ARGANTE. — Vous me voyez aussi dans un accablement horrible.

GÉRONTE. — Le pendard de Scapin, par une fourberie, m'a attrapé cinq cents écus.

ARGANTE. — Le même pendard de Scapin, par une fourberie aussi, m'a attrapé deux cents pistoles.

GÉRONTE. — Il ne s'est pas contenté de m'attraper cinq cents écus ; il m'a traité d'une manière que j'ai honte de dire. Mais il me la payera.

ARGANTE. — Je veux qu'il me fasse raison de la pièce qu'il m'a jouée.

GÉRONTE. — Et je prétends faire de lui une vengeance exemplaire.

SYLVESTRE, *à part.* — Plaise au ciel que, dans tout ceci, je n'aie point ma part !

GÉRONTE. — Mais ce n'est pas encore tout, seigneur Argante, et un malheur non est toujours l'avant-coureur d'un autre. Je me réjouissois aujourd'hui de l'espérance d'avoir ma fille, dont je faisois toute ma consolation ; et je viens d'apprendre de mon homme qu'elle est partie il y a longtemps de Tarente, et qu'on y croit qu'elle a péri dans le vaisseau où elle s'embarqua.

ARGANTE. — Mais pourquoi, s'il vous plaît, la tenir à Tarente, et ne vous être pas donné la joie de l'avoir avec vous ?

GÉRONTE. — J'ai eu mes raisons pour cela ; et des intérêts de famille m'ont obligé, jusques ici, à tenir fort secret ce second mariage. Mais que vois-je ?

SCÈNE VIII.

ARGANTE, GÉRONTE, NÉRINE, SYLVESTRE.

GÉRONTE. — Ah ! te voilà, Nérine ?

NÉRINE, *se jetant aux genoux de Géronte.* — Ah ! seigneur Pandolphe....

GÉRONTE. — Appelle-moi Géronte, et ne te sers plus de ce nom. Les raisons ont cessé qui m'avoient obligé à le prendre parmi vous à Tarente.

NÉRINE. — Las ! que ce changement de nom nous a causé de troubles et d'inquiétudes dans les soins que nous avons pris de vous venir chercher ici !

GÉRONTE. — Où est ma fille et sa mère ?

NÉRINE. — Votre fille, monsieur, n'est pas loin d'ici ; mais, avant que de vous la faire voir, il faut que je vous demande pardon de l'avoir mariée, dans l'abandonnement où, faute de vous rencontrer, je me suis trouvée avec elle.

GÉRONTE. — Ma fille mariée ?

NÉRINE. — Oui, monsieur.

GÉRONTE. — Et avec qui ?

NÉRINE. — Avec un jeune homme nommé Octave, fils d'un certain seigneur Argante.

GÉRONTE. — O ciel !

ARGANTE. — Quelle rencontre !

GÉRONTE. — Mène-nous, mène-nous promptement où elle est.

NÉRINE. — Vous n'avez qu'à entrer dans ce logis.

GÉRONTE. — Passe devant. Suivez-moi, suivez-moi, seigneur Argante.

SYLVESTRE, *seul.* — Voilà une aventure qui est tout à fait surprenante.

SCÈNE IX.

SCAPIN, SYLVESTRE

SCAPIN. — Hé bien ! Sylvestre, que font nos gens ?

SYLVESTRE. — J'ai deux avis à te donner. L'un, que l'affaire d'Octave est accommodée. Notre Hyacinte s'est trouvée la fille du seigneur Géronte ; et le hasard a fait ce que la prudence des pères avoit délibéré. L'autre avis, c'est que les deux vieillards font contre toi des menaces épouvantables, et surtout le seigneur Géronte.

SCAPIN. — Cela n'est rien. Les menaces ne m'ont jamais fait mal ; et ce sont des nuées qui passent bien loin sur nos têtes.

SYLVESTRE. — Prends garde à toi. Les fils se pourroient bien raccommoder avec les pères, et toi demeurer dans la nasse.

SCAPIN. — Laisse-moi faire, je trouverai moyen d'apaiser leur courroux, et....

SYLVESTRE. — Retire-toi, les voilà qui sortent.

SCÈNE X.

GÉRONTE, ARGANTE, HYACINTE, ZERBINETTE, NÉRINE, SYLVESTRE.

GÉRONTE. — Allons, ma fille, venez chez moi. Ma

joie auroit été parfaite, si j'y avois pu voir votre mère avec vous.

ARGANTE. — Voici Octave tout à propos.

SCÈNE XI.

ARGANTE, GÉRONTE, OCTAVE, HYACINTE, ZERBINETTE, NÉRINE, SYLVESTRE.

ARGANTE. — Venez, mon fils, venez vous réjouir avec nous de l'heureuse aventure de votre mariage. Le ciel....

OCTAVE. — Non, mon père, toutes vos propositions de mariage ne serviront de rien. Je dois lever le masque avec vous, et l'on vous a dit mon engagement.

ARGANTE. — Oui. Mais tu ne sais pas....

OCTAVE. — Je sais tout ce qu'il faut savoir.

ARGANTE. — Je te veux dire que la fille du seigneur Géronte....

OCTAVE. — La fille du seigneur Géronte ne me sera jamais de rien.

GÉRONTE. — C'est elle....

OCTAVE, à Géronte. — Non, monsieur; je vous demande pardon; mes résolutions sont prises.

SYLVESTRE, à Octave. — Ecoutez....

OCTAVE. — Non. Tais-toi. Je n'écoute rien.

ARGANTE, à Octave. — Ta femme....

OCTAVE. — Non, vous dis-je, mon père; je mourrai plutôt que de quitter mon aimable Hyacinte. (*Traversant le théâtre pour se mettre à côté d'Hyacinte.*) Oui, vous avez beau faire; la voilà celle à qui ma foi est engagée. Je l'aimerai toute ma vie, et je ne veux point d'autre femme.

ARGANTE. — Hé bien! c'est elle qu'on te donne. Quel diable d'étourdi qui suit toujours sa pointe !

HYACINTE, *montrant Géronte*. — Oui, Octave, voilà mon père que j'ai trouvé; et nous nous voyons hors de peine.

GÉRONTE. — Allons chez moi; nous serons mieux qu'ici pour nous entretenir.

HYACINTE, *montrant Zerbinette*. — Ah! mon père, je vous demande, par grâce, que je ne sois point séparée de l'aimable personne que vous voyez. Elle a un mérite qui vous fera concevoir de l'estime pour elle, quand il sera connu de vous.

GÉRONTE. — Tu veux que je tienne chez moi une personne qui est aimée de ton frère, et qui m'a dit tantôt au nez mille sottises de moi-même ?

ZERBINETTE. — Monsieur, je vous prie de m'excuser. Je n'aurois pas parlé de la sorte, si j'avois su que c'étoit vous; et je ne vous connoissois que de réputation.

GÉRONTE. — Comment! que de réputation ?

HYACINTE. — Mon père, la passion que mon frère a pour elle n'a rien de criminelle, et je réponds de sa vertu.

GÉRONTE. — Voilà qui est fort bien. Ne voudroit-on point que je mariasse mon fils avec elle? une fille inconnue, qui fait le métier de coureuse !

SCÈNE XII.

ARGANTE, GÉRONTE, LÉANDRE, OCTAVE, HYACINTE, ZERBINETTE, NÉRINE, SYLVESTRE.

LÉANDRE. — Mon père, ne vous plaignez point que j'aime une inconnue, sans naissance et sans bien. Ceux de qui je l'ai rachetée viennent de me découvrir qu'elle est de cette ville et d'honnête famille; que ce sont eux qui l'ont dérobée à l'âge de quatre ans : et voici un bracelet qu'ils m'ont donné, qui pourra nous aider à trouver ses parens.

ARGANTE. — Hélas! à voir ce bracelet, c'est ma fille que je perdis à l'âge que vous dites.

GÉRONTE. — Votre fille ?

ARGANTE. — Oui, ce l'est; et j'y vois tous les traits qui m'en peuvent rendre assuré.

HYACINTE. — O ciel! que d'aventures extraordinaires !

SCÈNE XIII.

ARGANTE, GÉRONTE, LÉANDRE, OCTAVE, HYACINTE, ZERBINETTE, NÉRINE, SYLVESTRE, CARLE.

CARLE. — Ah! messieurs, il vient d'arriver un accident étrange.

GÉRONTE. — Quoi ?

CARLE. — Le pauvre Scapin....

GÉRONTE. — C'est un coquin que je veux faire pendre.

CARLE. — Hélas! monsieur, vous ne serez pas en peine de cela. En passant contre un bâtiment, il lui est tombé sur la tête un marteau de tailleur de pierre, qui lui a brisé l'os et découvert toute la cervelle. Il se meurt, et il a prié qu'on l'apportât ici pour vous pouvoir parler avant que de mourir.

ARGANTE. — Où est-il ?

CARLE. — Le voilà.

SCÈNE XIV.

ARGANTE, GÉRONTE, LÉANDRE, OCTAVE, HYACINTE, ZERBINETTE, NÉRINE, SCAPIN, SYLVESTRE, CARLE.

SCAPIN, *apporté par deux hommes, et la tête entourée de linges, comme s'il avoit été blessé.* — Ahi, ahi. Mes-

Vous me voyez dans un étrange état. (Acte III, scène XIV.)

sieurs, vous me voyez.... ahi, vous me voyez dans un étrange état. Ahi. Je n'ai pas voulu mourir sans venir demander pardon à toutes les personnes que je puis avoir offensées. Ahi. Oui, messieurs, avant que de rendre le dernier soupir, je vous conjure de tout mon cœur de vouloir me pardonner tout ce que je puis vous avoir fait, et principalement le seigneur Argante et le seigneur Géronte. Ahi.

ARGANTE. — Pour moi, je te pardonne ; va, meurs en repos.

SCAPIN, à Géronte. — C'est vous, monsieur, que j'ai le plus offensé par les coups de bâton que....

GÉRONTE. — Ne parle point davantage, je te pardonne aussi.

SCAPIN. — Ç'a été une témérité bien grande à moi, que les coups de bâton que je....

GÉRONTE. — Laissons cela.

SCAPIN. — J'ai, en mourant, une douleur inconcevable des coups de bâton que....

GÉRONTE. — Mon Dieu ! tais-toi.

SCAPIN. — Les malheureux coups de bâton que je vous....

GÉRONTE. — Tais-toi, te dis-je ; j'oublie tout.

SCAPIN. — Hélas ! quelle bonté ! mais est-ce de bon cœur, monsieur, que vous me pardonnez ces coups de bâton que....

GÉRONTE. — Hé ! oui. Ne parlons plus de rien ; je te pardonne tout ; voilà qui est fait.

SCAPIN. — Ah ! monsieur, je me sens tout soulagé depuis cette parole.

GÉRONTE. — Oui ; mais je te pardonne à la charge que tu mourras.

SCAPIN. — Comment ! monsieur ?

GÉRONTE. — Je me dédis de ma parole, si tu réchappes.

SCAPIN. — Ahi, ahi. Voilà mes foiblesses qui me reprennent.

ARGANTE. — Seigneur Géronte, en faveur de notre joie, il faut lui pardonner sans condition.

GÉRONTE. — Soit.

ARGANTE. — Allons souper ensemble pour mieux goûter notre plaisir.

SCAPIN. — Et moi, qu'on me porte au bout de la table, en attendant que je meure.

FIN DU TROISIÈME ACTE

PERSONNAGES ET ACTEURS.

LA COMTESSE D'ESCARBAGNAS.	Mlle Marotte.
LE COMTE, fils de la comtesse d'Escarbagnas.	Godon.
LE VICOMTE, amant de Julie.	La Grange.
JULIE, amante du vicomte.	Mlle Beauval.
M. TIBAUDIER, conseiller, amant de la comtesse.	Hubert.
M. HARPIN, receveur des tailles, autre amant de la comtesse.	Du Croisy.
M. BOBINET, précepteur de M. le comte.	Beauval.
ANDRÉE, suivante de la comtesse.	Mlle Bonneau.
JEANNOT, laquais de M. Tibaudier.	Boulonnois.
CRIQUET, laquais de la comtesse.	Finet.

La scène est à Angoulême.

La Comtesse d'Escarbagnas fut composée pour la fête que Louis XIV donna à Madame, à son arrivée à la cour. Elle fut représentée à Saint-Germain, en décembre 1671, et au Palais-Royal en juillet 1672. Lorsque Molière joua cette pièce devant la cour, une *pastorale*, dont il ne reste rien, y était intercalée.

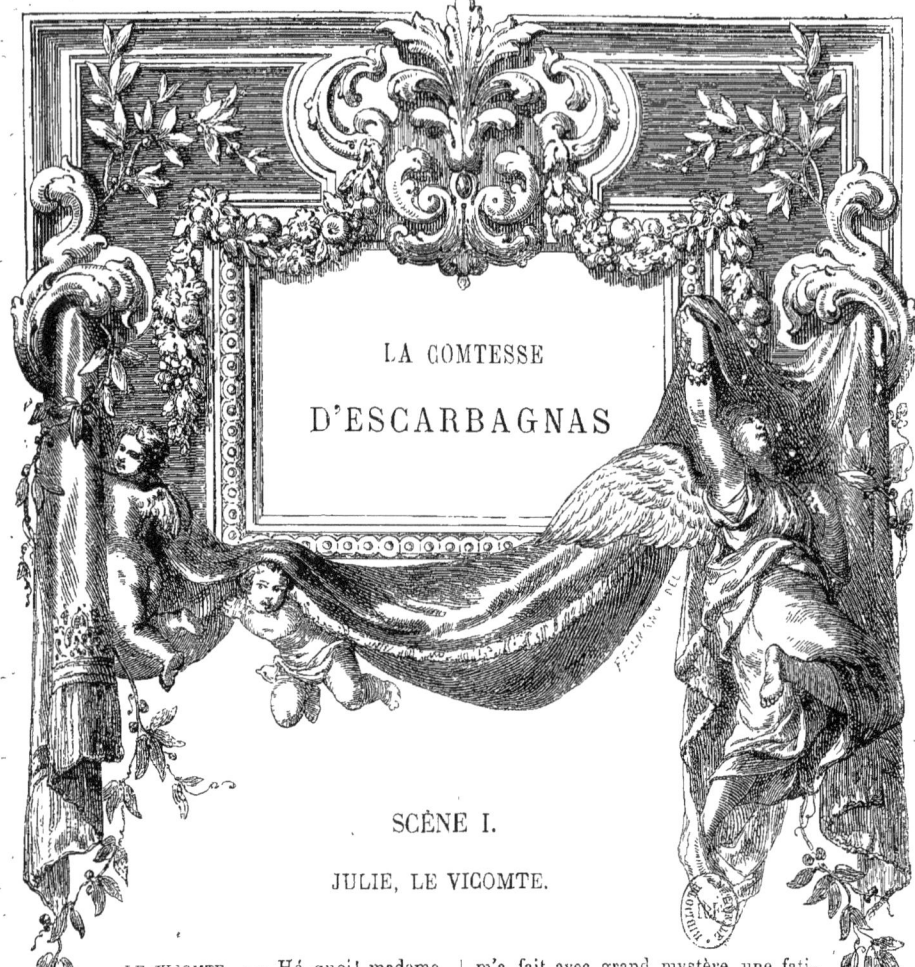

LA COMTESSE D'ESCARBAGNAS

SCÈNE I.

JULIE, LE VICOMTE.

LE VICOMTE. — Hé quoi! madame, vous êtes déjà ici?

JULIE. — Oui. Vous en devriez rougir, Cléante; et il n'est guère honnête à un amant de venir le dernier au rendez-vous.

LE VICOMTE. — Je serois ici il y a une heure, s'il n'y avoit point de fâcheux au monde et j'ai été arrêté en chemin par un vieux importun de qualité, qui m'a demandé tout exprès des nouvelles de la cour, pour trouver le moyen de m'en dire de plus extravagantes qu'on puisse débiter; et c'est là, comme vous savez, le fléau des petites villes, que ces grands nouvellistes qui cherchent partout où répandre les contes qu'ils ramassent. Celui-ci m'a montré d'abord deux feuilles de papier, pleines jusques aux bords d'un grand fatras de balivernes, qui viennent, m'a-t-il dit, de l'endroit le plus sûr du monde. Ensuite, comme d'une chose fort curieuse, il m'a fait avec grand mystère une fatigante lecture de toutes les méchantes plaisanteries de la *Gazette de Hollande*, dont il épouse les intérêts. Il tient que la France est battue en ruine par la plume de cet écrivain, et qu'il ne faut que ce bel esprit pour défaire toutes nos troupes; et de là s'est jeté à corps perdu dans le raisonnement du ministère, dont il remarque tous les défauts, et d'où j'ai cru qu'il ne sortiroit point. A l'entendre parler, il sait les secrets du cabinet mieux que ceux qui les font. La politique de l'État lui laisse voir tous ses desseins; et elle ne fait pas un pas, dont il ne pénètre les intentions. Il nous apprend les ressorts cachés de tout ce qui se fait, nous découvre les vues de la prudence de nos voisins, et remue, à sa fantaisie, toutes les affaires de l'Europe. Ses intelligences même s'étendent jusques en Afrique et en Asie; et il est informé de tout ce qui s'agite dans le conseil d'en haut du Prêtre-Jean et du Grand-Mogol.

JULIE. — Vous parez votre excuse du mieux que vous pouvez, afin de la rendre agréable, et faire qu'elle soit plus aisément reçue.

LE VICOMTE. — C'est là, belle Julie, la véritable cause de mon retardement; et, si je voulois y donner une excuse galante, je n'aurois qu'à vous dire que le rendez-vous que vous voulez prendre peut autoriser la paresse dont vous me querellez; que m'engager à faire l'amant de la maîtresse du logis, c'est me mettre en état de craindre de me trouver ici le premier; que cette feinte où je me force n'étant que pour vous plaire, j'ai lieu de ne vouloir en souffrir la contrainte que devant les yeux qui s'en divertissent; que j'évite le tête-à-tête avec cette comtesse ridicule dont vous m'embarrassez; et, en un mot, que, ne venant ici que pour vous, j'ai toutes les raisons du monde d'attendre que vous y soyez.

JULIE. — Nous savons bien que vous ne manquerez jamais d'esprit pour donner de belles couleurs aux fautes que vous pourrez faire. Cependant, si vous étiez venu une demi-heure plus tôt, nous aurions profité de tous ces momens; car j'ai trouvé en arrivant que la comtesse étoit sortie, et je ne doute point qu'elle ne soit allée par la ville se faire honneur de la comédie que vous me donnez sous son nom.

LE VICOMTE. — Mais tout de bon, madame, quand voulez-vous mettre fin à cette contrainte, et me faire moins acheter le bonheur de vous voir?

JULIE. — Quand nos parens pourront être d'accord; ce que je n'ose espérer. Vous savez, comme moi, que les démêlés de nos deux familles ne nous permettent point de nous voir autre part, et que mes frères, non plus que votre père, ne sont pas assez raisonnables pour souffrir notre attachement.

LE VICOMTE. — Mais pourquoi ne pas mieux jouir du rendez-vous que leur inimitié nous laisse, et me contraindre à perdre en une sotte feinte les momens que j'ai près de vous?

JULIE. — Pour mieux cacher notre amour; et puis, à vous dire la vérité, cette feinte dont vous parlez, m'est une comédie fort agréable; et je ne sais si celle que vous nous donnez aujourd'hui me divertira davantage. Notre comtesse d'Escarbagnas, avec son perpétuel entêtement de qualité, est un aussi bon personnage qu'on en puisse mettre sur le théâtre. Le petit voyage qu'elle a fait à Paris, l'a ramenée dans Angoulême plus achevée qu'elle n'étoit. L'approche de l'air de la cour a donné à son ridicule de nouveaux agrémens, et sa sottise tous les jours ne fait que croître et embellir.

LE VICOMTE. — Oui; mais vous ne considérez pas que le jeu qui vous divertit tient mon cœur au supplice, et qu'on n'est point capable de se jouer longtemps, lorsqu'on a dans l'esprit une passion aussi sérieuse que celle que je sens pour vous. Il est cruel, belle Julie, que cet amusement dérobe à mon amour un temps qu'il voudroit employer à vous expliquer son ardeur; et, cette nuit, j'ai fait là-dessus quelques vers, que je ne puis m'empêcher de vous réciter sans que vous me le demandiez, tant la démangeaison de dire ses ouvrages est un vice attaché à la qualité de poëte!

C'est trop longtemps, Iris, me mettre à la torture,

Iris, comme vous le voyez, est mis là pour Julie.

C'est trop longtemps, Iris, me mettre à la torture,
Et, si je suis vos lois, je les blâme tout bas.
De me forcer à taire un tourment que j'endure,
Pour déclarer un mal que je ne ressens pas.

Faut-il que vos beaux yeux, à qui je rends les armes,
Veuillent se divertir de mes tristes soupirs?
Et n'est-ce pas assez de souffrir pour vos charmes,
Sans me faire souffrir encor pour vos plaisirs?

C'en est trop à la fois que ce double martyre;
Et ce qu'il me faut taire, et ce qu'il me faut dire,
Exerce sur mon cœur pareille cruauté.

L'amour le met en feu, la contrainte le tue;
Et, si par la pitié vous n'êtes combattue,
Je meurs et de la feinte et de la vérité.

JULIE. — Je vois que vous vous faites là bien plus maltraité que vous n'êtes; mais c'est une licence que prennent messieurs les poëtes, de mentir de gaieté de cœur, et de donner à leurs maîtresses des cruautés qu'elles n'ont pas, pour s'accommoder aux pensées qui leur peuvent venir. Cependant je serai bien aise que vous me donniez ces vers par écrit.

LE VICOMTE. — C'est assez de vous les avoir dits, et je dois en demeurer là. Il est permis d'être parfois assez fou pour faire des vers, mais non pour vouloir qu'ils soient vus.

JULIE. — C'est en vain que vous vous retranchez sur une fausse modestie : on sait dans le monde que vous avez de l'esprit; et je ne vois pas la raison qui vous oblige à cacher les vôtres.

LE VICOMTE. — Mon Dieu! madame, marchons là-dessus, s'il vous plaît, avec beaucoup de retenue. Il est dangereux dans le monde de se mêler d'avoir de l'esprit. Il y a là dedans un certain ridicule qu'il est facile d'attraper, et nous avons de nos amis qui me font craindre leur exemple.

JULIE. — Mon Dieu! Cléante, vous avez beau dire; je vois avec tout cela que vous mourez d'envie de me les donner; et je vous embarrasserois, si je faisois semblant de ne m'en pas soucier.

LE VICOMTE. — Moi! madame; vous vous moquez, et je ne suis pas si poëte que vous pourriez bien croire, pour.... Mais voici votre madame la comtesse d'Escarbagnas. Je sors par l'autre porte pour ne la point trouver, et vais disposer tout mon monde au divertissement que je vous ai promis.

SCÈNE II.

LA COMTESSE, JULIE; ANDRÉE ET CRIQUET,
dans le fond du théâtre.

LA COMTESSE. — Ah! mon Dieu! madame, vous

voilà toute seule? Quelle pitié est-ce là? Toute seule! Il me semble que mes gens m'avoient dit que le vicomte étoit ici.

JULIE. — Il est vrai qu'il y est venu; mais c'est assez pour lui de savoir que vous n'y étiez pas, pour l'obliger à sortir.

LA COMTESSE. — Comment! il vous a vue?

JULIE. — Oui.

LA COMTESSE. — Et il ne vous a rien dit?

JULIE. — Non, madame; et il a voulu témoigner par là qu'il est tout entier à vos charmes.

LA COMTESSE. — Vraiment, je le veux quereller de cette action. Quelque amour que l'on ait pour moi, j'aime que ceux qui m'aiment rendent ce qu'ils doivent au sexe; et je ne suis point de l'humeur de ces emmes injustes, qui s'applaudissent des incivilités que leurs amans font aux autres belles.

JULIE. — Il ne faut point, madame, que vous soyez surprise de son procédé. L'amour que vous lui donnez éclate dans toutes ses actions, et l'empêche d'avoir des yeux que pour vous.

LA COMTESSE. — Je crois être en état de pouvoir faire naître une passion assez forte, et je me trouve pour cela assez de beauté, de jeunesse et de qualité, Dieu merci; mais cela n'empêche pas qu'avec ce que j'inspire, on ne puisse garder de l'honnêteté et de la complaisance pour les autres. *(Apercevant Criquet.)* Que faites-vous donc là, laquais? Est-ce qu'il n'y a pas une antichambre où se tenir, pour venir quand on vous appelle? Cela est étrange, qu'on ne puisse avoir en province un laquais qui sache son monde! A qui est-ce donc que je parle? Voulez-vous vous en aller là dehors, petit fripon?

SCÈNE III.

LA COMTESSE, JULIE, ANDRÉE.

LA COMTESSE, *à Andrée*. — Fille, approchez.

ANDRÉE. — Que vous plaît-il, madame?

LA COMTESSE. — Otez-moi mes coiffes. Doucement donc, maladroite : comme vous me saboulez la tête avec vos mains pesantes!

ANDRÉE. — Je fais, madame, le plus doucement que je puis.

LA COMTESSE. — Oui; mais le plus doucement que vous pouvez est fort rudement pour ma tête, et vous me l'avez déboîtée. Tenez encore ce manchon; ne laissez point traîner tout cela, et portez-le dans ma garde-robe. Eh bien! où va-t-elle? où va-t-elle? Que veut-elle faire, cet oison bridé?

ANDRÉE. — Je veux, madame, comme vous m'avez dit, porter cela aux garde-robes.

LA COMTESSE. — Ah! mon Dieu, l'impertinente! *(A Julie.)* Je vous demande pardon, madame. *(A Andrée.)* Je vous ai dit ma garde-robe, grosse bête, c'est-à-dire où sont mes habits.

ANDRÉE. — Est-ce, madame, qu'à la cour une armoire s'appelle une garde-robe?

LA COMTESSE. — Oui, butorde; on appelle ainsi le lieu où l'on met les habits.

ANDRÉE. — Je m'en ressouviendrai, madame, aussi bien que de votre grenier, qu'il faut appeler garde-meuble.

SCÈNE IV.

LA COMTESSE, JULIE.

LA COMTESSE. — Quelle peine il faut prendre pour instruire ces animaux-là!

JULIE. — Je les trouve bien heureux, madame, d'être sous votre discipline.

LA COMTESSE. — C'est une fille de ma mère-nourrice que j'ai mise à la chambre, et elle est toute neuve encore.

JULIE. — Cela est d'une belle âme, madame; et il est glorieux de faire ainsi des créatures.

LA COMTESSE. — Allons, des sièges. Holà! laquais, laquais, laquais! En vérité, voilà qui est violent, de ne pouvoir pas avoir un laquais pour donner des sièges! Filles, laquais, laquais, filles, quelqu'un! Je pense que tous mes gens sont morts, et que nous serons contraintes de nous donner des sièges nous-mêmes.

SCÈNE V.

LA COMTESSE, JULIE, ANDRÉE.

ANDRÉE. — Que voulez-vous, madame?

LA COMTESSE. — Il se faut bien égosiller avec vous autres!

ANDRÉE. — J'enfermois votre manchon et vos coiffes dans votre armoi..., dis-je, dans votre garde-robe.

LA COMTESSE. — Appelez-moi ce petit fripon de laquais.

ANDRÉE. — Holà! Criquet!

LA COMTESSE. — Laissez là votre Criquet, bouvière; et appelez, laquais.

ANDRÉE. — Laquais donc, et non pas Criquet, venez parler à madame. Je pense qu'il est sourd. Criq.... Laquais, laquais!

SCÈNE VI.

LA COMTESSE, JULIE, ANDRÉE, CRIQUET.

CRIQUET. — Plaît-il?

LA COMTESSE. — Où étiez-vous donc, petit coquin?

CRIQUET. — Dans la rue, madame.

LA COMTESSE. — Et pourquoi dans la rue?

CRIQUET. — Vous m'avez dit d'aller là dehors.

LA COMTESSE. — Vous êtes un petit impertinent, mon ami; et vous devez savoir que là dehors, en termes de personnes de qualité, veut dire l'antichambre.

Andrée, ayez soin tantôt de faire donner le fouet à ce petit fripon-là par mon écuyer; c'est un petit incorrigible.

ANDRÉE. — Qu'est-ce que c'est, madame, que votre écuyer? Est-ce maître Charles que vous appelez comme cela?

LA COMTESSE. — Taisez-vous, sotte que vous êtes: vous ne sauriez ouvrir la bouche, que vous ne disiez une impertinence. (*A Criquet.*) Des siéges. (*A Andrée.*) Et vous, allumez deux bougies dans mes flambeaux d'argent: il se fait déjà tard. Qu'est ce que c'est donc, que vous me regardez tout effarée?

ANDRÉE. — Madame....

LA COMTESSE. — Eh bien! madame. Qu'y a-t-il?

ANDRÉE. — C'est que....

LA COMTESSE. — Quoi?

ANDRÉE. — C'est que je n'ai point de bougie.

LA COMTESSE. — Comment! Vous n'en avez point?

ANDRÉE. — Non, madame, si ce n'est des bougies de suif.

LA COMTESSE. — La bouvière! Et où est donc la cire que je fis acheter ces jours passés?

ANDRÉE. — Je n'en ai point vu depuis que je suis céans.

LA COMTESSE. — Otez-vous de là, insolente. Je vous renverrai chez vos parents. Apportez-moi un verre d'eau.

SCÈNE VII.

LA COMTESSE ET JULIE, *faisant des cérémonies pour s'asseoir.*

LA COMTESSE. — Madame!
JULIE. — Madame!
LA COMTESSE. — Ah! madame!
JULIE. — Ah! madame!
LA COMTESSE. — Mon Dieu! madame!
JULIE. — Mon Dieu! madame!
LA COMTESSE. — Oh! madame!
JULIE. — Oh! madame!
LA COMTESSE. — Hé! madame!
JULIE. — Hé! madame!
LA COMTESSE. — Hé! allons donc, madame!
JULIE. — Hé! allons donc, madame!
LA COMTESSE. — Je suis chez moi, madame. Nous sommes demeurées d'accord de cela. Me prenez-vous pour une provinciale, madame?
JULIE. — Dieu m'en garde, madame!

SCÈNE VIII.

LA COMTESSE, JULIE; ANDRÉE, *apportant un verre d'eau;* CRIQUET.

LA COMTESSE, *à Andrée*. — Allez, impertinente: je bois avec une soucoupe. Je vous dis que vous m'alliez quérir une soucoupe pour boire.

ANDRÉE. — Criquet, qu'est-ce que c'est qu'une soucoupe?
CRIQUET. — Une soucoupe?
ANDRÉE. — Oui.
CRIQUET. — Je ne sais.
LA COMTESSE, *à Andrée*. — Vous ne vous grouillez pas?
ANDRÉE. — Nous ne savons tous deux, madame, ce que c'est qu'une soucoupe.
LA COMTESSE. — Apprenez que c'est une assiette, sur laquelle on met le verre.

SCÈNE IX.

LA COMTESSE, JULIE.

LA COMTESSE. — Vive Paris pour être bien servie! On vous entend là au moindre coup d'œil.

SCÈNE X.

LA COMTESSE, JULIE; ANDRÉE, *apportant un verre d'eau avec une assiette dessus;* CRIQUET.

LA COMTESSE. — Hé bien! vous ai-je dit comme cela, tête de bœuf? C'est dessous qu'il faut mettre l'assiette.
ANDRÉE. — Cela est bien aisé.
(*Andrée casse le verre, en le posant sur l'assiette.*)
LA COMTESSE. — Hé bien! ne voilà pas l'étourdie? En vérité, vous me payerez mon verre.
ANDRÉE. — Hé bien! oui, madame, je le payerai.
LA COMTESSE. — Mais voyez cette maladroite, cette bouvière, cette butorde, cette....
ANDRÉE, *s'en allant*. — Dame! madame, si je le paye, je ne veux point être querellée.
LA COMTESSE. — Otez-vous de devant mes yeux.

SCÈNE XI.

LA COMTESSE, JULIE.

LA COMTESSE. — En vérité, madame, c'est une chose étrange que les petites villes! On n'y sait point du tout son monde; et je viens de faire deux ou trois visites, où ils ont pensé me désespérer par le peu de respect qu'ils rendent à ma qualité.
JULIE. — Où auroient-ils appris à vivre? Ils n'ont point fait de voyage à Paris.
LA COMTESSE. — Ils ne laisseroient pas de l'apprendre, s'ils vouloient écouter les personnes; mais le mal que j'y trouve, c'est qu'ils veulent en savoir autant que moi, qui ai été deux mois à Paris, et ai vu toute la cour.
JULIE. — Les sottes gens que voilà!
LA COMTESSE. — Ils sont insupportables, avec les impertinentes égalités dont ils traitent les gens. Car

enfin, il faut qu'il y ait de la subordination dans les choses; et ce qui me met hors de moi, c'est qu'un gentilhomme de ville de deux jours, ou de deux cents ans, aura l'effronterie de dire qu'il est aussi bon gentilhomme que feu monsieur mon mari, qui demeuroit à la campagne, qui avoit meute de chiens courans, et qui prenoit la qualité de comte dans tous les contrats qu'il passoit.

JULIE. — On sait bien mieux vivre à Paris, dans ces hôtels dont la mémoire doit être si chère. Cet hôtel de

En vérité, vous me payerez mon verre. (Scène x.)

Mouhy, madame, cet hôtel de Lyon, cet hôtel de Hollande; les agréables demeures que voilà!

LA COMTESSE. — Il est vrai qu'il y a bien de la différence de ces lieux-là à tout ceci. On y voit venir du beau monde, qui ne marchande point à vous rendre tous les respects qu'on sauroit souhaiter. On ne s'en lève pas, si l'on veut, de dessus son siége; et lorsque l'on veut voir la revue, ou le grand ballet de *Psyché*, on est servie à point nommé.

JULIE. — Je pense, madame, que, durant votre séjour à Paris, vous avez bien fait des conquêtes de qualité.

LA COMTESSE. — Vous pouvez bien croire, madame, que tout ce qui s'appelle les galans de la cour, n'a pas manqué de venir à ma porte, et de m'en conter ; et je garde dans ma cassette de leurs billets, qui peuvent faire voir quelles propositions j'ai refusées ; il n'est pas nécessaire de vous dire leurs noms : on sait ce qu'on veut dire par les galans de la cour.

JULIE. — Je m'étonne, madame, que, de tous ces grands noms que je devine, vous ayez pu redescendre à un monsieur Tibaudier, le conseiller, et à un monsieur Harpin, le receveur des tailles. La chute est grande, je vous l'avoue ; car, pour monsieur votre vicomte, quoique vicomte de province, c'est toujours un vicomte, et il peut faire un voyage à Paris, s'il n'en a point fait : mais un conseiller et un receveur sont des amans un peu bien minces, pour une grande comtesse comme vous.

LA COMTESSE. — Ce sont gens qu'on ménage dans les provinces pour le besoin qu'on en peut avoir ; ils servent au moins à remplir les vides de la galanterie, à faire nombre de soupirans ; et il est bon, madame, de ne pas laisser un amant seul maître du terrain, de peur que, faute de rivaux, son amour ne s'endorme sur trop de confiance.

JULIE. — Je vous avoue, madame, qu'il y a merveilleusement à profiter de tout ce que vous dites ; c'est une école que votre conversation, et j'y viens tous les jours attraper quelque chose.

SCÈNE XII.

LA COMTESSE, JULIE, ANDRÉE, CRIQUET.

CRIQUET, *à la comtesse*. — Voilà Jeannot de monsieur le conseiller, qui vous demande, madame.

LA COMTESSE. — Hé bien ! petit coquin, voilà encore de vos âneries. Un laquais qui sauroit vivre auroit été parler tout bas à la demoiselle suivante, qui seroit venue dire doucement à l'oreille de sa maîtresse : « Madame, voilà le laquais de monsieur un tel, qui demande à vous dire un mot ; » à quoi la maîtresse auroit répondu : « Faites-le entrer. »

SCÈNE XIII.

LA COMTESSE, JULIE, ANDRÉE, CRIQUET, JEANNOT.

CRIQUET. — Entrez, Jeannot.
LA COMTESSE. — Autre lourderie. (*A Jeannot.*) Qu'y a-t-il, laquais ? Que portes-tu là ?
JEANNOT. — C'est monsieur le conseiller, madame, qui vous souhaite le bonjour, et auparavant que de venir, vous envoie des poires de son jardin, avec ce petit mot écrit.
LA COMTESSE. — C'est du bon-chrétien, qui est fort beau. Andrée, faites porter cela à l'office.

SCÈNE XIV.

LA COMTESSE, JULIE, CRIQUET, JEANNOT.

LA COMTESSE, *donnant de l'argent à Jeannot.* — Tiens, mon enfant, voilà pour boire.
JEANNOT. — Oh ! non, madame !
LA COMTESSE. — Tiens, te dis-je.
JEANNOT. — Mon maître m'a défendu, madame, de rien prendre de vous.
LA COMTESSE. — Cela ne fait rien.
JEANNOT. — Pardonnez-moi, madame.
CRIQUET. — Hé ! prenez, Jeannot Si vous n'en voulez pas, vous me le baillerez.
LA COMTESSE. — Dis à ton maître que je le remercie.
CRIQUET, *à Jeannot, qui s'en va.* — Donne-moi donc cela.
JEANNOT. — Oui ? Quelque sot !
CRIQUET. — C'est moi qui te l'ai fait prendre.
JEANNOT. — Je l'aurois bien pris sans toi.
LA COMTESSE. — Ce qui me plaît de ce monsieur Tibaudier, c'est qu'il sait vivre avec les personnes de ma qualité, et qu'il est fort respectueux.

SCENE XV.

LE VICOMTE, LA COMTESSE, JULIE, CRIQUET.

LE VICOMTE. — Madame, je viens vous avertir que la comédie sera bientôt prête, et que, dans un quart d'heure, nous pouvons passer dans la salle.
LA COMTESSE. — Je ne veux point de cohue, au moins. (*A Criquet.*) Que l'on dise à mon suisse qu'il ne laisse entrer personne.
LE VICOMTE. — En ce cas, madame, je vous déclare que je renonce à la comédie, et je n'y saurois prendre de plaisir, lorsque la compagnie n'est pas nombreuse. Croyez-moi, si vous voulez vous bien divertir, qu'on dise à vos gens de laisser entrer toute la ville.
LA COMTESSE. — Laquais, un siége. (*Au vicomte, après qu'il s'est assis.*) Vous voilà venu à propos pour recevoir un petit sacrifice que je veux bien vous faire. Tenez, c'est un billet de M. Tibaudier, qui m'envoie des poires. Je vous donne la liberté de le lire tout haut ; je ne l'ai point encore vu.
LE VICOMTE, *après avoir lu tout bas le billet.* — Voici un billet du beau style, madame, et qui mérite d'être bien écouté. « *Madame, je n'aurois pas pu vous faire le présent que je vous envoie, si je ne recueillois pas plus de fruit de mon jardin, que j'en recueille de mon amour.* »
LA COMTESSE. — Cela vous marque clairement qu'il ne se passe rien entre nous.
LE VICOMTE. — « *Les poires ne sont pas encore bien mûres ; mais elles en cadrent mieux avec la dureté de votre âme, qui, par ses continuels dédains, ne me promet pas poires molles. Trouvez bon, madame, que, sans m'engager dans une énumération de vos perfections et*

charmes, qui me jetteroit dans un progrès à l'infini, je conclue ce mot, en vous faisant considérer que je suis d'un aussi franc chrétien que les poires que je vous envoie, puisque je rends le bien pour le mal; c'est-à-dire, madame, pour m'expliquer plus intelligiblement, puisque je vous présente des poires de bon-chrétien pour des poires d'angoisse, que vos cruautés me font avaler tous les jours.

« TIBAUDIER, *votre esclave indigne.* »

Voilà, madame, un billet à garder.

LA COMTESSE. — Il y a peut-être quelque mot qui n'est pas de l'Académie; mais j'y remarque un certain respect qui me plaît beaucoup.

JULIE. — Vous avez raison, madame; et, monsieur le vicomte dût-il s'en offenser, j'aimerois un homme qui m'écriroit comme cela.

SCÈNE XVI.

M. TIBAUDIER, LE VICOMTE, LA COMTESSE, JULIE, CRIQUET.

LA COMTESSE. — Approchez, monsieur Tibaudier; ne craignez point d'entrer. Votre billet a été bien reçu, aussi bien que vos poires; et voilà madame qui parle pour vous contre votre rival.

MONSIEUR TIBAUDIER. — Je lui suis bien obligé, madame; et si elle a jamais quelque procès en notre siége, elle verra que je n'oublierai pas l'honneur qu'elle me fait, de se rendre auprès de vos beautés l'avocat de ma flamme.

JULIE. — Vous n'avez pas besoin d'avocat, monsieur, et votre cause est juste.

MONSIEUR TIBAUDIER. — Ce néanmoins, madame, bon droit a besoin d'aide: et j'ai sujet d'appréhender de me voir supplanté par un tel rival, et que madame ne soit circonvenue par la qualité de vicomte.

LE VICOMTE. — J'espérois quelque chose, monsieur Tibaudier, avant votre billet; mais il me fait craindre pour mon amour.

MONSIEUR TIBAUDIER. — Voici encore, madame, deux petits versets ou couplets que j'ai composés à votre honneur et gloire.

LE VICOMTE. — Ah! je ne pensois pas que monsieur Tibaudier fût poëte; et voilà pour m'achever, que ces deux petits versets-là!

LA COMTESSE. — Il veut dire deux strophes. (*A Criquet.*) Laquais, donnez un siége à monsieur Tibaudier. (*Bas, à Criquet, qui apporte une chaise.*) Un pliant, petit animal. Monsieur Tibaudier, mettez-vous là, et nous lisez vos strophes.

MONSIEUR TIBAUDIER.

Une personne de qualité
Ravit mon âme:
Elle a de la beauté,
J'ai de la flamme;
Mais je la blâme
D'avoir de la fierté.

LE VICOMTE. — Je suis perdu après cela.

LA COMTESSE. — Le premier vers est beau. *Une personne de qualité.*

JULIE. — Je crois qu'il est un peu trop long; mais on peut prendre une licence pour dire une belle pensée.

LA COMTESSE, *à M. Tibaudier.* — Voyons l'autre strophe.

MONSIEUR TIBAUDIER.

Je ne sais pas si vous doutez de mon parfait amour,
Mais je sais bien que mon cœur, à toute heure,
Veut quitter sa chagrine demeure,
Pour aller, par respect, faire au vôtre sa cour.
Après cela pourtant, sûre de ma tendresse,
Et de ma foi, dont unique est l'espèce,
Vous devriez à votre tour,
Vous contentant d'être comtesse,
Vous dépouiller en ma faveur d'une peau de tigresse,
Qui couvre vos appas la nuit comme le jour.

LE VICOMTE. — Me voilà supplanté, moi, par monsieur Tibaudier.

LA COMTESSE. — Ne pensez pas vous moquer; pour des vers faits dans la province, ces vers-là sont fort beaux.

LE VICOMTE. — Comment! madame, me moquer? Quoique son rival, je trouve ces vers admirables, et ne les appelle pas seulement deux strophes, comme vous, mais deux épigrammes, aussi bonnes que toutes celles de Martial.

LA COMTESSE. — Quoi! Martial fait-il des vers? Je pensois qu'il ne fît que des gants.

MONSIEUR TIBAUDIER. — Ce n'est pas ce Martial-là, madame; c'est un auteur qui vivoit il y a trente ou quarante ans.

LE VICOMTE. — Monsieur Tibaudier a lu les auteurs, comme vous le voyez. Mais allons voir, madame, si ma musique et ma comédie, avec mes entrées de ballet, pourront combattre dans votre esprit les progrès des deux strophes et du billet que nous venons de voir.

LA COMTESSE. — Il faut que mon fils le comte soit de la partie; car il est arrivé ce matin de mon château, avec son précepteur, que je vois là dedans.

SCÈNE XVII.

LA COMTESSE, JULIE, LE VICOMTE, M. TIBAUDIER, M. BOBINET, CRIQUET.

LA COMTESSE. — Holà! monsieur Bobinet! Monsieur Bobinet, approchez-vous du monde.

MONSIEUR BOBINET. — Je donne le bon vêpres à toute l'honorable compagnie. Que désire madame la comtesse d'Escarbagnas de son très-humble serviteur Bobinet?

LA COMTESSE. — A quelle heure, monsieur Bobinet, êtes-vous sorti d'Escarbagnas, avec mon fils le comte?

MONSIEUR BOBINET. — A huit heures trois quarts, madame, comme votre commandement me l'avoit ordonné.

LA COMTESSE. — Comment se portent mes deux autres fils, le marquis et le commandeur?

MONSIEUR BOBINET. — Ils sont, Dieu grâce, madame, en parfaite santé.

LA COMTESSE. — Où est le comte?

MONSIEUR BOBINET. — Dans votre belle chambre à alcôve, madame.

LA COMTESSE. — Que fait il, monsieur Bobinet?

MONSIEUR BOBINET. — Il compose un thème, madame, que je viens de lui dicter sur une épître de Cicéron.

LA COMTESSE. — Faites-le venir, monsieur Bobinet.

MONSIEUR BOBINET. — Soit fait, madame, ainsi que vous le commandez.

SCÈNE XVIII.

LA COMTESSE, JULIE, LE VICOMTE, M. TIBAUDIER.

LE VICOMTE, *à la comtesse*. — Ce monsieur Bobinet, madame, a la mine fort sage; et je crois qu'il a de l'esprit.

SCÈNE XIX.

LA COMTESSE, JULIE, LE VICOMTE, LE COMTE, M. BOBINET, M. TIBAUDIER.

MONSIEUR BOBINET. — Allons, monsieur le comte, faites voir que vous profitez des bons documens qu'on vous donne. La révérence à toute l'honnête assemblée.

LA COMTESSE, *montrant Julie*. — Comte, saluez madame; faites la révérence à monsieur le vicomte; saluez monsieur le conseiller.

MONSIEUR TIBAUDIER. — Je suis ravi, madame, que vous me concédiez la grâce d'embrasser monsieur le comte votre fils. On ne peut pas aimer le tronc, qu'on n'aime aussi les branches.

LA COMTESSE. — Mon Dieu! monsieur Tibaudier, de quelle comparaison vous servez-vous là?

JULIE. — En vérité, madame, monsieur le comte a tout à fait bon air.

LE VICOMTE. — Voilà un jeune gentilhomme qui vient bien dans le monde.

JULIE. — Qui diroit que madame eût un si grand enfant!

LA COMTESSE. — Hélas! quand je le fis, j'étois si jeune, que je me jouois encore avec une poupée!

JULIE. — C'est monsieur votre frère, et non pas monsieur votre fils.

LA COMTESSE. — Monsieur Bobinet, ayez bien soin au moins de son éducation.

MONSIEUR BOBINET. — Madame, je n'oublierai aucune chose pour cultiver cette jeune plante, dont vos bontés m'ont fait l'honneur de me confier la conduite; et je tâcherai de lui inculquer les semences de la vertu.

LA COMTESSE. — Monsieur Bobinet, faites-lui un peu dire quelque petite galanterie de ce que vous lui apprenez.

MONSIEUR BOBINET. — Allons, monsieur le comte, récitez votre leçon d'hier au matin.

LE COMTE. — *Omne viro soli quod convenit esto virile, Omne viri....*

LA COMTESSE. — Fi, monsieur Bobinet, quelles sottises est-ce que vous lui apprenez là?

MONSIEUR BOBINET. — C'est du latin, madame, et la première règle de Jean Despautère.

LA COMTESSE. — Mon Dieu! ce Jean Despautère-là est un insolent, et je vous prie de lui enseigner du latin plus honnête que celui-là.

MONSIEUR BOBINET. — Si vous voulez, madame, qu'il achève, la glose expliquera ce que cela veut dire.

LA COMTESSE. — Non, non : cela s'explique assez.

SCÈNE XX.

LA COMTESSE, JULIE, LE VICOMTE, M. TIBAUDIER, LE COMTE, M. BOBINET, CRIQUET.

CRIQUET. — Les comédiens envoient dire qu'ils sont tout prêts.

LA COMTESSE. — Allons nous placer. (*Montrant Julie.*) Monsieur Tibaudier, prenez madame.

(*Criquet range tous les siéges sur un des côtés du théatre; la comtesse, Julie et le vicomte s'asseyent; M. Tibaudier s'assied aux pieds de la comtesse.*)

LE VICOMTE. — Il est nécessaire de dire que cette comédie n'a été faite que pour lier ensemble les différens morceaux de musique et de danse dont on a voulu composer ce divertissement, et que....

LA COMTESSE. — Mon Dieu! voyons l'affaire. On a assez d'esprit pour comprendre les choses.

LE VICOMTE. — Qu'on commence le plus tôt qu'on pourra, et qu'on empêche, s'il se peut, qu'aucun fâcheux ne vienne troubler notre divertissement.

(*Les violons commencent une ouverture.*)

SCÈNE XXI.

LA COMTESSE, JULIE, LE VICOMTE, LE COMTE, M. HARPIN, M. TIBAUDIER, M. BOBINET, CRIQUET.

MONSIEUR HARPIN. — Parbleu! la chose est belle et je me réjouis de voir ce que je vois!

LA COMTESSE. — Holà! monsieur le receveur : que voulez-vous donc dire avec l'action que vous faites? Vient-on interrompre, comme cela, une comédie?

MONSIEUR HARPIN. — Morbleu! madame, je suis ravi de cette aventure; et ceci me fait voir ce que je dois croire de vous, et l'assurance qu'il y a au don de votre cœur, et aux sermens que vous m'avez faits de sa fidélité.

LA COMTESSE. — Mais, vraiment, on ne vient point ainsi se jeter au travers d'une comédie, et troubler un acteur qui parle.

MONSIEUR HARPIN. — Hé! têtebleu! la véritable comédie qui se fait ici, c'est celle que vous jouez; et, si je vous trouble, c'est de quoi je me soucie peu.

Allons, monsieur le comte, la révérence à toute l'honnête assemblée. (Scène XIX.)

LA COMTESSE. — En vérité, vous ne savez ce que vous dites.

MONSIEUR HARPIN. — Si fait, morbleu! je le sais bien; je le sais bien, mobleu! et....

(*M. Bobinet, épouvanté, emporte le comte, et s'enfuit, il est suivi par Criquet.*)

LA COMTESSE. — Hé! fi, monsieur! que cela est vilain, de jurer de la sorte!

MONSIEUR HARPIN. — Hé! ventrebleu! s'il y a ici quelque chose de vilain, ce ne sont point mes juremens; ce sont vos actions; et il vaudroit bien mieux que vous jurassiez, vous, la tête, la mort et le sang, que de faire ce que vous faites avec monsieur le vicomte.

LE VICOMTE. — Je ne sais pas, monsieur le receveur, de quoi vous vous plaignez; et si....

MONSIEUR HARPIN, *au vicomte.* — Pour vous, monsieur, je n'ai rien à vous dire : vous faites bien de pousser votre pointe, cela est naturel, je ne le trouve point étrange, et je vous demande pardon, si j'interromps votre comédie; mais vous ne devez point trouver étrange aussi que je me plaigne de son procédé; et nous avons raison tous deux de faire ce que nous faisons.

LE VICOMTE. — Je n'ai rien à dire à cela; et ne sais point les sujets de plainte que vous pouvez avoir contre madame la comtesse d'Escarbagnas.

LA COMTESSE. — Quand on a des chagrins jaloux, on n'en use point de la sorte; et l'on vient doucement se plaindre à la personne que l'on aime.

MONSIEUR HARPIN. — Moi, me plaindre doucement!

LA COMTESSE. — Oui. L'on ne vient point crier de dessus un théâtre ce qui se doit dire en particulier.

MONSIEUR HARPIN. — J'y viens, moi, morbleu! tout exprès, c'est le lieu qu'il me faut; et je souhaiterois que ce fût un théâtre public, pour vous dire avec plus d'éclat toutes vos vérités.

LA COMTESSE. — Faut-il faire un si grand vacarme pour une comédie que monsieur le vicomte me donne? Vous voyez que monsieur Tibaudier, qui m'aime, en use plus respectueusement que vous.

MONSIEUR HARPIN. — Monsieur Tibaudier en use comme il lui plaît : je ne sais pas de quelle façon monsieur Tibaudier a été avec vous; mais monsieur Tibaudier n'est pas un exemple pour moi, et je ne suis point d'humeur à payer les violons pour faire danser les autres.

LA COMTESSE. — Mais, vraiment, monsieur le receveur, vous ne songez pas à ce que vous dites. On ne traite point de la sorte les femmes de qualité; et ceux qui vous entendent croiroient qu'il y a quelque chose d'étrange entre vous et moi.

MONSIEUR HARPIN. — Hé! ventrebleu! madame, quittons la faribole.

LA COMTESSE. — Que voulez-vous donc dire avec votre Quittons la faribole?

MONSIEUR HARPIN. — Je veux dire que je ne trouve point étrange que vous vous rendiez au mérite de monsieur le vicomte; vous n'êtes pas la première femme qui joue dans le monde de ces sortes de caractères, et qui ait auprès d'elle un monsieur le receveur, dont on lui voit trahir et la passion et la bourse pour le premier venu qui lui donnera dans la vue. Mais ne trouvez point étrange aussi que je ne sois point la dupe d'une infidélité si ordinaire aux coquettes du temps, et que je vienne vous assurer, devant bonne compagnie, que je romps commerce avec vous, et que monsieur le receveur ne sera plus pour vous monsieur le donneur.

LA COMTESSE. — Cela est merveilleux, comme les amans emportés deviennent à la mode! On ne voit autre chose de tous côtés. Là, là, monsieur le receveur, quittez votre colère, et venez prendre place pour voir la comédie.

MONSIEUR HARPIN. — Moi, morbleu! prendre place! (*Montrant M. Tibaudier.*) Cherchez vos benêts à vos pieds. Je vous laisse, madame la comtesse, à M. le vicomte; et ce sera à lui que j'enverrai tantôt vos lettres. Voilà ma scène faite, voilà mon rôle joué. Serviteur à la compagnie.

MONSIEUR TIBAUDIER. — Monsieur le receveur, nous nous verrons autre part qu'ici; et je vous ferai voir que je suis au poil et à la plume.

MONSIEUR HARPIN, *en sortant.* — Tu as raison, monsieur Tibaudier.

LA COMTESSE. — Pour moi, je suis confuse de cette insolence.

LE VICOMTE. — Les jaloux, madame, sont comme ceux qui perdent leur procès; ils ont permission de tout dire. Prêtons silence à la comédie.

SCÈNE XXII.

LA COMTESSE, LE VICOMTE, JULIE, M. TIBAUDIER, JEANNOT.

JEANNOT, *au vicomte.* — Voilà un billet, monsieur, qu'on nous a dit de vous donner vite.

LE VICOMTE, *lisant.* — « *En cas que vous ayez quelque mesure à prendre, je vous envoie promptement un avis. La querelle de vos parens et de ceux de Julie vient d'être accommodée; et les conditions de cet accord, c'est le mariage de vous et d'elle. Bonsoir.* » (*A Julie.*) Ma foi, madame, voilà notre comédie achevée aussi.

(*Le vicomte, la comtesse, Julie et M. Tibaudier se lèvent.*)

JULIE. — Ah! Cléante, quel bonheur! Notre amour eût-il osé espérer un si heureux succès?

LA COMTESSE. — Comment donc? Qu'est-ce que cela veut dire?

LE VICOMTE. — Cela veut dire, madame, que j'épouse Julie; et, si vous m'en croyez, pour rendre la comédie complète de tout point, vous épouserez monsieur Tibaudier, et donnerez mademoiselle Andrée à son laquais, dont il fera son valet de chambre.

LA COMTESSE. — Quoi! jouer de la sorte une personne de ma qualité?

LE VICOMTE. — C'est sans vous offenser, madame; et les comédies veulent de ces sortes de choses.

LA COMTESSE. — Oui, monsieur Tibaudier, je vous épouse pour faire enrager tout le monde.

MONSIEUR TIBAUDIER. — Ce m'est bien de l'honneur, madame.

LE VICOMTE, *à la comtesse.* — Souffrez, madame, qu'en enrageant, nous puissions voir ici le reste du spectacle.

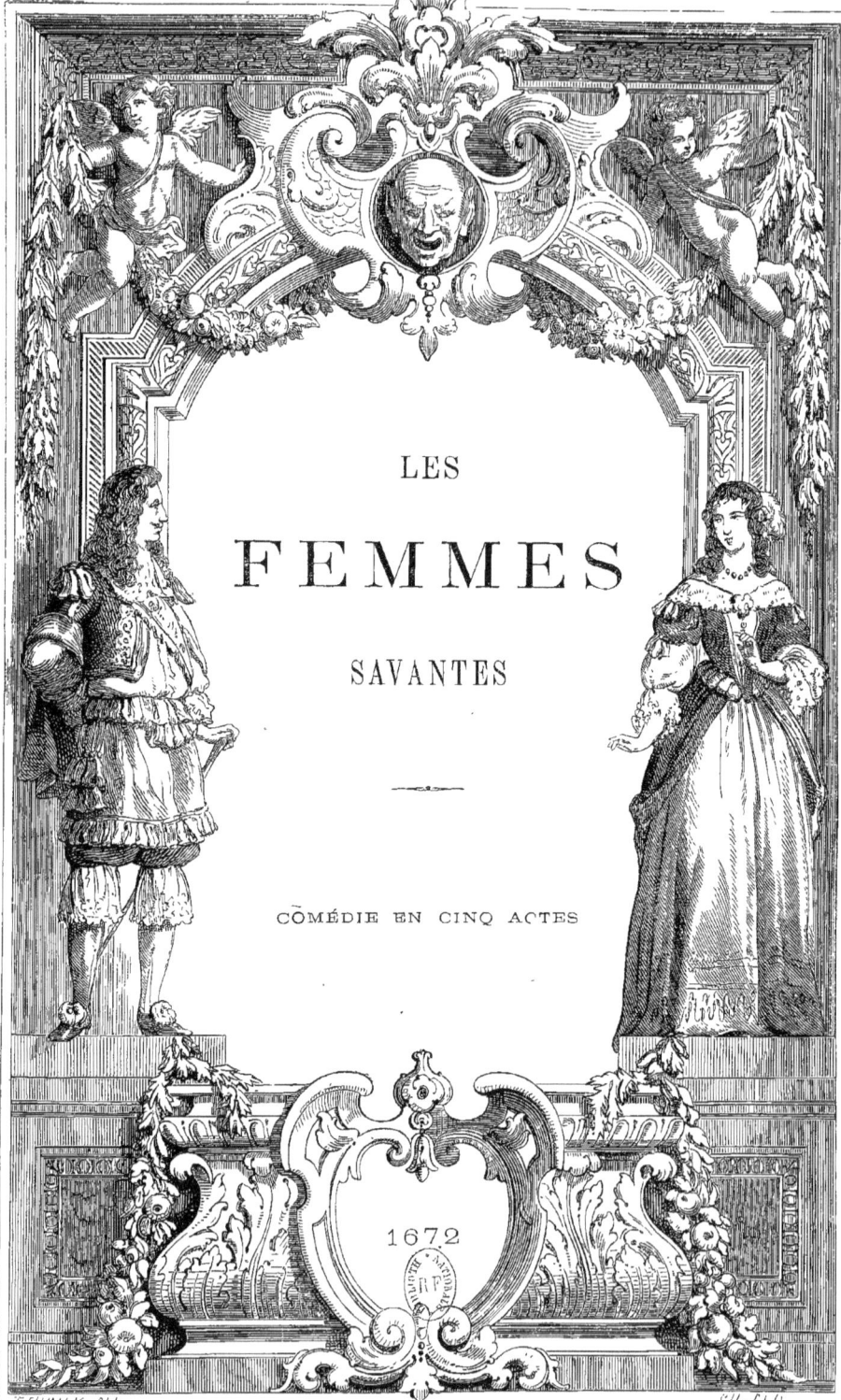

PERSONNAGES ET ACTEURS.

CHRYSALE, bon bourgeois. — Molière.
PHILAMINTE, femme de Chrysale. — Hubert.
ARMANDE, } filles de Chrysale { Mlle de Brie.
HENRIETTE, } et de Philaminte. { Mlle Molière.
ARISTE, frère de Chrysale. — Baron.
BÉLISE, sœur de Chrysale. — Mlle Villeaubrun (Geneviève Béjart).
CLITANDRE, amant d'Henriette. — La Grange.
TRISSOTIN, bel esprit. — La Thorillière.
VADIUS, savant. — Du Croisy.
MARTINE, servante de cuisine. { Une servante de Molière, qui portoit ce nom.
LÉPINE, laquais.
JULIEN, valet de Vadius.
UN NOTAIRE.

La scène est à Paris, dans la maison de Chrysale.

Cette comédie fut représentée pour la première fois sur le théâtre du Palais-Royal le 11 mars 1672.

LES FEMMES SAVANTES

ACTE PREMIER.

SCÈNE I.

ARMANDE, HENRIETTE.

ARMANDE.
Quoi! le beau nom de fille est un titre, ma sœur,
Dont vous voulez quitter la charmante douceur?
Et de vous marier vous osez faire fête?
Ce vulgaire dessein vous peut monter en tête?
HENRIETTE.
Oui, ma sœur.
ARMANDE.
Ah! ce oui se peut-il supporter?
Et sans un mal de cœur, sauroit-on l'écouter?
HENRIETTE.
Qu'a donc le mariage en soi qui vous oblige,
Ma sœur?..
ARMANDE.
Ah! mon Dieu! fi!
HENRIETTE.
Comment?

ARMANDE.
Ah! fi; vous dis-je,
Ne concevez-vous point ce que, dès qu'on l'entend,
Un tel mot à l'esprit offre de dégoûtant?
De quelle étrange image on est par lui blessée?
Sur quelle sale vue il traîne la pensée?
N'en frissonnez-vous point? et pouvez-vous, ma sœur,
Aux suites de ce mot résoudre votre cœur?
HENRIETTE.
Les suites de ce mot, quand je les envisage,
Me font voir un mari, des enfans, un ménage;
Et je ne vois rien là, si j'en puis raisonner,
Qui blesse la pensée, et fasse frissonner.
ARMANDE.
De tels attachemens, ô ciel! sont pour vous plaire?
HENRIETTE.
Et qu'est-ce qu'à mon âge on a de mieux à faire,

Que d'attacher à soi, par le titre d'époux,
Un homme qui vous aime, et soit aimé de vous;
Et, de cette union de tendresse suivie,
Se faire les douceurs d'une innocente vie?
Ce nœud bien assorti n'a-t-il pas des appas?

ARMANDE.

Mon Dieu, que votre esprit est d'un étage bas!
Que vous jouez au monde un petit personnage,
De vous claquemurer aux choses du ménage,
Et de n'entrevoir point de plaisirs plus touchans,
Qu'une idole d'époux, et des marmots d'enfans!
Laissez aux gens grossiers, aux personnes vulgaires,
Les bas amusemens de ces sortes d'affaires.
A de plus hauts objets élevez vos désirs,
Songez à prendre un goût des plus nobles plaisirs,
Et, traitant de mépris le sens et la matière,
A l'esprit, comme nous, donnez-vous tout entière.
Vous avez notre mère en exemple à vos yeux,
Que du nom de savante on honore en tous lieux;
Tâchez, ainsi que moi, de vous montrer sa fille;
Aspirez aux clartés qui sont dans la famille,
Et vous rendez sensible aux charmantes douceurs
Que l'amour de l'étude épanche dans les cœurs.
Loin d'être aux lois d'un homme en esclave asservie,
Mariez-vous, ma sœur, à la philosophie,
Qui nous monte au-dessus de tout le genre humain,
Et donne à la raison l'empire souverain,
Soumettant à ses lois la partie animale,
Dont l'appétit grossier aux bêtes nous ravale.
Ce sont là les beaux feux, les doux attachemens
Qui doivent de la vie occuper les momens;
Et les soins où je vois tant de femmes sensibles
Me paroissent aux yeux des pauvretés horribles.

HENRIETTE.

Le ciel, dont nous voyons que l'ordre est tout-puissant,
Pour différens emplois nous fabrique en naissant;
Et tout esprit n'est pas composé d'une étoffe
Qui se trouve taillée à faire un philosophe.
Si le vôtre est né propre aux élévations
Où montent des savans les spéculations,
Le mien est fait, ma sœur, pour aller terre à terre,
Et dans les petits soins son foible se resserre.
Ne troublons point du ciel les justes règlemens.
Et de nos deux instincts suivons les mouvemens.
Habitez, par l'essor d'un grand et beau génie,
Les hautes régions de la philosophie,
Tandis que mon esprit, se tenant ici-bas,
Goûtera de l'hymen les terrestres appas.
Ainsi, dans nos desseins, l'une à l'autre contraire,
Nous saurons toutes deux imiter notre mère:
Vous, du côté de l'âme et des nobles désirs;
Moi, du côté des sens et des grossiers plaisirs;
Vous, aux productions d'esprit et de lumière;
Moi, dans celles, ma sœur, qui sont de la matière.

ARMANDE.

Quand sur une personne on prétend se régler,
C'est par les beaux côtés qu'il lui faut ressembler;
Et ce n'est point du tout la prendre pour modèle,
Ma sœur, que de tousser et de cracher comme elle.

HENRIETTE.

Mais vous ne seriez pas ce dont vous vous vantez,
Si ma mère n'eût eu que de ces beaux côtés;
Et bien vous prend, ma sœur, que son noble génie
N'ait pas vaqué toujours à la philosophie.
De grâce, souffrez-moi, par un peu de bonté,
Des bassesses à qui vous devez la clarté;
Et ne supprimez point, voulant qu'on vous seconde,
Quelque petit savant qui veut venir au monde.

ARMANDE.

Je vois que votre esprit ne peut être guéri
Du fol entêtement de vous faire un mari;
Mais sachons, s'il vous plaît, qui vous songez à prendre;
Votre visée, au moins, n'est pas mise à Clitandre?

HENRIETTE.

Et par quelle raison n'y seroit-elle pas?
Manque-t-il de mérite? est-ce un choix qui soit bas?

ARMANDE.

Non; mais c'est un dessein qui seroit malhonnête,
Que de vouloir d'une autre enlever la conquête;
Et ce n'est pas un fait dans le monde ignoré,
Que Clitandre ait pour moi hautement soupiré.

HENRIETTE.

Oui; mais tous ces soupirs chez vous sont choses vaines,
Et vous ne tombez point aux bassesses humaines;
Votre esprit à l'hymen renonce pour toujours,
Et la philosophie a toutes vos amours.
Ainsi, n'ayant au cœur nul dessein pour Clitandre,
Que vous importe-t-il qu'on y puisse prétendre?

ARMANDE.

Cet empire qui tient la raison sur les sens
Ne fait pas renoncer aux douceurs des encens,
Et l'on peut, pour époux, refuser un mérite
Que, pour adorateur, on veut bien à sa suite.

HENRIETTE.

Je n'ai pas empêché qu'à vos perfections
Il n'ait continué ses adorations;
Et je n'ai fait que prendre, au refus de votre âme,
Ce qu'est venu m'offrir l'hommage de sa flamme.

ARMANDE.

Mais à l'offre des vœux d'un amant dépité,
Trouvez-vous, je vous prie, entière sûreté?
Croyez-vous pour vos yeux sa passion bien forte,
Et qu'en son cœur, pour moi, toute flamme soit morte?

HENRIETTE.

Il me le dit, ma sœur; et, pour moi, je le croi.

ARMANDE.

Ne soyez pas, ma sœur, d'une si bonne foi,
Et croyez, quand il dit qu'il me quitte et vous aime,
Qu'il n'y songe pas bien, et se trompe lui-même.

HENRIETTE.

Je ne sais; mais enfin, si c'est votre plaisir,
Il nous est bien aisé de nous en éclaircir.
Je l'aperçois qui vient; et, sur cette matière,
Il pourra nous donner une pleine lumière.

SCÈNE II.

CLITANDRE, ARMANDE, HENRIETTE.

HENRIETTE.

Pour me tirer d'un doute où me jette ma sœur,
Entre elle et moi, Clitandre, expliquez votre cœur ;
Découvrez-en le fond, et nous daignez apprendre
Qui de nous à vos vœux est en droit de prétendre.

ARMANDE.

Non, non, je ne veux point à votre passion
Imposer la rigueur d'une explication ;
Je ménage les gens, et sais comme embarrasse
Le contraignant effort de ces aveux en face.

CLITANDRE.

Non, madame, mon cœur qui dissimule peu,
Ne sent nulle contrainte à faire un libre aveu.
Dans aucun embarras un tel pas ne me jette,
Et j'avouerai tout haut, d'une âme franche et nette,
Que les tendres liens où je suis arrêté,
(Montrant Henriette.)
Mon amour et mes vœux sont tous de ce côté.
Qu'à nulle émotion cet aveu ne vous porte ;
Vous avez bien voulu les choses de la sorte.
Vos attraits m'avoient pris, et mes tendres soupirs
Vous ont assez prouvé l'ardeur de mes désirs ;
Mon cœur vous consacroit une flamme immortelle ;
Mais vos yeux n'ont pas cru leur conquête assez belle ;
J'ai souffert sous leur joug cent mépris différens :
Ils régnoient sur mon âme en superbes tyrans ;
Et je me suis cherché, lassé de tant de peines,
Des vainqueurs plus humains, et de moins rudes chaînes.
(Montrant Henriette.)
Je les ai rencontrés, madame, dans ces yeux,
Et leurs traits à jamais me seront précieux ;
D'un regard pitoyable ils ont séché mes larmes,
Et n'ont pas dédaigné le rebut de vos charmes.
De si rares bontés m'ont si bien su toucher,
Qu'il n'est rien qui me puisse à mes fers arracher ;
Et j'ose maintenant, vous conjurer, madame,
De ne vouloir tenter nul effort sur ma flamme,
De ne point essayer à rappeler un cœur
Résolu de mourir dans cette douce ardeur.

ARMANDE.

Hé ! qui vous dit, monsieur, que l'on ait cette envie
Et que de vous enfin si fort on se soucie ?
Je vous trouve plaisant de vous le figurer,
Et bien impertinent de me le déclarer.

HENRIETTE.

Hé ! doucement, ma sœur. Où donc est la morale
Qui sait si bien régir la partie animale,
Et retenir la bride aux efforts du courroux ?

ARMANDE.

Mais vous, qui m'en parlez, où la pratiquez-vous,
De répondre à l'amour que l'on vous fait paroître,
Sans le congé de ceux qui vous ont donné l'être ?
Sachez que le devoir vous soumet à leurs lois,
Qu'il ne vous est permis d'aimer que par leur choix,
Qu'ils ont sur votre cœur l'autorité suprême,
Et qu'il est criminel d'en disposer vous-même.

HENRIETTE.

Je rends grâce aux bontés que vous me faites voir,
De m'enseigner si bien les choses du devoir.
Mon cœur sur vos leçons veut régler sa conduite ;
Et, pour vous faire voir, ma sœur, que j'en profite,
Clitandre, prenez soin d'appuyer votre amour
De l'agrément de ceux dont j'ai reçu le jour.
Faites-vous sur mes vœux un pouvoir légitime,
Et me donnez moyen de vous aimer sans crime.

CLITANDRE.

J'y vais de tous mes soins travailler hautement ;
Et j'attendois de vous ce doux consentement.

ARMANDE.

Vous triomphez, ma sœur, et faites une mine
A vous imaginer que cela me chagrine.

HENRIETTE.

Moi, ma sœur ? point du tout. Je sais que sur vos sens
Les droits de la raison sont toujours tout-puissans,
Et que, par les leçons qu'on prend dans la sagesse,
Vous êtes au-dessus d'une telle foiblesse.
Loin de vous soupçonner d'aucun chagrin, je croi
Qu'ici vous daignerez vous employer pour moi,
Appuyer sa demande, et, de votre suffrage,
Presser l'heureux moment de notre mariage.
Je vous en sollicite ; et, pour y travailler....

ARMANDE.

Votre petit esprit se mêle de railler,
Et d'un cœur qu'on vous jette on vous voit toute fière.

HENRIETTE.

Tout jeté qu'est ce cœur, il ne vous déplaît guère ;
Et, si vos yeux sur moi le pouvoient ramasser,
Ils prendroient aisément le soin de se baisser.

ARMANDE.

A répondre à cela je ne daigne descendre,
Et ce sont sots discours qu'il ne faut pas entendre.

HENRIETTE.

C'est fort bien fait à vous, et vous nous faites voir
Des modérations qu'on ne peut concevoir.

SCÈNE III.

CLITANDRE, HENRIETTE.

HENRIETTE.

Votre sincère aveu ne l'a pas peu surprise.

CLITANDRE.

Elle mérite assez une telle franchise,
Et toutes les hauteurs de sa folle fierté
Sont dignes, tout au moins, de ma sincérité.
Mais, puisqu'il m'est permis, je vais à votre père,
Madame....

HENRIETTE.
Le plus sûr est de gagner ma mère.
Mon père est d'une humeur à consentir à tout ;
Mais il met peu de poids aux choses qu'il résout :
Il a reçu du ciel certaine bonté d'âme
Qui le soumet d'abord à ce que veut sa femme ;
C'est elle qui gouverne, et, d'un ton absolu,

Mon amour et mes vœux sont tous de ce côté. (Acte I, scène II.)

Elle dicte pour loi ce qu'elle a résolu.
Je voudrois bien vous voir pour elle et pour ma tante
Une âme, je l'avoue, un peu plus complaisante,
Un esprit qui, flattant les visions du leur,
Vous pût de leur estime attirer la chaleur.

CLITANDRE.

Mon cœur n'a jamais pu, tant il est né sincère,
Même dans votre sœur, flatter leur caractère;
Et les femmes docteurs ne sont point de mon goût.
Je consens qu'une femme ait des clartés de tout;
Mais je ne lui veux point la passion choquante
De se rendre savante, afin d'être savante,

Et j'aime que souvent, aux questions qu'on fait,
Elle sache ignorer les choses qu'elle sait;
De son étude, enfin, je veux qu'elle se cache,
Et qu'elle ait du savoir sans vouloir qu'on le sache,
Sans citer les auteurs, sans dire de grands mots
Et clouer de l'esprit à ses moindres propos.
Je respecte beaucoup madame votre mère;
Mais je ne puis du tout approuver sa chimère,
Et me rendre l'écho des choses qu'elle dit,
Aux encens qu'elle donne à son héros d'esprit.
Son monsieur Trissotin me chagrine, m'assomme,
Et j'enrage de voir qu'elle estime un tel homme,

Non, non, je ne veux rien entendre davantage. (Acte I, scène IV.)

Qu'elle nous mette au rang des grands et beaux esprits
Un benêt dont partout on siffle les écrits,
Un pédant dont on voit la plume libérale
D'officieux papiers fournir toute la halle.

HENRIETTE.

Ses écrits, ses discours, tout m'en semble ennuyeux,
Et je me trouve assez votre goût et vos yeux;
Mais, comme sur ma mère il a grande puissance,
Vous devez vous forcer à quelque complaisance.
Un amant fait sa cour où s'attache son cœur;
Il veut de tout le monde y gagner la faveur;
Et, pour n'avoir personne à sa flamme contraire,
Jusqu'au chien du logis il s'efforce de plaire.

CLITANDRE.

Oui, vous avez raison; mais monsieur Trissotin
M'inspire au fond de l'âme un dominant chagrin.
Je ne puis consentir, pour gagner ses suffrages,
A me déshonorer en prisant ses ouvrages :
C'est par eux qu'à mes yeux il a d'abord paru,
Et je le connoissois avant que l'avoir vu.
Je vis, dans le fatras des écrits qu'il nous donne,
Ce qu'étale en tous lieux sa pédante personne,
La constante hauteur de sa présomption,
Cette intrépidité de bonne opinion,
Cet indolent état de confiance extrême,
Qui le rend en tout temps si content de soi-même,

Qui fait qu'à son mérite incessamment il rit,
Qu'il se sait si bon gré de tout ce qu'il écrit,
Et qu'il ne voudroit pas changer sa renommée
Contre tous les honneurs d'un général d'armée.

HENRIETTE.

C'est avoir de bons yeux que de voir tout cela.

CLITANDRE.

Jusques à sa figure encor la chose alla,
Et je vis, par les vers qu'à la tête il nous jette,
De quel air il falloit que fût fait le poëte ;
Et j'en avois si bien deviné tous les traits,
Que, rencontrant un homme un jour dans le Palais,
Je gageai que c'étoit Trissotin en personne,
Et je vis qu'en effet la gageure étoit bonne.

HENRIETTE.

Quel conte !

CLITANDRE.

Non ; je dis la chose comme elle est :
Mais je vois votre tante. Agréez, s'il vous plaît,
Que mon cœur lui déclare ici notre mystère,
Et gagne sa faveur auprès de votre mère.

Bélise.

SCÈNE IV.

BÉLISE, CLITANDRE.

CLITANDRE.

Souffrez, pour vous parler, madame, qu'un amant
Prenne l'occasion de cet heureux moment,
Et se découvre à vous de la sincère flamme....

BÉLISE.

Ah ! tout beau : gardez-vous de m'ouvrir trop votre âme.
Si je vous ai su mettre au rang de mes amans,
Contentez-vous des yeux pour vos seuls truchemens,
Et ne m'expliquez point, par un autre langage,
Des désirs qui, chez moi, passent pour un outrage.
Aimez-moi, soupirez, brûlez pour mes appas ;
Mais qu'il me soit permis de ne le savoir pas.
Je puis fermer les yeux sur vos flammes secrètes,
Tant que vous vous tiendrez aux muets interprètes ;
Mais, si la bouche vient à s'en vouloir mêler,
Pour jamais de ma vue il vous faut exiler.

CLITANDRE.

Des projets de mon cœur ne prenez point d'alarme.
Henriette, madame, est l'objet qui me charme ;
Et je viens ardemment conjurer vos bontés

De seconder l'amour que j'ai pour ses beautés.
BÉLISE.
Ah! certes, le détour est d'esprit, je l'avoue :
Ce subtil faux-fuyant mérite qu'on le loue ;
Et, dans tous les romans où j'ai jeté les yeux,
Je n'ai rien rencontré de plus ingénieux.
CLITANDRE.
Ceci n'est point du tout un trait d'esprit, madame,
Et c'est un pur aveu de ce que j'ai dans l'âme.
Les cieux, par les liens d'une immuable ardeur,
Aux beautés d'Henriette ont attaché mon cœur ;
Henriette me tient sous son aimable empire,
Et l'hymen d'Henriette est le bien où j'aspire.
Vous y pouvez beaucoup ; et tout ce que je veux,
C'est que vous y daigniez favoriser mes vœux.
BÉLISE.
Je vois où doucement veut aller la demande,
Et je sais sous ce nom ce qu'il faut que j'entende.
La figure est adroite ; et, pour n'en point sortir,
Aux choses que mon cœur m'offre à vous repartir,
Je dirai qu'Henriette à l'hymen est rebelle,
Et que, sans rien prétendre, il faut brûler pour elle.
CLITANDRE.
Eh! madame, à quoi bon un pareil embarras ?
Et pourquoi voulez-vous penser ce qui n'est pas ?
BÉLISE.
Mon Dieu! point de façons. Cessez de vous défendre
De ce que vos regards m'ont souvent fait entendre.
Il suffit que l'on est contente du détour
Dont s'est adroitement avisé votre amour,
Et que, sous la figure où le respect l'engage,
On veut bien se résoudre à souffrir son hommage,
Pourvu que ses transports, par l'honneur éclairés,
N'offrent à mes autels que des vœux épurés.
CLITANDRE.
Mais....
BÉLISE.
Adieu. Pour ce coup, ceci doit vous suffire,
Et je vous ai plus dit que je ne voulois dire.
CLITANDRE.
Mais votre erreur....
BÉLISE.
Laissez. Je rougis maintenant,
Et ma pudeur s'est fait un effort surprenant.
CLITANDRE.
Je veux être pendu, si je vous aime ; et sage....
BÉLISE.
Non, non, je ne veux rien entendre davantage.

SCÈNE V.

CLITANDRE, seul.

Diantre soit de la folle avec ses visions!
A-t-on rien vu d'égal à ses préventions ?
Allons commettre un autre au soin que l'on me donne,
Et prenons le secours d'une sage personne.

FIN DU PREMIER ACTE

ACTE DEUXIÈME

SCÈNE I.

ARISTE, *quittant Clitandre, et lui parlant encore.*

Oui, je vous porterai la réponse au plus tôt ;
J'appuierai, presserai, ferai tout ce qu'il faut.
Qu'un amant, pour un mot, a de choses à dire
Et qu'impatiemment il veut ce qu'il désire !
Jamais....

SCÈNE II.

CHRYSALE, ARISTE.

ARISTE.
Ah ! Dieu vous gard', mon frère.
CHRYSALE.
Et vous aussi,
Mon frère.
ARISTE.
Savez-vous ce qui m'amène ici ?
CHRYSALE.
Non ; mais, si vous voulez, je suis prêt à l'entendre.
ARISTE.
Depuis assez longtemps vous connoissez Clitandre ?.
CHRYSALE.
Sans doute, et je le vois qui fréquente chez nous.
ARISTE.
En quelle estime est-il, mon frère, auprès de vous ?
CHRYSALE.
D'homme d'honneur, d'esprit, de cœur et de conduite,
Et je vois peu de gens qui soient de son mérite.
ARISTE.
Certain désir qu'il a, conduit ici mes pas,
Et je me réjouis que vous en fassiez cas.
CHRYSALE.
Je connus feu son père en mon voyage à Rome.
ARISTE.
Fort bien.
CHRYSALE.
C'étoit, mon frère, un fort bon gentilhomme.
ARISTE.
On le dit.
CHRYSALE.
Nous n'avions alors que vingt-huit ans,
Et nous étions, ma foi, tous deux de verts galans.
ARISTE.
Je le crois.
CHRYSALE.
Nous donnions chez les dames romaines,
Et tout le monde, là, parloit de nos fredaines :
Nous faisions des jaloux.
ARISTE.
Voilà qui va des mieux ;
Mais venons au sujet qui m'amène en ces lieux.

SCÈNE III.

BELISE, *entrant doucement, et écoutant ;*
CHRYSALE, ARISTE.

ARISTE.
Clitandre auprès de vous me fait son interprète,
Et son cœur est épris des grâces d'Henriette.
CHRYSALE.
Quoi ! de ma fille ?
ARISTE.
Oui ; Clitandre en est charmé,

Et je ne vis jamais amant plus enflammé.
BÉLISE, *à Ariste*.
Non, non; je vous entends. Vous ignorez l'histoire,
Et l'affaire n'est pas ce que vous pouvez croire.
ARISTE.
Comment, ma sœur?
BÉLISE.
Clitandre abuse vos esprits,
Et c'est d'un autre objet que son cœur est épris.
ARISTE.
Vous raillez. Ce n'est pas Henriette qu'il aime?

BÉLISE.
Non; j'en suis assurée.
ARISTE.
Il me l'a dit lui-même.
BÉLISE.
Hé! oui.
ARISTE.
Vous me voyez, ma sœur, chargé par lui
D'en faire la demande à son père aujourd'hui.
BÉLISE.
Fort bien.

Martine.

ARISTE.
Et son amour même m'a fait instance
De presser les momens d'une telle alliance.
BÉLISE.
Encor mieux. On ne peut tromper plus galamment.
Henriette, entre nous, est un amusement,
Un voile ingénieux, un prétexte, mon frère,
A couvrir d'autres feux, dont je sais le mystère;
Et je veux bien, tous deux, vous mettre hors d'erreur.
ARISTE.
Mais puisque vous savez tant de choses, ma sœur,
Dites-nous, s'il vous plaît, cet autre objet qu'il aime.

BÉLISE.
Vous le voulez savoir?
ARISTE.
Oui. Quoi?
BÉLISE.
Moi.
ARISTE.
Vous?
BÉLISE.
Moi-même.
ARISTE.
Hai, ma sœur!

BÉLISE.
Qu'est-ce donc que veut dire ce hai!
Et qu'a de surprenant le discours que je fai?
On est faite d'un air, je pense, à pouvoir dire
Qu'on n'a pas pour un cœur soumis à son empire ;
Et Dorante, Damis, Cléonte et Lycidas,
Peuvent bien faire voir qu'on a quelques appas.

ARISTE.
Ces gens vous aiment?

BÉLISE.
Oui, de toute leur puissance.

ARISTE.
Ils vous l'ont dit?

BÉLISE.
Aucun n'a pris cette licence ;
Ils m'ont su révérer si fort jusqu'à ce jour,
Qu'ils ne m'ont jamais dit un mot de leur amour.
Mais, pour m'offrir leur cœur et vouer leur service,
Les muets truchemens ont tous fait leur office.

ARISTE.
On ne voit presque point céans venir Damis.

BÉLISE.
C'est pour me faire voir un respect plus soumis.

ARISTE.
De mots piquans, partout, Dorante vous outrage.

BÉLISE.
Ce sont emportemens d'une jalouse rage.

ARISTE.
Cléonte et Lycidas ont pris femme tous deux.

BÉLISE.
C'est par un désespoir, où j'ai réduit leurs feux.

ARISTE.
Ma foi, ma chère sœur, vision toute claire.

CHRYSALE, à Bélise.
De ces chimères-là vous devez vous défaire.

BÉLISE.
Ah! chimères ! ce sont des chimères, dit-on.
Chimères, moi! Vraiment, chimères est fort bon !
Je me réjouis fort de chimères, mes frères ;
Et je ne savois pas que j'eusse des chimères.

SCÈNE IV.

CHRYSALE, ARISTE.

CHRYSALE.
Notre sœur est folle, oui.

ARISTE.
Cela croît tous les jours.
Mais, encore une fois, reprenons le discours.
Clitandre vous demande Henriette pour femme ;
Voyez quelle réponse on doit faire à sa flamme.

CHRYSALE.
Faut-il le demander ? J'y consens de bon cœur,
Et tiens son alliance à singulier honneur.

ARISTE.
Vous savez que de bien il n'a pas l'abondance,
Que....

CHRYSALE.
C'est un intérêt qui n'est pas d'importance :
Il est riche en vertu, cela vaut des trésors ;
Et puis son père et moi n'étions qu'un en deux corps.

ARISTE.
Parlons à votre femme, et voyons à la rendre
Favorable....

CHRYSALE.
Il suffit; je l'accepte pour gendre.

ARISTE.
Oui ; mais, pour appuyer votre consentement,
Mon frère, il n'est pas mal d'avoir son agrément.
Allons....

CHRYSALE.
Vous moquez-vous ? Il n'est pas nécessaire.
Je réponds de ma femme, et prends sur moi l'affaire.

ARISTE.
Mais....

CHRYSALE.
Laissez faire, dis-je, et n'appréhendez pas.
Je la vais disposer aux choses de ce pas.

ARISTE.
Soit. Je vais là-dessus sonder votre Henriette,
Et reviendrai savoir....

CHRYSALE.
C'est une affaire faite;
Et je vais à ma femme en parler sans délai.

SCÈNE V.

CHRYSALE, MARTINE.

MARTINE.
Me voilà bien chanceuse ! Hélas ! l'an dit bien vrai,
Qui veut noyer son chien, l'accuse de la rage ;
Et service d'autrui n'est pas un héritage.

CHRYSALE.
Qu'est-ce donc ? Qu'avez-vous, Martine?

MARTINE.
Ce que j'ai?

CHRYSALE.
Oui.

MARTINE.
J'ai que l'an me donne aujourd'hui mon congé,
Monsieur.

CHRYSALE.
Votre congé ?

MARTINE.
Oui. Madame me chasse.

CHRYSALE.
Je n'entends pas cela. Comment?

MARTINE.
On me menace,
Si je ne sors d'ici, de me bailler cent coups.

CHRYSALE.
Non, vous demeurerez ; je suis content de vous.
Ma femme bien souvent a la tête un peu chaude ;
Et je ne veux pas, moi,....

SCÈNE VI.

PHILAMINTE, BÉLISE, CHRYSALE, MARTINE.

PHILAMINTE, *apercevant Martine.*
Quoi! je vous vois, maraude?
Vite, sortez, friponne; allons, quittez ces lieux,
Et ne vous présentez jamais devant mes yeux.
CHRYSALE.
Tout doux.
PHILAMINTE.
Non, c'en est fait.
CHRYSALE.
Hé!
PHILAMINTE.
Je veux qu'elle sorte.
CHRYSALE.
Mais qu'a-t-elle commis, pour vouloir de la sorte?...
PHILAMINTE.
Quoi! vous la soutenez?
CHRYSALE.
En aucune façon.
PHILAMINTE.
Prenez-vous son parti contre moi?
CHRYSALE.
Mon Dieu! non;
Je ne fais seulement que demander son crime.
PHILAMINTE.
Suis-je pour la chasser sans cause légitime?
CHRYSALE.
Je ne dis pas cela; mais il faut de nos gens...
PHILAMINTE.
Non; elle sortira, vous dis-je, de céans.
CHRYSALE.
Hé bien! oui. Vous dit-on quelque chose là contre?
PHILAMINTE.
Je ne veux point d'obstacle aux désirs que je montre.
CHRYSALE.
D'accord.
PHILAMINTE.
Et vous devez, en raisonnable époux,
Être pour moi contre elle et prendre mon courroux.
CHRYSALE.
(*Se tournant vers Martine.*)
Aussi fais-je. Oui, ma femme avec raison vous chasse,
Coquine, et votre crime est indigne de grâce.
MARTINE.
Qu'est-ce donc que j'ai fait?
CHRYSALE, *bas.*
Ma foi, je ne sais pas.
PHILAMINTE.
Elle est d'humeur encore à n'en faire aucun cas!
CHRYSALE.
A-t-elle, pour donner matière à votre haine,
Cassé quelque miroir ou quelque porcelaine?
PHILAMINTE.
Voudrois-je la chasser? et vous figurez-vous
Que, pour si peu de chose, on se mette en courroux?

CHRYSALE.
(*A Martine.*) (*A Philaminte.*)
Qu'est-ce à dire? L'affaire est donc considérable?
PHILAMINTE.
Sans doute. Me voit-on femme déraisonnable?
CHRYSALE.
Est-ce qu'elle a laissé, d'un esprit négligent,
Dérober quelque aiguière ou quelque plat d'argent?
PHILAMINTE.
Cela ne seroit rien.
CHRYSALE, *à Martine.*
Oh! oh! peste, la belle!
(*A Philaminte.*)
Quoi! l'avez-vous surprise à n'être pas fidèle?
PHILAMINTE.
C'est pis que tout cela.
CHRYSALE.
Pis que tout cela?
PHILAMINTE.
Pis.
CHRYSALE.
(*A Martine.*) (*A Philaminte.*)
Comment! diantre, friponne! Euh! a-t-elle commis....
PHILAMINTE.
Elle a, d'une insolence à nulle autre pareille,
Après trente leçons, insulté mon oreille
Par l'impropriété d'un mot sauvage et bas,
Qu'en termes décisifs condamne Vaugelas.
CHRYSALE.
Est-ce là....
PHILAMINTE.
Quoi! toujours, malgré nos remontrances,
Heurter le fondement de toutes les sciences,
La grammaire, qui sait régenter jusqu'aux rois,
Et les fait, la main haute, obéir à ses lois!
CHRYSALE.
Du plus grand des forfaits je la croyois coupable.
PHILAMINTE.
Quoi! vous ne trouvez pas ce crime impardonnable?
CHRYSALE.
Si fait.
PHILAMINTE.
Je voudrois bien que vous l'excusassiez.
CHRYSALE.
Je n'ai garde.
BÉLISE.
Il est vrai que ce sont des pitiés.
Toute construction est par elle détruite;
Et des lois du langage on l'a cent fois instruite.
MARTINE.
Tout ce que vous prêchez est, je crois, bel et bon;
Mais je ne saurois, moi, parler votre jargon.
PHILAMINTE.
L'imprudente! appeler un jargon le langage
Fondé sur la raison et sur le bel usage!
MARTINE.
Quand on se fait entendre, on parle toujours bien,
Et tous vos biaux dictons ne servent pas de rien.
PHILAMINTE.
Hé bien! ne voilà pas encore de son style?

Allons, sortez. (A. le II, scène VI.)

Ne servent pas de rien !

BÉLISE.

O cervelle indocile !
Faut-il qu'avec les soins qu'on prend incessamment,
On ne te puisse apprendre à parler congrûment ?
De *pas* mis, avec *rien* tu fais la récidive ;
Et c'est, comme on t'a dit, trop d'une négative.

MARTINE.

Mon Dieu ! je n'avons pas étugué comme vous,
Et je parlons tout droit comme on parle cheux nous.

PHILAMINTE.

Ah ! peut-on y tenir ?

BÉLISE.

Quel solécisme horrible !

PHILAMINTE.

En voilà pour tuer une oreille sensible.

BÉLISE.

Ton esprit, je l'avoue, est bien matériel !
Je n'est qu'un singulier, *avons* est pluriel.
Veux-tu toute ta vie offenser la grammaire ?

Quel est le succès, aurons-nous Henriette ? (Acte II, scène IX.)

MARTINE.

Qui parle d'offenser grand'mère ni grand-père ?

PHILAMINTE.

O ciel !

BÉLISE.

Grammaire est prise à contre-sens par toi,
Et je t'ai déjà dit d'où vient ce mot.

MARTINE.

Ma foi !
Qu'il vienne de Chaillot, d'Auteuil ou de Pontoise,
Cela ne me fait rien.

BÉLISE.

Quelle âme villageoise !

La grammaire, du verbe et du nominatif,
Comme de l'adjectif avec le substantif,
Nous enseigne les lois.

MARTINE.

J'ai, madame, à vous dire
Que je ne connois point ces gens-là.

PHILAMINTE.

Quel martyre !

BÉLISE.

Ce sont les noms des mots ; et l'on doit regarder
En quoi c'est qu'il les faut faire ensemble accorder.

MARTINE.

Qu'ils s'accordent entre eux, ou se gourment, qu'importe ?

PHILAMINTE, *à Bélise.*

Hé! mon Dieu! finissez un discours de la sorte.
(*A Chrysale.*)
Vous ne voulez pas, vous, me la faire sortir?

CHRYSALE.
(*A part.*)
Si fait. A son caprice il me faut consentir.
Va, ne l'irrite point; retire-toi, Martine.

PHILAMINTE.
Comment! vous avez peur d'offenser la coquine?
Vous lui parlez d'un ton tout à fait obligeant!

CHRYSALE.
(*D'un ton ferme.*) (*D'un ton plus doux.*)
Moi? point. Allons, sortez. Va-t'en, ma pauvre enfant.

SCÈNE VII.

PHILAMINTE, CHRYSALE, BÉLISE.

CHRYSALE.
Vous êtes satisfaite, et la voilà partie;
Mais je n'approuve point une telle sortie :
C'est une fille propre aux choses qu'elle fait,
Et vous me la chassez pour un maigre sujet.

PHILAMINTE.
Vous voulez que toujours je l'aie à mon service,
Pour mettre incessamment mon oreille au supplice,
Pour rompre toute loi d'usage et de raison
Par un barbare amas de vices d'oraison,
De mots estropiés, cousus, par intervalles,
De proverbes traînés dans les ruisseaux des halles?

BÉLISE.
Il est vrai que l'on sue à souffrir ses discours;
Elle y met Vaugelas en pièces tous les jours;
Et les moindres défauts de ce grossier génie,
Sont ou le pléonasme, ou la cacophonie.

CHRYSALE.
Qu'importe qu'elle manque aux lois de Vaugelas,
Pourvu qu'à la cuisine elle ne manque pas?
J'aime bien mieux, pour moi, qu'en épluchant ses herbes,
Elle accommode mal les noms avec les verbes
Et redise cent fois un bas et méchant mot,
Que de brûler ma viande ou saler trop mon pot.
Je vis de bonne soupe, et non de beau langage.
Vaugelas n'apprend point à bien faire un potage;
Et Malherbe et Balzac, si savans en beaux mots,
En cuisine, peut-être, auroient été des sots.

PHILAMINTE.
Que ce discours grossier terriblement assomme!
Et quelle indignité, pour ce qui s'appelle homme,
D'être baissé sans cesse aux soins matériels,
Au lieu de se hausser vers les spirituels!
Le corps, cette guenille, est-il d'une importance,
D'un prix à mériter seulement qu'on y pense?
Et ne devons-nous pas laisser cela bien loin?

CHRYSALE.
Oui, mon corps est moi-même, et j'en veux prendre soin;
Guenille, si l'on veut; ma guenille m'est chère.

BÉLISE.
Le corps avec l'esprit fait figure, mon frère;
Mais, si vous en croyez tout le monde savant,
L'esprit doit sur le corps prendre le pas devant;
Et notre plus grand soin, notre première instance,
Doit être à le nourrir du suc de la science.

CHRYSALE.
Ma foi, si vous songez à nourrir votre esprit,
C'est de viande bien creuse, à ce que chacun dit;
Et vous n'avez nul soin, nulle sollicitude,
Pour....

PHILAMINTE.
Ah! *sollicitude* à mon oreille est rude;
Il pue étrangement son ancienneté.

BÉLISE.
Il est vrai que le mot est bien collet monté.

CHRYSALE.
Voulez-vous que je dise? Il faut qu'enfin j'éclate,
Que je lève le masque, et décharge ma rate.
De folles on vous traite, et j'ai fort sur le cœur....

PHILAMINTE.
Comment donc?

CHRYSALE, *à Bélise.*
C'est à vous que je parle, ma sœur.
Le moindre solécisme en parlant vous irrite;
Mais vous en faites, vous, d'étranges en conduite.
Vos livres éternels ne me contentent pas;
Et, hors un gros Plutarque à mettre mes rabats,
Vous devriez brûler tout ce meuble inutile,
Et laisser la science aux docteurs de la ville;
M'ôter, pour faire bien, du grenier de céans,
Cette longue lunette à faire peur aux gens,
Et cent brimborions dont l'aspect importune;
Ne point aller chercher ce qu'on fait dans la lune,
Et vous mêler un peu de ce qu'on fait chez vous,
Où nous voyons aller tout sens dessus dessous.
Il n'est pas bien honnête, et pour beaucoup de causes,
Qu'une femme étudie et sache tant de choses.
Former aux bonnes mœurs l'esprit de ses enfans,
Faire aller son ménage, avoir l'œil sur ses gens,
Et régler la dépense avec économie,
Doit être son étude et sa philosophie.
Nos pères, sur ce point, étoient gens bien sensés,
Qui disoient qu'une femme en sait toujours assez,
Quand la capacité de son esprit se hausse
A connoître un pourpoint d'avec un haut-de-chausse.
Les leurs ne lisoient point, mais elles vivoient bien;
Leurs ménages étoient tout leur docte entretien;
Et leurs livres, un dé, du fil et des aiguilles,
Dont elles travailloient au trousseau de leurs filles.
Les femmes d'à présent sont bien loin de ces mœurs;
Elles veulent écrire et devenir auteurs.
Nulle science n'est pour elles trop profonde,
Et céans, beaucoup plus qu'en aucun lieu du monde :
Les secrets les plus hauts s'y laissent concevoir,
Et l'on sait tout chez moi, hors ce qu'il faut savoir.
On y sait comment vont lune, étoile polaire,
Vénus, Saturne et Mars, dont je n'ai point affaire.
Et, dans ce vain savoir, qu'on va chercher si loin,
On ne sait comme va mon pot, dont j'ai besoin.

Mes gens à la science aspirent pour vous plaire,
Et tous ne font rien moins que ce qu'ils ont à faire.
Raisonner est l'emploi de toute ma maison,
Et le raisonnement en bannit la raison.
L'un me brûle mon rôt, en lisant quelque histoire ;
L'autre rêve à des vers, quand je demande à boire :
Enfin, je vois par eux votre exemple suivi,
Et j'ai des serviteurs, et ne suis point servi.
Une pauvre servante au moins m'étoit restée,
Qui de ce mauvais air n'étoit point infectée,
Et voilà qu'on la chasse avec un grand fracas,
A cause qu'elle manque à parler Vaugelas.
Je vous le dis, ma sœur, tout ce train-là me blesse,
Car c'est, comme j'ai dit, à vous que je m'adresse.
Je n'aime point céans tous vos gens à latin,
Et principalement ce monsieur Trissotin ;
C'est lui qui, dans des vers, vous a tympanisées :
Tous les propos qu'il tient sont des billevesées.
On cherche ce qu'il dit après qu'il a parlé ;
Et je lui crois, pour moi, le timbre un peu fêlé.

PHILAMINTE.
Quelle bassesse, ô ciel ! et d'âme et de langage !

BÉLISE.
Est-il de petits corps un plus lourd assemblage,
Un esprit composé d'atomes plus bourgeois ?
Et de ce même sang se peut-il que je sois ?
Je me veux mal de mort d'être de votre race,
Et, de confusion, j'abandonne la place.

SCÈNE VIII.

PHILAMINTE, CHRYSALE.

PHILAMINTE.
Avez-vous à lâcher encore quelque trait ?

CHRYSALE.
Moi ? Non. Ne parlons plus de querelle ; c'est fait.
Discourons d'autre affaire. A votre fille aînée
On voit quelque dégoût pour les nœuds d'hyménée,
C'est une philosophe enfin, je n'en dis rien ;
Elle est bien gouvernée, et vous faites fort bien :
Mais de tout autre humeur se trouve sa cadette,
Et je crois qu'il est bon de pourvoir Henriette,
De choisir un mari....

PHILAMINTE.
C'est à quoi j'ai songé,
Et je veux vous ouvrir l'intention que j'ai.
Ce monsieur Trissotin, dont on nous fait un crime,
Et qui n'a pas l'honneur d'être dans votre estime,
Est celui que je prends pour l'époux qu'il lui faut ;
Et je sais mieux que vous juger de ce qu'il vaut.
La contestation est ici superflue,
Et de tout point chez moi l'affaire est résolue.
Au moins ne dites mot du choix de cet époux ;
Je veux à votre fille en parler avant vous.
J'ai des raisons à faire approuver ma conduite,
Et je connoîtrai bien si vous l'aurez instruite.

SCÈNE IX.

ARISTE, CHRYSALE.

ARISTE.
Hé bien ! la femme sort, mon frère, et je vois bien
Que vous venez d'avoir ensemble un entretien.

CHRYSALE.
Oui.

ARISTE.
Quel est le succès ? Aurons-nous Henriette ?
A-t-elle consenti ? l'affaire est-elle faite ?

CHRYSALE.
Pas tout à fait encor.

ARISTE.
Refuse-t-elle ?

CHRYSALE.
Non.

ARISTE.
Est-ce qu'elle balance ?

CHRYSALE.
En aucune façon.

ARISTE.
Quoi donc ?

CHRYSALE.
C'est que pour gendre elle m'offre un autre [homme.

ARISTE.
Un autre homme pour gendre !

CHRYSALE.
Un autre.

ARISTE.
Qui se nomme ?

CHRYSALE.
Monsieur Trissotin.

ARISTE.
Quoi ! ce monsieur Trissotin !...

CHRYSALE.
Oui, qui parle toujours de vers et de latin.

ARISTE.
Vous l'avez accepté ?

CHRYSALE.
Moi, point : à Dieu ne plaise !

ARISTE.
Qu'avez-vous répondu ?

CHRYSALE.
Rien ; et je suis bien aise
De n'avoir point parlé, pour ne m'engager pas.

ARISTE.
La raison est fort belle, et c'est faire un grand pas.
Avez-vous su du moins lui proposer Clitandre ?

CHRYSALE.
Non ; car, comme j'ai vu qu'on parloit d'autre gendre,
J'ai cru qu'il étoit mieux de ne m'avancer point.

ARISTE.
Certes, votre prudence est rare au dernier point.
N'avez-vous point de honte, avec votre mollesse ?
Et se peut-il qu'un homme ait assez de foiblesse
Pour laisser à sa femme un pouvoir absolu,
Et n'oser attaquer ce qu'elle a résolu ?

CHRYSALE.
Mon Dieu! vous en parlez, mon frère, bien à l'aise,
Et vous ne savez pas comme le bruit me pèse.
J'aime fort le repos, la paix et la douceur,
Et ma femme est terrible avecque son humeur.
Du nom de philosophe elle fait grand mystère :
Mais elle n'en est pas pour cela moins colère ;
Et sa morale, faite à mépriser le bien,
Sur l'aigreur de sa bile opère comme rien.
Pour peu que l'on s'oppose à ce que veut sa tête,
On en a pour huit jours d'effroyable tempête.
Elle me fait trembler dès qu'elle prend son ton;
Je ne sais où me mettre, et c'est un vrai dragon ;
Et cependant, avec toute sa diablerie,
Il faut que je l'appelle et mon cœur et ma mie.

ARISTE.
Allez, c'est se moquer. Votre femme, entre nous,
Est, par vos lâchetés, souveraine sur vous.
Son pouvoir n'est fondé que sur votre foiblesse ;
C'est de vous qu'elle prend le titre de maîtresse ;
Vous-même à ses hauteurs vous vous abandonnez,
Et vous faites mener en bête par le nez.
Quoi! vous ne pouvez pas, voyant comme on vous nomme,
Vous résoudre une fois à vouloir être un homme,
A faire condescendre une femme à vos vœux,
Et prendre assez de cœur pour dire un Je le veux !
Vous laisserez, sans honte, immoler votre fille
Aux folles visions qui tiennent la famille,
Et de tout votre bien revêtir un nigaud ,
Pour six mots de latin qu'il leur fait sonner haut;
Un pédant qu'à tout coup votre femme apostrophe
Du nom de bel esprit et de grand philosophe,
D'homme qu'en vers galans jamais on n'égala,
Et qui n'est, comme on sait, rien moins que tout cela!
Allez, encore un coup, c'est une moquerie,
Et votre lâcheté mérite qu'on en rie.

CHRYSALE.
Oui, vous avez raison, et je vois que j'ai tort.
Allons, il faut enfin montrer un cœur plus fort,
Mon frère.

ARISTE.
C'est bien dit.

CHRYSALE.
C'est une chose infâme
Que d'être si soumis au pouvoir d'une femme.

ARISTE.
Fort bien.

CHRYSALE.
De ma douceur elle a trop profité,

ARISTE.
Il est vrai.

CHRYSALE.
Trop joui de ma facilité.

ARISTE.
Sans doute.

CHRYSALE.
Et je lui veux faire aujourd'hui connoître
Que ma fille est ma fille, et que j'en suis le maître,
Pour lui prendre un mari qui soit selon mes vœux.

ARISTE.
Vous voilà raisonnable, et comme je vous veux.

CHRYSALE.
Vous êtes pour Clitandre, et savez sa demeure;
Faites-le moi venir, mon frère, tout à l'heure.

ARISTE.
J'y cours tout de ce pas.

CHRYSALE.
C'est souffrir trop longtemps,
Et je m'en vais être homme à la barbe des gens.

ACTE TROISIÈME.

SCÈNE I.

PHILAMINTE, ARMANDE, BÉLISE, TRISSOTIN, LÉPINE.

PHILAMINTE.
Ah! mettons-nous ici pour écouter à l'aise
Ces vers que mot à mot il est besoin qu'on pèse.
ARMANDE.
Je brûle de les voir.
BÉLISE.
Et l'on s'en meurt chez nous.
PHILAMINTE, *à Trissotin.*
Ce sont charmes pour moi, que ce qui part de vous.
ARMANDE.
Ce m'est une douceur à nulle autre pareille.
BÉLISE.
Ce sont repas friands qu'on donne à mon oreille.
PHILAMINTE.
Ne faites point languir de si pressans désirs.
ARMANDE.
Dépêchez.
BÉLISE.
Faites tôt, et hâtez nos plaisirs.
PHILAMINTE.
À notre impatience offrez votre épigramme.
TRISSOTIN, *à Philaminte.*
Hélas! c'est un enfant tout nouveau-né, madame,
Son sort assurément a lieu de vous toucher,
Et c'est dans votre cour que j'en viens d'accoucher.
PHILAMINTE.
Pour me le rendre cher, il suffit de son père

TRISSOTIN.
Votre approbation peut lui servir de mère.
BÉLISE.
Qu'il a d'esprit!

SCÈNE II.

HENRIETTE, PHILAMINTE, BÉLISE, ARMANDE, TRISSOTIN, LÉPINE.

PHILAMINTE, *à Henriette, qui veut se retirer.*
Holà! pourquoi donc fuyez-vous?
HENRIETTE.
C'est de peur de troubler un entretien si doux.
PHILAMINTE.
Approchez, et venez, de toutes vos oreilles,
Prendre part au plaisir d'entendre des merveilles.
HENRIETTE.
Je sais peu les beautés de tout ce qu'on écrit,
Et ce n'est pas mon fait que les choses d'esprit.
PHILAMINTE.
Il n'importe: aussi bien ai-je à vous dire ensuite
Un secret dont il faut que vous soyez instruite.
TRISSOTIN, *à Henriette.*
Les sciences n'ont rien qui vous puisse enflammer.
Et vous ne vous piquez que de savoir charmer.
HENRIETTE.
Aussi peu l'un que l'autre; et je n'ai nulle envie....
BÉLISE.
Ah! songeons à l'enfant nouveau-né, je vous prie.
PHILAMINTE, *à Lépine.*
Allons, petit garçon, vite de quoi s'asseoir.
(*Lépine se laisse tomber.*)

Voyez l'impertinent? Est-ce que l'on doit choir,
Après avoir appris l'équilibre des choses?
BÉLISE.
De ta chute, ignorant, ne vois-tu pas les causes,
Et qu'elle vient d'avoir, du point fixe, écarté
Ce que nous appelons centre de gravité?
LÉPINE.
Je m'en suis aperçu, madame, étant par terre.
PHILAMINTE, à Lépine, qui sort.
Le lourdaud!
TRISSOTIN.
Bien lui prend de n'être pas de verre.
ARMANDE.
Ah! de l'esprit partout!
BÉLISE.
Cela ne tarit pas.
(Ils s'asseyent.)
PHILAMINTE.
Servez-nous promptement votre aimable repas.
TRISSOTIN.
Pour cette grande faim qu'à mes yeux on expose,
Un plat seul de huit vers me semble peu de chose;
Et je pense qu'ici je ne ferai pas mal
De joindre à l'épigramme, ou bien au madrigal,
Le ragoût d'un sonnet qui, chez une princesse,
A passé pour avoir quelque délicatesse.
Il est de sel attique assaisonné partout,
Et vous le trouverez, je crois d'assez bon goût.
ARMANDE.
Ah! je n'en doute point.
PHILAMINTE.
Donnons vite audience.
BÉLISE, *interrompant Trissotin chaque fois qu'il se dispose à lire.*
Je sens d'aise mon cœur tressaillir par avance.
J'aime la poésie avec entêtement,
Et surtout quand les vers sont tournés galamment.
PHILAMINTE.
Si nous parlons toujours, il ne pourra rien dire.
TRISSOTIN.
So....
BÉLISE, à Henriette.
Silence, ma nièce.
ARMANDE.
Ah! laissez-le donc lire.
TRISSOTIN.
Sonnet à la princesse Uranie sur sa fièvre.
Votre prudence est endormie,
De traiter magnifiquement,
Et de loger superbement
Votre plus cruelle ennemie.
BÉLISE.
Ah! le joli début!
ARMANDE.
Qu'il a le tour galant!
PHILAMINTE
Lui seul des vers aisés possède le talent.
ARMANDE.
A *prudence endormie*, il faut rendre les armes.

BÉLISE.
Loger son ennemie, est pour moi plein de charmes.
PHILAMINTE.
J'aime *superbement* et *magnifiquement;*
Ces deux adverbes joints font admirablement!
BÉLISE.
Prêtons l'oreille au reste.
TRISSOTIN.
Votre prudence est endormie.
De traiter magnifiquement,
Et de loger superbement
Votre plus cruelle ennemie.
ARMANDE.
Prudence endormie!
BÉLISE.
Loger son ennemie!
PHILAMINTE.
Superbement et *magnifiquement!*
TRISSOTIN.
Faites-la sortir, quoi qu'on die,
De votre riche appartement,
Où cette ingrate insolemment
Attaque votre belle vie.
BÉLISE.
Ah! tout doux! laissez-moi, de grâce, respirer.
ARMANDE.
Donnez-nous, s'il vous plaît, le loisir d'admirer.
PHILAMINTE.
On se sent, à ces vers, jusques au fond de l'âme,
Couler je ne sais quoi qui fait que l'on se pâme.
ARMANDE.
Faites-la sortir, quoi qu'on die,
De votre riche appartement.
Que *riche appartement* est là joliment dit!
Et que la métaphore est mise avec esprit!
PHILAMINTE.
Faites-la sortir, quoi qu'on die.
Ah! que ce *quoi qu'on die* est d'un goût admirable!
C'est, à mon sentiment, un endroit impayable.
ARMANDE.
De *quoi qu'on die* aussi mon cœur est amoureux.
BÉLISE.
Je suis de votre avis, *quoi qu'on die* est heureux.
ARMANDE.
Je voudrois l'avoir fait.
BÉLISE.
Il vaut toute une pièce.
PHILAMINTE.
Mais en comprend-on bien, comme moi, la finesse?
ARMANDE ET BÉLISE.
Oh! oh!
PHILAMINTE.
Faites-la sortir, quoi qu'on die.
Que de la fièvre on prenne ici les intérêts,
N'ayez aucun égard, moquez-vous des caquets.
Faites-la sortir, quoi qu'on die,
Quoi qu'on die, quoi qu'on die.
Ce *quoi qu'on die* en dit beaucoup plus qu'il ne semble.
Je ne sais pas, pour moi, si chacun me ressemble;
Mais j'entends là-dessous un million de mots.

BÉLISE.
Il est vrai qu'il dit plus de choses qu'il n'est gros.
PHILAMINTHE à *Trissotin.*
Mais quand vous avez fait ce charmant *quoi qu'on die,*
Avez-vous compris, vous, toute son énergie ?
Songiez-vous bien vous-même à tout ce qu'il nous dit ?
Et pensiez-vous alors y mettre tant d'esprit ?
TRISSOTIN.
Hai ! hai !
ARMANDE.
J'ai fort aussi *l'ingrate* dans la tête.
Cette ingrate de fièvre, injuste, malhonnête,
Qui traite mal les gens qui la logent chez eux
PHILAMINTE.
Enfin, les quatrains sont admirables tous deux.
Venons-en promptement aux tiercets, je vous prie.
ARMANDE.
Ah ! s'il vous plaît, encore une fois *quoi qu'on die.*
TRISSOTIN.
Faites-la sortir, quoi qu'on die.
PHILAMINTE, ARMANDE ET BÉLISE.
Quoi qu'on die !
TRISSOTIN.
De votre riche appartement,
PHILAMINTE, ARMANDE ET BÉLISE.
Riche appartement !
TRISSOTIN.
Où cette ingrate insolemment
PHILAMINTE, ARMANDE ET BÉLISE.
Cette *ingrate* de fièvre !
TRISSOTIN.
Attaque votre belle vie !
PHILAMINTE.
Votre belle vie !
ARMANDE ET BÉLISE.
Ah !
TRISSOTIN.
Quoi ! sans respecter votre rang,
Elle se prend à votre sang,
PHILAMINTE, ARMANDE ET BÉLISE.
Ah !
TRISSOTIN.
Et nuit et jour vous fait outrage ?
Si vous la conduisez aux bains,
Sans la marchander davantage,
Noyez-la de vos propres mains.
PHILAMINTE.
On n'en peut plus.
BÉLISE.
On pâme.
ARMANDE.
On se meurt de plaisir.
PHILAMINTE.
De mille doux frissons vous vous sentez saisir.
ARMANDE.
Si vous la conduisez aux bains,
BÉLISE.
Sans la marchander davantage,
PHILAMINTE.
Noyez-la de vos propres mains.

De vos propres mains, là, noyez-la dans les bains.
ARMANDE.
Chaque pas dans vos vers rencontre un trait charmant.
BÉLISE.
Partout on s'y promène avec ravissement.
PHILAMINTE.
On n'y sauroit marcher que sur de belles choses.
ARMANDE.
Ce sont petits chemins tout parsemés de roses.
TRISSOTIN.
Le sonnet donc vous semble....
PHILAMINTE.
Admirable, nouveau ;
Et personne jamais n'a rien fait de si beau.
BÉLISE, à *Henriette.*
Quoi ! sans émotion pendant cette lecture !
Vous faites là, ma nièce, une étrange figure !
HENRIETTE.
Chacun fait ici-bas la figure qu'il peut,
Ma tante ; et bel esprit, il ne l'est pas qui veut.
TRISSOTIN.
Peut-être que mes vers importunent madame.
HENRIETTE.
Point. Je n'écoute pas.
PHILAMINTE.
Ah ! voyons l'épigramme.
TRISSOTIN.
Sur un carrosse de couleur amarante donné à une
dame de ses amies.
PHILAMINTE.
Ses titres ont toujours quelque chose de rare.
ARMANDE.
A cent beaux traits d'esprit leur nouveauté prépare.
TRISSOTIN.
L'amour si chèrement m'a vendu son lien,
PHILAMINTE, ARMANDE ET BÉLISE.
Ah !
TRISSOTIN.
Qu'il m'en coûte déjà la moitié de mon bien ;
Et, quand tu vois ce beau carrosse,
Où tant d'or se relève en bosse,
Qu'il étonne tout le pays,
Et fait pompeusement triompher ma Laïs....
PHILAMINTE.
Ah ! ma *Laïs !* voilà de l'érudition.
L'enveloppe est jolie, et vaut un million.
TRISSOTIN.
Et, quand tu vois ce beau carrosse
Où tant d'or se relève en bosse,
Qu'il étonne tout le pays,
Et fait pompeusement triompher ma Laïs,
Ne dis plus qu'il est amarante,
Dis plutôt qu'il est de ma rente.
ARMANDE.
Oh ! oh ! oh ! celui-là ne s'attend point du tout.
PHILAMINTE.
On n'a que lui qui puisse écrire de ce goût.
BÉLISE.
Ne dis plus qu'il est amarante,
Dis plutôt qu'il est de ma rente.

Ah! le joli début (Acte II, scène II.)

Vous donnez sottement vos qualités aux autres. (Acte III, scène v.)

Voilà qui se décline, *ma rente, de ma rente, à ma rente.*

PHILAMINTE.
Je ne sais, du moment que je vous ai connu,
Si, sur votre sujet, j'eus l'esprit prévenu ;
Mais j'admire partout vos vers et votre prose.

TRISSOTIN, à *Philaminte.*
Si vous vouliez de vous nous montrer quelque chose,
A notre tour aussi nous pourrions admirer.

PHILAMINTE.
Je n'ai rien fait en vers ; mais j'ai lieu d'espérer
Que je pourrai bientôt vous montrer, en amie,
Huit chapitres du plan de notre académie.
Platon s'est au projet simplement arrêté
Quand de sa république il a fait le traité ;
Mais à l'effet entier je veux pousser l'idée
Que j'ai sur le papier en prose accommodée.
Car enfin, je me sens un étrange dépit
Du tort que l'on nous fait du côté de l'esprit ;
Et je veux nous venger, toutes tant que nous sommes,
De cette indigne classe où nous rangent les hommes,
De borner nos talens à des futilités,
Et nous fermer la porte aux sublimes clartés.

ARMANDE.
C'est faire à notre sexe une trop grande offense
De n'étendre l'effort de notre intelligence
Qu'à juger d'une jupe, ou de l'air d'un manteau,
Ou des beautés d'un point, ou d'un brocart nouveau.

BÉLISE.
Il faut se relever de ce honteux partage,
Et mettre hautement notre esprit hors de page.

TRISSOTIN.
Pour les dames on sait mon respect en tous lieux ;
Et, si je rends hommage aux brillans de leurs yeux,
De leur esprit aussi j'honore les lumières.

PHILAMINTE.
Le sexe aussi vous rend justice en ces matières ;
Mais nous voulons montrer à de certains esprits
Dont l'orgueilleux savoir nous traite avec mépris,
Que de science aussi les femmes sont meublées ;
Qu'on peut faire, comme eux, de doctes assemblées,
Conduites en cela par des ordres meilleurs ;
Qu'on y veut réunir ce qu'on sépare ailleurs,
Mêler le beau langage et les hautes sciences,
Découvrir la nature en mille expériences ;
Et, sur les questions qu'on pourra proposer,
Faire entrer chaque secte, et n'en point épouser.

TRISSOTIN.
Je m'attache pour l'ordre au péripatétisme.

PHILAMINTE.
Pour les abstractions, j'aime le platonisme.

ARMANDE.
Epicure me plaît et ses dogmes sont forts.

BÉLISE.
Je m'accommode assez, pour moi, des petits corps ;
Mais le vide à souffrir me semble difficile,
Et je goûte bien mieux la matière subtile.

TRISSOTIN.
Descartes, pour l'aimant, donne fort dans mon sens.

ARMANDE.
J'aime ses tourbillons.

PHILAMINTE.
Moi ses mondes tombans.

ARMANDE.
Il me tarde de voir notre assemblée ouverte,
Et de nous signaler par quelque découverte.

TRISSOTIN.
On en attend beaucoup de vos vives clartés ;
Et pour vous la nature a peu d'obscurités.

PHILAMINTE.
Pour moi, sans me flatter, j'en ai déjà fait une ;
Et j'ai vu clairement des hommes dans la lune.

BÉLISE.
Je n'ai point encore vu d'hommes, comme je crois,
Mais j'ai vu des clochers tout comme je vous vois.

ARMANDE.
Nous approfondirons, ainsi que la physique,
Grammaire, histoire, vers, morale et politique.

PHILAMINTE.
La morale a des traits dont mon cœur est épris,
Et c'étoit autrefois l'amour des grands esprits ;
Mais aux stoïciens je donne l'avantage,
Et je ne trouve rien de si beau que leur sage.

ARMANDE.
Pour la langue, on verra dans peu nos règlemens,
Et nous y prétendons faire des remuemens.
Par une antipathie, ou juste, ou naturelle,
Nous avons pris chacune une haine mortelle
Pour un nombre de mots, soit ou verbes, ou noms,
Que mutuellement nous nous abandonnons :
Contre eux nous préparons de mortelles sentences,
Et nous devons ouvrir nos doctes conférences
Par les proscriptions de tous ces mots divers,
Dont nous voulons purger et la prose et les vers.

PHILAMINTE.
Mais le plus beau projet de notre académie,
Une entreprise noble, et dont je suis ravie,
Un dessein plein de gloire, et qui sera vanté
Chez tous les beaux esprits de la postérité,
C'est le retranchement de ces syllabes sales,
Qui, dans les plus beaux mots, produisent des scandales,
Ces jouets éternels des sots de tous les temps ;
Ces fades lieux communs de nos méchans plaisans ;
Ces sources d'un amas d'équivoques infâmes,
Dont on vient faire insulte à la pudeur des femmes.

TRISSOTIN.
Voilà certainement d'admirables projets !

BÉLISE.
Vous verrez nos statuts quand ils seront tous faits.

TRISSOTIN.
Ils ne sauroient manquer d'être tous beaux et sages.

ARMANDE.
Nous serons, par nos lois, les juges des ouvrages ;
Par nos lois, prose et vers, tout nous sera soumis :
Nul n'aura de l'esprit, hors nous et nos amis.
Nous chercherons partout à trouver à redire,
Et ne verrons que nous qui sachent bien écrire.

SCÈNE III.

PHILAMINTE, BÉLISE, ARMANDE, HENRIETTE, TRISSOTIN, LÉPINE.

LÉPINE, à Trissotin.
Monsieur, un homme est là, qui veut parler à vous ;
Il est vêtu de noir, et parle d'un ton doux.
(Ils se lèvent.)
TRISSOTIN.
C'est cet ami savant qui m'a tant fait d'instance
De lui donner l'honneur de votre connoissance.
PHILAMINTE.
Pour le faire venir vous avez tout crédit.
(Trissotin va au-devant de Vadius.)

SCÈNE IV.

PHILAMINTE, BÉLISE, ARMANDE, HENRIETTE.

PHILAMINTE, à Armande et à Bélise.
Faisons bien les honneurs au moins de notre esprit
(A Henriette, qui veut sortir.)
Holà ! Je vous ai dit, en paroles bien claires,
Que j'ai besoin de vous.
HENRIETTE.
    Mais pour quelles affaires ?
PHILAMINTE.
Venez ; on va dans peu vous les faire savoir.

SCÈNE V.

TRISSOTIN, VADIUS, PHILAMINTE, BÉLISE, ARMANDE, HENRIETTE.

TRISSOTIN, présentant Vadius.
Voici l'homme qui meurt du désir de vous voir ;
En vous le produisant, je ne crains point le blâme
D'avoir admis chez vous un profane, madame ;
Il peut tenir son coin parmi de beaux esprits.
PHILAMINTE.
La main qui le présente en dit assez le prix.
TRISSOTIN.
Il a des vieux auteurs la pleine intelligence,
Et sait du grec, madame, autant qu'homme de France.
PHILAMINTE, à Bélise.
Du grec, ô ciel ! du grec ! Il sait du grec, ma sœur !
BÉLISE, à Armande.
Ah ! ma nièce, du grec !
ARMANDE.
    Du grec ! quelle douceur !
PHILAMINTE.
Quoi ! monsieur sait du grec ? Ah ! permettez, de grâce,
Que pour l'amour du grec, monsieur, on vous embrasse.
(Vadius embrasse aussi Bélise et Armande.)
HENRIETTE, à Vadius qui veut aussi l'embrasser.
Excusez-moi, monsieur, je n'entends pas le grec.
(Ils s'asseyent.)
PHILAMINTE.
J'ai pour les livres grecs un merveilleux respect.
VADIUS.
Je crains d'être fâcheux, par l'ardeur qui m'engage
A vous rendre aujourd'hui, madame, mon hommage ;
Et j'aurai pu troubler quelque docte entretien.
PHILAMINTE.
Monsieur, avec du grec on ne peut gâter rien.
TRISSOTIN.
Au reste, il fait merveille en vers ainsi qu'en prose,
Et pourroit, s'il vouloit, vous montrer quelque chose.
VADIUS.
Le défaut des auteurs, dans leurs productions,
C'est d'en tyranniser les conversations,
D'être au Palais, au Cours, aux ruelles, aux tables,
De leurs vers fatigans lecteurs infatigables.
Pour moi, je ne vois rien de plus sot, à mon sens,
Qu'un auteur qui partout va gueuser des encens,
Qui, des premiers venus saisissant les oreilles,
En fait le plus souvent les martyrs de ses veilles.
On ne m'a jamais vu ce fol entêtement ;
Et d'un Grec, là-dessus, je suis le sentiment,
Qui, par un dogme exprès, défend à tous ses sages
L'indigne empressement de lire leurs ouvrages.
Voici de petits vers pour de jeunes amans,
Sur quoi je voudrois bien avoir vos sentimens.
TRISSOTIN.
Vos vers ont des beautés que n'ont point tous les autres.
VADIUS.
Les Grâces et Vénus règnent dans tous les vôtres.
TRISSOTIN.
Vous avez le tour libre, et le beau choix des mots.
VADIUS.
On voit partout chez vous l'*ithos* et le *pathos*.
TRISSOTIN.
Nous avons vu de vous des églogues d'un style
Qui passe en doux attraits Théocrite et Virgile.
VADIUS.
Vos odes ont un air noble, galant et doux,
Qui laisse de bien loin votre Horace après vous.
TRISSOTIN.
Est-il rien d'amoureux comme vos chansonnettes ?
VADIUS.
Peut-on rien voir d'égal aux sonnets que vous faites ?
TRISSOTIN.
Rien qui soit plus charmant que vos petits rondeaux ?
VADIUS.
Rien de si plein d'esprit que vos madrigaux ?
TRISSOTIN.
Aux ballades surtout vous êtes admirable.
VADIUS.
Et dans les bouts-rimés je vous trouve adorable.
TRISSOTIN.
Si la France pouvoit connoître votre prix,
VADIUS.
Si le siècle rendoit justice aux beaux esprits,

TRISSOTIN.
En carrosse doré vous iriez par les rues.
VADIUS.
On verroit le public vous dresser des statues.
(*A Trissotin.*)
Hom! C'est une ballade, et je veux que tout net.
Vous m'en....
TRISSOTIN, *à Vadius.*
Avez-vous vu certain petit sonnet
Sur la fièvre qui tient la princesse Uranie?
VADIUS.
Oui ; hier il me fut lu dans une compagnie.
TRISSOTIN.
Vous en savez l'auteur?
VADIUS.
Non ; mais je sais fort bien
Qu'à ne le point flatter, son sonnet ne vaut rien.
TRISSOTIN.
Beaucoup de gens pourtant le trouvent admirable.
VADIUS.
Cela n'empêche pas qu'il ne soit misérable ;
Et, si vous l'avez vu, vous serez de mon goût.
TRISSOTIN.
Je sais que là-dessus je n'en suis point du tout,
Et que d'un tel sonnet peu de gens sont capables.
VADIUS.
Me préserve le ciel d'en faire de semblables!
TRISSOTIN.
Je soutiens qu'on ne peut en faire de meilleur ;
Et ma grande raison, c'est que j'en suis l'auteur.
VADIUS.
Vous?
TRISSOTIN.
Moi.
VADIUS.
Je ne sais donc comment se fit l'affaire.
TRISSOTIN.
C'est qu'on fut malheureux de ne pouvoir vous plaire.
VADIUS.
Il faut qu'en écoutant j'aie eu l'esprit distrait,
Ou bien que le lecteur m'ait gâté le sonnet.
Mais laissons ce discours, et voyons ma ballade.
TRISSOTIN.
La ballade, à mon goût, est une chose fade :
Ce n'en est plus la mode ; elle sent son vieux temps.
VADIUS.
La ballade pourtant charme beaucoup de gens.
TRISSOTIN.
Cela n'empêche pas qu'elle ne me déplaise.
VADIUS.
Elle n'en reste pas pour cela plus mauvaise.
TRISSOTIN.
Elle a pour les pédans de merveilleux appas.
VADIUS.
Cependant nous voyons qu'elle ne vous plaît pas.
TRISSOTIN.
Vous donnez sottement vos qualités aux autres.
(*Ils se lèvent tous.*)
VADIUS.
Fort impertinemment vous me jetez les vôtres.

TRISSOTIN.
Allez, petit grimaud, barbouilleur de papier.
VADIUS.
Allez, rimeur de balle, opprobre du métier.
TRISSOTIN.
Allez, fripier d'écrits, impudent plagiaire.
VADIUS.
Allez, cuistre.
PHILAMINTE.
Eh! messieurs, que prétendez-vous faire?
TRISSSOTIN, *à Vadius.*
Va, va restituer tous les honteux larcins
Que réclament sur toi les Grecs et les Latins.
VADIUS.
Va, va-t'en faire amende honorable au Parnasse,
D'avoir fait à tes vers estropier Horace.
TRISSOTIN.
Souviens-toi de ton livre, et de son peu de bruit.
VADIUS.
Et toi, de ton libraire à l'hôpital réduit.
TRISSOTIN.
Ma gloire est établie ; en vain tu la déchires.
VADIUS.
Oui, oui, je te renvoie à l'auteur des *Satires*.
TRISSOTIN.
Je t'y renvoie aussi.
VADIUS.
J'ai le contentement.
Qu'on voit qu'il m'a traité plus honorablement.
Il me donne en passant une atteinte légère
Parmi plusieurs auteurs qu'au Palais on révère ;
Mais jamais dans ses vers il ne te laisse en paix,
Et l'on t'y voit partout être en butte à ses traits.
TRISSOTIN.
C'est par là que j'y tiens un rang plus honorable.
Il te met dans la foule ainsi qu'un misérable ;
Il croit que c'est assez d'un coup pour t'accabler,
Et ne t'a jamais fait l'honneur de redoubler.
Mais il m'attaque à part comme un noble adversaire
Sur qui tout son effort lui semble nécessaire ;
Et ses coups, contre moi redoublés en tous lieux,
Montrent qu'il ne se croit jamais victorieux.
VADIUS.
Ma plume t'apprendra quel homme je puis être.
TRISSOTIN.
Et la mienne saura te faire voir ton maître.
VADIUS.
Je te défie en vers, prose, grec et latin.
TRISSOTIN.
Eh bien! nous nous verrons seul à seul chez Barbin.

SCÈNE VI.

TRISSOTIN, PHILAMINTE, ARMANDE,
BELISE, HENRIETTE,

TRISSOTIN.
A mon emportement ne donnez aucun blâme ;
C'est votre jugement que je défends, madame,

Dans le sonnet qu'il a l'audace d'attaquer.
PHILAMINTE.
A vous remettre bien je me veux appliquer;
Mais parlons d'autre affaire. Approchez, Henriette;
Depuis assez longtemps mon âme s'inquiète
De ce qu'aucun esprit en vous ne se fait voir;
Mais je trouve un moyen de vous en faire avoir.
HENRIETTE.
C'est prendre un soin pour moi qui n'est pas nécessaire :
Les doctes entretiens ne sont point mon affaire;
J'aime à vivre aisément; et, dans tout ce qu'on dit,
Il faut se trop peiner pour avoir de l'esprit;
C'est une ambition que je n'ai point en tête.
Je me trouve fort bien, ma mère, d'être bête;
Et j'aime mieux n'avoir que de communs propos,
Que de me tourmenter pour dire de beaux mots.
PHILAMINTE.
Oui; mais j'y suis blessée, et ce n'est pas mon compte
De souffrir dans mon sang une pareille honte.
La beauté du visage est un frêle ornement,
Une fleur passagère, un éclat d'un moment,
Et qui n'est attaché qu'à la simple épiderme;
Mais celle de l'esprit est inhérente et ferme.
J'ai donc cherché longtemps un biais de vous donner
La beauté que les ans ne peuvent moissonner,
De faire entrer chez vous le désir des sciences,
De vous insinuer les belles connoissances,
Et la pensée enfin où mes vœux ont souscrit,
C'est d'attacher à vous un homme plein d'esprit :
(Montrant Trissotin.)
Et cet homme est monsieur, que je vous détermine
A voir comme l'époux que mon choix vous destine.
HENRIETTE.
Moi! ma mère?
PHILAMINTE.
Oui, vous. Faites la sotte un peu.
BÉLISE, à Trissotin.
Je vous entends; vos yeux demandent mon aveu
Pour engager ailleurs un cœur que je possède.
Allez, je le veux bien. A ce nœud je vous cède;
C'est un hymen qui fait votre établissement.
TRISSOTIN, à Henriette.
Je ne sais que vous dire en mon ravissement,
Madame; et cet hymen dont je vois qu'on m'honore,
Me met...
HENRIETTE.
Tout beau! monsieur; il n'est pas fait encore,
Ne vous pressez pas tant.
PHILAMINTE.
Comme vous répondez!
Savez-vous bien que si!... Suffit. Vous m'entendez.
(A Trissotin.)
Elle se rendra sage. Allons, laissons-la faire.

SCÈNE VII.

HENRIETTE, ARMANDE.

ARMANDE.
On voit briller pour vous les soins de notre mère,
Et son choix ne pouvoit d'un plus illustre époux...
HENRIETTE.
Si le choix est si beau, que ne le prenez-vous?
ARMANDE.
C'est à vous, non à moi, que sa main est donnée.
HENRIETTE.
Je vous le cède tout, comme à ma sœur aînée.
ARMANDE.
Si l'hymen, comme à vous me paroissoit charmant,
J'accepterois votre offre avec ravissement.
HENRIETTE.
Si j'avois, comme vous, les pédans dans la tête,
Je pourrois le trouver un parti fort honnête.
ARMANDE.
Cependant, bien qu'ici nos goûts soient différens,
Nous devons obéir, ma sœur, à nos parens.
Une mère a sur nous une entière puissance;
Et vous croyez en vain par votre résistance...

SCÈNE VIII.

CHRYSALE, ARISTE, CLITANDRE, HENRIETTE, ARMANDE.

CHRYSALE, à Henriette, lui présentant Clitandre.
Allons, ma fille, il faut approuver mon dessein.
Otez ce gant. Touchez à monsieur dans la main,
Et le considérez désormais, dans votre âme,
En homme dont je veux que vous soyez la femme.
ARMANDE.
De ce côté, ma sœur, vos penchans sont fort grands.
HENRIETTE.
Il nous faut obéir, ma sœur, à nos parens;
Un père a sur nos vœux une entière puissance.
ARMANDE.
Une mère a sa part à notre obéissance.
CHRYSALE.
Qu'est-ce à dire?
ARMANDE.
Je dis que j'appréhende fort
Qu'ici ma mère et vous ne soyez pas d'accord;
Et c'est un autre époux....
CHRYSALE.
Taisez-vous, péronnelle;
Allez philosopher tout le soûl avec elle,
Et de mes actions ne vous mêlez en rien.
Dites-lui ma pensée, et l'avertisez bien
Qu'elle ne vienne pas m'échauffer les oreilles.
Allons vite.

SCÈNE IX.

CHRYSALE, ARISTE, HENRIETTE, CLITANDRE.

ARISTE.
Fort bien. Vous faites des merveilles.

CLITANDRE.

Quel transport! Quelle joie! Ah! que mon sort est doux!

CHRYSALE, à Clitandre.

Allons, prenez sa main, et passez devant nous;

Menez-la dans sa chambre. Ah! les douces caresses
(A Ariste)
Tenez, mon cœur s'émeut à toutes ces tendresses,
Cela ragaillardit tout à fait mes vieux jours,
Et je me ressouviens de mes jeunes amours.

Chrysale.

ACTE QUATRIÈME.

SCÈNE I.
PHILAMINTE, ARMANDE.

ARMANDE.
Oui, rien n'a retenu son esprit en balance;
Elle a fait vanité de son obéissance;
Son cœur, pour se livrer, à peine devant moi
S'est-il donné le temps d'en recevoir la loi,
Et sembloit suivre moins les volontés d'un père,
Qu'affecter de braver les ordres d'une mère.
PHILAMINTE.
Je lui montrerai bien aux lois de qui des deux
Les droits de la raison soumettent tous ses vœux;
Et qui doit gouverner, ou sa mère, ou son père,
Ou l'esprit ou le corps, la forme ou la matière.
ARMANDE.
On vous en devoit bien, au moins, un compliment;
Et ce petit monsieur en use étrangement
De vouloir, malgré vous, devenir votre gendre.
PHILAMINTE.
Il n'en est pas encore où son cœur peut prétendre.
Je le trouvois bien fait, et j'aimois vos amours;
Mais, dans ses procédés, il m'a déplu toujours.
Il sait que, Dieu merci, je me mêle d'écrire,
Et jamais il ne m'a prié de lui rien lire.

SCÈNE II.
CLITANDRE, *entrant doucement, et écoutant sans se montrer*; ARMANDE, PHILAMINTE.

ARMANDE.
Je ne souffrirois point, si j'étois que de vous,
Que jamais d'Henriette il pût être l'époux.
On me feroit grand tort d'avoir quelque pensée
Que là-dessus je parle en fille intéressée;
Et que le lâche tour que l'on voit qu'il me fait
Jette au fond de mon cœur quelque dépit secret.
Contre de pareils coups mon âme se fortifie
Du solide secours de la philosophie,
Et par elle on se peut mettre au-dessus de tout;
Mais vous traiter ainsi, c'est vous pousser à bout.
Il est de votre honneur d'être à ses vœux contraire;
Et c'est un homme, enfin, qui ne doit point vous plaire
Jamais je n'ai connu, discourant entre nous,
Qu'il eût au fond du cœur de l'estime pour vous.
PHILAMINTE.
Petit sot!
ARMANDE.
Quelque bruit que votre gloire fasse,
Toujours à vous louer il a paru de glace.
PHILAMINTE.
Le brutal!
ARMANDE.
Et vingt fois, comme ouvrages nouveaux,
J'ai lu des vers de vous qu'il n'a point trouvés beaux.
PHILAMINTE.
L'impertinent!
ARMANDE.
Souvent nous en étions aux prises;
Et vous ne croiriez point de combien de sottises....
CLITANDRE, *à Armande*.
Hé! doucement, de grâce. Un peu de charité,
Madame, ou, tout au moins, un peu d'honnêteté.
Quel mal vous ai-je fait? et quelle est mon offense
Pour armer contre moi toute votre éloquence,
Pour vouloir me détruire, et prendre tant de soin
De me rendre odieux aux gens dont j'ai besoin?

Parlez, dites, d'où vient ce courroux effroyable ?
Je veux bien que madame en soit juge équitable.

ARMANDE.

Si j'avois le courroux dont on veut m'accuser,
Je trouverois assez de quoi l'autoriser.
Vous en seriez trop digne : et les premières flammes
S'établissent des droits si sacrés sur les âmes,
Qu'il faut perdre fortune, et renoncer au jour,
Plutôt que de brûler des feux d'un autre amour.
Au changement de vœux nulle horreur ne s'égale,
Et tout cœur infidèle est un monstre en morale.

CLITANDRE.

Appelez-vous, madame, une infidélité
Ce que m'a de votre âme ordonné la fierté ?
Je ne fais qu'obéir aux lois qu'elle m'impose ;
Et, si je vous offense, elle seule en est cause.
Vos charmes ont d'abord possédé tout mon cœur ;
Il a brûlé deux ans d'une constante ardeur ;
Il n'est soins empressés, devoirs, respects, services,
Dont il ne vous ait fait d'amoureux sacrifices.
Tous mes feux, tous mes soins ne peuvent rien sur vous ;
Je vous trouve contraire à mes vœux les plus doux :
Ce que vous refusez, je l'offre au choix d'une autre.
Voyez. Est-ce, madame, ou ma faute, ou la vôtre ?
Mon cœur court-il au change, ou si vous l'y poussez ?
Est-ce moi qui vous quitte, ou vous qui me chassez ?

ARMANDE.

Appelez-vous, monsieur, être à vos vœux contraire,
Que de leur arracher ce qu'ils ont de vulgaire,
Et vouloir les réduire à cette pureté,
Où du parfait amour consiste la beauté ?
Vous ne sauriez pour moi tenir votre pensée
Du commerce des sens nette et débarrassée ;
Et vous ne goûtez point, dans ses plus doux appas,
Cette union des cœurs, où les corps n'entrent pas.
Vous ne pouvez aimer que d'une amour grossière,
Qu'avec tout l'appareil des nœuds de la matière ;
Et, pour nourrir les feux que chez vous on produit,
Il faut un mariage et tout ce qui s'ensuit.
Ah ! quel étrange amour ! et que les belles âmes
Sont bien loin de brûler de ces terrestres flammes !
Les sens n'ont point de part à toutes leurs ardeurs ;
Et ce beau feu ne veut marier que les cœurs.
Comme une chose indigne, il laisse le reste ;
C'est un feu pur et net comme le feu céleste :
On ne pousse avec lui que d'honnêtes soupirs,
Et l'on ne penche point vers les sales désirs.
Rien d'impur ne se mêle au but qu'on se propose ;
On aime pour aimer, et non pour autre chose ;
Ce n'est qu'à l'esprit seul que vont tous les transports,
Et l'on ne s'aperçoit jamais qu'on ait un corps.

CLITANDRE.

Pour moi, par un malheur, je m'aperçois, madame,
Que j'ai, ne vous déplaise, un corps tout comme une âme ;
Je sens qu'il y tient trop pour le laisser à part :
De ces détachemens je ne connois point l'art ;
Le ciel m'a dénié cette philosophie,
Et mon âme et mon corps marchent de compagnie.
Il n'est rien de plus beau, comme vous avez dit,
Que ces vœux épurés qui ne vont qu'à l'esprit,
Ces unions de cœurs, et ces tendres pensées,
Du commerce des sens si bien débarrassées,
Mais ces amours pour moi sont trop subtilisés :
Je suis un peu grossier, comme vous m'accusez ;
J'aime avec tout moi-même, et l'amour qu'on me donne
En veut, je le confesse, à toute la personne.
Ce n'est pas la matière à de grands châtimens,
Et, sans faire de tort à vos beaux sentimens,
Je vois que, dans le monde, on suit fort ma méthode,
Et que le mariage est assez à la mode,
Passe pour un lien assez honnête et doux,
Pour avoir désiré de me voir votre époux,
Sans que la liberté d'une telle pensée
Ait dû vous donner lieu d'en paroître offensée.

ARMANDE.

Hé bien ! monsieur, hé bien ! puisque, sans m'écouter,
Vos sentimens brutaux veulent se contenter ;
Puisque, pour vous réduire à des ardeurs fidèles,
Il faut des nœuds de chair, des chaînes corporelles,
Si ma mère le veut, je résous mon esprit
A consentir pour vous à ce dont il s'agit.

CLITANDRE.

Il n'est plus temps, madame ; un autre a pris la place ;
Et, par un tel retour, j'aurois mauvaise grâce
De maltraiter l'asile et blesser les bontés
Où je me suis sauvé de toutes vos fiertés.

PHILAMINTE.

Mais enfin, comptez-vous, monsieur, sur mon suffrage,
Quand vous vous promettez cet autre mariage ;
Et, dans vos visions, savez-vous, s'il vous plaît,
Que j'ai pour Henriette un autre époux tout prêt ?

CLITANDRE.

Hé ! madame, voyez votre choix, je vous prie ;
Exposez-moi, de grâce, à moins d'ignominie,
Et ne me rangez pas à l'indigne destin
De me voir le rival de monsieur Trissotin.
L'amour des beaux esprits, qui chez vous m'est contraire,
Ne pouvoit m'opposer un moins noble adversaire ;
Il en est, et plusieurs, que, pour le bel esprit,
Le mauvais goût du siècle a su mettre en crédit ;
Mais monsieur Trissotin n'a pu duper personne,
Et chacun rend justice aux écrits qu'il nous donne.
Hors céans, on le prise en tous lieux ce qu'il vaut ;
Et ce qui m'a vingt fois fait tomber de mon haut,
C'est de vous voir au ciel élever des sornettes
Que vous désavoueriez, si vous les aviez faites.

PHILAMINTE.

Si vous jugez de lui tout autrement que nous,
C'est que nous le voyons par d'autres yeux que vous.

SCÈNE III.

TRISSOTIN, PHILAMINTE, ARMANDE,
CLITANDRE.

TRISSOTIN, *à Philaminte.*

Je viens vous annoncer une grande nouvelle.
Nous l'avons en dormant, madame, échappé belle.
Un monde près de nous a passé tout du long,

Est chu tout au travers de notre tourbillon,
Et s'il eût en chemin rencontré notre terre,
Elle eût été brisée en morceaux comme verre.
PHILAMINTE.
Remettons ce discours pour une autre saison.

Monsieur n'y trouveroit ni rime ni raison;
Il fait profession de chérir l'ignorance,
Et de haïr, surtout, l'esprit et la science.
CLITANDRE.
Cette vérité veut quelque adoucissement.

Le savoir dans un fat devient impertinent. (Acte IV, scène II.)

Je m'explique, madame ; et je hais seulement
La science et l'esprit qui gâtent les personnes.
Ce sont choses, de soi, qui sont belles et bonnes;
Mais j'aimerois mieux être au rang des ignorans,
Que de me voir savant comme certaines gens.

TRISSOTIN.
Pour moi, je ne tiens pas, quelque effet qu'on suppose,
Que la science soit pour gâter quelque chose.
CLITANDRE.
Et c'est mon sentiment qu'en faits comme en propos,

La science est sujette à faire de grands sots.
TRISSOTIN.
Le paradoxe est fort.
CLITANDRE.
Sans être fort habile,
La preuve m'en seroit, je pense, assez facile.
Si les raisons manquoient, je suis sûr qu'en tout cas
Les exemples fameux ne me manqueroient pas.
TRISSOTIN.
Vous en pourriez citer qui ne concluroient guère.
CLITANDRE.
Je n'irois pas bien loin pour trouver mon affaire.
TRISSOTIN.
Pour moi, je ne vois pas ces exemples fameux.
CLITANDRE.
Moi, je les vois si bien, qu'ils me crèvent les yeux.
TRISSOTIN.
J'ai cru jusques ici que c'étoit l'ignorance
Qui faisoit les grands sots, et non pas la science.
CLITANDRE.
Vous avez cru fort mal, et je vous suis garant
Qu'un sot savant est sot plus qu'un sot ignorant.
TRISSOTIN.
Le sentiment commun est contre vos maximes,
Puisque ignorant et sot sont termes synonymes.
CLITANDRE.
Si vous le voulez prendre aux usages du mot,
L'alliance est plus forte entre pédant et sot.
TRISSOTIN.
La sottise, dans l'un, se fait voir toute pure.
CLITANDRE.
Et l'étude, dans l'autre, ajoute à la nature.
TRISSOTIN.
Le savoir garde en soi son mérite éminent.
CLITANDRE.
Le savoir, dans un fat devient impertinent.
TRISSOTIN.
Il faut que l'ignorance ait pour vous de grands charmes
Puisque pour elle ainsi vous prenez tant les armes.
CLITANDRE.
Si pour moi l'ignorance a des charmes bien grands,
C'est depuis qu'à mes yeux s'offrent certains savans.
TRISSOTIN.
Ces certains savans-là peuvent, à les connoître,
Valoir certaines gens que nous voyons paroître.
CLITANDRE.
Oui, si l'on s'en rapporte à ces certains savans ;
Mais on n'en convient pas chez ces certaines gens.
PHILAMINTE, à Clitandre.
Il me semble, monsieur....
CLITANDRE.
Hé ! madame, de grâce ;
Monsieur est assez fort, sans qu'à son aide on passe ;
Je n'ai déjà que trop d'un si rude assaillant ;
Et, si je me défends, ce n'est qu'en reculant.
ARMANDE.
Mais l'offensante aigreur de chaque repartie,
Dont vous....
CLITANDRE.
Autre second? Je quitte la partie.

PHILAMINTE.
On souffre aux entretiens ces sortes de combats,
Pourvu qu'à la personne on ne s'attaque pas.
CLITANDRE.
Hé ! mon Dieu ! tout cela n'a rien dont il s'offense.
Il entend raillerie autant qu'homme de France ;
Et de bien d'autres traits il s'est senti piquer,
Sans que jamais sa gloire ait fait que s'en moquer.
TRISSOTIN.
Je ne m'étonne pas, au combat que j'essuie,
De voir prendre à monsieur la thèse qu'il appuie ;
Il est fort enfoncé dans la cour, c'est tout dit.
La cour, comme l'on sait, ne tient pas pour l'esprit.
Elle a quelque intérêt d'appuyer l'ignorance ;
Et c'est en courtisan qu'il en prend la défense.
CLITANDRE.
Vous en voulez beaucoup à cette pauvre cour,
Et son malheur est grand de voir que, chaque jour,
Vous autres, beaux esprits, vous déclamiez contre elle,
Que de tous vos chagrins vous lui fassiez querelle
Et, sur son méchant goût lui faisant son procès,
N'accusiez que lui seul de vos méchans succès.
Permettez-moi, monsieur Trissotin, de vous dire,
Avec tout le respect que votre nom m'inspire,
Que vous feriez fort bien, vos confrères et vous,
De parler de la cour d'un ton un peu plus doux :
Qu'à le bien prendre, au fond, elle n'est pas si bête
Que, vous autres messieurs, vous vous mettez en tête ;
Qu'elle a du sens commun pour se connoître à tout,
Que chez elle on se peut former quelque bon goût,
Et que l'esprit du monde y vaut, sans flatterie,
Tout le savoir obscur de la pédanterie.
TRISSOTIN.
De son bon goût, monsieur, nous voyons des effets.
CLITANDRE.
Où voyez-vous, monsieur, qu'elle l'ait si mauvais ?
TRISSOTIN.
Ce que je vois, monsieur? C'est que pour la science
Rasius et Baldus font honneur à la France ;
Et que tout leur mérite, exposé fort au jour,
N'attire point les yeux et les dons de la cour.
CLITANDRE.
Je vois votre chagrin, et que, par modestie,
Vous ne vous mettez point, monsieur, de la partie ;
Et, pour ne vous point mettre aussi dans le propos,
Que font-ils pour l'État, vos habiles héros ?
Qu'est-ce que leurs écrits lui rendent de service,
Pour accuser la cour d'une horrible injustice,
Et se plaindre en tous lieux que sur leurs doctes noms
Elle manque à verser la faveur de ses dons?
Leur savoir à la France est beaucoup nécessaire !
Et des livres qu'ils font, la cour a bien affaire !
Il semble à trois gredins, dans leur petit cerveau,
Que pour être imprimés et reliés en veau,
Les voilà dans l'État d'importantes personnes ;
Qu'avec leur plume ils font les destins des couronnes ;
Qu'au moindre petit bruit de leurs productions,
Ils doivent voir chez eux voler les pensions ;
Que sur eux l'univers a la vue attachée ;
Que partout de leur nom la gloire est épanchée ;

Et qu'en science ils sont des prodiges fameux,
Pour savoir ce qu'ont dit les autres avant eux,
Pour avoir eu trente ans des yeux et des oreilles,
Pour avoir employé neuf ou dix mille veilles
A se bien barbouiller de grec et de latin,
Et se charger l'esprit d'un ténébreux butin
De tous les vieux fatras qui traînent dans les livres.
Gens qui de leur savoir paroissent toujours ivres ;
Riches, pour tout mérite, en babil importun ;
Inhabiles à tout ; vides de sens commun,
Et pleins d'un ridicule et d'une impertinence
A décrier partout l'esprit et la science.
PHILAMINTE.
Votre chaleur est grande ; et cet emportement
De la nature en vous marque le mouvement.
C'est le nom de rival, qui dans votre âme excite....

SCÈNE IV.

TRISSOTIN, PHILAMINTE, CLITANDRE,
ARMANDE, JULIEN.

JULIEN.
Le savant qui tantôt vous a rendu visite,
Et de qui j'ai l'honneur d'être l'humble valet,
Madame, vous exhorte à lire ce billet.
PHILAMINTHE.
Quelque important que soit ce qu'on veut que je lise
Apprenez, mon ami, que c'est une sottise
De se venir jeter au travers d'un discours ;
Et qu'aux gens d'un logis il faut avoir recours,
Afin de s'introduire en valet qui sait vivre.
JULIEN.
Je noterai cela, madame, dans mon livre.
PHILAMINTE.
« *Trissotin s'est vanté, madame, qu'il épouseroit
votre fille. Je vous donne avis que sa philosophie n'en
veut qu'à vos richesses, et que vous ferez bien de ne
point conclure ce mariage, que vous n'ayez vu le poëme
que je compose contre lui. En attendant cette peinture,
où je prétends vous le dépeindre de toutes ses couleurs,
je vous envoie Horace, Virgile, Térence et Catulle, où
vous verrez notés en marge tous les endroits qu'il a
pillés.* »

Voilà, sur cet hymen que je me suis promis,
Un mérite attaqué de beaucoup d'ennemis ;
Et ce déchaînement aujourd'hui me convie
A faire une action qui confonde l'envie,
Qui lui fasse sentir que l'effort qu'elle fait,
De ce qu'elle veut rompre aura pressé l'effet.
(*A Julien.*)
Reportez tout cela sur l'heure à votre maître,
Et lui dites qu'afin de lui faire connoître
Quel grand état je fais de ses nobles avis,
Et comme je les crois dignes d'être suivis,
(*Montrant Trissotin.*)
Dès ce soir, à monsieur je marierai ma fille.

SCÈNE V.

PHILAMINTE, ARMANDE, CLITANDRE.

PHILAMINTE, *à Clitandre.*
Vous, monsieur, comme ami de toute la famille,
A signer leur contrat vous pourrez assister ;
Et je vous y veux bien, de ma part, inviter.
Armande, prenez soin d'envoyer au notaire,
Et d'aller avertir votre sœur de l'affaire.
ARMANDE.
Pour avertir ma sœur, il n'en est pas besoin ;
Et monsieur que voilà saura prendre le soin
De courir lui porter bientôt cette nouvelle,
Et disposer son cœur à vous être rebelle.
PHILAMINTE.
Nous verrons qui sur elle aura plus de pouvoir,
Et si je la saurai réduire à son devoir.

SCÈNE VI.

ARMANDE, CLITANDRE.

ARMANDE.
J'ai grand regret, monsieur, de voir qu'à vos visées
Les choses ne soient pas tout à fait disposées.
CLITANDRE.
Je m'en vais travailler, madame, avec ardeur,
A ne vous point laisser ce grand regret au cœur.
ARMANDE.
J'ai peur que votre effort n'ait pas trop bonne issue.
CLITANDRE.
Peut-être verrez-vous votre crainte déçue.
ARMANDE.
Je le souhaite ainsi.
CLITANDRE.
J'en suis persuadé,
Et que de votre appui je serai secondé.
ARMANDE.
Oui, je vais vous servir de toute ma puissance.
CLITANDRE.
Et ce service est sûr de ma reconnoissance.

SCÈNE VII.

CHRYSALE, ARISTE, HENRIETTE,
CLITANDRE.

CLITANDRE.
Sans votre appui, monsieur, je serai malheureux ;
Madame votre femme a rejeté mes vœux,
Et son cœur prévenu veut Trissotin pour gendre.
CHRYSALE.
Mais quelle fantaisie a-t-elle donc pu prendre ?
Pourquoi, diantre ! vouloir ce monsieur Trissotin ?
ARISTE.
C'est par l'honneur qu'il a de rimer à latin,
Qu'il a sur son rival emporté l'avantage.

CLITANDRE.
Elle veut dès ce soir faire ce mariage
CHRYSALE.
Dès ce soir ?
CLITANDRE.
Dès ce soir.
CHRYSALE.
Et dès ce soir je veux,
Pour la contrecarrer, vous marier tous deux
CLITANDRE.
Pour dresser le contrat, elle envoie au notaire,
CHRYSALE.
Et je vais le quérir pour celui qu'il doit faire.
CLITANDRE, *montrant Henriette.*
Et madame doit être instruite par sa sœur
De l'hymen où l'on veut qu'elle apprête son cœur.
CHRYSALE.
Et moi, je lui commande, avec pleine puissance,
De préparer sa main à cette autre alliance.
Ah ! je leur ferai voir si, pour donner la loi,
Il est dans ma maison d'autre maître que moi.
(*A Henriette.*)
Nous allons revenir : songez à nous attendre.
Allons, suivez mes pas, mon frère, et vous, mon gendre.
HENRIETTE, *à Ariste.*
Hélas ! dans cette humeur conservez-le toujours.

ARISTE.
J'emploierai toute chose à servir vos amours.

SCÈNE VIII.
HENRIETTE, CLITANDRE.

CLITANDRE.
Quelque secours puissant qu'on promette à ma flamme,
Mon plus solide espoir, c'est votre cœur, madame,
HENRIETTE.
Pour mon cœur, vous pouvez vous assurer de lui.
CLITANDRE.
Je ne puis qu'être heureux, quand j'aurai son appui.
HENRIETTE.
Vous voyez à quels nœuds on prétend le contraindre.
CLITANDRE.
Tant qu'il sera pour moi, je ne vois rien à craindre.
HENRIETTE.
Je vais tout essayer pour nos vœux les plus doux ;
Et, si tous mes efforts ne me donnent à vous.
Il est une retraite où notre âme se donne,
Qui m'empêchera d'être à toute autre personne.
CLITANDRE.
Veuille le juste ciel me garder en ce jour
De recevoir de vous cette preuve d'amour.

Mon plus solide espoir c'est votre cœur, madame. (Acte IV, scène VIII.)

ACTE CINQUIÈME.

SCÈNE I.

HENRIETTE, TRISSOTIN.

HENRIETTE.

C'est sur le mariage où ma mère s'apprête
Que j'ai voulu, monsieur, vous parler tête à tête ;
Et j'ai cru, dans le trouble où je vois la maison,
Que je pourrois vous faire écouter la raison.
Je sais qu'avec mes vœux vous me jugez capable
De vous porter en dot un bien considérable :
Mais l'argent, dont on voit tant de gens faire cas,
Pour un vrai philosophe a d'indignes appas ;
Et le mépris du bien et des grandeurs frivoles
Ne doit point éclater dans vos seules paroles.

TRISSOTIN.

Aussi n'est-ce point là ce qui me charme en vous ;
Et vos brillans attraits, vos yeux perçans et doux,
Votre grâce et votre air, sont les biens, les richesses
Qui vous ont attiré mes vœux et mes tendresses :
C'est de ces seuls trésors que je suis amoureux.

HENRIETTE.

Je suis fort redevable à vos feux généreux.
Cet obligeant amour a de quoi me confondre,
Et j'ai regret, monsieur, de n'y pouvoir répondre.
Je vous estime autant qu'on sauroit estimer ;
Mais je trouve un obstacle à vous pouvoir aimer.
Un cœur, vous le savez, à deux ne sauroit être,
Et je sens que du mien Clitandre s'est fait maître.
Je sais qu'il a bien moins de mérite que vous,
Que j'ai de méchans yeux pour le choix d'un époux ;
Que, par cent beaux talens, vous devriez me plaire :

Je vois bien que j'ai tort, mais je n'y puis que faire,
Et tout ce que sur moi peut le raisonnement,
C'est de me vouloir mal d'un tel aveuglement.

TRISSOTIN.

Le don de votre main, où l'on me fait prétendre,
Me livrera ce cœur que possède Clitandre ;
Et, par mille doux soins, j'ai lieu de présumer
Que je pourrai trouver l'art de me faire aimer.

HENRIETTE.

Non : à ses premiers vœux mon âme est attachée,
Et ne peut de vos soins, monsieur, être touchée.
Avec vous librement j'ose ici m'expliquer,
Et mon aveu n'a rien qui vous doive choquer.
Cette amoureuse ardeur, qui dans les cœurs s'excite,
N'est point, comme l'on sait, un effet du mérite :
Le caprice y prend part ; et, quand quelqu'un nous plaît,
Souvent nous avons peine à dire pourquoi c'est.
Si l'on aimoit, monsieur, par choix et par sagesse,
Vous auriez tout mon cœur et toute ma tendresse ;
Mais on voit que l'amour se gouverne autrement.
Laissez-moi, je vous prie, à mon aveuglement,
Et ne vous servez point de cette violence
Que, pour vous, on veut faire à mon obéissance.
Quand on est honnête homme, on ne veut rien devoir
A ce que des parens ont sur nous de pouvoir :
On répugne à se faire immoler ce qu'on aime,
Et l'on veut n'obtenir un cœur que de lui-même.
Ne poussez point ma mère à vouloir, par son choix,
Exercer sur mes vœux la rigueur de ses droits.
Otez-moi votre amour, et portez à quelqu'autre
Les hommages d'un cœur aussi cher que le vôtre.

TRISSOTIN.

Le moyen que ce cœur puisse vous contenter ?

Imposez-lui des lois qu'il puisse exécuter.
De ne vous point aimer peut-il être capable,
A moins que vous cessiez, madame, d'être aimable,
Et d'étaler aux yeux les célestes appas?...

HENRIETTE.

Eh! monsieur, laissons là ce galimatias,
Vous avez tant d'Iris, de Philis, d'Amarantes,
Que partout dans vos vers vous peignez si charmantes,
Et pour qui vous jurez tant d'amoureuse ardeur....

TRISSOTIN.

C'est mon esprit qui parle, et ce n'est pas mon cœur.
D'elles on ne me voit amoureux qu'en poëte;
Mais j'aime tout de bon l'adorable Henriette.

HENRIETTE.

Eh! de grâce, monsieur....

TRISSOTIN.

Si c'est vous offenser,
Mon offense envers vous n'est pas prête à cesser.
Cette ardeur, jusqu'ici de vos yeux ignorée,
Vous consacre des vœux d'éternelle durée.
Rien n'en peut arrêter les aimables transports;
Et, bien que vos beautés condamnent mes efforts,
Je ne puis refuser le secours d'une mère
Qui prétend couronner une flamme si chère;
Et, pourvu que j'obtienne un bonheur si charmant,
Pourvu que je vous aie, il n'importe comment.

HENRIETTE.

Mais savez-vous qu'on risque un peu plus qu'on ne pense,
A vouloir sur un cœur user de violence;
Qu'il ne fait pas bien sûr, à vous le trancher net,
D'épouser une fille en dépit qu'elle en ait;
Et qu'elle peut aller, en se voyant contrainde,
A des ressentimens que le mari doit craindre?

TRISSOTIN.

Un tel discours n'a rien dont je sois atterré.
A tous événemens le sage est préparé.
Guéri par la raison des foiblesses vulgaires,
Il se met au-dessus de ces sortes d'affaires,
Et n'a garde de prendre aucune ombre d'ennui
De tout ce qui n'est pas pour dépendre de lui.

HENRIETTE.

En vérité, monsieur, je suis de vous ravie;
Et je ne pensois pas que la philosophie
Fût si belle qu'elle est, d'instruire ainsi les gens
A porter constamment de pareils accidens.
Cette fermeté d'âme, à vous si singulière,
Mérite qu'on lui donne une illustre matière,
Est digne de trouver qui prenne avec amour
Les soins continuels de la mettre en son jour;
Et, comme, à dire vrai, je n'oserois me croire
Bien propre à lui donner tout l'éclat de sa gloire,
Je le laisse à quelqu'autre, et vous jure, entre nous,
Que je renonce au bien de vous voir mon époux.

TRISSOTIN, *en sortant*.

Nous allons voir bientôt comment ira l'affaire;
Et l'on a là dedans fait venir le notaire.

SCÈNE II.

CHRYSALE, CLITANDRE, HENRIETTE, MARTINE.

CHRYSALE.

Ah! ma fille, je suis bien aise de vous voir;
Allons, venez-vous-en faire votre devoir,
Et soumettre vos vœux aux volontés d'un père.
Je veux, je veux apprendre à vivre à votre mère;
Et, pour la mieux braver, voilà, malgré ses dents,
Martine que j'amène et rétablis céans.

HENRIETTE.

Vos résolutions sont dignes de louange.
Gardez que cette humeur, mon père, ne vous change,
Soyez ferme à vouloir ce que vous souhaitez;
Et ne vous laissez point séduire à vos bontés.
Ne vous relâchez pas, et faites bien en sorte
D'empêcher que sur vous ma mère ne l'emporte.

CHRYSALE.

Comment! me prenez-vous ici pour un bénêt?

HENRIETTE.

M'en préserve le ciel!

CHRYSALE.

Suis-je un fat, s'il vous plaît?

HENRIETTE.

Je ne dis pas cela.

CHRYSALE.

Me croit-on incapable
Des fermes sentimens d'un homme raisonnable?

HENRIETTE.

Non, mon père.

CHRYSALE.

Est-ce donc qu'à l'âge où je me voi,
Je n'aurois pas l'esprit d'être maître chez moi?

HENRIETTE.

Si fait.

CHRYSALE.

Et que j'aurois cette foiblesse d'âme,
De me laisser mener par le nez à ma femme?

HENRIETTE.

Eh! non, mon père.

CHRYSALE.

Ouais! Qu'est-ce donc que ceci?
Je vous trouve plaisante à me parler ainsi!

HENRIETTE.

Si je vous ai choqué, ce n'est pas mon envie.

CHRYSALE.

Ma volonté céans doit être en tout suivie.

HENRIETTE.

Fort bien, mon père.

CHRYSALE.

Aucun, hors moi, dans a maison,
N'a droit de commander.

HENRIETTE.

Oui: vous avez raison.

CHRYSALE.

C'est moi qui tiens le rang de chef de la famille.

HENRIETTE.

D'accord.

CHRYSALE.

C'est moi qui dois disposer de ma fille.

HENRIETTE.

Eh! oui!

CHRYSALE.

Le ciel me donne un plein pouvoir sur vous.

HENRIETTE.

Qui vous dit le contraire?

CHRYSALE.

Et pour prendre un époux,
Je vous ferai bien voir que c'est à votre père
Qu'il vous faut obéir, non pas à votre mère.

Ah! ma fille, je suis bien aise de vous voir. (Acte V, scène III.)

HENRIETTE.

Hélas! vous flattez là le plus doux de mes vœux;
Veuillez être obéi : c'est tout ce que je veux.

CHRYSALE.

Nous verrons si ma femme à mes désirs rebelle....

CLITANDRE.

La voici qui conduit le notaire avec elle.

CHRYSALE.

Secondez-moi bien tous.

MARTINE.

Laissez-moi. J'aurai soin
De vous encourager s'il en est de besoin.

SCÈNE III.

PHILAMINTE, BÉLISE, ARMANDE, TRISSOTIN,
UN NOTAIRE, CHRYSALE, CLITANDRE,
HENRIETTE, MARTINE.

PHILAMINTE, *au notaire*.

Vous ne sauriez changer votre style sauvage,
Et nous faire un contrat qui soit en beau langage?

LE NOTAIRE.

Notre style est très-bon, et je serois un sot,
Madame, de vouloir y changer un seul mot.

BÉLISE.
Ah! quelle barbarie au milieu de la France!
Mais au moins, en faveur, monsieur, de la science,
Veuillez, au lieu d'écus, de livres et de francs,
Nous exprimer la dot en mines et talens;
Et dater par les mots d'ides et de calendes.

LE NOTAIRE.
Moi? Si j'allois, madame, accorder vos demandes,
Je me ferois siffler de tous mes compagnons.

PHILAMINTE.
De cette barbarie en vain nous nous plaignons.
Allons, monsieur, prenez la table pour écrire,
(Apercevant Martine.)
Ah! ah! cette impudente ose encor se produire?
Pourquoi donc, s'il vous plaît, la ramener chez moi?

CHRYSALE.
Tantôt avec loisir on vous dira pourquoi.
Nous avons maintenant autre chose à conclure.

Le notaire.

LE NOTAIRE.
Procédons au contrat. Où donc est la future?

PHILAMINTE.
Celle que je marie est la cadette.

LE NOTAIRE.
Bon.

CHRYSALE, *montrant Henriette.*
Oui, la voilà, monsieur : Henriette est son nom.

LE NOTAIRE.
Fort bien. Et le futur?

PHILAMINTE, *montrant Trissotin.*
L'époux que je lui donne,
Est monsieur.

CHRYSALE, *montrant Clitandre.*
Et celui, moi, qu'en propre personne
Je prétends qu'elle épouse, est monsieur.

LE NOTAIRE.
Deux époux!
C'est trop pour la coutume.

PHILAMINTE, *au notaire.*
Où vous arrêtez-vous?
Mettez, mettez, monsieur, Trissotin pour mon gendre.

CHRYSALE.
Pour mon gendre mettez, mettez, monsieur, Clitandre.

LE NOTAIRE.
Mettez-vous donc d'accord, et d'un jugement mûr,

Faites, faites, monsieur, les choses à ma tête. (Acte v, scène iii.)

Voyez à convenir entre vous du futur.
PHILAMINTE.
Suivez, suivez, monsieur, le choix où je m'arrête.
CHRYSALE.
Faites, faites, monsieur, les choses à ma tête.
LE NOTAIRE.
Dites-moi donc à qui j'obéirai des deux.
PHILAMINTE, *à Chrysale.*
Quoi donc? Vous combattrez les choses que je veux !
CHRYSALE.
Je ne saurois souffrir qu'on ne cherche ma fille
Que pour l'amour du bien qu'on voit dans ma famille.
PHILAMINTE
Vraiment, à votre bien on songe bien ici !
Et c'est là, pour un sage, un fort digne souci !
CHRYSALE.
Enfin, pour son époux, j'ai fait choix de Clitandre.
PHILAMINTE.
(Montrant Trissotin)
Et moi, pour son époux, voici qui je veux prendre.
Mon choix sera suivi ; c'est un point résolu.
CHRYSALE.
Ouais ! Vous le prenez là d'un ton bien absolu.
MARTINE.
Ce n'est point à la femme à prescrire, et je sommes
Pour céder le dessus en toute chose aux hommes.
CHRYSALE.
C'est bien dit.
MARTINE.
Mon congé cent fois me fût-il hoc,
La poule ne doit point chanter devant le coq.
CHRYSALE.
Sans doute.
MARTINE.
Et nous voyons que d'un homme on se gausse,
Quand sa femme, chez lui, porte le haut-de-chausse.
CHRYSALE.
Il est vrai.
MARTINE.
Si j'avois un mari, je le dis,
Je voudrois qu'il se fît le maître du logis :
Je ne l'aimerois point, s'il faisoit le Jocrisse ;
Et, si je contestois contre lui par caprice,
Si je parlois trop haut, je trouverois fort bon
Qu'avec quelques soufflets il rabaissât mon ton.
CHRYSALE.
C'est parler comme il faut.
MARTINE.
Monsieur est raisonnable,
De vouloir pour sa fille un mari convenable.
CHRYSALE.
Oui.
MARTINE.
Par quelle raison, jeune et bien fait qu'il est,
Lui refuser Clitandre? et pourquoi, s'il vous plait,
Lui bailler un savant, qui sans cesse épilogue?
Il lui faut un mari, non pas un pédagogue ;
Et, ne voulant savoir le grais ni le latin,
Elle n'a pas besoin de monsieur Trissotin.
CHRYSALE.
Fort bien.

PHILAMINTE.
Il faut souffrir qu'elle jase à son aise.
MARTINE.
Les savans ne sont bons que pour prêcher en chaise ;
Et, pour mon mari, moi, mille fois je l'ai dit,
Je ne voudrois jamais prendre un homme d'esprit.
L'esprit n'est point du tout ce qu'il faut en ménage.
Les livres cadrent mal avec le mariage ;
Et je veux, si jamais on engage ma foi,
Un mari qui n'ait point d'autre livre que moi,
Qui ne sache A ne B, n'en déplaise à madame,
Et ne soit, en un mot, docteur que pour sa femme.
PHILAMINTE, *à Chrysale.*
Est-ce fait? et, sans trouble, ai-je assez écouté
Votre digne interprète?
CHRYSALE.
Elle a dit vérité.
PHILAMINTE.
Et moi, pour trancher court toute cette dispute,
Il faut qu'absolument mon désir s'exécute.
(Montrant Trissotin.)
Henriette et monsieur seront joints de ce pas.
Je l'ai dit, je le veux : ne me répliquez pas ;
Et, si votre parole à Clitandre est donnée,
Offrez-lui le parti d'épouser son aînée.
CHRYSALE.
Voilà dans cette affaire un accommodement.
(A Henriette et à Clitandre)
Voyez; y donnez-vous votre consentement?
HENRIETTE.
Hé! mon père !
CLITANDRE, *à Chrysale.*
Hé! monsieur !
BÉLISE.
On pourroit bien lui faire
Des propositions qui pourroient mieux lui plaire ;
Mais nous établissons une espèce d'amour
Qui doit être épuré comme l'astre du jour :
La substance qui pense y peut être reçue ;
Mais nous en bannissons la substance étendue.

SCÈNE IV.

ARISTE, CHRYSALE, PHILAMINTE, BÉLISE, HENRIETTE, ARMANDE, TRISSOTIN, UN NOTAIRE, CLITANDRE, MARTINE.

ARISTE.
J'ai regret de troubler un mystère joyeux,
Par le chagrin qu'il faut que j'apporte en ces lieux.
Ces deux lettres me font porteur de deux nouvelles
Dont j'ai senti pour vous les atteintes cruelles ;
(A Philaminte.)
L'une, pour vous, me vient de votre procureur;
(A Chrysale.)
L'autre, pour vous, me vient de Lyon.
PHILAMINTE.
Quel malheur,

Digne de nous troubler, pourroit-on nous écrire?
ARISTE.
Cette lettre en contient un que vous pouvez lire.
PHILAMINTE.
« Madame, j'ai prié monsieur votre frère de vous rendre cette lettre, qui vous dira ce que je n'ai osé vous aller dire. La grande négligence que vous avez pour vos affaires a été cause que le clerc de votre rapporteur ne m'a point averti, et vous avez perdu absolument votre procès que vous deviez gagner. »
CHRYSALE, à Philaminte.
Votre procès perdu!
PHILAMINTE, à Chrysale.
Vous vous troublez beaucoup!
Mon cœur n'est point du tout ébranlé de ce coup.
Faites, faites paroître une âme moins commune
A braver, comme moi, les traits de la fortune.
« Le peu de soin que vous avez vous coûte quarante mille écus; et c'est à payer cette somme, avec les dépens, que vous êtes condamnée par arrêt de la cour. »
Condamnée? Ah! ce mot est choquant, et n'est fait
Que pour les criminels!
ARISTE.
Il a tort, en effet;
Et vous vous êtes là justement récriée.
Il devoit avoir mis que vous êtes priée,
Par arrêt de la cour, de payer au plus tôt
Quarante mille écus, et les dépens qu'il faut.
PHILAMINTE.
Voyons l'autre.
« Monsieur, l'amitié qui me lie à monsieur votre frère me fait prendre intérêt à tout ce qui vous touche. Je sais que vous avez mis votre bien entre les mains d'Argante et de Damon, et je vous donne avis qu'en même jour ils ont fait tous deux banqueroute. »
O ciel! tout à la fois, perdre ainsi tout son bien!
PHILAMINTE, à Chrysale.
Ah! quel honteux transport! Fi! tout cela n'est rien:
Il n'est pour le vrai sage aucun revers funeste;
Et, perdant toute chose, à soi-même il se reste.
Achevons notre affaire, et quittez votre ennui.
(Montrant Trissotin.)
Son bien nous peut suffire et pour nous et pour lui.
TRISSOTIN.
Non, madame: cessez de presser cette affaire.
Je vois qu'à cet hymen tout le monde est contraire;
Et mon dessein n'est point de contraindre les gens.
PHILAMINTE.
Cette réflexion vous vient en peu de temps;
Elle suit de bien près, monsieur, notre disgrâce.
TRISSOTIN.
De tant de résistance à la fin je me lasse.
J'aime mieux renoncer à tout cet embarras,
Et ne veux point d'un cœur qui ne se donne pas.
PHILAMINTE.
Je vois, je vois de vous, non pas pour votre gloire,
Ce que jusques ici j'ai refusé de croire.
TRISSOTIN.
Vous pouvez voir de moi tout ce que vous voudrez,
Et je regarde peu comment vous le prendrez:

Mais je ne suis pas homme à souffrir l'infamie
Des refus offensans qu'il faut qu'ici j'essuie.
Je vaux bien que de moi l'on fasse plus de cas;
Et je baise les mains à qui ne me veut pas.

SCÈNE V.

ARISTE, CHRYSALE, PHILAMINTE, BÉLISE, ARMANDE, HENRIETTE, CLITANDRE, UN NOTAIRE, MARTINE.

PHILAMINTE.
Qu'il a bien découvert son âme mercenaire!
Et que peu philosophe est ce qu'il vient de faire!
CLITANDRE.
Je ne me vante point de l'être; mais enfin
Je m'attache, madame, à tout votre destin;
Et j'ose vous offrir, avecque ma personne,
Ce qu'on sait que de bien la fortune me donne.
PHILAMINTE.
Vous me charmez, monsieur, par ce trait généreux,
Et je veux couronner vos désirs amoureux.
Oui, j'accorde Henriette à l'ardeur empressée....
HENRIETTE.
Non, ma mère: je change à présent de pensée.
Souffrez que je résiste à votre volonté.
CLITANDRE.
Quoi! vous vous opposez à ma félicité?
Et, lorsqu'à mon amour je vois chacun se rendre....
HENRIETTE.
Je sais le peu de bien que vous avez, Clitandre;
Et je vous ai toujours souhaité pour époux,
Lorsqu'en satisfaisant à mes vœux les plus doux,
J'ai vu que mon hymen ajustoit vos affaires;
Mais, lorsque nous avons les destins si contraires,
Je vous chéris assez, dans cette extrémité,
Pour ne vous charger point de notre adversité.
CLITANDRE.
Tout destin avec vous me peut être agréable;
Tout destin me seroit sans vous insupportable.
HENRIETTE.
L'amour, dans son transport, parle toujours ainsi.
Des retours importuns évitons le souci.
Rien n'use tant l'ardeur de ce nœud qui nous lie,
Que les fâcheux besoins des choses de la vie,
Et l'on en vient souvent à s'accuser tous deux
De tous les noirs chagrins qui suivent de tels feux.
ARISTE, à Henriette.
N'est-ce que le motif que nous venons d'entendre
Qui vous fait résister à l'hymen de Clitandre?
HENRIETTE.
Sans cela, vous verriez tout mon cœur y courir;
Et je ne fuis sa main, que pour le trop chérir.
ARISTE.
Laissez-vous donc lier par des chaînes si belles.
Je ne vous ai porté que de fausses nouvelles;
Et c'est un stratagème, un surprenant secours

Que j'ai voulu tenter pour servir vos amours,
Pour détromper ma sœur, et lui faire connoître
Ce que son philosophe à l'essai pouvoit être.
CHRYSALE.
Le ciel en soit loué !
PHILAMINTE.
J'en ai la joie au cœur,
Par le chagrin qu'aura ce lâche déserteur.
Voilà le châtiment de sa basse avarice,
De voir qu'avec éclat cet hymen s'accomplisse.
CHRYSALE, à Clitandre.
Je le savois bien, moi, que vous l'épouseriez.

ARMANDE, à Philaminte.
Ainsi donc à leurs vœux vous me sacrifiez ?
PHILAMINTE.
Ce ne sera point vous que je leur sacrifie;
Et vous avez l'appui de la philosophie,
Pour voir d'un œil content couronner leur ardeur.
BÉLISE.
Qu'il prenne garde au moins que je suis dans son cœur;
Par un prompt désespoir souvent on se marie,
Qu'on s'en repent après tout le temps de sa vie.
CHRYSALE, au notaire.
Allons, monsieur, suivez l'ordre que j'ai prescrit,
Et faites le contrat ainsi que je l'ai dit.

Non, madame, cessez de presser cette affaire. (Acte v, scène iv.)

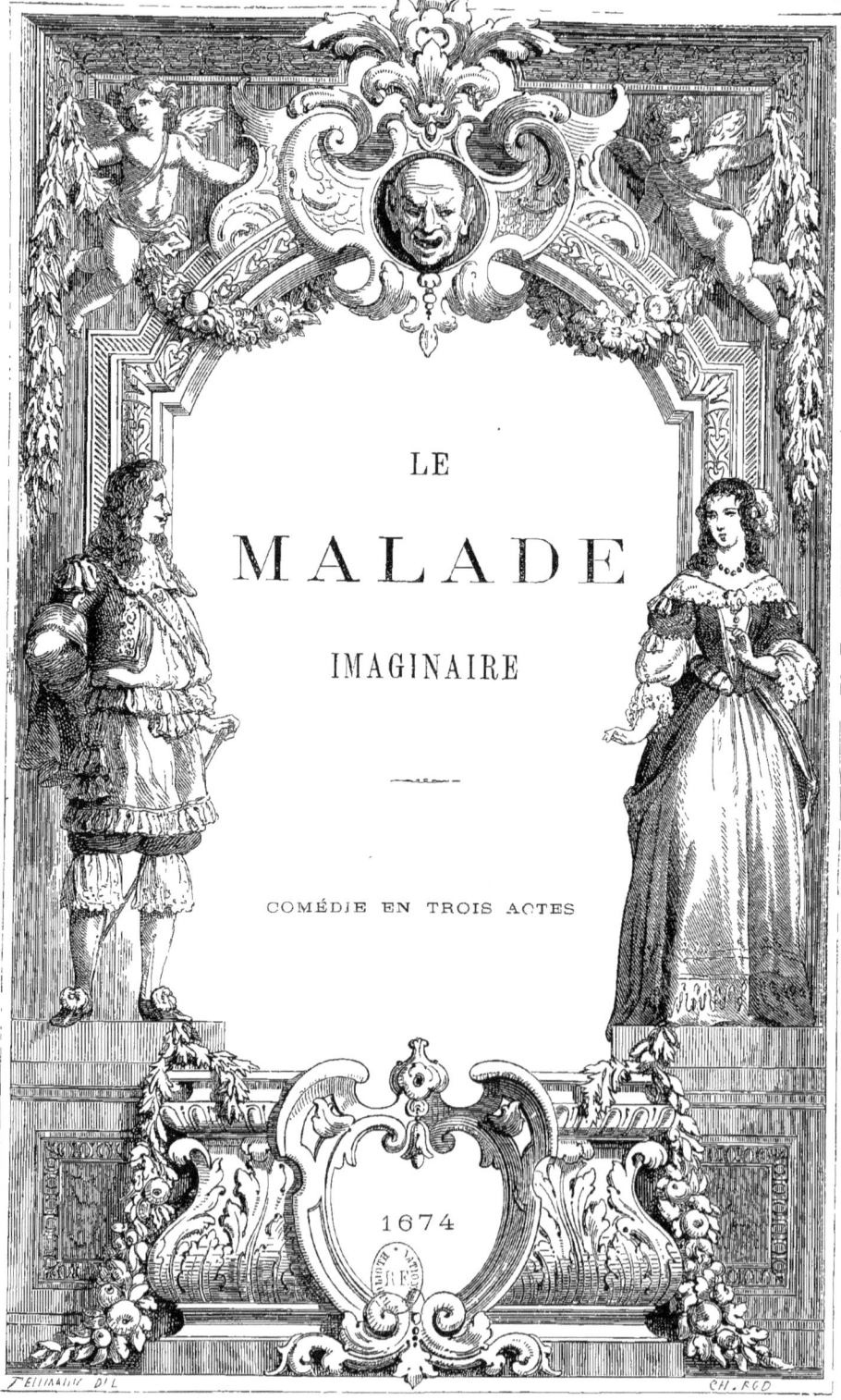

PERSONNAGES DU PROLOGUE.

FLORE.
DEUX ZÉPHYRS, dansans.
CLIMÈNE.
DAPHNÉ.
TIRCIS, amant de Climène, chef d'une troupe de bergers.
DORILAS, amant de Daphné, chef d'une troupe de bergers.
BERGERS et BERGÈRES de la suite de Tircis, dansans et chantans.
BERGERS et BERGÈRES de la suite de Dorilas, chantans et dansans.
PAN.
FAUNES, dansans.

PERSONNAGES ET ACTEURS DE LA COMÉDIE.

ARGAN, malade imaginaire. Il est vêtu en malade. De gros bas, des mules, un haut-de-chausses étroit, une camisole rouge avec quelque galon ou dentelle ; un mouchoir de cou à vieux passemens, négligemment attaché ; un bonnet de nuit avec la coiffe à dentelles. MOLIÈRE.
BÉLINE, seconde femme d'Argan.
ANGÉLIQUE, fille d'Argan, et amante de Cléante. Mlle MOLIÈRE.
LOUISON, petite fille d'Argan, et sœur d'Angélique. La petite BEAUVAL.
BÉRALDE, frère d'Argan. En habit de cavalier modeste.
CLÉANTE, amant d'Angélique. Il est vêtu galamment et en amoureux. LA GRANGE.

M. DIAFOIRUS, médecin.
THOMAS DIAFOIRUS, son fils, et amant d'Angélique. BEAUVAL.
M. PURGON, médecin d'Argan. Ces trois personnages sont vêtus de noir et en habit ordinaire de médecin, excepté Thomas Diafoirus, dont l'habit a un long collet uni ; ses cheveux sont longs et plats, son manteau passe ses genoux, et il porte une mine tout à fait niaise.
M. FLEURANT, apothicaire. Il est aussi vêtu de noir ou de gris brun, avec une courte serviette devant soi, et une seringue à la main. Il est sans chapeau.
M. DE BONNEFOI, notaire.
TOINETTE, servante. Mlle BEAUVAL.

PERSONNAGES ET ACTEURS DES INTERMÈDES.

PREMIER ACTE.

POLICHINELLE.
UNE VIEILLE.
VIOLONS.
ARCHERS, chantans et dansans.

DEUXIÈME ACTE.

QUATRE ÉGYPTIENNES, chantantes.
ÉGYPTIENS et ÉGYPTIENNES, chantans et dansans.

TROISIÈME ACTE.

TAPISSIERS, dansans.
LE PRÉSIDENT de la Faculté de médecine.
DOCTEURS.
ARGAN, bachelier.
APOTHICAIRES, avec leurs mortiers et leurs pilons.
PORTE-SERINGUES.
CHIRURGIENS.

La scène est à Paris.

Le *Malade imaginaire* fut représenté pour la première fois le 10 février 1673 sur le théâtre du Palais-Royal, et il ne fut joué devant le roi qu'après la mort de Molière, le 19 juillet 1674, dans la troisième journée d'une fête donnée à Versailles au retour de la conquête de la Franche-Comté. Molière a emprunté les scènes où Toinette se travestit en médecin à un canevas italien, *Arlechino medico volante*, qui lui avait fourni dans sa jeunesse la farce du *Médecin volant* ; il a pu prendre l'idée du rôle de Béline dans une comédie intitulée *le Mari malade*. Enfin, l'intermède de *Polichinelle* est emprunté de *Boniface ou le Pédant*, pièce italienne qu'il avait déjà mise à profit dans le *Mariage forcé*.

PROLOGUE.

Après les glorieuses fatigues et les exploits victorieux de notre auguste monarque, il est bien juste que tous ceux qui se mêlent d'écrire, travaillent ou à ses louanges, ou à son divertissement. C'est ce qu'ici l'on a voulu faire; et ce prologue est un essai des louanges de ce grand prince, qui donne entrée à la comédie du *Malade imaginaire*, dont le projet a été fait pour le délasser de ses nobles travaux.

ÉGLOGUE EN MUSIQUE ET EN DANSE.

SCÈNE I.

FLORE; DEUX ZÉPHYRS, dansans.

FLORE.

Quittez, quittez vos troupeaux;
Venez, bergers, venez, bergères;
Accourez, accourez sous ces tendres ormeaux :
Je viens vous annoncer des nouvelles bien chères,
Et réjouir tous ces hameaux.
Quittez, quittez vos troupeaux;
Venez, bergers, venez, bergères;
Accourez, accourez sous ces tendres ormeaux.

SCÈNE II.

FLORE; DEUX ZÉPHYRS, dansans; CLIMÈNE, DAPHNE, TIRCIS, DORILAS.

CLIMÈNE, à Tircis; ET DAPHNÉ, à Dorilas.
Berger, laissons là tes feux :
Voilà Flore qui nous appelle.
TIRCIS, à Climène, ET DORILAS, à Daphné.
Mais au moins, dis-moi, cruelle,
TIRCIS.
Si d'un peu d'amitié tu payeras mes vœux.
DORILAS.
Si tu seras sensible à mon ardeur fidèle.
CLIMÈNE ET DAPHNÉ.
Voilà Flore qui nous appelle.
TIRCIS ET DORILAS.
Ce n'est qu'un mot, un mot, un seul mot que je veux.
TIRCIS.
Languirai-je toujours dans ma peine mortelle?
DORILAS.
Puis-je espérer qu'un jour tu me rendras heureux?
CLIMÈNE ET DAPHNÉ.
Voilà Flore qui nous appelle.

SCÈNE III.

FLORE; DEUX ZÉPHYRS, dansans; CLIMÈNE, DAPHNÉ, TIRCIS, DORILAS; BERGERS ET BERGÈRES de la suite de Tircis et de Dorilas, chantans et dansans.

PREMIÈRE ENTRÉE DE BALLET. — *Toute la troupe des bergers et des bergères va se placer en cadence autour de Flore.*

CLIMÈNE.
Quelle nouvelle parmi nous,
Déesse, doit jeter tant de réjouissance?
DAPHNÉ.
Nous brûlons d'apprendre de vous
Cette nouvelle d'importance.
DORILAS.
D'ardeur nous en soupirons tous.
CLIMÈNE, DAPHNÉ, TIRCIS, DORILAS.
Nous en mourrons d'impatience.
FLORE.
La voici; silence, silence!
Vos vœux sont exaucés, LOUIS est de retour :
Il ramène en ces lieux les plaisirs et l'amour,
Et vous voyez finir vos mortelles alarmes.
Par ses vastes exploits son bras voit tout soumis :
Il quitte les armes,
Faute d'ennemis.
CHOEUR.
Ah! quelle douce nouvelle!
Qu'elle est grande! qu'elle est belle!
Que de plaisirs! que de ris! que de jeux!
Que de succès heureux!
Et que le ciel a rempli nos vœux!
Ah! quelle douce nouvelle!
Qu'elle est grande! qu'elle est belle!

DEUXIÈME ENTRÉE DE BALLET. — *Tous les bergers et bergères expriment, par des danses, les transports de leur joie.*

FLORE.
De vos flûtes bocagères
Réveillez les plus beaux sons;
LOUIS offre à vos chansons
La plus belle des matières.
Après cent combats
Où cueille son bras
Une ample victoire,
Formez, entre vous,
Cent combats plus doux,
Pour chanter sa gloire.
CHOEUR.
Formons, entre nous,
Cent combats plus doux,
Pour chanter sa gloire.
FLORE.
Mon jeune amant, dans ce bois,
Des présens de mon empire,
Prépare un prix à la voix
Qui saura le mieux nous dire
Les vertus et les exploits
Du plus auguste des rois.
CLIMÈNE.
Si Tircis a l'avantage,
DAPHNÉ.
Si Dorilas est vainqueur,
CLIMÈNE.
A le chérir je m'engage.
DAPHNÉ.
Je me donne à son ardeur.
TIRCIS.
O trop chère espérance!
DORILAS.
O mot plein de douceur!

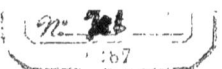

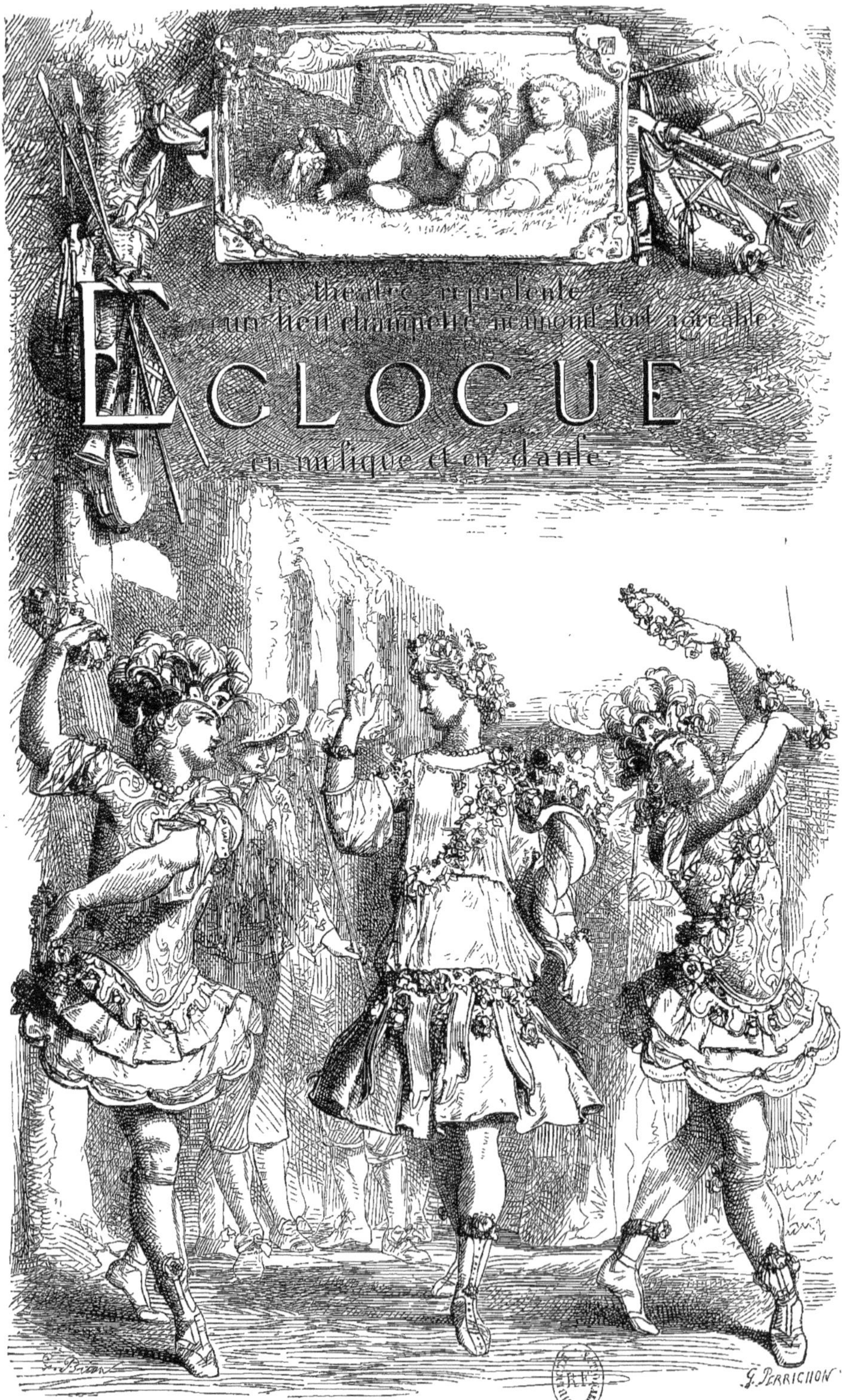
le theatre repreſente
un lieu champetre neanmoins fort agreable
EGLOGUE
en muſique et en danſe.
G. PERRICHON

TIRCIS ET DORILAS.
Plus beau sujet, plus belle récompense
Peuvent-ils animer un cœur?

(*Les violons jouent un air pour animer les deux bergers au combat, tandis que Flore, comme juge, va se placer au pied d'un bel arbre qui est au milieu du théâtre, avec deux Zéphyrs, et que le reste, comme spectateurs va occuper les deux côtés de la scène.*)

TIRCIS.
Quand la neige fondue enfle un torrent fameux,
Contre l'effort soudain de ses flots écumeux
    Il n'est rien d'assez solide;
    Digues, châteaux, villes et bois,
    Hommes et troupeaux à la fois,
    Tout cède au courant qui le guide :
    Tel, et plus fier et plus rapide,
    Marche LOUIS dans ses exploits.

TROISIÈME ENTRÉE DE BALLET. — Les bergers et bergères du côté de Tircis dansent autour de lui, sur une ritournelle, pour exprimer leurs applaudissemens.

DORILAS.
Le foudre menaçant qui perce avec fureur
L'affreuse obscurité de la nue enflammée,
    Fait, d'épouvante et d'horreur,
    Trembler le plus ferme cœur;
    Mais, à la tête d'une armée,
    LOUIS jette plus de terreur.

QUATRIÈME ENTRÉE DE BALLET. — Les bergers et bergères du côté de Dorilas font de même que les autres.

TIRCIS.
Des fabuleux exploits que la Grèce a chantés,
Par un brillant amas de belles vérités
    Nous voyons la gloire effacée;
    Et tous ces fameux demi-dieux
    Que vante l'histoire passée,
    Ne sont point à notre pensée,
    Ce que LOUIS est à nos yeux.

CINQUIÈME ENTRÉE DE BALLET. — Les bergers et bergères du côté de Tircis font encore la même chose.

DORILAS.
LOUIS fait à nos temps, par ses faits inouïs,
Croire tous les beaux faits que nous chante l'histoire
    Des siècles évanouis ;
    Mais nos neveux, dans leur gloire,
    N'auront rien qui fasse croire
    Tous les beaux faits de LOUIS.

SIXIÈME ENTRÉE DE BALLET. — Les bergers et bergères du côté de Dorilas font encore de même.

SEPTIÈME ENTRÉE DE BALLET. — Les bergers et bergères du côté de Tircis et de celui de Dorilas se mêlent et dansent ensemble.

SCÈNE IV.

FLORE, PAN ; DEUX ZÉPHYRS, *dansans* ; CLIMÈNE, DAPHNÉ, TIRCIS, DORILAS ; FAUNES, *dansans* ; BERGERS ET BERGÈRES, *chantans et dansans*.

PAN.
Laissez, laissez, bergers, ce dessein téméraire ;
    Hé! que voulez-vous faire?
    Chanter sur vos chalumeaux
    Ce qu'Apollon sur sa lyre,
    Avec ses chants les plus beaux,
    N'entreprendroit pas de dire?
C'est donner trop d'essor au feu qui vous inspire ;
C'est monter vers les cieux sur des ailes de cire,
    Pour tomber dans le fond des eaux.
Pour chanter de LOUIS l'intrépide courage,
    Il n'est point d'assez docte voix,
Point de mots assez grands pour en tracer l'image ;
    Le silence est le langage
    Qui doit louer ses exploits.
Consacrez d'autres soins à sa pleine victoire ;
Vos louanges n'ont rien qui flatte ses désirs :
    Laissez, laissez là sa gloire ;
    Ne songez qu'à ses plaisirs.

CHOEUR.
    Laissons, laissons là sa gloire ;
    Ne songeons qu'à ses plaisirs.

FLORE, *à Tircis et à Dorilas*.
Bien que pour étaler ses vertus immortelles,
    La force manque à vos esprits,
Ne laissez pas tous deux de recevoir le prix.
    Dans les choses grandes et belles,
    Il suffit d'avoir entrepris.

HUITIÈME ENTRÉE DE BALLET. — Les deux Zéphyrs dansent avec deux couronnes de fleurs à la main, qu'ils viennent donner ensuite aux deux bergers.

CLIMÈNE ET DAPHNÉ, *donnant la main à leurs amans.*
    Dans les choses grandes et belles,
    Il suffit d'avoir entrepris.

TIRCIS ET DORILAS.
Ah! que d'un doux succès notre audace est suivie!

FLORE ET PAN.
Ce qu'on fait pour LOUIS, on ne le perd jamais.

CLIMÈNE, DAPHNÉ, TIRCIS, DORILAS.
Au soin de ses plaisirs donnons-nous désormais.

FLORE ET PAN.
Heureux, heureux qui peut lui consacrer sa vie!

CHOEUR.
    Joignons tous dans ces bois
    Nos flûtes et nos voix :
    Ce jour nous y convie,
Et faisons aux échos redire mille fois :
    LOUIS est le plus grand des rois ;
Heureux, heureux, qui peut lui consacrer sa vie !

NEUVIÈME ENTRÉE DE BALLET. — Faunes, bergers et bergères, tous se mêlent, et il se fait entre eux des jeux de danse, après quoi ils se vont préparer pour la comédie.

Laissez, laissez, bergers, ce dessein téméraire. (Prologue, sc iv)

AUTRE PROLOGUE.

UNE BERGÈRE, *chantante*.

Votre plus haut savoir n'est que pure chimère,
    Vains et peu sages médecins ;
Vous ne pouvez guérir, par vos grands mots latins,
    La douleur qui me désespère.
Votre plus haut savoir n'est que pure chimère.

    Hélas ! hélas ! je n'ose découvrir
        Mon amoureux martyre
    Au berger pour qui je soupire,
    Et qui seul peut me secourir.

    Ne prétendez pas le finir,
  Ignorans médecins ; vous ne sauriez le faire,
Votre plus haut savoir n'est que pure chimère.

Ces remèdes peu sûrs, dont le simple vulgaire
Croit que vous connoissez l'admirable vertu,
Pour les maux que je sens n'ont rien de salutaire ;
Et tout votre caquet ne peut être reçu
    Que d'un MALADE IMAGINAIRE.

Votre plus haut savoir n'est que pure chimère,
    Vains et peu sages médecins, etc.

Le théâtre change et représente une chambre.

Acte premier

SCÈNE I.

ARGAN, *assis, une table devant lui, comptant avec des jetons les parties de son apothicaire.*

Trois et deux font cinq, et cinq font dix, et dix font vingt; trois et deux font cinq. « Plus, du vingt-quatrième, un petit clystère insinuatif, préparatif, et remollient, pour amollir, humecter et rafraîchir les entrailles de monsieur. » Ce qui me plaît de monsieur Fleurant, mon apothicaire, c'est que ses parties sont toujours fort civiles. « Les entrailles de monsieur, trente sols. » Oui; mais, monsieur Fleurant, ce n'est pas tout que d'être civil; il faut être aussi raisonnable, et ne pas écorcher les malades. Trente sols un lavement! Je suis votre serviteur, je vous l'ai déjà dit; vous ne me les avez mis dans les autres parties qu'à vingt sols; et vingt sols en langage d'apothicaire, c'est-à-dire, dix sols; les voilà, dix sols. « Plus dudit jour, un bon clystère détersif, composé avec catholicon double, rhubarbe, miel rosat, et autres, suivant l'ordonnance, pour balayer, laver et nettoyer le bas-ventre de monsieur, trente sols. » Avec votre permission, dix sols. « Plus, dudit jour, le soir, un julep hépatique, soporatif et somnifère, composé pour faire dormir monsieur, trente-cinq sols. » Je ne me plains pas de celui-là; car il me fit bien dormir. Dix, quinze, seize et dix-sept sols six deniers. « Plus, du vingt-cinquième, une bonne médecine purgative et corroborative, composée de casse récente avec séné levantin, et autres, suivant l'ordonnance de monsieur Purgon, pour expulser et évacuer la bile de monsieur, quatre livres. » Ah! monsieur Fleurant, c'est se moquer: il faut vivre avec les malades. Monsieur Purgon ne vous a pas ordonné de mettre quatre francs. Mettez, mettez trois livres, s'il vous plaît. Vingt et trente sols. « Plus, dudit jour, une potion anodine et astringente, pour faire reposer monsieur, trente sols. » Bon, dix et quinze sols. « Plus, du vingt-sixième, un clystère carminatif, pour chasser les vents de monsieur, trente sols. » Dix sols, monsieur Fleurant. « Plus, le clystère de monsieur, réitéré le soir, comme dessus, trente sols. » Monsieur Fleurant, dix sols. « Plus, du vingt-septième, une bonne médecine, composée pour hâter d'aller, et chasser dehors les mauvaises humeurs de monsieur, trois livres. » Bon, vingt et trente sols; je suis bien aise que vous soyez raisonnable. « Plus, du vingt-huitième, une prise de petit-lait clarifié et dulcoré, pour adoucir, lénifier, tempérer et rafraîchir le sang de monsieur, vingt sols. » Bon, dix sols. « Plus, une potion cordiale et préservative, composée avec douze grains de bézoard, sirop de limon et grenades, et autres, suivant l'ordonnance, cinq livres. » Ah! monsieur Fleurant, tout doux, s'il vous plaît; si vous en usez comme cela, on ne voudra plus être malade: contentez-vous de quatre francs; vingt et quarante sols. Trois et deux font cinq, et cinq font dix, et dix font vingt. Soixante et trois livres quatre sols six deniers. Si bien donc que, de ce mois, j'ai pris une, deux, trois, quatre, cinq, six, sept et huit médecines; et un, deux, trois, quatre, cinq, six, sept, huit, neuf, dix, onze et douze lavemens; et l'autre mois, il y avoit douze médecines, et vingt lavemens. Je ne m'étonne pas, si je ne me porte pas si bien ce mois-ci que l'autre. Je le dirai à monsieur Purgon, afin qu'il mette ordre à cela. Allons, qu'on m'ôte tout ceci. (*Voyant que personne ne vient, et qu'il n'y a aucun de ses gens dans sa chambre.*) Il n'y a personne. J'ai beau dire: on me laisse toujours seul; il n'y a pas moyen de les arrêter ici. (*Après avoir sonné une sonnette qui est sur sa table.*) Ils n'entendent point, et ma sonnette ne fait pas assez de bruit. Drelin, drelin, drelin. Point d'affaire. Drelin, drelin, drelin. Ils sont sourds.... Toinette. Drelin, drelin, drelin. Tout comme si je ne sonnois point. Chienne! coquine! Drelin, drelin, drelin. J'enrage! (*Il ne sonne plus, mais il crie.*) Drelin, drelin, drelin. Carogne, à tous les diables! Est-il possible qu'on laisse comme cela un pauvre malade tout seul? Drelin, drelin, drelin. Voilà qui est pitoyable! Drelin, drelin drelin. Ah! mon Dieu, ils me laisseront ici mourir. Drelin, drelin, drelin.

SCÈNE II.

ARGAN, TOINETTE.

TOINETTE, *en entrant*. — On y va.
ARGAN. — Ah! chienne! ah! carogne!

TOINETTE, *faisant semblant de s'être cogné la tête*. — Diantre soit fait de votre impatience! Vous pressez si fort les personnes, que je me suis donné un grand coup de tête contre la carne d'un volet.
ARGAN, *en colère*. — Ah! traîtresse!...
TOINETTE, *interrompant Argan*. — Ah!

Trois et deux font cinq, et cinq font dix. (Acte I, sc. 1.)

ARGAN. — Il y a....
TOINETTE. — Ah!
ARGAN. — Il y a une heure....
TOINETTE. — Ah!
ARGAN. — Tu m'as laissé...
TOINETTE. — Ah!

ARGAN. — Tais-toi donc, coquine, que je te querelle.
TOINETTE. — Çamon, ma foi, j'en suis d'avis, après ce que je me suis fait.
ARGAN. — Tu m'as fait égosiller, carogne.
TOINETTE. — Et vous m'avez fait, vous, casser la tête : l'un vaut bien l'autre. Quitte à quitte, si vous voulez.

ARGAN. — Quoi! coquine....

TOINETTE. — Si vous querellez, je pleurerai.

ARGAN. — Me laisser, traîtresse....

TOINETTE, *interrompant encore Argan.* — Ah!

ARGAN. — Chienne, tu veux....

TOINETTE. — Ah!

ARGAN. — Quoi! il faudra encore que je n'aie pas le plaisir de la quereller?

TOINETTE. — Querellez tout votre soûl : je le veux bien.

ARGAN. — Tu m'en empêches, chienne, en m'interrompant à tous coups.

TOINETTE. — Si vous avez le plaisir de quereller, il faut bien que de mon côté, j'aie le plaisir de pleurer : chacun le sien, ce n'est pas de trop. Ah!

ARGAN. — Allons, il faut en passer par là. Ote-moi, ceci, coquine, ôte-moi ceci. (*Après s'être levé.*) Mon lavement d'aujourd'hui a-t-il bien opéré?

TOINETTE. — Votre lavement?

ARGAN. — Oui. Ai-je bien fait de la bile?

TOINETTE. — Ma foi! je ne me mêle point de ces affaires-là; c'est à monsieur Fleurant à y mettre le nez, puisqu'il en a le profit.

ARGAN. — Qu'on ait soin de me tenir un bouillon prêt, pour l'autre que je dois tantôt prendre.

TOINETTE. — Ce monsieur Fleurant-là et ce monsieur Purgon s'égayent bien sur votre corps; ils ont en vous une bonne vache à lait, et je voudrois bien leur demander quel mal vous avez, pour vous faire tant de remèdes.

ARGAN. — Taisez-vous, ignorante; ce n'est pas à vous à contrôler les ordonnances de la médecine. Qu'on me fasse venir ma fille Angélique; j'ai à lui dire quelque chose.

TOINETTE. — La voici qui vient d'elle-même; elle a deviné votre pensée.

SCÈNE III.

ARGAN, ANGÉLIQUE, TOINETTE.

ARGAN. — Approchez, Angélique : vous venez à propos; je voulois vous parler.

ANGÉLIQUE. — Me voilà prête à vous ouïr.

ARGAN. — Attendez. (*A Toinette.*) Donnnez-moi mon bâton. Je vais revenir tout à l'heure.

TOINETTE. — Allez vite, monsieur, allez. Monsieur Fleurant nous donne des affaires.

SCÈNE IV.

ANGÉLIQUE, TOINETTE.

ANGÉLIQUE. — Toinette!

TOINETTE. — Quoi?

ANGÉLIQUE. — Regarde-moi un peu.

TOINETTE. — Hé bien! je vous regarde.

ANGÉLIQUE. — Toinette!

TOINETTE. — Hé bien! quoi, Toinette?

ANGÉLIQUE. — Ne devines-tu point de quoi je veux parler?

TOINETTE. — Je m'en doute assez : de notre jeune amant; car c'est sur lui depuis six jours que roulent tous nos entretiens, et vous n'êtes point bien si vous n'en parlez à toute heure.

ANGÉLIQUE. — Puisque tu connois cela, que n'es-tu donc la première à m'en entretenir? Et que ne m'épargnes-tu la peine de te jeter sur ce discours?

TOINETTE. — Vous ne m'en donnez pas le temps, et vous avez des soins là-dessus qu'il est difficile de prévenir.

ANGÉLIQUE. — Je t'avoue que je ne saurois me lasser de te parler de lui, et que mon cœur profite avec chaleur de tous les momens de s'ouvrir à toi. Mais dis-moi, condamnes-tu, Toinette, les sentimens que j'ai pour lui?

TOINETTE. — Je n'ai garde.

ANGÉLIQUE. — Ai-je tort de m'abandonner à ces douces impressions?

TOINETTE. — Je ne dis pas cela.

ANGÉLIQUE. — Et voudrois-tu que je fusse insensible aux tendres protestations de cette passion ardente qu'il témoigne pour moi?

TOINETTE. — A Dieu ne plaise!

ANGÉLIQUE. — Dis-moi un peu; ne trouves-tu pas, comme moi, quelque chose du ciel, quelque effet du destin dans l'aventure inopinée de notre connoissance?

TOINETTE. — Oui.

ANGÉLIQUE. — Ne trouves-tu pas que cette action d'embrasser ma défense sans me connoître, est tout à fait d'un honnête homme?

TOINETTE. — Oui.

ANGÉLIQUE. — Que l'on ne peut pas en user plus généreusement?

TOINETTE. — D'accord.

ANGÉLIQUE. — Et qu'il fit tout cela de la meilleure grâce du monde?

TOINETTE. — Oh! oui.

ANGÉLIQUE. — Ne trouves-tu pas, Toinette, qu'il est bien fait de sa personne?

TOINETTE. — Assurément.

ANGÉLIQUE. — Qu'il a l'air le meilleur du monde?

TOINETTE. — Sans doute.

ANGÉLIQUE. — Que ses discours, comme ses actions, ont quelque chose de noble?

TOINETTE. — Cela est sûr.

ANGÉLIQUE. — Qu'on ne peut rien entendre de plus passionné que ce qu'il me dit?

TOINETTE. — Il est vrai.

ANGÉLIQUE. — Et qu'il n'est rien de plus fâcheux que la contrainte où l'on me tient, qui bouche tout commerce aux doux empressemens de cette mutuelle ardeur que le ciel nous inspire?

TOINETTE. — Vous avez raison.

ANGÉLIQUE. — Mais, ma pauvre Toinette, crois-tu qu'il m'aime autant qu'il me le dit?

TOINETTE. — Hé! hé! ces choses-là parfois sont un

peu sujettes à caution. Les grimaces d'amour ressemblent fort à la vérité ; et j'ai vu de grands comédiens là-dessus.

ANGÉLIQUE. — Ah! Toinette, que dis-tu là? Hélas! de la façon qu'il parle, seroit-il bien possible qu'il ne me dît pas vrai?

TOINETTE. — En tous cas, vous en serez bientôt éclaircie ; et la résolution où il vous écrivit hier qu'il étoit de vous demander en mariage, est une prompte voie à vous faire connoître s'il vous dit vrai ou non. C'en sera là la bonne preuve.

ANGÉLIQUE. — Ah! Toinette, si celui-là me trompe, je ne croirai de ma vie aucun homme.

TOINETTE. — Voilà votre père qui revient.

SCÈNE V.
ARGAN, ANGÉLIQUE, TOINETTE.

ARGAN. — Oh ça, ma fille, je vais vous dire une nouvelle, où peut-être ne vous attendez-vous pas. On vous demande en mariage. Qu'est-ce que cela? Vous riez? Cela est plaisant, oui, ce mot de mariage ! Il n'y a rien de plus drôle pour les jeunes filles. Ah! nature, nature! A ce que je puis voir, ma fille, je n'ai que faire de vous demander si vous voulez bien vous marier.

ANGÉLIQUE. — Je dois faire, mon père, tout ce qu'il vous plaira de m'ordonner.

ARGAN. — Je suis bien aise d'avoir une fille si obéissante : la chose est donc conclue, et je vous ai promise.

ANGÉLIQUE. — C'est à moi, mon père, de suivre aveuglément toutes vos volontés.

ARGAN. — Ma femme, votre belle-mère, avoit envie que je vous fisse religieuse, et votre petite sœur Louison aussi ; et de tout temps elle a été aheurtée à cela.

TOINETTE, à part. — La bonne bête a ses raisons.

ARGAN. — Elle ne vouloit point consentir à ce mariage ; mais je l'ai emporté, et ma parole est donnée.

ANGÉLIQUE. — Ah! mon père, que je vous suis obligée de vos bontés !

TOINETTE, à Argan. — En vérité, je vous sais bon gré de cela ; et voilà l'action la plus sage que vous ayez faite de votre vie.

ARGAN. — Je n'ai point encore vu la personne ; mais on m'a dit que j'en serois content, et toi aussi.

ANGÉLIQUE. — Assurément, mon père.

ARGAN. — Comment ! l'as-tu vu ?

ANGÉLIQUE. — Puisque votre consentement m'autorise à vous pouvoir ouvrir mon cœur, je ne feindrai point de vous dire que le hasard nous a fait connoître il y a six jours, et la demande qu'on nous a faite est un effet de l'inclination que, dès cette première vue, nous avons prise l'un pour l'autre.

ARGAN. — Ils ne m'ont pas dit cela ; mais j'en suis bien aise ; et c'est tant mieux que les choses soient de la sorte. Ils disent que c'est un grand jeune garçon bien fait.

ANGÉLIQUE. — Oui, mon père.

ARGAN. — De belle taille.

ANGÉLIQUE. — Sans doute.

ARGAN. — Agréable de sa personne.

ANGÉLIQUE. — Assurément.

ARGAN. — De bonne physionomie.

ANGÉLIQUE. — Très-bonne.

ARGAN. — Sage et bien né.

ANGÉLIQUE. — Tout à fait.

ARGAN. — Fort honnête.

ANGÉLIQUE. — Le plus honnête du monde.

ARGAN. — Qui parle bien latin et grec.

ANGÉLIQUE. — C'est ce que je ne sais pas.

ARGAN. — Et qui sera reçu médecin dans trois jours.

ANGÉLIQUE. — Lui, mon père ?

ARGAN. — Oui. Est-ce qu'il ne te l'a pas dit ?

ANGÉLIQUE. — Non, vraiment. Qui vous l'a dit, à vous ?

ARGAN. — Monsieur Purgon.

ANGÉLIQUE. — Est-ce que M. Purgon le connoît ?

ARGAN. — La belle demande ! Il faut bien qu'il le connoisse, puisque c'est son neveu.

ANGÉLIQUE. — Cléante, neveu de monsieur Purgon ?

ARGAN. — Quel Cléante ? Nous parlons de celui pour qui l'on t'a demandée en mariage.

ANGÉLIQUE. — Hé ! oui.

ARGAN. — Hé bien ! c'est le neveu de monsieur Purgon, qui est le fils de son beau-frère le médecin, monsieur Diafoirus ; et ce fils s'appelle Thomas Diafoirus, et non pas Cléante ; et nous avons conclu ce mariage-là ce matin, monsieur Purgon, monsieur Fleurant et moi ; et demain, ce gendre prétendu doit m'être amené par son père. Qu'est-ce ? Vous voilà tout ébaubie ?

ANGÉLIQUE. — C'est, mon père, que je connois que vous avez parlé d'une personne, et que j'ai entendu une autre.

TOINETTE. — Quoi ! monsieur, vous auriez fait ce dessein burlesque ? Et, avec tout le bien que vous avez, vous voudriez marier votre fille avec un médecin ?

ARGAN. — Oui. De quoi te mêles-tu, coquine, impudente que tu es ?

TOINETTE. — Mon Dieu ! tout doux. Vous allez d'abord aux invectives. Est-ce que nous ne pouvons pas raisonner ensemble, sans nous emporter ? Là, parlons de sang-froid. Quelle est votre raison, s'il vous plaît, pour un tel mariage ?

ARGAN. — Ma raison est que, me voyant infirme et malade comme je suis, je veux me faire un gendre et des alliés médecins, afin de m'appuyer de bons secours contre ma maladie, d'avoir dans ma famille les sources des remèdes qui me sont nécessaires, et d'être à même des consultations et des ordonnances.

TOINETTE. — Hé bien ! voilà dire une raison, et il y a plaisir à se répondre doucement les uns aux autres. Mais, monsieur, mettez la main à la conscience ; est-ce que vous êtes malade ?

ARGAN. — Comment, coquine ! si je suis malade ! Si je suis malade, impudente !

TOINETTE. — Hé bien ! oui, monsieur, vous êtes malade ; n'ayons point de querelle là-dessus. Oui, vous êtes fort malade ; j'en demeure d'accord, et plus malade que vous ne pensez : voilà qui est fait. Mais votre fille doit épouser un mari pour elle ; et, n'étant point malade, il n'est pas nécessaire de lui donner un médecin.

ARGAN. — C'est pour moi que je lui donne ce médecin ; et une fille d'un bon naturel doit être ravie d'épouser ce qui est utile à la santé de son père.

TOINETTE. — Ma foi, monsieur, voulez-vous qu'en amie je vous donne un conseil ?

ARGAN. — Quel est-il, ce conseil ?

TOINETTE. — De ne point songer à ce mariage-là.

ARGAN. — Et la raison ?

TOINETTE. — La raison, c'est que votre fille n'y consentira point.

ARGAN. — Elle n'y consentira point ?

TOINETTE. — Non.

ARGAN. — Ma fille ?

TOINETTE. — Votre fille. Elle vous dira qu'elle n'a que faire de monsieur Diafoirus, ni de son fils Thomas Diafoirus, ni de tous les Diafoirus du monde.

ARGAN. — J'en ai affaire, moi, outre que le parti est plus avantageux qu'on ne pense. Monsieur Diafoirus n'a que ce fils-là pour tout héritier ; et, de plus, monsieur Purgon, qui n'a ni femme ni enfans, lui donne tout son bien en faveur de ce mariage ; et monsieur Purgon est un homme qui a huit mille bonnes livres de rente.

TOINETTE. — Il faut qu'il ait tué bien des gens pour s'être fait si riche.

ARGAN. — Huit mille livres de rente sont quelque chose, sans compter le bien du père.

TOINETTE. — Monsieur, tout cela est bel et bon ; mais j'en reviens toujours là : je vous conseille, entre nous, de lui choisir un autre mari ; et elle n'est point faite pour être madame Diafoirus.

ARGAN. — Et je veux, moi, que cela soit.

TOINETTE. — Hé, fi ! ne dites pas cela.

ARGAN. — Comment ! que je ne dise pas cela ?

TOINETTE. — Hé, non.

ARGAN. — Et pourquoi ne le dirais-je pas ?

TOINETTE. — On dira que vous ne songez pas à ce que vous dites.

ARGAN. — On dira ce qu'on voudra ; mais je vous dis que je veux qu'elle exécute la parole que j'ai donnée.

TOINETTE. — Non ; je suis sûre qu'elle ne le fera pas.

ARGAN. — Je l'y forcerai bien.

TOINETTE. — Elle ne le fera pas, vous dis je.

ARGAN. — Elle le fera, ou je la mettrai dans un couvent.

TOINETTE. — Vous ?

ARGAN. — Moi.

TOINETTE. — Bon !

ARGAN. — Comment ! bon ?

TOINETTE. — Vous ne la mettrez point dans un couvent.

ARGAN. — Je ne la mettrai point dans un couvent ?

TOINETTE. — Non.

ARGAN. — Non ?

TOINETTE. — Non.

ARGAN. — Ouais ! Voici qui est plaisant ! Je ne mettrai pas ma fille dans un couvent, si je veux ?

TOINETTE. — Non, vous dis-je.

ARGAN. — Qui m'en empêchera ?

TOINETTE. — Vous-même.

ARGAN. — Moi ?

TOINETTE. — Oui. Vous n'aurez pas ce cœur-là.

ARGAN. — Je l'aurai.

TOINETTE. — Vous vous moquez.

ARGAN. — Je ne me moque point.

TOINETTE. — La tendresse paternelle vous prendra.

ARGAN — Elle ne me prendra point.

TOINETTE. — Une petite larme ou deux, des bras jetés au cou, un Mon petit papa mignon, prononcé tendrement, sera assez pour vous toucher.

ARGAN. — Tout cela ne fera rien.

TOINETTE. — Oui, oui.

ARGAN. — Je vous dis que je n'en démordrai point.

TOINETTE. — Bagatelles.

ARGAN. — Il ne faut point dire, Bagatelles.

TOINETTE. — Mon Dieu ! je vous connois, vous êtes bon naturellement.

ARGAN, avec emportement. — Je ne suis point bon, et je suis méchant quand je veux.

TOINETTE. — Doucement, monsieur. Vous ne songez pas que vous êtes malade.

ARGAN. — Je lui commande absolument de se préparer à prendre le mari que je dis.

TOINETTE. — Et moi, je lui défends absolument d'en rien faire.

ARGAN. — Où est-ce donc que nous sommes ? Et quelle audace est-ce là, à une coquine de servante, de parler de la sorte devant son maître ?

TOINETTE. — Quand un maître ne songe pas à ce qu'il fait, une servante bien sensée est en droit de le redresser.

ARGAN, courant après Toinette. — Ah ! insolente, il faut que je t'assomme.

TOINETTE, évitant Argan, et mettant la chaise entre elle et lui. — Il est de mon devoir de m'opposer aux choses qui vous peuvent déshonorer.

ARGAN, courant après Toinette autour de la chaise avec son bâton. — Viens, viens, que je t'apprenne à parler.

TOINETTE, se sauvant du côté où n'est point Argan. — Je m'intéresse, comme je dois, à ne vous point laisser faire de folie.

ARGAN, de même. — Chienne !

TOINETTE, de même. — Non, je ne consentirai jamais à ce mariage.

ARGAN, de même. — Pendarde.

TOINETTE, de même. — Je ne veux point qu'elle épouse votre Thomas Diafoirus.

ARGAN, de même. — Carogne !

TOINETTE, de même. — Et elle m'obéira plutôt qu'à vous.

ARGAN, s'arrêtant. — Angélique, tu ne veux pas m'arrêter cette coquine-là ?

ANGÉLIQUE. — Hé ! mon père, ne vous faites point malade.

ARGAN, à *Angélique*. — Si tu ne me l'arrêtes, je te donnerai ma malédiction.

TOINETTE, *en s'en allant*. — Et moi, je la déshériterai, si elle vous obéit.

ARGAN, *se jetant dans sa chaise*. — Ah! ah! je n'en puis plus. Voilà pour me faire mourir.

SCÈNE VI.
BÉLINE, ARGAN.

ARGAN. — Ah! ma femme, approchez.

BÉLINE. — Qu'avez-vous, mon pauvre mari?

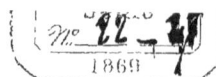

Ah! insolente, il faut que je t'assomme. (Acte i, sc. v.)

ARGAN. — Venez-vous-en ici à mon secours.

BÉLINE. — Qu'est-ce que c'est donc qu'il y a, mon petit fils?

ARGAN. — Ma mie!

BÉLINE. — Mon ami!

ARGAN. — On vient de me mettre en colère.

BÉLINE. — Hélas! pauvre petit mari! Comment donc, mon ami?

ARGAN. — Votre coquine de Toinette est devenue plus insolente que jamais.

BÉLINE. — Ne vous passionnez donc point.

ARGAN. — Elle m'a fait enrager, ma mie.

BÉLINE. — Doucement, mon fils.

ARGAN. — Elle a contrecarré, une heure durant, les choses que je veux faire.

BÉLINE. — Là, là, tout doux.

ARGAN. — Elle a eu l'effronterie de me dire que je ne suis point malade.

BÉLINE. — C'est une impertinente.

ARGAN. — Vous savez, mon cœur, ce qui en est.

BÉLINE. — Oui, mon cœur, elle a tort.

ARGAN. — M'amour, cette coquine-là me fera mourir.

BÉLINE. — Hé là, hé là!

ARGAN. — Elle est cause de toute la bile que je fais.

BÉLINE. — Ne vous fâchez point tant.

ARGAN. — Et il y a je ne sais combien que je vous dis de me la chasser.

BÉLINE. — Mon Dieu! mon fils, il n'y a point de serviteurs et de servantes qui n'aient leurs défauts. On est contraint parfois de souffrir leurs mauvaises qualités, à cause des bonnes. Celle-ci est adroite, soigneuse, diligente, et surtout fidèle; et vous savez qu'il faut maintenant de grandes précautions pour les gens que l'on prend. Holà! Toinette!

SCÈNE VII.

ARGAN, BÉLINE, TOINETTE.

TOINETTE. — Madame.

BÉLINE. — Pourquoi donc est-ce que vous mettez mon mari en colère?

TOINETTE, *d'un ton doucereux*. — Moi, madame? Hélas! je ne sais pas ce que vous me voulez dire, et je ne songe qu'à complaire à monsieur en toutes choses.

ARGAN. — Ah! la traîtresse!

TOINETTE. — Il nous a dit qu'il vouloit donner sa fille en mariage au fils de monsieur Diafoirus: je lui ai répondu que je trouvois le parti avantageux pour elle; mais que je croyois qu'il feroit mieux de la mettre dans un couvent.

BÉLINE. — Il n'y a pas grand mal à cela, et je trouve qu'elle a raison.

ARGAN. — Ah! m'amour, vous la croyez? C'est une scélérate; elle m'a dit cent insolences.

BÉLINE. — Hé bien! je vous crois, mon ami. Là, remettez-vous. Écoutez, Toinette: si vous fâchez jamais mon mari, je vous mettrai dehors. Çà, donnez-moi son manteau fourré et des oreillers, que je l'accommode dans sa chaise. Vous voilà je ne sais comment. Enfoncez bien votre bonnet sur vos oreilles: il n'y a rien qui enrhume tant que de prendre l'air par les oreilles.

ARGAN. — Ah! ma mie, que je vous suis obligé de tous les soins que vous prenez de moi!

BÉLINE, *accommodant les oreillers qu'elle met autour d'Argan*. — Levez-vous, que je mette ceci sous vous. Mettons celui-ci pour vous appuyer, et celui-là de l'autre côté. Mettons celui-ci derrière votre dos, et cet autre-là pour soutenir votre tête.

TOINETTE, *lui mettant rudement un oreiller sur la tête*. — Et celui-ci pour vous garder du serein.

ARGAN, *se levant en colère, et jetant les oreillers à Toinette qui s'enfuit*. — Ah! coquine, tu veux m'étouffer!

SCÈNE VIII.

ARGAN, BÉLINE.

BÉLINE. — Hé là, hé là! Qu'est-ce que c'est donc?

ARGAN, *se jetant dans sa chaise*. — Ah, ah, ah! Je n'en puis plus.

BÉLINE. — Pourquoi vous emporter ainsi? Elle a cru faire bien.

ARGAN. — Vous ne connoissez pas, m'amour, la malice de la pendarde. Ah! elle m'a mis tout hors de moi; et il faudra plus de huit médecines et de douze lavemens pour réparer tout ceci.

BÉLINE. — Là, là, mon petit ami, apaisez-vous un peu.

ARGAN. — Ma mie, vous êtes toute ma consolation.

BÉLINE. — Pauvre petit fils!

ARGAN. — Pour tâcher de reconnoître l'amour que vous me portez, je veux, mon cœur, comme je vous ai dit, faire mon testament.

BÉLINE. — Ah! mon ami, ne parlons point de cela, je vous prie: je ne saurois souffrir cette pensée; et le seul mot de testament me fait tressaillir de douleur.

ARGAN. — Je vous avois dit de parler pour cela à votre notaire.

BÉLINE. — Le voilà là dedans, que j'ai amené avec moi.

ARGAN. — Faites-le donc entrer, m'amour.

BÉLINE. — Hélas! mon ami, quand on aime bien un mari, on n'est guère en état de songer à tout cela.

SCÈNE IX.

M. DE BONNEFOI, BÉLINE, ARGAN.

ARGAN. — Approchez, monsieur de Bonnefoi, approchez. Prenez un siége, s'il vous plaît. Ma femme m'a dit, monsieur, que vous étiez fort honnête homme, et tout à fait de ses amis; et je l'ai chargée de vous parler pour un testament que je veux faire.

BÉLINE. — Hélas! je ne suis point capable de parler de ces choses-là.

MONSIEUR DE BONNEFOI. — Elle m'a, monsieur, expliqué vos intentions, et le dessein où vous êtes pour elle ; et j'ai à vous dire là-dessus, que vous ne sauriez rien donner à votre femme par votre testament.

ARGAN. — Mais pourquoi ?

MONSIEUR DE BONNEFOI. — La coutume y résiste. Si vous étiez en pays de droit écrit, cela se pourroit faire ; mais, à Paris, et dans les pays coutumiers, au moins dans la plupart, c'est ce qui ne se peut, et la disposition seroit nulle. Tout l'avantage qu'homme et femme conjoints par mariage se peuvent faire l'un à l'autre, c'est un don mutuel entre-vifs ; encore faut-il qu'il n'y ait enfans, soit des deux conjoints, ou de l'un d'eux, lors du décès du premier mourant.

ARGAN. — Voilà une coutume bien impertinente, qu'un mari ne puisse rien laisser à une femme dont il est aimé tendrement, et qui prend de lui tant de soin ! J'aurois envie de consulter mon avocat, pour voir comment je pourrois faire.

MONSIEUR DE BONNEFOI. — Ce n'est point à des avocats qu'il faut aller ; car ils sont d'ordinaire sévères là-dessus, et s'imaginent que c'est un grand crime que de disposer en fraude de la loi : ce sont gens de difficultés, et qui sont ignorans des détours de la conscience. Il y a d'autres personnes à consulter, qui sont bien plus accommodantes, qui ont des expédients pour passer doucement par-dessus la loi, et rendre juste ce qui n'est pas permis ; qui savent aplanir les difficultés d'une affaire, et trouver des moyens d'éluder la coutume par quelque avantage indirect. Sans cela, où en serions-nous tous les jours ? Il faut de la facilité dans les choses ; autrement nous ne ferions rien, et je ne donnerois pas un sol de notre métier.

ARGAN. — Ma femme m'avoit bien dit, monsieur, que vous étiez fort habile et fort honnête homme. Comment puis-je faire, s'il vous plaît, pour lui donner mon bien et en frustrer mes enfans ?

MONSIEUR DE BONNEFOI. — Comment vous pouvez faire ? Vous pouvez choisir doucement un ami intime de votre femme, auquel vous donnerez, en bonne forme, par votre testament, tout ce que vous pouvez ; et cet ami ensuite lui rendra tout. Vous pouvez encore contracter un grand nombre d'obligations non suspectes au profit de divers créanciers qui prêteront leur nom à votre femme, et entre les mains de laquelle ils mettront leur déclaration que ce qu'ils en ont fait n'a été que pour lui faire plaisir. Vous pouvez aussi, pendant que vous êtes en vie, mettre entre ses mains de l'argent comptant, ou des billets que vous pourrez avoir payables au porteur.

BÉLINE. — Mon Dieu ! il ne faut point vous tourmenter de tout cela. S'il vient faute de vous, mon fils, je ne veux plus rester au monde.

ARGAN. — Ma mie !

BÉLINE. — Oui, mon ami, si je suis assez malheureuse pour vous perdre....

ARGAN. — Ma chère femme !

BÉLINE. — La vie ne me sera plus de rien.

ARGAN. — M'amour !

BÉLINE. — Et je suivrai vos pas, pour vous faire connoître la tendresse que j'ai pour vous.

ARGAN. — Ma mie, vous me fendez le cœur ! Consolez-vous, je vous en prie.

MONSIEUR DE BONNEFOI, à Béline. — Ces larmes sont hors de saison ; et les choses n'en sont point encore là.

BÉLINE. — Ah ! monsieur, vous ne savez pas ce que c'est qu'un mari qu'on aime tendrement.

ARGAN. — Tout le regret que j'aurai, si je meurs, ma mie, c'est de n'avoir point un enfant de vous. Monsieur Purgon m'avoit dit qu'il m'en feroit faire un.

MONSIEUR DE BONNEFOI. — Cela pourra venir encore.

ARGAN. — Il faut faire mon testament, m'amour, de la façon que monsieur dit ; mais, par précaution, je veux vous mettre entre les mains vingt mille francs en or, que j'ai dans le lambris de mon alcôve, et deux billets payables au porteur, qui me sont dus, l'un par monsieur Damon, et l'autre par monsieur Gérante.

BÉLINE. — Non, non, je ne veux point de tout cela. Ah !... Combien dites-vous qu'il y a dans votre alcôve ?

ARGAN. — Vingt mille francs, m'amour.

BÉLINE. — Ne me parlez point de bien, je vous prie. Ah !... De combien sont les deux billets ?

ARGAN. — Ils sont, ma mie, l'un de quatre mille francs, et l'autre de six.

BÉLINE. — Tous les biens du monde, mon ami, ne me sont rien au prix de vous.

MONSIEUR DE BONNEFOI, à Argan. — Voulez-vous que nous procédions au testament ?

ARGAN. — Oui, monsieur ; mais nous serons mieux dans mon petit cabinet. M'amour, conduisez-moi, je vous prie.

BÉLINE. — Allons, mon pauvre petit fils.

SCÈNE X.

ANGÉLIQUE, TOINETTE.

TOINETTE. — Les voilà avec un notaire, et j'ai ouï parler de testament. Votre belle-mère ne s'endort point ; et c'est sans doute quelque conspiration contre vos intérêts, où elle pousse votre père.

ANGÉLIQUE. — Qu'il dispose de son bien à sa fantaisie, pourvu qu'il ne dispose point de mon cœur. Tu vois, Toinette, les desseins violens que l'on fait sur lui. Ne m'abandonne point, je te prie, dans l'extrémité où je suis.

TOINETTE. — Moi, vous abandonner ! J'aimerois mieux mourir. Votre belle-mère a beau me faire sa confidente, et me vouloir jeter dans ses intérêts, je n'ai jamais pu avoir d'inclination pour elle ; et j'ai toujours été de votre parti. Laissez-moi faire, j'emploierai toute chose pour vous servir ; mais, pour vous servir avec plus d'effet, je veux changer de batterie, couvrir le zèle que j'ai pour vous, et feindre d'entrer dans les sentiments de votre père et de votre belle-mère.

ANGÉLIQUE. — Tâche, je t'en conjure, de faire donner avis à Cléante du mariage qu'on a conclu.

TOINETTE. — Je n'ai personne à employer à cet office, que le vieux usurier Polichinelle, mon amant; et il m'en coûtera pour cela quelques paroles de douceur, que je veux bien dépenser pour vous. Pour aujourd'hui, il est trop tard; mais demain, de grand matin, je l'enverrai quérir, et il sera ravi de....

SCÈNE XI.

BÉLINE, *dans la maison*; ANGELIQUE, TOINETTE.

BÉLINE. — Toinette!
TOINETTE, *à Angélique*. — Voilà qu'on appelle. Bonsoir. Reposez-vous sur moi.

Ah! coquine, tu veux m'étouffer! (Acte I, sc. VII.)

Premier intermède. (Scène II.)

PREMIER INTERMÈDE.

Le théâtre change et représente une ville.

Polichinelle, dans la nuit, vient pour donner une sérénade à sa maîtresse. Il est interrompu d'abord par les violons contre lesquels il se met en colère, et ensuite par le guet composé de musiciens et de danseurs.

SCÈNE I.

POLICHINELLE.

O amour, amour, amour, amour! Pauvre Polichinelle, quelle diable de fantaisie t'es-tu allé mettre dans la cervelle? A quoi t'amuses-tu, misérable insensé que tu es? Tu quittes le soin de ton négoce, et tu laisses aller tes affaires à l'abandon ; tu ne manges plus, tu ne bois presque plus, tu perds le repos de la nuit; et tout cela, pour qui? Pour une dragonne, franche dragonne; une diablesse qui te rembarre et se moque de tout ce que tu peux lui dire. Mais il n'y a point à raisonner là-dessus. Tu le veux, amour; il faut être fou comme beaucoup d'autres. Cela n'est pas le mieux du monde à un homme de mon âge: mais qu'y faire? On n'est pas sage quand on veut; et les vieilles cervelles se démontent comme les jeunes. Je viens voir si je ne pourrai point adoucir ma tigresse par une sérénade. Il n'y a rien, parfois, qui soit si touchant qu'un amant qui vient chanter ses doléances aux gonds et aux verrous de sa maîtresse. (*Après avoir pris son luth.*) Voici de quoi accompagner ma voix. O nuit! ô chère nuit! porte mes plaintes amoureuses jusque dans le lit de mon inflexible.

Notte e dì v'amo e v'adoro
Cerco un sì per mio ristoro;
Ma se voi dite di nò,
Bella ingrata, io morirò.

Frà la speranza
S'afflige il cuore,
In lontananza
Consuma l'hore;
Si dolce inganno
Che mi figura
Breve l'affanno,
Ahi! troppo dura!
Così per troppo amar languisco e muoro.

Notte e dì v'amo e v'adoro.
Cerco un sì per mio ristoro;
Ma se voi dite di nò,
Bella ingrata, io morirò.

Se non dormite,
Almen pensate
Alle ferite
Ch'al cuor mi fate
Deh! almen fingete,
Per mio conforto,
Se m'uccidete,
D'haver il torto;
Vostra pietà mi scemarà il martoro.

Notte e dì v'amo e v'adoro,
Cerco un sì per mio ristoro;
Ma se voi dite di nò,
Bella ingrata, io morirò.

SCÈNE II.

POLICHINELLE; UNE VIEILLE, *se présentant à la fenêtre, et répondant à Polichinelle pour se moquer de lui.*

LA VIEILLE *chante.*

Zerbinetti, ch'ogn'hor con finti sguardi
Mentiti desiri,
Fallaci sospiri,
Accenti bugiardi,
Di fede vi preggiate,
Ah! che non m'ingannate,
Che già so per prova,
Ch'in voi non si trova
Costanza ne fede;
Oh! quanto è pazza colei che vi crede!

Quei sguardi languidi
Non m'innamorano,
Quei sospir fervidi
Più non m'infiammano,
 Vel'giuro a fe.
Zerbino misero,
Del vostro piangere
Il mio cuor libero
Vuol sempre ridere ;
 Credete a me
Che già so per prova,
Ch' in voi non si trova
Costanza ne fede ;
Oh! quanto è pazza colei che vi crede!

SCÈNE III.

POLICHINELLE ; VIOLONS, *derrière le théâtre.*

LES VIOLONS *commencent un air*.
POLICHINELLE. — Quelle impertinente harmonie vient interrompre ici ma voix !
LES VIOLONS *continuant à jouer.*
POLICHINELLE. — Paix là ! taisez-vous, violons. Laissez-moi me plaindre à mon aise des cruautés de mon inexorable.
LES VIOLONS, *de même.*
POLICHINELLE. — Taisez-vous, vous dis-je. C'est moi qui veux chanter.
LES VIOLONS.
POLICHINELLE. — Paix donc!
LES VIOLONS.
POLICHINELLE. — Ouais !
LES VIOLONS.
POLICHINELLE. — Ahi !
LES VIOLONS.
POLICHINELLE. — Est-ce pour rire ?
LES VIOLONS.
POLICHINELLE. — Ah! que de bruit!
LES VIOLONS.
POLICHINELLE. — Le diable vous emporte!
LES VIOLONS.
POLICHINELLE. — J'enrage !
LES VIOLONS.
POLICHINELLE. — Vous ne vous tairez pas? Ah! Dieu soit loué !
LES VIOLONS.
POLICHINELLE. — Encore?
LES VIOLONS.
POLICHINELLE. — Peste des violons!
LES VIOLONS.
POLICHINELLE. — La sotte musique que voilà !
LES VIOLONS.
POLICHINELLE, *chantant pour se moquer des violons.* — La, la, la, la, la, la.
LES VIOLONS.
POLICHINELLE, *de même* — La, la, la, la, la, la.
LES VIOLONS.
POLICHINELLE, *de même.* — La, la, la, la, la, la.
LES VIOLONS.
POLICHINELLE, *de même.* — La, la, la, la, la, la.
LES VIOLONS.
POLICHINELLE, *de même.* — La, la, la, la, la, la.
LES VIOLONS.
POLICHINELLE. — Par ma foi, cela me divertit. Poursuivez, messieurs les violons; vous me ferez plaisir. (*N'entendant plus rien.*) Allons donc, continuez, je vous en prie.

SCÈNE IV.

POLICHINELLE, *seul.*

Voilà le moyen de les faire taire. La musique est accoutumée à ne point faire ce qu'on veut. Or sus, à nous. Avant que de chanter, il faut que je prélude un peu, et joue quelque pièce, afin de mieux prendre mon ton. (*Il prend son luth, dont il fait semblant de jouer, en imitant avec les lèvres et la langue le son de cet instrument.*) Plan, plan, plan, plin, plin, plin. Voilà un temps fâcheux pour mettre un luth d'accord. Plin, plin, plin. Plin, tan, plan. Plin, plan. Les cordes ne tiennent point par ce temps-là. Plin, plin. J'entends du bruit. Mettons mon luth contre la porte.

SCÈNE V.

POLICHINELLE, ARCHERS, *passant dans la rue, et accourant au bruit qu'ils entendent.*

UN ARCHER, *chantant.* — Qui va là? qui va là?
POLICHINELLE, *bas.* — Qui diable est-ce là? Est-ce que c'est la mode de parler en musique?
L'ARCHER. — Qui va là? qui va là? qui va là?
POLICHINELLE, *épouvanté.* — Moi, moi, moi.
L'ARCHER. — Qui va là? qui va là? vous dis-je.
POLICHINELLE. — Moi, moi, vous dis-je.
L'ARCHER. — Et qui toi? et qui toi?
POLICHINELLE. — Moi, moi, moi, moi, moi.
 L'ARCHER.
Dis ton nom, dis ton nom, sans davantage attendre.
 POLICHINELLE, *feignant d'être bien hardi.*
 Mon nom est, Va te faire pendre.
 L'ARCHER.
 Ici, camarades, ici.
Saisissons l'insolent qui nous répond ainsi.

PREMIÈRE ENTRÉE DE BALLET. — *Tout le guet vient, qui cherche Polichinelle dans la nuit.*

VIOLONS ET DANSEURS.
POLICHINELLE.

Qui va là ?

VIOLONS ET DANSEURS.
POLICHINELLE.

Qui sont les coquins que j'entends ?

VIOLONS ET DANSEURS.
POLICHINELLE.

Euh ?

VIOLONS ET DANSEURS.
POLICHINELLE.

Holà ! mes laquais, mes gens !

VIOLONS ET DANSEURS.
POLICHINELLE.

Par la mort !

VIOLONS ET DANSEURS.
POLICHINELLE.

Par le sang !

VIOLONS ET DANSEURS.
POLICHINELLE.

J'en jetterai par terre.

VIOLONS ET DANSEURS.
POLICHINELLE.

Champagne, Poitevin, Picard, Basque, Breton !

VIOLONS ET DANSEURS.
POLICHINELLE.

Donnez-moi mon mousqueton...

VIOLONS ET DANSEURS.

POLICHINELLE, *faisant semblant de tirer un coup de pistolet.* Poue. (*Ils tombent tous et s'enfuient.*)

SCÈNE VI.

POLICHINELLE, *seul.*

Ah, ah, ah, ah ! comme je leur ai donné l'épouvante ! Voilà de sottes gens, d'avoir peur de moi, qui ai peur des autres. Ma foi, il n'est que de jouer d'adresse en ce monde. Si je n'avois tranché du grand seigneur, et n'avois fait le brave, ils n'auroient pas manqué de me happer. Ah, ah, ah !

(*Les archers se rapprochent, et, ayant entendu ce qu'il disoit, ils le saisissent au collet.*)

SCÈNE VII.

POLICHINELLE ; ARCHERS, *chantans.*

LES ARCHERS, *saisissant Polichinelle.*
Nous le tenons. A nous, camarades, à nous ;
Dépêchez de la lumière.
(*Tout le guet vient avec des lanternes.*)

SCÈNE VIII.

POLICHINELLE ; ARCHERS, *chantans et dansans.*

ARCHERS.
Ah ! traître ! ah ! fripon ! c'est donc vous ?
Faquin, maraud, pendard, impudent, téméraire,
Insolent, effronté, coquin, filou, voleur,
Vous osez nous faire peur ?
POLICHINELLE.
Messieurs, c'est que j'étois ivre.
ARCHERS.
Non, non, non ; point de raison :
Il faut vous apprendre à vivre.
En prison, vite, en prison.

POLICHINELLE. — Messieurs, je ne suis point voleur.
ARCHERS. — En prison.
POLICHINELLE. — Je suis un bourgeois de la ville.
ARCHERS. — En prison.
POLICHINELLE. — Qu'ai-je fait ?
ARCHERS. — En prison, vite, en prison.
POLICHINELLE. — Messieurs, laissez-moi aller.
ARCHERS. — Non.
POLICHINELLE. — Je vous prie.
ARCHERS. — Non.
POLICHINELLE. — Hé !
ARCHERS. — Non.
POLICHINELLE. — De grâce !
ARCHERS. — Non, non.
POLICHINELLE. — Messieurs !
ARCHERS. — Non, non, non.
POLICHINELLE. — S'il vous plaît.
ARCHERS. — Non, non.
POLICHINELLE. — Par charité !
ARCHERS. — Non, non.
POLICHINELLE. — Au nom du ciel !
ARCHERS. — Non, non.
POLICHINELLE. — Miséricorde !

ARCHERS.
Non, non, non ; point de raison :
Il faut vous apprendre à vivre.
En prison, vite, en prison.
POLICHINELLE. — Hé ! n'est-il rien, messieurs, qui soit capable d'attendrir vos âmes ?
ARCHERS.
Il est aisé de nous toucher ;
Et nous sommes humains plus qu'on ne sauroit croire,
Donnez-nous doucement six pistoles pour boire,
Nous allons vous lâcher.
POLICHINELLE. — Hélas ! messieurs, je vous assure que je n'ai pas un sou sur moi.
ARCHERS.
A défaut de six pistoles,
Choisissez donc, sans façon,
D'avoir trente croquignoles,
Ou douze coups de bâton.
POLICHINELLE. — Si c'est une nécessité, et qu'il faille en passer par là, je choisis les croquignoles.

ARCHERS.
Allons, préparez-vous,
Et comptez bien les coups.

DEUXIÈME ENTRÉE DE BALLET. — Les archers danseurs lui donnent des croquignoles en cadence.

POLICHINELLE, *pendant qu'on lui donne des croquignoles.* — Un et deux, trois et quatre, cinq et six, sept et huit, neuf et dix, onze et douze, et treize et quatorze et quinze.

ARCHERS.
Ah! ah! vous en voulez passer?

Messieurs, je ne suis point un voleur. (Premier intermède, sc. VIII.)

Allons, c'est à recommencer.

POLICHINELLE. — Ah! messieurs, ma pauvre tête n'en peut plus, et vous venez de me la rendre comme une pomme cuite. J'aime mieux encore les coups de bâton que de recommencer.

ARCHERS.
Soit. Puisque le bâton est pour vous plus charmant,
Vous aurez contentement.

TROISIÈME ENTRÉE DE BALLET. — Les archers danseurs lui donnent des coups de bâton en cadence.

POLICHINELLE, *comptant les coups de bâton.* — Un, deux, trois, quatre, cinq, six. Ah, ah, ah! je n'y saurois plus résister. Tenez, messieurs, voilà six pistoles que je vous donne.

ARCHERS.

Ah! l'honnête homme! Ah! l'âme noble et belle! Adieu, seigneur; adieu, seigneur Polichinelle.

POLICHINELLE. — Messieurs, je vous donne le bonsoir.

ARCHERS.

Adieu, seigneur; adieu, seigneur Polichinelle.

POLICHINELLE. — Votre servitéur.

ARCHERS.

Adieu, seigneur; adieu, seigneur Polichinelle.

POLICHINELLE. — Très-humble valet.

ARCHERS.

Adieu, seigneur; adieu, seigneur Polichinelle.

POLICHINELLE. — Jusqu'au revoir.

QUATRIÈME ENTRÉE DE BALLET. — *Ils dansent tous en réjouissance de l'argent qu'ils ont reçu.*

FIN DU PREMIER ACTE

ACTE DEUXIÈME.

Le théâtre représente la chambre d'Argan.

SCÈNE I.
CLÉANTE, TOINETTE.

TOINETTE, *ne reconnoissant pas Cléante.* — Que demandez-vous, monsieur?
CLÉANTE. — Ce que je demande?
TOINETTE. — Ah! ah! c'est vous! Quelle surprise! Que venez-vous faire céans?
CLÉANTE. — Savoir ma destinée, parler à l'aimable Angélique, consulter les sentimens de son cœur, et lui demander ses résolutions sur ce mariage fatal dont on m'a averti.
TOINETTE. — Oui; mais on ne parle pas comme cela de but en blanc à Angélique: il y faut des mystères, et l'on vous a dit l'étroite garde où elle est retenue; qu'on ne la laisse ni sortir, ni parler à personne; et que ce ne fut que la curiosité d'une vieille tante, qui nous fit accorder la liberté d'aller à cette comédie, qui donna lieu à la naissance de votre passion; et nous nous sommes bien gardées de parler de cette aventure.
CLÉANTE. — Aussi ne viens-je pas ici comme Cléante, et sous l'apparence de son amant, mais comme ami de son maître de musique, dont j'ai obtenu le pouvoir de dire qu'il m'envoie à sa place.
TOINETTE. — Voici son père. Retirez-vous un peu, et me laissez lui dire que vous êtes là.

SCÈNE II.
ARGAN, TOINETTE.

ARGAN, *se croyant seul, et sans voir Toinette.* — onsieur Purgon m'a dit de me promener le matin, dans ma chambre, douze allées et douze venues; mais j'ai oublié à lui demander si c'est en long ou en large.
TOINETTE. — Monsieur, voilà un...
ARGAN. — Parle bas, pendarde! Tu viens m'ébranler tout le cerveau, et tu ne songes pas qu'il ne faut point parler si haut à des malades.
TOINETTE. — Je voulois vous dire, monsieur....
ARGAN. — Parle bas, te dis-je.
TOINETTE. — Monsieur....

(*Elle fait semblant de parler.*)

ARGAN. — Hé?
TOINETTE. — Je vous dis que....

(*Elle fait encore semblant de parler.*)

ARGAN. — Qu'est-ce que tu dis?
TOINETTE, *haut.* — Je dis que voilà un homme qu veut parler à vous.
ARGAN. — Qu'il vienne!

(*Toinette fait signe à Cléante d'avancer.*)

MM. Diafoirus et Thomas Diafoirus.

SCÈNE III.

ARGAN, CLÉANTE, TOINETTE.

CLÉANTE. — Monsieur....

TOINETTE, à Cléante. — Ne parlez pas si haut, de peur d'ébranler le cerveau de monsieur.

CLÉANTE. — Monsieur, je suis ravi de vous trouver debout, et de voir que vous vous portez mieux.

TOINETTE, feignant d'être en colère. — Comment!

Toinette et Thomas Diafoirus. (Acte II, sc. VI.)

qu'il se porte mieux! Cela est faux. Monsieur se porte toujours mal.

CLÉANTE. — J'ai ouï dire que monsieur étoit mieux, et je lui trouve bon visage.

TOINETTE. — Que voulez-vous dire, avec votre bon visage? Monsieur l'a fort mauvais, et ce sont des impertinens qui vous ont dit qu'il étoit mieux. Il ne s'est jamais si mal porté.

ARGAN. — Elle a raison.

TOINETTE. — Il marche, dort, mange et boit tout comme les autres; mais cela n'empêche pas qu'il ne soit fort malade.

ARGAN. — Cela est vrai.

CLÉANTE. — Monsieur, j'en suis au désespoir. Je viens de la part du maître à chanter de mademoiselle votre fille ; il s'est vu obligé d'aller à la campagne pour quelques jours ; et, comme son ami intime, il m'envoie à sa place pour continuer ses leçons, de peur qu'en les interrompant, elle ne vînt à oublier ce qu'elle sait déjà.

ARGAN. — Fort bien. (*A Toinette.*) Appelez Angélique.

TOINETTE. — Je crois, monsieur, qu'il sera mieux de mener monsieur à sa chambre.

ARGAN. — Non. Faites-la venir.

TOINETTE. — Il ne pourra lui donner leçon comme il faut, s'ils ne sont en particulier.

ARGAN. — Si fait, si fait.

TOINETTE. — Monsieur, cela ne fera que vous étourdir ; et il ne faut rien pour vous émouvoir en l'état où vous êtes, et vous ébranler le cerveau.

ARGAN. — Point, point : j'aime la musique ; et je serai bien aise de.... Ah ! la voici. (*A Toinette.*) Allez-vous-en voir, vous, si ma femme est habillée.

SCÈNE IV.

ARGAN, ANGÉLIQUE, CLEANTE.

ARGAN. — Venez, ma fille. Votre maître de musique est allé aux champs ; et voilà une personne qu'il envoie à sa place pour vous montrer.

ANGÉLIQUE, *reconnoissant Cléante*. — Ah ! ciel !

ARGAN. — Qu'est-ce ? D'où vient cette surprise ?

ANGÉLIQUE — C'est....

ARGAN. — Quoi ? Qui vous émeut de la sorte ?

ANGÉLIQUE. — C'est, mon père, une aventure surprenante qui se rencontre ici.

ARGAN. — Comment ?

ANGÉLIQUE. — J'ai songé cette nuit que j'étois dans le plus grand embarras du monde, et qu'une personne, faite tout comme monsieur, s'est présentée à moi, à qui j'ai demandé secours, et qui m'est venu tirer de la peine où j'étois ; et ma surprise a été grande de voir inopinément, en arrivant ici, ce que j'ai eu dans l'idée toute la nuit.

CLÉANTE. — Ce n'est pas être malheureux que d'occuper votre pensée, soit en dormant, soit en veillant ; et mon bonheur seroit grand, sans doute, si vous étiez dans quelque peine dont vous me jugeassiez digne de vous tirer, et il n'y a rien que je ne fisse pour....

SCÈNE V.

ARGAN, ANGÉLIQUE, CLEANTE, TOINETTE.

TOINETTE, *à Argan*. — Ma foi, monsieur, je suis pour vous maintenant ; et je me dédis de tout ce que je disois hier. Voici monsieur Diafoirus le père et monsieur Diafoirus le fils, qui viennent vous rendre visite. Que vous serez bien engendré ! Vous allez voir le garçon le mieux fait du monde, et le plus spirituel. Il n'a dit que deux mots qui m'ont ravie ; et votre fille va être charmée de lui.

ARGAN, *à Cléante, qui feint de vouloir s'en aller*. — Ne vous en allez point, monsieur. C'est que je marie ma fille ; et voilà qu'on lui amène son prétendu mari, qu'elle n'a point encore vu.

CLÉANTE. — C'est m'honorer beaucoup, monsieur, de vouloir que je sois témoin d'une entrevue si agréable.

ARGAN. — C'est le fils d'un habile médecin ; et le mariage se fera dans quatre jours.

CLÉANTE. — Fort bien.

ARGAN. — Mandez-le un peu à son maître de musique, afin qu'il se trouve à la noce.

CLÉANTE. — Je n'y manquerai pas.

ARGAN. — Je vous y prie aussi.

CLÉANTE. — Vous me faites beaucoup d'honneur.

TOINETTE. — Allons, qu'on se range : les voici.

SCÈNE VI.

M. DIAFOIRUS, THOMAS DIAFOIRUS, ARGAN, ANGÉLIQUE, CLÉANTE, TOINETTE, LAQUAIS.

ARGAN, *mettant la main à son bonnet sans l'ôter*. — Monsieur Purgon, monsieur, m'a défendu de découvrir ma tête. Vous êtes du métier : vous savez les conséquences.

MONSIEUR DIAFOIRUS. — Nous sommes dans toutes nos visites pour porter secours aux malades, et non pour leur porter de l'incommodité.

(*Argan et M. Diafoirus parlent en même temps*).

ARGAN. — Je reçois, monsieur,

MONSIEUR DIAFOIRUS. — Nous venons, ici, monsieur,

ARGAN. — Avec beaucoup de joie,

MONSIEUR DIAFOIRUS. — Mon fils Thomas, et moi,

ARGAN. — L'honneur que vous me faites,

MONSIEUR DIAFOIRUS. — De vous témoigner, monsieur,

ARGAN. — Et j'aurois souhaité....

MONSIEUR DIAFOIRUS. — Le ravissement où nous sommes....

ARGAN. — De pouvoir aller chez vous....

MONSIEUR DIAFOIRUS. — De la grâce que vous nous faites....

ARGAN. — Pour vous en assurer ;

MONSIEUR DIAFOIRUS. — De vouloir bien nous recevoir....

ARGAN. — Mais vous savez, monsieur,

MONSIEUR DIAFOIRUS. — Dans l'honneur, monsieur,

ARGAN. — Ce que c'est qu'un pauvre malade,

MONSIEUR DIAFOIRUS. — De votre alliance ;

ARGAN. — Qui ne peut faire autre chose....

MONSIEUR DIAFOIRUS. — Et vous assurer....

ARGAN. — Que de vous dire ici....
MONSIEUR DIAFOIRUS. — Que dans les choses qui dépendront de notre métier,
ARGAN. — Qu'il cherchera toutes les occasions....
MONSIEUR DIAFOIRUS. — De même qu'en toute autre,
ARGAN. — De vous faire connoître, monsieur,
MONSIEUR DIAFOIRUS. — Nous serons toujours prêts, monsieur,
ARGAN. — Qu'il est tout à votre service.
MONSIEUR DIAFOIRUS. — A vous témoigner notre zèle. (*A son fils.*) Allons, Thomas, avancez. Faites vos compliments.
THOMAS DIAFOIRUS, *à M. Diafoirus.* — N'est-ce pas par le père qu'il convient commencer?
MONSIEUR DIAFOIRUS. — Oui.
THOMAS DIAFOIRUS, *à Argan.* — Monsieur, je viens saluer, reconnoître, chérir et révérer en vous un second père, mais un second père auquel j'ose dire que je me trouve plus redevable qu'au premier. Le premier m'a engendré; mais vous m'avez choisi. Il m'a reçu par nécessité; mais vous m'avez accepté par grâce. Ce que je tiens de lui est un ouvrage de son corps; mais ce que je tiens de vous, est un ouvrage de votre volonté: et d'autant plus que les facultés spirituelles sont au-dessus des corporelles, d'autant plus je vous dois, et d'autant plus je tiens précieuse cette future filiation, dont je viens aujourd'hui vous rendre, par avance, les très-humbles et très-respectueux hommages.
TOINETTE. — Vivent les colléges d'où l'on sort si habile homme!
THOMAS DIAFOIRUS, *à M. Diafoirus.* — Cela a-t-il bien été, mon père?
MONSIEUR DIAFOIRUS. — *Optime.*
ARGAN, *à Angélique.* — Allons, saluez monsieur.
THOMAS DIAFOIRUS, *à M. Diafoirus.* — Baiserai-je?
MONSIEUR DIAFOIRUS. — Oui, oui.
THOMAS DIAFOIRUS, *à Angélique.* — Madame, c'est avec justice que le ciel vous a concédé le nom de belle-mère, puisque l'on....
ARGAN, *à Thomas Diafoirus.* — Ce n'est pas ma femme, c'est ma fille à qui vous parlez.
THOMAS DIAFOIRUS. — Où donc est-elle?
ARGAN. — Elle va venir.
THOMAS DIAFOIRUS. — Attendrai-je, mon père, qu'elle soit venue?
MONSIEUR DIAFOIRUS. — Faites toujours le compliment à mademoiselle.
THOMAS DIAFOIRUS. — Mademoiselle, ne plus ne moins que la statue de Memnon rendoit un son harmonieux, lorsqu'elle venoit à être éclairée des rayons du soleil, tout de même me sens-je animé d'un doux transport à l'apparition du soleil de vos beautés; et, comme les naturalistes remarquent que la fleur nommée héliotrope tourne sans cesse vers cet astre du jour, aussi mon cœur d'ores-en-avant tournera-t-il toujours vers les astres resplendissans de vos yeux adorables, ainsi que vers son pôle unique. Souffrez donc, mademoiselle, que j'appende aujourd'hui à l'autel de vos charmes l'offrande de ce cœur qui ne respire et n'ambitionne autre gloire que d'être toute sa vie, mademoiselle, votre très-humble. très-obéissant et très-fidèle serviteur et mari.
TOINETTE. — Voilà ce que c'est que d'étudier! on apprend à dire de belles choses.
ARGAN, *à Cléante.* — Hé! que dites-vous de cela?
CLÉANTE. — Que monsieur fait merveilles, et que, s'il est aussi bon médecin qu'il est bon orateur, il y aura plaisir à être de ses malades.
TOINETTE. — Assurément. Ce sera quelque chose d'admirable, s'il fait d'aussi belles cures qu'il fait de beaux discours.
ARGAN. — Allons, vite, ma chaise, et des siéges à tout le monde. (*Des laquais donnent des sièges.*) Mettez-vous là, ma fille. (*A M. Diafoirus.*) Vous voyez, monsieur, que tout le monde admire monsieur votre fils; et je vous trouve bien heureux de vous voir un garçon comme cela.
MONSIEUR DIAFOIRUS. — Monsieur, ce n'est pas parce que je suis son père; mais je puis dire que j'ai sujet d'être content de lui, et que tous ceux qui le voient en parlent comme d'un garçon qui n'a point de méchanceté. Il n'a jamais eu l'imagination bien vive, ni ce feu d'esprit qu'on remarque dans quelques-uns; mais c'est par là que j'ai toujours bien auguré de sa judiciaire, qualité requise pour l'exercice de notre art. Lorsqu'il étoit petit, il n'a jamais été ce qu'on appelle mièvre et éveillé. On le voyoit toujours doux, paisible et taciturne, ne disant jamais mot, et ne jouant jamais à tous ces petits jeux que l'on nomme enfantins. On eut toutes les peines du monde à lui apprendre à lire; et il avoit neuf ans, qu'il ne connoissoit pas encore ses lettres. Bon, disois-je en moi-même : les arbres tardifs sont ceux qui portent les meilleurs fruits. On grave sur le marbre bien plus malaisément que sur le sable; mais les choses y sont conservées bien plus longtemps; et cette lenteur à comprendre, cette pesanteur d'imagination est la marque d'un bon jugement à venir. Lorsque je l'envoyai au collége, il trouva de la peine; mais il se roidissoit contre les difficultés, et ses régens se louoient toujours à moi de son assiduité et de son travail. Enfin, à force de battre le fer, il en est venu glorieusement à avoir ses licences; et je puis dire, sans vanité, que, depuis deux ans qu'il est sur les bancs, il n'y a point de candidat qui ait fait plus de bruit que lui dans toutes les disputes de notre école. Il s'y est rendu redoutable, et il ne s'y passe point d'acte où il n'aille argumenter à outrance pour la proposition contraire. Il est ferme dans la dispute, fort comme un Turc sur ses principes, ne démord jamais de son opinion, et poursuit un raisonnement jusque dans les derniers recoins de la logique. Mais, sur toute chose, ce qui me plaît en lui, et en quoi il suit mon exemple, c'est qu'il s'attache aveuglément aux opinions de nos anciens, et que jamais il n'a voulu comprendre ni écouter les raisons et les expériences des prétendues découvertes de notre siècle, touchant la circulation du sang, et autres opinions de même farine.
THOMAS DIAFOIRUS, *tirant de sa poche une grande thèse roulée, qu'il présente à Angélique.* — J'ai, contre les circulateurs, soutenu une thèse, qu'avec la permis-

sion (*saluant Argan*) de monsieur, j'ose présenter à mademoiselle, comme un hommage que je lui dois des prémices de mon esprit.

ANGÉLIQUE. — Monsieur, c'est pour moi un meuble inutile, et je ne me connois pas à ces choses-là.

TOINETTE, *prenant la thèse*. — Donnez, donnez. Elle est toujours bonne à prendre pour l'image : cela servira à parer notre chambre.

THOMAS DIAFOIRUS, *saluant encore Argan*. — Avec la permission aussi de monsieur, je vous invite à venir voir la dissection d'une femme, sur quoi je dois raisonner.

TOINETTE. — Le divertissement sera agréable. Il y en a qui donnent la comédie à leurs maîtresses ; mais donner une dissection est quelque chose de plus galant.

MONSIEUR DIAFOIRUS. — Au reste, pour ce qui est des qualités requises pour le mariage et la propagation, je vous assure que, selon les règles de nos docteurs, il est tel qu'on le peut souhaiter ; qu'il possède à un degré louable la vertu prolifique, et qu'il est du tempérament qu'il faut pour engendrer et procréer des enfans bien conditionnés.

ARGAN. — N'est-ce pas votre intention, monsieur, de le pousser à la cour, et d'y ménager pour lui une charge de médecin ?

MONSIEUR DIAFOIRUS. — A vous en parler franchement, notre métier auprès des grands ne m'a jamais paru agréable ; et j'ai toujours trouvé qu'il valoit mieux pour nous autres demeurer au public. Le public est commode. Vous n'avez à répondre de vos actions à personne ; et, pourvu que l'on suive le courant des règles de l'art, on ne se met point en peine de ce qui peut arriver. Mais ce qu'il y a de fâcheux auprès des grands, c'est que, quand ils viennent à être malades, ils veulent absolument que leurs médecins les guérissent.

TOINETTE. — Cela est plaisant ! et ils sont bien impertinents de vouloir que, vous autres messieurs, vous les guérissiez ! Vous n'êtes point auprès d'eux pour cela ; vous n'y êtes que pour recevoir vos pensions et leur ordonner des remèdes ; c'est à eux à guérir, s'ils peuvent.

MONSIEUR DIAFOIRUS.—Cela est vrai. On n'est obligé qu'à traiter les gens dans les formes.

ARGAN, *à Cléante*. — Monsieur, faites un peu chanter ma fille devant la compagnie.

CLÉANTE. — J'attendois vos ordres, monsieur ; et il m'est venu en pensée, pour divertir la compagnie, de chanter avec mademoiselle une scène d'un petit opéra qu'on a fait depuis peu. (*A Angélique, lui donnant un papier.*) Tenez, voilà votre partie.

ANGÉLIQUE. — Moi ?

CLÉANTE, *bas, à Angélique*. — Ne vous défendez point, s'il vous plaît, et me laissez vous faire comprendre ce que c'est que la scène que nous devons chanter. (*Haut.*) Je n'ai pas une voix à chanter ; mais ici il suffit que je me fasse entendre, et l'on aura la bonté de m'excuser, par la nécessité où je me trouve de faire chanter mademoiselle.

ARGAN. — Les vers en sont-ils beaux ?

CLÉANTE. — C'est proprement ici un petit opéra impromptu ; et vous n'allez entendre chanter que de la prose cadencée, ou des manières de vers libres, tels que la passion et la nécessité peuvent faire trouver à deux personnes qui disent les choses d'eux-mêmes et parlent sur-le-champ.

ARGAN. — Fort bien. Écoutons.

CLÉANTE. — Voici le sujet de la scène. Un berger étoit attentif aux beautés d'un spectacle qui ne faisoit que de commencer, lorsqu'il fut tiré de son attention par un bruit qu'il entendit à ses côtés. Il se retourne, et voit un brutal qui, de paroles insolentes, maltraitoit une bergère. D'abord il prend les intérêts d'un sexe à qui tous les hommes doivent hommage ; et, après avoir donné au brutal le châtiment de son insolence, il vient à la bergère, et voit une jeune personne qui, des plus beaux yeux qu'il eût jamais vus, versoit des larmes qu'il trouva les plus belles du monde. Hélas ! dit-il en lui-même, est-on capable d'outrager une personne si aimable ? Et quel inhumain, quel barbare ne seroit touché par de telles larmes ? Il prend soin de les arrêter, ces larmes qu'il trouve si belles ; et l'aimable bergère prend soin en même temps de le remercier de son léger service, mais d'une manière si charmante, si tendre et si passionnée, que le berger n'y peut résister ; et chaque mot, chaque regard, est un trait plein de flamme, dont son cœur se sent pénétré. Est-il, disoit-il, quelque chose qui puisse mériter les aimables paroles d'un tel remercîment ? Et que ne voudroit-on pas faire, à quels services, à quels dangers ne seroit-on pas ravi de courir, pour s'attirer un seul moment des touchantes douceurs d'une âme si reconnoissante ? Tout le spectacle passe, sans qu'il y donne aucune attention ; mais il se plaint qu'il est trop court, parce qu'en finissant, il le sépare de son adorable bergère ; et, de cette première vue, de ce premier moment, il emporte chez lui tout ce qu'un amour de plusieurs années peut avoir de plus violent. Le voilà aussitôt à sentir tous les maux de l'absence ; et il est tourmenté de ne plus voir ce qu'il a si peu vu. Il fait tout ce qu'il peut pour se redonner cette vue, dont il conserve nuit et jour une si chère idée ; mais la grande contrainte où l'on tient sa bergère lui en ôte tous les moyens. La violence de sa passion le fait résoudre à demander en mariage l'adorable beauté, sans laquelle il ne peut plus vivre ; et il en obtient d'elle la permission, par un billet qu'il a l'adresse de lui faire tenir. Mais, dans le même temps, on l'avertit que le père de cette belle a conclu son mariage avec un autre, et que tout se dispose pour en célébrer la cérémonie. Jugez quelle atteinte cruelle au cœur de ce triste berger ! Le voilà accablé d'une mortelle douleur ; il ne peut souffrir l'effroyable idée de voir tout ce qu'il aime entre les bras d'un autre ; et son amour, au désespoir, lui fait trouver moyen de s'introduire dans la maison de sa bergère pour apprendre ses sentimens, et savoir d'elle la destinée à laquelle il doit se résoudre. Il y rencontre les apprêts de tout ce qu'il craint ; il y voit venir l'indigne rival, que le caprice d'un père oppose aux tendresses de son amour ; il le voit triomphant, ce rival ridicule, auprès de l'aimable bergère, ainsi qu'auprès d'une conquête qui lui est assurée, et cette vue le remplit d'une colère dont il a peine à se rendre le maître. Il jette de douloureux regards sur celle qu'il adore; et son respect et la présence de son père l'empêchent de lui rien dire que des yeux. Mais, enfin, il force toute contrainte; et le transport de son amour l'oblige à lui parler ainsi :

(*Il chante.*)
Belle Philis, c'est trop, c'est trop souffrir;
Rompons ce dur silence, et m'ouvrez vos pensées.
Apprenez-moi ma destinée :
Faut-il vivre ? Faut-il mourir ?

ANGÉLIQUE, *en chantant.*
Vous me voyez, Tircis, triste et mélancolique,
Aux apprêts de l'hymen dont vous vous alarmez.
Je lève au ciel les yeux, je vous regarde, je soupire;
C'est vous en dire assez.

ARGAN. — Ouais! je ne croyois pas que ma fille fût

Belle Philis, c'est trop, c'est trop souffrir. (Acte II, sc. VI.)

si habile, que de chanter ainsi à livre ouvert, sans hésiter.

CLÉANTE.
Hélas! belle Philis,
Se pourroit-il que l'amoureux Tircis
Eût assez de bonheur,
Pour avoir quelque place dans votre cœur?

ANGÉLIQUE.
Je ne m'en défends point, dans cette peine extrême ;
Oui, Tircis, je vous aime.

CLÉANTE.
O parole pleine d'appas !
Ai-je bien entendu? Hélas!
Redites-la, Philis, que je n'en doute pas.

ANGÉLIQUE.
Oui, Tircis, je vous aime.

CLÉANTE.
De grâce, encor, Philis.

ANGÉLIQUE.
Je vous aime.

CLÉANTE.
Recommencez cent fois; ne vous en lassez pas.
ANGÉLIQUE.
Je vous aime, je vous aime;
Oui, Tircis, je vous aime.
CLÉANTE.
Dieux, rois, qui sous vos pieds regardez tout le monde,
Pouvez-vous comparer votre bonheur au mien
Mais, Philis, une pensée
Vient troubler ce doux transport.
Un rival, un rival....
ANGÉLIQUE.
Ah! je le hais plus que la mort;
Et sa présence, ainsi qu'à vous,
M'est un cruel supplice.
CLÉANTE.
Mais un père à ses vœux vous veut assujettir.
ANGÉLIQUE.
Plutôt, plutôt mourir,
Que de jamais y consentir :
Plutôt, plutôt mourir, plutôt mourir.

ARGAN. — Et que dit le père à tout cela?
CLÉANTE. — Il ne dit rien.
ARGAN. — Voilà un sot père que ce père-là, de souffrir toutes ces sottises-là sans rien dire!

CLÉANTE, *voulant continuer à chanter.*
Ah! mon amour....

ARGAN. — Non, non; en voilà assez. Cette comédie-là est de fort mauvais exemple. Le berger Tircis est un impertinent, et la bergère Philis une impudente de parler de la sorte devant son père. (*A Angélique.*) Montrez-moi ce papier. Ah! Ah! où sont donc les paroles que vous avez dites? Il n'y a là que de la musique écrite.
CLÉANTE. — Est-ce que vous ne savez pas, monsieur, qu'on a trouvé, depuis peu, l'invention d'écrire les paroles avec les notes mêmes?
ARGAN. — Fort bien. Je suis votre serviteur, monsieur; jusqu'au revoir. Nous nous serions bien passés de votre impertinent d'opéra.
CLÉANTE. — J'ai cru vous divertir.
ARGAN. — Les sottises ne divertissent point. Ah! voici ma femme.

SCÈNE VII.

BÉLINE, ARGAN, ANGÉLIQUE, M. DIAFOIRUS, THOMAS DIAFOIRUS, TOINETTE.

ARGAN. — M'amour, voilà le fils de monsieur Diafoirus.
THOMAS DIAFOIRUS. — Madame, c'est avec justice que le ciel vous a concédé le nom de belle-mère, puisque l'on voit sur votre visage....
BÉLINE. — Monsieur, je suis ravie d'être venue ici à propos, pour avoir l'honneur de vous voir.
THOMAS DIAFOIRUS. — Puisque l'on voit sur votre visage.... puisque l'on voit sur votre visage.... Madame, vous m'avez interrompu dans le milieu de la période, et cela m'a troublé la mémoire.
MONSIEUR DIAFOIRUS. — Thomas, réservez cela pour une autre fois.
ARGAN. — Je voudrois, ma mie, que vous eussiez été ici tantôt.
TOINETTE. — Ah! madame, vous avez bien perdu de n'avoir point été au second père, à la statue de Memnon, et à la fleur nommée héliotrope.
ARGAN. — Allons, ma fille, touchez dans la main de monsieur, et lui donnez votre foi, comme à votre mari.
ANGÉLIQUE. — Mon père!
ARGAN. — Hé bien! mon père! Qu'est-ce que cela veut dire?
ANGÉLIQUE. — De grâce, ne précipitez pas les choses. Donnez-nous au moins le temps de nous connoître, et de voir naître en nous, l'un pour l'autre, cette inclination si nécessaire à composer une union parfaite.
THOMAS DIAFOIRUS. — Quant à moi, mademoiselle, elle est déjà née en moi, et je n'ai pas besoin d'attendre davantage.
ANGÉLIQUE. — Si vous êtes si prompt, monsieur, il n'en est pas de même de moi, et je vous avoue que votre mérite n'a pas encore assez fait d'impression dans mon âme.
ARGAN. — Oh! bien, bien; cela aura tout le loisir de se faire, quand vous serez mariés ensemble.
ANGÉLIQUE. — Hé! mon père, donnez-moi du temps, je vous prie. Le mariage est une chaîne où l'on ne doit jamais soumettre un cœur par force : et, si monsieur est honnête homme, il ne doit point vouloir accepter une personne qui seroit à lui par contrainte.
THOMAS DIAFOIRUS. — *Nego consequentiam*, mademoiselle; et je puis être honnête homme, et vouloir bien vous accepter des mains de monsieur votre père.
ANGÉLIQUE. — C'est un méchant moyen de se faire aimer de quelqu'un, que de lui faire violence.
THOMAS DIAFOIRUS. — Nous lisons des anciens, mademoiselle, que leur coutume étoit d'enlever par force de la maison des pères les filles qu'on menoit marier, afin qu'il ne semblât pas que ce fût de leur consentement qu'elles convoloient dans les bras d'un homme.
ANGÉLIQUE. — Les anciens, monsieur, sont les anciens, et nous sommes les gens de maintenant. Les grimaces ne sont point nécessaires dans notre siècle; et, quand un mariage nous plaît, nous savons fort bien y aller sans qu'on nous y traîne. Donnez-vous patience; si vous m'aimez, monsieur, vous devez vouloir tout ce que je veux.
THOMAS DIAFOIRUS. — Oui, mademoiselle, jusqu'aux intérêts de mon amour exclusivement.
ANGÉLIQUE. — Mais la grande marque d'amour, c'est d'être soumis aux volontés de celle qu'on aime.
THOMAS DIAFOIRUS. — *Distinguo*, mademoiselle. Dans ce qui ne regarde point sa possession, *concedo*; mais dans ce qui la regarde, *nego*.
TOINETTE, *à Angélique.* — Vous avez beau raisonner.

Monsieur est frais émoulu du collége ; et il vous donnera toujours votre reste. Pourquoi tant résister, et refuser la gloire d'être attachée au corps de la Faculté ?

BÉLINE. — Elle a peut-être quelque inclination en tête.

ANGÉLIQUE. — Si j'en avois, madame, elle seroit telle que la raison et l'honnêteté pourroient me la permettre.

ARGAN. — Ouais ! je joue ici un plaisant personnage !

BÉLINE. — Si j'étois que de vous, mon fils, je ne la forcerois point à se marier, et je sais bien ce que je ferois.

ANGÉLIQUE. — Je sais, madame, ce que vous voulez dire, et les bontés que vous avez pour moi ; mais peut-être que vos conseils ne seront pas assez heureux pour être exécutés.

BÉLINE. — C'est que les filles bien sages et bien honnêtes, comme vous, se moquent d'être obéissantes et soumises aux volontés de leurs pères. Cela étoit bon autrefois.

ANGÉLIQUE. — Le devoir d'une fille a des bornes, madame ; et la raison et les lois ne l'étendent point à toutes sortes de choses.

BÉLINE. — C'est-à-dire que vos pensées ne sont que pour le mariage ; mais vous voulez choisir un époux à votre fantaisie.

ANGÉLIQUE. — Si mon père ne veut pas me donner un mari qui me plaise, je le conjurerai, au moins, de ne me point forcer à en épouser un que je ne puisse pas aimer.

ARGAN. — Messieurs, je vous demande pardon de tout ceci.

ANGÉLIQUE. — Chacun a son but en se mariant. Pour moi, qui ne veux un mari que pour l'aimer véritablement, et qui prétends en faire tout l'attachement de ma vie, je vous avoue que j'y cherche quelque précaution. Il y en a d'aucunes qui prennent des maris seulement pour se tirer de la contrainte de leurs parens, et se mettre en état de faire tout ce qu'elles voudront. Il y en a d'autres, madame, qui font du mariage un commerce de pur intérêt ; qui ne se marient que pour gagner des douaires, que pour s'enrichir par la mort de ceux qu'elles épousent, et courent sans scrupule de mari en mari pour s'approprier leurs dépouilles. Ces personnes-là, à la vérité, n'y cherchent pas tant de façons, et regardent peu la personne.

BÉLINE. — Je vous trouve aujourd'hui bien raisonnante, et je voudrois bien savoir ce que vous voulez dire par là.

ANGÉLIQUE. — Moi, madame ? Que voudrois-je dire que ce que je dis ?

BÉLINE. — Vous êtes si sotte, ma mie, qu'on ne sauroit plus vous souffrir.

ANGÉLIQUE. — Vous voudriez bien, madame, m'obliger à vous répondre quelque impertinence ; mais je vous avertis que vous n'aurez pas cet avantage.

BÉLINE. — Il n'est rien d'égal à votre insolence.

ANGÉLIQUE. — Non, madame, vous avez beau dire.

BÉLINE. — Et vous avez un ridicule orgueil, une impertinente présomption, qui fait hausser les épaules à tout le monde.

ANGÉLIQUE. — Tout cela, madame, ne servira de rien. Je serai sage en dépit de vous ; et, pour vous ôter l'espérance de pouvoir réussir dans ce que vous voulez, je vais m'ôter de votre vue.

SCÈNE VIII.

ARGAN, BÉLINE, M. DIAFOIRUS, THOMAS DIAFOIRUS, TOINETTE.

ARGAN, *à Angélique, qui sort.*

Ecoute. Il n'y a point de milieu à cela : choisis d'épouser dans quatre jours ou monsieur, ou un couvent. (*A Béline.*) Ne vous mettez pas en peine : je la rangerai bien.

BÉLINE. — Je suis fâchée de vous quitter, mon fils ; mais j'ai une affaire en ville dont je ne puis me dispenser. Je reviendrai bientôt.

ARGAN. — Allez, m'amour ; et passez chez votre notaire, afin qu'il expédie ce que vous savez.

BÉLINE. — Adieu, mon petit ami.

ARGAN. — Adieu, ma mie.

SCÈNE IX.

ARGAN, M. DIAFOIRUS, THOMAS DIAFOIRUS, TOINETTE.

ARGAN. — Voilà une femme qui m'aime... cela n'est pas croyable.

MONSIEUR DIAFOIRUS. — Nous allons, monsieur, prendre congé de vous.

ARGAN. — Je vous prie, monsieur, de me dire un peu comment je suis.

MONSIEUR DIAFOIRUS, *tâtant le pouls d'Argan.* — Allons, Thomas, prenez l'autre bras de monsieur, pour voir si vous saurez porter un bon jugement de son pouls. *Quid dicis ?*

THOMAS DIAFOIRUS. — *Dico* que le pouls de monsieur est le pouls d'un homme qui ne se porte point bien.

MONSIEUR DIAFOIRUS. — Bon.

THOMAS DIAFOIRUS — Qu'il est duriuscule, pour ne pas dire dur.

MONSIEUR DIAFOIRUS. — Fort bien.

Thomas, prenez l'autre bras de monsieur. (Acte II, scène IX.)

THOMAS DIAFOIRUS. — Repoussant.
MONSIEUR DIAFOIRUS. — Bene.
THOMAS DIAFOIRUS. — Et même un peu caprisant.
MONSIEUR DIAFOIRUS. — Optime.
THOMAS DIAFOIRUS. — Ce qui marque une intempérie dans le *parenchyme splénique*, c'est-à-dire la rate.
MONSIEUR DIAFOIRUS. — Fort bien.
ARGAN. — Non: monsieur Purgon dit que c'est mon foie qui est malade.
MONSIEUR DIAFOIRUS. — Eh oui: qui dit *parenchyme*, dit l'un et l'autre, à cause de l'étroite sympathie qu'ils ont ensemble par le moyen du *vas breve*, du *pylore*, et souvent des *méats cholidoques*. Il vous ordonne sans doute de manger force rôti?
ARGAN. — Non; rien que du bouilli.
MONSIEUR DIAFOIRUS. — Eh oui: rôti, bouilli, même chose. Il vous ordonne fort prudemment, et vous ne pouvez être en de meilleures mains.
ARGAN. — Monsieur, combien est-ce qu'il faut mettre de grains de sel dans un œuf?
MONSIEUR DIAFOIRUS. — Six, huit, dix, par les nombres pairs comme, dans les médicamens, par les nombres impairs.
ARGAN. — Jusqu'au revoir, monsieur.

Holà! qu'est-ce là, Louison? (Acte II, scène XI.)

SCÈNE X.
BÉLINE, ARGAN.

BÉLINE. — Je viens, mon fils, avant que de sortir, vous donner avis d'une chose; à laquelle il faut que vous preniez garde. En passant par-devant la chambre d'Angélique, j'ai vu un jeune homme avec elle qui s'est sauvé d'abord qu'il m'a vue.
ARGAN. — Un jeune homme avec ma fille!
BÉLINE. — Oui. Votre petite fille Louison étoit avec eux, qui pourra vous en dire des nouvelles.
ARGAN. — Envoyez-la ici, m'amour, envoyez-la ici. Ah! l'effrontée! (*Seul*) Je ne m'étonne plus de sa résistance.

SCÈNE XI.
ARGAN, LOUISON.

LOUISON. — Qu'est-ce que vous voulez, mon papa? Ma belle-maman m'a dit que vous me demandez.
ARGAN. — Oui. Venez çà. Avancez là. Tournez-vous. Levez les yeux. Regardez-moi. Hé?
LOUISON. — Quoi, mon papa?
ARGAN. — Là?
LOUISON. — Quoi?
ARGAN. — N'avez-vous rien à me dire?
LOUISON. — Je vous dirai, si vous voulez, pour vous désennuyer, le conte de *Peau d'âne*, ou bien la fable du *Corbeau et du Renard*, qu'on m'a apprise depuis peu.
ARGAN. — Ce n'est pas là ce que je demande.

LOUISON. — Quoi donc?

ARGAN. — Ah! rusée, vous savez bien ce que je veux dire!

LOUISON. — Pardonnez-moi, mon papa.

ARGAN. — Est-ce là comme vous m'obéissez?

LOUISON. — Quoi?

ARGAN. — Ne vous ai-je pas recommandé de me venir dire d'abord tout ce que vous voyez?

LOUISON. — Oui, mon papa.

ARGAN. — L'avez-vous fait?

LOUISON. — Oui, mon papa. Je vous suis venue dire tout ce que j'ai vu.

ARGAN. — Et n'avez-vous rien vu aujourd'hui?

LOUISON. — Non, mon papa.

ARGAN. — Non.

LOUISON. — Non, mon papa.

ARGAN. — Assurément?

LOUISON. — Assurément.

ARGAN. — Oh çà, je m'en vais vous faire voir quelque chose, moi.

LOUISON, *voyant une poignée de verges qu'Argan a été prendre*. — Ah! mon papa!

ARGAN. — Ah! ah! petite masque, vous ne me dites pas que vous avez vu un homme dans la chambre de votre sœur.

LOUISON, *pleurant*. — Mon papa!

ARGAN, *prenant Louison par le bras*. — Voici qui vous apprendra à mentir.

LOUISON, *se jetant à genoux*. — Ah! mon papa, je vous demande pardon. C'est que ma sœur m'avoit dit de ne pas vous le dire; mais je m'en vais vous dire tout.

ARGAN. — Il faut premièrement que vous ayez le fouet pour avoir menti. Puis après nous verrons au reste.

LOUISON. — Pardon, mon papa.

ARGAN. — Non, non.

LOUISON. — Mon pauvre papa, ne me donnez pas le fouet.

ARGAN. — Vous l'aurez.

LOUISON. — Au nom de Dieu, mon papa, que je ne l'aie pas!

ARGAN, *voulant la fouetter*. — Allons, allons.

LOUISON. — Ah! mon papa, vous m'avez blessée. Attendez: je suis morte. (*Elle contrefait la morte*.)

ARGAN. — Holà! qu'est-ce là? Louison, Louison! Ah! mon Dieu! Louison! Ah! ma fille! Ah! malheureux! ma pauvre fille est morte! Qu'ai-je fait, misérable? Ah! chiennes de verges! La peste soit des verges! Ah! ma pauvre fille, ma petite Louison!

LOUISON. — Là, là, mon papa, ne pleurez point tant: je ne suis pas morte tout à fait.

ARGAN. — Voyez-vous la petite rusée? Oh çà, çà, je vous pardonne pour cette fois-ci, pourvu que vous me disiez bien tout.

LOUISON. — Oh! oui, mon papa.

ARGAN. — Prenez-y bien garde, au moins; car voilà un petit doigt qui sait tout, qui me dira si vous mentez.

LOUISON. — Mais, mon papa, ne dites pas à ma sœur que je vous l'ai dit.

ARGAN. — Non, non.

LOUISON, *après avoir regardé si personne n'écoute*. — C'est, mon papa, qu'il est venu un homme dans la chambre de ma sœur comme j'y étois.

ARGAN. — Hé bien?

LOUISON. — Je lui ai demandé ce qu'il demandoit, et il m'a dit qu'il étoit son maître à chanter.

ARGAN, *à part*. — Hom! hom! voilà l'affaire. (*A Louison*.) Hé bien?

LOUISON. — Ma sœur est venue après.

ARGAN. — Hé bien?

LOUISON. — Elle lui a dit: Sortez, sortez, sortez. Mon Dieu, sortez; vous me mettez au désespoir.

ARGAN. — Hé bien?

LOUISON. — Et lui il ne vouloit pas sortir.

ARGAN. — Qu'est-ce qu'il lui disoit?

LOUISON. — Il lui disoit je ne sais combien de choses.

ARGAN. — Et quoi encore?

LOUISON. — Il lui disoit tout ci, tout ça, qu'il l'aimoit bien, et qu'elle étoit la plus belle du monde.

ARGAN. — Et puis après?

LOUISON. — Et puis après, il se mettoit à genoux devant elle.

ARGAN. — Et puis après?

LOUISON. — Et puis après il lui baisoit les mains.

ARGAN. — Et puis après?

LOUISON. — Et puis après, ma belle-maman est venue à la porte, et il s'est enfui.

ARGAN. — Il n'y a point autre chose?

LOUISON. — Non, mon papa.

ARGAN. — Voilà mon petit doigt pourtant qui gronde quelque chose. (*Mettant son doigt à son oreille*.) Attendez. Hé! Ah, ah! Oui? Oh, oh! Voilà mon petit doigt qui me dit quelque chose que vous avez vu, et que vous ne m'avez pas dit.

LOUISON. — Ah! mon papa, votre petit doigt est un menteur.

ARGAN. — Prenez garde.

LOUISON. — Non, mon papa, ne le croyez pas: il ment, je vous assure.

ARGAN. — Oh bien, bien, nous verrons cela. Allez-vous-en, et prenez bien garde à tout: allez (*Seul*.) Ah! il n'y a plus d'enfans! Ah! que d'affaires! Je n'ai pas seulement le loisir de songer à ma maladie. En vérité, je n'en puis plus.

(*Il se laisse tomber dans une chaise*.)

SCÈNE XII.

BÉRALDE, ARGAN.

BÉRALDE. — Hé bien, mon frère! qu'est-ce? Comment vous portez-vous?

ARGAN. — Ah! mon frère, fort mal.

BÉRALDE. — Comment! fort mal?

ARGAN. — Oui. Je suis dans une foiblesse si grande, que cela n'est pas croyable.

BÉRALDE. — Voilà qui est fâcheux.

ARGAN. — Je n'ai pas seulement la force de pouvoir parler.

BÉRALDE. — J'étois venu ici, mon frère, vous proposer un parti pour ma nièce Angélique.

ARGAN, *parlant avec emportement, et se levant de sa chaise.* — Mon frère, ne me parlez point de cette coquine-là. C'est une friponne, une impertinente, une effrontée que je mettrai dans un couvent avant qu'il soit deux jours.

BÉRALDE. — Ah! voilà qui est bien! Je suis bien aise que la force vous revienne un peu, et que ma visite vous fasse du bien. Oh çà, nous parlerons d'affaires tantôt. Je vous amène ici un divertissement que j'ai rencontré, qui dissipera votre chagrin, et vous rendra l'âme mieux disposée aux choses que nous avons à dire. Ce sont des Égyptiens vêtus en Mores, qui font des danses mêlées de chansons, où je suis sûr que vous prendrez plaisir; cela vaudra bien une ordonnance de monsieur Purgon. Allons.

DEUXIÈME INTERMÈDE

Le frère du malade imaginaire lui amène, pour le divertir, plusieurs Égyptiens et Égyptiennes, vêtus en Mores, qui font des danses entremêlées de chansons.

PREMIÈRE FEMME MORE.

Profitez du printemps
De vos beaux ans,
Aimable jeunesse;
Profitez du printemps
De vos beaux ans;
Donnez-vous à la tendresse.

Les plaisirs les plus charmans,
Sans l'amoureuse flamme,
Pour contenter une âme
N'ont point d'attraits assez puissans.

Profitez du printemps
De vos beaux ans;
Donnez-vous à la tendresse.
Ne perdez point ces précieux momens.

La beauté passe,
Le temps l'efface :
L'âge de glace
Vient à sa place,
Qui nous ôte le goût de ces doux passe-temps.

Profitez du printemps
De vos beaux ans;
Aimable jeunesse.
Profitez du printemps
De vos beaux ans;
Donnez-vous à la tendresse.

PREMIÈRE ENTRÉE DE BALLET. — *Danse des Égyptiens et des Égyptiennes.*

SECONDE FEMME MORE.

Quand d'aimer on nous presse,
A quoi songez-vous?
Nos cœurs, dans la jeunesse,
N'ont vers la tendresse
Qu'un penchant trop doux.
L'amour a pour nous prendre,
De si doux attraits,
Que, de soi, sans attendre,
On voudroit se rendre
A ses premiers traits;
Mais ce qu'on écoute
Des vives douleurs
Et des pleurs qu'il nous coûte
Fait qu'on en redoute
Toutes les douceurs.

TROISIÈME FEMME MORE.

Il est doux, à notre âge,
D'aimer tendrement
Un amant
Qui s'engage;
Mais s'il est volage,
Hélas! quel tourment!

QUATRIÈME FEMME MORE.

L'amant qui se dégage
N'est pas le malheur ;
La douleur
Et la rage,
C'est que le volage
Garde notre cœur.

SECONDE FEMME MORE.

Quel parti faut-il prendre
Pour nos jeunes cœurs ?

QUATRIÈME FEMME MORE.

Devons-nous nous y rendre,
Malgré ses rigueurs ?

ENSEMBLE.

Oui, suivons ses ardeurs,
Ses transports, ses caprices,
Ses douces langueurs ;
S'il a quelques supplices,
Il a cent délices
Qui charment les cœurs.

DEUXIÈME ENTRÉE DE BALLET. — *Tous les Mores dansent ensemble, et font sauter des singes qu'ils ont amenés avec eux.*

ACTE TROISIÈME

SCÈNE I.

BÉRALDE, ARGAN, TOINETTE.

BÉRALDE. — Hé bien! mon frère, qu'en dites-vous? Cela ne vaut-il pas bien une prise de casse?

TOINETTE. — Hom! de bonne casse est bonne!

BÉRALDE. — Oh çà! voulez-vous que nous parlions un peu ensemble?

ARGAN. — Un peu de patience, mon frère : je vais revenir.

TOINETTE. — Tenez, monsieur vous ne songez pas que vous ne sauriez marcher sans bâton.

ARGAN. — Tu as raison.

SCÈNE II.

BÉRALDE, TOINETTE.

TOINETTE. — N'abandonnez pas, s'il vous plaît, les intérêts de votre nièce.

BÉRALDE. — J'emploierai toutes choses pour lui obtenir ce qu'elle souhaite.

TOINETTE. — Il faut absolument empêcher ce mariage extravagant qu'il s'est mis dans la fantaisie, et j'avois songé en moi-même que ç'auroit été une bonne affaire, de pouvoir introduire ici un médecin à notre poste pour le dégoûter de son monsieur Purgon, et lui décrier sa conduite; mais, comme nous n'avons personne en main pour cela, j'ai résolu de jouer un tour de ma tête.

BÉRALDE. — Comment?

TOINETTE. — C'est une imagination burlesque. Cela sera peut-être plus heureux que sage. Laissez-moi faire. Agissez de votre côté. Voici notre homme.

SCÈNE III.

ARGAN, BERALDE.

BÉRALDE. — Vous voulez bien, mon frère, que je vous demande, avant toute chose, de ne point vous échauffer l'esprit dans notre conversation?

ARGAN. — Voilà qui est fait.

BÉRALDE. — De répondre, sans nulle aigreur, aux choses que je pourrai vous dire?

ARGAN. — Oui.

BÉRALDE. — Et de raisonner ensemble sur les affaires dont nous avons à parler, avec un esprit détaché de toute passion?

ARGAN. — Mon Dieu! oui. Voilà bien du préambule!

BÉRALDE — D'où vient, mon frère, qu'ayant le bien que vous avez, et n'ayant d'enfans qu'une fille, car je ne compte pas la petite; d'où vient, dis-je, que vous parlez de la mettre dans un couvent?

ARGAN. — D'où vient, mon frère, que je suis maître dans ma famille, pour faire ce que bon me semble?

BÉRALDE. — Votre femme ne manque pas de vous conseiller de vous défaire ainsi de vos deux filles, et je ne doute point que, par un esprit de charité, elle ne fût ravie de les voir toutes deux bonnes religieuses.

ARGAN. — Oh çà! nous y voici. Voilà d'abord la pauvre femme en jeu. C'est elle qui fait tout le mal, et tout le monde lui en veut.

BÉRALDE. — Non, mon frère; laissons-la là: c'est une femme qui a les meilleures intentions du monde pour votre famille, et qui est détachée de toute sorte d'intérêt; qui a pour vous une tendresse merveilleuse, et qui montre pour vos enfans une affection et une bonté qui n'est pas concevable : cela est certain. N'en parlons point, et revenons à votre fille. Sur quelle pensée, mon frère, la voulez-vous donner en mariage au fils d'un médecin?

ARGAN. — Sur la pensée, mon frère, de me donner un gendre tel qu'il me faut.

BÉRALDE. — Ce n'est point là, mon frère, le fait de votre fille, il se présente un parti plus sortable pour elle.

ARGAN. — Oui; mais celui-ci, mon frère, est plus sortable pour moi.

BÉRALDE. — Mais le mari qu'elle doit prendre doit-il être, mon frère, ou pour elle, ou pour vous ?

ARGAN. — Il doit être, mon frère, et pour elle et pour moi ; et je veux mettre dans ma famille les gens dont j'ai besoin.

BÉRALDE. — Par cette raison-là, si votre petite étoit grande, vous lui donneriez en mariage un apothicaire.

ARGAN. — Pourquoi non ?

BÉRALDE. — Est-il possible que vous serez toujours embéguiné de vos apothicaires et de vos médecins, et que vous vouliez être malade en dépit des gens et de la nature !

ARGAN. — Comment l'entendez-vous, mon frère ?

BÉRALDE. — J'entends, mon frère, que je ne vois point d'homme qui soit moins malade que vous, et que je ne demanderois point une meilleure constitution que la vôtre. Une grande marque que vous vous portez bien, et que vous avez un corps parfaitement bien composé, c'est qu'avec tous les soins que vous avez pris, vous n'avez pu parvenir encore à gâter la bonté de votre tempérament, et que vous n'êtes point crevé de toutes les médecines qu'on vous fait prendre.

ARGAN. — Mais savez-vous, mon frère, que c'est cela qui me conserve; et que monsieur Purgon dit que je succomberois, s'il étoit seulement trois jours sans prendre soin de moi ?

BÉRALDE. — Si vous n'y prenez garde, il prendra tant de soin de vous, qu'il vous enverra en l'autre monde.

ARGAN. — Mais raisonnons un peu, mon frère. Vous ne croyez donc point à la médecine?

BÉRALDE. — Non, mon frère ; et je ne vois pas que, pour son salut, il soit nécessaire d'y croire.

ARGAN. — Quoi ! vous ne tenez pas véritable une chose établie par tout le monde, et que tous les siècles ont révérée ?

BÉRALDE. — Bien loin de la tenir véritable, je la trouve, entre nous, une des plus grandes folies qui soit parmi les hommes ; et, à regarder les choses en philosophe, je ne vois point de plus plaisante momerie, je ne vois rien de plus ridicule, qu'un homme qui se veut mêler d'en guérir un autre.

ARGAN. — Pourquoi ne voulez-vous pas, mon frère, qu'un homme en puisse guérir un autre ?

BÉRALDE. — Par la raison, mon frère, que les ressorts de notre machine sont des mystères, jusqu'ici, où les hommes ne voient goutte; et que la nature nous a mis au devant des yeux des voiles trop épais pour y connoître quelque chose.

ARGAN. — Les médecins ne savent donc rien, à votre compte ?

BÉRALDE. — Si fait, mon frère. Ils savent la plupart de fort belles humanités, savent parler en beau latin ; savent nommer en grec toutes les maladies, les définir et les diviser; mais pour ce qui est de les guérir, c'est ce qu'ils ne savent point du tout

ARGAN. — Mais toujours faut-il demeurer d'accord que, sur cette matière, les médecins en savent plus que les autres.

BÉRALDE. — Ils savent, mon frère, ce que je vous ai dit, qui ne guérit pas de grand'chose; et toute l'excellence de leur art consiste en un pompeux galimatias, en un spécieux babil, qui vous donne des mots pour des raisons, et des promesses pour des effets.

ARGAN. — Mais enfin, mon frère, il y a des gens aussi sages et aussi habiles que vous ; et nous voyons que, dans la maladie, tout le monde a recours aux médecins.

BÉRALDE. — C'est une marque de la foiblesse humaine, et non pas de la vérité de leur art.

ARGAN. — Mais il faut bien que les médecins croient leur art véritable, puisqu'ils s'en servent pour eux-mêmes.

BÉRALDE. — C'est qu'il y en a parmi eux qui sont eux-mêmes dans l'erreur populaire dont ils profitent, et d'autres qui en profitent sans y être. Votre monsieur Purgon, par exemple, n'y sait point de finesse; c'est un homme tout médecin, depuis la tête jusqu'aux pieds; un homme qui croit à ses règles plus qu'à toutes les démonstrations des mathématiques, et qui croiroit du crime à les vouloir examiner; qui ne voit rien d'obscur dans la médecine, rien de douteux, rien de difficile ; et qui, avec une impétuosité de prévention, une roideur de confiance, une brutalité de sens commun et de raison, donne au travers des purgations et des saignées, et ne balance aucune chose. Il ne lui faut point vouloir de mal de tout ce qu'il pourra vous faire : c'est de la meilleure foi du monde qu'il vous expédiera ; et il ne fera, en vous tuant, que ce qu'il a fait à sa femme et à ses enfans, et ce qu'en un besoin, il feroit à lui-même.

ARGAN. — C'est que vous avez, mon frère, une dent de lait contre lui. Mais enfin, venons au fait. Que faire donc quand on est malade ?

BÉRALDE. — Rien, mon frère.

ARGAN. Rien ?

BÉRALDE. — Rien. Il ne faut que demeurer en repos. La nature d'elle-même, quand nous la laissons faire, se tire doucement du désordre où elle est tombée. C'est notre inquiétude, c'est notre impatience qui gâte tout ; et presque tous les hommes meurent de leurs remèdes, et non pas de leurs maladies.

ARGAN. — Mais il faut demeurer d'accord, mon frère, qu'on peut aider cette nature par de certaines choses.

BÉRALDE. — Mon Dieu! mon frère, ce sont pures idées dont nous aimons à nous repaître ; et de tout temps, il s'est glissé parmi les hommes de belles imaginations que nous venons à croire, parce qu'elles nous flattent et qu'il seroit à souhaiter qu'elles fussent véritables. Lorsqu'un médecin vous parle d'aider, de secourir, de soulager la nature, de lui ôter ce qui lui nuit, et lui donner ce qui lui manque, de la rétablir, et de la remettre dans une pleine facilité de ses fonctions ; lorsqu'il vous parle de rectifier le sang, de tempérer les entrailles et le cerveau, de dégonfler la rate, de raccommoder la poitrine, de réparer le foie, de fortifier le cœur, de rétablir et conserver la chaleur naturelle, et d'avoir des secrets pour étendre la vie de longues années, il vous dit justement le roman de la médecine. Mais, quand vous en venez à la vérité et à l'expérience, vous ne trouvez rien de tout cela ; et il en est comme de ces beaux songes, qui ne vous laissent au réveil que le déplaisir de les avoir crus.

ARGAN. — C'est-à-dire que toute la science du monde est renfermée dans votre tête; et vous voulez en savoir plus que tous les grands médecins de notre siècle.

BÉRALDE. — Dans les discours et dans les choses, ce sont deux sortes de personnes que vos grands médecins. Entendez-les parler, les plus habiles gens du monde ; voyez-les faire, les plus ignorans de tous les hommes.

ARGAN. — Ouais! vous êtes un grand docteur, à ce que je vois ; et je voudrois bien qu'il y eût ici quelqu'un de ces messieurs, pour rembarrer vos raisonnemens, et rabaisser votre caquet.

BÉRALDE. — Moi, mon frère, je ne prends point à tâche de combattre la médecine ; et chacun, à ses périls et fortune, peut croire tout ce qu'il lui plaît. Ce que j'en dis n'est qu'entre nous ; et j'aurois souhaité de pouvoir un peu vous tirer de l'erreur où vous êtes ; et, pour vous divertir, vous mener voir, sur ce chapitre, quelques-unes des comédies de Molière.

ARGAN. — C'est un bon impertinent que votre Molière, avec ses comédies! et je le trouve bien plaisant, d'aller jouer d'honnêtes gens comme les médecins!

BÉRALDE. — Ce ne sont point les médecins qu'il joue, mais le ridicule de la médecine.

ARGAN. — C'est bien à lui affaire, de se mêler de contrôler la médecine! Voilà un bon nigaud, un bon impertinent, de se moquer des consultations et des ordonnances, de s'attaquer au corps des médecins, et d'aller mettre sur son théâtre des personnes vénérables comme ces messieurs-là !

BÉRALDE. — Que voulez-vous qu'il y mette, que les diverses professions des hommes. On y met bien tous les jours les princes et les rois, qui sont d'aussi bonne maison que les médecins.

ARGAN. — Par la mort non de diable ! si j'étois que des médecins, je me vengerois de son impertinence ; et, quand il sera malade, je le laisserois mourir sans secours. Il auroit beau faire et beau dire, je ne lui donnerois pas la moindre petite saignée, le moindre petit lavement ; et je lui dirois : Crève, crève ; cela t'apprendra une autre fois à te jouer à la Faculté.

BÉRALDE. — Vous voilà bien en colère contre lui.

ARGAN. — Oui. C'est un malavisé ; et, si les médecins sont sages, ils feront ce que je dis.

BÉRALDE. — Il sera encore plus sage que vos médecins ; car il ne leur demandera point de secours.

ARGAN. — Tant pis pour lui, s'il n'a point recours aux remèdes.

BÉRALDE. — Il a ses raisons pour n'en point vouloir, et il soutient que cela n'est permis qu'aux gens vigoureux et robustes, et qui ont des forces de reste pour porter les remèdes avec la maladie ; mais que, pour lui, il n'a justement de la force que pour porter son mal.

ARGAN. — Les sottes raisons que voilà! Tenez, mon frère, ne parlons point de cet homme-là davantage ; car cela m'échauffe la bile, et vous me donneriez mon mal.

BÉRALDE. — Je le veux bien, mon frère ; et pour changer de discours, je vous dirai que, sur une petite répugnance que vous témoigne votre fille, vous ne devez point prendre les résolutions violentes de la mettre dans un couvent ; que, pour le choix d'un gendre, il ne vous faut pas suivre aveuglément la passion qui vous emporte ; et qu'on doit, sur cette matière, s'accommoder un peu à l'inclination d'une fille, puisque c'est pour toute la vie, et que de là dépend tout le bonheur d'un mariage.

SCÈNE IV.

M. FLEURANT, *une seringue à la main ;*
ARGAN, BÉRALDE.

ARGAN. — Ah! mon frère, avec votre permission.

BÉRALDE. — Comment ? Que voulez-vous faire ?

ARGAN. — Prendre ce petit lavement-là ; ce sera bientôt fait.

BÉRALDE. — Vous vous moquez. Est-ce que vous ne sauriez être un moment sans lavement ou sans médecine ? Remettez cela à une autre fois, et demeurez un peu en repos.

ARGAN. — Monsieur Fleurant, à ce soir, ou à demain matin.

MONSIEUR FLEURANT, *à Béralde.* — De quoi vous mêlez vous de vous opposer aux ordonnances de la médecine, et d'empêcher monsieur de prendre mon clystère ? Vous êtes bien plaisant d'avoir cette hardiesse-là !

BÉRALDE. — Allez, monsieur ; on voit bien que vous n'avez pas accoutumé de parler à des visages.

MONSIEUR FLEURANT. — On ne doit point ainsi se jouer des remèdes, et me faire perdre mon temps. Je ne suis venu ici que sur une bonne ordonnance, et je vais dire à monsieur Purgon comme on m'a empêché d'exécuter ses ordres, et de faire ma fonction. Vous verrez, vous verrez....

SCÈNE V.
ARGAN, BÉRALDE.

ARGAN. — Mon frère, vous serez cause ici de quelque malheur.

BÉRALDE. — Le grand malheur de ne pas prendre un lavement que M. Purgon a ordonné! encore un coup, mon frère, est-il possible qu'il n'y ait pas moyen de vous guérir de la maladie des médecins, et que vous vouliez être toute votre vie enseveli dans leurs remèdes?

ARGAN. — Mon Dieu! mon frère, vous en parlez comme un homme qui se porte bien; mais, si vous étiez à ma place, vous changeriez bien de langage. Il est aisé de parler contre la médecine, quand on est en pleine santé.

BÉRALDE. — Mais quel mal avez vous?

ARGAN. — Vous me feriez enrager. Je voudrois que vous l'eussiez, mon mal, pour voir si vous jaseriez tant. Ah! voici monsieur Purgon.

SCÈNE VI.
M. PURGON, ARGAN, BÉRALDE, TOINETTE.

MONSIEUR PURGON. — Je viens d'apprendre là-bas à la porte, de jolies nouvelles; qu'on se moque ici de mes ordonnances, et qu'on a fait refus de prendre le remède que j'avois prescrit.

ARGAN. — Monsieur, ce n'est pas....

MONSIEUR PURGON. — Voilà une hardiesse bien grande, une étrange rébellion d'un malade contre son médecin!

TOINETTE. — Cela est épouvantable.

MONSIEUR PURGON. — Un clystère que j'avois pris plaisir à composer moi-même.

ARGAN. — Ce n'est pas moi....

MONSIEUR PURGON. — Inventé et formé dans toutes les règles de l'art.

TOINETTE. — Il a tort.

MONSIEUR PURGON. — Et qui devoit faire dans les entrailles un effet merveilleux.

ARGAN. — Mon frère?

MONSIEUR PURGON. — Le renvoyer avec mépris!

ARGAN, *montrant Béralde*. — C'est lui....

MONSIEUR PURGON. — C'est une action exorbitante.

TOINETTE. — Cela est vrai.

MONSIEUR PURGON. — Un attentat énorme contre la médecine.

ARGAN, *montrant Béralde*. — Il est cause....

MONSIEUR PURGON. — Un crime de lèse-faculté, qui ne se peut assez punir.

TOINETTE. — Vous avez raison.

MONSIEUR PURGON. — Je vous déclare que je romps commerce avec vous.

ARGAN. — C'est mon frère....

MONSIEUR PURGON. — Que je ne veux plus d'alliance avec vous.

TOINETTE. — Vous ferez bien.

MONSIEUR PURGON. — Et que, pour finir toute liaison avec vous, voilà la donation que je faisois à mon neveu, en faveur du mariage.

(*Il déchire la donation, et en jette les morceaux avec fureur.*)

ARGAN. — C'est mon frère qui a fait tout le mal.

MONSIEUR PURGON. — Mépriser mon clystère!

ARGAN. — Faites-le venir; je m'en vais le prendre.

MONSIEUR PURGON. — Je vous aurois tiré d'affaire avant qu'il fut peu.

TOINETTE. — Il ne le mérite pas.

MONSIEUR PURGON. — J'allois nettoyer votre corps, et en évacuer entièrement les mauvaises humeurs.

ARGAN. — Ah! mon frère!

MONSIEUR PURGON. — Et je ne voulois qu'une douzaine de médecines pour vider le fond du sac.

TOINETTE. — Il est indigne de vos soins.

MONSIEUR PURGON. — Mais, puisque vous n'avez pas voulu guérir par mes mains,

ARGAN. — Ce n'est pas ma faute.

MONSIEUR PURGON. — Puisque vous vous êtes soustrait de l'obéissance que l'on doit à son médecin,

TOINETTE. — Cela crie vengeance.

MONSIEUR PURGON. — Puisque vous vous êtes déclaré rebelle aux remèdes que je vous ordonnois....

ARGAN. — Hé! point du tout.

MONSIEUR PURGON. — J'ai à vous dire que je vous abandonne à votre mauvaise constitution, à l'intempérie de vos entrailles, à la corruption de votre sang, à l'âcreté de votre bile, et à la féculence de vos humeurs.

TOINETTE. — C'est fort bien fait.

ARGAN. — Mon Dieu!

MONSIEUR PURGON. — Et je veux qu'avant qu'il soit quatre jours, vous deveniez dans un état incurable.

ARGAN. — Ah! miséricorde!

MONSIEUR PURGON. — Que vous tombiez dans la bradypepsie.

ARGAN. — Monsieur Purgon!

MONSIEUR PURGON. — De la bradypepsie dans la dyspepsie.

ARGAN. — Monsieur Purgon!

MONSIEUR PURGON. — De la dyspepsie dans l'apepsie.

ARGAN. — Monsieur Purgon!

MONSIEUR PURGON. — De l'apepsie dans la lienterie.

ARGAN. — Monsieur Purgon!

MONSIEUR PURGON. — De la lienterie dans la dyssenterie!

ARGAN. — Monsieur Purgon!

MONSIEUR PURGON. — De la dyssenterie dans l'hydropisie.

ARGAN. — Monsieur Purgon!

MONSIEUR PURGON. — Et de l'hydropisie dans la privation de la vie, où vous aura conduit votre folie.

SCÈNE VII.
ARGAN, BÉRALDE.

ARGAN. — Ah! mon Dieu! je suis mort. Mon frère, vous m'avez perdu.

Monsieur Fleurant, à ce soir, ou à demain matin. (Acte II, scène IV.)

BÉRALDE. — Quoi ! qu'y a-t-il ?
ARGAN. — Je n'en puis plus. Je sens déjà que la médecine se venge.
BÉRALDE. — Ma foi, mon frère, vous êtes fou ; et je ne voudrois pas, pour beaucoup de choses, qu'on vous vît faire ce que vous faites. Tâtez-vous un peu, je vous prie ; revenez à vous-même, et ne donnez point tant à votre imagination.
ARGAN. — Vous voyez, mon frère, les étranges maladies dont il m'a menacé.
BÉRALDE. — Le simple homme que vous êtes.
ARGAN. — Il dit que je deviendrai incurable avant qu'il soit quatre jours.
BÉRALDE. — Et ce qu'il dit, que fait-il à la chose ? Est-ce un oracle qui a parlé ? Il semble, à vous entendre, que monsieur Purgon tienne dans ses mains le filet de vos jours, et que, d'autorité suprême, il vous l'allonge et vous le raccourcisse comme il lui plaît. Songez que les principes de votre vie sont en vous-même, et que le courroux de monsieur Purgon est aussi peu capable de vous faire mourir, que ses remèdes de vous faire vivre. Voici une aventure, si vous voulez, à vous défaire des médecins ; ou, si vous êtes né à ne pouvoir vous en passer, il est aisé d'en avoir un autre, avec lequel, mon frère, vous puissiez courir un peu moins de risque.
ARGAN. — Ah ! mon frère, il sait tout mon tempérament, et la manière dont il faut me gouverner.
BÉRALDE. — Il faut vous avouer que vous êtes un homme d'une grande prévention, et que vous voyez les choses avec d'étranges yeux.

SCÈNE VIII.

ARGAN, BÉRALDE, TOINETTE.

TOINETTE, *à Argan.* — Monsieur, voilà un médecin qui demande à vous voir.
ARGAN. — Et quel médecin ?
TOINETTE. — Un médecin de la médecine.
ARGAN. — Je te demande qui il est ?
TOINETTE. — Je ne le connois pas, mais il me ressemble comme deux gouttes d'eau ; et, si je n'étois sûre que ma mère étoit honnête femme, je dirois que ce seroit quelque petit frère qu'elle m'auroit donné depuis le trépas de mon père.
ARGAN. Fais-le venir.

SCÈNE IX.

ARGAN, BÉRALDE.

BÉRALDE. — Vous êtes servi à souhait. Un médecin vous quitte ; un autre se présente.
ARGAN. — J'ai bien peur que vous ne soyez cause de quelque malheur.
BÉRALDE. — Encore ! Vous en revenez toujours là.

ARGAN. — Voyez-vous, j'ai sur le cœur toutes ces maladies-là, que je ne connois point, ces....

SCÈNE X.

ARGAN, BÉRALDE ; TOINETTE, *en médecin.*

TOINETTE. — Monsieur, agréez que je vienne vous rendre visite, et vous offrir mes petits services pour toutes les saignées et les purgations dont vous aurez besoin.
ARGAN. — Monsieur, je vous suis fort obligé. (*A Béralde.*) Par ma foi, voilà Toinette elle-même.
TOINETTE. — Monsieur, je vous prie de m'excuser ; j'ai oublié de donner une commission à mon valet ; je reviens tout à l'heure.

SCÈNE XI.

ARGAN, BÉRALDE.

ARGAN. — Hé ? ne diriez-vous pas que c'est effectivement Toinette ?
BÉRALDE. — Il est vrai que la ressemblance est tout à fait grande : mais ce n'est pas la première fois qu'on a vu de ces sortes de choses ; et les histoires ne sont pleines que de ces jeux de la nature.
ARGAN. — Pour moi, j'en suis surpris ; et....

SCÈNE XII.

ARGAN, BÉRALDE, TOINETTE.

TOINETTE. — Que voulez-vous, monsieur ?
ARGAN. — Comment ?
TOINETTE. — Ne m'avez-vous pas appelée ?
ARGAN. — Moi ? Non.
TOINETTE. — Il faut donc que les oreilles m'aient corné.
ARGAN. — Demeure un peu ici pour voir comme ce médecin te ressemble.
TOINETTE. — Oui, vraiment ! J'ai affaire là-bas ; et je l'ai assez vu.

SCÈNE XIII.

ARGAN, BÉRALDE.

ARGAN. — Si je ne les voyois tous deux, je croirois que ce n'est qu'un.
BÉRALDE. — J'ai lu des choses surprenantes de ces sortes de ressemblances, et nous en avons vu, de notre temps, où tout le monde s'est trompé.
ARGAN. — Pour moi, j'aurois été trompé à celle-là, et j'aurois juré que c'est la même personne.

SCÈNE XIV.

ARGAN, BÉRALDE ; TOINETTE, *en médecin*

TOINETTE. — Monsieur, je vous demande pardon de tout mon cœur.
ARGAN, *bas, à Béralde*. — Cela est admirable.
TOINETTE. — Vous ne trouverez pas mauvais, s'il vous plaît, la curiosité que j'ai eue de voir un illustre malade comme vous êtes ; et votre réputation, qui s'étend partout, peut excuser la liberté que j'ai prise.
ARGAN. — Monsieur, je suis votre serviteur.
TOINETTE. — Je vois, monsieur, que vous me regardez fixement. Quel âge croyez-vous bien que j'aie ?
ARGAN. — Je crois que tout au plus vous pouvez avoir vingt-six ou vingt-sept ans.
TOINETTE. — Ah, ah, ah, ah, ah ! J'en ai quatre-vingt-dix.
ARGAN. — Quatre-vingt-dix !
TOINETTE. — Oui, vous voyez en effet un des secrets de mon art, de me conserver ainsi frais et vigoureux.
ARGAN — Par ma foi, voilà un beau jeune vieillard pour quatre-vingt-dix ans !
TOINETTE. — Je suis médecin passager, qui vais de ville en ville, de province en province, de royaume en royaume, pour chercher d'illustres matières à ma capacité, pour trouver des malades dignes de m'occuper, capables d'exercer les grands et beaux secrets que j'ai trouvés dans la médecine. Je dédaigne de m'amuser à ce menu fatras de maladies ordinaires, à ces bagatelles de rhumatismes et de fluxions, à ces fiévrotes, à ces vapeurs et à ces migraines. Je veux des maladies d'importance, de bonnes fièvres continues avec des transports au cerveau, de bonnes fièvres pourprées, de bonnes pestes, de bonnes hydropisies formées, de bonnes pleurésies avec des inflammations de poitrine : c'est là que je me plais, c'est là que je triomphe ; et je voudrois, monsieur, que vous eussiez toutes les maladies que je viens de dire, que vous fussiez abandonné de tous les médecins, désespéré, à l'agonie, pour vous montrer l'excellence de mes remèdes, et l'envie que j'aurois de vous rendre service.
ARGAN. — Je vous suis obligé, monsieur, des bontés que vous avez pour moi.
TOINETTE. — Donnez-moi votre pouls. Allons donc, que l'on batte comme il faut. Ah ! je vous ferai bien aller comme vous devez. Ouais ! ce pouls-là fait l'impertinent ; je vois bien que vous ne me connoissez pas encore. Qui est votre médecin ?
ARGAN. — Monsieur Purgon.
TOINETTE. — Cet homme-là n'est point écrit sur mes tablettes entre les grands médecins. De quoi dit-il que vous êtes malade ?
ARGAN. — Il dit que c'est du foie, et d'autres disent que c'est de la rate.
TOINETTE. — Ce sont tous des ignorans. C'est du poumon que vous êtes malade.
ARGAN. — Du poumon !
TOINETTE. — Oui. Que sentez-vous ?

ARGAN — Je sens de temps en temps des douleurs de tête.
TOINETTE. — Justement, le poumon.
ARGAN. — Il me semble parfois que j'ai un voile devant les yeux.
TOINETTE. — Le poumon.
ARGAN. — J'ai quelquefois des maux de cœur.
TOINETTE. — Le poumon.
ARGAN. — Je sens parfois des lassitudes par tous les membres.
TOINETTE. — Le poumon.
ARGAN. — Et quelquefois il me prend des douleurs dans le ventre, comme si c'étoient des coliques.
TOINETTE. — Le poumon. Vous avez appétit à ce que vous mangez ?
ARGAN. — Oui, monsieur.
TOINETTE. — Le poumon. Vous aimez à boire un peu de vin ?
ARGAN. — Oui, monsieur.
TOINETTE. — Le poumon. Il vous prend un petit sommeil après le repas, et vous êtes bien aise de dormir ?
ARGAN. — Oui, monsieur.
TOINETTE. — Le poumon, le poumon, vous dis-je. Que vous ordonne votre médecin pour votre nourriture ?
ARGAN. — Il m'ordonne du potage,
TOINETTE. — Ignorant !
ARGAN. — De la volaille,
TOINETTE. — Ignorant !
ARGAN. — Du veau,
TOINETTE. — Ignorant !
ARGAN. — Des bouillons,
TOINETTE. — Ignorant !
ARGAN. — Des œufs frais,
TOINETTE. — Ignorant !
ARGAN. — Et le soir de petits pruneaux pour lâcher le ventre,
TOINETTE. — Ignorant !
ARGAN. — Et surtout de boire mon vin fort trempé.
TOINETTE. — *Ignorantus, ignoranta, ignorantum.* Il faut boire votre vin pur ; et, pour épaissir votre sang qui est trop subtil, il faut manger de bon gros bœuf, de bon gros porc, de bon fromage de Hollande ; du gruau et du riz, et des marrons et des oublies, pour coller et conglutiner. Votre médecin est une bête. Je veux vous en envoyer un de ma main ; et je viendrai vous voir de temps en temps, tandis que je serai en cette ville.
ARGAN. — Vous m'obligez beaucoup.
TOINETTE. — Que diantre faites-vous de ce bras-là ?
ARGAN. — Comment ?
TOINETTE. — Voilà un bras que je me ferois couper tout à l'heure, si j'étois que de vous.
ARGAN. — Et pourquoi ?
TOINETTE. — Ne voyez-vous pas qu'il tire à soi toute la nourriture, et qu'il empêche ce côté-là de profiter ?
ARGAN. — Oui, mais j'ai besoin de mon bras.
TOINETTE. — Vous avez là aussi un œil droit que je me ferois crever, si j'étois en votre place.

ARGAN. — C ever un œil?

TOINETTE. — Ne voyez-vous pas qu'il incommode l'autre, et lui dérobe sa nourriture? Croyez-moi, faites-vous-le crever au plus tôt : vous en verrez plus clair de l'œil gauche.

ARGAN. — Cela n'est pas pressé.

TOINETTE. — Adieu. Je suis fâché de vous quitter sitôt; mais il faut que je me trouve à une grande consultation qui se doit faire pour un homme qui mourut hier.

ARGAN. — Pour un homme qui mourut hier?

TOINETTE. — Oui : pour aviser et voir ce qu'il auroit fallu lui faire pour le guérir. Jusqu'au revoir.

ARGAN. — Vous savez que les malades ne reconduisent point

SCÈNE XV.

ARGAN, BÉRALDE.

BÉRALDE. — Voilà un médecin, vraiment, qui paroît fort habile!

ARGAN. — Oui; mais il va un peu bien vite.

BÉRALDE. — Tous les grands médecins sont comme cela.

ARGAN. — Me couper un bras, et me crever un œil, afin que l'autre se porte mieux! J'aime bien mieux qu'il ne se porte pas si bien. La belle opération, de me rendre borgne et manchot!

SCÈNE XVI.

ARGAN, BÉRALDE, TOINETTE.

TOINETTE, *feignant de parler à quelqu'un.* — Allons, allons, je suis votre servante. Je n'ai pas envie de rire.

ARGAN. — Qu'est-ce que c'est?

TOINETTE. — Votre médecin, ma foi, qui me vouloit tâter le pouls.

ARGAN. — Voyez un peu, à l'âge de quatre-vingt-dix ans!

BÉRALDE. — Oh çà! mon frère, puisque voilà votre monsieur Purgon brouillé avec vous, ne voulez-vous pas bien que je vous parle du parti qui s'offre pour ma nièce?

ARGAN. — Non, mon frère : je veux la mettre dans un couvent, puisqu'elle s'est opposée à mes volontés. Je vois bien qu'il y a quelque amourette là-dessous, et j'ai découvert certaine entrevue secrète, qu'on ne sait pas que j'aie découverte.

BÉRALDE. — Hé bien! mon frère, quand il y auroit quelque petite inclination, cela seroit-il si criminel? Et rien peut-il vous offenser, quand tout ne va qu'à des choses honnêtes, comme le mariage?

ARGAN. — Quoi qu'il en soit, mon frère, elle sera religieuse; c'est une chose résolue.

BÉRALDE. — Vous voulez faire plaisir à quelqu'un.

ARGAN. — Je vous entends. Vous en revenez toujours là, et ma femme vous tient au cœur.

BÉRALDE. — Hé bien! oui, mon frère : puisqu'il faut parler à cœur ouvert, c'est votre femme que je veux dire ; et non plus que l'entêtement de la médecine, je ne puis vous souffrir l'entêtement où vous êtes pour elle, et voir que vous donniez, tête baissée, dans tous les piéges qu'elle vous tend.

TOINETTE. — Ah! monsieur, ne parlez point de madame; c'est une femme sur laquelle il n'y a rien à dire, une femme sans artifice, et qui aime monsieur, qui l'aime… On ne peut pas dire cela.

ARGAN. — Demandez-lui un peu les caresses qu'elle me fait.

TOINETTE. — Cela est vrai.

ARGAN. — L'inquiétude que lui donne ma maladie.

TOINETTE. — Assurément.

ARGAN. — Et les soins et les peines qu'elle prend autour de moi.

TOINETTE. — Il est certain. (*A Béralde.*) Voulez-vous que je vous convainque, et vous fasse voir, tout à l'heure, comme madame aime monsieur? (*A Argan.*) Monsieur, souffrez que je lui montre son bec jaune, et le tire d'erreur.

ARGAN. — Comment?

TOINETTE. — Madame s'en va revenir. Mettez-vous tout étendu dans cette chaise, et contrefaites le mort. Vous verrez la douleur où elle sera, quand je lui dirai la nouvelle.

ARGAN. — Je le veux bien.

TOINETTE. — Oui; mais ne la laissez pas longtemps dans le désespoir, car elle en pourroit bien mourir.

ARGAN. — Laisse-moi faire.

TOINETTE, *à Béralde.* — Cachez-vous, vous, dans ce coin-là.

SCÈNE XVII.

ARGAN, TOINETTE.

ARGAN.

N'y a-t-il point quelque danger à contrefaire le mort?

TOINETTE. — Non, non. Quel danger y auroit-il? Étendez-vous là seulement. (*Bas.*) Il y aura plaisir à confondre votre frère. Voici madame. Tenez-vous bien.

SCÈNE XVIII.

BÉLINE; ARGAN, *étendu dans sa chaise;* TOINETTE.

TOINETTE, *feignant de ne pas voir Béline.* — Ah! mon Dieu! Ah! malheur! Quel étrange accident!

BÉLINE. — Qu'est-ce, Toinette?
TOINETTE. — Ah! madame!
BÉLINE. — Qu'y a-t-il?
TOINETTE. — Votre mari est mort.
BÉLINE. — Mon mari est mort?

TOINETTE. — Hélas! oui! Le pauvre défunt est trépassé.
BÉLINE. — Assurément.
TOINETTE. — Assurément. Personne ne sait encore cet accident-là, et je me suis trouvée ici toute seule. Il

Oui, madame ma femme, c'est ainsi que vous m'aimez? (Acte III, scène XVIII.)

vient de passer entre mes bras. Tenez, le voilà tout de son long dans cette chaise.
BÉLINE. — Le ciel en soit loué! Me voilà délivrée d'un grand fardeau. Que tu es sotte, Toinette, de t'affliger de cette mort!

TOINETTE. — Je pensois, madame, qu'il fallût pleurer.
BÉLINE. — Va, va, cela n'en vaut pas la peine. Quelle perte est-ce que la sienne? et de quoi servoit-il sur la terre? Un homme incommode à tout le monde, mal-

propre, dégoûtant, sans cesse un lavement ou une médecine dans le ventre, mouchant, toussant, crachant toujours ; sans esprit, ennuyeux, de mauvaise humeur, fatiguant sans cesse les gens, et grondant nuit et jour servantes et valets.

TOINETTE. — Voilà une belle oraison funèbre !

BÉLINE. — Il faut, Toinette, que tu m'aides à exécuter mon dessein, et tu peux croire qu'en me servant, ta récompense est sûre. Puisque, par un bonheur, personne n'est encore averti de la chose, portons-le dans son lit, et tenons cette mort cachée, jusqu'à ce que j'aie fait mon affaire. Il y a des papiers, il y a de l'argent, dont je me veux saisir ; et il n'est pas juste que j'aie passé sans fruit, auprès de lui, mes plus belles années. Viens, Toinette ; prenons auparavant toutes ses clefs.

ARGAN, *se levant brusquement*. — Doucement !

BÉLINE. — Ahi !

ARGAN. — Oui, madame ma femme, c'est ainsi que vous m'aimez ?

TOINETTE. — Ah ! ah ! le défunt n'est pas mort !

ARGAN, *à Béline, qui sort*. — Je suis bien aise de voir votre amitié, et d'avoir entendu le beau panégyrique que vous avez fait de moi. Voilà un avis au lecteur qui me rendra sage à l'avenir, et qui m'empêchera de faire bien des choses.

SCÈNE XIX.

BÉRALDE, *sortant de l'endroit où il s'étoit caché ;* ARGAN, TOINETTE.

BÉRALDE. — Hé bien ! mon frère, vous le voyez.

TOINETTE. — Par ma foi, je n'aurois pas cru cela. Mais j'entends votre fille : remettez-vous comme vous étiez, et voyons de quelle manière elle recevra votre mort. C'est une chose qu'il n'est pas mauvais d'éprouver ; et, puisque vous êtes en train, vous connoîtrez par là les sentimens que votre famille a pour vous.

(*Béralde va se cacher.*)

SCÈNE XX.

ARGAN, ANGÉLIQUE, TOINETTE.

TOINETTE, *feignant de ne pas voir Angélique*. — O ciel ! ah ! fâcheuse aventure ! Malheureuse journée !

ANGÉLIQUE. — Qu'as-tu, Toinette ? et de quoi pleures-tu ?

TOINETTE. — Hélas ! j'ai de tristes nouvelles à vous donner.

ANGÉLIQUE. — Hé ! quoi ?

TOINETTE. — Votre père est mort.

ANGÉLIQUE. — Mon père est mort, Toinette ?

TOINETTE. — Oui. Vous le voyez là ; il vient de mourir tout à l'heure d'une foiblesse qui lui a pris.

ANGÉLIQUE. — O ciel ! quelle infortune ! quelle atteinte cruelle ! Hélas ! faut-il que je perde mon père, la seule chose qui me restoit au monde ; et qu'encore, par un surcroît de désespoir, je le perde dans un moment où il étoit irrité contre moi. Que deviendrai-je, malheureuse ? et quelle consolation trouver après une si grande perte ?

SCÈNE XXI.

ARGAN, ANGÉLIQUE, CLÉANTE, TOINETTE.

CLÉANTE. — Qu'avez-vous donc, belle Angélique ? et quel malheur pleurez-vous ?

ANGÉLIQUE. — Hélas ! je pleure tout ce que dans la vie je pouvois perdre de plus cher et de plus précieux ; je pleure la mort de mon père.

CLÉANTE. — O ciel ! quel accident ! quel coup inopiné ! Hélas ! après la demande que j'avois conjuré votre oncle de lui faire pour moi, je venois me présenter à lui, et tâcher, par mes respects et par mes prières, de disposer son cœur à vous accorder à mes vœux.

ANGÉLIQUE. — Ah ! Cléante, ne parlons plus de rien. Laissons là toutes les pensées du mariage. Après la perte de mon père, je ne veux plus être du monde, et j'y renonce pour jamais. Oui, mon père, si j'ai résisté tantôt à vos volontés, je veux suivre du moins une de vos intentions, et réparer par là le chagrin que je m'accuse de vous avoir donné. (*Se jetant à ses genoux.*) Souffrez, mon père, que je vous en donne ici ma parole, et que je vous embrasse pour vous témoigner mon ressentiment.

ARGAN, *embrassant Angélique*. — Ah ! ma fille !

ANGÉLIQUE. — Ahi !

ARGAN. — Viens. N'aie point de peur ; je ne suis pas mort. Va, tu es mon vrai sang, ma véritable fille, et je suis ravi d'avoir vu ton bon naturel.

SCÈNE XXII.

ARGAN, BÉRALDE, ANGÉLIQUE, CLÉANTE, TOINETTE.

ANGÉLIQUE. — Ah ! quelle surprise agréable ? Mon père, puisque, par un bonheur extrême, le ciel vous redonne à mes vœux, souffrez que je me jette à vos pieds pour vous supplier d'une chose. Si vous n'êtes pas favorable au penchant de mon cœur, si vous me refusez Cléante pour époux, je vous conjure au moins de ne me point forcer d'en épouser un autre. C'est toute la grâce que je vous demande.

CLÉANTE, *se jetant aux genoux d'Argan*. — Hé ! monsieur, laissez-vous toucher à ses prières et aux miennes, et ne vous montrez point contraire aux mutuels empressemens d'une si belle inclination.

BÉRALDE. — Mon frère, pouvez-vous tenir là contre ?

TOINETTE. — Monsieur, serez-vous insensible à tant d'amour ?

ARGAN. — Qu'il se fasse médecin, je consens au mariage. (*A Cléante.*) Oui, faites-vous médecin, je vous donne ma fille.

CLÉANTE. — Très-volontiers, monsieur. S'il ne tient qu'à cela pour être votre gendre, je me ferai médecin, apothicaire même, si vous voulez. Ce n'est pas une affaire que cela, et je ferois bien d'autres choses pour obtenir la belle Angélique.

BÉRALDE. — Mais, mon frère, il me vient une pensée. Faites-vous médecin vous-même. La commodité sera encore plus grande, d'avoir en vous tout ce qu'il vous faut.

TOINETTE. — Cela est vrai. Voilà le vrai moyen de

Je veux suivre du moins une de vos intentions. (Acte III, scène XIV.)

vous guérir bientôt, et il n'y a point de maladie si osée que de se jouer à la personne d'un médecin.

ARGAN. — Je pense, mon frère, que vous vous moquez de moi. Est-ce que je suis en âge d'étudier?

BÉRALDE. — Bon, étudier! Vous êtes assez savant; et il y en a beaucoup parmi eux qui ne sont pas plus habiles que vous.

ARGAN. — Mais il faut savoir bien parler latin, connoître les maladies et les remèdes qu'il y faut faire.

BÉRALDE. — En recevant la robe et le bonnet de

médecin, vous apprendrez tout cela, et vous serez après plus habile que vous ne voudrez.

ARGAN. — Quoi ! l'on sait discourir sur les maladies, quand on a cet habit-là ?

BÉRALDE. — Oui. L'on n'a qu'à parler avec une robe et un bonnet, tout galimatias devient savant, et toute sottise devient raison.

TOINETTE. — Tenez, monsieur, quand il n'y auroit que votre barbe, c'est déjà beaucoup ; et la barbe fait plus de la moitié d'un médecin.

CLÉANTE. — En tout cas, je suis prêt à tout.

BÉRALDE, à Argan. — Voulez-vous que l'affaire se fasse tout à l'heure ?

ARGAN. — Comment, tout à l'heure ?

BÉRALDE. — Oui, et dans votre maison.

ARGAN. — Dans ma maison ?

BÉRALDE. — Oui. Je connois une faculté de mes amies, qui viendra tout à l'heure en faire la cérémonie dans votre salle. Cela ne vous coûtera rien.

ARGAN. — Mais, moi, que dire ? que répondre ?

BÉRALDE. — On vous instruira en deux mots, et l'on vous donnera par écrit ce que vous devez dire. Allez-vous-en vous mettre en habit décent. Je vais les envoyer querir.

ARGAN. — Allons, voyons cela.

SCÈNE XXIII.

BÉRALDE, ANGÉLIQUE, CLÉANTE, TOINETTE.

CLÉANTE. — Que voulez-vous dire ? et qu'entendez-vous avec cette faculté de vos amies ?

TOINETTE. — Quel est donc votre dessein ?

BÉRALDE. — De nous divertir un peu ce soir. Les comédiens ont fait un petit intermède de la réception d'un médecin, avec des danses et de la musique ; je veux que nous en prenions ensemble le divertissement, et que mon frère y fasse le premier personnage.

ANGÉLIQUE. — Mais, mon oncle, il me semble que vous vous jouez un peu beaucoup de mon père.

BÉRALDE. — Mais, ma nièce, ce n'est pas tant le jouer, que s'accommoder à ses fantaisies. Tout ceci n'est qu'entre nous. Nous y pouvons prendre chacun un personnage, et nous donner ainsi la comédie les uns aux autres. Le carnaval autorise cela. Allons vite préparer toutes choses.

CLÉANTE, à Angélique. — Y consentez-vous ?

ANGÉLIQUE. — Oui, puisque mon oncle nous conduit.

TROISIÈME INTERMÈDE.

'est une cérémonie burlesque d'un homme qu'on fait médecin, en récit, chant et danse. Plusieurs tapissiers viennent préparer la salle et placer les bancs en cadence. Ensuite de quoi, toute assemblée, composée de huit porte-seringues, six apothicaires, vingt-deux docteurs, et celui qui se fait recevoir médecin, huit chirurgiens dansans, et deux chantans, entrent et prennent place, chacun selon son rang.

PREMIÈRE ENTRÉE DE BALLET.

PRÆSES.

Savantissimi doctores,
Medicinæ professores,
Qui hic assemblati estis ;
Et vos, altri messiores,
Sententiarum facultatis
Fideles executores,
Chirurgiani et apothicari,
Atque tota compania aussi,
Salus, honor et argentum,
Atque bonum apetitum.

Non possum, docti confreri,
En moi satis admirari,
Qualis bona inventio
Est medici professio ;
Quam bella chosa est et bene trovata,
Medicina illa benedicta,
Quæ, suo nomine solo,
Surprenanti miraculo,
Depuis si longo tempore,
Facit à gogo vivere
Tant de gens omni genere.

Per totam terram videmus

Grandam vogam ubi sumus;
Et quod grandes et petiti
Sunt de nobis infatuti.
Totus mundus, currens ad nostros remedios,
Nos regardat sicut deos;
Et nostris ordonnanciis
Principes et reges soumissos videtis.

Doncque il est nostræ sapientiæ,
Boni sensûs atque prudentiæ,
De fortement travaillare,
A nos bene conservare
In tali credito, voga et honore;
Et prendere gardam à non recevere
In nostro docto corpore,
Quam personas capabiles,
Et totas dignas remplire
Has plaças honorabiles
C'est pour cela que nunc convocati estis;
Et credo quod trovabitis
Dignam matieram medici
In savanti homine que voici;
Lequel, in chosis omnibus,
Dono ad interrogandum,
Et à fond examinandum,
Vestris capacitatibus.
  PRIMUS DOCTOR.
Si mihi licentiam dat dominus Præses,
Et tanti docti doctores,
Et assistantes illustres,
Très-savanti Bacheliero,
Quem estimo et honoro,
Domandabo causam et rationem quare
Opium facit dormire.
  BACHELIERUS.
Mihi a docte doctore
Domandatur causam et rationem quare
Opium facit dormire.
 A quoi respondeo,
 Quia est in eo
 Virtus dormitiva,
 Cujus est natura
 Sensus assoupire.
  CHORUS.
Bene, bene, bene, bene respondere.
Dignus, dignus est intrare
In nostro docto corpore
Bene, bene respondere.
  SECUNDUS DOCTOR.
Cum permissione domini Præsidis,
Doctissimæ facultatis,
Et totius his nostris actis
Companiæ assistantis,
Domandabo tibi, docte Bacheliere,
 Quæ sunt remedia
 Quæ, in maladia
 Dite hydropisia,
 Convenit facere.
  BACHELIERUS.
Clysterium donare,

Postea seignare,
Ensuita purgare.
  CHORUS.
Ben, bene, bene, bene respondere.
Dignus, dignus est intrare
In nostro docto corpore.
  TERTIUS DOCTOR.
Si bonum semblatur domino Præsidi,
 Doctissimæ facultati,
 Et companiæ præsenti,
Domandabo tibi, docte Bacheliere,
 Quæ remedia eticis,
 Pulmonicis atque asmaticis
 Trovas à propos facere.
  BACHELIERUS.
 Clysterium donare,
 Postea seignare,
 Ensuita purgare.
  CHORUS.
Bene, bene, bene, bene respondere.
Dignus, dignus est intrare
In nostro docto corpore.
  QUARTUS DOCTOR.
 Super illas maladias,
Doctus Bachelierus dixit maravillas;
Mais, si non ennuyo dominum Præsidem,
 Doctissimam facultatem,
 Et totam honorabilem
 Companiam ecoutantem;
 Faciam illi unam questionem.
 Dès hiero maladus unus
 Tombavit in meas manus;
Habet grandam fievram cum redoublamentis,
 Grandam dolorem capitis,
 Et grandum malum au côté,
 Cum granda difficultate
 Et pena à respirare.
 Veillas mihi dire,
 Docte Bacheliere,
 Quid illi facere.
  BACHELIERUS.
 Clysterium donare,
 Postea seignare,
 Ensuita purgare.
  QUINTUS DOCTOR.
 Mais si maladia
 Opiniatria
 Non vult se guarire,
 Quid illi facere?
  BACHELIERUS.
 Clysterium donare,
 Postea seignare,
 Ensuita purgare.
Reseignare, repurgare et reclysterisare.
  CHORUS.
Bene, bene, bene, bene respondere.
Dignus, dignus est intrare
In nostro docto corpore.
  PRÆSES.
Juras gardare statuta

Per facultatem præscripta,
Cum sensu et jugeamento?
>BACHELIERUS.

Juro.
>PRÆSES.

Essere in omnibus
Consultationibus
Ancieni aviso,
Aut bono,
Aut mauvaiso?
>BACHELIERUS.

Juro.
>PRÆSES.

De non jamais te servire
De remediis aucunis,
Quam de ceux seulement doctæ facultatis,
Maladus dût-il crevare
Et mori de suo malo?
>BACHELIERUS.

Juro.
>PRÆSES.

Ego, cum isto boneto
Venerabili et docto,
Dono tibi et concedo
Virtutem et puissanciam
Medicandi,
Purgandi,
Seignandi,
Perçandi,
Taillandi,
Coupandi,
Et occidendi
Impune per totam terram.

DEUXIÈME ENTRÉE DE BALLET. — Tous les chirurgiens et apothicaires viennent lui faire la révérence en cadence.

>BACHELIERUS.

Grandes doctores doctrinæ
De la rhubarbe et du séné,
Ce seroit sans douta à moi chosa folla,
Inepta et ridicula,
Si j'alloibam m'engageare
Vobis louangeas donare,
Et entreprenoibam adjoutare
Des lumieras au soleillo,
Et des etoilas au cielo,
Des ondas à l'oceano,
Et des rosas au printano.
Agreate qu'avec uno moto
Pro toto remercimento
Rendam gratiam corpori tam docto.
Vobis, vobis debeo
Bien plus qu'à naturæ et qu'à patri meo.
Natura et pater meus
Hominem me habent factum;
Mais vos me, ce qui est bien plus,
Avetis factum medicum :
Honor, favor et gratia,
Qui, in hoc corde que voilà,
Imprimant ressentimenta
Qui dureront in secula.
>CHORUS.

Vivat, vivat, vivat, vivat, cent fois vivat,
Novus doctor qui tam bene parlat !
Mille, mille annis, et manget et bibat,
Et seignet et tuat !

TROISIÈME ENTRÉE DE BALLET. — Tous les chirurgiens et les apothicaires dansent au son des instrumens, et des voix, et des battemens de mains, et des mortiers d'apothicaires.

>CHIRURGUS.

Puisse-t-il voir doctas
Suas ordonnancias,
Omnium chirurgorum,
Et apothicarum.
Remplire boutiquas !
>CHORUS.

Vivat, vivat, vivat, vivat, cent fois vivat,
Novus doctor, qui tam bene parlat !
Mille, mille annis, et manget et bibat,
Et seignet et tuat !
>CHIRURGUS.

Puissent toti anni
Lui essere boni
Et favorabiles,
Et n'habere jamais
Quam pestas, verolas,
Fievras, pleuresias,
Fluxus de sang et dyssenterias !
>CHORUS.

Vivat, vivat, vivat, vivat, cent fois vivat,
Novus doctor, qui tam bene parlat !
Mille, mille annis, et manget et bibat,
Et seignet et tuat.

QUATRIÈME ENTRÉE DE BALLET. — Les médecins, les chirurgiens et les apothicaires sortent tous, selon leur rang, en cérémonie, comme ils sont entrés.

FIN DU TROISIÈME ACTE.

POÉSIES DIVERSES.

REMERCIEMENT AU ROI
1663.

Votre paresse enfin me scandalise ;
Ma Muse, obéissez-moi :
Il faut ce matin, sans remise,
Aller au lever du roi.
　Vous savez bien pourquoi ;
　Et ce vous est une honte
De n'avoir pas été plus prompte
A le remercier de ses fameux bienfaits ;
　Mais il vaut mieux tard que jamais.
　Faites donc votre compte
D'aller au Louvre accomplir mes souhaits.
Gardez-vous bien d'être en Muse bâtie ;
Un air de Muse est choquant en ces lieux :
On y veut des objets à réjouir les yeux ;
　Vous en devez être avertie :
Et vous ferez votre cour beaucoup mieux,
Lorsqu'en marquis vous serez travestie.
Vous savez ce qu'il faut pour paroître marquis ;
　N'oubliez rien de l'air ni des habits ;
Arborez un chapeau chargé de trente plumes
　Sur une perruque de prix ;
　Que le rabat soit des plus grands volumes,
　Et le pourpoint des plus petits.
　Mais surtout je vous recommande
Le manteau, d'un ruban sur le dos retroussé,
　La galanterie en est grande ;
Et parmi les marquis de la plus haute bande
　C'est pour être placé.
　Avec vos brillantes hardes
　Et votre ajustement,
Faites tout le trajet de la salle des gardes ;
　Et, vous peignant galamment,
Portez de tous côtés vos regards brusquement,
　Et, ceux que vous pourrez connoître,
　Ne manquez pas, d'un haut ton,
　De les saluer par leur nom,
　De quelque rang qu'ils puissent être.
　Cette familiarité
Donne à quiconque en use, un air de qualité.
　Grattez du peigne à la porte
　　De la chambre du roi ;
　Ou si, comme je prévoi,
　La presse s'y trouve trop forte,
　Montrez de loin votre chapeau,
　Ou montez sur quelque chose
　Pour faire voir votre museau,
　Et criez sans aucune pause,
　D'un ton rien moins que naturel :
« Monsieur l'huissier, pour le marquis un tel. »
Jetez-vous dans la foule, et tranchez du notable ;
Coudoyez un chacun, point du tout de quartier,
　Pressez, poussez, faites le diable
　　Pour vous mettre le premier ;
　　Et, quand même l'huissier,
　A vos désirs inexorable,

Vous trouveroit en face un marquis repoussable,
　Ne démordez point pour cela,
　　Tenez toujours ferme là ;
A déboucher la porte il iroit trop du vôtre,
　Faites qu'aucun n'y puisse pénétrer,
Et qu'on soit obligé de vous laisser entrer,
　Pour faire entrer quelque autre.
Quand vous serez entré, ne vous relâchez pas ;
Pour assiéger la chaise, il faut d'autres combats ;
　Tâchez d'en être des plus proches,
　　En y gagnant le terrain pas à pas ;
Et, si des assiégeants le prévenant amas
　　En bouche toutes les approches,
　　Prenez le parti doucement
　　D'attendre le prince au passage :
　　Il connoîtra votre visage,
　　Malgré votre déguisement ;
　　Et lors, sans tarder davantage,
　　Faites-lui votre compliment.
　　Vous pourriez aisément l'étendre,
Et parler des transports qu'en vous font éclater
Les surprenans bienfaits que, sans les mériter,
Sa libérale main sur vous daigne répandre,
Et des nouveaux efforts où s'en va vous porter
L'excès de cet honneur où vous n'osiez prétendre ;
　Lui dire comme vos désirs
Sont, après ses bontés qui n'ont point de pareilles,
D'employer à sa gloire, ainsi qu'à ses plaisirs,
　　Tout votre art et toutes vos veilles,
　　Et là-dessus lui promettre merveilles :
　　Sur ce chapitre on n'est jamais à sec ;
　　Les Muses sont de grandes promettes !
　　Et, comme vos sœurs les causeuses,
Vous ne manquerez pas, sans doute, par le bec.
　Mais les grands princes n'aiment guères
　Que les complimens qui sont courts ;
Et le nôtre, surtout, a bien d'autres affaires
　Que d'écouter tous vos discours.
La louange et l'encens n'est pas ce qui le touche ;
　　Dès que vous ouvrirez la bouche
　Pour lui parler de grâce et de bienfait,
Il comprendra d'abord ce que vous voulez dire,
　Et, se mettant doucement à sourire
D'un air qui, sur les cœurs, fait un charmant effet,
　　Il passera comme un trait,
　　Et cela vous doit suffire :
　　Voilà votre compliment fait.

STANCES.

Souffrez qu'Amour cette nuit vous réveille ;
Par mes soupirs laissez-vous enflammer ;
Vous dormez trop, adorable merveille,
Car c'est dormir que de ne point aimer.

Ne craignez rien ; dans l'amoureux empire
Le mal n'est pas si grand que l'on le fait :

Et lorsqu'on aime, et que le cœur soupire,
Son propre mal souvent le satisfait.

Le mal d'aimer, c'est de vouloir le taire :
Pour l'éviter, parlez en ma faveur.
Amour le veut, n'en faites point mystère.
Mais vous tremblez, et ce dieu vous fait peur.

Peut-on souffrir une plus douce peine ?
Peut-on subir une plus douce loi ?
Qu'étant des cœurs la douce souveraine,
Dessus le vôtre, Amour agisse en roi.

Rendez-vous donc, ô divine Amarante,
Soumettez-vous aux volontés d'Amour ;
Aimez pendant que vous êtes charmante,
Car le temps passe et n'a point de retour.

VERS

Placés au bas d'une estampe représentant la Confrérie de l'esclavage de Notre-Dame de la Charité.

Brisez les tristes fers du honteux esclavage
Où vous tient du péché le commerce honteux,
Et venez recevoir le glorieux servage
Que vous tendent les mains de la reine des cieux :
L'un, sur vous, à vos sens donne pleine victoire ;
L'autre sur vos désirs vous fait régner en rois ;
L'un vous tire aux enfers, et l'autre dans la gloire :
Hélas ! peut-on, mortels, balancer sur le choix ?

BOUTS-RIMÉS

COMMANDÉS SUR LE BEL AIR.

Que vous m'embarrassez avec votre... *grenouille*.
Qui traîne à ses talons le doux mot d'... *hypocras !*
Je hais des bouts-rimés le puéril.... *fatras*,
Et tiens qu'il vaudroit mieux filer une.... *quenouille*.

La gloire du bel air n'a rien qui me.... *chatouille*.
Vous m'assommez l'esprit avec un gros.... *plâtras ;*
Et je tiens heureux ceux qui sont morts à.... *Coutras*
Voyant tout le papier qu'en sonnets on.... *barbouille*.

M'accable derechef la haine du.... *cagot*,
Plus méchant mille fois que n'est un vieux.... *magot*,
Plutôt qu'un bout-rimé me fasse entrer en.... *danse*.

Je vous le chante clair comme un ...*chardonneret*,
Au bout de l'univers je fuis dans une.... *manse*.
Adieu, grand prince, adieu ; tenez-vous.... *guilleret*.

AU ROI.

SUR LA CONQUÊTE DE LA FRANCHE-COMTE.

Ce sont faits inouïs, grand roi, que tes victoires !
L'avenir aura peine à les bien concevoir ;
Et de nos vieux héros les pompeuses histoires
Ne nous ont point chanté ce que tu nous fais voir.

Quoi ! presque au même instant qu'on te l'a vu résoudre,
Voir toute une province unie à tes États !
Les rapides torrens, et les vents, et la foudre,
Vont-ils, dans leurs effets, plus vite que ton bras ?

N'attends pas, au retour d'un si fameux ouvrage,
Des soins de notre muse un éclatant hommage.
Cet exploit en demande, il le faut avouer :
Mais nos chansons, grand roi, ne sont pas sitôt prêtes,
Et tu mets moins de temps à faire tes conquêtes
Qu'il n'en faut pour les bien louer.

SONNET.

A M. LA MOTHE-LE-VAYER,

SUR LA MORT DE SON FILS.

1664.

Aux larmes, Le Vayer, laisse tes yeux ouverts :
Ton deuil est raisonnable, encor qu'il soit extrême ;
Et, lorsque pour toujours on perd ce que tu perds,
La Sagesse, crois-moi, peut pleurer elle-même.

On se propose à tort cent préceptes divers
Pour vouloir, d'un œil sec, voir mourir ce qu'on aime ;
L'effort en est barbare aux yeux de l'univers,
Et c'est brutalité plus que vertu suprême.

On sait bien que les pleurs ne ramèneront pas
Ce cher fils que t'enlève un imprévu trépas ;
Mais la perte, par là, n'en est pas moins cruelle.

Ses vertus de chacun le faisoient révérer ;
Il avoit le cœur grand, l'esprit beau, l'âme belle ;
Et ce sont des sujets à toujours le pleurer.

LETTRE D'ENVOI DU SONNET PRÉCÉDENT.

Vous voyez bien, monsieur, que je m'écarte fort du chemin qu'on suit d'ordinaire en pareille rencontre, et que le sonnet que je vous envoie n'est rien moins qu'une consolation. Mais j'ai cru qu'il falloit en user de la sorte avec vous, et que c'est consoler un philosophe que de lui justifier ses larmes, et de mettre sa douleur en liberté. Si je n'ai pas trouvé d'assez fortes raisons pour affranchir votre tendresse des sévères leçons de la philosophie, et pour vous obliger à pleurer sans contrainte, il en faut accuser le peu d'éloquence d'un homme qui ne sauroit persuader ce qu'il sait si bien faire.

MOLIÈRE.

LA GLOIRE

DU

DOME DU VAL-DE-GRACE.

1669.

Digne fruit de vingt ans de travaux somptueux,
Auguste bâtiment, temple majestueux,
Dont le dôme superbe, élevé dans la nue,
Pare du grand Paris la magnifique vue,
Et, parmi tant d'objets semés de toutes parts,
Du voyageur surpris prend les premiers regards,
Fais briller à jamais, dans ta noble richesse,
La splendeur du saint vœu d'une grande princesse,

Et porte un témoignage à la postérité
De sa magnificence et de sa piété ;
Conserve à nos neveux une montre fidèle
Des exquises beautés que tu tiens de son zèle :
Mais défends bien surtout de l'injure des ans
Le chef-d'œuvre fameux de ses riches présens,
Cet éclatant morceau de savante peinture,
Dont elle a couronné ta noble architecture :
C'est le plus bel effet des grands soins qu'elle a pris,
Et ton marbre et ton or ne sont point de ce prix.
 Toi qui, dans cette coupe, à ton vaste génie
Comme un ample théâtre heureusement fournie,
Es venu déployer les précieux trésors
Que le Tibre t'a vu ramasser sur ses bords ;
Dis-nous, fameux Mignard, par qui te sont versées
Les charmantes beautés de tes nobles pensées,
Et dans quel fonds tu prends cette variété
Dont l'esprit est surpris, et l'œil est enchanté.
Dis-nous quel feu divin, dans tes fécondes veilles,
De tes expressions enfante les merveilles ;

Quels charmes ton pinceau répand dans tous ses traits,
Quelle force il y mêle à ses plus doux attraits,
Et quel est ce pouvoir qu'au bout des doigts tu portes,
Qui sait faire à nos yeux vivre des choses mortes,
Et, d'un peu de mélange et de bruns et de clairs,
Rendre esprit la couleur, et les pierres des chairs.
 Tu te tais, et prétends que ce sont des matières
Dont tu dois nous cacher les savantes lumières,
Et que ces beaux secrets, à tes travaux vendus,
Te coûtent un peu trop pour être répandus ;
Mais ton pinceau s'explique, et trahit ton silence ;
Malgré toi, de ton art il nous fait confidence ;
Et, dans ses beaux efforts à nos yeux étalés,
Les mystères profonds nous en sont révélés.
Une pleine lumière ici nous est offerte ;
Et ce dôme pompeux est une école ouverte,
Où l'ouvrage, faisant l'office de la voix,
Dicte de ton grand art les souveraines lois.
Il nous dit fortement les trois nobles parties
Qui rendent d'un tableau les beautés assorties,

Mignard.

Et dont, en s'unissant, les talens relevés
Donnent à l'univers les peintres achevés.
 Mais des trois, comme reine, il nous expose celle
Que ne peut nous donner le travail, ni le zèle ;
Et qui, comme un présent de la faveur des cieux,
Est du nom de divine appelée en tous lieux ;
Elle, dont l'essor monte au-dessus du tonnerre,
Et sans qui l'on demeure à ramper contre terre,
Qui meut tout, règle tout, en ordonne à son choix,
Et des deux autres mène et régit les emplois.
Il nous enseigne à prendre une digne matière,
Qui donne au feu du peintre une vaste carrière,
Et puisse recevoir tous les grands ornemens
Qu'enfante un beau génie en ses accouchemens,
Et dont la poésie est sa sœur la peinture,
Parant l'instruction de leur docte imposture,
Composent avec art ces attraits, ces douceurs,
Qui font à leurs leçons un passage en nos cœurs ;
Et par qui, de tout temps, ces deux sœurs si pareilles,
Charment, l'une les yeux, et l'autre les oreilles.
Mais il nous dit de fuir un discord apparent
Du lieu que l'on nous donne et du sujet qu'on prend ;

Et de ne point placer dans un tombeau des fêtes,
Le ciel contre nos pieds, et l'enfer sur nos têtes.
Il nous apprend à faire, avec détachement,
De groupes contrastés un noble agencement,
Qui du champ du tableau fasse un juste partage,
En conservant les bords un peu légers d'ouvrage,
N'ayant nul embarras, nul fracas vicieux
Qui rompe ce repos, si fort ami des yeux ;
Mais où, sans se presser, le groupe se rassemble,
Et forme un doux concert, fasse un beau tout ensemble,
Où rien ne soit à l'œil mendié, ni redit,
Tout s'y voyant tiré d'un vaste fonds d'esprit,
Assaisonné du sel de nos grâces antiques,
Et non du fade goût des ornemens gothiques,
Ces monstres odieux des siècles ignorans,
Que de la barbarie ont produit les torrens,
Quand leur cours, inondant presque toute la terre,
Fit à la politesse une mortelle guerre,
Et, de la grande Rome abattant les remparts,
Vint, avec son empire, étouffer les beaux-arts.
Il nous montre à poser avec noblesse et grâce
La première figure à la plus belle place,

Riche d'un agrément, d'un brillant de grandeur
Qui s'empare d'abord des yeux du spectateur;
Prenant un soin exact, que, dans tout son ouvrage,
Elle joue aux regards le plus beau personnage;
Et que, par aucun rôle au spectacle placé,
Le héros du tableau ne se voie effacé.
Il nous enseigne à fuir les ornemens débiles
Des épisodes froids et qui sont inutiles,
A donner au sujet toute sa vérité,
A lui garder partout pleine fidélité,
Et ne se point porter à prendre de licence,
A moins qu'à des beautés elle donne naissance.
Il nous dicte amplement les leçons du dessin
Dans la manière grecque, et dans le goût romain ;
Le grand choix du beau vrai, de la belle nature,
Sur les restes exquis de l'antique sculpture,
Qui, prenant d'un sujet la brillante beauté,
En savoit séparer la foible vérité,
Et, formant de plusieurs une beauté parfaite,
Nous corrige par l'art la nature qu'on traite.
Il nous explique à fond, dans ses instructions,
L'union de la grâce et des proportions;
Les figures partout doctement dégradées
Et leurs extrémités soigneusement gardées ;
Les contrastes savans des membres agroupés,
Grands, nobles, étendus et bien développés,
Balancés sur leur centre en beautés d'attitude,
Tous formés l'un pour l'autre avec exactitude,
Et n'offrant point aux yeux ces galimatias
Où la tête n'est point de la jambe, ou du bras;
Leur juste attachement aux lieux qui les font naître,
Et les muscles touchés autant qu'ils doivent l'être ;
La beauté des contours observés avec soin,
Point durement traités, amples, tirés de loin,
Inégaux, ondoyans, et tenant de la flamme,
Afin de conserver plus d'action et d'âme ;
Les nobles airs de tête amplement variés,
Et tous au caractère avec choix mariés ;
Et c'est là qu'un grand peintre, avec pleine largesse,
D'une féconde idée étale la richesse,
Faisant briller partout de la diversité,
Et ne tombant jamais dans un air répété :
Mais un peintre commun trouve une peine extrême
A sortir dans ses airs de l'amour de soi-même ;
De redites sans nombre il fatigue les yeux,
Et, plein de son image, il se peint en tous lieux.
Il nous enseigne aussi les belles draperies,
De grands plis bien jetés suffisamment nourries,
Dont l'ornement aux yeux doit conserver le nu,
Mais qui, pour le marquer, soit un peu retenu,
Qui ne s'y colle point, mais en suive la grâce,
Et, sans la serrer trop, la caresse et l'embrasse.
Il nous montre à quel air, dans quelles actions
Se distinguent à l'œil toutes les passions ;
Les mouvemens du cœur, peints d'une adresse extrême,
Par des gestes puisés dans la passion même,
Bien marqués pour parler, appuyés, forts et nets,
Imitant en vigueur les gestes des muets,
Qui veulent réparer la voix que la nature
Leur a voulu nier, ainsi qu'à la peinture.
Il nous étale enfin les mystères exquis
De la belle partie où triompha Zeuxis,
Et qui, le revêtant d'une gloire immortelle,
Le fit aller de pair avec le grand Apelle :
L'union, les concerts et les tons des couleurs,
Contrastes, amitiés, ruptures et valeurs,
Qui font les grands effets, les fortes impostures,
L'achèvement de l'art, et l'âme des figures.
Il nous dit clairement dans quel choix le plus beau
On peut prendre le jour et le champ du tableau.

Les distributions et d'ombre et de lumière
Sur chacun des objets et sur la masse entière ;
Leur dégradation dans l'espace de l'air
Par les tons différens de l'obscur et du clair,
Et quelle force il faut aux objets mis en place
Que l'approche distingue et le lointain efface ;
Les gracieux repos que, par des soins communs,
Les bruns donnent aux clairs, comme les clairs aux
Avec quel agrément d'insensible passage   [bruns,
Doivent ces opposés entrer en assemblage,
Par quelle douce chute ils doivent y tomber,
Et dans un milieu tendre aux yeux se dérober ;
Ces fonds officieux qu'avec art on se donne,
Qui reçoivent si bien ce qu'on leur abandonne ;
Par quels coups de pinceau, formant de la rondeur,
Le peintre donne au plat le relief du sculpteur ;
Quel adoucissement des teintes de lumière
Fait perdre ce qui tourne et le chasse derrière,
Et comme avec un champ fuyant, vague et léger,
La fierté de l'obscur, sur la douceur du clair
Triomphant de la toile, en tire avec puissance
Les figures que veut garder sa résistance,
Et, malgré tout l'effort qu'elle oppose à ses coups
Les détache du fond, et les amène à nous.
Il nous dit tout cela, ton admirable ouvrage :
Mais, illustre Mignard, n'en prends aucun ombrage,
Ne crains pas que ton art, par ta main découvert,
A marcher sur tes pas tienne un chemin ouvert,
Et que de ses leçons les grands et beaux oracles
Élèvent d'autres mains à tes doctes miracles :
Il y faut des talens que ton mérite joint,
Et ce sont des secrets qui ne s'apprennent point. [ne,
On n'acquiert point, Mignard, par les soins qu'on se don-
Trois choses dont les dons brillent dans ta personne,
Les passions, la grâce et les tons de couleur
Qui des riches tableaux font l'exquise valeur ;
Ce sont présens du ciel, qu'on voit peu qu'il assemble,
Et les siècles ont peine à les trouver ensemble.
C'est par là qu'à nos yeux nuls travaux enfantés
De ton noble travail n'atteindront les beautés :
Malgré tous les pinceaux que ta gloire réveille,
Il sera de nos jours la fameuse merveille,
Et des bouts de la terre en ces superbes lieux
Attirera les pas des savans curieux.

O vous, dignes objets de la noble tendresse
Qu'a fait briller pour vous cette auguste princesse,
Dont au grand Dieu naissant, au véritable Dieu,
Le zèle magnifique a consacré ce lieu,
Purs esprits, où du ciel sont les grâces infuses,
Beaux temples des vertus, admirables recluses,
Qui, dans votre retraite, avec tant de ferveur,
Mêlez parfaitement la retraite du cœur,
Et, par un choix pieux hors du monde placées,
Ne détachez vers lui nulle de vos pensées,
Qu'il vous est cher d'avoir sans cesse devant vous
Ce tableau de l'objet de vos vœux les plus doux.
D'y nourrir par vos yeux les précieuses flammes
Dont si fidèlement brûlent vos belles âmes,
D'y sentir redoubler l'ardeur de vos désirs,
D'y donner à toute heure un encens de soupirs,
Et d'embrasser du cœur une image si belle
Des célestes beautés de la gloire éternelle,
Beautés qui dans leurs fers tiennent vos libertés,
Et vous font mépriser toutes autres beautés !

Et toi, qui fus jadis la maîtresse du monde,
Docte et fameuse école en raretés féconde,
Où les arts déterrés ont, par un digne effort,
Réparé les dégâts des barbares du nord ;
Source des beaux débris des siècles mémorables,
O Rome, qu'à tes soins nous sommes redevables,

De nous avoir rendu, façonné de ta main,
Ce grand homme, chez toi devenu tout Romain,
Dont le pinceau célèbre, avec magnificence,
De ces riches travaux vient parer notre France,
Et dans un noble lustre y produire à nos yeux
Cette belle peinture inconnue en ces lieux,
La fresque, dont la grâce, à l'autre préférée,
Se conserve un éclat d'éternelle durée,
Mais dont la promptitude et les brusques fiertés
Veulent un grand génie à toucher ses beautés.
De l'autre, qu'on connoît, la traitable méthode
Aux faiblesses d'un peintre aisément s'accommode,
La paresse de l'huile, allant avec lenteur,
Du plus tardif génie attend la pesanteur ;
Elle sait secourir, par le temps qu'elle donne,
Les faux pas que peut faire un pinceau qui tâtonne ;
Et sur cette peinture on peut, pour faire mieux,
Revenir, quand on veut, avec de nouveaux yeux.
Cette commodité de retoucher l'ouvrage
Aux peintres chancelans est un grand avantage ;
Et ce qu'on ne fait pas en vingt fois qu'on reprend,
On le peut faire en trente, on le peut faire en cent.
  Mais la fresque est pressante, et veut, sans complai-
Qu'un peintre s'accommode à son impatience, [sance,
La traite à sa manière, et, d'un travail soudain,
Saisisse le moment qu'elle donne à sa main.
La sévère rigueur de ce moment qui passe
Aux erreurs d'un pinceau ne fait aucune grâce ;
Avec elle il n'est point de retour à tenter,
Et tout, au premier coup, se doit exécuter.
Elle veut un esprit où se rencontre unie
La pleine connoissance avec le grand génie,
Secouru d'une main propre à le seconder,
Et maîtresse de l'art jusqu'à le gourmander,
Une main prompte à suivre un beau feu qui la guide,
Et dont, comme un éclair, la justesse rapide
Répande dans ses fonds, à grands traits non tâtés,
De ses expressions les touchantes beautés.
C'est par là que la fresque, éclatante de gloire,
Sur les honneurs de l'autre emporte la victoire,
Et que tous les savans, en juges délicats,
Donnent la préférence à ses mâles appas.
Cent doctes mains chez elle ont cherché la louange ;
Et Jules, Annibal, Raphaël, Michel-Ange,
Les Mignards de leur siècle, en illustres rivaux,
Ont voulu par la fresque ennoblir leurs travaux.
  Nous la voyons ici doctement revêtue
De tous les grands attraits qui surprennent la vue.
Jamais rien de pareil n'a paru dans ces lieux ;
Et la belle inconnue a frappé tous les yeux.
Elle a, non-seulement, par ses grâces fertiles,
Charmé du grand Paris les connoisseurs habiles,
Et touché de la cour le beau monde savant,
Ses miracles encore ont passé plus avant,
Et de nos courtisans les plus légers d'étude
Elle a pour quelque temps fixé l'inquiétude,
Arrêté leur esprit, attaché leurs regards,
Et fait descendre en eux quelque goût des beaux-arts.
Mais ce qui, plus que tout, élève son mérite,
C'est de l'auguste roi l'éclatante visite ;
Ce monarque, dont l'âme aux grandes qualités
Joint un goût délicat des savantes beautés,
Qui, séparant le bon d'avec son apparence,
Décide sans erreur, et loue avec prudence,
Louis, le grand Louis, dont l'esprit souverain
Ne dit rien au hasard, et voit tout d'un œil sain,
A versé de sa bouche à ses grâces brillantes
De deux précieux mots les douceurs chatouillantes ;
Et l'on sait qu'en deux mots ce roi judicieux
Fait des plus beaux travaux l'éloge glorieux.
  Colbert, dont le bon goût suit celui de son maître,
A senti même charme, et nous le fait paroître.
Ce vigoureux génie au travail si constant,
Dont la vaste prudence à tous emplois s'étend,
Qui, du choix souverain, tient, par son haut mérite,
Du commerce et des arts la suprême conduite,
A d'une noble idée enfanté le dessin
Qu'il confie aux talens de cette docte main,
Et dont il veut par elle attacher la richesse
Aux sacrés murs du temple, où son cœur s'intéresse.
La voilà, cette main, qui se met en chaleur ;
Elle prend les pinceaux, trace, étend la couleur,
Empâte, adoucit, touche, et ne fait nulle pause :
Voilà qu'elle a fini ; l'ouvrage aux yeux s'expose ;
Et nous y découvrons, aux yeux des grands experts,
Trois miracles de l'art en trois tableaux divers.
Mais, parmi cent objets d'une beauté touchante,
Le Dieu porte au respect, et n'a rien qui n'enchante ;
Rien en grâce, en douceur, en vive majesté,
Qui ne présente à l'œil une divinité ;
Elle est toute en ces traits si brillans de noblesse :
La grandeur y paroît, l'équité, la sagesse,
La bonté, la puissance ; enfin, ces traits font voir
Ce que l'esprit de l'homme a peine à concevoir.
  Poursuis, ô grand Colbert, à vouloir dans la France
Des arts que tu régis établir l'excellence,
Et donne à ce projet, et si grand et si beau,
Tous les riches momens d'un si docte pinceau.
Attache à des travaux, dont l'éclat te renomme,
Les restes précieux des jours de ce grand homme.
Tels hommes rarement se peuvent présenter,
Et, quand le ciel les donne, il faut en profiter.
De ces mains, dont les temps ne sont guère prodigues,
Tu dois à l'univers les savantes fatigues ;
C'est à ton ministère à les aller saisir
Pour les mettre aux emplois que tu peux leur choisir,
Et, pour ta propre gloire, il ne faut point attendre
Qu'elles viennent t'offrir ce que ton choix doit prendre.
Les grands hommes, Colbert, sont mauvais courtisans,
Peu faits à s'acquitter des devoirs complaisans ;
A leurs réflexions tout entiers ils se donnent ;
Et ce n'est que par là qu'ils se perfectionnent.
L'étude et la visite ont leurs talens à part.
Qui se donne à la cour, se dérobe à son art.
Un esprit partagé rarement s'y consomme,
Et les emplois de feu demandent tout un homme.
Ils ne sauroient quitter les soins de leur métier
Pour aller chaque jour fatiguer ton portier ;
Ni partout, près de toi, par d'assidus hommages,
Mendier des prôneurs les éclatans suffrages.
Cet amour du travail, qui toujours règne en eux,
Rend à tous autres soins leur esprit paresseux ;
Et tu dois consentir à cette négligence
Qui de leurs beaux talens te nourrit l'excellence.
Souffre que, dans leur art s'avançant chaque jour,
Par leurs ouvrages seuls ils te fassent leur cour.
Leur mérite à tes yeux y peut assez paroître ;
Consultes-en ton goût, il s'y connoît en maître,
Et te dira toujours, pour l'honneur de ton choix,
Sur qui tu dois verser l'éclat des grands emplois.
C'est ainsi que des arts la renaissante gloire
De tes illustres soins ornera la mémoire ;
Et que ton nom, porté dans cent travaux pompeux,
Passera triomphant à nos derniers neveux.

FIN DES POÉSIES DIVERSES.

TABLE DES MATIÈRES

MÉLICERTE, pastorale héroïque en deux actes 1
PASTORALE COMIQUE. 13
LE SICILIEN OU L'AMOUR PEINTRE, comédie-ballet en un acte 19
LE TARTUFFE OU L'IMPOSTEUR, comédie en cinq actes. 33
AMPHITRYON, comédie en trois actes. 83
L'AVARE, comédie en cinq actes. 121
GEORGE DANDIN OU LE MARI CONFONDU, comédie en trois actes. . . . 161
RELATION DE LA FÊTE DE VERSAILLES, du 18 juillet 1668. 189
MONSIEUR DE POURCEAUGNAC, comédie-ballet en trois actes. 207
LES AMANTS MAGNIFIQUES, comédie-ballet en cinq actes. 239
LE BOURGEOIS GENTILHOMME, comédie-ballet en cinq actes. 275
PSYCHÉ, tragédie-ballet. 325
LES FOURBERIES DE SCAPIN, comédie en trois actes. 359
LA COMTESSE D'ESCARBAGNAS, comédie. 391
LES FEMMES SAVANTES, comédie en cinq actes 403
LE MALADE IMAGINAIRE, comédie en trois actes 445
POÉSIES DIVERSES 495

FIN DU SECOND VOLUME.

www.ingramcontent.com/pod-product-compliance
Lightning Source LLC
Chambersburg PA
CBHW050602230426
43670CB00009B/1229